HISTÓRIA CRÍTICA DA

ARQUITETURA MODERNA

HISTÓRIA CRÍTICA DA
ARQUITETURA MODERNA

KENNETH FRAMPTON

Quarta edição
Revista, ampliada e atualizada

417 ilustrações

Tradução: Jefferson Luiz Camargo/Marcelo Brandão Cipolla

Revisão técnica: Julio Fischer

martins Fontes
selo martins

Esta obra foi publicada originalmente em inglês com o título
MODERN ARCHITECTURE – A critical view.
Publicado por acordo estabelecido com Thames and Hudson, Londres.

Publisher Evandro Mendonça Martins Fontes
Coordenação Editorial Vanessa Faleck
Revisão Sandra Rodrigues Garcia
Célia Regina Camargo
Andrea Vidal
Produção gráfica Carlos Alexandre Miranda
Capa Fernando Campos
Diagramação Studio 3 Desenvolvimento Editorial

Dados Internacionais de Catalogação na Publicação (CIP)
(Câmara Brasileira do Livro, SP, Brasil)

Frampton, Kenneth
História crítica da arquitetura moderna / Kenneth Frampton ; tradução Jefferson Luiz Camargo ; revisão técnica Julio Fischer. – 4. ed. – São Paulo : Martins Fontes - selo Martins, 2015.

Título original: Modern architecture : a critical view.
Bibliografia.
ISBN 978-85-8063-210-1

1. Arquitetura moderna – História I. Título.

15-00763 CDD-724

Índices para catálogo sistemático:
1. Arquitetura moderna : História crítica 724

SUMÁRIO

PREFÁCIO À QUARTA EDIÇÃO

Um preocupante viés eurocêntrico domina quase todas as principais histórias da arquitetura moderna, desde *Die Baukunst der neuesten Zeit* (1927), de Gustaf Adolf Platz, até *Theory and Design in the First Machine Age* (1960), de Reyner Banham, à qual o presente livro muito deve. Apesar da discrição ideológica com que Platz e Banham deixaram de fora de seus títulos qualquer menção à arquitetura ou à modernidade, ainda assim eles se inserem na polêmica tradição historiográfica que o historiador marxista Manfredo Tafuri chamou de "operativa", isto é, de ideologicamente instrumental. A esse respeito, é preciso admitir que a última edição desta obra continua mais operativa do que nunca, com toda a fragilidade arbitrária que isso acarreta.

As limitações dessa abordagem tornam-se cada vez mais evidentes à medida que mergulhamos no turbilhão modernizador do século XXI, tendo em vista que a produção arquitetônica global, independentemente de qualquer qualidade intrínseca que possa ter, vai muito além do olhar crítico de um observador independente, seja qual for o grau de seu suposto distanciamento. Esse impasse adquire proporções muito maiores pelo fato de a modernização tecnológica ter-se tornado um destino irreversível, mais um corolário do "ponto de ruptura" climatológico do que uma herança libertadora de dois séculos e meio, que remonta ao Iluminismo. As aspirações progressistas dessa tradição puderam ser recebidas em cada geração sucessiva até as rupturas apocalípticas que ocorreram em meados do século passado – pensamos no genocídio do Terceiro Reich e nas demonstrações quase gratuitas de armamentismo nuclear.

Ao lado da derrocada histórica do socialismo, essas aberrações instrumentais que continuam a nos assoberbar em escala global parecem agora projetar uma longa sombra sobre a trajetória do novo – particularmente sobre a promessa socialdemocrata do Estado de bem-estar por oposição ao triunfo atual da modernização a reboque do mercado, a qual, sob a égide do capitalismo globalizado, é praticamente destituída de qualquer objetivo de melhorar a vida dos homens. A ascendência das corporações transnacionais e o declínio do Estado-nação levaram a um sério questionamento daquilo que se possa querer dizer com o termo "moderno", ou mesmo com essa palavra tão desgastada, "crítica", tendo em vista a inexorável expansão do território "isento de juízos de valor" da tecnologia digital e da caixa de Pandora de uma nova natureza criada pela vasta aplicação da mutação genética.

É aí que se encontra o paradoxo com o qual se defronta a arquitetura de nossos dias, pois, enquanto a tecnociência, em forma de engenharia ambiental e estrutural atrelada ao digitalismo, leva a arte de construir a um patamar totalmente novo de sofisticação cultural, esse potencial aparentemente positivo tende a se deixar corromper pela falta de qualquer visão totalizadora que vá além da perpetuação de uma economia do desperdício consumista da qual depende nossa contínua acumulação de má distribuição de renda. Desse modo, o "projeto moderno não concluído" de Jürgen Habermas, ao qual esta história crítica remete de maneira inequívoca, é minado pelo vazio tecnopolítico que se encontra no próprio cerne do mundo moderno tardio. Como Marx profetizou, com autoridade, em meados do século XIX: "Tudo que é sólido desmancha no ar." Portanto, o momento democrático radical vê-se debilitado por nossa incapacidade sonâmbula de conceber qualquer alternativa para o ciclo autoperpetuador de produção e consumo, com o qual, em última análise, a arquitetura nada tem em comum.

É este, portanto, o ponto de vista a partir do qual o último capítulo da quarta edição foi escrito, ao lado da vã aspiração de apresentar um relato equilibrado dos últimos vinte anos de produção arquitetônica. Apesar da adoção de uma estrutura em seis partes como uma espécie de taxonomia crítica que, na realidade, se mostraria tão indispensável quanto arbitrária, não posso afirmar que as inclusões e exclusões sejam objetivas em qualquer sentido, embora eu tenha tentado contrapor essa seleção a um vasto plano de fundo de mudanças ambientais e demográficas que vêm transformando o mundo moderno com uma velocidade sem precedentes.

Qual, então, poderá ser o papel da arquitetura em circunstâncias sociais tão desfavoráveis? Sem dúvida, só podemos responder de maneira não definitiva, em nome de uma criatividade crítica que identifica, aqui e ali, uma obra de qualidade que se contrapõe à terra de ninguém da megalópole; que preenche um vazio momentâneo, por assim dizer, na irredutibilidade consumista do mundo do modernismo tardio, onde ainda se pode evocar um espaço de aparência pública em nome de um projeto que permanece por realizar.

Kenneth Frampton
Nova York 2007

INTRODUÇÃO

Uma pintura de Klee chamada *Angelus Novus* mostra um anjo olhando como que a ponto de distanciar-se de alguma coisa que está contemplando fixamente. Seus olhos estão arregalados, sua boca, aberta, suas asas, despregadas. É assim que se retrata o anjo da história. Seu rosto está virado para o passado. Onde percebemos um encadeamento de fatos, ele vê uma só catástrofe, que acumula ruínas sobre ruínas e as atira a seus pés. O anjo gostaria de ficar, de despertar os mortos e restaurar o que foi destruído. Mas uma tormenta está soprando do Paraíso; ela fustiga suas asas com tamanha violência que o anjo não consegue mais fechá-las. Essa tormenta impele-o irresistivelmente em direção ao futuro, para o qual suas costas estão voltadas, enquanto o monte de destroços diante dele cresce até o céu. Essa tormenta é o que chamamos de progresso.

Walter Benjamin
Teses sobre a filosofia da história, 1940

Uma das primeiras tarefas a enfrentar quando se procura escrever uma história da arquitetura moderna é estabelecer o começo do período. Contudo, quanto mais rigorosamente se procura a origem da modernidade, mais atrás ela parece estar. Tende-se a recuá-la, se não à Renascença, pelo menos àquele momento de meados do século XVIII em que uma nova visão da história levou os arquitetos a questionar os cânones clássicos de Vitrúvio e a documentar os vestígios do mundo antigo a fim de estabelecer uma base mais objetiva sobre a qual trabalhar. Isso, junto com as extraordinárias mudanças técnicas que se sucederam ao longo do século, sugere que as condições necessárias da arquitetura moderna aparecem em algum momento entre o desafio, feito pelo médico, físico e arquiteto Claude Perrault no fim do século XVII, à validade universal das proporções de Vitrúvio e a cisão definitiva entre engenharia e arquitetura, um momento que se costuma remontar à fundação, em Paris, da École des Ponts et Chaussées, a primeira escola de engenharia, em 1747.

Aqui só foi possível traçar o perfil mais sucinto dessa pré-história do Movimento Moderno. Por conseguinte, os três primeiros capítulos devem ser lidos segundo critérios diferentes daqueles do resto do livro. Eles abordam as transformações culturais, territoriais e técnicas das quais emergiu a arquitetura moderna, apresentando breves apanhados de arquitetura, desenvolvimento urbano e engenharia que mostram como esses campos evoluíram entre 1750 e 1939.

Os problemas críticos a serem tratados quando se escreve uma história abrangente, mas concisa, são, em primeiro lugar, decidir que material deve ser incluído, e, em segundo, manter alguma coerência na interpretação dos fatos. Devo admitir que, em ambos os aspectos, não fui tão coerente quanto desejaria; em parte, porque a informação muitas vezes deve ser prioritária em relação à interpretação, em parte porque nem todo o material foi estudado no mesmo grau de profundidade, e em parte porque minha postura interpretativa variou conforme o tema considerado. Em alguns momentos, procurei mostrar como uma abordagem particular deriva de circunstâncias socioeconômicas ou ideológicas, enquanto em outros restringi-me à análise formal. Essa variação se reflete na estrutura do próprio livro, dividido num mosaico de pequenos capítulos que têm por objeto tanto a obra de arquitetos particularmente importantes quanto desenvolvimentos coletivos de monta.

Na medida do possível, procurei viabilizar a leitura do texto de mais de uma maneira. Assim, ele pode ser seguido como um escrito contínuo ou folheado ao acaso. Enquanto a sequência foi organizada pensando no leitor leigo ou sem formação específica, espero que uma leitura ocasional sirva para estimular o trabalho de formação universitária e seja útil para o especialista que deseja desenvolver um ponto específico.

À parte isso, a estrutura do texto relaciona-se com o tom geral do livro, visto que tentei, sempre que possível, deixar os protagonistas falarem por si sós. Cada capítulo é introduzido por uma citação, escolhida seja por sua apreensão de um contexto cultural particular, seja por sua capacidade de revelar o conteúdo da obra. Esforcei-me por utilizar essas "vozes" para ilustrar de que modo a arquitetura moderna evoluiu como um esforço cultural contínuo, e para demonstrar como certas questões podem perder sua relevância em determinado momento da história, só para retornarem mais tarde com renovado vigor. Muitas obras não construídas aparecem neste livro, pois para mim a história da arquitetura moderna refere-se tanto à consciência e a intentos polêmicos quanto às próprias construções.

Como muitos outros da minha geração, fui influenciado pela interpretação marxista da história; não obstante, mesmo a mais apressada leitura deste texto revelará que nenhum dos métodos tradicionais da análise marxista foi aplicado. De outro lado, é inegável que minha afinidade com a teoria crítica da Escola de Frankfurt influenciou minha visão de todo o período e proporcionou-me aguda consciência do lado escuro do Iluminismo, que, em nome de uma razão insensata, levou o homem a uma situação em que ele começa a ser tão alienado de sua produção como do mundo natural.

O desenvolvimento da arquitetura moderna depois do Iluminismo parece ter se dividido entre a utopia da vanguarda, formulada pela primeira vez no início do século XIX na cidade fisiocrática ideal de Ledoux, e a atitude anticlassicista, antirracional e antiutilitária da reforma cristã, declarada pela primeira vez em 1836, nos *Contrastes* de Pugin. Desde então, em seu esforço de transcender a divisão do trabalho e as duras realidades da produção e da urbanização industriais, a cultura burguesa oscilou entre os extremos de utopias totalmente planejadas e industrializadas, de um lado, e, de outro, uma negação da realidade histórica efetiva da produção mecânica.

Conquanto todas as artes sejam limitadas, em certo grau, pelos meios de sua produção e reprodução, no caso da arquitetura isso é duplamente verdadeiro, pois ela é condicionada não apenas por seus meios técnicos, como também por forças produtivas exteriores a ela. Em parte alguma isso foi mais evidente do que no caso da cidade, onde a cisão entre arquitetura e desenvolvimento urbano levou a uma situação na qual a possibilidade da primeira contribuir para a segunda, e vice-versa, por um longo período, tornou-se de súbito extremamente limitada. Cada vez mais sujeita aos imperativos de uma economia consumista em contínua expansão, a cidade perdeu em grande parte sua capacidade de manter sua importância global. Que ela foi desintegrada por forças que escapam a seu controle, demonstra-o a rápida erosão da cidade interiorana dos Estados Unidos depois da Segunda Guerra Mundial, como consequência do efeito conjunto da via expressa, do subúrbio e do supermercado.

O êxito e o fracasso da arquitetura moderna até hoje e seu possível papel no futuro devem, finalmente, ser avaliados sobre esse pano de fundo complexo. Em sua forma mais abstrata, a arquitetura certamente desempenhou um certo papel no empobrecimento do ambiente, em particular onde foi importante para a racionalização dos tipos e métodos de construção e onde o acabamento do material e a forma do projeto foram reduzidos ao menor denominador comum, a fim de baratear a produção e otimizar o uso. Em sua preocupação bem-intencionada, mas às vezes equivocada, de assimilar as realidades ligadas a técnicas e processos do século XX, a arquitetura adotou uma linguagem em que a expressão reside quase inteiramente em componentes secundários, técnicos, como rampas, caminhos, elevadores, escadas, escadas rolantes, chaminés, tubulações e lixeiras. Nada poderia estar mais distante da linguagem da arquitetura clássica, na qual essas características ficavam invariavelmente ocultas atrás da fachada, e em que o corpo principal do edifício tinha liberdade de se exprimir – uma supressão do fato empírico que habilitava a arquitetura a simbolizar o poder da razão através da racionalidade de seu próprio discurso. O funcionalismo baseou-se no princípio oposto, isto é, na redução de toda expressão à utilidade ou aos processos de fabricação.

Dadas as incursões dessa moderna tradição reducionista, somos hoje novamente instados a retornar às formas tradicionais e a executar nossas novas construções – quase sem levar em conta seu *status* – na iconografia de um vernáculo *kitsch*. Dizem-nos que a vontade popular requer a tranquilizadora imagem de um conforto doméstico, artesanal, e que as referências "clássicas", apesar de abstratas, são tão incompreensíveis quanto presunçosas. Só raramente essa opinião crítica estende o âmbito de seu parecer além do problema superficial do estilo, para pedir que a prática arquitetônica se volte novamente para o problema da criação do *lugar*, para uma redefinição crítica, mas criativa, das qualidades concretas do espaço edificado.

A vulgarização da arquitetura e seu isolamento progressivo da sociedade ultimamente levaram a disciplina a centrar-se em si mesma, de modo que hoje nos vemos diante da situação paradoxal em que muitos dos profissionais mais inteligentes e jovens já abandonaram todas as ideias de realização. Em sua vertente mais intelectual, essa tendência reduz os elementos arquitetônicos a puros signos sintáticos que nada significam fora de sua operação "estrutural"; em sua vertente mais nostálgica, ela celebra a perda da cidade por meio de propostas metafóricas e irônicas que tanto podem projetar-se nas "imensidões astrais" quanto estabelecer-se no espaço metafísico do esplendor urbano do século passado.

Das linhas de ação ainda abertas à arquitetura contemporânea – as quais, de uma maneira ou de outra, já foram levadas à prática – apenas duas parecem oferecer a possibilidade de um resultado significativo. Enquanto a primeira delas é totalmente coerente com os modos de produção e consumo predominantes, a segunda se afirma como uma oposição ponderada a esses dois modos. A primeira, seguindo o ideal de Mies van der Rohe do *beinahe nichts*, do "quase nada", procura reduzir o trabalho de construção à categoria de desenho industrial numa escala enorme. Visto que está preocupada em otimizar a produção, tem pouco ou nenhum interesse pela cidade. Projeta um funcionalismo não retórico, bem embalado e bem servido, cuja vítrea "invisibilidade" reduz a forma ao silêncio. Já a última é patentemente "visível", e não raro adquire a forma de um recinto de alvenaria que estabelece, no âmbito de seu limitado domínio "monástico", um conjunto razoavelmente aberto, mas ainda assim concreto, de relações que unem o homem ao homem e o homem à natureza. O fato de esse "encrave" ser muitas vezes introvertido e relativamente indiferente ao contínuo físico e temporal em que está situado caracteriza o impulso geral dessa abordagem como uma tentativa de escapar, ainda que em parte, das perspectivas condicionadoras do Iluminismo. A meu ver, a única esperança de um discurso significativo no futuro imediato está no contato criativo desses dois pontos de vista extremos.

Fig. 1. *Ao lado*, Soufflot, Sainte-Geneviève (hoje, o Panthéon), Paris, 1755-90; pilastras transversais reforçadas em 1806 por Rondelet.

PARTE 1 **EVOLUÇÕES CULTURAIS E TÉCNICAS PREDISPONENTES, 1750-1939**

CAPÍTULO 1 Transformações culturais: a arquitetura neoclássica, 1750-1900

O sistema barroco havia funcionado como uma espécie de dupla interseção. Contrastara frequentemente com jardins racionalizados, fachadas decoradas com motivos vegetais. O reino do homem e o reino da natureza por certo permaneceram distintos, mas intercambiaram suas características, fundindo-se um no outro em benefício da ornamentação e do prestígio. Por sua vez, o parque de "estilo inglês", em que a intervenção do homem devia permanecer invisível, era destinado a oferecer *intencionalidade* à natureza; apesar de situadas no parque em si, mas separadas dele, as casas construídas por Morris ou Adam manifestavam a *vontade* do homem, isolando claramente a presença da razão humana no meio dos domínios irracionais da vegetação que cresce livremente. A interpenetração barroca de homem e natureza era substituída agora por uma separação, estabelecendo, assim, a distância entre homem e natureza que era um pré-requisito da contemplação nostálgica. Agora essa separação contemplativa surgiu como uma reação compensatória ou expiatória contra a crescente atitude de homens práticos diante da natureza. Enquanto a exploração técnica tendia a declarar guerra à natureza, as casas e parques tentavam uma reconciliação, um armistício local, introduzindo o sonho de uma paz impossível; e para tanto o homem continuou a conservar a imagem de um entorno natural intocado.

Jean Starobinski
L'Invention de la liberté, 1964

A arquitetura do Neoclassicismo parece ter surgido de duas evoluções diferentes, mas inter-relacionadas, que transformaram radicalmente a relação entre o homem e a natureza. A primeira foi um súbito aumento da capacidade humana de exercer controle sobre a natureza, que em meados do século XVII já começara a extrapolar as fronteiras técnicas do Renascimento. A segunda foi uma mudança fundamental na natureza da consciência humana, em resposta às grandes transformações que ocorriam na sociedade e que deram origem a uma nova formação cultural igualmente apropriada aos estilos de vida da aristocracia decadente e da burguesia ascendente. Enquanto as mudanças tecnológicas levavam a uma nova infraestrutura e à exploração de uma maior capacidade produtiva, a mudança da consciência humana produzia novas categorias de conhecimento e um modo historicista de pensamento, reflexivo o bastante para questionar sua própria identidade. Enquanto uma, fundada na ciência, tomou forma imediata nas extensas obras rodoviárias e hidroviárias dos séculos XVII e XVIII e deu origem a novas instituições técnicas, como a École des Ponts et Chaussées, fundada em 1747, a outra levou ao surgimento das disciplinas humanistas do Iluminismo, inclusive as obras pioneiras da sociologia, da estética, da história e da arqueologia modernas – *De l'esprit des lois* [Do espírito das leis], de Montesquieu (1748), *Aesthetica* [Estética] de Baumgarten (1750), *Le siècle de Louis XIV* [O século de Luís XIV] de Voltaire (1751) e *Geschichte der Kunst des Altertums* [História da arte antiga] de J. J. Winckelmann (1764).

O excesso de elaboração da linguagem arquitetônica nos interiores rococós do Antigo Regime e a secularização do pensamento iluminista compeliram os arquitetos do século XVIII, então conscientes da natureza emergente e instável de sua época, a buscar um estilo autêntico por meio de uma reavaliação precisa da Antiguidade. O que os motivava não era simplesmente copiar os antigos, mas obedecer aos princípios em que a obra destes se baseara. A pesquisa arqueológica que se desenvolveu a partir desse impulso logo levou a uma grande controvérsia: em qual das quatro culturas mediterrânicas – egípcia, etrusca, grega ou romana – deviam procurar o estilo autêntico?

Uma das primeiras consequências da reavaliação do mundo antigo foi ampliar o itinerário do Grand Tour tradicional para além das fronteiras de Roma, de modo a estudar em sua periferia as culturas em que, de acordo com Vitrúvio, a arquitetura romana se baseava. A descoberta e a escavação de cidades romanas em Herculano e Pompeia, durante a primeira metade do século XVIII, estimularam expedições para sítios mais distantes, e logo se visitaram os sítios gregos antigos na Sicília e na Grécia. O ditame renascentista vitruviano, que se dava como válido – era o catecismo do Classicismo –, seria agora cotejado com as ruínas autênticas. Os desenhos em escala publicados nas décadas de 1750 e 1760 em *Ruines des plus beaux monuments de la Grèce* [Ruínas dos mais belos monumentos da Grécia] (1758), de J.-D. Le Roy, *Antiquities of Athens* [Antiguidades de Atenas] (1762), de James Stuart e Nicholas Revett, e a documentação, por Robert Adam e C.-L. Clérisseau, do palácio de Diocleciano em Split (1764), atestam a intensidade com que esses estudos eram empreendidos. Foi a promoção por Le Roy da arquitetura grega como origem do "estilo autêntico" que suscitou a ira chauvinista do arquiteto gravador italiano Giovanni Battista Piranesi.

A obra de Piranesi *Della Magnificenza ed Architettura de' Romani* [Da magnificência e da arquitetura dos romanos] (1761) era um ataque direto à polêmica de Le Roy: ele asseverava não apenas que os etruscos eram anteriores aos gregos, mas que, junto com seus sucessores, os romanos, eles elevaram a arquitetura a seu mais alto nível de refinamento. A única prova que ele podia apresentar em apoio à sua pretensão eram as poucas esculturas etruscas que sobreviveram às devastações de Roma – túmulos e obras de engenharia –, e parece que elas orientaram visivelmente o resto de sua carreira. Série após série de gravuras, ele representou o lado escuro daquela sensação já classificada por Edmund Burke em 1757 como sublime, esse tranquilo terror induzido pela contemplação do grande tamanho, da extrema antiguidade e da decadência. Essas qualidades adquiriram plena força na obra de Piranesi por meio da infinita grandeza das imagens que retratou. Essas nostálgicas imagens clássicas eram, porém, como Manfredo Tafuri observou, tratadas "como um mito a ser contestado... com meros fragmentos, como símbolos deformados, como organismos alucinantes de uma 'ordem' em estado de decadência".

Entre o *Parere su l'Architettura* [Parecer sobre a arquitetura] de 1765 e as águas-fortes de Pesto, só publicadas depois da sua morte em 1778, Piranesi abandonou a verossimilhança arquitetônica e deu rédea larga à sua imaginação. Em uma publicação após a outra, culminando com sua obra extravagantemente eclética de ornamentação de interiores (1769), entregou-se a manipulações alucinatórias de forma historicista. Indiferente à distinção pró-helênica feita por Winckelmann entre beleza inata e ornamento gratuito, suas invenções delirantes exerceram uma atração irresistível em seus contemporâneos, e os interiores greco-romanos dos irmãos Adam devem muito aos voos da sua imaginação.

Na Inglaterra, onde o Rococó nunca fora plenamente aceito, o impulso no sentido de redimir os excessos do Barroco encontra sua primeira expressão no Paladianismo, iniciado pelo conde de Burlington, conquanto algo de um espírito purificador semelhante possa ser detectado nos últimos trabalhos de Nicholas Hawksmoor em Castle Howard. Em fins da década de 1750, porém, os britânicos já buscavam assiduamente instruir-se na própria Roma, onde, entre 1750 e 1765, os principais expoentes do Neoclassicismo estão residindo, do pró-romano e pró-etrusco Piranesi aos pró-gregos Winckelmann e Le Roy, cuja influência ainda viria a surtir efeito. No contingente britânico havia James Stuart, que empregaria a ordem dórica grega já em 1758, e George Dance, mais moço, que logo depois de sua volta a Londres em 1765 projetaria a penitenciária de Newgate, estrutura superficialmente piranesiana cuja organização rigorosa pode muito bem ter devido algo às teorias neopaladianas da proporção propostas por Robert Morris. O desenvolvimento final do Neoclassicismo britânico produziu-se primeiramente na obra do discípulo de Dance, John Soane, que sintetizou num grau notável as várias influências derivadas de Piranesi, Adam, Dance, e mesmo do Barroco inglês. A causa do *revival* grego era então popularizada por Thomas Hope, cuja obra *Household Furniture and Interior Decoration* [Mobiliário doméstico e decoração de interiores] (1807) forneceu uma versão britânica do Estilo Império napoleônico, então sendo criado por Percier e Fontaine.

Nada poderia estar mais distante da experiência britânica do que o desenvolvimento teórico que acompanhou o florescimento do Neoclassicismo na França. Uma consciência precoce da relatividade cultural em fins do século XVII induziu Claude Perrault a questionar a validade das proporções vitruvianas do modo como elas foram recebidas e apuradas pela teoria clássica. Em vez disso, ele elaborou sua tese de beleza *positiva* e beleza *arbitrária*, dando à primeira o papel normativo de padronização e perfeição, e à última a função expressiva que possa ser requerida por uma circunstância ou uma característica especial.

Essa contestação da ortodoxia vitruviana foi codificada pelo abade de Cordemoy em seu *Nouveau Traité de toute l'architecture* [Novo tratado de toda a arquitetura] (1706), em que substituiu os atributos vitruvianos da arquitetura – *utilitas, firmitas* e *venustas* [utilidade, solidez e beleza] – por sua trindade própria: *ordonnance, distribution* e *bienséance* [ordem, distribuição e conveniência]. Enquanto as duas primeiras dessas suas categorias concerniam à proporção correta das ordens clássicas e à sua disposição apropriada, a terceira introduzia a noção de adequação, com a qual Cordemoy alertava contra a aplicação inadequada dos elementos clássicos ou honoríficos às estruturas utilitárias ou comerciais. Assim, além de ser crítico em relação ao Barroco, que era o último estilo retórico e público do Antigo Regime, o *Tratado* de Cordemoy antecipava a preocupação de Jacques-François Blondel com a expressão formal apropriada e com uma fisionomia diferenciada para ajustar-se ao *caráter* social variável de diferentes *tipos* de construção. A época já estava tendo de enfrentar a articulação de uma sociedade muito mais complexa.

Além de insistir na aplicação judiciosa dos elementos clássicos, Cordemoy preocupava-se com sua pureza geométrica, em reação contra dispositivos barrocos como a colunata irregular, os frontões quebrados e as colunas torcidas. Também a ornamentação tinha de ser submetida à adequação, e Cordemoy, antecipando em duzentos anos *Ornament und Verbrechen* [Ornamento e crime] de Adolf Loos, sustentava que muitas construções não pediam nenhum ornamento. Tinha preferência pela alvenaria sem colunas ou pilastras e pelas estruturas ortogonais. Para ele, a coluna livre era a essência de uma arquitetura pura, tal como se manifestou na catedral gótica e no templo grego.

Em seu *Essai sur l'architecture* [Ensaio sobre a arquitetura] (1753), o abade Laugier reinterpretou Cordemoy e propôs uma arquitetura "natural" universal, consistindo a "cabana primitiva" em quatro troncos de árvore sustentando um telhado rústico em vertente. Seguindo Cordemoy, afirmou ser essa forma primitiva a base de uma espécie de estrutura gótica classicizada em que não haveria nem arcos, nem pilastras, nem pedestais, nem qualquer outro tipo de articulação formal, e em que os interstícios entre as colunas deveriam ser o mais possível fechados por vidros.

Essa estrutura "translúcida" foi realizada na igreja de Sainte-Geneviève, em Paris, de autoria de Jacques-German Soufflot, iniciada em 1755. Soufflot, que em 1750 fora um dos primeiros arquitetos a visitar os templos dóricos de Pesto, estava decidido a recriar a leveza, a amplidão e a proporção da arquitetura gótica em termos clássicos (para não dizer romanos). Para tanto, adotou o plano em cruz dos gregos, com a nave e as alas formadas por um sistema de cúpulas planas e arcos semicirculares apoiados num peristilo interno contínuo.

A tarefa de integrar a teoria de Cordemoy e o *opus magnum* de Soufflot à tradição acadêmica francesa coube a J. F. Blondel, que, após abrir sua escola de arquitetura na Rue de la Harpe, em 1743, se tornou o mestre da chamada geração "visionária" de arquitetos, que incluía Étienne-Louis Boullée, Jacques Gondoin, Pierre Patte, Marie-Joseph Peyre, Jean-Baptiste Rondelet e, provavelmente o mais visionário de todos, Claude-Nicolas Ledoux. Blondel expôs seus conceitos fundamentais concernentes à *composição*, ao *tipo* e ao *caráter* em seu *Cours d'architecture* [Curso de arquitetura], publicado de 1750 a 1770. Seu projeto de igreja ideal, publicado no segundo volume do *Cours*, referia-se a Sainte-Geneviève e exibia com destaque uma fachada representativa, enquanto articulava cada elemento interno como parte de um sistema espacial contínuo cujas perspectivas infinitas evocavam um sentimento do sublime. Esse projeto de igreja sugere a simplicidade e a grandeza que deveriam impregnar a obra de muitos de seus discípulos, notadamente Boullée, que depois de 1772 dedicou sua vida ao projeto de edifícios tão vastos que impossibilitavam sua realização.

Além de representar o caráter social de suas criações de acordo com os ensinamentos de Blondel, Boullée evocava as sublimes emoções de terror e tranquilidade através da grandeza de suas concepções. Influenciado pela obra de Le Camus de Mézières *Génie de l'architecture, ou l'analogie de cet art avec nos sensations* [O caráter da arquitetura, ou a analogia dessa arte com nossas sensações] (1780), começou a desenvolver seu *genre terrible*, no qual a imensidão da perspectiva e a pureza geométrica sem adornos de forma monumental se combinavam de modo a promover alegria e angústia. Mais do que qualquer outro arquiteto do Iluminismo, Boullée estava obcecado com a capacidade que tinha a luz de evocar a presença do divino. Essa intenção é evidente no diáfano fulgor solar que ilumina o interior de sua Metrópole, parcialmente baseada em Sainte-Geneviève. Uma luz semelhante é representada na vasta esfera de alvenaria do cenotáfio que projetou para Isaac Newton, no qual de noite se suspendia, para representar o sol, um fogo que de dia era apagado para revelar a ilusão do firmamento produzida pela luz do dia brilhando através das paredes vazadas da esfera.

Embora seus sentimentos políticos fossem solidamente republicanos, a obsessão de Boullée era imaginar os monumentos de um Estado onipotente, dedicados à adoração do Ser Supremo. Ao contrário de Ledoux, não se impressionava com as utopias descentralizadas de Morelly ou Jean-Jacques Rousseau. Apesar disso, sua influência na Europa pós-revolucionária foi considerável, principalmente pela atividade de seu discípulo, Jean-Nicolas-Louis Durand, que reduziu suas ideias extravagantes a uma tipologia normativa e econômica da edificação, exposta em seu *Précis des leçons données à l'École Polytechnique* [Compêndio das aulas dadas na Escola Politécnica] (1802-1809).

Após quinze anos de jubilosa desordem, a era napoleônica requeria estruturas úteis,

Fig. 2. Boullée, projeto de cenotáfio para Isaac Newton, c. 1785. Seção "de noite".

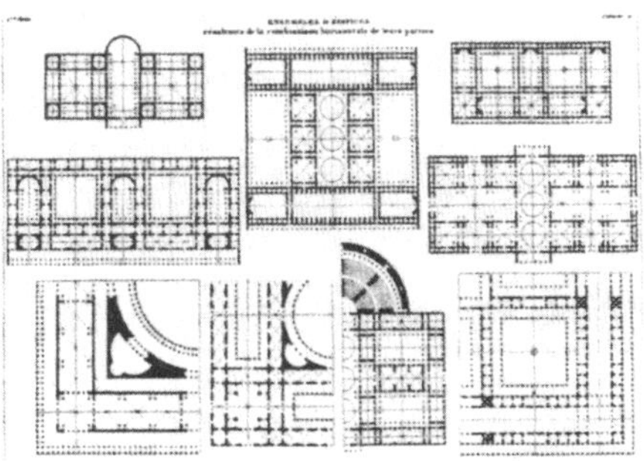

Fig. 3. Durand, combinações e permutações possíveis de formas planas, de seu *Précis*, 1802-1809.

de grandeza e autoridade apropriadas, desde que realizadas da maneira mais barata possível. Durand, primeiro professor de arquitetura da École Polytechnique, procurou estabelecer uma metodologia universal da edificação, contrapartida arquitetônica do Código Napoleônico, mediante a qual estruturas econômicas e apropriadas poderiam ser criadas pela permutação modular de tipos fixos de plantas e elevações alternativas. Assim, a obsessão de Boullée com vastos volumes platônicos foi explorada como meio de obter uma representação apropriada a um custo razoável. A crítica feita por Durand a Sainte-Geneviève, por exemplo, com suas 206 colunas e 612 metros de paredes, levaram-no a fazer uma contraproposta para um templo circular de área comparável, que precisaria apenas de 112 colunas e 248 metros de paredes – economia considerável, com a qual, segundo ele, se obteria um efeito muito mais impressionante.

Depois que sua carreira terminou com a Revolução, Ledoux voltou a desenvolver, na prisão, o projeto da fábrica de sal que construíra para Luís XVI em Arc-et-Senans em 1773-79. Ampliou a forma semicircular desse complexo no núcleo representativo de sua cidade ideal de Chaux. Esse projeto foi publicado em 1804 com o título *L'Architecture considérée sous le rapport de l'art, des moeurs et de la législation* [A arquitetura considerada sob o aspecto da arte, dos costumes e da legislação]. A fábrica de sal semicircular (que ele transformou no centro oval de sua cidade) pode ser vista como um dos primeiros experimentos de arquitetura industrial, já que integrou conscientemente unidades produtivas e alojamentos operários. Cada elemento desse complexo fisiocrático era representado em conformidade com seu caráter. Assim, os galpões para a evaporação do sal situados no eixo tinham o teto alto, como os edifícios agrícolas, e seu acabamento era de pedras lisas, com adornos rústicos, enquanto a casa do diretor, situada no centro, tinha teto baixo e frontões, era toda de pedra bruta e embelezada com pórticos clássicos. Aqui e ali as paredes dos galpões de sal e das casas de operários eram realçadas com "goteiras" grotescas de água petrificada, que não só simbolizavam a solução salina em que se baseava a empresa, mas sugeriam também que o sistema produtivo e a força de trabalho eram fatores do mesmo processo.

Ao desenvolver imaginariamente essa tipologia limitada para incluir todas as instituições de sua cidade ideal, Ledoux ampliou a ideia de uma "fisionomia" arquitetônica para simbolizar a intenção social de suas formas que, de outro modo, ficariam abstratas. Os significados são estabelecidos seja por símbolos convencionais, como os fasces que evocam justiça e unidade no fórum, a chamada *Pacifère*, seja por isomorfismo, como no caso da *Oikema*, projetada na for-

Fig. 4. Ledoux, cidade ideal de Chaux, 1804.

ma de um pênis. Esta última estrutura era dedicada à libertinagem, cuja curiosa finalidade social era induzir à virtude por meio da saciedade sexual.

Todo um mundo separa a transmutação racional, proposta por Durand, de elementos clássicos recebidos da arbitrária, mas purificadora reconstituição operada por Ledoux, de partes clássicas fragmentárias demonstradas nos postos de alfândega que ele projetou para Paris entre 1785 e 1789. Essas *barrières* eram tão desvinculadas da cultura de seu tempo quanto as instituições idealizadas de Chaux. Com sua demolição gradual depois de 1789, tiveram o mesmo destino da fronteira alfandegária abstrata e impopular que deveriam administrar, a Enceinte des Fermiers Généraux, da qual se dizia: "*Le mur murant Paris rend Paris murmurant*" [O muro que mura Paris faz Paris murmurar].

Depois da Revolução, a evolução do Neoclassicismo foi em grande parte inseparável da necessidade de acomodar as novas instituições da sociedade burguesa e de representar o surgimento do Estado republicano. O fato de essas forças terem estado inicialmente comprometidas com a monarquia constitucional não diminui em absoluto o papel que o Neoclassicismo desempenhou na formação do estilo burguês imperial. A criação do Estilo Império napoleônico em Paris e da Kulturnation francófila de Frederico II em Berlim nada mais são que manifestações separadas da mesma tendência cultural. O primeiro fez um uso eclético de motivos antigos, fossem eles romanos, gregos ou egípcios, para criar a herança instantânea de uma dinastia republicana – um estilo que se revelou de maneira significativa nos interiores, teatralmente decorados à maneira de tenda, da época das campanhas napoleônicas, e nos sólidos ornamentos romanos da capital, como a Rue de Rivoli e o Arc du Carrousel, de Percier e Fontaine, e a coluna da Place Vendôme, de Gondoin, dedicada à *Grande Armée*. Na Alemanha, a tendência manifestou-se primeiro na Porta de Brandemburgo, de Carl Gotthard Langhan, construída como entrada oeste de Berlim em 1793, e no projeto de Friedrich Gilly para um monumento a Frederico, o Grande, de 1797. As formas elementares de Ledoux inspiraram Gilly a emular a severidade do dórico, fazendo eco, assim, ao poder "arcaico" do movimento Sturm und Drang na literatura alemã. Como seu contemporâneo Friedrich Weinbrenner, projetou uma *Urcivilization* espartana de elevado valor moral, com a qual se celebraria o mito do Estado prussiano ideal. Seu notável monumento teria adquirido a forma de uma acrópole artificial na Leipzigerplatz. Quem viesse de Potsdam entraria nesse *temenos* por um arco de triunfo entroncado, rematado por uma quadriga.

O colega e sucessor de Gilly, o arquiteto prussiano Karl Friedrich Schinkel, foi buscar seu entusiasmo inicial pelo gótico não em Berlim ou Paris, mas em sua experiência direta das catedrais italianas. Mas, depois da derrota de Napoleão em 1815, seu gosto romântico foi amplamente eclipsado pela necessidade de encontrar uma expressão adequada para o triunfo do nacionalismo prussiano. A combinação de idealismo político e orgulho militar parece ter exigido um retorno ao clássico. Em todo caso, era esse o estilo que ligava Schinkel não apenas a Gilly, mas também a Durand, na criação de suas obras-primas em Berlim: a Neue Wache de 1816, o Schauspielhaus de 1821 e o Altes Museum de 1830. Enquanto tanto a primeira como o segundo apresentam aspectos característicos do estilo maduro de Schinkel – os cantos maciços de uma e as alas divididas por pilaretos do outro –, a influência de Durand é mais claramente revelada no museu, um projeto prototípico extraído do *Compêndio* e dividido pela metade, transformação em que a rotunda central, o peristilo e os pátios são conservados e as alas laterais eliminadas (ver p. 287). Embora os largos degraus da entrada e o peristilo, bem como as águias e os Dióscuros no teto, simbolizassem as aspirações culturais do Estado prussiano, Schinkel afastou-se dos métodos tipológicos e representativos de Durand para criar uma articulação espacial dotada de extraordinária força e delicadeza com o largo peristilo conduzindo a um pórtico estreito que contém uma escadaria de entrada simétrica e seu mezanino (arranjo que seria lembrado por Mies van der Rohe).

Fig. 5. Schinkel, Altes Museum, Berlim, 1828-30.

A linha principal do Neoclassicismo de Blondel foi retomada em meados do século XIX na carreira de Henri Labrouste, que estudara na École des Beaux-Arts (instituição que sucedeu à Académie Royale d'Architecture depois da Revolução) com A.-L.-T. Vaudoyer, que tinha sido aluno de Peyre. Depois de conquistar o Prêmio de Roma em 1824, Labrouste passou os cinco anos seguintes na Academia Francesa dessa cidade, dedicando boa parte de seu tempo na Itália a estudar os templos gregos em Pesto. Inspirando-se no trabalho de Jakob-Ignaz Hittorff, Labrouste foi um dos primeiros a sustentar que essas estruturas foram, em sua origem, extremamente coloridas. Isso e sua insistência no primado da estrutura e na derivação de todo ornamento da construção puseram-no em conflito com as autoridades, depois que inaugurou seu ateliê em 1830.

Em 1840, Labrouste foi nomeado arquiteto da Bibliothèque Sainte-Geneviève, em Paris, que fora criada para abrigar parte dos livros confiscados pelo Estado francês em

Fig. 6. Labrouste, estantes da Bibliothèque Nationale de Paris, 1860-68.

1789. Aparentemente baseado no projeto de Boullée para uma biblioteca do Palais Mazarin, de 1785, o projeto de Labrouste consiste numa parede perimetral de livros encerrando um espaço retilíneo e suportando um teto abobadado de estrutura de ferro, dividido em duas metades e suportado, além disso, no centro do espaço, por um renque de colunas de ferro.

Esse racionalismo estrutural era mais refinado no salão de leitura principal e nas estantes que Labrouste construiu para a Bibliothèque Nationale em 1860-68. Esse conjunto, inserido no pátio do Palais Mazarin, consiste num salão de leitura, coberto por um teto de ferro e vidro apoiado em dezesseis colunas de ferro fundido, e em estantes de vários andares de ferro fundido trabalhado. Dispensando qualquer vestígio de historicismo, Labrouste projetou essas estantes como uma gaiola iluminada de cima, em que a luz passa através das plataformas de ferro, do teto ao piso térreo. Embora essa solução derive da sala de leitura com estantes de ferro de Sydney Smirke, construída no pátio do neoclássico Museu Britânico de Robert Smirke, em 1854, a forma precisa de sua execução implicava uma nova estética, cujo potencial só seria realizado na obra construtivista do século XX.

Em meados do século XIX, a herança neoclássica dividiu-se em duas linhas de desenvolvimento estreitamente ligadas: o Classicismo Estrutural de Labrouste e o Classicismo Romântico de Schinkel. Ambas as "escolas" enfrentavam a mesma proliferação de novas instituições, típica do Oitocentos, e tiveram de responder igualmente à tarefa de criar novos tipos de edifícios. Diferiam muito na maneira de realizar essas qualidades representativas: os classicistas estruturais tendiam a dar ênfase à estrutura – linha de Cordemoy, Laugier e Soufflot –, enquanto os classicistas românticos tendiam a ressaltar o caráter fisionômico da própria forma – linha de Ledoux, Boullée e Gilly. Enquanto, na obra de homens como E.-J. Gilbert e F. A. Duquesney (que projetou a Gare de l'Est, Paris, em 1852), uma "escola" parece ter se concentrado em obras como prisões, hospitais e estações ferroviárias, a outra voltou-se mais para estruturas representativas, como o museu e a biblioteca universitários de C. R. Cockerell na Inglaterra, ou os monumentos mais grandiosos erigidos por Leo von Klenze na Alemanha, sobretudo o romântico Walhalla do último, terminado em Regensburg em 1842.

Em termos de teoria, o Classicismo Estrutural começou com o *Traité de l'art de bâtir* [Tratado da arte de construir] (1802) e culminou no fim do século nos escritos do engenheiro Auguste Choisy, em particular sua *Histoire de l'architecture* [História da arquitetura] (1899). Para Choisy, a essência da arquitetura é a construção, e todas as transformações estilísticas são simples consequências lógicas do desenvolvimento técnico: "Alardear vosso Art Nouveau é ignorar todo o ensinamento da história. Não foi assim que os grandes estilos do passado nasceram. Era na sugestão da construção que o arquiteto das grandes épocas artísticas encontrava sua mais autêntica inspiração". Choisy ilustrava a determinação estrutural de sua *História* com projeções axonométricas que revelavam a essência de um tipo de forma numa só imagem gráfica, que compreendia planta, corte e elevação. Como Reyner Banham observou, essas ilustrações objetivas reduzem a arquitetura que representam à pura abstração, e era isso, além do volume de informação que sintetizavam, que as tornava tão apreciadas pelos pioneiros do Movimento Moderno na virada do século.

A ênfase que a história de Choisy dava à arquitetura grega e gótica era uma racionalização oitocentista tardia do ideal greco-gótico formulado pela primeira vez cerca de um século antes por Cordemoy. Essa projeção setecentista da estrutura gótica na sintaxe clássica encontra seu paralelo na caracterização do dórico como estrutura de madeira transposta para a alvenaria. Uma transposição semelhante seria praticada pelo discípulo de Choisy, Auguste Perret, que insistiu em detalhar suas estruturas de concreto armado no estilo da estrutura tradicional de madeira.

Racionalista estrutural até a medula, Choisy foi capaz, porém, de responder à sensibilidade romântica ao escrever sobre a

Fig. 7. Choisy, projeção axonométrica de parte do Panthéon, Paris (ver il. 1), extraída de sua *Histoire de l'architecture*, 1899.

Acrópole: "Os gregos nunca visualizaram um edifício sem o terreno que o emoldurava e sem os outros edifícios que o circundavam... cada motivo arquitetônico, por si, é simétrico, mas cada grupo é tratado como uma paisagem em que só as massas se equilibram".

Essa noção pitoresca de um equilíbrio parcialmente simétrico terá sido tão estranha ao ensinamento da École des Beaux-Arts quanto o era a abordagem politécnica de Durand. Certamente deve ter tido uma atração limitada para Julien Gaudet, que em seu curso *Eléments et théorie de l'architecture* [Elementos e teoria da arquitetura] procurou estabelecer uma abordagem normativa da composição de estruturas a partir de elementos tecnicamente atualizados e arranjados, na medida do possível, de acordo com a tradição da composição axial. Foi com o ensino de Guadet na École des Beaux-Arts e com sua influência sobre seus discípulos Auguste Perret e Tony Garnier que os princípios da composição "elementarista" clássica passaram aos arquitetos pioneiros do século XX.

CAPÍTULO 2 Transformações territoriais: evolução urbana, 1800-1909

[Com] o desenvolvimento de meios de comunicação cada vez mais abstratos, a continuidade de uma comunicação arraigada é substituída por novos sistemas que continuam a se aperfeiçoar ao longo do século XIX, permitindo à população maior mobilidade e proporcionando uma informação que é mais precisamente sincronizada com o ritmo acelerado da história. A ferrovia, a imprensa diária e o telégrafo suplantarão aos poucos o *espaço* em seu papel informativo anterior.

Françoise Choay
A cidade moderna: planejamento do século XIX, 1969

A cidade finita, tal como chegou a existir na Europa ao longo dos quinhentos anos precedentes, foi totalmente transformada, no lapso de um século, pela interação de uma quantidade de forças técnicas e socioeconômicas sem precedentes, muitas das quais emergiam pela primeira vez na segunda metade do século XVIII. Contam com destaque entre elas, de um ponto de vista técnico, inovações como a produção em massa de trilhos de ferro, a partir de 1767, inventada por Abraham Darby, e a semeadeira mecânica para plantio em linha de Jethro Tull, cujo uso foi generalizado depois de 1731. Enquanto o invento de Darby levou ao desenvolvimento, por Henry Cort, do processo de pudlagem para a conversão simplificada de ferro fundido em ferro forjado, em 1784, a máquina de Tull era essencial para o aperfeiçoamento do sistema rotativo de quatro colheitas de Charles Townshend – o princípio do "alto cultivo", que se generalizou por volta do fim do século.

Essas inovações produtivas tiveram inúmeras repercussões. No caso da metalurgia, a produção de ferro inglesa multiplicou-se por quarenta entre 1750 e 1850 (alcançando dois milhões de toneladas por ano em 1850); no caso da agricultura, depois dos Enclosures Act [leis para cercar as terras] de 1771, a lavoura ineficiente foi substituída pelo sistema de quatro colheitas. Enquanto uma foi valorizada pelas guerras napoleônicas, a outra foi motivada pela necessidade de alimentar uma população industrial que crescia com rapidez.

Ao mesmo tempo, a indústria têxtil doméstica, que ajudara a sustentar a economia agrária da primeira metade do século XVIII, transformou-se rapidamente, primeiro pela máquina de fiar de James Hargreaves (1764), que aumentou muito a capacidade individual de fiação, depois pelo tear a vapor de Edmund Cartwright, utilizado pela primeira vez na produção fabril em 1784. Este último acontecimento não apenas estabeleceu a produção têxtil como indústria em grande escala, como levou de imediato à invenção da fábrica de vários pavimentos e à prova de fogo. Assim, a manufatura tradicional foi forçada a abandonar sua base predominantemente rural e a concentrar o trabalho e a fábrica, primeiro perto de cursos d'água, depois, com o advento da força motriz a vapor, perto de jazidas de carvão. Com 24.000 teares a vapor em produção em 1820, a cidade manufatureira inglesa já era um fato estabelecido.

Esse processo de enraizamento – *enracinement*, como Simone Weil o chamou –

foi posteriormente acelerado pelo uso da tração a vapor no transporte. Richard Trevithick foi o primeiro a fazer a demonstração, em 1804, de uma locomotiva rodando em trilhos de ferro fundido. A inauguração do primeiro serviço ferroviário público entre Stockton e Darlington, em 1825, foi seguida pelo rápido desenvolvimento de uma infraestrutura completamente nova: a Grã-Bretanha tinha cerca de 10.000 milhas de ferrovias instaladas em 1860. O advento da navegação a vapor de longa distância depois de 1865 aumentou muitíssimo a migração europeia para as Américas, a África e a Austrália. Enquanto essa migração levou a população necessária para desenvolver a economia dos territórios coloniais e ocupar as cidades de planta quadriculada do Novo Mundo, em franco crescimento, a obsolescência militar, política e econômica da tradicional cidade murada europeia levou, após as revoluções liberais nacionais de 1848, à demolição das muralhas e à extensão da cidade, antes finita, a seus já florescentes subúrbios.

Acompanhada de uma súbita queda da mortalidade, essa evolução geral devida a melhores padrões nutritivos e a técnicas médicas aperfeiçoadas, deu origem a uma concentração urbana sem precedentes, primeiro na Inglaterra, depois, com diferentes taxas de crescimento, em todo o mundo em desenvolvimento. A população de Manchester cresceu oito vezes no curso do século, passando de 75.000 em 1801 para 600.000 em 1901, enquanto Londres, no mesmo período, crescia de cerca de 1 milhão para 6,5 milhões. Paris cresceu numa taxa comparável, mas teve um começo mais modesto, expandindo-se de 500.000 em 1801 para 3 milhões em 1901. Mesmo esses aumentos de seis a oito vezes são modestos comparados com o crescimento de Nova York nesse período. Nova York foi projetada inicialmente como uma cidade de planta quadriculada, em 1811, em conformidade com o Plano Municipal daquele ano, e sua população passou de 33.000 em 1801 para 500.000 em 1850 e para 3,5 milhões em 1901. Chicago cresceu numa taxa ainda mais astronômica, passando de 3.000 habitantes na época da quadrícula de Thompson (1833) para cerca de 30.000 (metade dos quais, aproximadamente, nascidos nos Estados Unidos), em 1850, tornando-se uma cidade de 2 milhões de habitantes na virada do século.

A acomodação de tão volátil crescimento levou à transformação dos velhos bairros em áreas miseráveis e, também, à construção de moradias baratas e de cortiços, cuja finalidade principal, dada a carência geral de transporte municipal, era proporcionar, da forma menos onerosa possível, a máxima quantidade de alojamento rudimentar dentro da distância a pé dos centros de produção. Naturalmente essas habitações congestionadas tinham condições inadequadas de luz e ventilação, carência de espaços abertos, péssimas instalações sanitárias, como latrinas e lavatórios (que eram externos e comuns), e despejos de lixo contíguos. Com um escoamento precário e uma manutenção inadequada, tais condições levavam à acumulação de excrementos e lixo e a inundações, o que provocava naturalmente uma alta incidência de doenças – primeiro a tuberculose, depois, ainda mais alarmante para as autoridades, os surtos de cólera na Inglaterra e na Europa Continental, nas décadas de 1830 e 1840.

Essas epidemias tiveram o efeito de precipitar reformas sanitárias e pôr em prática algumas leis mais antigas sobre a construção e a manutenção de conurbações densas. Em 1833, as autoridades londrinas determinaram que a Poor Law Commission, presidida por Edwin Chadwick, investigasse as origens do surto de cólera em Whitechapel. Disso resultaram o relatório de Chadwick, *An Inquiry into the Sanitary Conditions of the Labouring Population in Great Britain* [Investigação sobre as condições sanitárias da população trabalhadora na Grã-Bretanha] (1842), a Comissão Real sobre o Estado das Grandes Cidades e dos Bairros Populosos de 1844 e, por fim, a Lei de Saúde

Pública de 1848. Essa lei, junto com outras, tornavam as autoridades locais legalmente responsáveis pelo esgoto, a coleta de lixo, o fornecimento de água, as vias públicas, a inspeção de matadouros e o enterro dos mortos. Medidas semelhantes ocupariam Haussmann durante a reconstrução de Paris entre 1853 e 1870.

O resultado dessa legislação na Inglaterra foi tornar a sociedade vagamente consciente da necessidade de melhorar a habitação da classe operária; mas havia pouca concordância inicial quanto aos meios e aos modelos para realizar essa melhoria. Não obstante, a Sociedade para a Melhoria das Condições das Classes Trabalhadoras, inspirada por Chadwick, patrocinou a construção dos primeiros apartamentos operários em Londres em 1844, com projeto do arquiteto Henry Roberts; sucederam a esse início resoluto os apartamentos da Rua Streatham, construídos pela mesma sociedade em 1848-50, e um prédio operário prototípico de dois andares e quatro apartamentos, também projetado por Roberts para a Grande Exposição de 1851. Esse modelo genérico da reunião de apartamentos dois a dois em torno de uma escada comum iria influenciar o planejamento de habitações operárias durante o resto do século.

O filantropo Peabody Trust, financiado pelos americanos, e várias sociedades beneficentes inglesas, além de autoridades municipais, tentaram, a partir de 1864, melhorar a qualidade da habitação operária, mas pouca coisa significativa foi realizada até as leis de urbanização dos bairros pobres (*Clearance Acts*) de 1868 e 1875 e a Lei da Habitação das Classes Trabalhadoras de 1890, que encarregava as autoridades municipais de assegurar a habitação pública. Em 1893, quando o Conselho Municipal de Londres (estabelecido em 1890) começou a construir apartamentos para operários sob os auspícios dessa lei, seu Departamento de Arquitetura fez um esforço notável para desinstitucionalizar a imagem dessa habitação, adaptando o estilo doméstico Arts and Crafts (ver p. 47) para construir prédios de apartamentos de seis andares. Típico dessa tendência é o Millbank Estate, iniciado em 1897.

Ao longo do século XIX, o esforço da indústria para encarregar-se do problema adquiriu várias formas, da fábrica "modelo" e das cidades ferroviárias e fabris às comunidades utópicas projetadas como protótipos de um futuro Estado esclarecido. Entre os que manifestaram bem cedo um interesse por assentamentos industriais integrados, cumpre citar Robert Owen, cuja New Lanark na Escócia (1815) foi projetada como uma instituição pioneira do movimento cooperativo, e sir Titus Salt, cuja Saltaire, perto de Bradford, em Yorkshire (fundada em 1850), era uma cidade fabril paternalista, completada por instituições urbanas tradicionais, como igreja, enfermaria, escola secundária, banhos públicos, asilos e um parque.

Nenhuma dessas realizações pode concorrer em alcance e potencial libertador com a visão radical do "novo mundo industrial" de Charles Fourier, tal como formulado em seu ensaio com esse título (*Le Nouveau monde industriel*), publicado em 1829. A sociedade não repressiva de Fourier dependeria do estabelecimento de comunidades ideais ou "falanges", alojadas em "falanstérios", onde os homens se relacionariam de acordo com o princípio fisiológico fourieriano da "atração passional". Como o falanstério era projetado para estar em campo aberto, sua economia seria predominantemente agrícola, suplementada por uma manufatura leve. Em seus primeiros escritos, Fourier esboçou os atributos físicos de seu assentamento comunal, que tinha como modelo o desenho de Versalhes, com a ala central destinada a funções públicas (salão de jantar, biblioteca, jardim de inverno, etc.), enquanto suas alas laterais eram dedicadas a ateliês e ao caravançará. Em seu *Traité de l'association domestique agricole* [Tratado da associação doméstica agrícola] (1822), Fourier escreveu que o falanstério era uma cidade em

Fig. 8. Godin, Familistério, Guise, 1859-70.

miniatura cujas ruas teriam a vantagem de não estar expostas ao tempo. Ele o via como uma estrutura cujo tamanho, se adotado genericamente, substituiria a sordidez pequeno-burguesa das pequenas casas individuais isoladas, que, então, já começavam a instalar-se nos interstícios externos das cidades.

O discípulo de Fourier, Victor Considérant, escrevendo em 1838, misturou a metáfora de Versalhes com a do navio a vapor e indagou se não era "mais fácil alojar 1.800 homens bem no meio do oceano, a 600 léguas da costa mais próxima... do que alojar numa construção unitária 1.800 bons camponeses no coração da Champagne ou firmemente no solo da Beauce". Essa combinação de comuna e navio seria retomada por Le Corbusier, mais de um século depois, em sua comuna autônoma, a Unité d'Habitation, construída com matizes fourieristas em Marselha em 1952 (ver p. 274).

A importância duradoura de Fourier está em sua crítica radical da produção industrializada e da organização social, pois, apesar de numerosas tentativas de criar falanstérios na Europa e na América, seu novo mundo industrial estava fadado a continuar sendo um sonho. Sua realização mais próxima foi o familistério, construído pelo industrial J.-P. Godin, perto de sua fábrica em Guise (1859-70). Esse complexo compreendia três blocos residenciais, uma creche, um jardim de infância, um teatro, escolas, banhos públicos e uma lavanderia. Cada bloco residencial tinha em seu centro um pátio iluminado do alto, que tomava o lugar das ruas-corredores elevadas do falanstério. Em seu livro *Solutions sociales* [Soluções sociais] (1870), Godin absorvia os aspectos mais radicais do fourierismo, mostrando como o sistema podia ser adaptado para a vida familiar cooperativa, sem recorrer às teorias excêntricas da "atração passional".

À parte acomodar as massas trabalhadoras, a matriz londrina setecentista de ruas e praças estendeu-se ao longo do século XIX para satisfazer às exigências residenciais de uma classe média urbana crescente. Não mais satisfeita, porém, com a escala e a textura da praça verde ocasional – delimitada de todos os lados por ruas e casas geminadas contínuas –, o Movimento pelo Parque Inglês, fundado pelo arquiteto-paisagista Humphrey Repton, tentou projetar a "propriedade rural com tratamento paisagístico" (*landscaped country estate*) na cidade. O próprio Repton logrou demonstrá-la em colaboração com o arquiteto John Nash, em seu projeto do Regent's Park de Londres (1812-27). Depois da vitória sobre Napoleão em 1815, o proposto desenvolvimento em torno do parque foi ampliado, sob o patrocínio real, por uma fachada contínua falsa, penetrando o tecido urbano existente e estendendo-se como uma faixa mais ou menos ininterrupta de casas geminadas da aristocrática vista de Regent's Park, ao norte, até a urbanidade palaciana de St Jame's Park e Carlton House Terrace, ao sul.

O conceito terratenente da casa de campo neoclássica implantada numa paisagem irregular (uma imagem derivada da obra "pitoresca" de Capability Brown e Uvedale Price) foi assim trasladado por Nash para o suprimento de habitações contíguas no perímetro de um parque urbano. Esse modelo foi primeiro sistematicamente adaptado ao uso geral por sir Joseph Paxton, em Birkenhead Park, construído fora de Liverpool em 1844. O Central Park de Nova York, de Frederick Law Olmsted, inaugurado em 1857, foi diretamente influenciado pelo exemplo de Paxton, inclusive em sua separação entre tráfego de veículos e de pedestres. A ideia recebeu sua elaboração final nos parques parisienses criados por J. C. A. Alphand, onde o sistema de circulação ditava totalmente a maneira como o parque devia ser usado. Com Alphand, o parque se torna uma influência civilizatória para as novas massas urbanizadas.

O lago irregular, que Nash criou em St James's Park em 1828 a partir da bacia retangular que os irmãos Mollet construíram em 1662, pode ser considerado um símbolo da vitória da concepção pitoresca inglesa sobre a concepção cartesiana francesa da paisagem, datada do século XVII. Os franceses, que até então haviam considerado o verde como outra ordem arquitetônica e representado suas avenidas como colunatas de árvores, acharam irresistível o apelo romântico da paisagem irregular de Repton. Depois da Revolução, remodelaram seus parques aristocráticos segundo sequências pitorescas.

Mas, apesar de toda a força do pitoresco, o impulso francês no sentido da racionalidade permaneceu, primeiro nos *percements* (demolição total em linha reta para criar uma via pública totalmente nova) do Plano dos Artistas para Paris, elaborado em 1793 por uma comissão de artistas revolucionários sob a liderança do pintor Jacques-Louis David, e mais tarde na arcada napoleônica da Rue de Rivoli, construída a partir de 1806 com base no projeto de Percier e Fontaine. Enquanto a Rue de Rivoli deveria servir de modelo arquitetônico não apenas para a Regent Street de Nash, mas também para a "fachada" cenográfica da Paris do Segundo Império, o Plano dos Artistas demonstrava a estratégia instrumental da *allée* (alameda), que se tornaria a principal ferramenta de reconstrução de Paris sob Napoleão III.

Napoleão III e o barão Georges Haussmann deixaram uma marca indelével não apenas em Paris, mas também num grande número de cidades importantes, na França e na Europa Central, que passaram por regularizações à Haussmann ao longo da segunda metade do século. A influência deles está presente inclusive no plano, elaborado em 1909 por Daniel Burnham, da malha quadriculada de Chicago, sobre o qual o mesmo Burnham escreveu: "A tarefa que Haussmann levou a cabo em Paris corresponde ao trabalho que deve ser feito em Chicago para superar as intoleráveis condições, invariavelmente originadas pelo rápido crescimento populacional."

Em 1853, como novo prefeito nomeado do departamento de Seine, Haussmann viu essas mesmas condições em Paris, com sua água poluída, sua falta de um sistema de esgotos adequado, sua insuficiência de espaços abertos para cemitérios e parques, suas vastas áreas de habitações miseráveis e, *last but not least*, seu tráfego congestionado. As duas primeiras dessas condições eram indubitavelmente as mais críticas para o bem-estar cotidiano da população. Por captar a maior parte de sua água no Sena, que também servia como principal coletor de esgotos, Paris padecera dois sérios surtos de cólera na primeira metade do século. Ao mesmo tempo, o sistema viário existente não era mais adequado para o centro administrativo de uma economia capitalista em expansão. Sob a breve autocracia de Napoleão III, a solução radical de Haussmann para o aspecto físico desse complexo problema era o *percement*. Esse vasto objetivo era, como Choay escreveu, "proporcionar unidade e transformar num todo operacional o 'enorme mercado consumidor, a imensa fábrica' que era o aglomerado parisiense". Embora o Plano dos Artistas de 1793 e, antes dele, o de Pierre Patte de 1765 tenham antecipado claramente a estrutura axial e focal da Paris de Haussmann, há, como Choay assinala, uma mudança discernível da localização dos eixos, de uma cidade organizada em torno de *quartiers* tradicionais, como no plano feito sob a responsabilidade de David, para uma metrópole unida pela "febre de capitalismo".

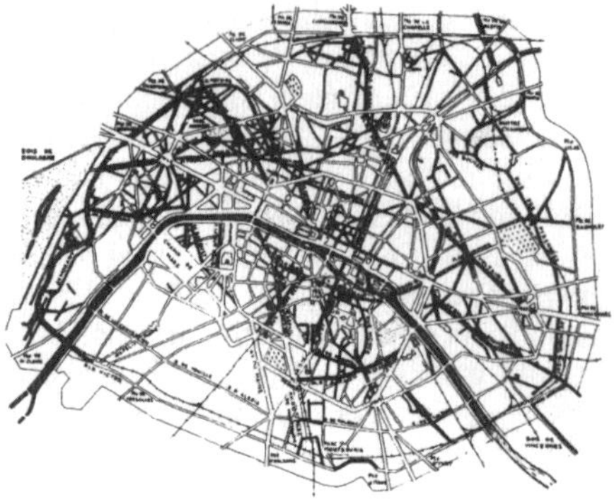

Fig. 9. A regularização de Paris: as ruas abertas por Haussmann são mostradas em preto.

Os economistas e tecnocratas saint-simonianos, a maioria deles da École Polytechnique, influenciaram as ideias de Napoleão III quanto aos meios econômicos e aos fins sistemáticos a serem adotados na reconstrução de Paris, dando ênfase à importância de sistemas de comunicação rápidos e eficientes. Haussmann converteu Paris numa metrópole regional, abrindo na malha existente ruas cuja finalidade era ligar pontos e bairros opostos cruzando a tradicional barreira do Sena. Deu prioridade à criação de eixos norte-sul e leste-oeste mais substanciais, à construção do Boulevard de Sébastopol e à extensão a leste de Rue de Rivoli. Esse cruzamento básico, que servia aos grandes terminais ferroviários do norte e do sul, era envolvido por um bulevar "em anel", que, por sua vez, era ligado ao principal distribuidor de tráfego criado por Haussmann, o complexo da Etoile, construído em torno do Arco do Triunfo de Chalgrin.

Durante a gestão de Haussmann, a prefeitura de Paris construiu cerca de 137 quilômetros de novos bulevares, consideravelmente mais largos, mais densamente arborizados e mais bem iluminados do que os 536 quilômetros de antigas vias que eles substituíram. Vieram com isso plantas residenciais padrão e fachadas regularizadas, além de sistemas padrão de mobiliário urbano – mictórios, bancos, abrigos, quiosques, relógios, postes de luz, placas, etc., desenhados por Eugène Belgrand e Alphand, engenheiros de Haussmann. Todo esse sistema era "ventilado" sempre que possível por largas áreas públicas abertas, como o Bois de Boulogne e o Bois de Vincennes. Além disso, novos cemitérios e vários parques pequenos, como o Parc des Buttes Chaumont e o Parc Monceau, foram criados ou melhorados dentro dos limites ampliados da cidade. Acima de tudo, criou-se um sistema adequado de esgotos e de água fresca trazida à cidade do vale do Dhuis. Na realização desse plano global, Haussmann, administrador apolítico por excelência, recusou-se a aceitar a lógica política do regime a que servia. Acabou sendo vencido por uma burguesia ambivalente, que durante sua gestão apoiou suas "melhorias proveitosas", ao mesmo tempo que defendia seus direitos de propriedade contra sua intervenção.

Antes do colapso do Segundo Império, o princípio de "regularização" já estava sendo praticado fora de Paris, particularmente em Viena, onde a substituição das fortificações demolidas por um bulevar cenográfico foi levado a seu extremo lógico na ostentatória Ringstrasse, construída em torno do centro velho entre 1858 e 1914. Os monumentos autônomos dessa expansão urbana "aberta", estruturada em torno de uma via curva de enorme amplidão, provocaram a reação crítica do arquiteto Camillo Sitte, que em seu influente *Der Städtebau nach seinen künsterlerischen Grundsätzen* [Planejamento urbano de acordo com princípios artísticos] (1889) defendia o envolvimento dos principais monumentos da Ringstrasse por edifícios e arcadas. Nada caracteriza melhor a preocupação de Sitte em fazer esse reparo do que sua comparação crítica da cidade "aberta" de fins do século XIX, atravessada pelo tráfego, com a tranquilidade do núcleo urbano medieval ou renascentista:

"Durante a Idade Média e o Renascimento, as praças públicas eram frequentemente usa-

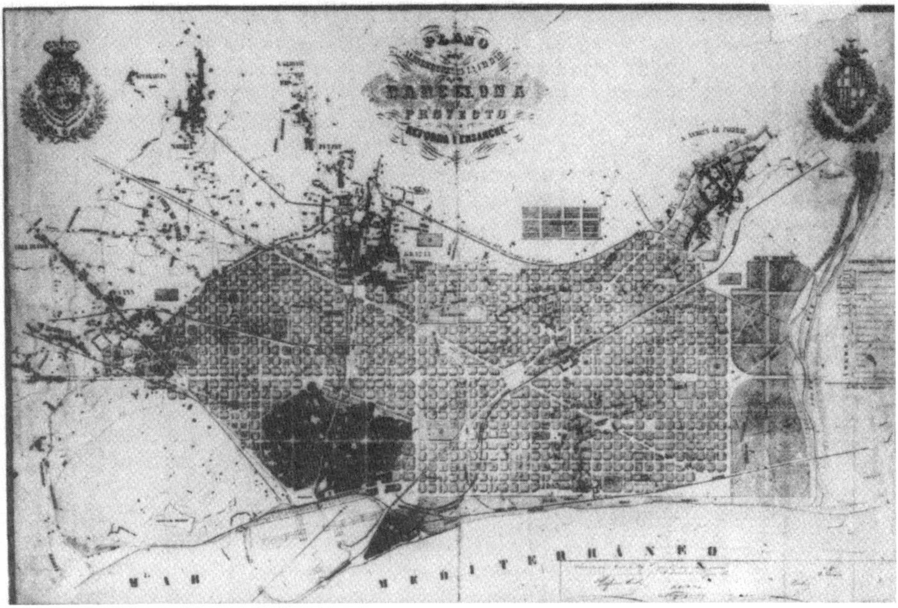

Fig. 10. Cerdá, projeto para a expansão de Barcelona, 1858. A cidade velha aparece em preto.

das para finalidades práticas... elas constituíam uma entidade com os edifícios que as rodeavam. Hoje servem no máximo de lugar para estacionar veículos e não têm nenhuma relação com os edifícios que as dominam... Em suma, falta atividade precisamente naqueles lugares em que, antigamente, elas eram mais intensas: perto das estruturas públicas."

Entrementes, em Barcelona, as implicações regionais da regularização urbana estavam sendo desenvolvidas pelo engenheiro espanhol Ildefonso Cerdá, o inventor do termo *urbanização*. Em 1859, Cerdá projetou a expansão de Barcelona como cidade quadriculada, com cerca de vinte e dois quarteirões de profundidade, orlada pelo mar e cortada por duas avenidas diagonais. Impulsionada pela indústria e pelo comércio ultramarino, Barcelona encheu esse plano quadricular em escala americana em fins do século. Em sua *Teoría general de la urbanización* [Teoria geral da urbanização], de 1867, Cerdá deu prioridade ao sistema de tráfego e, em particular, à tração a vapor. Para ele, o tráfego era, em mais de um aspecto, o ponto de partida de todas as estruturas urbanas cientificamente embasadas. O plano de Léon Jaussely para Barcelona (1902), derivado do de Cerdá incorporava essa ênfase dada ao movimento na forma de uma protocidade linear em que zonas separadas de implantação e de transporte são organizadas em faixas. Seu desenho antecipava em certos aspectos as propostas russas de cidade linear de 1920.

Em 1891, a exploração intensiva do centro da cidade era possível graças a dois desdobramentos, essenciais para a construção de edifícios altos: a invenção, em 1853, do elevador de passageiros e o aperfeiçoamento, em 1890, da estrutura de ferro. Com a introdução do metrô (1863), do bonde elétrico (1884) e do trem de subúrbio (1890), o arrabalde ajardinado surgiu como uma unidade "natural" da expansão urbana futura. A relação complementar dessas duas for-

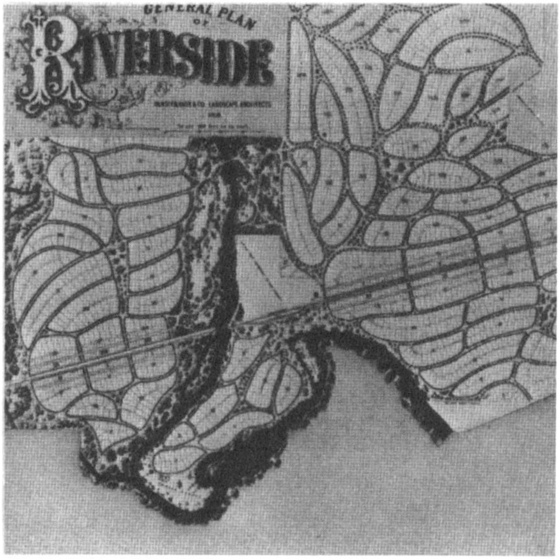

Fig. 11. Olmsted, plano de Riverside, Chicago, 1869.

mas americanas de desenvolvimento urbano – o centro de crescimento vertical e o subúrbio ajardinado de crescimento horizontal – ficou demonstrada no *boom* imobiliário que se seguiu ao grande incêndio de Chicago em 1871.

O processo de suburbanização já começara em torno de Chicago com o planejamento, em 1869, do subúrbio de Riverside, baseado nos desenhos pitorescos de Olmsted. Baseado em parte no cemitério-jardim de meados do século XIX, em parte no subúrbio original da costa leste, o Riverside era ligado ao centro de Chicago por trem e um caminho para cavaleiros.

Com a introdução em Chicago, em 1882, do bonde a vapor, abria-se caminho para uma ulterior expansão. A beneficiária imediata foi a zona sul da cidade. Mas o crescimento suburbano não iria prosperar de fato até a década de 1890, quando, com a introdução do bonde elétrico, o trânsito suburbano ampliou muitíssimo seu raio de alcance, sua velocidade e sua frequência. Isso acarretou, na virada do século, a abertura do subúrbio de Oak Park, que seria o campo de provas para as primeiras casas de Frank Lloyd Wright. Entre 1893 e 1897, uma extensa via férrea elevada foi implantada na cidade, cercando sua área central. Todas essas formas de trânsito eram essenciais ao crescimento de Chicago. O fator mais importante para a prosperidade de Chicago foi a ferrovia, pois ela levou os primeiros exemplares de equipamento moderno para a pradaria – a essencial colhetadeira mecânica inventada por McCormick em 1831 – e trouxe, de volta, cereais e gado das grandes planícies, baldeando-os para os silos e armazéns à beira do lago, que começaram a ser construídos na zona sul de Chicago em 1865. A ferrovia é que redistribuía essa abundância a partir da década de 1880, nos vagões refrigerados inventados por Gustavus Swift, e o correspondente desenvolvimento do comércio aumentou muitíssimo o intenso tráfego de passageiros centrado em Chicago. Assim, a última década do século presenciou mudanças radicais nos métodos de construção de cidades e nos meios de acesso urbano, mudanças essas que, em conjunção com o plano quadricular, logo transformariam a cidade tradicional numa região metropolitana em permanente expansão, em que as moradias e o núcleo urbano concentrado são ligados por uma rede de transportes suburbana contínua.

O empresário puritano George Pullman, que ajudou a reconstruir Chicago depois do incêndio, foi um dos primeiros a perceber o florescente mercado do transporte de passageiros de longa distância, e apresentou seu primeiro carro-leito Pullman em 1865. Depois de concluída a ligação ferroviária transcontinental em 1869, a Palace Car Company de Pullman prosperou e, no início da década de 1880, ele fundou sua cidade industrial ideal de Pullman, a sul de Chicago, um assentamento que combinava residências operárias com toda a gama de instalações comunitárias, inclusive um teatro e uma biblioteca, assim como escolas, parques e *playgrounds*, todos situados perto da fábrica de Pullman. Esse complexo bem ordenado superou em muito as instalações fornecidas por Godin em Guise, cerca de vinte anos antes. Também excedia largamente, em sua abrangência e clareza, as cidades-modelo pitorescas fundadas na Inglaterra pelo confeiteiro George Cadbury em Bournville, Birmingham, em 1879, e pelo fabricante de sabão W. H. Lever em Port Sunlight, perto de Liverpool, em 1888. A precisão paternalista e autoritária de Pullman assemelha-se muito com o Saltaire ou com as vilas operárias estabelecidas antes por Krupp, como política de sua empresa, em Essen no fim da década de 1860.

O transporte sobre trilhos numa escala muito menor, por bonde ou por trem, seria o

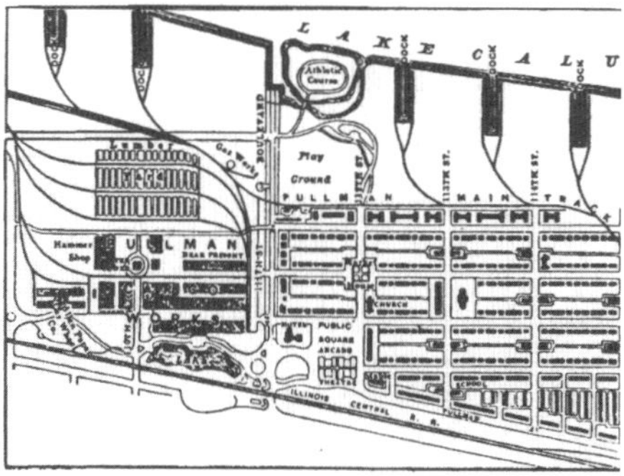

Fig. 12. S. S. Berman, fábrica (esq.) e cidade de Pullman, Chicago, ilustrada em 1885.

Fig. 13. Howard, "Rurisville", cidade-jardim esquemática, apresentada em seu livro *Tomorrow* [Amanhã], 1898.

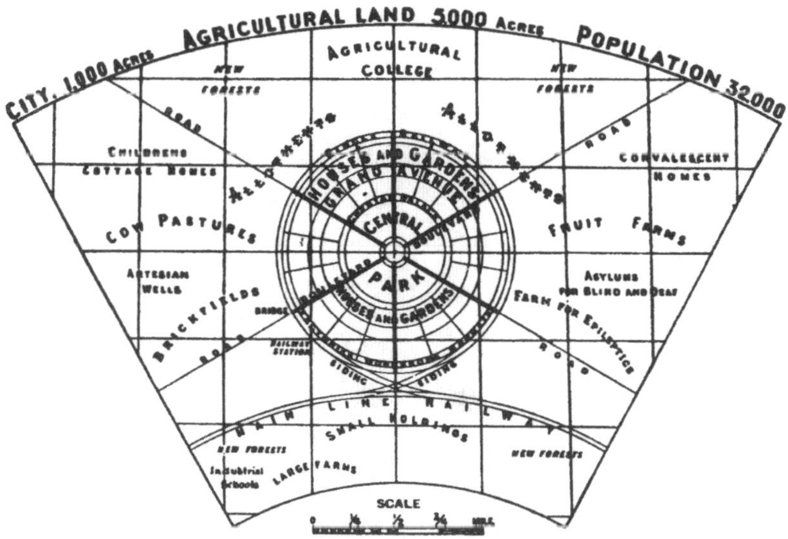

fator determinante principal dos dois modelos alternativos da cidade-jardim europeia. Um deles era a estrutura axial da cidade-jardim linear espanhola, descrito inicialmente por seu inventor, Arturo Soria y Mata, no início da década de 1880; o outro era a cidade-jardim concêntrica inglesa, circundada por via férrea, que Ebenezer Howard apresentou em *Tomorrow: A Peaceful Path to Real Reform* [Amanhã: um caminho pacífico para uma reforma verdadeira] (1898). Enquanto a cidade linear de Soria y Mata, dinâmica e interdependente, compreendia, em suas próprias palavras de 1882, "uma rua única de uns 500 metros de largura, e com um comprimento necessário... [uma cidade] cujas extremidades podiam ser Cádiz, São Petersburgo, Pequim ou Bruxelas", a Rurisville de Howard, estática, mas supostamente independente, era rodeada por vias férreas e, em consequência, tinha seu tamanho ideal fixado entre 32.000 e 58.000 habitantes. Enquanto o modelo espanhol era inerentemente regional, indeterminado e continental, a versão inglesa era autônoma, limitada e provinciana. Soria y Mata descrevia suas "vértebras de locomoção" como incorporando, além do trânsito, os serviços essenciais da cidade oitocentista – água, gás, eletricidade e esgotos – compatíveis com as necessidades de distribuição da produção industrial da época.

Além de ser a antítese da cidade planificada radial, a cidade linear era um meio de construir ao longo de uma malha triangulada de vias preexistentes, conectando um conjunto de centros regionais tradicionais. Embora a projeção diagramática da cidade de Howard como cidade-satélite num campo aberto também fosse regional, a forma da cidade era menos dinâmica. Com base no malfadado modelo da St George's Guild, ideado por Ruskin em 1871, Howard concebeu essa sua cidade como uma comunidade de ajuda mútua autossuficiente, produzindo pouco além de suas necessidades. A diferença entre essas cidades-modelo estava, afinal, nas atitudes fundamentalmente diferentes que elas adotavam diante do tráfego ferroviário. Enquanto a Rurisville de Howard tinha por meta eliminar o trajeto casa-trabalho – a ferrovia era reservada muito mais a objetos do que a pessoas –, a *ciudad lineal* era expressamente projetada para facilitar a comunicação.

No entanto, a cidade-jardim inglesa em sua forma modificada é que foi largamente adotada, e não o modelo linear patrocinado pela Compañía Madrileña de Urbanización, de Soria y Mata, que construiu apenas cerca de 22 quilômetros do longo "colar" de 55 quilômetros projetados para rodear Madri. O fracasso desse exemplo condenou a cidade linear a um futuro mais teórico do que prático, e foi assim que sobreviveu, das cidades lineares russas de fins da década de 1920 à tese de planejamento da ASCORAL*, de autoria de Le Corbusier, publicada pela primeira vez em *Les trois établissements humains* [*Os três estabelecimentos humanos*], em 1945.

A reinterpretação radical dos diagramas originais de Howard, refletida no plano de sua primeira cidade-jardim, Letchworth em Hertfordshire (iniciada em 1903), inaugurou a fase neo-sittesca do movimento inglês da cidade-jardim. Que o engenheiro-planejador Raymond Unwin estava impressionado por Sitte, salta aos olhos em seu livro *Town Planning in Practice* [Prática do planejamento urbano], publicado em 1909, que tanta influência exerceu. A preocupação de Unwin e de seu colega Barry Parker com "cidades imaginárias irregulares" – do tipo exemplificado por cidades medievais alemãs como Nuremberg e Rothenburg-obder-Tauber – é claramente subjacente a seu projeto pitoresco para o subúrbio de Hampstead Garden, desenhado em 1907. Mas, apesar de todo o seu desprezo pela arquitetura

* Assemblée de constructeurs pour une rénovation architecturale [Associação de Construtores para uma Renovação Arquitetônica], fundada por ele em 1942. (N. do T.)

"regulamentar", Unwin permaneceu tão condicionado quanto os demais planejadores pelas exigências impostas pelos padrões de higiene e trânsito. Assim, não obstante o célebre sucesso "empírico" dessas cidades-jardim precursoras, o debilitante entorno produzido subsequentemente pela escola inglesa de planejamento urbano provém, pelo menos em parte, do fracasso de Unwin em resolver esta implacável dicotomia: conciliar nostalgia medieval e controle burocrático. Os projetos de quarteirões irregulares do século XX estão entre os legados formais duradouros desse fracasso.

CAPÍTULO 3 Transformações técnicas: engenharia estrutural, 1775-1939

Com o ferro, um material de construção artificial aparecia pela primeira vez na história da arquitetura. Ele passou por uma evolução cujo ritmo se acelerou no decorrer do século. Recebeu seu impulso definitivo quando ficou claro que a locomotiva, que estivera sendo experimentada desde o fim da década de 1820, só podia ser utilizada em trilhos de ferro. O trilho era a primeira unidade de construção, o precursor da longarina. O ferro era evitado nas moradias, mas usado em galerias, salões de exposição, estações ferroviárias e edifícios com finalidades transitórias. Simultaneamente, as áreas arquitetônicas em que o vidro era empregado ampliavam-se. Mas as condições sociais para sua maior utilização com material de construção só surgiram cem anos depois. Na Glasarchitektur de Scheerbart (1914), ele ainda aparecia no contexto de uma utopia.

Walter Benjamin
Paris: capital do século XIX, 1930.

A energia rotatória do vapor e a estrutura de ferro surgiram mais ou menos na mesma época, como resultado dos esforços interdependentes de três homens: James Watt, Abraham Darby e John Wilkinson. O último era o "mestre metalúrgico" de então, e sua invenção da máquina de broquear cilindros em 1775 foi essencial para o aperfeiçoamento da máquina a vapor de Watt, construída em 1789. A experiência de Wilkinson no trabalho do ferro revelar-se-ia igualmente indispensável ao primeiro uso estrutural desse material, pois ele ajudou Darby e seu arquiteto, T. F. Pritchard, a projetar e construir a primeira ponte de ferro fundido, com vão de 30,5 metros, sobre o Severn, perto de Coalbrookdale, em 1779. A realização de Coalbrookdale despertou considerável interesse, e em 1786 o revolucionário americano Tom Paine projetou um monumento à Revolução Americana na forma de uma ponte de ferro fundido sobre o rio Schuykill. Paine mandou fabricar as peças dessa ponte na Inglaterra, onde foram expostas em 1791, exatamente um ano antes de ser acusado de traição e forçado a exilar-se na França. Em 1796, uma ponte de ferro fundido de 71 metros foi construída sobre o Wear em Sunderland, com projeto de Thomas Wilson, que adotou o método de Paine, de montagem em aduelas. Mais ou menos na mesma época, Thomas Telford estreou como construtor de pontes com sua Buildwas Bridge, de 39,5 metros, construída sobre o Severn, um projeto que empregou apenas 176 toneladas de ferro, contra as 384 toneladas usadas em Coalbrookdale.

Nos trinta anos seguintes, Telford continuou demonstrando sua incomparável competência como construtor de pontes e estradas e como o último grande engenheiro de canais da declinante era hidroviária. Sua carreira precursora encerrou-se com seus armazéns de tijolos e estrutura de ferro na St Katharine Dock, em Londres, projetados pelo arquiteto Philip Hardwick e construídos em 1829. Baseavam-se no sistema de construção fabril de vários andares e resistente ao fogo, desenvolvida nas Midlands durante a última década do século XVIII. Os principais precursores estruturais de St Katharine eram a fábrica de morim, de seis pavimentos, de William Strutt, construída em Derby em 1792, e a fiação de linho de Charles Bage, construída em Shrewsbury em 1796. Embora essas duas estruturas empregassem colunas de ferro fundido, a necessidade premente de aperfeiçoar um sistema à prova de fogo para a construção fabril levou, no espaço de quatro anos, a substituir as vigas de madeira usadas em Derby por vigas de ferro em T. Em cada caso, as vigas suportavam abóbadas de tijolo de pouca espessura, sendo o todo reforçado por uma armação externa e por tirantes de ferro forjado amarrando a estrutura numa direção lateral. Esse uso da abóbada parece derivar diretamente do desenvolvimento, empreendido desde o século XVIII, da abóbada roussillonesa ou catalã na França, que foi adotada pela primeira vez nesse país como meio de realizar uma estrutura resistente ao fogo no Château Bizy, construído em Vernon por Constant d'Ivry em 1741.

À parte seu uso em catedrais do século XIII, o reforço com alvenaria e ferro forjado na França tem suas origens em Paris, na fachada leste do Louvre por Perrault (1667), e no pórtico de Soufflot para Ste-Geneviève (1772). Essas duas obras antecipam o desenvolvimento do concreto armado. Em 1776 Soufflot propôs uma cobertura com armação em ferro forjado para uma parte do Louvre; essa proposta abria caminho para o trabalho pioneiro de Victor Louis: a construção de uma cobertura de ferro forjado para o Théâtre Français em 1786 e de seu teatro do Palais-Royal em 1790. Este último combinava uma cobertura de ferro com uma estrutura côncava e à prova de fogo para o piso, sistema esse que mais uma vez derivava da abóbada roussillonesa. Que o fogo era um risco urbano crescente, prova-o a Halle au Blé de Paris, cuja cobertura consumida por um incêndio foi substituída em 1808 por uma cúpula com nervuras de ferro, projetada pelo arquiteto F. J. Bélanger e pelo engenheiro F. Brunet – aliás, um dos primeiros exemplos de divisão do trabalho entre um arquiteto e um construtor. Entrementes, a primeira aplicação do ferro numa ponte acontecia na construção da elegante Pont des Arts sobre o Sena, construída com base em desenhos de L. A. De Cessart em 1803.

Com a fundação da École Polytechnique, em 1795, os franceses propugnaram pelo estabelecimento de uma tecnocracia coerente com os feitos do império napoleônico. Embora essa ênfase dada à técnica aplicada só servisse para fortalecer a crescente especialização da arquitetura e da engenharia (uma divisão já institucionalizada pela École des Ponts et Chaussées de Perronet), arquitetos como J.-B. Rondelet, que supervisionou o acabamento de Ste-Geneviève depois da morte de Soufflot, começaram a registrar o trabalho pioneiro de Soufflot, Louis, Brunet, Cessart e outros. E enquanto Rondelet documentava os "meios" em seu *Traité de l'art de bâtir* [Tratado da arte de construir] (1802), J.-N.-L. Durand, professor de arquitetura da École Polytechnique, catalogava os "fins" em seu *Précis des leçons données à l'École Polytechnique* [Compêndio das aulas dadas na Escola Politécnica] (1802-09). O livro de Durand difundiu um sistema por meio do qual as formas clássicas, concebidas como elementos modulares, podiam ser organizadas à vontade para adequar-se a programas de construção sem precedentes, abrangendo mercados, bibliotecas e quartéis do império napoleônico. Rondelet primeiro, Durand depois codificaram uma técnica e um método de projetar graças ao qual um classicismo racionalizado podia ser levado a adequar-se não apenas a novas exigências sociais, mas também a novas técnicas. Esse programa abrangente influenciou Schinkel, que, no início de sua carreira de arquiteto, em 1816, começou a incorporar elaborados elementos de ferro em seus adornos neoclássicos para a cidade de Berlim.

Por essa época, a técnica da construção suspensa em ferro teve uma evolução independente, começando com a invenção em 1801, pelo americano James Finlay, da ponte

Fig. 14. J. A. e W. A. Roebling, ponte do Brooklin, Nova York, em construção, c. 1877. Começo da aplicação da sustentação por cabos.

pênsil rígida de tabuleiro plano, realização que foi difundida pelo *Treatise on Bridge Architecture* [Tratado de arquitetura de pontes] de Thomas Pope, publicado em 1811. O auge da breve, mas crucial, carreira de Finlay, foi sua ponte pênsil de cadeias de ferro, com vão de 74,5 metros, sobre o Merrimac, em Newport (1810).

O trabalho de Finlay, conforme documentado por Pope, exerceu influência imediata sobre a aplicação da técnica de suspensão por cadeias de ferro na Grã-Bretanha, onde Samuel Brown e Telford participaram de seu desenvolvimento. Os elos chatos de ferro forjado de Brown foram patenteados em 1817 e aplicados com sucesso duradouro em sua Union Bridge, de 115 metros de vão, construída sobre o Tweed em 1820. Telford e Brown colaboraram brevemente numa ponte pênsil para Runcorn, e essa colaboração sem dúvida influenciou o projeto de Telford para sua ponte de 177 metros sobre o estreito de Menai, que após oito anos de árduo trabalho foi finalmente inaugurada em 1825. A construção, pelos britânicos, de pontes pênseis por cadeias de ferro forjado culminou com a Clifton Bridge, em Bristol, de 214 metros de vão, projetada por Isambard Kingdom Brunel em 1829, mas só terminada em 1864, cinco anos depois da morte de Brunel.

Como a manufatura de elos de ferro forjado capazes de suportar a tensão era sempre cara e arriscada, a ideia de usar cabos de fio trefilado, em vez de cadeias, parece terse insinuado pela primeira vez em 1816 a White e Hazard, em sua ponte para pedestres sobre as cataratas do Schuykill, na Pensilvânia, e depois aos irmãos Séguin, que construíram uma ponte de fio trefilado sobre o Ródano, em Tain-Tournon, em 1825. A obra dos Séguin foi tema de um exaustivo estudo analítico realizado para a École des Ponts et Chaussées por L.-J. Vicat; a publicação dessa obra em 1831 inaugurou a idade de ouro da ponte pênsil na França, onde cerca de uma centena de estruturas foi construída na década seguinte. Vicat recomendava que todos os futuros elementos de suspensão fossem fabricados de fio de aço, em vez de barras de ferro, e para tanto inventou um método de trançar *in loco* cabos de aço.

Artifício semelhante foi posteriormente utilizado pelo engenheiro americano John Augustus Roebling, cuja patente para a manufatura de cabos de aço foi obtida em 1842, dois anos antes de ele empregar esse material na suspensão de um aqueduto sobre o Allegheny, em Pittsburgh. Os cabos de Roebling eram trançados em espiral, como os de Vicat, e ele utilizou esse material básico de suspensão no resto de sua heroica carreira, da sua ponte ferroviária de 243,5 metros de vão sobre as cataratas do Niagara (1855) até sua ponte do Brooklin, em Nova York, de 487 metros de vão, concluída, após a sua morte, por seu filho Washington Roebling, em 1883.

Com a virtual conclusão da infraestrutura ferroviária da Grã-Bretanha em 1860, a engenharia estrutural britânica entrou num período de hibernação que perdurou pelo resto do século. Poucas obras de brilho ou engenhosidade ficaram por construir depois do meado do século; entre estas podemos citar a ponte tubular Britannia, de Stephenson e Fairbairn (1852), e o viaduto Saltash de Brunel (1859). Ambas utilizaram ferro forjado plano, isto é, chapa laminada rebitada, técnica que progrediu muito graças aos estudos de Eton Hodgkinson e ao trabalho experimental de William Fairbairn. Robert Stephenson já havia utilizado as descobertas de Hodgkinson e Fairbairn em seu desenvolvimento da longarina de chapa em 1846, sistema que seria plenamente demonstrado na ponte Britannia. Essa estrutura compreendia dois túneis independentes, de uma só via, revestidos com chapa de ferro, que transpunham o estreito em dois lanços de 70 metros de vão cada, e um vão principal de 140 metros. Os pilares

Fig. 15. Stephenson e Fairbairn, a ponte tubular Britannia sobre o estreito de Menai, 1852.

de pedra de Stephenson foram projetados para a ancoragem dos componentes suplementares de suspensão, mas a atuação isolada dos "tubos" laminados mostrou-se mais que suficiente para o vão. Vãos comparáveis foram realizados no viaduto de Saltash, no qual uma via única transpõe o Tamar sobre duas armações horizontais a sustentar seus arcos, cada qual com 138,5 metros de vão. Foram novamente usadas chapas laminadas e rebitadas para formar as cordas elípticas ocas de 4,9 por 3,7 metros através de seus respectivos eixos. Essas cordas interagiam com catenárias pênseis de cadeias de ferro para firmar suportes verticais nos quais o leito da estrada era suspenso. Por sua elevada imaginação, a última obra de Brunel equiparava-se aos grandes viadutos que Gustave Eiffel construiria no Maciço Central francês nos trinta anos seguintes, e seu uso de seções de chapa ocas antecipava a gigantesca estrutura tubular de aço que seria empregada por John Fowler e Benjamin Baker nos balanços de 213 metros de sua Forth Bridge, concluída em 1890.

O desenvolvimento da ferrovia, iniciado com o trecho experimental que George Stephenson construiu entre Stockton e Darlington, teve uma extraordinária expansão no segundo quartel do século. Na Inglaterra, haveria mais de 3.200 quilômetros de vias férreas em menos de vinte anos; a América do Norte já contava com 4.600 quilômetros em 1842. Nesse ínterim, os materiais ferroviários – ferro fundido e forjado – integraram-se gradativamente ao vocabulário geral da construção, de que eram os únicos elementos disponíveis à prova de fogo para os armazéns de vários pisos que a produção industrial exigia.

Desde a época da viga de ferro fundido de 33 centímetros de Boulton e Watt, utilizada em sua Salford Mill, Manchester (1801), foi empreendido um esforço contínuo para melhorar a capacidade de cobertura de vãos das vigas e trilhos de ferro fundido e forjado. A seção típica da "ferrovia" evoluiu durante as primeiras décadas do século, e dessa seção surgiu por fim a viga em I, que se tornou padrão. O trilho de ferro fundido inventado por Jessop em 1789 deu lugar ao trilho de ferro forjado em T de Birkenshaw (1820), que por sua vez levou ao primeiro trilho americano, laminado no país de Gales em 1831, com seção em forma de I, mais larga na base do que no topo. Essa forma foi sendo gradualmente adotada para a via permanente, mas seu uso estrutural só se generalizou depois de 1854, quando versões mais pesadas e com maior envergadura foram laminadas com êxito. Entrementes, os engenheiros experimentavam vários meios de aumentar a capacidade de cobertura de vãos do material, construindo elementos espessos com as cantoneiras e chapas usuais de ferro forjado que estavam sendo empregadas na construção naval. Sabe-se que Fairbairn construiu e testou essas vigas compostas em I já em 1839.

Essas engenhosas tentativas de produzir elementos que permitissem grandes vãos, reforçando ou montando componentes de ferro, foi mais ou menos eclipsada no meado do século pela laminação bem-sucedida de uma viga de ferro forjado de 17,8 centímetros de espessura. O livro de Fairbairn *On the Application of Cast and Wrought Iron to Building Purposes* [Da aplicação de ferro fundido e forjado na construção] (1854) apresentava um sistema aperfeiçoado de construção fabril, formado por vigas de ferro laminadas de 40,6 centímetros de espessura, que suportavam abóbadas rasas feitas de lâmina de ferro e cobertas com concreto. Como os tirantes de ferro forjado, ainda usados para estabilizar a estrutura, eram enterrados no piso de concreto, essa proposta aproximou fortuitamente Fairbairn dos princípios do concreto armado.

Numa tendência semelhante, um notável edifício de quatro andares, com estrutura de ferro fundido e forjado, foi construído no estaleiro naval de Sheerness. Esse depósito, revestido de ferro corrugado, foi projetado pelo coronel Greene e construído em 1860, doze anos antes de a pioneira fábrica de chocolates Menier, com estrutura totalmente metálica, ser construída por Jules Saulnier em Noisiel-sur-Marne. Em seu uso sistemático do ferro de seção em I (fundido, no caso das colunas, e forjado, no caso das vigas), o depósito de Sheerness antecipava tanto a seção padrão como o método de montagem da moderna construção de estrutura metálica.

Em meados do século, colunas de ferro fundido e trilhos de ferro forjado, usados junto com o envidraçamento modular, tornaram-se a técnica padrão da rápida pré-fabricação e construção de centros urbanos de distribuição: mercados, casas de câmbio e galerias. Este último tipo foi desenvolvido em Paris. A Galerie d'Orléans, de Fontaine, construída no Palais Royal, em 1829, foi a primeira galeria a ter uma abóbada de berço envidraçada. A natureza pré-fabricada desses sistemas de ferro fundido garantia não apenas certa rapidez de montagem, mas também a possibilidade de transportar *kits* de edifícios por longas distâncias. Assim, a partir de meados do século, os países industrializados começaram a exportar estruturas pré-fabricadas de ferro fundido para o mundo inteiro.

A súbita expansão do crescimento urbano e do comércio na costa leste americana na década de 1840 estimulou homens como James Bogardus e Daniel Badger a abrir oficinas de fundição em Nova York, a fim de produzir fachadas arquitetônicas de ferro de

Fig. 16. Fontaine, Galerie d'Orléans, 1829.

vários pavimentos. No entanto, até fins da década de 1850, suas estruturas "empacotadas" baseavam-se no uso de grandes vigas de madeira para vencer o vão interno, sendo o ferro reservado para as colunas internas e as fachadas. Uma das melhores obras da longa carreira de Bogardus é seu Haughwout Building, Nova York, 1859, construído com projeto do arquiteto John P. Gaynor. Este foi o primeiro edifício servido por um elevador de passageiros, apenas cinco anos depois de Elisha Graves Otis ter feito sua histórica demonstração dessa máquina, em 1854.

A estrutura totalmente envidraçada, cujos atributos ambientais foram exaustivamente discutidos por J. C. Loudon em *Remarks on Hot Houses* [Observações sobre as estufas] (1817), teve poucas possibilidades de conseguir uma aplicação mais geral, pelo menos na Inglaterra, até a revogação do imposto sobre o vidro em 1845. O palmário de Richard Turner e Decimus Burton, construído no Jardim Botânico de Kew em 1845-48, foi uma das primeiras estruturas a tirar partido da súbita disponibilidade de vidro laminado. Os primeiros grandes recintos permanentes fechados a serem envidraçados a partir de então foram as estações ferroviárias construídas na segunda metade do século XIX. Esse avanço começou com a Lime Street Station, de Turner e Joseph Locke, em Liverpool, 1849-50.

A estação ferroviária apresentava um desafio peculiar aos cânones aceitos da arquitetura, pois não havia modelo disponível para exprimir e articular adequadamente a junção entre o edifício principal e a plataforma coberta para os trens. Esse problema, cuja primeira solução arquitetônica foi a Gare de l'Est de Duquesney, Paris, 1852, teve alguma importância, visto que esses terminais eram efetivamente os novos portões de entrada da capital. O engenheiro Léonce Reynaud, projetista da primeira Gare du Nord, Paris, 1847, tinha consciência desse problema de "representação" quando escreveu em seu *Traité d'architecture* [Tratado de arquitetura] (1850):

> A arte não conhece o progresso rápido e os súbitos desenvolvimentos da indústria, disso resultando que a maioria dos edifícios atuais para o serviço ferroviário deixam mais ou menos a desejar, seja em relação à forma, seja em relação à distribuição. Algumas estações parecem mais bem organizadas, mas têm o aspecto de uma construção industrial ou temporária, e não de um edifício para uso público.

Nenhuma estação ferroviária pode exemplificar melhor essa afirmação do que a St Pancras Station de Londres, cuja vasta cobertura com 74 metros de vão, construída em 1863-65 com projeto de W. H. Barlow e R. M. Ordish, era totalmente divorciada do hotel-edifício principal de estilo neogótico, terminado em 1874 com projeto de George Gilbert Scott. E o que era verdade para St Pancras também se aplicava ao projeto de Brunel para Paddington, Londres (1852), onde, mais uma vez, apesar dos esforços conscienciosos do arquiteto Matthew Digby Wyatt, o rudimentar edifício da estação ficou inadequadamente relacionado com os perfis arqueados da cobertura.

A estrutura livre para exposições não apresentava nenhum dos problemas da estação ferroviária, pois, onde os problemas de contexto cultural dificilmente podiam surgir, o engenheiro reinava absoluto. Foi tipicamente o caso do Crystal Palace de Londres, construído para a Grande Exposição de 1851, em que foi dada ao arquiteto-paisagista Joseph Paxton carta branca para projetar de acordo com um método de fabricação de estufas envidraçadas, que ele havia concebido mediante uma rigorosa aplicação dos princípios de construção de estufas de Loudon. Paxton desenvolvera seu método numa série de estufas desse tipo que construiu para o duque de Devonshire em Chatsworth. Quando lhe pediram, na última hora, para projetar o Crystal Palace, Paxton foi capaz de produzir, em apenas oito dias, uma enorme galeria envidraçada ortogonal de três níveis, cujos componentes eram virtualmente idênticos à gigantesca estufa para lírios que construíra em Chatsworth no ano anterior. Com exceção dos três pórticos de entrada, simetricamente dispostos, seu perímetro envidraçado era ininterrupto. Durante o seu desenvolvimento, porém, um esquema revisto teve de ser preparado para conservar um grupo de árvores adultas. Como a persistente oposição pública à Grande Exposição de 1851 girava em torno desse problema de preservação das árvores, Paxton logo percebeu que elas poderiam ser facilmente acomodadas construindo-se um transepto central com um alto teto curvo, e foi assim que surgiu a dupla simetria da forma final.

Fig. 17. Paxton, Crystal Palace, Londres, 1851, em construção, mostrando as armações para os vidros.

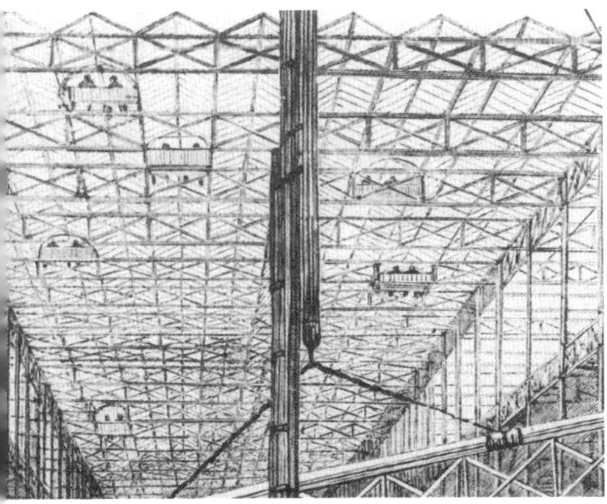

O Crystal Palace não era tanto uma forma particular quanto um processo de construção tornado manifesto como sistema total, desde a concepção, a fabricação e o transporte iniciais até a construção e o desmonte finais. Como os edifícios ferroviários, com os quais tinha uma certa analogia, era um *kit* de montagem altamente versátil. Sua forma geral era estruturada em torno de um módulo básico de 2,44 metros, montado numa hierarquia de vãos estruturais que variavam de 7,31 a 21,95 metros. Sua realização, que não passou de quatro meses, era um simples problema de produção em massa e de montagem sistemática. Como Konrad Wachsmann notou em seu livro *Wendepunkt im Bauen* [O momento decisivo da construção], de 1961, "suas exigências de produção incluíam estudos que indicavam que, para um fácil manuseio, nenhuma parte devia pesar mais que uma tonelada e que uma grande economia poderia ser obtida se fossem usados painéis de vidro da maior largura possível".

Embora o Crystal Palace gerasse, com suas treliças abertas, perspectivas paralelas e oblíquas cujas linhas se esbatiam numa diáfana bruma luminosa, seu invólucro total, com cerca de 93.000 metros quadrados de vidro, apresentava um problema climático de proporções inéditas. As condições ambientais desejáveis, porém, eram as mesmas das curvilíneas estufas de Loudon, para manter uma circulação de ar confortável e moderar o calor do sol. Embora a altura do edifício e um piso de pranchas, junto com janelas ajustáveis nas paredes, proporcionassem uma ventilação satisfatória, o acúmulo de calor solar constituía um problema para o qual o engenheiro ferroviário Charles Fox, responsável pelo detalhamento da estrutura, não pôde encontrar uma solução satisfatória. O uso ao qual se chegou, com toldos de lona para sombrear o teto, não poderia ser considerado como parte integrante do sistema, e muitos expositores internacionais preferiram proteger-se do efeito "estufa" com dosséis de tecido festonado, que sem dúvida comprometeram a inaceitável "objetividade" da estrutura tanto quanto deixaram de proteger contra o sol.

O abandono, pela Grã-Bretanha, das exposições internacionais depois do triunfo da de 1851 e de uma exposição ulterior em 1862, foi de pronto explorado pelos franceses, que montaram cinco grandes exposições internacionais entre 1855 e 1900. A que ponto essas exposições eram vistas como plataformas nacionais para contestar o predomínio da produção industrial e do comércio britânicos pode-se julgar pela ênfase dada, em todas elas, à estrutura e ao conteúdo da Galeria das Máquinas. O jovem Gustave Eiffel trabalhou com o engenheiro J.-B. Krantz no mais importante edifício de exposição erigido depois de 1851, o da Exposição Universal de Paris de 1867. Essa colaboração revelou não apenas a expressiva sensibilidade de Eiffel, mas também sua capacidade de engenheiro, pois, ao detalhar a Galeria das Máquinas, com seu vão de 35 metros, ele foi capaz de verificar a validade do módulo de elasticidade de 1807, de Thomas Young, até então apenas uma fórmula teórica para determinar o comportamento elástico dos materiais sob tensão. O complexo oval, de que a Galeria das Máquinas constituía apenas o anel externo, era em si um testemunho do gênio conceitual de P. G. F. Le Play, que sugeriu que a construção fosse arranjada como uma série de galerias concêntricas expondo maquinaria, vestuário, móveis, ciências humanas, belas-artes e a história do trabalho.

Depois de 1867, o tamanho e a diversidade dos objetos produzidos e a independência requerida pela concorrência internacional parecem ter requerido múltiplas estruturas de exposição. Na época da Exposição Internacional de 1889, não se pretendeu alojar os produtos exibidos num só edifício. Essa penúltima exposição do século era dominada por duas das mais notáveis estruturas que a engenharia francesa iria criar: a vasta Galeria das Máquinas de Victor Contamin, com 107 metros de vão, projetada pelo arquiteto C.-L.-F. Dutert, e a torre Eiffel, com 300 metros de altura, projetada em colaboração com os engenheiros Nouguier e Koechlin e com o arquiteto Stephen Sauvestre. A estrutura de Contamin, baseada em métodos estatísticos aperfeiçoados por Eiffel em seus viadutos articulados da década de 1880, foi o primeiro uso do arco triarticulado com a finalidade de obter-se um grande vão. O pavilhão de Contamin não apenas expunha máquinas: ele mesmo era uma "máquina de exposição" em que plataformas móveis, que corriam sobre trilhos elevados, passavam sobre o espaço da exposição de ambos os lados do eixo central, permitindo que o visitante tivesse um panorama rápido e abrangente de toda a mostra.

Na última metade do século XIX, descobriu-se que o maciço central francês era rico o bastante em minérios para justificar o investimento considerável de equipá-lo com uma malha ferroviária. Os viadutos ferroviários que Eiffel aí projetou entre 1869 e

Fig. 18. Dutert e Contamin, Galeria das Máquinas, na Exposição de Paris de 1889, mostrando a plataforma móvel.

1884 exemplificam um método e uma estética que alcançaram seu apogeu no projeto da torre Eiffel. A base em forma de embarcação e a seção vertical parabólica da pilastra tubular de ferro que Eiffel desenvolveu para esses viadutos são um indicativo formal de sua constante tentativa de resolver a interação dinâmica da água e do vento.

A necessidade de conseguir vencer trechos de rio mais largos levou Eiffel e seus colaboradores a conceber um engenhoso sistema de suporte para viadutos. O estímulo para essa solução deu-se em 1875, com a encomenda da construção de um viaduto ferroviário sobre o Douro, em Portugal. A disponibilidade de aço barato depois de 1870 forneceu um material em que a solução para vãos amplos podia ser prontamente alcançada. Assim, foi tomada a decisão de transpor a garganta em cinco vãos: dois vãos curtos de cada lado, suportados por pilares, e um vão central mais longo, de 160 metros, apoiado num arco com dupla fixação. O processo aí empregado, que seria repetido alguns anos depois em Garabit, consistia em construir os vãos laterais com seus pilares e, então, construir a seção central a partir dessas estruturas laterais contínuas. As extensões de treliças eram construídas em balanço no nível da via, e o arco articulado era construído simultaneamente em duas metades, a partir do nível da água. As seções articuladas iniciais eram levadas flutuando e levantadas até sua posição, sendo então mantidas numa inclinação correta, durante a montagem final, por cabos suspensos nos remates dos pilares adjacentes. O formidável sucesso do viaduto do Douro, concluído em 1878, fez com que Eiffel recebesse imediatamente a encomenda do viaduto de Garabit sobre o Truyère, no Maciço Central.

Do mesmo modo que o viaduto do Douro proporcionou a experiência necessária para construir o de Garabit, a realização deste foi essencial para o projeto e a construção da torre Eiffel. Como o Crystal Palace, mas em menor grau, a torre foi projetada e construída com considerável urgência. Exposta inicialmente como projeto na primavera de 1885, suas fundações começaram no verão de 1887, e no inverno de 1888 já ultrapassava os 200 metros de altura. Como na Galeria das Máquinas de Contamin, a estrutura tinha de conter um sistema de acesso para o rápido movimento dos visitantes. A velocidade era essencial, pois não havia meio de acesso à torre a não ser por elevadores que corressem em trilhos inclinados dentro de suas pernas hiperbólicas e subissem verticalmente da primeira plataforma até o pináculo. Os trilhos-guias para esses elevadores foram utilizados durante a construção como vias para a subida de guindastes, uma economia no método de trabalho reminiscente da técnica de montagem usada no caso dos viadutos articulados. Produto decorrente, tanto quanto o Crystal Palace, da ferrovia, a torre era, de fato, um alto pilar de viaduto de 300 metros, cuja forma-padrão evoluíra originalmente da interação de vento, gravidade, água e resistência dos materiais. Até então, era uma estrutura inimaginável que só podia ser experimentada atravessando a matriz aérea do próprio espaço. Dada a afinidade futurística entre a torre e a aviação, celebrada pelo aviador Santos Dumont, quando deu a volta na estrutura com seu dirigível em 1901, não é de espantar que, trinta anos depois da sua construção, foi apropriada e reinterpretada como o principal símbolo de uma nova ordem técnica e social pelo monumento de Vladimir Tatlin à Terceira Internacional, projetado em 1919-20.

Assim como a tecnologia do ferro foi desenvolvida através da exploração da riqueza mineral da terra, a tecnologia do concreto, pelo menos o desenvolvimento do cimento hidráulico, parece ter decorrido do tráfego marítimo. Em 1774, John Smeaton estabeleceu a base de seu farol de Eddystone utilizando um "concreto" composto de cal, argila, areia e escória britada de ferro. Misturas de concreto semelhantes foram usadas na Inglaterra em obras de pontes, canais e portos no último quartel do século XVIII. Apesar do desenvolvimento precursor do cimento Portland por Joseph Aspdin, para uso como imitação da pedra em 1824, e de várias outras propostas inglesas para a construção em concreto armado com metal, como a que foi feita pelo sempre inventivo Loudon em 1792, a liderança inicial da Inglaterra no pioneirismo do concreto passou gradativamente à França.

Na França, as restrições econômicas que se seguiram à Revolução de 1789, a síntese do cimento hidráulico por Vicat por volta de 1800 e a tradição de construir em *pisé* (terra pisada) combinaram-se para criar circunstâncias favoráveis à invenção do concreto armado. O primeiro uso consequente do novo material foi feito por François Coignet, que já tinha familiaridade com o método de construção em *pisé* da região de Lyon. Em 1861, ele desenvolveu uma técnica de reforçar o concreto com tela metálica e, com base nisso, estabeleceu a primeira companhia limitada a especializar-se na construção em concreto armado. Coignet trabalhou em Paris sob a direção de Haussmann, construindo esgotos e outras estruturas públicas de concreto armado, inclusive, em 1867, uma notável série de edifícios de apartamentos de seis andares. Apesar dessas encomendas, Coignet não conseguiu tirar patente, e no fim do Segundo Império sua empresa fechou.

Outro pioneiro francês do concreto foi o paisagista Joseph Monier, que, seguindo sua bem-sucedida produção de vasos de flores de concreto em 1850, obteve, depois de 1867, uma série de patentes para aplicações reforçadas com metal, cujos direitos parciais ele impensadamente cedeu, em 1880, aos engenheiros Schuster e Wayss. Novos direitos foram obtidos de Monier em 1884 pela firma de Freytag, e logo depois foi fundada a grande companhia alemã de engenharia civil de Wayss e Freytag. Seu monopólio do sistema Monier foi consolidado pela clássica obra de G. A. Wayss sobre o método Monier (*Monierbau*), publicada em 1887. A publicação de importantes estudos teóricos sobre tensões diferenciais no concreto armado pelos teóricos alemães Neumann e Koenen serviram para consolidar a liderança alemã nesse tipo de construção.

O período de mais intenso desenvolvimento do concreto armado ocorreu entre 1870 e 1900, com um trabalho pioneiro realizado simultaneamente na Alemanha, nos Estados Unidos, na Inglaterra e na França. Ao construir sua casa de concreto armado à margem do Hudson em 1873, o americano William E. Ward tornou-se o primeiro construtor a tirar pleno proveito da resistência à tração do aço, colocando vergalhões sob o eixo neutro da viga. A vantagem estrutural inerente a isso foi quase imediatamente confirmada pelas experiências com vigas de concreto realizadas na Inglaterra por Thaddeus Hyatt e Thomas Rickets, cujos resultados conjuntos foram publicados em 1877.

Não obstante esses avanços internacionais, a exploração sistemática da técnica moderna do concreto armado ainda deveria esperar pelo gênio inventivo de François Hennebique. Este, um construtor autodidata francês, usou o concreto pela primeira vez em 1879. Realizou então um vasto programa de pesquisas particulares antes de patentear seu abrangente sistema de 1892. Antes de Hennebique, o grande problema do concreto armado fora produzir uma articulação monolítica. Os sistemas compostos de con-

Fig. 19. Hennebique, junta monolítica de concreto armado, patenteada em 1892.

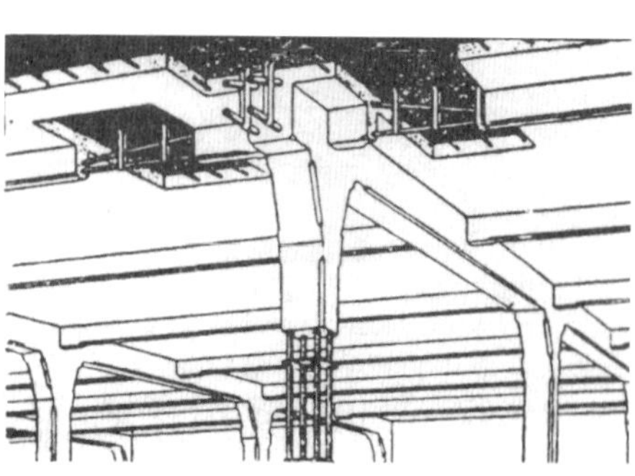

creto e aço que haviam sido patenteados por Fairbairn em 1845 estavam longe de ser monolíticos, e as mesmas restrições valiam para a obra de Hyatt e Rickets. Hennebique superou essa dificuldade com o emprego de vergalhões de seção cilíndrica, que podiam ser curvados e enganchados uns nos outros. Fazia parte de seu sistema exclusivo o uso de vergalhões de reforço dobrados em cotovelo e a amarração das juntas com cintas em estribo para resistir à tração local. Com o aperfeiçoamento da junta monolítica, foi possível realizar a estrutura monolítica, o que não tardou a levar à primeira aplicação em grande escala desse sistema em três fiações que Hennebique construiu na região de Tourcoing e Lille em 1896. Os resultados foram de pronto aclamados como um sucesso, e a firma de Hennebique logo prosperou. Seu sócio, L.-G. Mouchel, levou o sistema para a Inglaterra em 1897, onde construiu a primeira ponte rodoviária de concreto em 1901 e apresentou uma espetacular escada helicoidal de concreto armado na exposição franco-britânica de 1908.

O grande êxito da firma de Hennebique data de cerca de 1898, com a publicação regular de sua revista *Le Béton armé* [O concreto armado] e o uso de seu sistema nas ecléticas estruturas da Exposição de Paris de 1900. Não obstante as fachadas falsas do Château d'Eau construído em concreto armado pelo filho de François Coignet, a Exposição de Paris de 1900 deu um enorme impulso à construção em concreto, e em 1902, uma década depois de sua fundação, a firma de Hennebique transformara-se numa grande companhia internacional. A essa altura, várias obras estavam sendo construídas com concreto em toda a Europa, tendo Hennebique como o principal empreiteiro. Em 1904 ele construiu sua própria casa de concreto armado em Bourg-la-Reine, com um jardim no teto e um minarete. Suas sólidas paredes eram de concreto armado lançado *in loco* entre "fôrmas" permanentes de concreto pré-moldado, e sua fachada quase toda de vidro avançava dramaticamente em balanço do plano principal do edifício. Na virada do século, o monopólio de Hennebique sobre seu sistema começou a acabar, embora suas patentes ainda tivessem alguns anos de duração. Em 1902, seu principal assistente, Paul Christophe, popularizou o sistema publicando *Le Béton armé et ses applications* [O concreto armado e suas aplicações]. Quatro anos mais tarde, Armand-Gabriel Considéré, que já realizara pesquisas sobre o concreto para o departamento de Obras Públicas, encabeçou a comissão nacional que estabeleceu o código francês para a prática do concreto armado.

Em 1890, o engenheiro Cottancin patenteou seu sistema de *ciment armé* que combinava concreto armado e tijolos, sendo estes unidos ao concreto com arame. Nesse sistema híbrido, a principal função do elemento de concreto armado era manter a continuidade estrutural em áreas de alta tração. Nas áreas de compressão, o tijolo predominava naturalmente. O sistema exerceu forte atração sobre o arquiteto racionalista Anatole de Baudot, que, discípulo do grande teórico "estrutural" Viollet-le-Duc, interessava-se pela estrutura aparente como única base válida para a expressão na arquitetura. Com base nessa ideia, de Baudot confinava o monolítico concreto armado ao domínio da engenharia, ao passo que reservava para a arquitetura a técnica estaticamente mais explícita e articulada do cimento armado, tecnologia cujas qualidades expressivas foram demonstradas da maneira mais completa em sua igreja de St.-Jean-de-Montmartre, em Paris (iniciada em 1894).

A intrincada abóbada dessa igreja relacionava-se estreitamente com toda uma sequência de projetos de "grandes salas", que Baudot fez entre 1910 e 1914. Depois de Viollet-le-Duc, ele se preocupou com o problema do grande espaço como campo de provas necessário para toda e qualquer cultura arquitetônica. Nesse contexto, sua série *grande salle*, que começou com um vasto projeto para a Exposição de 1900, pode ser vista como uma antecipação das lajes pla-

Fig. 20. Berg, Jahrhunderthalle, Breslau (Wroclaw), 1913.

nas reticuladas e das placas dobradas que seriam realizadas, meio século depois, pelo engenheiro italiano Pier Luigi Nervi, em particular na Sala de Exposições de Turim (1948) e no lanifício Gatti, construído nos arredores de Roma em 1953.

Em oposição ao princípio de Baudot da forma reticulada, o desafio do grande espaço foi respondido por Max Berg com a utilização de elementos de concreto armado de enormes dimensões em sua Jahrhunderthalle, construída por Konwiarz e Trauer para a Exposição de Breslau de 1913. Dentro desse vasto salão centralizado, de 65 metros de diâmetro, as nervuras de concreto da cúpula brotam de uma viga anular perimétrica que, por sua vez, é sustentada por enormes arcos pingentes. Essa impressionante e hercúlea estrutura ficava oculta na parte de fora por filas concêntricas de vidros, sendo o plano orgânico e a estrutura dinâmica suprimidos pela sobreposição de elementos neoclássicos.

Até 1895, o uso do concreto armado na América do Norte foi inibido por sua dependência do cimento importado da Europa. No entanto, logo depois, começou a época do silo de cereais e da fábrica plana, primeiro no Canadá, com os silos de concreto armado de Max Toltz e, depois, a partir de 1900, nos Estados Unidos, no trabalho de Ernest L. Ransome, que foi o inventor do travamento trançado. Com a construção em 1902 de sua fábrica de máquinas em Greensburg, Pensilvânia, Ransome tornou-se o pioneiro da estrutura monolítica de concreto nos Estados Unidos. Ele aplicou aí, pela primeira vez, o princípio do reforço espiral de coluna, segundo as teorias de Considéré. É revelador da precocidade técnica de Frank Lloyd Wright saber que ele começou a projetar estruturas de concreto armado mais ou menos na mesma época: seu projeto não-realizado da Village Bank (1901), a fábrica E-Z Polish e o Unity Temple, concluídos em Chicago em 1905 e 1906, respectivamente.

Entrementes, em Paris, os irmãos Perret começaram a projetar e construir suas primeiras estruturas totalmente de concreto, iniciadas com o edifício de apartamentos da Rua Franklin projetado por Auguste Perret (1903) e o Théâtre des Champs-Elysées, do mesmo arquiteto (1913). Mais ou menos na mesma época, Henri Sauvage explorava o potencial "plástico" expressivo desse novo material monolítico em seus apartamentos recuados da Rua Vavin, concluídos em 1912. Nessa época, a estrutura de concreto armado se tornara uma técnica normativa, e a partir de então a maior parte do seu desenvolvimento iria referir-se à escala da sua aplicação e à sua assimilação enquanto elemento expressivo. Embora seu primeiro uso em escala megaestrutural tenha ocorrido na fábrica Fiat de Matté Trucco, com 40 hectares, cuja construção foi iniciada em Turim em 1915, sua apropriação como elemento expressivo primordial de uma linguagem arquitetônica veio com a Maison Dom-Ino de Le Corbusier, proposta mais ou menos na mesma data. Enquanto uma demonstrava claramente que coberturas planas de concreto podiam suportar a vibração de cargas móveis dinâmicas – a fábrica Fiat tinha uma pista de provas na cobertura –, a outra postulava o sistema Hennebique como uma estrutura primária "patente", à qual, à maneira da cabana primitiva de Laugier, o desenvolvimento da nova arquitetura teria de se referir.

Do ponto de vista da engenharia, esse período alcançaria sua mais sublime expres-

Fig. 21. Trucco, Fábrica Fiat, Turim, 1915-21.

são nos primeiros trabalhos dos engenheiros Robert Maillart e Eugène Freyssinet. Em 1905, em sua ponte sobre o Reno em Tavanasa, o grande engenheiro suíço Maillart já chegara à sua forma característica de ponte – um tríplice arco articulado de seção em caixão vazio, com aberturas triangulares feitas nos lados para reduzir o peso desnecessário e dar um caráter leve e expressivo à forma geral. Em 1912, Maillart concluía a primeira laje sem viga da Europa, num armazém de cinco andares que construiu em Altdorf. Seu sistema sem vigas parece ter sido um progresso em relação à construção da laje em cogumelo, desenvolvida pouco antes pelo engenheiro americano C. A. P. Turner. Na armação "quádrupla" de Turner, em oposição ao sistema "duplo" de Maillart, os vergalhões deviam passar sobre todos os capitéis de coluna, com a consequência de que o aço não podia ser acomodado numa profundidade econômica, se tivesse de resistir à tendência da coluna a atravessar a laje. A estrutura do piso no sistema de Turner era, de fato, uma malha de vigas chatas fortemente reforçadas, com grandes capitéis de coluna para resistir ao cisalhamento resultante. O sistema duplo sem vigas de Maillart era mais leve e gerava muito menos cisalhamento, com uma redução correspondente das dimensões tanto da laje como dos capitéis das colunas.

Em sua ponte sobre o Aare, em Aarburg (1911), Maillart conseguiu articular o tabuleiro da ponte com seu arco de sustentação, ao mesmo tempo que reforçava o primeiro com estruturas transversais entre o ápice e a emposta do arco. Ainda teria de articular os contrafortes da ponte em relação à sua forma geral. Na maior parte de suas pontes, mesmo quando suportadas por arcos acanelados, Maillart projetava o tabuleiro como um perfil em caixa, de modo que tanto quanto possível o leito rodoviário pudesse sustentar a si mesmo. Ele alcançou seu apogeu como construtor de pontes com sua ponte de Salginatobel, com 90 metros de vão, construída nos Alpes em 1930, mas a fórmula que trabalhara antes em Aarburg teve sua mais consumada expressão na ponte do Arve, construída em Vessey, perto de Genebra, em 1936.

Os altos hangares gêmeos para aviões que o engenheiro francês Freyssinet construiu em Orly entre 1916 e 1924, cada qual com 62,5 metros de altura e 300 metros de comprimento, foram uma das primeiras tentativas, depois dos projetos de Baudot, de desenhar estruturas monolíticas cujos elementos montados fossem capazes de sustentar a si mesmos. Essas construções pioneiras de lajes pré-fabricadas dobradas influenciaram uma notável série de hangares para aviões projetados por Nervi na última metade da década de 1930. Enquanto ainda trabalhava em Orly, Freyssinet projetou para o empreiteiro Limousin uma série de estruturas para armazéns de "corda de arco" de concreto armado, inclusive vários hangares e fábricas iluminadas por lâmpadas instaladas na casca de cobertura.

O ponto culminante de todo esse trabalho foram duas grandes pontes de arco de corda de concreto armado em St-Pierre-du-Vauvray (1923) e em Plougastel (1926-29), esta última cruzando o estuário do Elorn na Bretanha em três vãos, com um comprimento total de 975 metros.

O problema das intensas forças de compressão e tração induzidas na pega do cimento e na carga de grandes arcos parabólicos levou Freyssinet, em meados da década de 1920, a tentar induzir artificialmente a tensão na armação antes de vazar o concreto. Poucos anos depois, apareceu o concreto protendido, tal como o conhecemos hoje. Freyssinet foi o primeiro a patentear, em 1939, esse sistema muitíssimo econômico para grandes vãos, uma vez que reduz a espessura da viga em cerca da metade para a mesma seção de concreto.

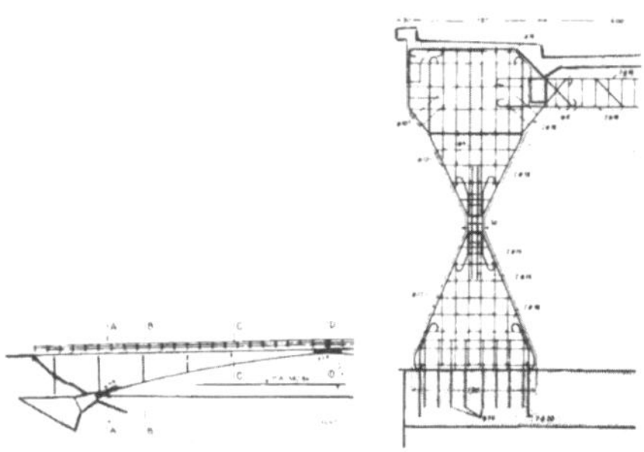

Fig. 22. Maillart, ponte sobre o Arve, Vessey, 1936. Meia seção da ponte e seção cortando o segmento de arco transversal, com reforço.

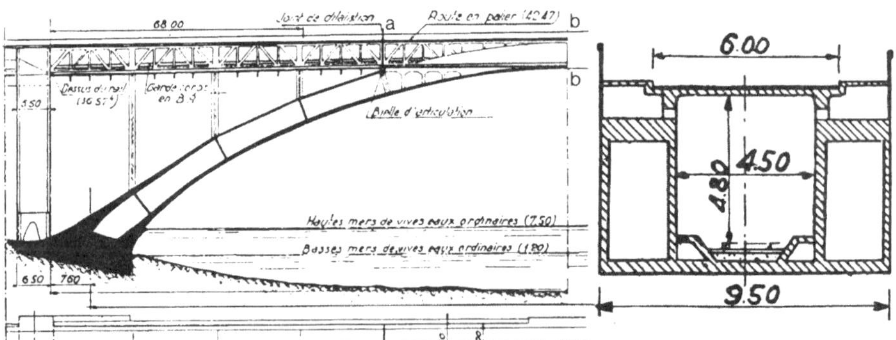

Fig. 23. Freyssinet, ponte de Plougastel, Bretanha, 1926-29. Meia seção de um vão e seção transversal do ápice (b-b), mostrando a via férrea no nível inferior e a rodovia no superior. Onde o arco e a ferrovia divergem, na meia seção, é introduzida uma junta de deflexão (a).

PARTE 2 **UMA HISTÓRIA CRÍTICA, 1836-1967**

Fig. 24. Terragni, Casa do Fascio, Como, 1932-36, durante uma manifestação (ver p. 249).

CAPÍTULO 1 Notícias de lugar nenhum: Inglaterra, 1836-1924

O entusiasmo dos partidários do Neogótico acabou quando eles se viram diante do fato de que faziam parte de uma sociedade que não teria nem poderia ter um estilo de vida, porque é uma necessidade econômica de sua existência que o trabalho cotidiano de sua população seja uma servidão mecânica e porque é a harmonia do trabalho cotidiano da população que produz o gótico, isto é, a arte arquitetônica viva, e a servidão mecânica não pode harmonizar-se com a arte. A esperança de nossa ignorância esfumou-se, mas deu lugar à esperança do novo conhecimento. A história nos ensina a evolução da arquitetura, agora está nos ensinando a evolução da sociedade, e está claro para nós, mesmo para muitos que se recusam a reconhecê-lo, que (...) a nova sociedade não será atormentada, como somos, pela necessidade de produzir cada vez mais mercadorias visando ao lucro, quer se precise delas, quer não; que ela produzirá para viver, em vez de viver para produzir, como nós.

William Morris
O renascimento da arquitetura, 1888

Prefigurados pelas obras puritanas e apocalípticas de Milton e Blake, o filósofo escocês Thomas Carlyle e o arquiteto inglês A. W. N. Pugin expuseram, cada um a seu modo, o descontentamento espiritual e cultural da segunda metade do século XIX. O primeiro era ateu e alinhou-se conscientemente ao movimento cartista do fim da década de 1830; o segundo era um católico convertido que pregava o retorno direto aos valores espirituais e às formas arquitetônicas da Idade Média. Depois da publicação, em 1836, de sua obra *Contrasts; or a parallel between the noble edifices of the 14th and 15th centuries and similar buildings of the present day* [Contrastes, ou um paralelo entre os nobres edifícios dos séculos XIV e XV e edifícios semelhantes da época atual], a influência de Pugin foi imediata e abrangente. Devemos-lhe, em grande parte, a homogeneidade do Neogótico, que afetou profundamente a arquitetura inglesa do século XIX. Carlyle, por sua vez, em muitos aspectos opunha-se a Pugin. Seu *Past and Present* [Passado e presente] de 1843 era uma crítica implícita ao catolicismo em sua decadência e fazia a defesa de uma espécie de socialismo paternalista que tinha por modelo o novo cristianismo de Saint-Simon, de 1825. Enquanto o radicalismo de Carlyle era política e socialmente progressista, ainda que em última análise autoritário, o reformismo de Pugin era essencialmente conservador e ligado ao direitista High Church Oxford Movement, cuja fundação precedeu em dois anos sua conversão ao catolicismo (1835). O que Carlyle e Pugin tinham em comum era seu desgosto pela era materialista. Através dessa sua oposição comum, influenciaram aquele profeta da morte e da redenção culturais de meados do Oitocentos, que foi John Ruskin, o qual, em seu apogeu, tornou-se, em 1868, o primeiro professor de belas-artes da Universidade de Oxford.

Ruskin, que em 1846 adquiriu ascendência intelectual com a publicação do segundo volume de seus *Modern Painters* [Pintores modernos], só começou a se pronunciar inequívoca e extensamente sobre assuntos socioculturais e econômicos em 1853, quando publicou *The Stones of Venice* [As pedras de Veneza]. Nesse livro, em todo um capítulo dedicado à posição do artesão relativamente à obra de arte, Ruskin foi o primeiro a se pronunciar contra a "divisão do trabalho" capitalista e a "degradação do operário em máquina" – esse texto seria republicado como panfleto pelo primeiro Working's Men College [Universidade dos Trabalhadores], onde Ruskin lecionou mais tarde. Nele, após Adam Smith, Ruskin comparava o artesanato tradicional com o trabalho mecânico da produção em massa. Escreveu: "Para dizer a verdade, não é o trabalho que está dividido, mas os homens (...) de modo que os minúsculos fragmentos de inteligência que são deixados num homem não são suficientes para fazer um alfinete ou um prego, mas se esgotam fazendo a ponta de um alfinete ou a cabeça de um prego". Este era um prolongamento de sua atitude em relação ao ornamento, já ressaltada em *The Seven Lamps of Architecture* [As sete lâmpadas da arquitetura] (1849), onde escreveu que "a pergunta certa a fazer, com respeito ao ornamento, é simplesmente a seguinte: foi feito com prazer?" Com essa espécie de radicalismo, Ruskin começou a passar de sua simpatia pelo anglicanismo conservador para uma posição muito mais próxima da de Carlyle. Com a publicação, em 1860, de seus ensaios de política econômica sob o título *Unto this Last* [Até esse final] Na Mirador: *Até as últimas*], revelava-se enfim um socialista intransigente.

Por sua influência no clima cultural inglês, através de Pugin, Friedrich Overbeck – que Pugin descreveu como "aquele príncipe dos pintores cristãos" – e os nazarenos alemães tornaram-se o modelo moral e artístico da confraria pré-rafaelista. De vida curta e inspiração cartista, ela se formou com o incentivo dos irmãos Dante Gabriel e William Michael Rossetti, de Holman Hunt e de John Everett Millais em 1848.

Em 1851, Ruskin afiliou-se espiritualmente a esse movimento, que tinha como meta a fundação de uma escola de pintura que exprimisse ideias e emoções profundas. O ideal era criar uma forma artística derivada diretamente da natureza, e não de convenções artísticas de origem renascentista. Essa atitude eminentemente anticlássica e romântica foi propagada em 1850 na revista pré-rafaelista *The Germ* [O germe]. Mas a confraria carecia da rigidez e da convicção dos nazarenos. Tanto ela como sua revista eram demasiado individualistas para durar muito, e por volta de 1853 o Pré-rafaelismo estava morto como movimento coletivo.

A segunda fase, de orientação artesanal, da atividade pré-rafaelista gira em torno do encontro de William Morris e Edward Burne-Jones, quando estudavam em Oxford, em 1853. Oxford os fez assistir às aulas de Ruskin e os expôs à influência difusa de Pugin. Depois de se formarem, em 1856, envolveram-se estreitamente com o poeta e pintor Dante Gabriel Rossetti, finalmente colaborando com ele em 1857 nos murais para o edifício da union Society, em Oxford, trabalho que deliberadamente fazia eco aos afrescos nazarenos de Roma. Embora Burne-Jones já estivesse determinado a ser pintor, passaram alguns meses até Rossetti conseguir convencer Morris a ir para Londres, deixando seu emprego em Oxford de estagiário no escritório do arquiteto neogótico G. E. Street. Um tanto paradoxalmente, a carreira de Morris como desenhista data da sua decisão, em fins de 1856, de trocar a arquitetura pela pintura, mas isso teve de esperar até que terminasse de mobiliar seu apartamento em Londres, para o qual ele desenhara seus primeiros "móveis intensamente medievais... firmes e pesados como uma rocha". Essas peças despretensiosas, sem dúvida inspiradas nos ideais artesanais de Ruskin, foram desenhadas sob a orientação de Philip Webb, com quem Morris trabalhara no escritório de Street. Em 1858 a cultura doméstica pré-rafaelista cristalizava-se, por assim dizer, no único trabalho de

cavalete conhecido de Morris, um retrato de sua mulher, Jane Burden, como *Queen Guinevere* ou *La belle Iseult* [Rainha Guinevra ou A bela Isolda], trajando roupas adornadas num interior pré-rafaelita ideal. Morris então abandonou por completo a pintura e dedicou-se à tarefa de mobiliar sua nova casa, a Red House, que Philip Webb construiu para ele em 1859 em Bexley Heath, Kent, num estilo que, fora os detalhes menores, era bastante próximo da obra de Street e, mais particularmente, dos vicariatos neogóticos de William Butterfield, construídos entre 1840 e 1850.

Na Red House (assim chamada por ser construída de tijolos), Webb estabeleceu os princípios que logo iriam animar a obra de seus brilhantes contemporâneos, William Eden Nesfield e Richard Norman Shaw, pelos quais ele ficaria conhecido ao longo de sua carreira – sua preocupação com a inte-

Figs. 25, 26. Webb, Red House, Bexley Heath, Kent, 1859. Vista e plantas do térreo e primeiro andar.

Fig. 27. Shaw, Leyswood, Sussex, 1866-69.

gridade estrutural e seu desejo de integrar as construções a seu entorno e à cultura local. Ele alcançou esses objetivos com um desenho prático, um *layout* sensível do entorno e o uso de materiais locais, acompanhados de um profundo respeito pelos métodos tradicionais de construção. Como Morris, seu primeiro cliente e colega da vida toda, Webb tinha um respeito quase místico pelo caráter sagrado do artesanato e pela terra, em que, em última instância, tanto a vida como a arquitetura se arraigavam. Mais até que Morris, ele era contra qualquer uso excessivo do ornamento. De acordo com seu biógrafo, W. R. Lethaby, Webb certa vez se queixou de que uma lareira demasiado elegante era "incompatível com o fogo sagrado". Não pode haver nada tão distante desse sentimento quanto a interpretação maneirista que seria dada da sua concepção por Nesfield e Shaw, por exemplo, na casa de campo pitoresca tipo "velha Inglaterra", que o último projetou em Leyswood, Sussex, em 1866.

Todo o exuberante desenvolvimento do movimento inglês da Free Architecture, das excentricidades de A. H. Mackmurdo e C. R. Ashbee ao refinado profissionalismo de Shaw, Lethaby e C. F. A. Voysey, pode-se dizer, teve sua origem na criação da Red House. Em todo caso, essa obra serviu para lançar Morris na carreira que lhe era destinada, e dois anos mais tarde ele organizou uma associação de artistas pré-rafaelitas, que compreendia Webb, Rossetti, Burne-Jones e Ford Madox Brown, num ateliê que projetaria e executaria sob encomenda qualquer coisa, de murais a vitrais e móveis, de bordados a trabalhos em metal e madeira. O objetivo, como no vasto mobiliário desenhado por Pugin para as casas do Parlamento nas décadas de 1830 e 1840, era a criação de uma obra de arte total. Era o que, com toda a modéstia, o prospecto da firma explicava: "Adiantamos que, com essa cooperação... o trabalho deve ser necessariamente muito mais completo do que se um artista sozinho viesse a ser empregado da maneira usual." À parte o precedente estabelecido por Pugin, a fundação desse ateliê pode ter sido influenciada pela Art Manufactures, organização criada por Henry Cole com o pseudônimo de Felix Summerly em 1845. De qualquer modo, o artesanato pré-rafaelita, que até então se produzira espontaneamente, agora adquiria um caráter público. É significativo que o primeiro trabalho vendido nas dependências londrinas da firma fosse um jogo de mesa, em vidro, desenhado por Webb.

Com a prosperidade do ateliê, em 1864 Morris sentiu-se paradoxalmente compelido a deixar a idílica Red House e a estabelecer-se definitivamente em Londres. Um ano depois passou a direção da firma a Warrington Taylor, a fim de se dedicar exclusivamente ao desenho bidimensional e à literatura, as duas atividades que consumiriam o resto da sua vida. Os primeiros papéis de parede de Morris datam desse período, do mesmo modo que os primeiros trabalhos com vitrais, de sua autoria e de Burne-Jones. Os modelos de Morris variavam da decoração persa, ilustrada na *Grammar of Ornament* [Gramática do ornamento] (1856) de Owen Jones, ao estilo medieval que ele adotou naturalmente em seu trabalho com vitrais – produto para o qual teve uma demanda constante, ainda que limitada, durante toda a sua vida. A Morris, Marshall, Faulkner e Cia. alcançou reconhecimento público em 1867, com a Green Dining Room ou salão de chá que Webb desenhou para o museu de South Kensington (hoje Victoria and Albert Museum), de Londres. A sala era inteiramente mobiliada e decorada por Morris e pelos artistas-artesãos de sua firma.

Depois disso, Webb começou a desenhar e executar por conta própria grandes encomendas domésticas, que culminaram com sua última grande casa, Standen, construída perto de East Grinstead, Sussex (1891-94), com mobiliário fornecido – como de costume – pela firma de Morris. Morris envolveu-se cada vez mais com a literatura, da qual tentou expurgar todas as palavras de origem latina, produzindo, em meados da década de 1870, longas traduções das sagas islândicas, além de numerosos volumes de poesia romântica de sua autoria. Nessa época, a Islândia medieval parecia ser o "lugar nenhum" final por que seu espírito idealista ansiava, enquanto permanecia confinado à realidade industrial do século XIX.

O ano de 1875 foi um divisor de águas na vida de Morris. A firma foi dissolvida e reorganizada como Morris e Cia., sob seu controle exclusivo; Morris começou então a aumentar o número de especialidades que ele próprio e, por conseguinte, a firma podiam executar. Aprendeu sozinho a arte da tinturaria e de tecer tapetes e, em 1877, abriu em Londres um *showroom* para divulgar seus produtos. A partir de então, além de dirigir a firma e desenhar e produzir toda uma gama de papéis de parede, cortinados e tapeçarias, as preocupações de Morris tornaram-se gradativamente mais públicas e menos "poéticas" e artesanais. Ele parece ter sentido que era seu dever encarregar-se publicamente das causas socialistas e preservacionistas de Ruskin, que àquela altura sofria das faculdades mentais. Assim, em 1877 escreveu seu primeiro panfleto político e fundou a Sociedade de Proteção das Construções Antigas, uma tentativa bem-sucedida de frustrar a intenção de sir George Gilbert Scott de restaurar, ou melhor, reconstruir parcialmente a abadia de Tewkesbury.

Na década que se seguiu à reorganização de sua firma, Morris dividiu a vida em partes iguais entre a política e o *design*, produzindo durante esse período, de acordo com seu primeiro biógrafo, Mackail, mais de 600 desenhos de tecidos variados. Em 1883, porém, Morris começou a ler as obras de Karl Marx e filiou-se à Federação Social-Democrata, liderada por Engels, ao lado de socialistas engajados como Eleanor Marx e Edward Aveling. Dois anos depois, saiu da Federação e fundou a Liga Socialista, desviando quase todas as suas energias do desenho para a política. A intervalos frequentes, até sua morte em 1896, escreveu e publicou ensaios sobre temas ligados ao socialismo, à cultura e à sociedade, começando por seu ensaio fourierista de 1885 intitulado *How We Live and How We Might Live* [Como vivemos e como deveríamos viver], e culminando em seu famoso romance utopista *News from Nowhere* [Notícias de lugar nenhum], de 1891.

Para as gerações futuras, para o sócio de Morris, Walter Crane, para o protegido de Ruskin, Mackmurdo, e para os principais discípulos de Shaw – Lethaby, E. S. Prior e Ernest Newton –, para o próprio Shaw e para gente relativamente independente, como Ashbee e Voysey, a posição um tanto contraditória de Morris era patentemente clara. Acima de tudo estava sua visão utópica de "lugar nenhum", uma terra em que o Estado tinha desaparecido, de acordo com a profecia marxista, e em que a distinção entre a cidade e o campo desaparecera. A cidade não mais existia como densa entidade física e as grandes realizações da engenharia do século XIX haviam sido desmanteladas: o vento e a água eram, mais uma vez, as únicas fontes de força, e as hidrovias e estradas eram os únicos meios de transporte. Uma sociedade sem dinheiro nem propriedade, sem crime nem castigo, sem prisão nem parlamento, em que a ordem social dependia apenas da livre associação de grupos familiares dentro da estrutura da comuna. Finalmente, uma sociedade em que o trabalho se baseava na oficina associada, a *guilda* ou *Werkbund*, e em que a educação era livre e, como o próprio trabalho, não obrigatória.

Essa visão socialista ingênua contrastava fortemente com o contexto em que Morris vivia e com a inconsistência latente de seu pensamento. Havia sua próspera firma, um fenômeno de *laissez-faire* por excelência, cujos variados artigos de luxo eram consumidos pela classe média alta; havia também seu socialismo extremamente radical, muito pouco coerente com suas propensões anárquicas inatas, um socialismo revolucionário totalmente inaceitável para seus seguidores mais liberais, como Ashbee; havia, enfim, para os socialistas fabianos como para os arquitetos, na teoria e na prática de Morris, a sugestão melhoradora da cidade-jardim como forma de urbanização a basear-se na guilda ou cooperativa artesanal, como meio de realizar não apenas o trabalho, mas também a reforma e a reeducação sociais evolucionistas, e assim, gradativamente, lograr algum reconhecimento público para ambas. Em contraste com essas amplas inquietações progressistas (embora um tanto inquietantes), havia a fobia latente do *design* de Morris e – fato ainda mais crítico – sua obstinada recusa a chegar a um acordo com o método industrial, além de sua atitude ambígua, para não dizer hostil, em relação a toda arquitetura posterior ao século XV. Não apenas o passado clássico era condenado, mas as próprias obras contemporâneas afins eram recebidas com indiferença: singularmente, os excelentes desenhos de Webb nunca obtiveram de Morris um reconhecimento público. Seria o ecletismo de Webb excessivo para Morris? Seriam os elementos clássicos e elisabetanos incorporados às casas de Webb entre 1879 e 1891 um motivo suficiente para sua hostilidade?

Em todo caso, o historicismo do período dificilmente poderia sustentar a linha anticlássica de Morris. No início da década de 1870, arquitetos mundanos como Shaw já estavam manejando e classicizando, no contexto urbano, o estilo Queen Anne, que ele, Webb e Nesfield tinham desenvolvido a partir das tradições domésticas inglesas e holandesas. Antes de sua total conversão ao estilo neogeorgiano no início da década de 1890, Shaw estabeleceu um respeitável precedente para a adoção de um formato clássico, embora maneirista, na cidade, como a Swan House, Chelsea, 1875-77, e um conveniente formato livre e pitoresco no campo, como Pierrepoint, em Frensham, Surrey, 1876-78.

Apesar de toda a sua sofística, Shaw era influenciado pelas inquietações socioculturais de Ruskin. Em 1877 começou a projetar, por encomenda do especulador imobiliário Jonathan T. Carr, casas para o primeiro subúrbio-jardim, situado nos arredores ocidentais de Londres. As casas de tijolo vermelho e telhado em vertente de telhas dessa "aldeia"-jardim de classe média alta, conhecida como Bedford Park, foram cantadas na irreverente *Balada de Bedford Park,* publicada na *St James's Gazette*, em 1881:

Aqui as árvores são verdes, os tijolos, vermelhos,
E limpo o rosto da gente.
Construiremos aqui nossos jardins, ele disse,
No estilo da boa Rainha Ana.
Aqui construirei uma aldeia
Com ajuda de Norman Shaw
Onde a gente terá uma casta,
Correta e estética existência.

A construção com tijolos estendeu-se até mesmo à igreja, significativamente secularizada pela ausência de forma vertical, uma estrutura que, embora executada num vago estilo neogótico, exibia audaciosamente uma lanterna à maneira de sir Christopher Wren. As primeiras casas de Bedford Park foram construídas em 1876 com projeto do arquiteto *japoniste* E. W. Godwin. Shaw sucedeu a ele em 1877, e vários arquitetos lá trabalharam sob a sua influência durante a década seguinte, inclusive no fim, Voysey,

Fig. 28. Bedford Park, Londres, mostrando a igreja de St Michael, de Shaw, 1879-82. O subúrbio prototípico.

que construiu uma notável casa em The Parade em 1890.

Em 1878 Shaw publicou seus *Sketches for Cottages and Other Buildings* [Esboços para casas populares e outras construções]. Essa obra muito influente era ilustrada com vários desenhos de casas operárias de vários tamanhos. Também incluía a tipologia essencial de edifícios públicos para uma aldeia comunitária autônoma ideal, como escolas, prefeitura, asilo e um pequeno hospital. No ano seguinte, as primeiras cidades-jardim paternalistas surgiram: Bournville, em Birmingham, fundada por George Cadbury e projetada por Ralph Heaton, e outras. Foi em grande parte o modelo de Bedford Park que W. H. Lever seguiu quando, menos de dez anos depois, em 1888, fundou Port Sunlight.

A evolução do movimento da cidade-jardim na última década do século esteve intimamente ligada ao desenvolvimento do movimento Arts and Crafts. Conforme foi apresentado por Ebenezer Howard em 1898, essa política social combinava a disseminação urbana com uma colonização rural e um governo descentralizado. Como complemento do movimento cooperativo, ele propunha que essa cidade deveria obter sua renda de uma combinação equilibrada de indústria e agricultura. Howard postulava o apoio dos sindicatos no financiamento das habitações, a propriedade cooperativa da terra, o planejamento global e uma reforma moderada. Fixou o tamanho ideal da cidade-jardim em 32.000 habitantes, tendo, além disso, seu crescimento restringido por um cinturão verde que a isolava. Cada cidade deveria ser regionalmente localizada como núcleo satélite de uma cidade grande e ligada a ela por trem. Dessa forma, a cidade-jardim complementava as tentativas de melhorar, mediante a reforma social, as condições de vida e trabalho do proletariado industrial. Ao voltar dos Estados Unidos em 1876, Howard envolveu-se com os círculos socialistas frequentados por Bernard Shaw e Sidney e Beatrice Webb, um grupo que, mais tarde, como socialista fabiano, inicialmente rejeitou a ideia da cidade-jardim. A posição de Howard, em consonância com o espírito do fabianismo, se não com a letra, era ao mesmo tempo prática e melhoradora. O próprio título de seu livro de 1898, *Tomorrow: a Peaceful Path to Real Reform* [Amanhã: um caminho pacífico para uma verdadeira reforma], anunciava sua posição de homem engajado. Howard estava empenhado com a livre empresa dentro dos limites do controle social e propiciou uma aproximação gradual mais com a reforma do que com a ação revolucionária. Além da St George's Guild criada por Ruskin em 1871, Howard iria depender, para o modelo sociopolítico de sua cidade, de pensadores tão diversos quanto o anarquista Piotr Kropotkin e o economista americano Henry George, que em seu *Progress and Poverty* [Progresso e pobreza] (1879) defendera um imposto único sobre toda renda fundiária. Howard era igualmente eclético ao derivar a forma diagramática de sua cidade de fontes tão variadas quanto a cidade ideal de James Silk Buckingham, Victoria (1849), e a proposta da Grande Via Vitoriana de Paxton (1855).

É difícil imaginar algo mais distante do diagrama inicial de Howard do que a realização da cidade-jardim de Letchworth, iniciada em 1904. A estrada de ferro divide a cidade ao meio, a zona comercial é exposta ao tempo e a indústria misturada com as áreas residenciais de uma maneira totalmente utilitária. Seus arquitetos, Raymond Unwin e Barry Parker, tinham, ao que parece, pouco a oferecer a Howard, salvo débeis ensaios no estilo de Shaw e Webb. O subúrbio-jardim de Hampstead, projetado por Unwin em 1907, teria sido igualmente insípido não fosse sua colaboração com Lutyens.

Seguindo a tradição Arts and Crafts de Cole e Morris, Mackmurdo fundou a Century Guild em 1882. Mais uma vez, essa cooperativa compreendia um grupo de artistas empenhados no desenho e na produção de objetos domésticos. Desde o início, Mackmurdo trabalhou com igual facilidade como artista gráfico e como *designer* de papéis de parede e móveis. Divulgou suas ideias em colaboração com Selwyn Image, fundando o grupo de *design* da Century Guild em 1882 e sua revista, *The Hobby Horse* [O cavalo de pau], em 1884. Em sua arte aplicada do início da década de 1880, Mackmurdo desenvolveu um estilo único, antecipador do Art Nouveau, um estilo que, diretamente derivado de William Blake, estava espiritualmente em confronto com as formas elegantes, mas severas, de sua arquitetura. Esse seu estilo encontrou sua mais rigorosa expressão na originalíssima casa de cobertura plana que construiu em Enfield em 1883, e em seu estande, muito mais de acordo com o gosto geral, da exposição da Century Guild de 1886.

Em 1887, Ashbee seguiu o modelo cooperativo já bem estabelecido ao fundar no East End de Londres o Guild of Handicraft que incorporava em seu programa o objetivo da reforma social direta. Ela foi estabelecida com o propósito expresso de empregar e treinar de maneira útil artífices e seus aprendizes, que de outro modo ficariam desempregados. Como podemos julgar pela casa que construiu para si em Chelsea em 1904, Ashbee era um *designer* mais delicado e correto do que Mackmurdo. Com a experiência que adquiriu como professor em Toynbee Hall após se formar, também estava mais comprometido com a ação social direta enquanto meio de reforma. No entanto, embora profundamente influenciado por Morris e Ruskin, divergiu de ambos por causa de sua antipatia dogmática pela máquina e de seu socialismo revolucionário. Em oposição a seus predecessores mais radicais, Ashbee denominou-se socialista construtivo. Depois de conhecer Frank Lloyd Wright na virada do século, consolidou sua crença em que a solução do dilema cultural colocado pela indústria moderna dependia de uma utilização adequada da máquina. Como Howard, Ashbee era um homem engajado. Defendia a descentralização das concentrações urbanas existentes e de suas instituições, também apoiando por isso a ligação entre o movimento Arts and Crafts e a ideia da cidade-jardim. De novo seguindo Howard, Ashbee permaneceu adversário da nacionalização da terra. Convencido de que a função cultural do trabalho artesanal era a "individualização" humana, Ashbee temia os aspectos reducionistas do socialismo radical. Assim, mais tarde, ele saudou a fundação da Internacional Socialista sobre a "rocha da raça". Em lugar daquele, apoiou um estilo um tanto datado de reformismo social à Disraeli e, em consequência, depositou indevida confiança nas virtudes do imperialismo britânico. Não fazia parte do temperamento de Ashbee um forte senso da realidade econômica, de modo que sua preciosa Guild of Handicraft, estabelecida como uma comunidade agrária artesanal em Chipping Campden, Gloucester, em 1906, fracassou apenas dois anos depois. Um acionista respondeu ao apelo de Ashbee para novo aporte de capital com as seguintes palavras:

> A aldeia de Cadbury em Birmingham é excelente no que diz respeito às casas e a toda a vida fora das horas de trabalho; mas as modernas condições de produção barata e o pleno uso de maquinaria reinam supremos nas horas de trabalho; eles humanizaram o ócio, você tentou humanizar também o trabalho.

Esses objetivos sociais ambiciosos não eram a preocupação de Voysey, discípulo individualista de Mackmurdo. Em 1885, Voysey alcançou uma força e uma simplicidade de estilo que a maioria de seus contemporâneos não conseguiria atingir. Ele derivou seu estilo muito mais dos princípios de Webb de respeito aos métodos tradicionais e aos materiais locais, do que da inventividade e do virtuosismo espacial de Shaw. Num projeto não realizado de casa, datado de 1885, destinado à sua residência, Voysey formulou (apesar do madeiramento aparente à Shaw) os componentes essenciais de seu estilo: um telhado de ardósia com beirais salientes, suportes das calhas de ferro forjado e paredes de massa grossa com janelas horizontais, acentuadas em intervalos por suportes inclinados e chaminés. Essas formas iriam caracterizar seu trabalho nos trinta anos seguintes. Estilisticamente, a arquitetura de Voysey era uma tentativa direta de recuperar os méritos básicos da casa do pequeno proprietário rural inglês. No entanto, sua associação inicial com Mackmurdo introduziu um elemento fluido e altamente sofisticado em seu trabalho, que se tornou manifesto em seus papéis de parede e nos desenhos para objetos de metal por volta de 1890. Esses detalhes deram um toque especial em seus interiores, de resto austeros. Ao contrário de Morris, Voysey era dotado de um senso de comedimento que chegava a ser excessivo. Assim, ele estipulou que ou os tecidos, ou os papéis de parede podiam ser decorados, nunca ambos. Sua casa, The Orchard, construída em Chorley Wood, Hertfordshire, em 1899, exemplifica o vivo comedimento de seu estilo de interiores: balaústres gradeados inundados de luz, corrimãos baixos, azulejos em volta da lareira, mobília simples de carvalho e tapetes grossos. Enquanto esses elementos eram repetidos com pouca variação ao longo de sua carreira, seus desenhos se tornaram menos figurativos com o passar dos anos, e, ao passo que sua mobília da fase inicial tendia ao orgânico, suas últimas peças baseavam-se em temas clássicos.

Entre 1889 e 1910, Voysey projetou cerca de quarenta casas, muitas das quais transcendiam o historicismo latente de seu estilo. Entre elas, a residência do artista para J. W. Forster construída em Bedford Park em 1890, a Sturgis House em Guildford (1896) e a Broadleys no lago Windermere, sua melhor casa, realizada em 1898. Em nenhum outro projeto ele alcançou a clareza deste, a generosidade de seu desenho e de sua vista e a audácia de sua massa e aberturas. Em tudo isso, a influência de Voysey foi tão extensa quanto sua carreira: C. R. Mackintosh, C. H. Townsend e os vienenses J. M. Olbrich e Josef Hoffmann foram alguns dos arquitetos influenciados por seu trabalho.

Durante a primeira fase da carreira de Voysey, o movimento Arts and Crafts inglês foi firmemente institucionalizado, primeiro com a fundação em 1884 do Art Workers Guild, estimulada por Lethaby e outros membros do escritório de Shaw, depois com o estabelecimento, em 1887, da Arts and Crafts Exhibition Society, presidida pelo protegido de Morris, Walter Crane. Os últimos vinte e cinco anos do movimento, anteriores à eclosão da Primeira Guerra Mundial, são inseparáveis da carreira de Lethaby. Depois de trabalhar por doze anos como principal assistente de Shaw, estabeleceu-se por sua conta em 1895 com o projeto de Avon Tyrrell, uma grande mansão na New Forest. Cinco anos depois, estava instalado com George Frampton, como primeiro diretor da Central School of Arts and Crafts de Londres. Assim, à parte sua breve carreira de *designer*, o papel de Lethaby no movimento Arts and Crafts girou em torno de sua notável capacidade de ensino. Em 1892 publicou seu primeiro livro, *Architecture, Mysticism and Myth* [Arquitetura, misticismo e mito], em que demonstrava como a arquitetura do passado sempre se inspirara universalmente em paradigmas cósmicos e religiosos. Tentou incorporar esse simbolismo à sua obra, mas seu argumento geral parece ter tido um impacto no trabalho de seu colega, E. S. Prior, cuja famosa casa de "planta borboleta", The Barn, construída em Exmouth em 1897, apresentava alguns traços decididamente simbólicos. (Plantas borboletas semelhantes foram propostas por M. H. Baillie-Scott, para Yellowsands em 1902 e para o subúrbio-jardim de Hampstead em 1908).

Com sua passagem ao ensino, Lethaby voltou sua atenção do conteúdo poético ao problema de desenvolver o método correto para a evolução da forma. Assim, em 1910, ele afirmava contra a autoconsciência poética:

A construção tem sido e deve ser uma arte, imaginativa, poética, até mesmo mística e mági-

Fig. 29. Voysey, Broadleys, Cumbria, 1898.

ca. Quando existe nas pessoas e na época, a poesia e a mágica aparecem nas artes... não há nada positivo em dizer vamos construir edifícios mágicos.

Para Lethaby, a tradição a que ele estivera ligado pareceu de repente esgotada. Último de uma longa linhagem de socialistas "neogóticos", na virada do século esteve defendendo o funcionalismo puro. Em 1915, enquanto ajudava a organizar a fundação da Design and Industries Association, ele instava seus colegas a olharem para a Alemanha e para a Deutsche Werkbund, que apontavam o caminho do futuro.

Quando as primeiras tormentas provocadas pela guerra de 1914 assolaram a Europa, a idade de ouro das casas de campo ideais inglesas, anunciada por Webb, Shaw e Nesfield e realizada em seu maior exotismo nas elaboradas criações *Country Life* de Edwin Landseer Lutyens e Gertrude Jekyll, encerrou-se definitivamente. Na verdade, essa era terminara antes, numa torrente de grandes casas neogeorgianas, construídas, como Robert Furneaux Jordan observou, para aqueles "ricos estetas que, após a guerra dos bôeres, trocaram suas espadas por ações de minas de ouro". Independentemente desse triunfo do neopaladianismo no gosto eduardiano – a paixão de Lutyens, depois da virada do século, pelo que ele chamava de "Wrenaissance"* –, é improvável que as formas e os ideais do movimento Arts and Crafts inglês tivesse sobrevivido ao trauma sociocultural da primeira guerra industrializada em grande escala. Isso pode ser percebido no destino da Liberty & Co. depois da guerra, pois o holocausto de 1914-18 efetivamente cortou, como uma guilhotina, a produção artesanal da firma. No espaço de uns cinco anos, o inventivo rigor e o brilho de sua prataria Art Noveau deu lugar a uma decoração baseada na banalidade da porcelana azul no mobiliário Tudor e num pastiche do vidro colorido pseudo-pré-rafaelita. A Liberty & Co. acabaria optando por esse estilo degenerado, inclusive em suas novas instalações, construídas em 1924 com projeto de E. T. Hall e E. S. Hall. Essa loja de departamentos, com madeira-

* Trocadilho combinando o nome do célebre arquiteto inglês, sir Christopher Wren (1632-1723), e Renaissance, Renascença. (N. do T.)

mento à vista, sintetizava o chamado Stockbroker's Tudor, que em várias versões domésticas degradadas marcaria as recém-construídas variantes ligando Londres às regiões "dormitório" suburbanas, que iriam se tornar sua essência vital.

Enquanto isso, Lutyens, elevado agora à posição de "arquiteto laureado" oficioso do Estado, viu-se preso a uma evolução que não podia nem sequer proporcionar o luxo relativamente modesto de suas primeiras casas de campo, com seus jardins pequenos, mas complexos, projetados por Jekyll (por exemplo, sua Prioresque Tigbourne Court de 1899). À medida que o século avançava, o abandono por Lutyens do gosto pelo Paladianismo, espirituosamente expresso pela primeira vez em sua casa, Nashdom, de 1905, encontraria sua culminância na solenidade de seu memorial aos mortos britânicos, em Thiepval, França (1924), e na antiquada monumentalidade de sua primorosa Casa do Vice-rei, em Nova Delhi, 1923-31 (fig. 200). Nesses dois brilhantes monumentos neoclássicos, Lutyens renunciava implacavelmente à herança do Arts and Crafts. Seria difícil imaginar algo mais distante da visão utópica de Morris do que esses austeros monumentos isolados no meio de planas e estranhas paisagens. "Lugar nenhum" não se materializaria agora na caseira revivescência por Morris da guilda medieval, mas antes no arco erguido em memória de uma geração martirizada e numa vista barroca dando para um império que já estava a ponto de ser perdido.

Fig. 30. Lutyens, arco de Thiepval. Picardia, 1924.

CAPÍTULO 2 **Adler e Sullivan: o Auditorium e a grande ascensão, 1886-1895**

Poderia dizer que seria ótimo para nosso bem estético se pudéssemos evitar completamente o uso do ornamento por alguns anos, de modo que nosso pensamento pudesse se concentrar intensamente na produção de edifícios bem formados e agradáveis em sua nudez. Nós nos absteríamos por força, assim, de muitas coisas indesejáveis e aprenderíamos, em contraste, como é eficiente pensar de maneira natural, bem-disposta e saudável... Aprenderíamos, porém, que o ornamento é mentalmente um luxo, não uma necessidade, pois discerniríamos tanto as limitações como o grande valor de massas não adornadas. Trazemos romantismo em nós, e sentimos um desejo louco de exprimi-lo. Sentimos intuitivamente que nossas formas fortes, atléticas e simples vestirão com natural facilidade as roupas com que sonhamos e que nossas construções, assim trajadas com vestes de poética estatuária, semiocultas, por assim dizer, em produtos seletos do tear e das minas, serão duas vezes mais atraentes, como uma sonora melodia vestida com vozes harmoniosas.

Louis Sullivan
O ornamento na arquitetura, 1892

O prédio neo-românico da Marshall Field Wholesale Store, um projeto de H. H. Richardson iniciado em 1885 e concluído em 1887, um ano depois de sua morte, foi o ponto de partida das importantes realizações da dupla de arquitetos de Chicago, Adler e Sullivan. Antes de se tornar assistente de Dankmar Adler em 1879 (de quem viria a ser sócio projetista em 1881), Louis Sullivan recebeu uma educação um tanto variada; formalmente em duas prestigiosas academias, em cada uma das quais permaneceu por pouco menos de um ano: no MIT em 1872 e, depois, no ateliê de J.-A.-E. Vaudremer na Escola de Belas-Artes, Paris, em 1874. Entre esse vaivém acadêmico, Sullivan trabalhou por um ano no escritório de Frank Furness em Filadélfia, um ano que se revelaria crucial em sua carreira, não apenas por causa de sua experiência com o estilo gótico "orientalizado" de Furness – episódio que teve um efeito duradouro em sua abordagem do ornamento –, mas também porque conheceu o jovem e intelectual arquiteto John Edelman, que o apresentou, depois de 1875, ao *establishment* arquitetônico de Chicago – primeiro para William Le Baron Jenney, que mais tarde seria o pioneiro da construção com estruturas de aço em sua Fair Store de 1892, depois a Dankmar

Fig. 31. Chicago, 1898: vista para oeste do Michigan Boulevard. No centro (nº 2), o Auditorium Building (ver fig. 33).

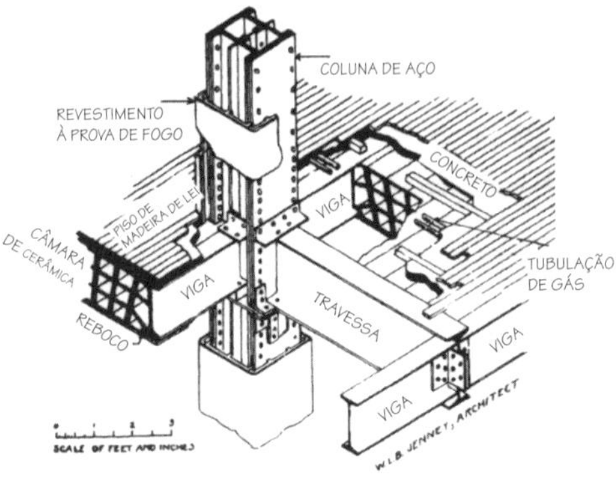

Fig. 32. Jenney, Fair Store, Chicago, 1890-91. Detalhe de construção com estrutura de aço anti-incêndio.

Adler. A cultura incomum de Edelman, que incluía opiniões anarco-socialistas derivadas de Morris e Kropotkin, influenciaram o desenvolvimento teórico de Sullivan, evidenciado em seu *Kindergarten Chats* [Conversas de jardim de infância] de 1901.

No início de suas carreiras, Adler e Sullivan preocupavam-se em satisfazer às exigências prementes de uma Chicago em pleno desenvolvimento, no processo de ser reconstruída, depois de sua destruição pelo incêndio de 1871, como capital do Centro-oeste. Em fins da década de 1870, enquanto Adler ainda estava se estabelecendo, Sullivan trabalhava para Jenney, familiarizando-se assim com os aspectos técnicos da construção em Chicago. Em seu ensaio de 1926, *The Autobiography of an Idea* [A autobiografia de uma ideia], Sullivan fala das poderosas forças que levaram a esse método de construir.

> O edifício comercial de grande altura surgiu da pressão do preço dos terrenos; o preço dos terrenos, da pressão populacional; a pressão populacional, da pressão externa... Mas um edifício de escritórios não podia erguer-se além da altura praticável por escada sem um meio de transporte vertical. Assim, a pressão chegou ao cérebro do engenheiro mecânico, cuja imaginação criadora e cujo esforço diligente criaram o elevador de passageiros... Mas era inerente à natureza da construção de alvenaria fixar um novo limite para a altura, e, como suas paredes cada vez mais grossas comiam o solo e o espaço de piso a preço cada vez maior, como a pressão populacional crescia rapidamente... [Essa] atividade de erguer altos edifícios em Chicago acabou chamando a atenção dos dirigentes de vendas locais das oficinas de laminação do Leste, e seus engenheiros foram postos para trabalhar. As oficinas de laminação tinham produzido havia algum tempo aquelas formas estruturais que durante muito tempo foram usadas na construção de pontes. Portanto seu campo já estava preparado para esse trabalho. Era apenas uma questão de visão comercial baseada na imaginação e na técnica da engenharia. Assim, a ideia de uma estrutura de aço capaz de suportar toda a carga foi apresentada, a título de sondagem, aos arquitetos de Chicago... e foi aceita – rapidamente algo de novo veio à luz. (...) Os arquitetos de Chicago receberam favoravelmente a estrutura de aço e aplicaram-na. Os arquitetos do Leste ficaram assustados com ela e não foram capazes de dar-lhe nenhuma contribuição.

Como Sullivan indicava, os arquitetos de Chicago da década de 1880 não tinham outra escolha senão dominar modos de construção avançados, se quisessem continuar ativos; e, embora o grande incêndio tivesse demonstrado a vulnerabilidade do ferro fundido, o subsequente desenvolvimento da estrutura de aço à prova de fogo – com sua capacidade de criar vários pavimentos de espaço rentável – permitiu que os especuladores explorassem ao máximo os terrenos do centro da cidade. Um crítico da época, Montgomery Schuyler, observava em 1899 que "o elevador dobrou a altura do edifício de escritórios, e a estrutura de aço dobrou-a mais uma vez".

Antes de 1886, Adler e Sullivan ocupavam-se sobretudo com pequenas estruturas para escritórios, armazéns e lojas de departamentos, uma atividade comercial que de vez em quando era variada pela encomenda de projetos residenciais. Esses primeiros edifícios, limitados a cerca de seis andares, não lhes dava muita liberdade, exceto na expressão da estrutura, fosse ela de ferro, alvenaria ou uma mistura de ambos, e pouco podiam fazer, salvo manipular a clássica divisão da fachada em base, meio e topo.

Tudo isso mudou em 1886, com a encomenda de projetar o Auditorium Building, uma estrutura cuja contribuição global para a cultura de Chicago deveria ser tanto tecnológica como conceitual. O arranjo básico desse complexo de usos múltiplos era exemplar. Pediu-se aos arquitetos que instalassem, em meio quarteirão de Chicago, uma casa de ópera grande e moderna, tendo dos dois lados onze andares, que seriam destinados em parte a escritórios, em parte a um hotel. A organização ímpar que deram a essas especificações incorporava inovações como pôr a cozinha e o restaurante do hotel no teto, de modo que a fumaça não perturbasse os hóspedes. Ao mesmo tempo, o próprio auditório dava amplas oportunidades para a imaginação tecnológica de Adler. Ele satisfez à exigência de capacidade variável usando painéis de teto dobráveis e telas verticais, que permitiam que o auditório variasse de um tamanho próprio para concertos, abrigando 2.500 pessoas a uma capacidade de 7.000, para as convenções. A confiança do cliente na habilidade técnica de Adler está refletida na descrição que o próprio Adler dá da sala:

As formas arquitetônicas e decorativas encontradas no auditório são não convencionais

Fig. 33. Adler e Sullivan, Auditorium Building, Chicago, 1887-89. Corte longitudinal passando pelo palco e pelo auditório.

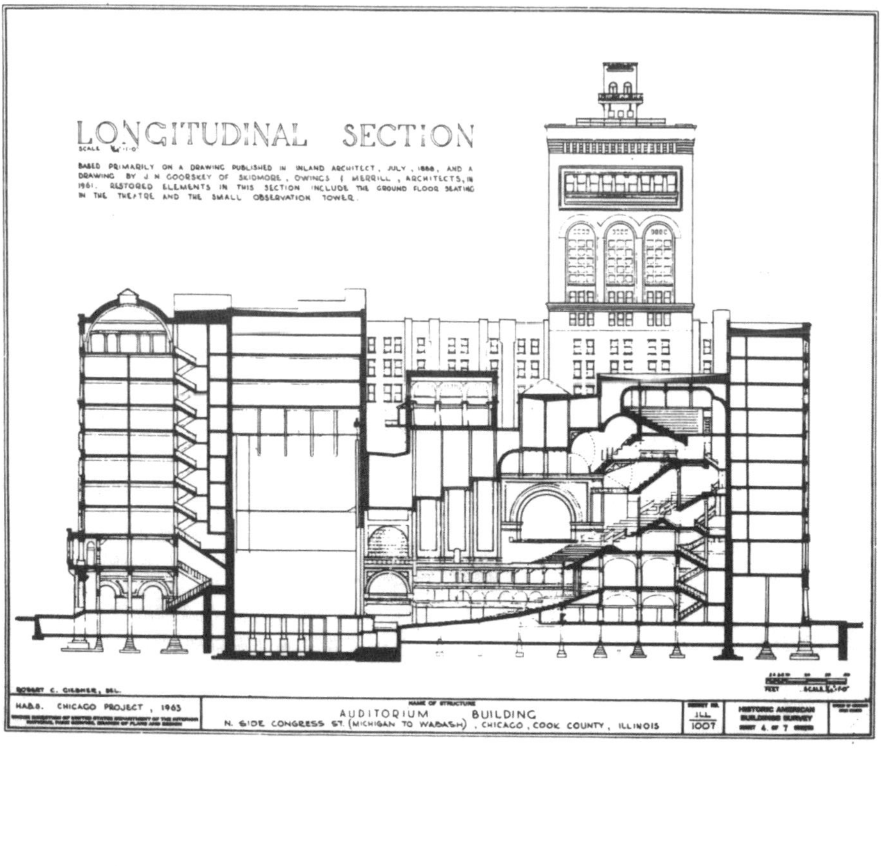

Fig. 34. Sullivan, mausoléu da família Getty, cemitério de Graceland, Chicago, 1890.

ao extremo e determinadas em grande parte pelos efeitos acústicos desejados (...) Uma série de arcos elípticos concêntricos efetua a propagação lateral e vertical do som, da abertura do proscênio ao corpo da casa. Os intradorsos e as faces dessas superfícies elípticas são ornamentados em relevo; as lâmpadas elétricas incandescentes e (...) as aberturas de entrada do sistema de ventilação são uma parte efetiva e essencial da decoração. (...) Foi dada grande atenção ao equipamento de calefação, refrigeração e ventilação. O ar fresco, captado no topo do edifício, é impelido para o interior da construção por um ventilador... de 3 metros de diâmetro. (...) Esse sistema elimina muita poeira e fuligem do ar. (...) Um sistema de dutos leva o ar para diferentes partes do auditório (...) para o palco... para os corredores, *foyers* e camarins. O movimento geral do ar é do palco para fora e do teto para baixo. (...) Há dutos que vão (...) das aberturas situadas na vertical de todos os degraus dos assentos aos exaustores.

Adler era, talvez, o último arquiteto-engenheiro a demonstrar sua competência num vasto âmbito técnico. Ele dominava um sem-número de dificuldades, do condicionamento de ar do auditório à trave armada de aço que suportava seu interior acústico, da acomodação de um complexo palco giratório ao projeto de amplos *foyers*, tanto para a ópera como para o hotel. Todo o conjunto era abrigado numa enorme estrutura de alvenaria e ferro, engenhosamente estabilizada durante a construção, de modo a compensar a carga diferencial de suas fundações.

A estética desse complexo de onze andares baseava-se na atenuação da sintaxe da Marshall Field Store, de Richardson. Enquanto Richardson usara blocos de pedra bruta em todo o prédio, Sullivan variou o material de revestimento do Auditorium Building para modular seu tamanho e sua massa, passando dos blocos brutos para pedra aparelhada lisa acima do terceiro andar. No entanto, a frieza e a austeridade do resultado final consternou Adler, que escreveu em 1892:

É pena que a severa simplicidade... exigida pela política financeira dos primeiros tempos do empreendimento, a profunda impressão deixada pelo Marshall Field Building nos diretores da Auditorium Association e uma reação ao gosto costumeiro por (...) efeitos altamente decorativos por parte de seus arquitetos tenham se combinado (...) e, assim, privado a parte externa do edifício daquelas graças (...) tão características de seu tratamento interno.

Não obstante, há algo de vigoroso, ordenado e rítmico em seu caráter global, ao mesmo tempo que a colunata da varanda do hotel, no lado do lago, encontra eco na torre, em motivos delicados semelhantes. O delicado toque de orientalismo nessa varanda antecipa o sentimento decididamente turco da Charnley House, Chicago, que Sullivan projetaria em 1892, em estreita colaboração com seu assistente Frank Lloyd Wright.

Richardson viria a ser a influência decisiva no estilo inicial de Sullivan. Nas mãos deste, o uso muito bem modulado que Richardson fazia do românico é brutalmente simplificado, num estilo quase neoclássico, que se desenvolveu primeiro em sua Walker Warehouse de 1888 e em seu Dooly Block de 1890. São estes, sem dúvida, os edifícios "bem formados e agradáveis em sua nudez" a que se refere em seu *Ornament and Architecture* de 1892. A partir de então, a delimitação da massa era realizada por Sullivan por meio de molduras lineares e cornijas salientes pronunciadas. As janelas são agrupadas em arcadas alongadas, enquanto as fachadas lisas e vigorosas são articuladas por episódios decorativos ordenados. Os mausoléus das famílias Getty e Wainwright, desenhados em 1890 e 1892, sintetizam a consolidação e o refinamento dessa abordagem, traduzida em grande escala no Wainwright Building, concluído em 1891, em St Louis, Missouri. Como no trabalho do arquiteto vienense Otto Wagner, a austeridade básica das estruturas estereométricas de Sullivan opunha-se à ornamentação que as enriquecia e articulava. Mas, ao contrário do ornamento fluente de Wagner, há sempre algo decididamente islâmico na disposição da decoração por Sullivan. Mesmo onde seu ornamento não é intrinsecamente geométrico, é quase sempre contido numa forma geométrica. Sullivan procurou reconciliar, com esse recurso à estética e mesmo ao conteúdo simbólico do Oriente, aquele cisma da cultura ocidental entre o intelectual e o emocional, polos que ele associaria mais tarde ao grego e ao gótico. Entre o Auditorium e o Wainwright Building, a característica da ornamentação de Sullivan alterna entre o organicamente livre e a conformação ao contorno de uma geometria precisa. No Transportation Building para a Exposição Americana Mundial de Chicago de 1893, ela é predominantemente geométrica, ou, quando livre, estritamente contida numa moldura geométrica. Como Frank Lloyd Wright escreveu em seu livro, *Genius and the Mobocracy* [O gênio e a oclocracia] (1949), essa "cristalização" finalmente alcançou sua forma definitiva no Guaranty Building de Sullivan, construído em Buffalo, Nova York, 1895.

Não podemos creditar nem a Sullivan nem a Jenney a invenção do arranha-céu, se por esse termo quisermos dizer simplesmente uma estrutura que se ergue por vários pavimentos, pois essas alturas já haviam sido alcançadas com tijolos antes de Sullivan construir a estrutura do Wainwright, em particular no prédio de dezesseis andares de Burnham e Root, o Monadnock Block, Chicago, 1889-92. Pode-se creditar a Sullivan, no entanto, a evolução de uma linguagem arquitetônica apropriada à estrutura de grandes alturas. O Wainwright Building é a primeira afirmação dessa sintaxe, em que a supressão das vergas, já evidente na Marshall Field Warehouse de Richardson, é levada à sua consequência lógica. A fachada, não mais com arcadas, é articulada por pilares reticulados revestidos de tijolo, enquanto as vergas são recuadas e revestidas de cerâmica, de modo a fundir-se com as janelas. Os pilares nascem de uma bem ordenada base de pedra de dois andares e terminam abruptamente numa cornija maciça e ornada de cerâmica. Quatro anos depois, Sullivan apurou essa fórmula expressiva em sua segunda obra-prima, o Guaranty Building.

O Guaranty Building é Sullivan no auge de sua força, é sem dúvida a mais consumada realização dos princípios que ele esboçou em seu ensaio de 1896, *The Tall Office Building Artistically Considered* [O edifício de escritórios de grande altura artisticamente considerado]. Em seu edifício de escritórios de treze andares, Sullivan criou uma estrutura decorativa em que, em suas próprias palavras, "o ornamento é aplicado como inclusão ou interrupção... embora, quando completado, possa aparecer como tendo surgido da própria substância do material, pela ação exterior de alguma força benéfica". A cerâmica ornamental envolve o exterior numa filigrana opaca, cujos motivos penetram até mesmo no metal ornamentado do saguão. Apenas as janelas de vidro plano e as paredes de mármore do térreo são isen-

Fig. 35. Adler e Sullivan, Guaranty Building, Buffalo, 1895.

tas desse tratamento intenso, para não dizer delirante.

Sullivan, como o seu discípulo Frank Lloyd Wright, via-se como o criador solitário da cultura do Novo Mundo. Sob a influência de Whitman, Darwin e Spencer e inspirado em Nietzsche, via suas construções como emanações de uma força vital eterna. Para Sullivan, a natureza se manifestava na arte através da estrutura e da ornamentação. Seu famoso *slogan*, "a forma segue a função", encontra sua mais cabal expressão na cornija côncava do Guaranty Building, onde a "força vital" ornamental na superfície dos pilares que dividem a fachada se expande em torvelinhos em torno das janelas circulares do ático, refletindo metaforicamente o sistema mecânico do edifício, que, para citar Sullivan, "se completa e faz a sua grande volta, subindo e descendo". Essa metáfora orgânica era estabelecida numa forma mais fundamental na significância que Sullivan atribuía à semente alada do sicômoro, o "germe" que aparece na primeira página de seu discurso sobre o ornamento arquitetônico, *A System of Architectural Ornament According with a*

Philosophy of Man's Powers [Um sistema de ornamento arquitetônico coerente com a filosofia dos poderes humanos], publicado em 1924, ano de sua morte. Sob essa imagem, Sullivan colocou uma legenda nietzschiana: "O germe é a coisa verdadeira, a sede da identidade. Em seu delicado mecanismo está a vontade de poder, cuja função é procurar e, por fim, encontrar sua plena expressão na forma."

Para Sullivan, como para Wright, essa forma só podia evoluir na milenarista e democrática América, onde surgiria como "uma arte que viverá porque será do povo, para o povo e pelo povo". Como autodesignado profeta cultural da democracia, Sullivan foi amplamente ignorado. Sua cultura igualitária ultraidealizada foi rejeitada pelo próprio povo. Sua insistência mórbida na criação de uma nova civilização comparável à dos assírios, em particular como era expressa no delírio e no comedimento coexistentes em sua arquitetura orientalizada, deixava as pessoas confusas e alheias. Desarraigadas em sua essência e vivendo em meio à depressão econômica à beira de uma fronteira, elas preferiam a agradável distração de um barroco importado, a Cidade Branca, os símbolos da plenitude imperialista da costa leste, que lhes foram tão sedutoramente apresentados na Exposição Americana de Daniel Burnham de 1893. Essa rejeição abateu o moral de Sullivan e, apesar de um resto de brilho, sua força começou a declinar. Separado de seu parceiro urbano, Adler, perdeu o controle de seu destino profissional, de modo que depois da virada do século recebeu poucos encargos. Entre estes, devemos assinalar seus inventivos, excêntricos e ornamentadíssimos bancos do Centro-oeste, do período de 1907-1919, e, *last but not least,* a bem proporcionada magnificência e a vitalidade ornamental da profética loja de departamentos Schlesinger and Mayer (hoje Carson, Pirie, Scott), construída em Chicago entre 1899 e 1904.

CAPÍTULO 3 Frank Lloyd Wright e o mito da pradaria, 1890-1916

Quando, em meus verdes anos, eu olhava para o sul da maciça torre de pedra do Auditorium Building, um lápis na mão de um mestre, o rubro fulgor dos conversores Bessemer ao sul de Chicago me arrepiava com um sentimento de terror e romance, como as páginas das *Mil e uma noites* costumavam fazer.

Frank Lloyd Wright
"A natureza dos materiais", *Architectural Record,* out. 1928

Essas palavras, escritas por Wright acerca do seu período de formação junto de Adler e Sullivan, nos primeiros anos da década de 1890, sugerem a exótica visão que inspirou o início de sua carreira: a transformação da técnica industrial por meio da arte. No entanto, que forma essa transformação poderia adquirir estava longe de ser claro para Wright na virada do século. Como seus mestres, Sullivan e Richardson, ele oscilava entre a autoridade da ordem clássica e a vitalidade da forma assimétrica. Após a maneira senhorial e urbana de Norman Shaw, Richardson adotara um estilo assimétrico para os ambientes domésticos, enquanto reservava o modo simétrico para a maior parte de suas instituições públicas. No entanto, as casas de Richardson sempre apresentavam uma densidade unificadora, e sempre que possível ele tentava adaptar a gravidade românica do estilo Segundo Império de Vaudremer e transformá-la num estilo apropriado ao Novo Mundo. Mesmo em suas primeiras casas de madeira, certo sentimento de peso impregna as fachadas de tábuas, enquanto em seu trabalho doméstico posterior, como na Glessner House de Chicago (1885), onde as tábuas cederam lugar à pedra, a composição assimétrica era imbuída de uma irrefutável monumentalidade.

Essa monumentalidade parece ter sido igualmente problemática para Sullivan e para Wright. Sullivan já usara formas monumentais em seus mausoléus das famílias Getty e Wainwright, da década de 1890, mas seriam elas também adequadas às moradas dos vivos? A solução inicial parece estar voltada para uma fórmula duplamente articulada de Clássico e pedra, na construção urbana, e Gótico e tábua, na construção rural. Wright, que era virtualmente o encarregado do trabalho doméstico de Sullivan depois de 1890, demonstrou esse princípio dualista, primeiro em sua própria casa, construída em 1889 naquela que ainda era a pradaria da mitologia americana – o nascente subúrbio de Chicago, Oak Park –, depois na orientalizada e italianizada Charnley House, que projetou com Sullivan para o centro de Chicago em 1892. A casa de Wright derivava, tanto no perfil quanto na planta, como Vicent Scully mostrou, da planta cruciforme e em T das casas richardsonianas em feitio de pirâmide que, na época, Bruce Price estava construindo em Tuxedo Park, Nova York.

Para Sullivan e Wright, a jovem cultura igualitária do Novo Mundo não podia se basear em algo tão pesado e convencionalmente católico quanto o românico de Richardson. Em consequência, eles se voltaram para o trabalho de um colega celta, Owen

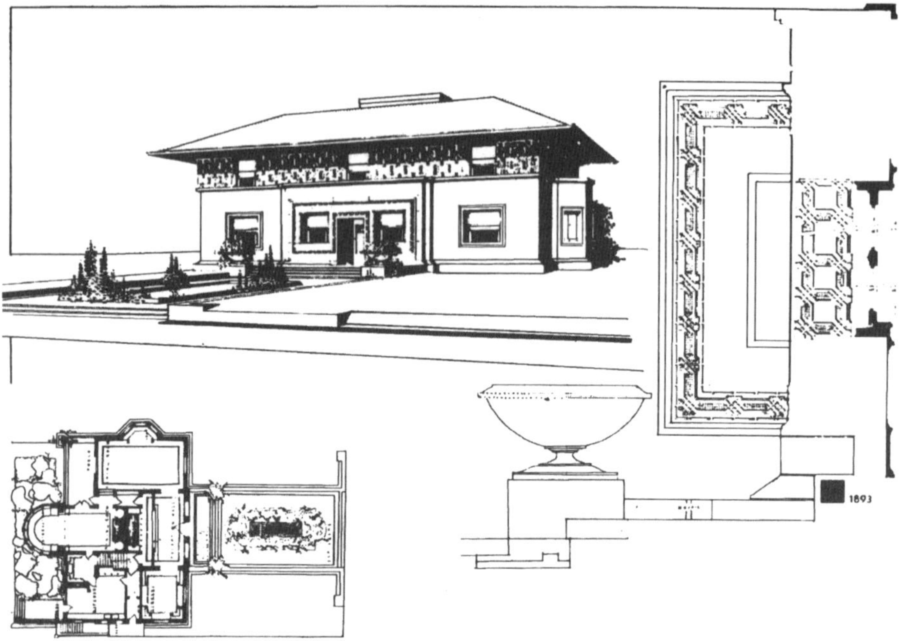

Fig. 36. Wright, Winslow House, River Forest, Ill, 1893. Vista e implantação.

Jones, cuja *Grammar of ornament* [Gramática do ornamento] fora inicialmente publicada em 1856. Mais de sessenta por cento dos exemplos ornamentais de Jones eram exóticos, isto é, de origem indiana, chinesa, egípcia, assíria ou celta, e foi a essas fontes que Sullivan e Wright remontaram em sua busca de um estilo apropriado em que pudessem corporificar o Novo Mundo. Isso explica não apenas os motivos islâmicos encontrados na obra de Sullivan, mas também a decoração semicircular, de "ficção científica", da sala de jogos do estúdio de Wright em Oak Park (1895), um mural representando um árabe recostado, petrificado diante da musa celestial de uma civilização nascente.

Na Winslow House de Wright, construída em River Forest, Illinois, em 1893, o problema de desenvolver um formato igualitário, mas apropriado, foi provisoriamente resolvido fornecendo dois aspectos distintamente diferentes, sendo a fachada da rua, ou "urbana", simétrica e recuada em eixo e a fachada do jardim, ou "rural", assimétrica e recuada de um lado. Essa solução antecipa a estratégia de projetar do Prairie Style, o Estilo Pradaria, de Wright, em que distorções irregulares para trás de uma fachada formal acomodam convenientemente ingredientes deselegantes, como as partes de serviço.

Que a Winslow House era um trabalho de transição, confirma-o claramente a mistura de janelas, parte de guilhotina, parte de batente. Aí, como Grant Carpenter Mason escreveu em *Frank Lloyd Wright to 1910* [Frank Lloyd Wright até 1910], de 1958, Wright começou a "descartar a janela de guilhotina em favor da de batente, para preparar seu trabalho de mudança final das janelas em pontos para as janelas em faixa". Enquanto o característico telhado de pouca inclinação do Estilo Pradaria aparece aqui pela primeira vez, a animação das superfícies com faixas de ornamentos e cornijas lineares à Sullivan atestam a influência persistente do mestre de Wright. A elevação ornamentada da entrada deriva claramente dos mausoléus de Sullivan do início da década de 1890, enquanto o guarda-fogo arqueado da lareira do vestíbulo é uma versão introvertida da fachada do teatro Schiller de Sullivan.

Essa ênfase inicial nas lareiras atesta outra influência mais crítica, a da arquitetura japonesa, que Wright sofreu, como ele próprio admite, desde 1890, e certamente desde a Exposição Mundial de Chicago em 1893, quando o governo japonês abrigou sua mostra nacional numa reconstrução do templo Ho-o-den. O papel que essa estrutura pode ter representado na evolução de Wright foi muito bem caracterizado por Manson:

> Se admitirmos que o atual confronto com os conceitos japoneses foi a referência requerida em certo ponto de sua carreira para dar à sua arquitetura uma direção final e inequívoca, muitos passos da evolução de Wright se tornam racionais, em vez de metafísicos. São exemplos: a tradução do *tokonama*, elemento permanente do interior japonês e centro das cerimônias e da contemplação doméstica, em sua contrapartida ocidental, a lareira, e a expansão da lareira até adquirir uma importância animista; a franca revelação da alvenaria da lareira e da chaminé como expressão de abrigo, enfatizada como a única substância sólida desejável num interior de crescente fluidez; a abertura para fora a partir da lareira, em direção a áreas cambiantes de vidro em seus limites externos; a extensão dos grandes beirais acima delas, para modificar e controlar a intensidade da luz que elas deixam entrar e protegê-las do tempo; a subdivisão do interior em suas diferentes unidades por biombos, em vez de divisórias, validando e acomodando assim os usos humanos flutuantes que lhe são propostos; a eliminação de qualquer remate esculpido e envernizado em favor de superfícies planas de madeira sem pintar – tudo isso e muito mais pode ter sido sugerido pela lição do Ho-o-den como melhorias benéficas até então faltantes ou não declaradas.

Qualquer que seja a procedência final do motivo *tokonama*, na época de Winslow House, a lareira, embora estivesse prevista a calefação central, tornara-se um núcleo cerimonial da casa mais importante do que fora na casa de Oak Park, do próprio Wright, de quatro anos antes. Mas em 1893 Wright continuava sem adotar um estilo exclusivo, tanto que ainda podia projetar uma fachada totalmente clássica, como para a biblioteca de Milwaukee. Dois anos depois, ampliou sua casa, acrescentando um estúdio naquele estilo quase pré-colombiano que, seguindo Manson, fomos levados a considerar como seu estilo Froebel: uma propensão geométrica supostamente influenciada pelo impacto dos brinquedos de Froebel em sua educação. Por volta de 1895 ele também produziu dois projetos surpreendentemente radicais, os escritórios Luxfer Prism, totalmente cobertos de vidro, e a McAfee House, que era uma engenhosa reinterpretação do *parti* de Richardson em sua Winn Memorial Library de 1878.

A essa altura, Wright parece quase desesperado por chegar a um novo estilo: seus edifícios públicos ainda são parte italianizados, parte richardsonianos, enquanto suas residências passam a caracterizar-se por telhados de pouca inclinação, equilibrados em várias alturas em planos assimétricos alongados. São típicos desses dois modos seu prédio de apartamentos Francisco Terrace e suas residências Heller e Husser, todos construídos em Chicago entre 1895 e 1899.

Wright levaria mais dois anos para resolver todas essas várias influências naquele estilo residencial integrado com o qual ele iria expressar seu mito da Pradaria e sobre o qual escreveria em 1908: "A Pradaria tinha uma beleza própria, e deveríamos reconhecer e acentuar essa beleza natural, sua tranquilidade. Portanto... coberturas salien-

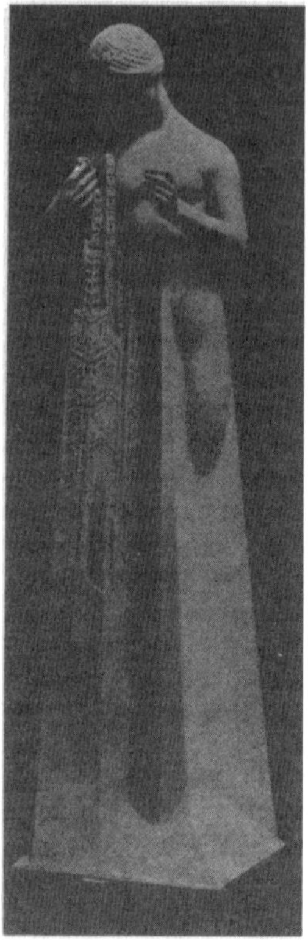

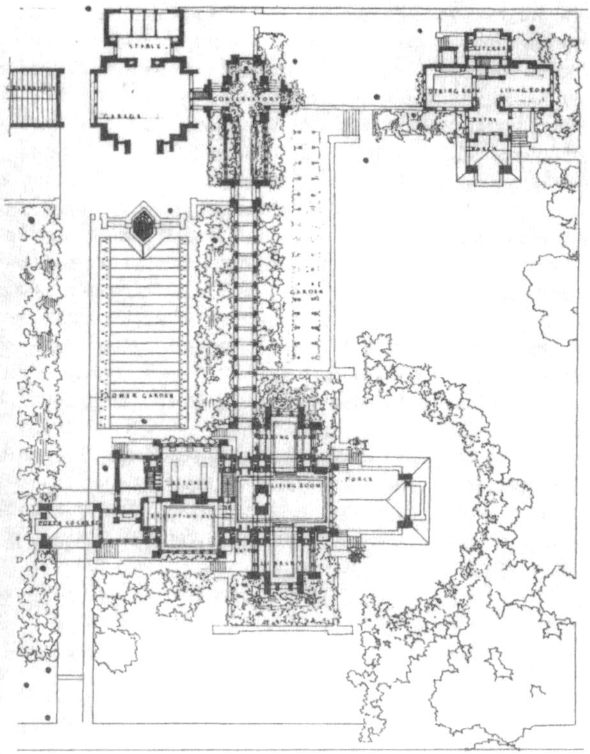

Fig. 37. Bock, *Musa* para a Dana House, projetada por Wright, Springfield, Ill, 1902.

Fig. 38. Wright, Martin House, Buffalo, 1904.

tes, terraços baixos e, fora, paredes contíguas, isolando jardins privados."

O surgimento definitivo do Estilo Pradaria coincidiu com a maturidade teórica de Wright, como se manifesta em sua famosa conferência de 1901, "The Art and Craft of the Machine" [A arte e ofício da máquina], que ele pronunciou pela primeira vez, de maneira deveras apropriada, no Jane Addams's Hull House Settlement em Chicago. Tomando como ponto de partida seu desespero juvenil ao ler o romance de Victor Hugo, *Notre Dame de Paris* (1832), em que o autor concluía que a imprensa acabaria eliminando a arquitetura, Wright rebatia dizendo que a máquina podia ser utilizada inteligentemente, de acordo com suas próprias leis, como agente de abstração e purificação – processos pelos quais a arquitetura poderia se redimir dos danos da industrialização. Ele levou seu público a contemplar o pavoroso panorama de Chicago como uma máquina gigantesca e concluiu com a exortação de que era aquela "a coisa em que as forças da Arte devem insuflar o frêmito da idealidade! UMA ALMA!"

A partir do início da década de 1890, o escultor Richard Bock serviu de iconógrafo dessa "alma", isto é, atuou como o criador de imagens de Estilo Pradaria de Wright. Os primeiros trabalhos de Bock, em seu simbolismo natural, aproximavam-se do estilo europeu da Secessão e completavam os aspectos sullivanescos residuais da obra de Wright. Depois de 1900, porém, sob a influência de Wright, a escultura de Bock tornou-se crescentemente abstrata, como fica evidente na *Musa* que ele criou para a Dana House de Wright (1902). Essa figura, situada no hall de entrada, era pintada como reunindo os elementos abstratos de uma máquina cultural exótica, peça por peça.

O Estilo Pradaria de Wright cristalizou-se finalmente nas plantas de residências desenhadas para o *Ladies' Home Journal* em 1900 e 1901. Seus elementos estavam agora estabelecidos; um plano térreo aberto contido num formato horizontal que compreende telhados de pequena inclinação e muros limítrofes baixos – sendo o perfil baixo deliberadamente integrado ao sítio, em forte contraste com as chaminés verticais e os volumes internos de pé-direito duplo. No entanto, nessa época Wright ainda está hesitante em relação ao perfil, oscilando entre a densidade richardsoniana de sua Heurtley House de 1902 e a leve estrutura japonesa de sua Hickox House, terminada em Kankakee, Illinois, dois anos antes.

Essa cisão entre expressão monolítica e articulada resolveu-se quando Wright começou a trabalhar para a família Martin, de empresários de Buffalo. O Larkin Building e a Martin House, ambos construídos em 1904 para Darwin D. Martin, dono da Larkin Mail Order Co., representam o surgimento do estilo maduro de Wright. Foram imediatamente seguidos da primeira viagem de Wright ao Japão em 1905 e da realização de sua primeira construção de concreto, o Unity Temple em Oak Park, Illinois, 1906. A essa altura, a base clássica, coberta de toques exóticos, fora transformada num estilo próprio de Wright, um estilo único que logo estaria disponível na Europa graças aos *portfolios* de sua obra publicados por Wasmuth em Berlim, em 1910 e 1911.

Fig. 40. Wright, Larkin Building, Buffalo, 1904. Espaço central envidraçado.

Fig. 39. Wright, Unity Temple, Oak Park, Ill, 1904-06.

As obras-primas de 1904-06, uma casa, uma igreja e um edifício de escritórios, revelam todas o mesmo sistema arquitetônico. A Martin House é a primeira obra de Wright a se basear consistentemente numa planta xadrez. Semelhantes articulações quadriculadas de suportes e vazios ocorrem nos volumes principais do Unity Temple e do Larkin Building, muito embora a igreja seja centralizada em dois eixos, e o edifício de escritórios seja estruturado em torno de um só. Ambos esses edifícios públicos compreendem um só espaço interno, iluminados de cima e rodeados de galerias dos quatro lados, servidas por escadas em cada canto. As elevações da igreja são efetivamente as mesmas de todos os lados, simbolizando a "unidade", ao passo que as do Larkin Building diferem nos lados maiores e menores. Além de serem variações monumentais do mesmo partido arquitetônico, ambos os edifícios foram precursores de engenhosos sistemas de controle ambiental. O Unity Temple era equipado com calefação a ar quente, distribuído por tubulações embutidas, enquanto o Larkin Building foi um dos primeiros edifícios de escritórios dotados de ar condicionado, dado que o ar era tanto resfriado como aquecido.

Nesses trabalhos Wright, o unitário, parecia impregnar sua visão de uma nova vida com um sentido universal do sagrado, que vai do sacramento do lar familiar ao sacramento do trabalho e da casa da assembleia religiosa. Seu objetivo, como o de muitos de seus contemporâneos europeus, era a consumação de um ambiente total, abrangendo e afetando toda a sociedade. Isso explicaria sua exaltação obsessiva do lar como centro moral e espiritual, a ser projetado, com a ajuda de inscrições bem colocadas, nos domínios mais públicos do culto e do trabalho. Isso em parte também explica a decepção de Wright quando, tendo desenhado o mobiliário do escritório de Larkin, não lhe foi permitido redesenhar os telefones. É essa mesma intenção que embeleza a entrada principal do edifício, onde os funcionários passavam zelosamente por uma cascata que caía de um relevo simbólico de Bock, com a inscrição paternalista: "O trabalho honesto não necessita de amo, a simples justiça não necessita de escravos". O mesmo espírito idealista se manifesta no desgosto de Wright diante das mudanças feitas no Larkin Building ao longo de seu uso cotidiano. "Eles", escreve amargamente da direção da firma, "nunca hesitaram em fazer alterações insensatas... aquilo era apenas mais um de seus prédios fabris." Apesar de seu patrocínio artístico, Martin obviamente não podia fazer restrições à organização e à administração de seus escritórios; assim, se a casa podia ser preservada em toda a sua pureza, o local de trabalho permanecia vulnerável aos ditames da produção.

Nesses anos férteis, Wright montava cuidadosamente um ateliê de técnicos e artis-

Fig. 41. Wright, Robie House, Chicago, 1908-09.

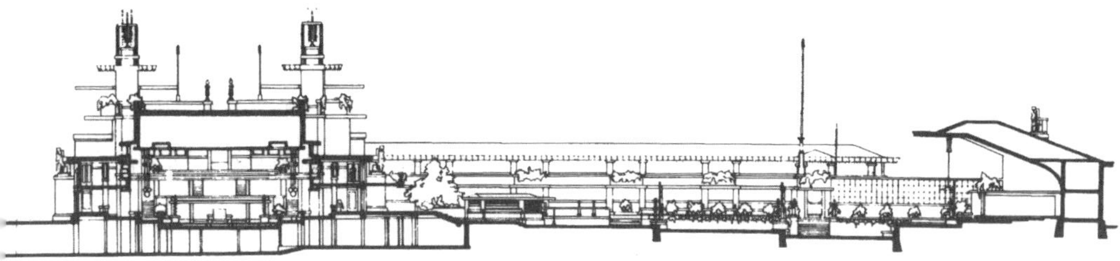

Figs. 42, 43. Wright, Midway Gardens, Chicago, 1914. Acima, corte longitudinal, mostrando o restaurante (esquerda) e o palco coberto (direita); abaixo, vista geral do bar ao ar livre em seu apogeu.

tas-artesãos para projetar e realizar sua visão de uma *Gesamtkunstwerk*, de uma "obra de arte total". Essa equipe incluía o engenheiro Paul Mueller, o paisagista Wilhelm Miller, o ebanista George Niedecken, a mosaísta Catherine Ostertag, os escultores Richard Bock e Alfonso Ianelli, e o talentoso Orlando Giannini, que trabalhou confeccionando os vidros e tecidos de Wright a partir de 1892.

Por volta de 1905, a sintaxe do Estilo Pradaria estava firmemente estabelecida. No entanto, sua expressão oscilava constantemente entre dois polos, um errante, assimétrico e pitoresco, como exemplifica a Avery Coonley House de 1908, o outro compacto, quadriculado, simétrico e arquitetônico, como mostra a magistral Robie House de 1908-09. A Hardy House, construída em 1905 em Racine, Wisconsin, é a mais pura formulação que Wright produziu de uma casa simétrica e com frontão.

O Midway Gardens, de 1914, foi o último trabalho conjunto da equipe de Wright em Chicago. Com o hotel Imperial de Tóquio, constitui a derradeira tentativa feita por Wright em seus primeiros tempos para estabelecer sua visão como expressão universal. Construído no curto lapso de noventa dias pelo sempre engenhoso Mueller, o Midway Gardens era, como Wright afirmou, "uma resposta social à paixão pela dança". Baseado no bar ao ar livre das cervejarias alemãs, era a corporificação de uma nova instituição social e tomou a forma de uma sequência de terraços escalonados, axialmente centrados no palco coberto para a orquestra, numa extremidade, e ligado por arcadas laterais a um complexo formado pelo restaurante provido de galerias e o jardim de inverno, situado na outra. Sob muitos aspectos, foi a tentativa mais convincente de Wright no sentido de voltar-se para uma cultura popular. Como tal, dava ampla liberdade à retórica do seu Estilo Pradaria, com Bock e Ianelli desenhando figuras, remates e relevos, e Giannini fornecendo os vidros. Dentro, havia grandes relevos e murais abstratos abrangendo elementos circulares concêntricos, que eram reminiscência da excêntrica ideia de Wright de decorar os jardins com balões de gás coloridos amarrados no teto.

A subcultura da Pradaria de Wright esgotou-se como estilo hermético no edifício do hotel Imperial de Tóquio, durante os anos 1916-22. Essa estrutura derivava tanto em planta como em corte do Midway Gardens. O restaurante/jardim de inverno do complexo de Chicago reaparece como auditório e *hall* do hotel, enquanto as arcadas laterais do jardim são transformadas em alas residenciais. Os murais e os relevos internos também desenvolvem temas do Midway Gardens, ao passo que os acessos em galeria do hotel lembram os terraços do seu café. Longe de um contexto americano, Wright buscou afinidades com a tradição da alvenaria local, empregando para tanto um perfil taludado e ameado, executado em tijolo e revestido com pedra de Oya. Internamente, essa pedra vulcânica era modelada de maneira a fazer alusão aos perfis pré-colombianos, como fora feito nos blocos do Midway Gardens. Essas referências exóticas tornar-se-iam a fórmula teatral das casas hollywoodianas que Wright projetou na década de 1920. No hotel Imperial, elas redundaram numa petrificação dessa cultura do Novo Mundo.

O fato é que o hotel Imperial seria apreciado tanto por sua engenhosidade estrutural como por sua arquitetura, pois boa parte do crédito por sua milagrosa sobrevivência entre as ruínas do terremoto de Tóquio de 1922 foi dado ao engenheiro Mueller. Não obstante, é de todo condizente com esta última obra da primeira fase da brilhante carreira de Wright o fato de ter sido elogiada por Sullivan, que pouco antes da sua morte, em 1924, escreveu em termos místicos sobre a sua sobrevivência: "Ela está de pé hoje, intacta, porque foi pensada-construída para permanecer. Não foi uma imposição aos japoneses, mas uma livre contribuição para os melhores elementos de sua cultura".

CAPÍTULO 4 O Racionalismo Estrutural e a influência de Viollet-le-Duc: Gaudí, Horta, Guimard e Berlage, 1880-1910

Em arquitetura, há dois modos necessários de ser autêntico. Pode-se ser autêntico de acordo com o *programa* e autêntico de acordo com os *métodos de construção*. Ser autêntico de acordo com o programa é cumprir exata e simplesmente as condições impostas pela necessidade; ser verdadeiro de acordo com os métodos de construção é empregar os materiais de acordo com suas qualidades e propriedades. (...) As questões puramente artísticas de simetria e forma aparente são apenas condições secundárias na presença de nossos princípios dominantes.

Eugène Viollet-le-Duc
Entretiens sur l'architecture, 1863-72

Para o grande teórico francês da arquitetura, Eugène Viollet-le-Duc, esses princípios, esboçados pela primeira vez em suas aulas na École des Beaux-Arts, em 1853, excluíam claramente a tradição arquitetônica do Racionalismo Clássico francês. Em lugar de um estilo internacional "abstrato", Viollet-le-Duc preconizava um retorno à construção regional. Suas ilustrações para seus *Entretiens sur l'architecture* [Conversas sobre a arquitetura], que em certos aspectos antecipam o Art Nouveau, indicam ostensivamente o tipo de arquitetura que se desenvolveria a partir de seus princípios do Racionalismo Estrutural. Para inveja de Ruskin, Viollet-le-Duc apresentou mais de um argumento moral. Ele propôs não apenas modelos, mas também um método que, em tese, libertaria a arquitetura das irrelevâncias ecléticas do historicismo. Nesse sentido, os *Entretiens* vieram servir de inspiração para a vanguarda do último quartel do século XIX; seu método penetrou nos países europeus em que a influência cultural francesa era forte, mas a tradição do Classicismo, fraca. Por fim, suas ideias difundiram-se até na Inglaterra, onde influenciaram homens como sir George Gilbert Scott, Alfred Waterhouse e mesmo Norman Shaw. Fora da França, sua tese, em particular seu nacionalismo cultural implícito, teve seu impacto mais pronunciado nas obras do catalão Antoni Gaudí, do belga Victor Horta e do arquiteto holandês Hendrik Petrus Berlage.

Os escritos de Viollet-le-Duc, Ruskin e Richard Wagner foram parte do cabedal cultural adotado por Gaudí. À parte essas influências extramediterrânicas, sua obra parece ter-se originado de dois impulsos um tanto antitéticos: o desejo de reviver a arquitetura indígena e a compulsão a criar formas totalmente novas de expressão. Nisso, é claro, à parte sua fantasia fora do comum, Gaudí não pode ser considerado único. Essa antítese, latente em todo o movimento Arts and Crafts, refletia-se no *revival* celta-irlandês, que exerceu tão grande influência na escola de Glasgow na década de 1890. Um *revival* catalão comparável surgira em Barcelona já na década de 1860, quando Madri afirmou sua soberania sobre a Catalunha proibindo o uso da língua catalã. Confinado inicialmente à reforma sociopolítica, esse renascimento logo reivindicou a independência catalã e, embora essa situação nunca tivesse sido garantida, tal reivindicação de autonomia ressurgiu como um poderoso fator na Guerra Civil espanhola e ainda hoje continua viva. Na segunda metade do século XIX, a Igreja apoiava os reclamos de soberania e reforma social dos catalães, de modo que para Gaudí não havia conflitos entre sua fé e suas simpatias políticas.

Tanto Gaudí como seu patrono, o magnata Eusebi Güell Bacigalupi, industrial têxtil e armador, alcançaram a maturidade sob a influência do movimento separatista catalão. Muito embora tivesse seus aspectos conservadores, esse movimento apoiava vários programas de reforma social, que eram em grande parte obra da intelectualidade catalã. De fato, Gaudí fora influenciado por ideias socialistas antes de conhecer Güell em 1882. Imediatamente depois de se formar, envolvera-se com a cooperativa dos trabalhadores de Mataró, que lhe encomendou um projeto de colônia operária com casas, uma estrutura comunitária e um fábrica, das quais só a última foi construída, em 1878.

Logo depois disso, Gaudí começou a trabalhar para a burguesia, construindo a exótica Casa Vicens num estilo quase mourisco (1878). Essa casa, como a maior parte do trabalho de Gaudí, atesta a influência de Viollet-le-Duc, em particular de *L'Art russe* [A arte russa] (1870), em que os elementos constitutivos do estilo nacional eram dados como decorrentes dos princípios do Racionalismo Estrutural. Na Casa Vicens, Gaudí formula pela primeira vez a essência de seu estilo, que, embora gótico em seu princípio estrutural, era mediterrânico, para não dizer islâmico, em boa parte da sua inspiração. Como Ary Leblond escreveu em 1910, Gaudí buscava "um gótico que fosse cheio de luz do sol, estruturalmente relacionado com as grandes catedrais catalãs, empregando a

Fig. 44. Gaudí, três etapas da igreja da Sagrada Família, Barcelona (da esquerda para a direita, 1898, 1915, 1918), e (extrema direita) Viollet-le-Duc, projeto para uma catedral, de seu *L'Art russe*, 1870.

cor como os gregos e os mouros faziam, lógico para a Espanha; um gótico meio marítimo, meio continental, avivado por riquezas panteístas". O resultado disso na Casa Vicens é um pastiche mudejar, projetado em torno de uma estufa de plantas, que, com suas faixas de tijolos, seus azulejos e seus elementos decorativos de ferro, era mais exuberante do que qualquer casa da mesma época (cf. a Pierrepoint de Shaw, em Frensham, Surrey, de 1876). Mas a estrutura transcende sua expressão exótica, pois aquela foi a primeira ocasião em que Gaudí usou a tradicional abóbada catalã ou roussillonesa, em que formas arqueadas são obtidas fazendo um ressalto com camadas laminadas de ladrilhos. Essa abóbada tornou-se uma característica-chave de seu estilo, aparecendo em sua forma mais delicada na fina casca estrutural de sua Escola da Sagrada Família, Barcelona, 1909.

As primeiras realizações da carreira de Gaudí são inseparáveis dos vários trabalhos que ele e seu colega, Francesc Berenguer, projetaram para Eusebi Güell. O conde Güell era um progressista, e sua casa de Barcelona, o Palau Güell, que Gaudí projetou para ele em 1888, tornou-se a Meca da intelectualidade na década de 1890. Assim como a Casa Vicens foi construída em torno de uma estufa, o Palau Güell foi erguido em torno de uma sala de música, uma tribuna de órgão e uma capela. Esse espaço compósito imitava a forma do pátio islâmico típico e ocupava toda a seção superior da casa.

Entre as grandes admirações de Güell destacavam-se Ruskin e Wagner, e Gaudí parece ter sido influenciado tanto pelas teorias de um como pelos dramas musicais do outro. Em todo caso, a reputação de Ruskin estava em seu ápice na virada do século, e seu ditame, tão compatível com o de Wagner, de que o arquiteto que não fosse escultor ou pintor não era "senão um moldureiro em grande escala" cativou claramente Gaudí.

Para Güell, a transformação global da sociedade deveria ser efetuada através da cidade-jardim. Tendo isso em vista, encomendou a Gaudí e Berenguer em 1891 o projeto de uma comunidade operária para sua fábrica têxtil de Santa Coloma de Cervelló, que ficou conhecida mais tarde como Colonia Güell. Esse projeto foi seguido de uma encomenda, em 1900, de um subúrbio de classe média, o Parque Güell, situado na Montaña Pelada que domina Barcelona, um projeto finalmente realizado sem seu perímetro de casas entre 1903 e 1914. Entrementes, Berenguer continuou o desenvolvimento esporádico da Colonia Güell, até Gaudí vir sucedê-lo em 1908, para completar o trabalho da capela. Então a carreira de Gaudí como arquiteto de igrejas já começara, pois ele assumira em 1906 a construção da igreja da Sagrada Família em Barcelona, substituindo Juan Martorell.

O Parque Güell de Gaudí surge como uma desinibida cristalização de sua visão extática. Embora o parque tivesse uma vista espetacular, as únicas construções a serem concluídas lá seriam a portaria, a grande escadaria dando acesso ao mercado coberto acima e a casa de Gaudí. A abóbada ondulada de formas irregulares do mercado é suportada por sessenta e nove colunas dóricas grotescas, enquanto sua cobertura, limitada por um banco serpeante contínuo, foi concebida para funcionar como arena ou palco ao ar livre. Esse perímetro exótico, revestido de mosaico, termina numa esplanada, que por sua vez se incorpora à construção naturalista e aleatória, feita de cacos de cerâmica, do resto do parque. O próprio parque era estruturado em veredas serpeantes, que, onde necessário, foram construídas sobre botaréus abobadados, cuja forma sugere troncos petrificados.

O Parque Güell é o primeiro trabalho de Gaudí a evocar diretamente, por meio do perfil ondulante de sua arena, a imagem obsessiva de sua vida: a famosa montanha perto de Barcelona, conhecida como Montserrat. De acordo com a lenda medieval, celebrada por Wagner em *Parsifal*, o Santo

Graal foi escondido no castelo de Montsalvat, lugar que foi identificado mais tarde com o Montserrat e seu mosteiro, morada do santo patrono da Catalunha. Gaudí, que trabalhou inicialmente para o mosteiro em 1866, ficou o resto da vida obcecado pelo perfil serreado da montanha.

Os picos e chaminés da Casa Milà erguem-se acima da quadrícula racional de Barcelona como o cimo da face ondulante de um penhasco, gesto ciclópico cujo impressionante sentido de peso parece contradizer sua livre e delicada organização sobre três pátios de formas irregulares. Essa contradição encontra um paralelo na caprichosa supressão da estrutura de aço do edifício atrás de um revestimento maciço de pedra. Como no Parque Güell, a articulação da estrutura foi sacrificada à evocação de uma força primitiva. Nada podia estar mais distante de Viollet-le-Duc, pois nem a construção nem seu modo de montagem eram explicitamente expressos. Em vez disso, imensos blocos são laboriosamente trabalhados

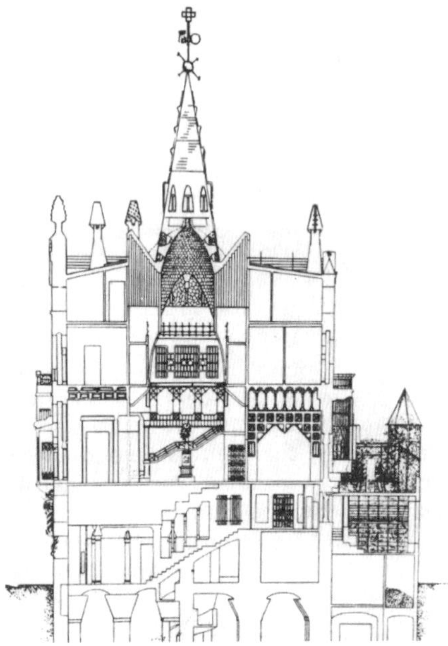

Fig. 45. Gaudí, Palau Güell, Barcelona, 1888.

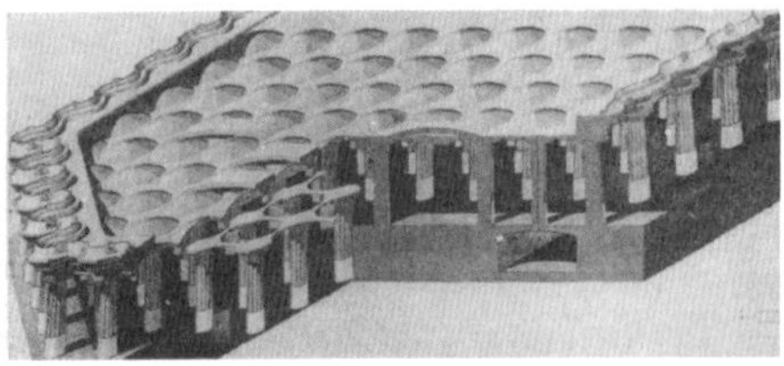

Fig. 46. Gaudí, Parque Güell, 1903-14. Diagrama transversal mostrando a estrutura do mercado coberto. A colunata dórica abobadada suporta a esplanada.

Fig. 47. Gaudí, Casa Milà, Barcelona, 1906-10.

de modo a sugerir a face de uma rocha erodida pelo tempo. Semelhante referência cósmica parece intencional nos balcões de ferro, forjados pelo ateliê de Gaudí de maneira a sugerir pedaços petrificados de algas agitadas pela tempestade. Partindo dos princípios de Viollet-le-Duc, Gaudí acabou transformando sua matéria-prima numa reunião de imagens poderosas, cuja força emocional recorda o gênero operístico de Wagner. Vista retrospectivamente, a Casa Milà parece antecipar algo do etos do Expressionismo que logo surgiria na Europa Central. Em 1910, sua solenidade simbólica serviu para isolar Gaudí, não apenas da tradição do Racionalismo Estrutural, mas também dos aspectos mais leves do Simbolismo, aquela agitação de "adeuses no espaço" que constituem o teor geral do Modernismo catalão.

Sob muitos aspectos, a situação em Bruxelas no final do século era semelhante à de Barcelona. Na capital flamenga, um acúmulo comparável de opulência industrial correspondia a uma preocupação igualmente obsessiva com a identidade nacional, ainda que na Bélgica a riqueza fosse distribuída de forma mais igualitária, e o nacionalismo fosse atenuado por uma verdadeira independência. Ainda assim, os arquitetos belgas ansiavam tanto quanto os catalães pelo desenvolvimento de um estilo realmente moderno, mas ao mesmo tempo nacional. A vanguarda arquitetônica da década de 1870 acusou o arquiteto acadêmico Joseph Poelaert de falsidade cultural devido a seu Palácio da Justiça neoclássico, completado em 1883: não apenas era piranesiano e megalomaníaco, como também evocava um passado internacional e portanto, por definição, antiflamengo. Do ponto de vista dessa mesma vanguarda, o modelo para uma nova arquitetura "nativa" podia ser encontrado nas tradições locais da construção com tijolos do século XVI, que poderiam fazer florescer os princípios de Viollet-le-Duc.

Um ano depois da publicação de *Entretiens* [Conversas], a recém-formada Société Centrale d'Architecture de Belgique deu início a uma vigorosa campanha em sua revista *L'Émulation* [A emulação], defendendo a criação de um estilo nacional. O número de 1872 declarava: "O que se espera de nós é que criemos algo que seja nosso, algo a que possamos dar um novo nome. Somos exortados a inventar um estilo." E. Allard, o principal teórico de *L'Émulation*, escreveu mais tarde: "Devemos tentar, em primeiro lugar, criar artistas belgas – precisamos nos libertar das influências estrangeiras." Durante a década de 1870, *L'Émulation* continuou difundindo os princípios de um estilo hipotético que, em seu Racionalismo Estrutural, era mais restrito do que o adotado por Gaudí. "Em arquitetura, nada é belo se não for verdadeiro"; "Evitar o gesso e o estuque pintados"; "A arquitetura está caminhando para a decadência, para uma verdadeira cacofonia."

Apesar dessas exortações, levou tempo para que se concretizasse um estilo convincente, e nada de importante foi realizado na Bélgica até 1892, quando Victor Horta iniciou a fase madura de sua carreira com a construção do Hôtel Tassel em Bruxelas. Em sua casa urbana de três andares, fachada estreita e formato tradicional de terraço, Horta foi além das conquistas do início de sua carreira, tornando-se um dos primeiros arquitetos a fazer uso abundante do ferro na arquitetura doméstica. Tratou o ferro como se esse material fosse um filamento orgânico que se insinuasse na estrutura para subverter a inércia da pedra. Ao contrário das obras de Eiffel e Contamin, que ele deve ter conhecido na Exposição de Paris de 1889, a imagem mais influente por trás do peculiar estilo "entrelaçado" de Horta era a obra gráfica contemporânea do artista holandês-indonésio Jan Toorop. Essa ligação sublinha a importância da pintura para o Art Nouveau belga. Toorop era membro do Les XX, o influente grupo pós-impressionista cuja posterior reformulação como La Libre Esthétique desempenharia um papel fundamental na difusão dos objetivos e princípios do movimento inglês Arts and Crafts.

Fig. 48. Horta, Hôtel Tassel, Bruxelas, l892.

Na planta aberta do Hôtel Tassel, Horta explodiu a fórmula do *hôtel* parisiense do século XVIII. Ao mesmo tempo que o vestíbulo octogonal do andar térreo se elevava através de um meio-nível até o jardim, expandia-se lateralmente em um espaço de *foyer* adjacente coberto por uma superestrutura de ferro. As colunas livres desse espaço, embelezadas por anéis de ferro, repetem formas sinuosas do mesmo tipo em todo o resto da obra metálica. Das balaustradas até os encaixes de luz predomina a mesma estética, uma exuberância linear que ecoa com delicadeza no piso de mosaico, no acabamento das paredes e nos painéis de vidro colorido da porta para o salão. Contudo, apesar desse profuso floreado, os volumes principais são atenuados pelo uso de molduras rococó que servem para estabelecer uma relação entre os elementos mais exóticos e a tradição recebida de Luís XV. Um equilíbrio semelhante é obtido no exterior, onde os elementos maleáveis da armadura interna encontram sua expressão discreta. Em uma fachada de resto clássica, os ângulos internos de pedra de uma janela de sacada feita de ferro são trabalhados de modo a insinuar o impulso da estrutura metálica interior.

Na década seguinte, Horta deu continuidade a esse diálogo entre a flexibilidade do ferro e o caráter maciço da pedra, usando esses materiais em algumas outras casas urbanas em Bruxelas, inclusive nas residências para o químico Solvay e para o industrial Van Eetvelde, e também em sua própria casa e estúdio na Rue Américaine, tudo construído antes de 1900. Todas essas construções eram elaborações parciais da sintaxe do Hôtel Tassel, mas nenhuma delas, com exceção do Hôtel Solvay, conseguiu igualar a simplicidade e a forte impressão provocadas pelo Hôtel Tassel.

A Maison du Peuple, construída para o Partido Socialista dos Trabalhadores Belgas em 1897-1900, é a obra mais original da carreira de Horta e a única em que ele parece ter se sentido livre para seguir os princípios de Viollet-le-Duc até sua conclusão lógica. Aqui, um vernáculo nativo em tijolo e pedra foi explorado com brilhantismo de modo a criar uma arquitetura de construção aparente – o trabalho em tijolo foi coerentemente modulado e moldado para receber a pedra, e esta foi desbastada para receber o ferro e o vidro. Enquanto externamente essa tectônica consistia na expressão elevada de um programa complexo e no deslocamento de uma forma de planta côncava sobre um local em declive, internamente ela chegou a uma expressão dramática e extremamente fluida através da estrutura de aço aparente dos volumes principais, os escritórios, as salas de reunião, o anfiteatro para conferências e o refeitório. Esse conjunto neogótico de tijolo, ferro e vidro – coerente, mas estranhamente não resolvido – foi a realização mais influente de Horta, e não viria a ser superada em seu último e mais resolvido en-

Fig. 49. Horta, Maison du Peuple, Bruxelas, 1897-1900. Detalhe da fachada.

saio nesse idioma, sua loja de departamentos Innovation, construída em Bruxelas em 1901.

Na França, a linha de sucessão que liga Viollet-le-Duc a Hector Guimard passa pelo mestre de Guimard, Anatole de Baudot, que fora aluno tanto de Viollet-le-Duc quanto de Labrouste. Em 1894, de Baudot havia projetado, junto com o engenheiro Paul Cottancin, a igreja de St-Jean-de-Montmartre, em Paris, uma estrutura de tijolo reforçado e *ciment armé* que foi, sem dúvida, o mais profundo ensaio em Racionalismo Estrutural até a presente data. Em suas primeiras obras parisienses, portanto, Guimard revela sua dívida para com Baudot e Viollet-le-Duc, particularmente na École du Sacré Coeur e na Maison Carpeaux, no Boulevard Exelmans, ambas concluídas por volta de 1895. Enquanto a primeira, um pequeno edifício escolar com suportes em V até o andar superior, era quase uma realização direta da famosa ilustração de *Entretiens*, a última, uma casa urbana burguesa, mostrava as mesmas tendências a um classicismo residual que encontramos nas obras de Horta.

Em carta a L.-C. Boileau em 1898, Guimard reconhece abertamente sua dívida para com Viollet-le-Duc: "Em termos decorativos, talvez meus princípios sejam novos, mas eles derivam dos que já eram usados pelos gregos. (...) Só apliquei as teorias de Viollet-le-Duc sem me sentir fascinado pela Idade Média." Ainda assim, Guimard estava preocupado em chegar ao estilo prescrito pelo teórico francês como algo capaz de harmonizar-se com o uso, o clima, o espírito nacional e "o progresso que foi alcançado pela ciência e pelo conhecimento prático". É assim que, em 1903, escreve:

> Para ser verdadeiro, um estilo arquitetônico deve ser o produto do solo onde existe e do período que dele necessita. Somados à minha doutrina, os princípios da Idade Média e os do século XIX deveriam fornecer-nos a base de um renascimento francês e um estilo totalmente novo. Deixemos que os belgas, os alemães e os ingleses desenvolvam, por sua própria conta, uma arte nacional; ao fazê-lo, certamente produzirão um trabalho verdadeiro, sólido e proveitoso.

Podemos pressupor que aquilo que Guimard tinha em mente, a exemplo de Gaudí e Horta, era o desenvolvimento dos "elementos constitutivos" de um estilo nacional do modo como o defendia Viollet-le-Duc. Na virada do século, porém, existiam pelo menos três versões do estilo de Guimard: uma expressão livre e rústica que utilizava diferentes meios e materiais, como encontrada nos chalés que ele construiu entre 1899 e 1908, da qual seu Castel Henriette de 1900 é um exemplo típico; um estilo urbano de tijolos minuciosamente assentados e trabalho de cantaria dramaticamente esculpido, como encontramos em sua própria casa na Avenue Mozart em Paris, 1910, e, por último, uma maneira de ferro e vidro aracnoide que passou a ser produzida em série pouco depois de 1899, quando obteve o encargo

Fig. 50. Guimard, entrada em ferro e vidro para o metrô, Paris, 1899-1904. Projeção vertical lateral e frontal.

das estações do metrô de Paris. As entradas foram construídas com peças de ferro intercambiáveis padronizadas, fundidas em forma de elementos naturalistas e emoldurando o aço esmaltado e o vidro. Paradoxalmente, estavam mais próximas da expressividade linear de Horta do que do rigor moral de de Baudot, e Guimard inclusive chegou a tratar a tipografia e a iluminação dessas estruturas como a sinuosa continuação de sua forma. Desde então, nos quatro anos seguintes, essas emanações aparentemente naturais de um fantástico mundo subterrâneo irromperam pelas ruas de Paris, tornando Guimard famoso como o criador do "Style Métro".

Essa merecida notoriedade infelizmente ajudou a eclipsar a única obra-prima efêmera de toda a carreira de Guimard, a sala de concertos Humbert de Romans concluída em Paris em 1901 e demolida em 1905. Como a Maison du Peuple de Horta, sem dúvida é preciso ver essa sala como uma das principais conquistas do Racionalismo Estrutural. O texto de Fernand Mazade de 1902 ainda consegue evocar a força de um interior que, a não ser por algumas fotos já muito esmaecidas, perdeu-se por completo:

Fig. 51. Guimard, sala de concertos Humbert de Romans, Paris, 1901. Composta de corte e elevação.

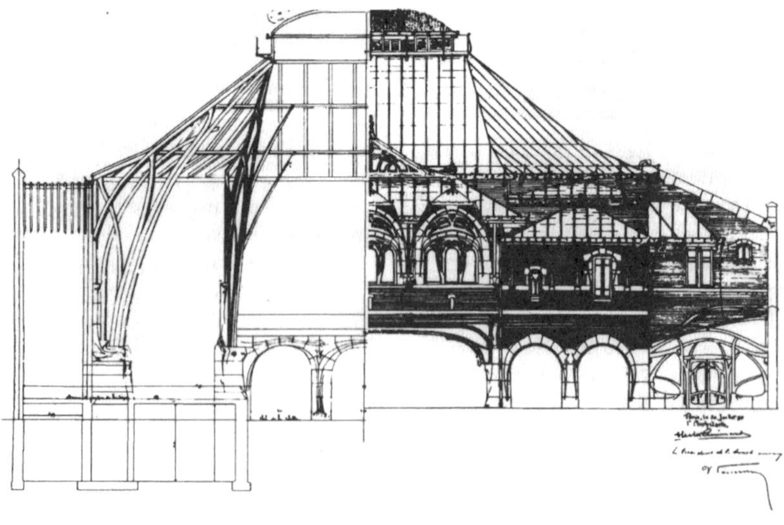

(suas) divisões principais, em número de oito, suportam uma cúpula bastante alta, atravessada, a exemplo do que ocorre nos lados, por reentrâncias preenchidas por vitrais de um amarelo pálido através dos quais a luz entra em abundância no interior da sala. A estrutura é de aço, mas o metal é coberto por mogno. (...) O resultado é o teto mais elaborado jamais concebido por um arquiteto francês.

Durante as duas décadas que se seguiram à virada do século, ficou discretamente em segundo plano o arquiteto holandês Hendrik Petrus Berlage, que conseguiu trabalhar de modo consistente até sua morte em 1934. Ao contrário de Horta, Berlage não permitiu que seus princípios se comprometessem com os gostos "estrangeiros" que haviam sido adquiridos por uma classe média arrivista. Na Holanda, de qualquer modo, a classe média estava plenamente integrada à sociedade como um todo, e a cooperação social era uma segunda natureza em um país constantemente ameaçado pela inundação. Nesse contexto estável, Berlage pôde desfrutar de quase cinquenta anos de trabalho ininterrupto, durante um período que, graças à neutralidade holandesa, não se viu perturbado nem mesmo pelas hostilidades da Primeira Guerra Mundial.

Berlage recebeu sua formação profissional na Eidgenössische Technische Hochschule de Zurique, em fins da década de 1870. Nessa escola estudou sob a orientação dos seguidores imediatos de Gottfried Semper, dos quais recebeu uma educação extremamente racional e tipológica. Ao voltar a Amsterdã em 1881, começou a associar-se a P. J. H. Cuijpers, quase trinta anos mais velho que ele, que já era discípulo e correspondente de Viollet-le-Duc. De acordo com os princípios do Racionalismo Estrutural, Cuijpers procurava racionalizar seu próprio ecletismo, numa tentativa de desenvolver um novo estilo nacional – tentativa que culminaria em seu Rijksmuseum neoflamengo em Amsterdã, de 1885. Essa obra influenciou fortemente Berlage a participar do concurso para a construção da Bolsa de Valores de Amsterdã, em 1883, que ele projetou em estilo semelhante, com torres e espigões, tendo Theodorus Sander por colaborador.

Doze anos depois, Berlage foi indicado para a construção da Bolsa, apesar de ter sido o quarto colocado no concurso. De imediato retomou o projeto, trabalhando-o segundo uma sintaxe de tijolos formando arcos que havia desenvolvido nesse intervalo, primeiro em uma mansão construída em Groningen em 1894 e depois em um prédio de escritórios erguido em Haia no ano seguinte. Essas estruturas de tijolos, neorromânicas e guarnecidas de ameias, sem dúvida influenciadas pela obra de Richardson nos Estados Unidos, foram veículos para uma arquitetura de construção explícita, um fato que se evidenciava por inteiro no complexo de escadas abobadadas do edifício de escritórios. Contudo, a despeito de toda a profundidade desses primeiros ensaios (evocativos, em sua integridade estrutural, do rigor de de Baudot), a formulação final da linguagem de Berlage dependeria da realização da Bolsa.

As quatro versões da Bolsa que se seguiram ao projeto inicial representam diferentes estágios de um árduo processo de simplificação. Ao longo desse desenvolvimento, Berlage parece ter-se deixado guiar por um conjunto de ideias teóricas, algumas de Viollet-le-Duc, outras de Semper e outras, ainda, de seu colega Jan Hessel de Groot, o criador da escola de estética matemática de Amsterdã. Depois que a Bolsa foi inaugurada em 1903, Berlage começou a publicar sua própria síntese dessas ideias em uma série de estudos teóricos, primeiro em seu *Gedanken über den Stil in der Baukunst* [Reflexões sobre o estilo em arquitetura], de 1905, e depois em *Grundlagen und Entwicklung der Architektur* [Princípios e desenvolvimento da arquitetura], de 1908. Como observou Reyner Banham, os princípios essenciais que esses textos enfatizavam eram "a primazia do espaço, a importância das paredes enquanto criadoras de

Figs. 52, 53. Berlage, Bolsa de Valores, Amsterdã. Acima, segundo projeto, 1896-97; abaixo, como foi construída, 1897-1903.

forma e a necessidade de proporção sistemática". A destilação da Bolsa em sua forma final assume um significado mais profundo quando nos conscientizamos das concepções de Berlage sobre o papel fundamental da alvenaria, como exposto pela primeira vez nesses textos. "Antes de mais nada, a parede deve ser mostrada nua, em toda a concisão de sua beleza, e tudo que nela esteja fixo deve ser eliminado como um empecilho." Ou também: "A arte do mestre construtor está nisto, na criação de espaço, e não no esboço de fachadas. Um envoltório espacial é estabelecido por paredes, enquanto um espaço... se manifesta segundo a complexidade da disposição das paredes."

Em seu refinamento gradual da Bolsa, Berlage conservou em grande parte o projeto original de três volumes retangulares iluminados por cima, um para cada sala de câmbio, alojados em uma matriz ortogonal de paredes de quatro andares. O objetivo gradual consistia em simplificar esse partido e sua estrutura, até chegar a uma forma extremamente austera, e, com essa finalidade em mente, o arquiteto reduziu aos poucos o número de empenas e torreões, e lentamente eliminou todas as claraboias e qualquer vestígio de alvenaria de pedra regular. Em determinado estágio, o esquema lembrava vagamente o Landesmuseum de Gull, que na época estava em fase de conclusão em Zurique, mas, no penúltimo estágio, as formas reduzidas chegaram à sua definição final através da sobreposição de uma gelosia em diagonal que derivava de De Groot. Depois, todas as mudanças subsequentes ficaram em grande parte restritas ao projeto da entrada principal e de sua torre adjacente, concebidas por Berlage como os principais elementos representativos, não só da cidade como também da instituição.

A estrutura de sustentação da Bolsa de Berlage, em tijolo, foi cuidadosamente articulada segundo os princípios do Racionalismo Estrutural. No interior, um friso em mosaico ou uma lâmpada filigranada não são mais que inflexões dentro de grandes volumes de tijolos onde botaréus de granito, ângulos internos de paredes, modilhões e remates de colunas assinalam coerentemente os pontos de transferência e suporte estrutural. As mesmas pedras desbastadas que, em um exemplo, são sustentadas sobre modilhões para receber uma mísula de aço, em outro articulam a fixação de um arco. Desse modo, o *etos* e a lógica de Viollet-le-Duc impregnam a construção toda como em nenhuma outra estrutura do século XIX.

A esse empreendimento, a natureza filosófica do pensamento de Berlage acrescentou dimensões que extrapolavam qualquer estrutura individual, primeiro no contexto urbano imediato, e depois, por extensão, no corpo político como um todo. Seu modelo de uma sociedade urbana ideal foi inicialmente esboçado em uma coletânea de ensaios publicada em 1910, dos quais um em particular, "Kunst en Maatschappij" [Arte e Sociedade], revela com extraordinária clareza a profundidade de seu compromisso sociopolítico. Ainda que, para Berlage, o socialismo fosse um artigo de fé fundamental, nem por isso ele deixou de aderir ao ponto de vista de Hermann Muthesius, para quem o nível geral de uma cultura só poderia elevar-se através da produção de objetos de alta qualidade projetados com esmero. Por outro lado, continuou convencido da suprema importância cultural da cidade e deplorava a tendência desurbanizadora da cidade-jardim inglesa.

Em 1901, Berlage teve a oportunidade de pôr sua teoria urbana em prática quando a municipalidade de Amsterdã encarregou-o de preparar um projeto para Amsterdã-Sul. Para Berlage, a rua era essencialmente uma dependência externa, a consequência necessária da disposição das casas ao longo de sua extensão. Essa insistência no recinto, prefigurada na cidade medieval, já fora postulada por Berlage em seus projetos para a Bolsa. Segundo Alphand e as teorias do urbanista alemão Stübben, as qualidades dos espaços das ruas em Amsterdã-Sul variam conforme sua largura e suas benfeitorias. As ruas mais largas tinham *parterres* e alamedas arborizadas nos flancos; as mais estreitas eram simplesmente alinhadas por árvores e pela pavimentação. Nas interseções principais criaram-se espaços centralizados que, de certo modo, seguiam os princípios de Stübben e Camillo Sitte (ver p. 18). O conjunto era alimentado por um sistema moderno de trânsito de massa em forma de bonde elétrico.

Em 1915, Berlage revisou totalmente seu projeto de modo a acrescentar-lhe avenidas em escala tipo Haussmann, duas das quais,

Fig. 54. Berlage, Bolsa de Amsterdã, 1897-1903. Salão principal.

Fig. 55. Berlage, projeto revisado para Amsterdã-Sul, 1917.

convergentes em um setor conhecido como Amstellaan, foram concluídas com seus arredores no começo da década de 1920. Sua realização, que demonstrou inequivocamente a preocupação de Berlage com a continuidade física do meio ambiente urbano, terminou por fazê-lo entrar em conflito com a polêmica anti-rua dos Congrès Internationaux d'Architecture Moderne (CIAM), instituídos em 1928. Hoje, porém, o valor de sua realização urbana parece mais pertinente do que nunca, pois, como escreveu Giorgio Grassi a propósito de Amstellaan,

> (...) continua sendo o ponto-chave dos subúrbios de Amsterdã, o ponto onde se expressa com maior clareza o conceito de vida em coletividade, onde o valor cívico de cada uma das partes se funde de modo a criar uma visão unificada que, por preocupar-se menos com as moradias perfeitas de certos experimentos racionalistas, em seu conceito nuclear de moradia expressou bem os valores da cidade. E reconheceu não só a necessidade física dos habitantes de lazer e descanso, como também seu impulso para formar comunidades e assumir, nesse ato, um símbolo de vida.

CAPÍTULO 5 Charles Rennie Mackintosh e a Escola de Glasgow, 1896-1916

> No segundo andar de um modesto edifício na grande e esfumaçada cidade industrial de Glasgow, há uma sala de estar surpreendentemente branca e de aspecto imaculado. As paredes, o teto e a mobília têm a beleza virginal do cetim branco. A nota dominante é o branco – branco e violeta. Da parte superior de duas grandes placas violeta, que formam centros de mesa, pendem longas gavinhas entremeadas de pequenas esferas de prata velha.
>
> (...) O tapete e a janela de vidro de chumbo também são violeta, e a mesma cor está presente nas molduras estreitas de dois belos desenhos.
>
> (...) Na tranquilidade do estúdio, entre um pequeno grupo de plantas e misturadas aos romances de Maeterlinck, duas almas visionárias em enlevada comunhão nas alturas de um amoroso companheirismo flutuam, ainda mais alto, nas regiões celestiais da criação.
>
> E. B. Kalas
> *De la Tamise à la Sprée*
> *l'essor des industries d'art,* 1905

Por volta de 1905, Charles Rennie Mackintosh e sua esposa, Margaret Macdonald, já se haviam tornado internacionalmente famosos. Na Inglaterra chegaram à notoriedade em 1896, quando, com Herbert McNair e Frances Macdonald, irmã de Margaret, como Os Quatro de Glasgow, expuseram seus primeiros trabalhos na mostra da London Arts and Crafts Exhibition Society. O impacto provocado por sua obra nessa ocasião foi tão grande que, apesar da desaprovação oficial de Walter Crane, eles foram entusiasticamente aclamados como a Escola do Assombro por Gleeson White, redator-chefe de *The Studio*. Esse sucesso repentino, precedido por uma exposição de sua obra da fase estudantil em Liège, em 1895, foi reconfirmado pela aceitação, em 1896, do projeto de Mackintosh para a nova Escola de Arte de Glasgow, cujas obras se iniciaram no ano seguinte.

Os Quatro vinham fazendo peças de mobiliário desde 1894, razão pela qual o artigo de Gleeson White, em *The Studio*, 1897, pôde ilustrar, além de seu trabalho gráfico, placas de metal em relevo batido a martelo, espelhos, castiçais e relógios criados pelas irmãs Macdonald, e armários e escrivaninhas desenhados por McNair e Mackintosh. Em tudo isso, os Quatro tinham desenvolvido uma sensibilidade que, para White, era a expressão de um "paganismo quase maligno", um estilo que extraía seu modo linear da obra gráfica de William Blake, Aubrey Beardsley e Jan Toorop, e seu sentimento, parte nacionalista e parte simbolista, de antigos motivos câmbricos de origem celta e de nomes provenientes das obras místicas de Maurice Maeterlinck e Dante Gabriel Rossetti.

A arquitetura de Mackintosh também tinha outras origens um pouco menos exóticas. Por intermédio de sua formação na corrente principal do Neogótico, ele adquirira uma afinidade natural com uma sólida abordagem artesanal dos edifícios. Como Philip Webb, seus precursores arquitetônicos foram os neogóticos de meados do século, homens como Butterfield e Street. Isto é bastante evidente nos primeiros momentos de sua obra eclesiástica, como a igreja escocesa de Queen's Cross, em Glasgow, 1897. Em sua obra secular, porém, ele conseguiu misturar o impulso neogótico com uma abordagem mais direta, em parte proveniente de Voysey e em parte da tradição baronial escocesa (cf. os chalés de James MacLaren Fortingall, construídos em 1892). Suas primeiras e últimas manifestações nessa maneira estão incorporadas na realização gradual da Escola de Arte de Glasgow.

Ao longo da evolução de Mackintosh, única e extremamente influente, a obra *Architecture, Mysticism and Myth* [Arquitetura, misticismo e mito], de Lethaby, 1892, viria a ter a importante função de um catecismo – não só por revelar a base metafísica universal de todo o simbolismo arquitetônico, mas também porque, por ser proveniente das mãos de Lethaby, estendeu uma ponte entre o "desprendimento do mundo" do misticismo celta e o movimento Arts and Crafts, mais pragmático em sua abordagem da criação da forma. A propósito deste último, Mackintosh adotou a linha ruskiniana tradicional e defendia o ponto de vista segundo o qual os materiais modernos, como o ferro e o vidro, "jamais tomarão merecidamente o lugar da pedra por causa desse defeito, a ausência de massa".

Não haveria ausência de massa na Escola de Arte de Glasgow, que foi construída com um granito cinzento local em três de seus lados, e com tijolo rebocado no quarto. Contudo, apesar do respeito confesso de Mackintosh pela cantaria, o vidro e o ferro estiveram presentes em abundância nos am-

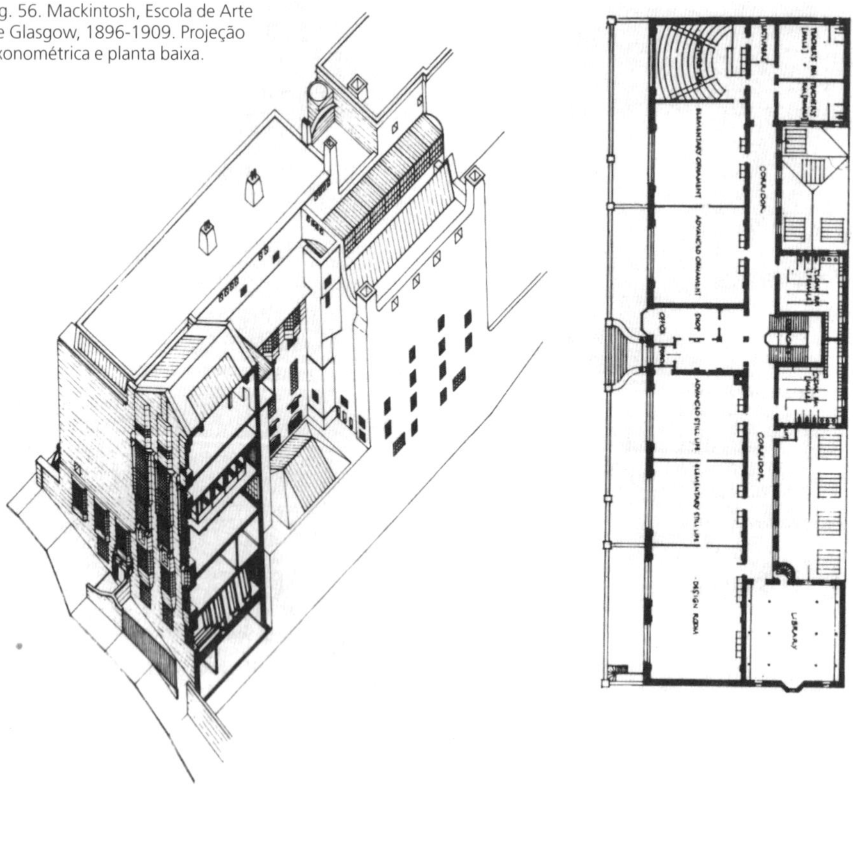

Fig. 56. Mackintosh, Escola de Arte de Glasgow, 1896-1909. Projeção axonométrica e planta baixa.

plos estúdios voltados para o norte, que ocupam toda a extensão da fachada principal. Ao mesmo tempo, de um ponto de vista técnico, Mackintosh – como seu contemporâneo norte-americano Frank Lloyd Wright – fez todos os esforços possíveis para incorporar sistemas de controle ambiental engenhosos e modernos, como o sistema ainda eficaz de calefação e ventilação através de ductos, usado na escola desde o início.

Seguindo a tradição do Neogótico, Mackintosh projetou o corpo principal da escola como um invólucro de ajustagem folgada, com o volume do espaço a ser ocupado pelos estúdios dispostos em quatro andares. Essa massa, cuja leitura realmente permite que a vejamos como dois pavimentos ao longo de toda a fachada principal, foi complementada por elementos auxiliares (como a biblioteca e o museu) situados nas laterais, no centro e na parte superior. O resultado foi uma planta em forma de E com uma elevação principal excentricamente contrabalançada, em que deslocamentos sutis tanto da entrada principal quanto das balaustradas do átrio engendram, ao mesmo tempo, leituras simétricas e assimétricas. Os oitões das fachadas leste e oeste, que descem abruptamente para a parte posterior do local, foram deixados em parte sem decoração ou aberturas para que expressassem a profundidade do espaço dos estúdios. Com a ajuda de remates, frontões, torreões projetados e janelas entalhadas, esta assimetria inerente confere à fachada leste uma característica abertamente neogótica, que teria sido repe-

Fig. 57. Mackintosh, Escola de Arte de Glasgow. Biblioteca, 1905-1909.

tida na fachada oeste se Mackintosh não houvesse alterado radicalmente a concepção do segundo estágio em 1906. Do modo como foi concluída, essa fachada oeste representa Mackintosh no auge de seu potencial. Em nenhuma outra obra ele foi capaz de alcançar tamanha autoridade e grandeza. Seus três balcões envidraçados verticais, com sua fenestragem quadriculada, servem dramaticamente para iluminar e expressar o volume acolhedor da biblioteca e seu andar superior adjacente.

Construída em dois estágios, a escola de arte é um registro do desenvolvimento estilístico de Mackintosh de 1896 a 1909. A diferença entre o *hall* de entrada à maneira de Voysey, a escadaria do primeiro estágio e a biblioteca de altura dupla do estágio final, sem dúvida influenciada por Norman Shaw, refletem toda a gama de seu desenvolvimento naquele momento de sua carreira. Em poucos anos, ele cristalizara plenamente aquela sinuosa sintaxe arquitetônica que usara pela primeira vez em grande escala no projeto dos Willow Tea Rooms, Glasgow, em 1904. Em contraste com aqueles interiores "brancos e flexíveis", a biblioteca da escola de arte é austera, geométrica e executada em madeira escura por toda parte. Há uma qualidade quase japonesa em sua articulação estrutural. Deve ser vista como uma obra de transição, a meio caminho entre o período Art Nouveau de Mackintosh e a maneira posterior, moderna, que caracteriza suas obras finais para Bassett-Lowke.

O período breve e brilhante, violeta e prata, de ornamentação orgânica contrastada com superfícies brancas lisas, geralmente visto como a pedra de toque do estilo Mackintosh e como tal louvado por Kalas em 1905, atingiu sua maturidade na virada do século. Já estava plenamente desenvolvido no mobiliário e no *décor* do apartamento de Mackintosh em Glasgow, projetado em 1900. Voltou a ser elaborado na seção escocesa da Exposição da Secessão vienense do mesmo ano, e na sala de música construída para Fritz Wärndorfer em Viena, em 1902.

Fig. 58. Mackintosh, Hill House, Helensburgh, 1902-1903.

Como estética plenamente integrada, tanto interna quanto externamente, alcançou sua apoteose nos Willow Tea Rooms, concluídos dois anos depois da sala de Wärndorfer.

Externamente, a fachada branca dos Willow Tea Rooms, sóbria mas modulada, era do mesmo gênero dos projetos residenciais feitos por Mackintosh na virada do século, todos os quais evocavam o estilo de Voysey, ou das duas casas rebocadas, quase baroniais, que ele realizou em Kilmacolm e Helensburgh entre 1899 e 1903. Como escreveu Robert Macleod, "essas casas eram uma expressão de inépcia consciente e de uma atitude antiornamental que tinha por principais representantes históricos William Butterfield e Philip Webb". A perversa tentativa de Mackintosh de fundir o ornamental com o canhestro nem sempre foi bem-sucedida, e as casas parecem um tanto caóticas e não resolvidas quando comparadas com a magnífica e extremamente influente Haus eines Kunstfreundes, que Mackintosh projetou para participar do concurso limitado organizado em Darmstadt por Alexander Koch, em 1901.

A Casa para um Amante da Arte, não realizada, e a Escola de Arte de Glasgow representam a contribuição essencial de Mackintosh para a corrente principal da arquitetura do século XX. Na casa, ele criou uma obra que ia muito além das coerções do modelo Voysey tradicional, revelando uma plasticidade formal de afinidades quase cubistas. A organização da casa ao redor de vários eixos compensatórios, e sua divisão em duas massas longitudinais principais que parecem estar a ponto de deslizar uma sobre a outra, resultou em uma composição tensa mas consolidada, e o enriquecimento de sua superfície (de resto plana) com janelas de proporções precisas e acentos eventuais de ornamentos em relevo sugere, de imediato, a forte influência que deve ter exercido sobre Josef Hoffmann, em particular quando se tem em mente seu projeto para o Palais Stoclet de Bruxelas, em 1905. Seja como for, nada poderia estar mais distante da rusticidade do projeto vencedor, de autoria de Baillie Scott.

É irônico que Mackintosh tenha iniciado e terminado sua carreira como arquiteto independente com a Escola de Arte de Glasgow, sendo o período de 1897 a 1909 aquele em que se situam os anos efetivos de sua prática. Em 1914, os Mackintosh mudaram-se da Escócia para a Inglaterra, onde Mackintosh, subita e inexplicavelmente desestimulado como arquiteto, voltou-se para a pintura. Em 1916, porém, fez um breve retorno com a brilhante remodelagem de uma pequena casa com terraço para W. J. Bassett-Lowke, n.º 78, Derngate, em Northampton. Ricos e abstratos, os interiores são iguais a qualquer obra continental da mesma data. O mobiliário de quarto, simples e geométrico, e a decoração gráfica com listras, que une as camas separadas, eram bem avançados para a sua época, tendo em vista que anteciparam os dispositivos espaciais e plásticos que seriam usados pela vanguarda continental depois da Primeira Guerra Mundial (De Stijl, Art Déco, etc.). Durante a guerra, Mackintosh desenhou relógios, móveis e *posters* para Bassett-Lowke, mas até mesmo esse patrocínio foi retirado depois de 1918.

Rejeitado na Escócia e isolado na Inglaterra, Mackintosh não conseguia sustentar nem os valores do início de sua vida nem o impulso criador de sua carreira anterior à guerra. A última década de sua vida foi de declínio progressivo, e neste, em 1925, a entrega ao arquiteto alemão Peter Behrens do projeto de uma nova casa para Bassett-Lowke não foi senão o golpe definitivo. Era um destino trágico para alguém que, como escreveu P. Morton Shand, "foi o primeiro arquiteto britânico, desde Robert Adam, a consolidar um nome no exterior, e o único a tornar-se o ponto de convergência de uma escola continental de *design*".

CAPÍTULO 6 A primavera sagrada: Wagner, Olbrich e Hoffmann, 1886-1912

Uma série de edifícios expressava o *Bildungsideal* da Áustria liberal: universidade, museu, teatro e – o mais grandioso de todos – a casa de ópera. A cultura, outrora confinada ao palácio, extravasara para a praça do mercado e tornara-se acessível a todos. A arte deixou de servir apenas como expressão da grandeza aristocrática ou da pompa eclesiástica; transformou-se em ornamento, na propriedade comunitária de uma cidadania ilustrada. As magníficas estruturas da Ringstrasse testemunhavam exaustivamente o fato de que a Áustria havia substituído o despotismo e a religião pela política constitucional e pela cultura secular. (...) O crescimento econômico da Áustria criou condições para que um número cada vez maior de famílias seguissem um estilo de vida aristocrático. Burgueses abastados ou burocratas bem-sucedidos, muitos dos quais adquiriram títulos de nobreza, como o Freiherr von Risach de Stifter (no romance *Der Nachsommer* [Fim do verão], de 1857), estabeleceram variantes urbanas ou suburbanas das Rosenhaus, *villas* semelhantes a museus que se tornaram centros de uma agitada vida social. Não só maneiras graciosas, mas também profundidade intelectual foram cultivadas nos salões e nas *soirées* da nova elite. (...) Os pré-rafaelitas ingleses inspiraram o movimento Art Nouveau (com o nome de "Secessão") na Áustria de fim de século, mas nem sua espiritualidade pseudomedieval nem seu forte impulso social-reformista impregnaram seus discípulos austríacos. Em resumo, os estetas austríacos não eram nem alienados de sua sociedade, como seus colegas franceses, nem comprometidos com ela, como acontecia com os ingleses. Faltava-lhes o amargo espírito antiburguês dos primeiros e o fervoroso impulso meliorista dos segundos. Nem *degagés* nem *engagés*, os estetas austríacos eram alienados, não de sua classe, mas, junto com ela, de uma sociedade que frustrava suas expectativas e rejeitava os seus valores. Desse modo, o Jardim da Beleza da Jovem Áustria foi um refúgio dos *beati possidentes,* um jardim estranhamente suspenso entre a realidade e a utopia. Expressava tanto o autodeleite dos esteticamente cultos quanto a dúvida de si dos que não tinham uma função social.

Carl Schorske
The Transformation of the Garden: Ideal and Society in Austrian Literature, 1970.

Como nos informa Carl Schorske, aquilo que se concretizou em 1898 como a "primavera sagrada", com o surgimento da revista secessionista *Ver Sacrum*, parte de suas origens datava de meados do século com *Der Nachsommer*, o veranico do romance idealista de Adalbert Stifter, de 1857. A primeira *villa* suburbana de Otto Wagner, de 1886, pode ser vista como uma realização da casa Rosenhaus, que Stifter havia inventado como o lugar ideal para o cultivo de uma vida estética privada. Embora Wagner tivesse nascido na mesma classe do Freiherr von Risach de Stifter, não conseguiu um sucesso imediato. Depois de uma carreira acadêmica bem-sucedida, primeiro na Politécnica de Viena e depois na prestigiosa Bauakademie de Berlim, seguidora da tradição de Schinkel, trabalhou independentemente por mais ou menos quinze anos antes de receber seu primeiro encargo do Estado, a decoração para as comemorações das bodas de prata do imperador, em 1879. Mesmo esse reconhecimento real não lhe trouxe grande aclamação, de tal modo que, quando em 1886 ele construiu sua versão italianizada da Rosenhaus em Hütteldorf, estava ainda longe de poder considerar-se profissionalmente estabelecido. Quatro anos depois, porém, ele não apenas se tornara famoso, mas também já alcançara algum sucesso mundial com a construção, em Viena, de uma casa pequena porém luxuosa para seu uso pessoal.

A influência de Wagner como professor data de 1894, quando substituiu Karl von Hasenauer como professor da escola de arquitetura da Academia de Belas-Artes de Viena. Em 1896, aos cinquenta e quatro anos, publicou sua primeira obra teórica, *Moderne Architektur* [Arquitetura moderna]. A esta seguiu-se, em 1898, a primeira publicação do trabalho de seus alunos, que tinha por título *Aus der Wagnerschule* [Da escola de Wagner]. Tendo se formado em Berlim, sob a orientação de um dos melhores alunos de Schinkel, as afinidades arquitetônicas de Wagner nesta época parecem estar a meio caminho entre o racionalismo dos Schinkelschüler e o estilo mais retórico dos últimos grandes arquitetos da Ringstrasse, Gottfried Semper e Karl von Hasenauer, cujos museus estatais, Burgtheater e Neue Hofburg, estiveram em construção no Ring durante todo o último quarto de século.

A formação politécnica de Wagner dera-lhe uma consciência plena das realidades técnicas e sociais de sua época. Ao mesmo tempo, sua imaginação romântica deixou-se atrair pelas inquietações radicais de seus alunos mais talentosos – pelo movimento artístico antiacadêmico cofundado por seu assistente Joseph Maria Olbrich e por seu discípulo mais brilhante, Josef Hoffmann, que se graduara com um Prix de Rome em 1895. Esses homens não eram apenas influenciados pela obra dos Quatro de Glasgow, na época ilustrada em *The Studio*,

Fig. 59. Olbrich, edifício da Secessão, Viena, 1898.

mas também estavam seduzidos pela visão exótica de dois jovens pintores vienenses, Gustav Klimt e Koloman Moser. Sob a liderança de Klimt, Olbrich, Hoffmann e Moser uniram-se em sua revolta contra a Academia, e, em 1897, com a bênção de Wagner, fundaram a Secessão de Viena. No ano seguinte, Wagner declarou suas próprias afinidades com a Secessão ao criar uma abstração floreada em faiança para a fachada de sua casa pseudoitalianizada em Linke Wienzeile, conhecida como Casa Majólica, e em 1899 escandalizou o *establishment* ao tornar-se membro efetivo da Secessão.

Em 1898, Olbrich construiu o edifício da Secessão, aparentemente segundo um esboço de Klimt, que continuaria sendo a força motriz da rebeldia. De Klimt vieram as paredes inclinadas, a axialidade e, principalmente, o motivo laureado – com sua dedicatória a Apolo –, sendo este último representado por Olbrich como uma cúpula em metal perfurado, suspensa entre quatro pilones baixos e colocada sobre massas planas cuja modelagem austera lembra o trabalho de arquitetos britânicos como Voysey e Charles Harrison Townsend. Um símbolo comparável de vitalidade orgânica apareceu

Fig. 60. Olbrich, Casa Ernst Ludwig, Darmstadt. *Das Zeichen*, maio de 1901.
Fig. 61. Olbrich, Hochzeitsturm e edifícios de exposições. Darmstadt, 1908.

na capa do primeiro número de *Ver Sacrum* – um arbusto ornamental cujas raízes vitais foram representadas como se irrompessem de sua selha para a terra abaixo. Foi esse o ponto de partida simbólico de Olbrich, um retorno consciente à fertilidade do inconsciente, a partir do qual, sempre sujeito à influência de Voysey e Mackintosh, e às exigências do pan-erotismo de Klimt, ele começou a desenvolver um estilo próprio.

Essa evolução ocorreu, em grande parte, em Darmstadt, para onde Olbrich fora em 1899 a convite do grão-duque Ernst Ludwig. Pouco depois, nesse mesmo ano, outros seis artistas uniram-se a ele: os escultores Ludwig Habich e Rudolf Bosselt, os pintores Peter Behrens, Paul Bürck e Hans Christiansen, e o arquiteto Patriz Huber. Dois anos mais tarde, essa colônia de artistas expunha seu estilo de vida e hábitat como uma obra de arte total, sob o título de *Ein Dokument deutscher Kunst* [Um documento da arte alemã]. A exposição foi inaugurada em maio de 1901 com uma cerimônia mística chamada *Das Zeichen* [O Signo], e aconteceu na escadaria da Casa Ernst Ludwig, de Olbrich. Nessa cerimônia, um profeta "desconhecido" descia do portal dourado do edifício para receber uma forma cristalina como símbolo do material grosseiro transformado em arte, assim como o carbono pode transformar-se no brilho do diamante.

A Casa Ernst Ludwig, construída em 1901, foi sem dúvida a obra mais avançada que Olbrich projetou durante os nove anos em que morou em Darmstadt. Consistindo de oito espaços de estúdio, quatro de cada lado de um saguão comum, foi na verdade o foco inicial da colônia, ao redor do qual as casas de alguns outros artistas acabaram sendo construídas. Com sua fachada alta e sem decoração, suas janelas horizontalmente distribuídas que levavam a luz do norte para a parte de trás, sua entrada circular ornamentada, em recuo, flanqueada por enormes estátuas esculpidas por Habich, foi a monumentalização definitiva de temas que Olbrich começara a introduzir no edifício da Secessão.

Entre essa primeira obra-prima e a "classicização" final de seu estilo em 1908 – ano de sua morte prematura –, Olbrich deu continuidade à sua procura de um estilo expressivo e único. Em sua última década de vida criou obras de excepcional originalidade, culminando em sua críptica e taciturna Hochzeitsturm, ou Torre Matrimonial, que, com seus edifícios adjacentes destinados a exposições, foi concluída na Mathildenhöhe, em Darmstadt, para a Hessische Landesausstellung de 1908. Com sua composição piramidal, o complexo Mathildenhöhe, construído sobre um reservatório, era na verdade um "coroamento da cidade" cuja forma antecipava o centro simbólico da Stadtkrone de Bruno Taut, de 1919. Cercado por uma série de pérgolas de concreto enfileiradas, foi concebido por Olbrich como um labirinto montanhoso de densa vegetação cuja cor mudaria, conforme as estações, do verde para o castanho-avermelhado. Erguendo-se de um terreno elevado como se fosse uma montanha mística, opunha-se conscientemente à serenidade edênica do jardim formal de plátanos, ou Platanenhain, que o precedia.

Ao longo de toda a carreira de Olbrich esteve presente a figura desafiadora de Peter Behrens, inicialmente artista gráfico e pintor, que viera para Darmstadt em 1899, procedente da Secessão de Munique. Tornou-se conhecido como arquiteto e *designer* com a construção e o mobiliário de sua própria casa em Darmstadt, em 1901. Em sua rivalidade como *Gesamtkünstler* para a casa de Hesse-Darmstadt, foi Olbrich, e não Behrens, quem se tornou o brilhante criador de objetos; fora de Darmstadt, porém, em suas carreiras como arquitetos, o mais poderoso criador de forma viria a ser Behrens. Foi ele, sobretudo, quem antecipou sua volta comum ao tipo de cripto-classicismo que caracteriza a obra dos últimos anos de Olbrich, sua loja de departamentos Tietz, em Düsseldorf, e a mansão que construiu para o fabricante de charutos Feinhals, em Colônia, ambas concluídas em 1908.

Em 1899, Josef Hoffmann começou a lecionar na escola de artes aplicadas que funcionava como anexo do Museu Austríaco de Artes e Indústria, em Viena (que fora criada, de acordo com o programa educacional de Semper, cerca de trinta e cinco anos antes). Um ano mais tarde, ele substituiu Olbrich como *designer* do bairro de elite Hohe Warte, nos arredores de Viena, onde construiu quatro *villas* entre 1901 e 1905. Havia substituído Olbrich como o principal arquiteto da Secessão, e sua primeira obra nesse lugar, projetada no estilo da Livre Arquitetura Inglesa, foi para Koloman Moser. Por volta de 1902, contudo, Hoffmann já começara a mudar para um estilo de expressão mais plano e clássico, em grande parte baseado na obra de Otto Wagner a partir de 1898, isto é, para uma manipulação da massa e da superfície que estava muito distante da preocupação britânica com a forma medieval, rural.

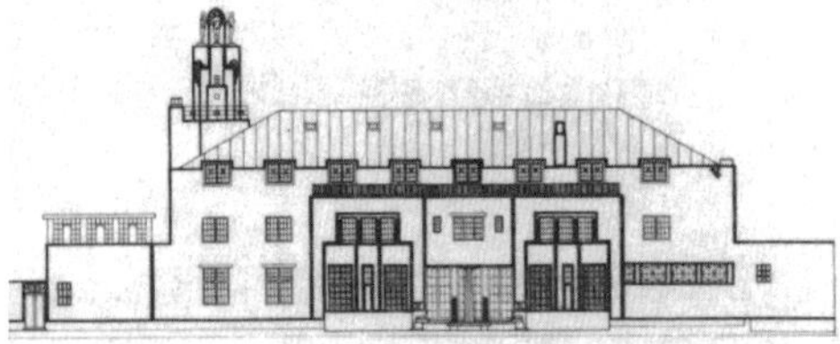

Figs. 62, 63. Hoffmann, Palais Stoclet, Bruxelas, 1905-10.

Quando da Exposição da Secessão de Viena, em 1900, na qual a obra de Mackintosh foi mostrada na Áustria pela primeira vez, Hoffmann já havia chegado a um estilo de mobiliário caracterizado por uma forma retilínea requintada. Foi esse seu primeiro

passo no sentido do distanciamento da excessiva curvilinearidade de sua loja "Apollo", em Viena, criada no ano anterior. Por volta de 1901, ele estava preocupado com as possibilidades da forma abstrata no *design*. "Estou particularmente interessado pelo quadrado enquanto tal", escreveu, "e no uso do preto e branco como cores dominantes, pois esses elementos límpidos nunca apareceram em estilos anteriores". Junto com Moser e outros secessionistas, passou a interessar-se pela produção artesanal de objetos de arte de configuração decorativa e aplicada, segundo as linhas da Agremiação de Artesãos de Ashbee. Em 1902, com seu cenário para a estátua de Beethoven criada por Klinger, exposta no Edifício da Secessão, ele chegara a seu próprio estilo abstrato, no qual certos contornos ou proporções são enfatizados através do uso de astrágalos salientes e feixes de pequenos quadrados. Um ano mais tarde, em 1903, com o apoio de Fritz Wärndorfer, a Hoffmann/Moser Wiener Werkstätte deu início à sua atuação no campo do *design*, da produção e comercialização de objetos domésticos de alto nível. Essa organização e seus produtos já haviam conquistado fama mundial em 1933, quando foi fechada por Hoffmann de modo precipitado e inexplicável.

O último número de *Ver Sacrum* foi publicado em 1903: com seu desaparecimento, terminava o período máximo da Secessão. Em 1904, Hoffmann e Josef August Lux começaram a publicar um novo periódico intitulado *Hohe Warte*, cujo nome provinha do subúrbio-jardim. Desde o início, foi dedicado à difusão de valores de "volta à natureza", associados às cidades-jardins, e mais tarde, em tempos menos liberais, tornou-se a plataforma do movimento Nacional-Socialista austríaco naquilo que dizia respeito à cidade-jardim. Ao contrário de Hoffmann, Lux foi rápido em sua reação contra o exa-

Fig. 64. Wagner, Caixa Econômica da Agência dos Correios, Viena, 1904. Detalhe da fachada.

gero chauvinista com que esse movimento tratava os valores folclóricos, demitindo-se de seu cargo de editor-chefe em protesto contra a política *Heimatstil* já em 1908.

Por volta de 1903, Hoffmann se aproximara mais do estilo de seu mestre Wagner, particularmente no projeto do clássico e austero Sanatório de Purkersdorf, que tanta influência exerceria sobre as obras iniciais de Le Corbusier. Em 1905, Hoffmann começou a trabalhar em sua obra-prima, o Palais Stoclet, construído em Bruxelas entre 1905 e 1910. Como no Théâtre des Champs-Elysées, de Perret, sua atenuada decoração clássica prestava uma homenagem velada à estética simbolista da Belle Époque. Mas, ao contrário do teatro de Perret, o Palais Stoclet é (como observou Eduard Sekler) essencialmente atectônico: seu revestimento em mármore branco, delgado, com suas costuras metálicas, tem toda a elegância artesanal e amaneirada de um objeto Wiener Werkstätte em grande escala. Sobre sua negação consciente de estrutura e massa escreveu Sekler:

> Um elemento fortemente linear é introduzido por essas faixas metálicas articuladas, mas isto nada tem a ver com "linhas de força", como acontecia com os elementos lineares na arquitetura de Victor Horta. Na casa Stoclet, temos linhas que correm por igual ao longo de orlas horizontais e verticais que são tectonicamente neutras. Nas extremidades (...), onde duas ou mais dessas molduras paralelas se encontram, o efeito tende a negar a solidez do volume construído. Persiste uma sensação, como se as paredes não tivessem sido solidamente construídas, mas consistissem de grandes lâminas de um material fino, unidas nas extremidades por faixas metálicas que protegem as orlas.

Essas faixas, que partem do ápice da torre da escada, onde quatro figuras masculinas suportam uma cúpula secessionista de lauréis, lembram vagamente as molduras estilizadas de Wagner, e, ao descerem sobre as extremidades, servem para unir o edifício todo através da continuidade da costura.

O estilo maduro de Wagner data de seus sessenta anos, com a conclusão de sua rede Stadtbahn de Viena, em 1901. Não resta um único vestígio de seu estilo italianizado em seu escritório de telégrafo do *Die Zeit*, de 1902, nem em suas obras de barragem Kaiserbad, de 1906, que parecem relacionadas, na elegância de sua construção e em seu meticuloso revestimento, ao estilo atectônico de Hoffmann. Contudo, a desmaterialização do Palais Stoclet parece ter sido antecipada pela obra-prima do próprio Wagner, sua Caixa Econômica da Agência dos Correios Imperial, construída em Viena em 1904. Ao contrário de seus discípulos secessionistas, Wagner sempre construiu para a realidade do presente, e não para alguma remota utopia simbolista que se voltasse para a redenção estética do homem. Assim, seu projeto Grosstadt de 1910, com sua hierarquia de unidades confinantes, foi pensado em termos de um futuro metropolitano racionalmente planejado e realizável. Em toda sua obra pública, Wagner construiu com grande precisão técnica para um Estado burocrático que ele só conseguia ver como destinado a uma permanência infinita. Coroada por uma pérgola honorífica, com festões de lauréis e flanqueada por Vitórias aladas cujos braços se erguem para o céu, a Caixa Econômica da Agência dos Correios representava a benevolência republicana do Império Austro-Húngaro no apogeu de seu poder.

Como o Palais Stoclet, a Caixa Econômica da Agência dos Correios lembra uma gigantesca caixa metálica, um efeito que em grande parte se deve às finas lâminas polidas de mármore Sterzing branco fixadas em sua fachada com rebites de alumínio. A estrutura envidraçada de sua parte superior, as portas de entrada, a balaustrada e o corrimão também são de alumínio, a exemplo dos móveis de metal do saguão. Revestido de cerâmica, iluminado a partir de cima e assentado sobre um piso de concreto eleva-

Fig. 65. Wagner, Caixa Econômica da Agência dos Correios, Viena, 1904. Saguão do banco.

do, com um grande número de claraboias para a iluminação do subsolo, esse saguão existiu até pouco tempo atrás em sua forma original. Sua estrutura de aço rebitado, sem adorno, relacionava-se formalmente com os padrões de iluminação industrial e com o sistema de calefação em alumínio que flanqueava seu perímetro. Como observou Stanford Anderson,

> Os detalhes de um edifício de engenharia não são colocados diante de nós à maneira *sachlich* das salas de exposição ou dos hangares ferroviários do século XIX; o conceito de um edifício de engenharia revela-se a nós, pelo contrário, através dos próprios símbolos modernistas, com seus materiais, sua estrutura e seu equipamento expostos.

Por volta de 1911, completou-se a "classicização" da Secessão, e, apesar de seu contínuo interesse pelo desenvolvimento de um Heimatstil apropriado, Hoffmann representou a Áustria na Exposição Internacional de Arte em Roma, nesse mesmo ano, com o projeto de um pavilhão cujo classicismo atectônico antecipava o monumentalismo retórico da Nova Roma de Mussolini. Igualmente profética foi a representação da Prússia em São Petersburgo (de autoria de Behrens), com uma embaixada cuja solenidade já apontava para a retórica oficial do Terceiro Reich. Em semelhante clima, coube a Wagner encerrar a Secessão do mesmo modo como havia começado, com o vigor de sua segunda *villa*, extremamente austera mas de proporções elegantes, que foi construída em Hütteldorf em 1912. Nessa casa planejada com lucidez, liricamente decorada por Moser e influenciada na mesma medida pela obra dos discípulos de Wagner e pelas obras recém-publicadas de Wright, Wagner passaria seus seis últimos anos.

CAPÍTULO 7 Antonio Sant'Elia e a Arquitetura Futurista, 1909-14

Eu e meus amigos havíamos passado a noite inteira acordados sob os candelabros em forma de mesquita que reluziam como se nossas almas estivessem iluminadas pela radiação interior de um coração elétrico. Por quatro horas, havíamos pisado opulentos tapetes orientais e maculado grandes quantidades de papel com pensamentos desvairados. (...) Estávamos a sós diante das estrelas hostis, a sós com os fogueiros que transpiram diante das fornalhas satânicas dos grandes navios, a sós com aqueles negros fantasmas que esquadrinham os ventres escaldantes de locomotivas vermelhas enquanto elas avançam em suas velocidades insensatas. (...) Todos nos sobressaltamos ao som de um bonde que passou com estrondo, flamejante em suas luzes multicoloridas, como uma cidadezinha em trajes de festa que o Po inundado arrancasse de suas margens e lançasse ao mar através de desfiladeiros e corredeiras. Depois, o silêncio ficou mais profundo, e só ouvíamos as preces murmurantes do velho canal e o chiado dos velhos palácios artríticos com suas barbas de hera. (...) De repente, ouvimos o rugido de carros famintos. (...) Vamos, gritei, partamos já. A mitologia e o idealismo místico foram finalmente derrotados. Estamos presenciando o nascimento dos centauros, veremos os primeiros anjos voar. Devemos escancarar as portas da vida, testar os gonzos e os ferrolhos. Vamos partir. Aqui na terra está raiando o primeiro alvorecer da história, e não há nada que se possa comparar à espada rubra do Sol, que rasga pela primeira vez as sombras de um milênio.

Filippo Tomaso Marinetti
"Le Futurisme", *Le Figaro*, Paris,
20 de fevereiro de 1909

Com uma retórica bombástica, o Futurismo italiano anunciou seus princípios iconoclastas à complacente burguesia da Belle Époque. Essa introdução milenarista foi seguida pelo relato de uma corrida de carros improvisada nos arredores de Milão, rematada com um acidente que, como observou Reyner Banham, tem todas as implicações de ser "o batismo mímico de uma nova fé". Em um texto que pretendia ser em parte autobiográfico, Marinetti descreveu o modo como seu carro capotou no fosso de uma fábrica:

Oh, belo e maternal fosso de fábrica, com que voracidade experimentei teu barro revigorante, que me trouxe à lembrança os peitos negros de minha ama sudanesa. Ainda assim, quando, em farrapos e encharcado, saí do veículo virado, senti o ferro quente de uma deliciosa alegria atravessar meu coração. E então, nossos rostos cobertos pela generosa lama da fábrica, repletos de escória, suor e fuligem, feridos e estilhaçados, mas ainda assim indômitos, pronunciamos nosso desejo fundamental de viver para todos os espíritos vivos deste mundo.

A seguir vinham os onze pontos do Manifesto Futurista, dos quais os quatro primeiros exaltavam as virtudes da temeridade, energia e audácia, enquanto afirmavam o supremo esplendor da velocidade mecânica, no texto hoje famoso em que se dizia que um carro de corrida é mais belo que a Vitória de Samotrácia alada. Do quinto ao nono, os pontos continuavam idealizando o condutor de tal veículo, um ser integrado às trajetórias do universo, e celebrando várias outras virtudes, como o patriotismo e a glorificação da guerra; o décimo ponto exigia a destruição das instituições acadêmicas de todos os tipos, e o décimo primeiro especificava o contexto ideal de uma arquitetura futurista:

> Cantaremos o deslocamento das grandes multidões – os trabalhadores, as pessoas que querem divertir-se, os insurgentes e o confuso mar de cor e som em uma metrópole moderna varrida pela revolução. Cantaremos o fervor de meia-noite de arsenais e estaleiros que cintilam sob a luz de luas elétricas; insaciáveis estações engolindo as serpentes fumegantes de seus trens; fábricas que pendem das nuvens através dos filamentos espiralados de sua fumaça; pontes reluzindo como punhais ao sol, ginastas gigantescos que saltam sobre os rios; vapores aventureiros que farejam os horizontes, locomotivas graves e profundas que escarvam o chão com suas rodas, como garanhões arreados com tubulações de aço; o voo fácil dos aviões, suas hélices enfrentando o vento como bandeiras cujo som se assemelha ao aplauso de uma grandiosa multidão.

À parte sua dívida com a *aeropoesia* do poeta nacionalista Gabriele D'Annunzio e um gosto pela simultaneidade da visão cubista, este trecho evocativo era uma homenagem direta ao triunfo da industrialização – aos fenômenos técnicos e sociais do século XIX do modo como então se difundiam através da aviação e da energia elétrica. Diante dos valores italianos clássicos, ultrapassados, proclamava-se a primazia de um ambiente mecanizado que mais tarde daria forma, com a mesma intensidade, ao Futurismo italiano e ao Construtivismo russo. Em 1909, como observou Joshua Taylor, o Futurismo era mais um impulso do que um estilo, de tal modo que, apesar de toda a sua oposição explícita tanto à Secessão quanto a Pós-Secessão, de tendência classicizante, a forma que uma arquitetura futurista poderia vir a assumir ainda não se evidenciava com clareza. Afinal, o Futurismo proclamara-se como fundamentalmente contrário à cultura, e essa atitude polêmica e negativa dificilmente poderia ter excluído a arquitetura.

Em 1910, com a contribuição crucial do artista Umberto Boccioni, o Futurismo começou a levar sua polêmica "anticultural" para os domínios das artes plásticas. Boccioni produziu dois manifestos futuristas sobre a pintura naquele ano, aos quais se seguiu, em abril de 1912, seu *Manifesto tecnico della scultura futurista* [Manifesto técnico da escultura futurista]. Este último texto, como a maior parte dos escritos futuristas anteriores à guerra, punha em evidência uma avançada sensibilidade arquitetônica. Desse modo, a primeira crítica de Boccioni, apesar de ostensivamente dirigida ao impasse do estilo *pompier*, com o qual ele desejava defrontar-se na escultura contemporânea, poderia ter-se aplicado, com igual pertinência, à obra posterior a 1904 de arquitetos secessionistas como Joseph Olbrich e Alfred Messel – o primeiro por sua loja de departamentos Tietz, em Düsseldorf, e o segundo por seu armazém Wertheim em Berlim. Boccioni escreveu: "Encontramos nos países germânicos uma ridícula obsessão por um estilo gótico helenizante que é industrializado em Berlim e debilitado em Munique." Do mesmo modo, a preocupação positiva de Boccioni no sentido de ampliar o campo do objeto escultórico, levando-o a incorporar seu meio ambiente, tinha conotações intrinsecamente arquitetônicas. Ele explicitou esse ponto como um princípio invertido em seu prefácio ao catálogo da primeira exposição de escultura futurista em 1913: "A busca da forma naturalista afasta a escultura (e também a pintura) tanto de suas origens quanto de seu fim último: a arquitetura."

Em sua preocupação com uma expressão não naturalista, Boccioni desenvolveu uma estética plástica totalmente afastada dos interesses da Secessão de 1896. Ao prefaciar o catálogo de 1913, de novo escreveu:

Fig. 66. Sommaruga, Mausoléu Faccanoni, Sarnico, 1907.

> Todas essas convicções me forçam a procurar na escultura não a forma pura, mas o *ritmo plástico puro*: não a construção de corpos, mas a *construção da ação dos corpos*. Assim, tenho por ideal não uma arquitetura piramidal (estado estático), mas uma arquitetura em espiral (dinamismo). (...) Além do mais, minha inspiração procura, através da pesquisa diligente, uma fusão completa do ambiente e do objeto mediante a interpenetração dos planos.

Para chegar a essa simultaneidade escultórica Boccioni já havia recomendado, em seu manifesto sobre a escultura de 1912, que a partir de então os escultores excluíssem o nu e exaltassem o tema e o uso de materiais nobres, como o mármore e o bronze, em favor dos meios heterogêneos: "Planos transparentes de vidro ou celuloide, faixas de metal, arame, luzes elétricas internas ou externas podem indicar os planos, as tendências, os tons e os meios-tons de uma nova realidade." Paradoxalmente, essa concepção de um objeto estruturado em espiral, não monumental e de técnica mista a ser transposto para o meio ambiente imediato viria a exercer mais influência sobre o Construtivismo "cubo-futurista" da Rússia pós-revolucionária do que sobre a evolução da arquitetura futurista.

Não obstante, o manifesto escultórico de Boccioni de 1912 e *La Splendeur géométrique et mécanique* [O esplendor geométrico e mecânico] de Marinetti, em 1914, apresentaram em conjunto o sistema de referências intelectual e estético dentro do qual se poderia postular uma arquitetura futurista. Marinetti escreveu: "Nada no mundo é mais belo que uma central elétrica fervilhando de atividade, retendo as pressões hidráulicas de toda uma cordilheira e a energia elétrica para toda uma paisagem, sintetizadas em painéis de controle onde proliferam as alavancas e os comutadores reluzentes". Essa visão primitiva do esplendor mecânico encontrou um perfeito equivalente na central elétrica projetada pelo jovem arquiteto italiano Antonio Sant'Elia na mesma data.

Antes de 1912, Sant'Elia ainda se mantinha relativamente isolado dos futuristas, estando ligado ao movimento secessionista italiano. O chamado Stile Floreale viria a desfrutar de uma grande, ainda que breve, popularidade nacional depois do retumbante sucesso do pavilhão floreado construído por Raimondo D'Aronco para a Exposição de Artes Decorativas realizada em Turim, em 1902. Desde então, em Udine, D'Aronco continuou a seguir a liderança de Olbrich, enquanto os arquitetos milaneses do Stile Floreale tentavam integrar sua inclinação pelo Neobarroco aos motivos extraídos da Wagnerschule. Em Milão, esse impulso encontrou sua síntese mais poderosa nas obras de Giuseppe Sommaruga, que parece ter exercido uma influência particular sobre as concepções iniciais de Sant'Elia. Muitos dos elementos característicos do *dinamismo architettonico* de Sant'Elia foram sem dúvida antecipados pelo hotel de Sommaruga em Campo de'Fiori, enquanto o Mausoléu Faccanoni de Sommaruga, construído em Sarnico em 1907, parece ter servido como ponto de partida para o projeto de Sant'Elia, em 1912, de um cemitério em Monza.

Em 1905, aos dezessete anos de idade, Sant'Elia obteve seu diploma de mestre de obras em uma escola técnica de Como. Pouco depois transferiu-se para Milão e começou a trabalhar, primeiro para a Companhia do Canal de Villoresi e mais tarde para a prefeitura de Milão. Em 1911, fez cursos de arquitetura na Academia Brera e, nesse mesmo ano, projetou uma pequena *villa* em Como, para o industrial Romeo Longatti. Por volta de 1912 estava novamente em Milão, trabalhando em um projeto para a estação central. Nesse mesmo ano, junto com seus amigos Ugo Nebbia, Mario Chiattone e outros, ajudou a criar o grupo Nuove Tendenze. Na primeira exposição desse grupo, em 1914, Sant'Elia mostrou seus desenhos para a Città Nuova futurista. Em que data ele teve seu primeiro contato com Marinetti e o círculo futurista não se sabe ao certo, mas já estava totalmente sob sua influência na época em que escreveu, com a ajuda de Nebbia, seu *Messaggio* [Mensagem], como prefácio à exposição de 1914.

O *Messaggio*, assinado apenas por Sant'Elia, finalmente especifica – sem usar uma só vez a palavra "futurista" – a forma rigorosa que a arquitetura deveria adotar no futuro. As partes mais específicas desse texto, a essa altura categoricamente antissecessionista, afirmam:

> O problema da arquitetura moderna não consiste em reajustar suas linhas; não é uma questão de encontrar novas molduras, novas arquitraves para portas e janelas; tampouco se trata de substituir colunas, pilastras e modilhões por cariátides, vespões e rãs, etc. (...), mas sim de erguer a nova estrutura edificada em um plano ideal, valendo-se de todos os benefícios da ciência e da tecnologia (...), estabelecer novas formas, novas linhas, novas razões para a existência exclusivamente a partir das condições especiais da vida moderna e de sua projeção como valor estético em nossas sensibilidades.

O texto passa então a refletir sobre a estimulante paisagem em grande escala de um novo mundo industrial, parafraseando o espírito, ou até mesmo a letra da diatribe de Marinetti contra Ruskin e a totalidade do movimento inglês Arts and Crafts, proferida no Lyceum Club de Londres, em 1912. Contra o passadismo de *Nowhere* [Lugar nenhum], de Morris, Marinetti afirmava que

> (...) a viagem cosmopolita, o espírito de democracia e a decadência das religiões haviam tornado completamente inúteis os enormes edifícios permanentes e adornados que no passado representavam a autoridade real, a teocracia e o misticismo. (...) O direito de greve, a igualdade perante a lei, a autoridade dos números, a força usurpadora da multidão, a velocidade das comunicações internacionais e os hábitos de higiene e conforto exigem, pelo contrário, grandes apartamentos bem ventilados, ferrovias de absoluta segurança, túneis, pontes de ferro, navios de carreira grandes e velozes, auditórios imensos e banheiros projetados tendo em vista a rapidez dos cuidados diários com o corpo.

Em suma, Marinetti reconhecia corretamente o advento implacável de um novo

Fig. 67. Sant'Elia, projeto para o Cemitério de Monza, 1912.

meio cultural dedicado a uma sociedade em grande escala e extremamente móvel: uma sociedade a ser equipada em detalhes, segundo escrevia Sant'Elia em seu *Messaggio*:

Os cálculos da resistência dos materiais, o uso de concreto armado e ferro excluem a "arquitetura" do modo como ela sempre foi entendida no sentido clássico ou tradicional. Os materiais estruturais modernos e nossos conceitos científicos não se prestam, em absoluto, às disciplinas dos estilos históricos. (...) Não mais sentimos que somos os homens das catedrais e das antigas assembleias do povo, mas sim homens de Grandes Hotéis, ferrovias, estradas gigantescas, portos colossais, mercados cobertos, arcadas reluzentes, áreas de reconstrução e saneamento de bairros miseráveis. Precisamos inventar e reconstruir *ex novo* nossa cidade moderna como um imenso e agitado estaleiro, ativo, móvel e dinâmico por toda parte, e o edifício moderno como uma máquina gigantesca. Os elevadores de hoje não devem ocultar-se como vermes solitários nos poços de escada, mas as escadas – agora inúteis – devem ser abolidas, e é preciso que os elevadores subam pelas fachadas como serpentes de vidro e ferro. A casa de cimento, ferro e vidro, sem ornamentos pintados ou esculpidos, rica apenas na beleza intrínseca de suas linhas e seu modelado, extraordinariamente brutal em sua simplicidade mecânica, tão grande quanto o ditem as necessidades, e não apenas conforme o permitam as leis de zoneamento, deve erguer-se dos limites de um abismo tumultuoso; a rua que, em si, não mais se estenderá como um capacho no nível dos umbrais, mas irá mergulhar profundamente na terra, concentrando o tráfego da metrópole, organizado para as transferências necessárias para as passarelas metálicas e as esteiras transportadoras de alta velocidade.

Esta prescrição, que especifica a forma dos projetos *casa a gradinata* de Sant'Elia, de 1914, tem uma natureza tão dinâmica que chega a sugerir precedentes que extrapolam o bloco de apartamentos em recuo que Henri Sauvage concluiu na Rue Vavin de Paris, em 1912. O subtítulo da exposição *Nuove Tendenze*, Milano l'anno due mille, sugere o precedente do livro de Antoine Moilin, *Paris, l'an 2000* [Paris, ano 2000] (1896), obra que Marinetti deve ter conhecido através de seu contato com o poeta parisiense Gustave Kahn.

Os esboços de Sant'Elia para a Città Nuova não são totalmente coerentes com os seus preceitos. Ao mesmo tempo que o *Messaggio* tomava uma posição firme contra toda arquitetura comemorativa, e, por conseguinte, contra todas as formas estáticas e piramidais, os desenhos de Sant'Elia estão repletos de tais imagens monumentais. Do modo como os vemos hoje, parece que apenas um passo separa o Mausoléu Faccanoni de Sommaruga das centrais elétricas, grandiosas, maciças e quase sempre simétricas e dos blocos de edifícios que se erguem como miragens da paisagem cenográfica da Città Nuova. Nesse contexto, é apropriado e irônico que a memória de Sant'Elia tenha sido honrada em um monumento aos mortos da Primeira Guerra Mundial que foi erguido às margens do lago

Fig. 68. Sant'Elia, *casa a gradinata* para a Città Nuova, 1914.

Como em 1933 – segundo um projeto de Giuseppe Terragni baseado em um dos esboços de Sant'Elia.

O *Manifesto dell'architettura futurista*, publicado oficialmente em julho de 1914, parece ter tido como primeiro objetivo o reconhecimento público de Sant'Elia como futurista. Equivalia a uma nova versão do *Messaggio*, publicada, ao que tudo indica, por Marinetti – mas assinada apenas por Sant'Elia. À parte a inclusão da palavra "futurista" sempre que possível, esse texto pouco acrescentou ao original além de algumas propostas militantes no final, inclusive a oposição contraditória a todo tipo de permanência, a afirmação de que "nossas casas durarão menos que nós, e cada geração precisará construir as suas".

A essa altura, Sant'Elia estava totalmente envolvido com o Futurismo, e em 1915 assinou, com Boccioni, Marinetti, Piatti e Russollo, o manifesto político futurista e protofascista *Orgulho italiano*. Em julho do mesmo ano, alistou-se com outros futuristas no Batalhão de Ciclistas Voluntários da Lombardia, entrando para uma carreira militar que terminaria com sua morte no *front*, em 1916. Com a perda de Boccioni dois meses antes (em um acidente de equitação), o período gerador do Futurismo chegou a um fim abrupto, ironicamente privado de seu maior talento em parte devido à primeira guerra industrializada. Marinetti sobreviveu a esse holocausto futurista para lembrar a seus companheiros e defensores das mesmas ideias, como Balla, Carrà, Severini e Russollo, seu dever de conduzir a geração do pós-guerra à consumação definitiva do Nacionalismo italiano através do triunfo de um Estado fascista.

Típico da confusão do Futurismo em sua decadência, que sem dúvida se pode equiparar à reaproximação entre Mussolini e o Vaticano, foi o *Manifesto da arte sacra futurista* de Marinetti, em 1931, onde ele insistia em que os candelabros das igrejas "devem ser substituídos por poderosas luzes elétricas, brancas e azuis", em que "para as representações do Inferno, os pintores futuristas precisam depender de suas lembranças dos campos de batalha arrasados por granadas", e em que "só os artistas futuristas podem dar forma à mútua sobreposição de tempo e espaço, aos mistérios super-racionais dos dogmas católicos".

O fato de essa absurda fanfarronice já ter sido antecipada no primeiro manifesto (com sua violência reminiscente de George Sorel) não explica totalmente o estado de decadência ao qual a "cultura" futurista havia decaído por volta de 1931. Depois de 1919, foram os construtivistas revolucionários russos, e não os italianos, que assumiram as concepções iniciais do Modernismo militante de Marinetti, Boccioni e Sant'Elia. Ainda levaria algum tempo para que o movimento racionalista italiano começasse a reagir às imagens da Città Nuova, e, mesmo assim, só o faria em uma atmosfera de preocupação com a integração de valores modernos nas tradições clássicas da arquitetura italiana.

CAPÍTULO 8 **Adolf Loos e a crise da cultura, 1896-1931**

Posso conduzi-los às margens de um lago na montanha? O céu é azul, a água é verde, e tudo é profundamente tranquilo. As montanhas e nuvens refletem-se no lago, e o mesmo se pode dizer das casas, terreiros de fazendas, quintais e capelas. Essas coisas não parecem feitas pelo homem; assemelham-se mais ao produto da oficina de Deus, como as montanhas e as árvores, as nuvens e o céu azul. E tudo respira beleza e serenidade.

Ah, mas o que é aquilo? Uma nota dissonante nessa harmonia. Como um grito indesejável. No centro, abaixo das casas dos camponeses que não foram criadas por eles, mas por Deus, encontra-se uma *villa*. Será o produto de um bom ou de um mau arquiteto? Não sei; sei apenas que a paz, a tranquilidade e a beleza deixaram de existir...

E volto a perguntar: Por que o arquiteto, seja ele bom ou mau, profana o lago? Como quase todos os moradores da cidade, o arquiteto não tem cultura. Ele não tem a segurança do camponês, a quem essa cultura é inata. O morador da cidade é um arrivista.

Chamo cultura a esse equilíbrio do homem interior e exterior, o único capaz de assegurar o pensamento e a ação racionais.

Adolf Loos
Architektur, 1910

Adolf Loos, filho de um pedreiro, nasceu em Brno, Morávia, em 1870.

Depois de receber uma formação técnica na Escola Real e Imperial do Estado e prosseguir seus estudos na Faculdade de Tecnologia de Dresden, foi para os Estados Unidos em 1893 – aparentemente para visitar a World's Columbian Exposition de Chicago. Ainda que, segundo consta, não tenha encontrado trabalho como arquiteto em seus três anos de permanência no país, Loos familiarizou-se com as primeiras conquistas da Escola de Chicago e com os escritos teóricos de Louis Sullivan, em particular com seu ensaio *Ornament in Architecture* [Ornamento em arquitetura] (1892), que sem dúvida influenciou seu próprio ensaio *Ornament und Verbrechen* [*Ornamento e crime*], publicado dezesseis anos depois.

Após seu regresso a Viena, em 1896, o arquiteto iniciou sua carreira projetando interiores e escrevendo artigos para o liberal *Neue Freie Presse* [Nova imprensa livre], abordando uma grande variedade de assuntos: do vestuário à arquitetura, das boas maneiras à música. Em 1908 publicou *Ornamento e crime*, onde expôs a natureza de sua rixa com os artistas da Secessão vienense, uma discussão da qual já começara a participar em 1900, na forma de uma fábula anti-*Gesamtkunstwerk*, "A história de um pobre homem rico". Nessa obra, Loos retratou o destino de um próspero negociante que havia contratado um arquiteto secessionista para projetar-lhe uma casa "total", incluindo não apenas o mobiliário como também as roupas e os ocupantes.

Certa vez, ele estava comemorando seu aniversário. A mulher e os filhos haviam lhe dado muitos presentes. Ele apreciou muito a escolha deles e estava desfrutando-os ao máximo. Logo, porém, chegou o arquiteto para pôr

Fig. 69. Uma charge de 1911 comenta a fachada Goldman e Salatsch de Loos (1910-11). Na legenda original, lê-se: "Ao meditar sobre a arte, o homem mais moderno passeia pelas ruas. De repente pára, transfigurado. Encontrou aquilo que há tanto tempo vinha procurando."

as coisas em seu lugar e tomar todas as decisões sobre os problemas mais difíceis. Entrou na sala. O proprietário recebeu-o com grande prazer, pois tinha a cabeça cheia de ideias, mas o arquiteto nem pareceu tomar conhecimento dessa alegria. Tinha descoberto algo muito diferente e ficou lívido. "Que chinelos são esses que você está usando?", perguntou, como se a dúvida o enchesse de dor. O dono da casa olhou para seus chinelos bordados, mas em seguida respirou aliviado. Desta vez, sentiu-se sem culpa alguma. Os chinelos haviam sido confeccionados segundo a concepção original do arquiteto. Ele então respondeu, assumindo ares superiores: "Ora, senhor Arquiteto! Já se esqueceu de que foi o senhor mesmo quem os desenhou?" "Claro que não me esqueci", trovejou o arquiteto, "só que foram feitos para serem usados no quarto! Aqui, não dá para perceber que essas duas manchas impossíveis de cor acabam completamente com a harmonia da sala?"

Ao lado de Joseph Maria Olbrich, o artista belga Henry van de Velde é o tirano cultural não identificado desse texto sarcástico, pois foi ele, e não Olbrich, que criou roupas especiais para que sua esposa estivesse em harmonia com as linhas de sua casa, construída em Uccle em 1895. Não obstante, Olbrich continuou sendo o alvo principal dos ataques anti-secessionistas de Loos durante toda a década seguinte: foi, inclusive, nominalmente citado em *Ornamento e crime* como o progenitor do ornamento ilegítimo. "Onde estará o trabalho de Olbrich dentro de dez anos?", escreveu Loos. "O ornamento moderno não tem antepassados ou descendentes, passado ou futuro. É recebido com alegria pelas pessoas incultas, para as quais a verdadeira grandeza de nossa época é um livro fechado que, depois de algum tempo, é jogado fora."

O argumento fundamental de Loos contra o ornamento não era apenas o de ser este uma perda de tempo em termos de trabalho e materiais, mas o de implicar, invariavelmente, uma forma punitiva de escravidão artesanal que só se justificava para aqueles aos quais as mais altas conquistas da cultura burguesa eram inacessíveis – os artesãos que só conseguiam encontrar satisfação estética na criação espontânea de ornamentos. Loos justificava a ornamentação de seus sapatos feitos sob medida – que ele preferiria fossem mais simples – nos seguintes termos: "Depois das atribulações do dia, vamos

Nr. 1 WIEN 1903 Preis 20 h

DAS ANDERE

EIN BLATT ZUR EINFUEHRUNG ABENDLAENDISCHER KULTUR IN OESTERREICH: GESCHRIEBEN VON ADOLF LOOS 1. JAHR

TAILORS AND OUTFITTERS
GOLDMAN & SALATSCH
K. U. K. HOF-LIEFERANTEN
K. BAYER. HOF-LIEFERANTEN
KAMMER-LIEFERANTEN Sr. k. u. k. Hoheit des Herrn Erzherzog Josef etc. etc.
WIEN, I. GRABEN 20.

HALM & GOLDMANN
ANTIQUARIATS-BUCHHANDLUNG
für Wissenschaft, Kunst und Literatur
WIEN, I. BABENBERGERSTRASSE 5
Großes Lager von wertvollen Werken aus allen Wissenschaften.
Einrichtung von belletristischen und Volksbibliotheken.
Ankauf von ganzen Bibliotheken und einzelnen Werken aus allen Zweigen des Wissens.
Übernahme von Bücher- und Autographenauktionen unter kulantesten Bedingungen.

COXIN das neue Mittel zur Entwicklung photographischer Platten, Rollfilms
ohne DUNKELKAMMER
bei Tages- oder künstlichem Licht ist in allen einschlägigen Geschäften zu haben.
COXIN ist kein gefärbter Entwickler. — COXIN erfordert keinerlei neue Apparate und kann immer benutzt werden.
COXIN-EXPORTGESELLSCHAFT
Wien, VII/2, Breitegasse 3.

Fig. 70. Capa de *Das Andere*, editada por Loos, Viena, 1903.

ouvir Beethoven ou *Tristan*. Meu sapateiro não pode ir. Não devo privá-lo de seu prazer, já que não tenho nada com que substituí-lo. Mas todo aquele que vai ouvir a *Nona sinfonia* e depois senta-se para desenhar um papel de parede só pode ser ou um embusteiro ou um degenerado."

Essas declarações éticas e estéticas de natureza tão desafiadora isolaram Loos não apenas da Secessão e de seus contemporâneos conservadores, como também de seus verdadeiros sucessores, os "puristas" de última hora que, até hoje, ainda não entenderam plenamente a profundidade das percepções de Loos. Quando da publicação de seu ensaio crítico *Architektur*, em 1910, Loos já começara a perceber toda a força de uma conjuntura moderna, que persiste até hoje. Admitindo-se, como argumentava Loos, que o arquiteto originário da cidade era alguém desarraigado por definição, e, portanto, categoricamente alienado do vernáculo rural (ou alpino) inato de seus antepassados distantes, seguia-se então que tal arquiteto não podia compensar essa perda pretendendo herdar a cultura aristocrática do Classicismo ocidental. Pois a burguesia urbana – da qual ele procedia e à qual naturalmente servia – tinha, entre os seus outros atributos, uma configuração certamente *não* aristocrata. Tudo isso já estava bem claro para Loos em 1898, quando escreveu em *Die potemkinsche Stadt* [A cidade Potemkin], sua sátira à Ringstrasse:

> Quando passeio pela Ring, tenho sempre a impressão de que um moderno Potemkin quis levar alguém a acreditar que fora transportado para uma cidade de aristocratas. Tudo aquilo que o Renascimento italiano pôde produzir em termos de mansões nobres foi roubado para criar para Sua Alteza, o povo comum, uma Nova Viena que só pode ser habitada por aquelas pessoas cuja posição lhes permite ter um palácio inteiro, desde os porões até os canos das chaminés. (...) Os proprietários vienenses ficaram encantados com a ideia de possuir uma mansão, e aos inquilinos também agrada a ideia de viver em uma delas.

A solução de Loos para esse problema, como ele a expõe em *Architektur*, consistiu em argumentar que as mais modernas tarefas da construção eram veículos mais apropriados à *edificação* do que à arquitetura: "Só uma parte muito pequena da arquitetura pertence à arte: o túmulo e o monumento. Tudo o mais, tudo quanto serve a um fim, deve ser excluído dos domínios da arte."

Ao mesmo tempo, Loos considerava que toda cultura dependia de uma certa continuidade com o passado; acima de tudo, de um consenso quanto à tipificação. Era incapaz de aceitar a ideia romântica de um indivíduo extremamente talentoso que transcendesse os limites históricos de sua própria época. Em vez do *design* ornamental consciente de si, Loos favorecia o vestuário sem ostentação, o mobiliário anônimo e o encantamento eficiente da classe média anglo-saxônica. A esse respeito, naturalmente, ele tinha em mente mais os Estados Unidos do que a Inglaterra. Nisso, antecipou a noção de *objet-type* de Le Corbusier, o objeto refinado e normativo produzido espontaneamente pelas indústrias de base artesanal da sociedade. Com esse fim, os objetos de afinidades anglo-saxônicas como roupas de uso comum, trajes esportivos e acessórios pessoais apareceram em anúncios da revista de curta vida editada por Loos, *Das Andere* [*O outro*], em 1903, que trazia o significativo subtítulo de Revista para a introdução da civilização ocidental na Áustria.

Apesar de toda sua anglofilia, o "vernáculo" do movimento inglês Arts and Crafts (como documenta Hermann Muthesius em seu livro *Das Englische Haus* [A casa inglesa], de 1904) colocava Loos diante de um problema: onde se poderia traçar uma linha entre tal arquitetura, por mais sensata e conveniente que fosse, e as fantasias herméticas da Secessão, conscientes e de base artesanal? Tendo em vista que, para Loos, o último arquiteto ocidental de grande estatura havia sido Schinkel, seu dilema autoimposto parece ter sido o modo de combinar o conforto informal do interior anglo-saxão com as asperezas da forma clássica.

Até 1910, a prática de Loos ficou em grande parte restrita à conversão de interiores existentes. Suas melhores obras desse período foram as lojas luxuosas que projetou em Viena quase na virada do século, e seu famoso Kärntner, ou American Bar, de 1907. Exteriormente, essas obras, concebidas para os fornecedores da civilização anglocêntrica, foram feitas com materiais elegantes e modestos, ao passo que, internamente, o estilo ia desde a ambientação japonesa de seu primeiro interior para Goldman & Salatsch no Graben (1898) à elegância clássica do Kärntner Bar, evocativa dos salões de clubes.

Nos interiores domésticos de Loos a expressão era ainda mais eclética, refletindo a cisão fundamental, em sua obra, entre a rusticidade confortável, por um lado, e a austera monumentalidade por outro. Invariavelmente, revestia suas paredes com painéis até o nível do dado ou das pinturas, com pe-

Figs. 71, 72. Loos, Casa Steiner, Viena, 1910. Abaixo, sala de jantar.

dra polida ou madeira; acima disto, as paredes tanto podiam ficar nuas quanto ser encimadas por um motivo ornamental ou um friso clássico em gesso. (Em *Ornamento e crime*, Loos admitira a apropriação eclética do ornamento arqueológico, ao mesmo tempo que excluía categoricamente a invenção da decoração moderna.) Quando públicos, os tetos eram quase sempre sem adornos; já os tetos privados eram ornamentados em madeira ou metal. Em outras ocasiões, sobretudo em espaços destinados à alimentação, podiam ser realçados por vigas de

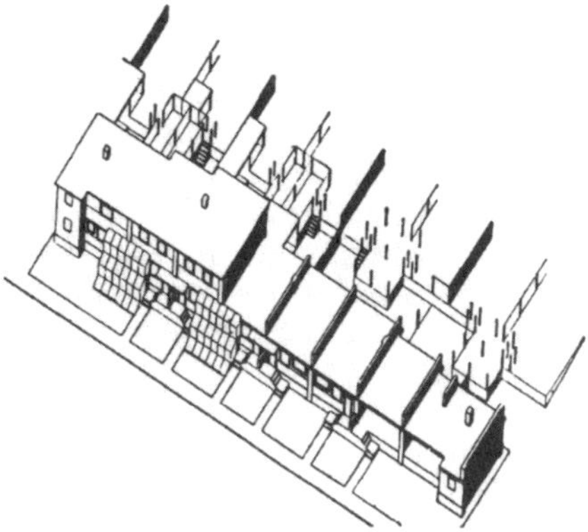

Fig. 73. Loos, Propriedade Heuberg, Viena, 1920, mostrando as estufas e lotes.

madeira no estilo de Richardson, em geral de proporções grotescas, como na Casa Steiner de 1910. Os pisos eram geralmente de madeira ou parquete e sempre cobertos com tapetes orientais, enquanto os arredores das lareiras, frequentemente de tijolos, apresentavam uma textura que contrastava com os destaques da iluminação, invariavelmente criados por vitrines, espelhos, lâmpadas e diversas peças em metal. Sempre que possível, a mobília era embutida. Quando não, era escolhida pelo cliente, ainda que, nos casos em que consistisse de peças móveis e o edifício fosse público, Loos se restringisse ao mobiliário em madeira curvada padrão, de tipo Thonet. É o caso, por exemplo, de seu Café Museum de 1899, um tanto quanto wagneriano. Em seu ensaio sobre a abolição do mobiliário, Loos escreveu: "As paredes de um edifício pertencem ao arquiteto. Trata-se de um espaço onde ele reina absoluto, e o mesmo se pode dizer do mobiliário que não é móvel." Sobre as peças móveis, ele escreveu: "Os estrados de ferro batido, a mesa e as cadeiras, as almofadas e as eventuais cadeiras, escrivaninhas e cinzeiros – tudo isso feito por nossos artesãos no idioma moderno (nunca pelos arquitetos) – podem ser comprados pelas pessoas conforme seu gosto e suas preferências pessoais." Essa atitude categórica anti-*Gesamtkunstwerk* foi complementada pela paixão de Loos pelos materiais nobres sobre os quais escreveu, à maneira de Semper: "Os materiais nobres e o bom artesanato não devem ser vistos como se apenas preenchessem uma falta de decoração, porque a sobrepujam em muito em termos de sua suntuosidade."

A Casa Steiner, construída em Viena em 1910, foi a primeira de uma série de casas nas quais Loos foi aos poucos desenvolvendo sua concepção do *Raumplan*, ou "plano de volumes", um sistema complexo de organização interna que foi culminar nas casas de vários níveis que criou quase no fim de sua vida: a Casa Moller em Viena e a Casa Müller perto de Praga. Quando construiu a Casa Steiner, Loos já havia chegado a uma linguagem externa extremamente abstrata – seu prisma branco sem adornos, que antecipou em pelo menos oito anos o chamado Estilo Internacional. Ele começou a elaborar o conceito de *Raumplan* em sua Casa Rufer, Viena (1912), onde, em contraste com suas casas posteriores, as aberturas são dispostas com bastante liberdade, seguindo a livre disposição dos volumes internos – um contraponto elevacional que antecipou as obras canônicas do De Stijl.

O *Raumplan* de Loos atingiu sua apoteose em suas últimas obras domésticas, as casas Moller e Müller de 1928 e 1930. Como já fora antecipado na escadaria aberta da Casa Rufer, essas duas obras são organizadas em termos de deslocamentos nos respectivos níveis de seus andares principais, elisões que servem não apenas para criar movimento espacial, mas também para diferenciar um espaço habitacional do outro. O típico plano irregular do *Neogótico*, documentado em *Das Englische Haus* de Muthesius, inspirou claramente Loos em seu desenvolvimento totalmente sem precedentes do *Raumplan*, ainda que, com sua predileção clássica pela forma cúbica, ele não pudesse aceitar a aglomeração pitoresca que era sua consequência natural. Foi daí, sem dúvida, que veio a tortuosa manipulação do volume disponível do prisma, como se este fosse exatamente a matéria-prima a partir da qual se pudesse criar uma composição dinâmica em corte.

Essas intenções plásticas eram basicamente incompatíveis com uma arquitetura de distinção consistente entre elementos estruturais e não estruturais, e, enquanto Loos se empenhava em manter tais distinções em sua obra pública, no nível residencial dava primazia à sensação de espaço, e não à revelação da estrutura arquitetônica. De qualquer maneira, os princípios de Viollet-le-Duc eram-lhe desconhecidos, uma vez que ele deformava deliberadamente os planos com o objetivo de alcançar uma *promenade* arquitetônica de expressão sensual, como Le Corbusier faria mais tarde. Em quase toda a sua obra residencial, as junções estruturais são invariavelmente ocultas por revestimento, seja com o objetivo de esconder problemas não resolvidos, seja por estar em pauta o desejo de criar um nível apropriado de decoro.

Durante seu período de ocupação como principal arquiteto do Departamento da Construção de Moradias de Viena, de 1920 a 1922, no período austero que se seguiu à guerra, Loos aplicou seu *Raumplan*, àquela altura ainda não desenvolvido, ao problema da construção residencial em massa. O resultado foi um grande número de estudos valiosos sobre a edificação de moradias, nos quais sua forma preferida, o cubo, acabou por transformar-se em uma seção escalonada de terraços. Em 1920, concebeu um esquema brilhante e econômico de construção de casas, conhecido como Propriedade Heuberg. Casas com terraços integraram-se a estufas e lotes nos quais se esperava que os ocupantes cultivassem seu próprio alimento – uma típica estratégia de sobrevivência urbana do período inflacionário do pós-guerra, por sua vez adotada como política geral em muitos projetos alemães de construção de moradias durante a década de 1920.

Um dos paradoxos da carreira de Loos é o fato de ele, arquiteto burguês e homem de bom gosto, ter criado seus projetos maiores e mais sensíveis a serviço dos desfavorecidos. Sua demissão desiludida como arquiteto de moradias em 1922 e sua subsequente transferência para Paris, a convite do poeta dadaísta Tristan Tzara – para quem projetaria uma casa em 1926 – devolveram-no aos círculos cosmopolitas da alta burguesia. Ali, passou a integrar o mundo elegante que cercava a dançarina Josephine Baker, para quem criaria uma *villa* aparatosa em 1928. Com as exceções de Tzara e de seu antigo cliente vienense, o alfaiate Knize, de fama internacional, para quem ele já havia projetado uma loja em Viena, em 1909, nenhum de seus mecenas parisienses dispunha dos recursos ou da fé capazes de levá-lo a concretizar qualquer dos projetos em grande escala que elaborou durante seus anos de expatriação. Em 1928, voltou para Viena, cinco anos antes de sua morte e com a carreira praticamente encerrada.

Em última análise, a importância de Loos enquanto pioneiro dependeu não apenas de sua extraordinária percepção como crítico da cultura moderna, como também de sua formulação do *Raumplan* como estratégia arquitetônica para transcender o legado cultural contraditório da sociedade burguesa que, tendo se privado do vernáculo, não tinha como pretender, em troca, a cultura do Classicismo. Nenhum meio estava mais bem preparado para acolher essa sensibilidade hiperconsciente do que a vanguarda parisiense do pós-guerra, em particular o círculo que editava *L'Esprit nouveau* [O espírito novo]: o poeta protodadaísta Paul Dermée e os pintores puristas Amédée Ozenfant e Charles-Edouard Jeanneret (Le Corbusier), que em 1920 reeditaram a tradução francesa de 1913 de *Ornamento e crime*. E, como observou Reyner Banham, ainda que as raízes do Purismo estejam nas tendências abstratas classicizantes da cultura parisiense (a despeito da sensibilidade *ready-made* de Marcel Duchamp), não há porque negar

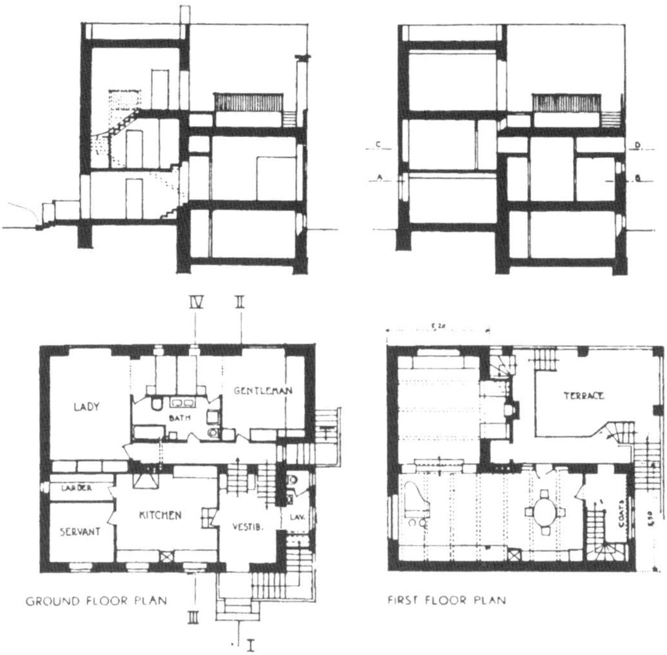

Figs. 74, 75. Loos, projeto de *villa* para o Lido de Veneza, 1923. Ao lado, cortes transversais (através de I-II e III-IV) e plantas do térreo e primeiro andar; abaixo, modelo.

que a influência de Loos foi decisiva para refinar o programa tipológico do Purismo: o impulso de sintetizar, em todas as escalas concebíveis, os "objetos-tipo" do mundo moderno.

Acima de tudo, hoje Loos deve ser visto como o primeiro a postular o problema que Le Corbusier acabaria por resolver com o pleno desenvolvimento da planta livre. O problema tipológico proposto por Loos consistia em como conciliar a propriedade da massa platônica com a conveniência do volume irregular. Essa proposição nunca foi apresentada com maior lirismo do que em seu projeto de 1923 para uma *villa* no Lido de Veneza. Esta casa estava destinada a tornar-se a forma-tipo da *villa* canônica de Le Corbusier – sua *villa* purista em Garches, de 1927.

CAPÍTULO 9 Henry van de Velde e a abstração da empatia, 1895-1914

Digo-lhes que chegará o dia em que uma cela de prisão mobiliada pelo Professor van de Velde será considerada como agravante da pena.

Adolf Loos
Trotzdem, 1831

O *designer* e teórico belga Henry van de Velde iniciou-se naquilo que chamava de *voie sacrée* da arquitetura em 1894, aos trinta e um anos de idade, quando, depois de dez anos como pintor neo impressionista, publicou seu famoso ensaio Déblaiement d'art [Terraplanagem artística] na revista nietzschiana belga *La société nouvelle* [A sociedade nova]. Esse ensaio, que exigia uma nova arregimentação da arte a serviço da sociedade, foi claramente influenciado pelos preceitos pré-rafaelitas que Van de Velde deve ter assimilado através de sua associação com o grupo vanguardista Les Vingt. Desde sua formação, em 1889, esse grupo de artistas belgas tivera fortes vínculos com a Inglaterra e, em particular, com Walter Crane, o protegido de William Morris. Sob a influência de Crane, o grupo deixou de preocupar-se com as belas-artes e voltou-se para o *design* do meio ambiente como um todo. Reorganizado sob a liderança de Octave Maus, o Les Vingt transformou-se no Salon de la Libre Esthétique, cuja primeira exposição, em 1894, apresentou as obras do marceneiro belga Gustave Serrurier-Bovy. Este último devolveu à Bélgica uma sensibilidade característica do movimento Arts and Crafts, que adquirira na Inglaterra, na segunda metade da década de 1880. Em 1894, expôs as qualidades excepcionais de sua mobília sem pintura em uma série de peças surpreendentemente escultóricas que lembravam o estilo anglo-japonês desenvolvido cerca de vinte anos antes por Edward Godwin e Christopher Dresser.

Van de Velde estreou como arquiteto e *designer* em 1895, quando projetou e construiu para si mesmo uma casa em Uccle,

Fig. 76. A esposa de Van de Velde, Maria Sèthe, usando um vestido criado por ele, c. 1898.

Fig. 77. Ateliê de mobiliário de Van de Velde, Bruxelas, c. 1897. Ele está inclinado sobre um desenho à direita.

Fig. 78. Van de Velde, escrivaninha para Meier-Graefe, 1896, e a pintura simbolista *Dia*, de Ferdinand Hodler (c. 1896).

perto de Bruxelas. Com ela, pretendia sem dúvida demonstrar a síntese definitiva de todas as artes, pois, além de complementar a casa com todos os móveis e acessórios (inclusive a cutelaria), Van de Velde tentou consumar toda a *Gesamtkunstwerk* através das formas fluidas dos vestidos que criou para sua esposa. O caimento, o corte e a ornamentação dessas peças de vestuário já exibiam a vigorosa linha sinuosa que se tornaria a contribuição fundamental de Van de Velde à linguagem que havia herdado de Serrurier-Bovy. Derivada de Gauguin, era usada como um recurso expressivo para conferir um perfil mais vigoroso ao legado formal do movimento Arts and Crafts.

Para Van de Velde, o impulso aperfeiçoador do movimento inglês Arts and Crafts foi complementado pelas visões mais anárquicas, mas igualmente reformistas de Tolstoi e Kropotkin. Ainda que conseguisse compartilhar com os pré-rafaelitas sua grande aversão a toda arquitetura posterior ao Gótico, era incapaz de aceitar seu movimento consciente para a medievalização do presente. Como socialista, foi mais influenciado pelos jovens militantes do Partido Socialista Belga, com os quais já vinha mantendo contato desde meados da década de 1880: Émile Vandervelde, o cliente socialista da Maison du Peuple de Horta, e o poeta e crítico Émile Verhaeren, cujo estudo crítico da urbanização, *Les Villes tentaculaires* [As cidades tentaculares], fora publicado em 1895. Contudo, apesar dessas afiliações radicais, Van de Velde ainda acreditava na reforma da sociedade através do *design* do meio ambiente, ou seja: ainda aderia a uma fé sensacionalista na primazia da forma física sobre o conteúdo programático. Para ele, como para o conjunto da tradição do Arts and Crafts, a casa familiar era o veículo social básico a partir do qual os valores da sociedade poderiam ser gradualmente transformados. "A feiura", dizia ele, "corrompe não apenas os olhos, mas também o coração e a mente." Em sua luta contra a feiura, Van de Velde concentrou-se no *design* de todos os aspectos do ambiente doméstico. Estava mal preparado, tanto por temperamento quanto por formação, a pensar em escala urbana: em seu projeto para a colônia-jardim de Hohenhagen, construída em 1906 em Hagen, Alemanha, para Karl Ernst Osthaus, não conseguiu demonstrar de que modo a casa individual poderia ser agregada a unidades sociais maiores e mais significativas. E não foi mais bem-sucedido do que William

Morris na tentativa de conciliar as contradições entre seus compromissos socialistas e o fato de ser patrocinado pela alta classe média.

A partir de meados de 1890, Van de Velde foi profundamente influenciado pelas teorias estéticas do historiador de arte vienense Alois Riegl e pelo psicólogo Theodor Lipps, de Munique. Onde um enfatizava a primazia criadora da *Kunstwollen* individual, ou "desejo da forma", o outro postulava a *Einfühlung*, ou "empatia", como a projeção quase mística do ego criador no objeto de arte. Essas ideias complementares já haviam sido mais especificamente contextualizadas no ensaio de Nietzsche de 1871, *Die Geburt der Tragödie aus dem Geiste der Musik* [O nascimento da tragédia a partir do espírito da música], onde o apolíneo e o dionisíaco eram vistos como a dualidade irredutível da cultura helênica, o primeiro aspirando ao típico e à liberdade dentro da lei, e o segundo voltado para a superabundância e a expressão panteísta. Essas ideias fragilmente relacionadas entre si, que deram forma vagamente à obra de Van de Velde a partir de 1896, encontraram uma certa síntese em *Abstraktion und Einfühlung* [Abstração e empatia], obra publicada por Wilhelm Worringer em 1908. Van de Velde estudou assiduamente o texto de Worringer e achou que sua própria obra parecia combinar, em uma entidade única, os dois aspectos antagônicos do modelo cultural de Worringer – por um lado, o impulso para a expressão *empática* de estados psíquicos vitais, e, por outro, a tendência a transcender através da *abstração*.

Ainda que Van de Velde se empenhasse em encontrar uma cultura empática e vital da forma, tinha consciência da tendência inata de toda arquitetura de voltar-se para a abstração. Nesse contexto, seu inexaurível respeito pelo Gótico pode ser interpretado como uma nostalgia de uma arquitetura em que a vitalidade imediata da forma-força viria a ser transcendida pela sublime abstração estrutural do todo. A corporificação de tal forma era a fonte de sua própria estética, desde seu primeiro surgimento na série de móveis intitulada Estilo *Yachting* que desenhou em 1895 para a Maison de l'Art Nouveau de Samuel Bing, em Paris, até sua formulação teórica em 1902, em Weimar, dos princípios daquilo que chamava de "ornamento estruturalmente linear".

Van de Velde manteve uma distinção sutil entre *ornamentação* e *ornamento*, argumentando que a primeira, devido ao fato de ser aplicada, não tinha relação com seu objeto, ao passo que o segundo, por ser funcionalmente (isto é, estruturalmente) determinado, integrava-se a ele. Esta definição do ornamento funcional era inseparável da importância que Van de Velde atribuía à linha gestual "artesã" enquanto traço antropomórfico necessário da criação humana. "A linha", escreveu em 1902, "traz consigo a força e a energia daquilo que a traçou." Para ele, os impulsos "quase eróticos" que regem o curso de uma linha deviam ser vistos como uma literatura sem alfabeto.

A poderosa tendência antidecorativa da concepção purista da cultura foi reforçada em 1903, quando Van de Velde voltou de uma viagem à Grécia e ao Oriente Médio, extremamente impressionado com a força e pureza da forma micênica e assíria. Desde então, tentou evitar tanto a fantasia gestual da Secessão quanto a racionalidade do Classicismo. Tentou criar a forma orgânica "pura", uma forma que, em sua opinião, só se poderia encontrar no berço da civilização, nos monumentais gestos crípticos do homem do Neolítico. Isto, sem dúvida, explica as formas telúricas das casas que ele construiu em Chemnitz e em Hagen entre 1903 e 1906. Contudo, a despeito da curiosa natureza megalítica dessas obras, permaneceu em todo o trabalho de Van de Velde posterior a 1903 um traço de Classicismo que não era totalmente mediado pelo sentimento que o ligava ao arcaico. Isto se torna mais evidente nos objetos domésticos que criou entre 1903 e 1915, peças que parecem refletir sua apaixonada reação às qualidades clássi-

Fig. 79. Van de Velde, Teatro da Exposição Werkbund, Colônia, 1914.

cas, para não dizer inefáveis, que ele encontrou no Partenon:

> Na Acrópole, as colunas vivas nos ensinam que não existem, que não suportam peso, ou melhor, que estão espaçadas segundo uma finalidade muito diversa daquela com a qual aparentemente foram erguidas. Mesmo quando ainda estão unidas por entablamento, proclamam com eloquência que as colunas ao redor do Partenon não existem, mas que entre elas estão colocados vasos gigantescos e perfeitos que contêm vida, espaço e sol, o mar e as montanhas, a noite e as estrelas. A êntase das colunas foi transformada até que o espaço resultante entre uma e outra chegou a uma forma perfeita e eterna.

A conversão apolínea de Van de Velde, por assim dizer, coincidiu com o ponto culminante de sua carreira em Weimar. Depois de ter sido consultor das indústrias de artesanato do Grão-Ducado de Saxe-Weimar desde 1901, em 1904 foi nomeado professor da recém-criada Escola de Artes e Ofícios do Grão-Ducado. Com essa nomeação, ficou encarregado de projetar novos edifícios para a escola e para a já existente Academia de Belas-Artes – o núcleo que, catorze anos depois, viria a transformar-se na Bauhaus de Weimar. Antes da inauguração desses edifícios em 1908, Van de Velde continuou lecionando em Weimar, além de também prosseguir com seu *Kunstseminar* para a formação cultural de artesãos especializados. Contudo, esse momento triunfal de sua carreira viu-se obscurecido por profundas dúvidas interiores, quando começou a questionar a prerrogativa do artista de determinar a forma dos objetos. Em 1905, escreveu: "Até que ponto tenho esse direito de impor ao mundo um gosto e um desejo que são tão pessoais? De repente, não mais vejo as ligações entre meu ideal e o mundo."

Depois de Gottfried Semper e Peter Behrens, Van de Velde sempre procurou reforçar essas ligações socioculturais através do teatro, concebendo sua união de atores e espectadores como a mais elevada forma de vida social e espiritual. Diretamente influenciado por cenógrafos como Max Reinhardt e

Gordon Craig, dedicou-se ao desenvolvimento do palco tríplice, formulado pela primeira vez em um projeto para o Teatro Dumont, em Weimar em 1904. Retomou o tema em 1911, no projeto encomendado para o Théâtre des Champs-Elysées, Paris (construído em 1913 por Auguste Perret, que lhe alterou a forma), e, de novo, em seu Teatro da Exposição Werkbund de Colônia, em 1914. O Teatro Werkbund, extremamente expressivo mas de vida curta, foi a apoteose de toda sua obra anterior à guerra. Erich Mendelsohn escreveu sobre ele: "Somente Van de Velde, com seu teatro, está realmente em busca de uma nova forma. Concreto usado em estilo Art Nouveau, mas forte em concepção e expressão." Suas massas salientes demonstravam o magistral domínio de Van de Velde sobre a forma, de uma maneira que, mais tarde, serviria de modelo para o perfil da Torre Einstein de Mendelsohn, construída em Potsdam em 1919.

O admirado Teatro Werkbund seria a última formulação da estética "forma-força" de Van de Velde. Fundindo ator, público, auditório e paisagem, como nas arenas ao ar livre do homem neolítico, parecia configurar uma expressão empática única em seu tempo. Essa expressão certamente não poderia encontrar lugar na modesta casa modular pré-fabricada que Van de Velde construiu para si mesmo depois da Primeira Guerra Mundial. O sonho *Werkbund* de um mundo transformado pela *gute form* e pelo monopólio industrial mostrara-se tão vão quanto as esperanças reformistas da burguesia dotada de consciência social, cujo patrocínio de cinquenta anos dos movimentos Arts and Crafts e Art Nouveau chegaram a um fim abrupto devido à primeira guerra industrializada. Não era mais possível fantasiar sobre uma sociedade transformada pela arte, pelo desenho industrial e pelo teatro numa época em que encontrar um abrigo de dimensões mínimas passara a ser um problema de máxima urgência.

CAPÍTULO 10 **Tony Garnier e a Cidade Industrial, 1899-1918**

A cidade é imaginária: suponhamos que os povoados de Rive-de-Gier, St-Étienne, St-Chaumond, Chasse e Givors tenham condições semelhantes dessa cidade. O local deste estudo situa-se numa região do sudeste da França, e materiais regionais foram usados em sua construção.

Fatores determinantes para o estabelecimento de tal cidade deveriam ser a proximidade de matérias-primas ou a existência de uma força natural capaz de ser usada como energia, ou a conveniência dos métodos de transporte. Em nosso caso, o fator determinante para a localização da cidade é o afluente que é a fonte de energia; também existem minas na região, mas poderiam estar situadas mais adiante. O afluente está represado; uma usina hidrelétrica distribui energia, luz e calor para as fábricas e para a cidade toda. As fábricas principais estão situadas na planície, na confluência do rio com seu afluente. Uma linha-tronco de ferrovia passa entre as fábricas e a cidade, situada acima das fábricas, num planalto. Mais acima, ficam os hospitais; estes, a exemplo da cidade, estão protegidos dos ventos frios e têm seus terraços voltados para o sul. Cada um desses elementos principais (fábricas, cidade, hospitais) fica isolado, de modo a tornar possível sua expansão. (...) Os estudos sobre o programa mais satisfatório para as necessidades morais e materiais dos indivíduos resultou no estabelecimento de regras a respeito do uso das estradas, da higiene, etc.; o pressuposto é o de que um certo progresso da ordem social que resultou na adoção automática dessas regras já foi alcançado, de modo que não será necessário decretar as leis efetivas. A distribuição da terra, todas as coisas ligadas à distribuição de água, pão, carne, leite e suprimentos médicos, bem como a reutilização do lixo, serão entregues ao poder público.

Tony Garnier
Prefácio a *Une Cité industrielle*, 1917

Seria difícil imaginar uma afirmação mais concisa dos preceitos econômicos e técnicos básicos para a fundação e organização de uma cidade moderna. A própria lucidez deste esboço – única manifestação teórica de toda a carreira de Garnier – reflete, em seu tom e conteúdo, a natureza fundamentalmente radical de sua vida e obra. Nascido em Lyon em 1869, e criado em um bairro de operários radicais, permaneceu coerentemente ligado à causa socialista até sua morte em 1948.

A formação de Garnier e o compromisso de sua carreira profissional são ambos inseparáveis da cidade de Lyon. O sindicalismo e socialismo radicais que Lyon abrigou provinham do fato de ser um dos mais progressistas centros fabris da França do século XIX, com suas indústrias de seda e metalúrgicas já bem estabelecidas quando Garnier nasceu. Além de sua localização favorável no corredor Ródano-Saône, o crescimento de Lyon fora estimulado pouco depois da metade do século por uma das primeiras ligações ferroviárias da França. Na década de 1880, com a eletrificação de seus bondes e sistemas ferroviários locais, a cidade apresentava a localização ideal para tornar-se um centro principal da inovação técnica e industrial. Fotografia, cinematografia, geração hidrelétrica, produção de automóveis e aviação – todas estas coisas tiveram suas origens ali, entre 1882 e a virada do século. A influência desse ambiente técnico certamente refletiu-se no projeto de Garnier para uma Cité Industrielle, apresentado pela primeira vez em 1904; um projeto que demonstrava sua crença no fato de que as cidades do futuro teriam de se basear na indústria.

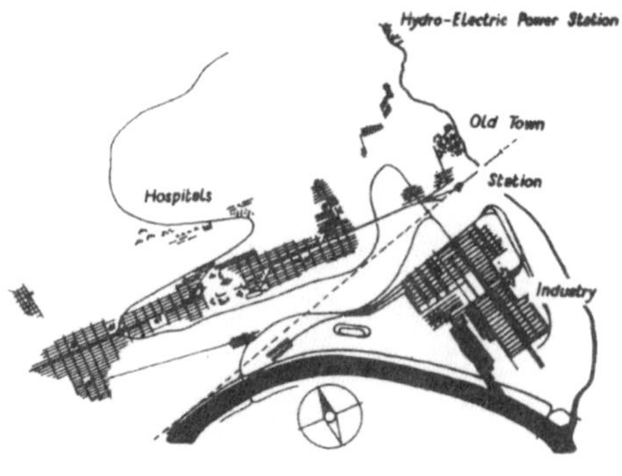

Fig. 80. Garnier, Cité Industrielle: projeto esquemático, 1904-17. Abaixo dos hospitais está o centro administrativo e cultural, flanqueado pelo casario.

Outros aspectos da cultura de Lyon também estavam presentes nos projetos da Cité de Garnier, em especial o movimento regionalista francês, que defendia o renascimento da cultura local e estava, em decorrência disso, comprometido com os programas políticos mais abrangentes do federalismo e da descentralização. Desse modo, Garnier introduziu uma velha cidade medieval dentro dos limites de sua cidade industrial. A importância que ele atribuía a tais fundações reflete-se no fato de haver colocado a principal estação ferroviária nas proximidades imediatas desse centro regional.

A municipalidade de Lyon também era importante, mesmo na juventude de Garnier, por sua abordagem avançada da urbanização. Suas ruas tinham sido regularizadas entre 1853 e 1864; depois de 1880 – como parte de um programa de erradicação de bairros pobres –, a cidade começou a aperfeiçoar seus sistemas de saneamento e de distribuição de água, e, por volta de 1883, começou a introduzir uma vasta gama de benefícios sociais: escolas, moradias para trabalhadores, banheiros públicos, hospitais e matadouros.

Ao entrar na École des Beaux-Arts, primeiro em Lyon, em 1886, depois em Paris, em 1889, Garnier passou a ser influenciado por Julien Guadet, que, como professor de teoria depois de 1894, ensinava não apenas os preceitos do Racionalismo clássico, mas também análise de programas e classificação de tipos de edifícios. O livro de Guadet, *Eléments et théories de l'architecture* [Elementos e teorias da arquitetura], de 1902, era uma atualização programática dos métodos criados por Durand em 1805 tendo em vista a combinação racional de formas arquitetônicas tipificadas, e essa abordagem elementar comum do *design* passaria a dar forma às carreiras dos principais alunos de Guadet, Garnier e Auguste Perret. Esses dois homens, contudo, desenvolveriam carreiras muito diferentes, pois enquanto Garnier, depois de dez anos em Paris, conquistou o Prix de Rome em 1899 e passou mais quatro anos na Academia Francesa na Villa Medici, Perret abandonou a École des Beaux-Arts em 1897, depois de apenas três anos de educação formal, para trabalhar com seu pai. Assim, quando a Cité Industrielle foi exposta pela primeira vez, em 1904, Perret já deixara sua marca enquanto arquiteto e construtor, com a estrutura de concreto armado de seu prédio de apartamentos na Rue Franklin.

Desde a época em que Garnier foi inicialmente um *logiste* para o Prix de Rome, em 1892, ele se deixara envolver pelo clima cada vez mais radical de Paris, presidido pela figura de Jean Jaurès, que se tornou deputado socialista em 1893. A cena política parisiense foi galvanizada depois de 1897 pelo caso Dreyfus, um acontecimento que transformou Émile Zola em defensor apaixonado da reforma radical. Daí surgiu o primeiro romance socialista utópico de Zola,

Fécondité [Fecundidade], publicado em capítulos, em 1899, no jornal socialista *L'Aurore* [A aurora]. Dada a prolongada ligação de Garnier com a Société des Amis d'Émile Zola, não há dúvida de que ele tenha lido esses excertos. De qualquer modo, os primeiros esboços para a cidade industrial que ele fez nesse mesmo ano parecem refletir a visão de Zola a propósito de uma nova ordem econômica, que o escritor viria a elaborar em seu segundo romance socialista utópico, *Travail* [Trabalho] (1901).

Contra uma grande oposição na Villa Medici, Garnier continuou trabalhando nesse projeto urbano ao longo de toda sua permanência. Em atendimento à exigência de "testemunho de estudo acadêmico", preparou uma reconstrução imaginária e igualmente sem precedentes da cidade de Tusculum, numa colina romana. Junto com a primeira versão da Cité Industrielle, essa obra foi exposta em Paris em 1904, ano da volta triunfal de Garnier a Lyon. Nos trinta e cinco anos seguintes, ele trabalharia exclusivamente na cidade e para ela, em grande parte sob a direção do prefeito progressista Édouard Herriot, e foi em Lyon, no início de sua carreira pública, que Le Corbusier o conheceu em 1908.

Construída sobre uma escarpadura do rio, numa paisagem montanhosa que, em termos gerais, correspondia à de Lyon, a cidade industrial de Garnier, com 35.000 habitantes, não era apenas um centro regional de tamanho médio, sensivelmente relacionado com seu entorno, mas também uma organização urbana que antecipava, com seu zoneamento, os princípios da Carta de Atenas dos CIAM de 1933. Era, sobretudo, uma cidade socialista sem muros ou propriedade privada, sem igreja ou quartéis, sem delegacia de polícia ou tribunal de justiça; uma cidade onde todas as áreas não construídas eram parques públicos. Dentro da área construída, Garnier acabou por estabelecer uma tipologia variada e abrangente das moradias, segundo padrões estritos do uso de luz, ventilação e áreas verdes. Esses códigos e os padrões combinatórios que geraram eram articulados por uma hierarquia de ruas arborizadas de diferentes larguras. Com uma altura média de apenas dois andares, um planejamento assim aberto resultava em baixa densidade, e, em 1932, Garnier concebeu uma complementação de seu esquema que apresentava setores residenciais de densidade mais alta. Integradas aos bairros residenciais havia diferentes categorias de escolas, situadas de modo a servirem regiões específicas da cidade, enquanto as instalações para a educação técnica e profissional se situavam entre as áreas residencial e industrial.

Recentemente foi demonstrado que Garnier não chegou sozinho à concepção de sua cidade, e que, entre os jovens e notáveis *pensionnaires* que eram seus colegas na Academia Francesa de Roma, é preciso incluir Léon Jaussely, cujo Prix de Rome de 1903, Uma Praça Metropolitana em um Grande Estado Democrático, lembrava em muitos aspectos o planejamento, o conteúdo e o *etos* do centro cultural e administrativo da Cité de Garnier, apresentado como "um espaço de aspecto público", onde um museu, uma biblioteca, um teatro, um estádio e uma grande piscina pública coberta, ou edifício de *hydrothérapie*, se agrupam ao redor do eixo de um complexo. O princípio organizador fundamental dessa estrutura em forma de losango é um peristilo de colunas de concreto armado que cercam um conjunto de salas para assembleias sindicais e um espaço circular central com 3.000 lugares, flanqueado de um lado por um auditório com 1.000 lugares, e de outro por dois anfiteatros de 500 lugares, situados lado a lado. Ostensivamente dedicadas a diferentes propósitos democráticos, de debates parlamentares a conferências, reuniões de comitês e projeção de filmes, os vários tipos de reunião teriam ocorrido ali sob a imagem racionalista de um relógio de vinte e quatro horas e um entablamento com relevos no estilo de Courbet e a inscrição de duas citações extraídas de *Travail*, de Zola. O primeiro desses textos aludia ao programa de Saint-Simon para alcançar a harmonia internacional através da produção industrial e da comunicação, e o segundo à celebração ritualista de uma utópica colheita socialista:

> Essa era a incessante produção apropriada aos tempos de paz, trilhos e mais trilhos, para que todas as fronteiras pudessem ser atravessadas de tal modo que todos os povos, unidos, formassem um só povo, em uma terra totalmente sulcada por caminhos. Esses eram os grandes navios de aço, não mais os abomináveis navios de guerra levando consigo a devastação e a morte, mas navios de solidariedade e fraternidade, permutando os produtos de continentes, multiplicando por dez as riquezas da humanidade até aquele ponto em que passasse a reinar uma enorme abundância.
>
> Resolveu-se que a festa aconteceria ao ar livre, perto da cidade, em um vasto campo onde os feixes de espigas se erguiam como as colunas simétricas de um templo gigantesco, da cor do ouro sob o sol reluzente. A colunata estendia-se ao infinito, até o horizonte longínquo, com uma profusão de espigas anunciando a inexaurível fertilidade da terra. E foi ali que eles cantaram e dançaram, com o bom aroma do milho maduro, no meio da planície fértil e imensa da qual o trabalho dos homens, finalmente reconciliados, obtinha pão suficiente para a felicidade de todos.

Este último trecho evocava diretamente a vida e a paisagem bucólicas clássicas que Garnier entendera pela primeira vez em sua plenitude depois de sua viagem à Grécia em 1903. Como a ágora, da qual pretendia ser o equivalente moderno, o edifício de reuniões de Garnier era representado como se habitado por figuras espectrais cujos trajes, à moda de um Biedermeier contemporâneo, evocavam uma atmosfera apropriadamente clássica. Suas casas deviam ser igualmente simples, sem cornijas e adornos de outro tipo, e, em muitos casos, projetadas ao redor de quintais e tendo suas águas escoadas por implúvios. Em resumo, apesar do uso de métodos de construção avançados, da adoção da construção de concreto armado por toda parte (Hennebique) e do uso de grandes vãos de aço no setor industrial, segundo a Galerie des Machines de Contamin, de 1889, a Cité Industrielle continuava sendo, acima de tudo, a visão de uma arcádia socialista mediterrânica.

Por mais que, em Roma, Garnier tenha sido influenciado por outros urbanistas fran-

Fig. 81. Garnier, Cité Industrielle: o centro (com edifícios para reuniões em forma de losango) e moradias, 1917.

ceses importantes, como Léon Jaussely e Eugène Hénard, cujos primeiros artigos sobre transformação urbana foram publicados em 1903, a contribuição única de sua cidade está tanto no extraordinário nível de detalhamento com que foi desenvolvida quanto na "modernidade" de sua concepção. O projeto de Garnier não apenas estipulava os princípios e o planejamento de uma cidade industrial hipotética; também delineava, em muitas escalas diferentes, a substância específica de sua tipologia urbana, ao mesmo tempo que oferecia indicações precisas sobre a modalidade de construção em aço e concreto. Nada de tão abrangente assim havia sido tentado desde a cidade ideal de Ledoux em Chaux, em 1804. Embora *Une Cité Industrielle* só tenha sido publicada em 1917, a contribuição dada por seu autor ao urbanismo contemporâneo já começava a ser reconhecida em 1920, quando Le Corbusier publicou material do fólio da Cité na revista purista *L'Esprit Nouveau*.

Apesar do impacto óbvio da Cité sobre o pensamento urbanístico de Le Corbusier, sua influência geral foi limitada porque, com exceção das obras isoladas de Garnier em Lyon, suas proposições básicas nunca foram testadas ou muito divulgadas. Ao contrário do modelo da cidade-jardim de Ebenezer Howard, de 1898, que foi realizada como estratégia de desenvolvimento em Letchworth Garden City em 1903, dificilmente poderia ser vista como um modelo testado. Na verdade, essas duas alternativas não podiam ter sido mais opostas, pois onde a Cité de Garnier era inerentemente expandível e dotada de uma certa autonomia, graças à sua base na indústria pesada, a Rurisville de Howard era de dimensões limitadas e economicamente dependente, com sua base na indústria leve e sua agricultura em pequena escala. E enquanto a Cité de Garnier, em conjunto com o projeto de Jaussely para Barcelona em 1904, viria a influenciar os modelos teóricos de planejamento desenvolvidos durante a primeira década da União Soviética, o projeto de Howard levaria à proliferação reformista de comunidades do tipo "cidade-jardim", e, por fim, ao igualmente pragmáti-

Fig. 82. Garnier, Cité Industrielle: detalhe de edifício de reuniões, 1904-17.

co programa New Town, que surgiria na Inglaterra depois da Segunda Guerra Mundial.

O pensamento urbanístico de Garnier foi expresso em seu *Grands travaux de la ville de Lyons* [Grandes obras da cidade de Lyons] de 1920, em seus matadouros de 1906-32, em seu hospital Grande Blanche de 1909-30 e em seu bairro États-Unis, projetado em 1924 e construído por volta de 1935. Cada um desses complexos equivalia a uma cidade em miniatura que reafirmava, através de sua arquitetura, a soberania da cidade enquanto força civilizadora – missão que estava muito além das forças da cidade-jardim anglo-saxônica.

Fig. 83. Garnier, matadouro, La Mouche, Lyons, 1917.

CAPÍTULO 11 Auguste Perret: a evolução do Racionalismo Clássico, 1899-1925

Em suas origens, a arquitetura é apenas estrutura de madeira. Para evitar os incêndios, passa-se a construir com materiais duros. E o prestígio da moldura de madeira é tamanho que se reproduzem todas as suas características, inclusive as cabeças dos pregos.

Auguste Perret
Contribution à une théorie de l'architecture
Paris, 1952

Em 1897, depois de terminar abruptamente uma carreira brilhante na École des Beaux-Arts, Auguste Perret deixou a orientação acadêmica de seu mestre Julien Guadet para trabalhar com seu pai. Essa mudança consolidou seu envolvimento com a empresa de construções de sua família, à qual ele anteriormente não se dedicava em período integral. De suas obras desse período, que já se inicia em 1890, as mais interessantes são as que Perret projetou depois de ter deixado a École des Beaux-Arts, tendo em vista que preparam o cenário de todo o resto de sua carreira: um cassino em Saint Malo, em 1899, e um prédio de apartamentos na Avenue Wagram, Paris, em 1902. Enquanto uma era um ensaio racionalista estrutural em estilo romântico nacional, na época popularizado através das *villas* rústicas de Hector Guimard, a outra era um ensaio de oito andares em pedra desbastada, à maneira Louis-XV-cum-Art-Nouveau. Das duas, a última deve ser vista como o ponto de partida essencial de Perret, já que demonstrou sua volta consciente à tradição clássica, uma volta que inclusive antecipava em alguns anos a "cristalização" do estilo da Secessão na obra de homens como Behrens, Hoffmann e Olbrich.

O edifício da Avenue Wagram projetava-se sobre a calçada em uma extensão correspondente à profundidade de uma janela de sacada à medida que subia até seu sexto pavimento provido de colunata. Esse perfil projetado em pedra era sutilmente complementado por um ornamento esculpido em forma de parreira, que se elevava sinuosamente desde o umbral, florescendo em abundância pétrea sob o plinto da colunata do sexto andar. Ligado ao Simbolismo, Perret projetara a alvenaria dessa estrutura de modo a evocar o imaginário floral da Belle Époque. Ao mesmo tempo, não querendo violar a *ordonnance* de uma rua parisiense, teve o cuidado de alinhar suas aberturas emolduradas com as das fachadas clássicas de ambos os lados. Tudo isso, porém, contradizia o cânone do Racionalismo Estrutural, pois sem dúvida não se tratava da arquitetura de estrutura articulada tal como a defendera Viollet-le-Duc. Também não era o uso natu-

Fig. 84. Perret, Cassino, Saint Malo, 1899.

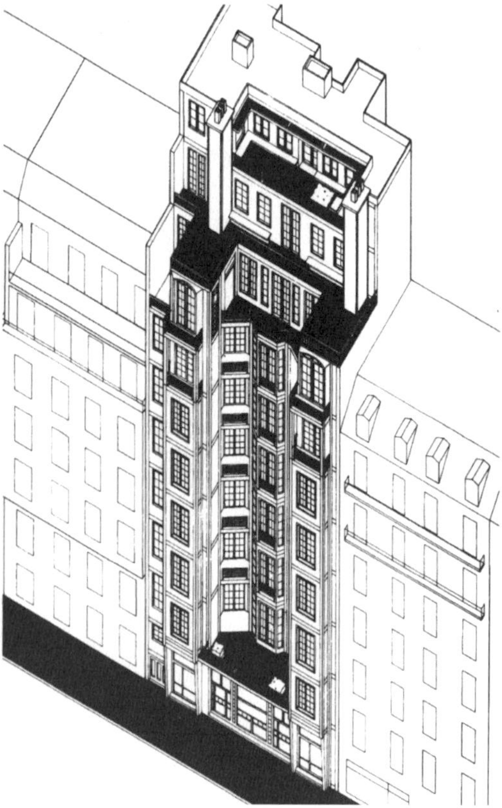

Fig. 85. Perret, 25 bis Rue Franklin, Paris, 1903.

ralmente expressivo e vernáculo da estrutura que Perret havia demonstrado no Cassino de Saint Malo.

Dois livros parecem ter influenciado Perret, levando-o a adotar uma estrutura de concreto com vigas horizontais para seu prédio de apartamentos na Rue Franklin, em 1903: a monumental *Histoire de l'architecture* [História da arquitetura] de Auguste Choisy (1899), e o texto de Paul Christophe sobre o sistema Hennebique, *Le Béton armé et ses applications* [O concreto armado e suas aplicações] (1902). Enquanto o primeiro citava o travejamento grego como antecedente clássico de tais estruturas, o segundo apresentava uma técnica definitiva para a fabricação e o projeto de uma estrutura de concreto armado.

Professor de arquitetura da École des Ponts et Chaussées, Choisy cultivava uma visão determinista da história na qual argumentava que os diferentes estilos haviam surgido, não por modismo, mas como a consequência lógica de avanços nas técnicas de construção. Seus exemplos favoritos de tais estilos tecnicamente determinados eram (segundo Viollet-le-Duc) o Grego e o Gótico, embora fosse, sem dúvida, sua referência ao primeiro que fez dele o último teórico influente do Racionalismo Clássico. Choisy sucedeu uma longa linhagem de tais racionalistas, os quais, a exemplo de Guadet e Labrouste, remontavam aos teóricos Cordemoy e Laugier, do século XVIII. Como muitos proponentes dessa escola, Choisy não via nada de irracional na transposição grega de formas em madeira aos componentes em alvenaria da ordem dórica.

O uso inicial do concreto armado por Perret estava mais de acordo com a caracterização de Choisy do gótico como uma arquitetura de vigas e enchimentos. Em termos de composição, o edifício da Rue Franklin condensava o formato adotado um ano antes na Avenue Wagram. Em cada caso, fachadas de rua divididas em cinco compartimentos e com os compartimentos das extremidades projetando-se sobre o pavimento erguem-se por cinco ou seis andares e vão terminar em um piso adicional "de remate" antes de retroceder. Na Avenue Wagram, esse andar é enfatizado por uma colunata adicionada, enquanto na Rue Franklin seu caráter elementar é realçado pela estrutura de duas sacadas abertas. Ali, porém, cessa toda correspondência, pois, se o edifício Wagram é monolítico e se expande horizontalmente, o da Rue Franklin é articulado e atenuado verticalmente. A articulação de suas colunas e a elevação de seu telhado alcantilado em recuo conferem algo de gótico a essa estrutura de resto ortogonal, evocando as obras de Mansart no século XVII. Foi onde Perret chegou mais próximo da detalhada prescrição de Viollet-le-Duc. A razão de sua fachada côncava em forma de U, tão evocadora das atenuações do Gótico, era na verdade eminentemente pragmática: Perret podia ter andares mais espaçosos ao situar o pátio regulamentar na frente, e não na parte posterior. Com igual destreza, revestiu a parede de trás do edifício com lentes de vidro para não infringir um direito de uso.

Depois de 1903, Perret, a exemplo de Choisy, passou a ver a *charpente*, ou moldura estrutural, como a expressão fundamental da forma construída. A estrutura em concreto armado do edifício da Rue Franklin foi revestida de modo a sugerir uma construção de pilares e lintéis em madeira – e o restante eram janelas ou sólidos painéis revestidos de mosaicos de cerâmica. Enquanto os girassóis marchetados destes últimos conferiam ao edifício aquela qualidade Art Nouveau fossilizada, tão característica do fim da Belle Époque, a estrutura em si e o planejamento aberto que permitia apontavam para Le Corbusier e seu desenvolvimento posterior da planta livre.

A empresa Perret Frères, composta por Auguste e seu irmão Gustave, desempenhou um papel fundamental no desenvolvimento do estilo de Perret. Em 1905, eles construíram uma admirável garagem de quatro andares na Rue de Ponthieu. A isto seguiu-se, em 1912, uma casa projetada por Paul Guadet, filho de Julien Guadet. Executadas em concreto armado e erguendo-se, em cada caso, a um ático ou friso encimado por uma cornija saliente, essas obras mostram o refinamento progressivo de um "estilo residencial" Perret, racional e travejado. Enquanto a primeira pode ser vista como tendo antecipado o formato do estilo eclesiástico que Perret desenvolveria mais tarde, a segunda deve ser considerada como o protótipo da fachada Perret, um formato modulado que recebeu sua expressão definitiva em sua reconstrução de Le Havre depois de terminada a Segunda Guerra Mundial.

Em 1911-13 foi a vez do *tour de force* do Théâtre des Champs Elysées, depois do desditoso confronto entre Auguste Perret e Henry van de Velde. Contratado pelo diretor teatral G. Astruc em 1910, Van de Velde logo percebeu que, em um espaço tão limitado, seria necessário trabalhar em concreto armado, e então convocou os irmãos Perret como empreiteiros. Foi uma decisão infeliz, pois Perret pôs em dúvida a exequibilidade da planta de Van de Velde, propondo um projeto semelhante de sua autoria. Seis meses depois, as ideias de Perret haviam prevalecido, e Van de Velde fora rebaixado de sua condição de arquiteto colaborador à de *architecte-consultant*.

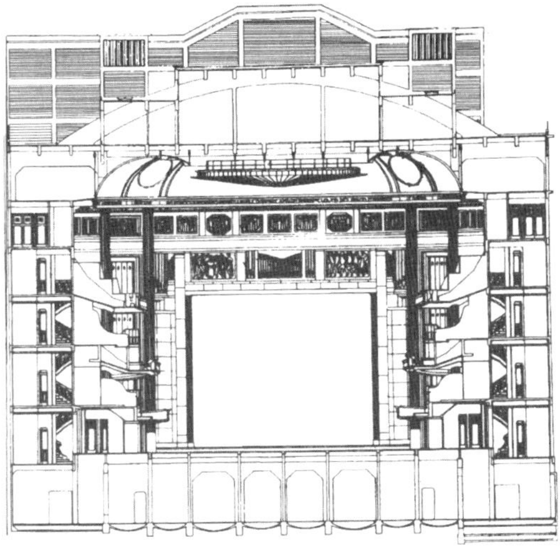

Fig. 86. Perret, Théatre des Champs-Elysées, Paris, 1911-13. Seção do auditório grande, com relevos de Bourdelle.

Enquanto a planta e a elevação do Théâtre des Champs-Elysées eram essencialmente de Van de Velde, sua realização demonstrou tanto a mestria de detalhes de Perret quanto a capacidade técnica da firma Perret Frères. O programa exigia três auditórios que acomodassem 1.250, 500 e 150 pessoas, respectivamente, com um vasto espaço subsidiário que compreendesse palco, bastidores, *foyers*, vestiários, etc., tudo isso num espaço de cerca de 37 metros de largura por 95 de profundidade. Perret suspendeu seu principal auditório circular dentro de um perímetro de oito colunas e quatro arcos, com ambos os elementos integrados a uma estrutura monolítica contínua que se erguia de uma base de vigas. A matriz básica do esqueleto era aumentada pela inteligente aplicação de vigas em balanço e vigas armadas, de tal modo que os volumes exigidos pudessem acomodar-se com exatidão nos limites do local. Pouco dessa estrutura dinâmica se expressa no exterior, que na parte posterior e nas laterais é geralmente executado como uma estrutura travejada preenchida com tijolos. A fachada principal, porém, recebe um tratamento clássico; é revestida com pedra de uma maneira regular que muito pouco se relaciona com a exuberante subdivisão colunar do *foyer* interior. Ao mesmo tempo, a cultura simbolista de Paris, um legado da Belle Époque, ainda encontrou uma certa expressão – tanto interna quanto externamente – nos baixos-relevos e frisos de Antoine Bourdelle e nos murais de Maurice Denis. Essa nostalgia de uma antiguidade mitológica foi ainda refletir-se nos corrimãos, nos acessórios de iluminação e no mobiliário desenhados pelo próprio Perret.

Na década que se seguiu à inauguração desse teatro em 1913, a Perret Frères esteve ocupada com uma extraordinária série de estruturas utilitárias de concreto armado, inclusive com construções portuárias em Casablanca e diversas oficinas nos arredores de Paris. De repente, em 1922, Auguste Perret foi encarregado da construção de sua primeira igreja, Notre-Dame du Raincy, concluída em 1924. Nela, Perret chegou à mais pura formulação de seu estilo em concreto armado, quase vinte anos depois de este ter aparecido pela primeira vez na Rue Franklin. A igreja foi importante não apenas por suas proporções elegantes e seu refinamento sintático, mas também por sua formulação da coluna cilíndrica articulada dentro de um envoltório não estrutural. Os preceitos de Choisy foram plenamente respeitados, desde as divisórias perfuradas e pré-fabricadas até as colunas esguias e acaneladas – cada componente reduzido à sua essência estrutural mais explícita.

Imediatamente após Le Raincy, vieram duas estruturas temporárias que representaram o clímax da primeira fase da carreira de Perret: sua galeria de arte, o Palais de Bois, construída em 1924 com madeiros em tamanho padrão que foram reutilizados depois da desmontagem, e seu pequeno teatro de arena na Exposition des Arts Décoratifs de 1925. Enquanto a galeria de arte, a exemplo da igreja de Le Raincy, era uma das estruturas mais articuladas de Perret, o teatro temporário, de construção leve, pretendia

Fig. 87. Perret, teatro, Exposition des Arts Décoratifs, Paris, 1925.

simular uma pesada estrutura monolítica. A verdadeira estrutura consistia de colunas circulares de madeira que suportavam uma trama de vigas leves de clínquer armados com aço. Internamente, o conjunto era rematado com tetos falsos em gesso, e no exterior tinha um revestimento de pedra artificial. Como tal, estavam certamente distantes da pureza estrutural que sempre fora essencial à tese racionalista. Esse "engano" era justificado por seu autor com base na alegação de que, fosse o teatro permanente, ele o teria construído em concreto armado.

Com toda sua impureza, o teatro da Exposition des Arts Décoratifs foi a manifestação mais lúcida e lírica jamais feita por Perret. Oito colunas internas livres suportavam uma viga "anelar" que, através de hábeis transformações em seus quatro cantos diagonais, por sua vez suportava uma claraboia quadriculada acima da arena cruciforme. As cargas transversais dessa estrutura interna eram transferidas a uma viga perimetral suportada por um sistema de colunas livres regularmente dispostas ao redor da parte externa do auditório. Externamente, porém, a expressão permanecia desajeitada, e essas colunas aparentemente "redundantes" que articulavam o vazio exterior refletiam a preocupação de Perret com a criação de um novo estilo "nacional clássico", uma obsessão que mais tarde comprometeria gravemente o desenvolvimento de sua obra.

À parte a lucidez de sua arquitetura e o extraordinário refinamento alcançado por sua obra construída, a importância de Perret enquanto teórico está em sua mentalidade aforística e dialética – na importância que atribuía a polaridades que opunham ordem e desordem, estrutura e preenchimento, permanência e impermanência, mobilidade e imobilidade, razão e imaginação, e assim por diante. Oposições comparáveis podem ser encontradas em todo o *corpus* da obra de Le Corbusier. Na Exposition des Arts Décoratifs de 1925, contudo, os caminhos dessas duas figuras já começavam a demonstrar divergências que não diziam respeito apenas às estruturas das obras expostas, mas também impregnavam o nível teórico. Nada poderia estar mais distante dos preceitos de Perret do que *Les 5 points d'une architecture nouvelle* [Os cinco pontos de uma nova arquitetura], que Le Corbusier publicou um ano mais tarde, em 1926.

CAPÍTULO 12 O Deutsche Werkbund, 1898-1927

A Grã-Bretanha, pioneira, achou mais lucrativo investir seus excedentes no exterior do que modernizar a produção e o ambiente internos. Isto significou que o impulso da industrialização no século XX não surgiu naquele país; surgiu em uma nação industrial mais nova como a Alemanha, que, desejando conquistar novos mercados de além-mar, tradicionalmente preservados pelas potências marítimas mais antigas, estudou sistematicamente os produtos de seus concorrentes, e, através da seleção tipológica e de um novo *design*, ajudou a forjar a estética da máquina do século XX.

C. M. Chipkin
Lutyens and Imperialism,
in *RIBA Journal*, 1969

Com a supressão dos prussianos pela Revolta Saxônica de 1849 – revolta na qual tanto Mikhail Bakunin quanto Richard Wagner desempenharam papéis fundamentais , Gottfried Semper, arquiteto e revolucionário liberal, deixou Dresden e foi primeiro para Paris; dois anos depois, em decorrência de um encargo especial, transferiu-se para Londres. Ali, por ocasião da Exposição de 1851, escreveu seu famoso ensaio *Wissenschaft, Industrie und Kunst* [Ciência, indústria e arte], publicado na Alemanha em 1852, no qual examinava o impacto da industrialização e do consumo de massa sobre todo o campo das artes aplicadas e da arquitetura. Uma década antes de William Morris e seus colaboradores produzirem seus primeiros objetos domésticos, Semper cristalizou sua crítica da civilização industrial: "Temos artistas, mas não uma arte verdadeira". Em franca oposição ao sonho pré-rafaelita do retorno a uma era pré-industrial, Semper adotou o ponto de vista de que

> Infatigável, a ciência enriquece a si mesma e à vida com novas descobertas de materiais úteis e forças naturais que operam milagres, com novos métodos e técnicas, com novas ferramentas e máquinas. Já se tornou evidente que as invenções não são mais, como o foram em outros tempos, meios de satisfazer necessidades e fomentar o consumo; pelo contrário, necessidade e consumo são os meios de comercializar as invenções. A ordem das coisas inverteu-se.

Mais adiante, no mesmo texto, ele analisava o impacto de novos métodos e materiais sobre o *design*:

> (...) o pórfiro e o granito mais duros são cortados como a manteiga e polidos como a cera, o marfim é amolecido e pressionado de modo a assumir diferentes formas, a borracha e a guta-percha são vulcanizadas e usadas para produzir imitações enganosas de esculturas em madeira, metal ou pedra, com o que os aspectos naturais dos materiais simulados são extremamente sobrepujados.
>
> (...) A abundância de meios é o primeiro perigo grave com o qual a arte tem que se defrontar. Este termo é, na verdade, um paradoxo (não existe abundância de meios, mas sim uma falta de capacidade de dominá-los), mas ainda assim justifica-se na medida em que descreve corretamente os absurdos de nossa situação.

Em seguida, passa a perguntar:

Aonde vai levar a depreciação de materiais que resultam do tratamento por máquinas, de seus substitutos e de tantas novas invenções? E aonde a depreciação da mão de obra, da pintura, das belas-artes e do mobiliário, que se origina das mesmas causas? (...) De que modo o tempo e a ciência vão impor a lei e a ordem a esse estado de coisas até aqui totalmente confuso? Como impedir que a desvalorização geral passe para o campo do trabalho manual, segundo a verdadeira maneira antiga, de tal modo que nele se possa encontrar mais que afeição, gosto das coisas antigas, aparência e obstinação superficiais?

Nesse tom militante e incisivo, Semper levantou as questões fundamentais do século e abordou um conjunto de problemas culturais que até hoje estão longe de ter chegado a uma solução. Aos poucos, suas ideias foram se integrando à teoria cultural alemã do século XIX, em grande parte através da publicação de seu principal texto teórico, *Der Stil in den technischen und tektonischen Künsten oder praktische Ästhetik* [Estilo nas artes industriais e estruturais, ou estética prática], de 1860-63.

Sua tese geral da influência sociopolítica sobre o estilo foi mal compreendida até depois da intensa expansão industrial que ocorreu na Alemanha no último quarto do século. Na Centennial Exhibition de Filadélfia, em 1876, os produtos industriais e de artes aplicadas alemães foram considerados inferiores aos da Inglaterra e dos Estados Unidos. Franz Reuleaux, um engenheiro mecânico que durante dez anos havia sido colega de Semper na Eidgenössische Technische Hochschule de Zurique, escreveu de Filadélfia, em 1877, que os produtos alemães eram "baratos e grosseiros". "A indústria alemã deve desistir dos princípios baseados exclusivamente na concorrência dos preços" e, em vez disso, usar "a capacidade intelectual e a habilidade do operário em apurar o produto e fazê-lo tanto mais intensamente quanto mais esse produto estiver próximo da arte."

Durante vinte anos depois da unificação da Alemanha em 1870, a indústria alemã não teve nem tempo nem motivo para levar em conta esse tipo de crítica. Sob a estável liderança de Bismarck, estava exclusivamente preocupada com a questão do desenvolvimento e da expansão. Um fator crucial para esse desenvolvimento foi a fundação, em 1883, por Emil Rathenau, da Allgemeine Elektricitäts Gesellschaft (AEG) em Berlim. Essa companhia de eletricidade cresceu muito no espaço de sete anos, transformando-se num grande complexo industrial com uma vasta gama de produtos e interesses que se estenderam pelo mundo todo.

Depois da renúncia de Bismarck em 1890, a atmosfera cultural alemã passou por uma grande transformação. Muitos críticos sustentavam que o aperfeiçoamento do *design*, tanto nas artes quanto na indústria, era fundamental para a prosperidade futura, e que, sem uma fonte de materiais baratos ou o escoamento fácil de produtos pouco dispendiosos, a Alemanha só poderia começar a competir por uma parcela do mercado mundial se dispusesse de produtos de qualidade excepcionalmente alta. Essa tese foi ampliada pelo nacionalista e social-democrata cristão Friedrich Naumann em seu ensaio *Die Kunst im Maschinenzeitalter* [A arte na era da máquina], de 1904. Nesse ensaio, Naumann argumentava, em oposição ao luddismo de William Morris, que tal qualidade só poderia ser economicamente alcançada por um povo que, dotado de cultura artística, se dedicasse à produção mecânica.

Esse impulso de nacionalismo industrial e pangermânico levou a burocracia prussiana a reagir contra o prosaísmo da Alemanha guilhermina e a fomentar a incipiente retomada do estilo Arts and Crafts de uma cultura germânica "intrínseca". Com esse objetivo, em 1896 Hermannn Muthesius foi enviado a Londres como adido da embaixada alemã, com a missão de estudar a arquitetura e o *design* inglês. Muthesius voltou para a Alemanha em 1904 e assumiu o posto de conselheiro privado da Junta Comercial Prussiana, com a atribuição específica de reformular o programa nacional de educação em artes aplicadas. Esse movimento reformista oficial da *Kunstgewerbeschule* [Escola de artes e ofícios] tinha sido antecipado pela fundação, em 1898, por Karl Schmidt, do Dresdner Werkstätten für Handwerkskunst [Ateliê de Artes Manuais de Dresden]. Em 1903, todo o movimento ganhara um ímpeto considerável com a nomeação de Peter Behrens como diretor da Kunstgewerbeschule de Düsseldorf. Em 1904, Muthesius difundiu seu modelo ideal de uma cultura artesanal nativa no livro *Das Englische Haus* [A casa inglesa]. Para ele, a importância da arquitetura e do mobiliário ingleses produzidos pelo movimento Arts and Crafts estava em sua demonstração de que artesanato e economia constituíam base do bom *design*.

Fig. 88. Behrens, cartaz para as lâmpadas AEG, antes de 1910.

Dois anos mais tarde, em 1906, na condição de *Arbeitskommissar* da Terceira Exposição Alemã de Artes e Ofícios em Dresden, Muthesius aliou-se a Naumann e Schmidt contra o grupo de artistas e artesãos conservadores e protecionistas conhecido como Aliança para as Artes Aplicadas Alemãs, criticando severamente o estado das artes aplicadas na Alemanha ao mesmo tempo que defendia a adoção da produção em massa. No ano seguinte, os três homens fundaram a Deutsche Werkbund, que tinha entre os seus primeiros membros doze artistas independentes e doze firmas de produtos artesanais. Os artistas eram Peter Behrens, Theodor Fischer, Josef Hoffmann, Wilhelm Kreis, Max Laeuger, Adelbert Niemeyer, J. M. Olbrich, Bruno Paul, Richard Riemerschmid, J. J. Scharvolgel, Paul Schultze-Naumburg e Fritz Schumacher. As firmas eram Peter Bruckmann & Söhne, Deutsche Werkstätten für Handwerkskunst, Dresden-Hellerau und München, Eugen Diederichs, Gebrüder Klingspor, Kunstdruckerei Kunstlerbund Karlsruhe, Poeschel & Trepte, Saalecker Werkstätten, Vereinigte Werkstätten für Kunst und Handwerk München, Werkstätten für deutschen Hausrat Theophil Müller Dresden, Wiener Werkstätten, Wilhelm & Co. e Gottlob Wunderlich.

Os membros da Werkbund dedicaram-se ao aperfeiçoamento da formação artesanal e ao estabelecimento de um centro que fomentasse os objetivos de sua instituição. Como seria de imaginar, dada a natureza heterogênea do grupo fundador, a Werkbund não estava totalmente comprometida com o ideal de Muthesius do *design* normativo para a produção industrial. É significativo que o local inicialmente proposto para a cerimônia de fundação da Werkbund fosse Nuremburg – o cenário de *Die Meistersinger* [Os mestres cantores], ópera de Wagner em que o compositor aborda o tema das guildas artesãs.

O desenvolvimento subsequente da Werkbund, em particular em sua relação com a indústria, é inseparável da fase da carreira de Behrens que começou em 1907, com sua nomeação como arquiteto e *designer* da AEG, para a qual ele desenvolveria um estilo de casa que ia da representação gráfica ao *design* de produtos e às instalações industriais. Ele trouxe para essa tarefa desafiadora seu talento gráfico inato e sua experiência como *designer* Jugendstil precoce durante seu período na colônia de Darmstadt, entre 1899 e 1903. Seu estilo Darmstadt iria transformar-se sob a influência da escola monástica beurônica de proporção geométrica, como na época era praticado pelo arquiteto holandês J. L. M. Lauweriks, que se juntou a Behrens em Düsseldorf quando este último se tornou diretor da escola de artes aplicadas em 1903.

A maneira "empática" de Behrens, seu estilo conhecido como Zarathustrastil, foi sintetizado em seu Vorhalle para a Exposição Internacional de Turim de 1902. Nessa obra, a enérgica linha sinuosa e a expressiva forma arqueada combinaram-se numa tentativa de evocar o "desejo da forma" nietzschiano. Essa retórica deu lugar, sob a influência de Lauweriks, a um estilo atectônico abafado que se manifestou pela primeira vez nos pavilhões que Behrens construiu em Oldenburg em 1905. Essa maneira beurônica com características do Neoquatrocentos foi elaborada por Behrens em seu projeto para um crematório construído em Hagen em 1906, e adaptado, com tons neoclássicos, ao pavilhão que construiu para a AEG na exposição de construção naval de Berlim em 1908.

Ao ligar-se à AEG, Behrens defrontou-se com o fato brutal do poder industrial. Em lugar de seus projetos juvenis de revitalizar a vida cultural alemã através de um ritual místico cuidadosamente apresentado, teve de aceitar a industrialização como o destino manifesto da nação alemã; ou, como ele concebia, como o resultado composto de Zeitgeist e Volksgeist, ao qual devia dar forma devido à sua condição de artista. Assim,

Fig. 89. Behrens, Embaixada Alemã, São Petersburgo (Leningrado), 1912.

a Fábrica de Turbinas que construiu para a AEG em 1909 foi uma reificação deliberada da indústria como o ritmo vital imperioso da vida moderna. Longe de ser um projeto linear em ferro e vidro (como o galpão ferroviário do século XIX), a Fábrica de Turbinas de Behrens era uma obra de arte consciente, um templo dedicado ao poder da indústria. Embora aceitando a superioridade da ciência e da indústria com resignação pessimista, Behrens procurou colocar sua fábrica sob a rubrica da propriedade rural – devolver à produção fabril aquele sentido de um fim comum que sempre foi inato à agricultura, um sentimento ao qual a mão de obra berlinense, semiespecializada e recém-urbanizada, talvez ainda estivesse ligada por alguma forma de nostalgia. De que outro modo se pode explicar o telhado de duas águas facetado da Fábrica de Turbinas, ou a atmosfera rural e sittesca do complexo da AEG na Brunnenstrasse, de 1910? Ao ligar-se à AEG, Behrens havia modificado seu estilo Oldenburg, conservando seu rigor formal mas abrindo mão de sua rígida geometria. Desse modo, a leve estrutura de aço da fachada de rua da Fábrica de Turbinas é rematada, em suas extremidades, por sólidos elementos angulares cujas superfícies são representadas de modo a negar qualquer capacidade de suportar peso. Essa forma atectônica de flanquear estruturas traveadas leves com cantos maciços caracteriza praticamente todas as estruturas industriais que

Fig. 90. Behrens, Fábrica de Turbinas AEG, Berlim, 1908-1909.

Fig. 91. Behrens, complexo industrial AEG, Berlim, 1912. À esquerda, a usina de alta voltagem; à direita, o setor de montagem.

Behrens projetou para a AEG. Nos casos em que esse esqueleto estrutural não era um pré-requisito funcional, como em sua neoclássica Embaixada Alemã de São Petersburgo, de 1912, essa ênfase schinkelesca no ângulo é evidente, mas menos acentuada.

Em 1908, Behrens revelou sua natureza essencialmente conservadora num ensaio intitulado *Was ist monumentale Kunst?* [O que é a arte monumental?], onde definia essa arte como uma expressão do grupo que detém o poder em qualquer época. No mesmo texto, contestava a derivação da forma ambiental a partir das exigências materiais e técnicas, um dos pontos da teoria de Semper. Rejeitou a importância que o último atribuía ao elemento tectônico típico – à expressiva coluna estrutural tal como aparece na arquitetura clássica. Por outro lado, Behrens foi profundamente influenciado pela teoria elitista de Alois Riegl (a Kunstwollen, ou desejo de forma), que atua através da instância de indivíduos talentosos como um princípio "atectônico" ordenado. Para Riegl, essa força estava destinada a contrapor-se às tendências técnicas específicas de uma época. Coerente com essa tese, a contribuição de Behrens ao *design* de produtos da AEG iria situar-se no âmbito do estilo, e não da técnica.

Essa separação entre *norma* e *forma*, entre *tipo* e *individualidade*, logo começaria a preocupar os membros da Deutsche Werkbund. A questão chegou ao ponto crítico quando Hermann Muthesius falou no congresso da Werkbund por ocasião da Exposição Deutsche Werkbund realizada em Colônia, em 1914. O programa de dez pontos de Muthesius, extremamente influenciado pelos escritos de Naumann, concentrava-se na necessidade de apurar os objetos típicos (cf. o *objet-type* de Le Corbusier). Nos pontos 1 e 2, ele argumentava que a arquitetura e o *design* industrial só podem tornar-se importantes pelo desenvolvimento e pelo refinamento dos tipos (*Typisierung*), e, nos pontos 3-10, abordava a necessidade nacional de produtos de alto nível, que desse modo pudessem ser facilmente vendidos no mercado mundial. No ponto 9, que dizia respeito à produção em série, lia-se: "Uma precondição para a exportação é a existência de empresas grandes e eficientes, cujo gosto seja impecável. Os objetos individuais criados por artistas não cobririam nem mesmo a demanda na Alemanha."

Essa ênfase oportunista no *design* de objetos culturais para uma classe média internacional foi imediatamente contestada por Henry van de Velde, que, ao apresentar sua contratese, rejeitou de imediato a arte "de exportação" e proclamou a soberania criativa fundamental do artista individual. Para ele, como para Behrens, só o processo natural da *Kunstwollen* de Riegl poderia dar origem, gradualmente, à evolução de uma *norma* civilizada. Apesar da grande controvérsia sobre essa questão, a posição de Van de Velde contou com o apoio suficiente de personalidades tão diversas quanto Walter Gropius e Karl Ernst Osthaus, para que Muthesius se visse forçado a retirar seu programa. Em sua apresentação de dez pontos, Muthesius havia elaborado sua concepção de tipo da seguinte maneira: "O caminho que leva do individualismo à criação de tipos é o caminho orgânico do desenvolvimento." Afirmou também: "Este é hoje o caminho na manufatura, onde o produto (...) vem sendo cada vez mais aperfeiçoado." Segundo outra de suas declarações: "Essencialmente, a arquitetura tende para o típico. O tipo descarta o extraordinário e estabelece a ordem." Para Muthesius, portanto, assim como para Semper antes dele, o "tipo" tinha duas conotações: o "objeto produto" gradualmente refinado através do uso e da produção, e o "objeto tectônico", que era um elemento de construção irredutível funcionando *como unidade básica* da linguagem arquitetônica.

A necessidade dessa sintaxe, diante do súbito colapso do Jugendstil, levou a maioria dos arquitetos presentes à Exposição Deutsche Werkbund de 1914, inclusive Muthesius, Behrens e Hoffmann, a expressar-se

Fig. 92. Gropius e A. Meyer, detalhe da fábrica Fagus, Alfeld-an-der-Leine, 1911.

na linguagem de um neoclassicismo reinterpretado. As duas únicas exceções foram o Teatro Werkbund de Van de Velde, envolto em uma aura quase teosófica por sua estética da forma-força, e seu rival, o Pavilhão de Cristal de Bruno Taut, que evocava o misticismo ritualista da Vorhalle de Behrens em Turim, em 1902.

A Exposição de 1914 apresentou a um vasto público uma nova geração de artistas ligados à Werkbund, Gropius e Adolf Meyer em particular, que até 1910 haviam trabalhado juntos no escritório de Behrens. A atividade de Gropius entre 1910 e 1914 seguiu as mesmas linhas da carreira de Behrens em Berlim. Em março de 1910, apresentou a Emil Rathenau, da AEG, um memorando sobre a produção racionalizada de casas, exemplificada pelas casas de operários que ele havia projetado para Janikow em 1906. O texto, escrito por Gropius aos vinte e seis anos de idade, é até hoje uma das exposições mais lúcidas e abrangentes jamais feitas sobre as precondições essenciais para o êxito da pré-fabricação, da montagem e da distribuição de unidades de moradia padronizadas. Em 1911, a nova parceria de Gropius e Meyer foi encarregada, por Karl Benscheidt, do projeto da fábrica de sapatos Fagus, em Alfeld-an-der-Leine. Em 1913, o *Jahrbuch* [Livro do ano] da Deutsche Werkbund trazia um artigo de Gropius sobre a construção industrial, ilustrado por silos de cereais e fábricas de múltiplos andares, ambos extraídos do vernáculo industrial do Novo Mundo. No mesmo ano, ele começou a trabalhar como *designer* industrial, projetando a estrutura externa e o *layout* de uma locomotiva a diesel, e em seguida o interior de um vagão-dormitório. Por último, ele e Meyer projetaram uma fábrica modelo para a Exposição Werkbund de 1914.

Na Faguswerk, Gropius e Meyer adaptaram a sintaxe da Fábrica de Turbinas de Behrens a uma estética arquitetônica mais aberta. As extremidades ainda servem para conter a composição, como em todas as grandes estruturas de Behrens para a AEG, mas, enquanto as extremidades deste último são invariavelmente de alvenaria, elas agora passaram a ser de vidro. Os painéis verticais de vidro, projetados a partir da fachada de tijolo aparente, dão a ilusão de estar milagrosamente suspensos a partir do nível do telhado. Esse efeito *pendant*, mais a extremidade translúcida, inverte a composição da Fábrica de Turbina, com a natureza fundamentalmente plana da fachada vertical em vidro acentuada pela êntase "clássica" da estrutura revestida de tijolos. Apesar dessas transposições, a Faguswerk, com seu envidraçamento atectônico e sua nostalgia pelo clássico, continuou presa à influência de Behrens.

Essa disposição particular, que em termos de composição se manifestava em extremidades enfáticas e cornijas, caracterizaria todas as obras públicas de Meyer e Gropius, até este último projetar a Bauhaus de Dessau em 1924. Sem dúvida, foi este o estratagema adotado no complexo industrial modelo que ambos projetaram para a Exposição Werkbund de 1914. Aqui, a natureza corpórea do revestimento de vidro foi desenvolvida como uma membrana contínua que abarcasse as escadas em espiral em cada uma das extremidades do edifício. Dentro desse envoltório essencialmente de vidro havia uma armadura em tijolo, sendo a separação entre ambos acentuada por dois pavilhões terminais, cada qual encimado por uma cobertura plana projetada no estilo de Frank Lloyd Wright. Apesar dessa dramática inversão dos papéis do vidro e da alvenaria, a planta da fábrica era extremamente convencional, não apenas em sua axialidade, mas também em sua separação hierárquica e sintática em elementos "administrativos" e "produtivos". A fachada pública "clássica", "executiva", ficava em primeiro plano, ocultando desse modo a estrutura de aço privada e utilitária, "de trabalho braçal", situada na parte posterior. Ainda que bem articulada, essa solução dualista jamais teria sido aceitável a Behrens.

A separação entre Muthesius e Van de Velde revelou efetivamente o espírito reacionário que já estava evidente em grande parte da obra Werkbund por volta da Exposição de 1914. Enquanto os anuários de 1913 e 1914 foram respectivamente dedicados à Arte na indústria e no comércio e ao Transporte, registrando o *design* de equipamentos de estruturas industriais, material rodante, navegação e aviação, o anuário de 1915 trazia o título sinistro de "A forma alemã no ano da guerra", e, com espírito nostálgico, dedicava suas páginas à obra predominantemente neo-Biedermeier da Exposição de 1914. Parece que não se previu o fato de que a promessa e o triunfo de um estado industrial progressivo seriam em breve consumidos por uma guerra industrializada. Essa tragédia não seria transcendida pela qualidade dos túmulos dos mortos na guerra, que os artistas da Werkbund foram encarregados de projetar e constituíram o tema exclusivo do anuário publicado pela Werkbund em 1916-17.

Fig. 93. Gropius e A. Meyer, parte do complexo industrial modelo, Exposição Werkbund, Colônia, 1914, com o bloco de escritórios à esquerda.

Depois da guerra, Behrens transformou-se em outro homem, pois o *Volksgeist* já não era evidentemente o mesmo. Assim, ele desistiu de seu frígido Classicismo e de sua preocupação de simbolizar a autoridade do poderio industrial. Sua busca renovada de uma arte da construção que expressasse o verdadeiro espírito do povo alemão levou-o de volta, através das páginas de *Frühlicht* [Luz matinal], à revista de Bruno Taut, para além do passado neo-romântico e nietzschiano de Behrens, chegando a formas de origem e associações medievais. Ainda assim, sua fé na capacidade redentora do "desejo de forma" de Riegl permaneceu inabalada. Quando a I. G. Farben encarregou-o de projetar seus novos edifícios em Frankfurt-Höchst, em 1920, ele tentou reinterpretar a sintaxe perdida da arquitetura cívica medieval através de uma estrutura de tijolo e pedra. A construção tem, em seu núcleo, um espaço místico de ritual e renovação públicos (que remonta à Vorhalle de Turim, construída por Behrens em 1902) em forma de um salão facetado de cinco andares, de tijolo em fiadas em balanço encimado por um teto de cristal. Era uma alusão àquele espaço teatral de exibição pública que o havia inspirado em sua juventude, ao *Kultursymbol* que obcecava, com igual intensidade, os membros da Cadeia de Cristal de Bruno Taut (ver capítulo seguinte). Um impulso semelhante dava forma às suas pequenas estruturas de exposição da década de 1920 – a inclinação íngreme de suas *Dombauhütte* (alojamentos dos alvanéis da catedral), com suas paredes de tijolo com amarração em diagonal, projetada para a Kunstgewerbeschau de Munique em 1922, e sua estufa wrightiana de plantas em vidro construída para a Exposition des Arts Déco-ratifs de Paris, em 1925. A partir daí, a obra de Behrens permaneceria próxima do estilo Art Déco, enquanto o futuro da Deutsche Werkbund se tornaria inseparável do movimento Neue Sachlichkeit, que teve sua apoteose, sob os auspícios da Werkbund, na exposição internacional de moradias (da qual fez parte a famosa Weissenhofsiedlung) inaugurada em Stuttgart em 1927.

CAPÍTULO 13 A Cadeia de Cristal: o Expressionismo arquitetônico europeu, 1910-25

Para levar nossa cultura a um nível mais alto somos forçados, gostemos ou não, a mudar nossa arquitetura. E isso só será possível se livrarmos as dependências em que vivemos de seu caráter fechado. Isso, por sua vez, só será possível pela introdução de uma arquitetura de vidro que deixe entrar a luz do sol, da lua e das estrelas, não só por algumas janelas, mas pelo maior número possível de paredes, que devem ser inteiramente de vidro – de vidro colorido.

Paul Scheerbart
Glasarchitektur, 1914

A visão do poeta Paul Scheerbart de uma cultura enaltecida através do uso do vidro serviu para consolidar as aspirações de uma sensibilidade não repressiva que se manifestaram pela primeira vez em Munique, em 1909, com a fundação da Neue Künstler Vereinigung. Esse movimento artístico proto-expressionista liderado pelo pintor Wassily Kandinsky obteve, no ano seguinte, o apoio imediato de duas publicações anarquistas: *Der Sturm* [A tempestade], de Herwarth Walden, e *Die Aktion* [A ação], de Franz Pfemfert. Esses periódicos berlinenses fomentaram uma contracultura, em oposição à cultura estatal que fora iniciada com a fundação da Deutsche Werkbund. Em 1907, Scheerbart lançara independentemente uma imagem de "ficção científica" a propósito de um futuro utópico que era igualmente hostil ao reformismo burguês e à cultura do estado industrial.

A Exposição Werkbund de Colônia, em 1914, deu expressão a uma cisão ideológica, dentro da Werkbund, entre a aceitação coletiva da forma normativa (*Typisierung*), por um lado, e, por outro, o "desejo de forma" (*Kunstwollen*), expressivo e afirmado individualmente. Essa oposição, refletida no contraste entre o Festhalle neoclássico de Behrens e a forma orgânica do teatro de Van de Velde, era comparável, em muitos aspectos, à diferença entre a fábrica modelo de Gropius e Meyer e o fantasmagórico pavilhão de Bruno Taut para a indústria de vidro; um paralelismo que confirma que a cisão afetou mais de uma geração de *designers* da Werkbund. Onde Behrens e Gropius tendiam a uma modalidade normativa, a clássica, Van de Velde e Taut manifestavam um *Kunstwollen* de livre expressão em seus edifícios.

O texto aforístico da *Glasarchitektur* de Scheerbart foi dedicado a Taut, cujo Pavilhão de Vidro estava inscrito nos aforismos de Scheerbart: "A luz quer o cristal", "O vidro introduz uma nova era", "Lamentamos a cultura de alvenaria", "Sem um palácio de cristal, a vida se transforma em fardo", "Construir com tijolos só nos prejudica", "O vidro colorido acaba com o ódio." Essas palavras dedicavam o pavilhão de Taut à luz que se filtrava através de sua cúpula facetada e das paredes de blocos de vidro para iluminar uma câmara axial disposta em sete alas e revestida com mosaico de vidro. Segundo Taut, essa estrutura cristalina, modelada segundo seu Pavilhão de Aço de Leipzig, de 1913, fora projetada dentro do espírito de uma catedral gótica. Na verdade, tratava-se de uma *Stadtkrone*, ou "coroa da

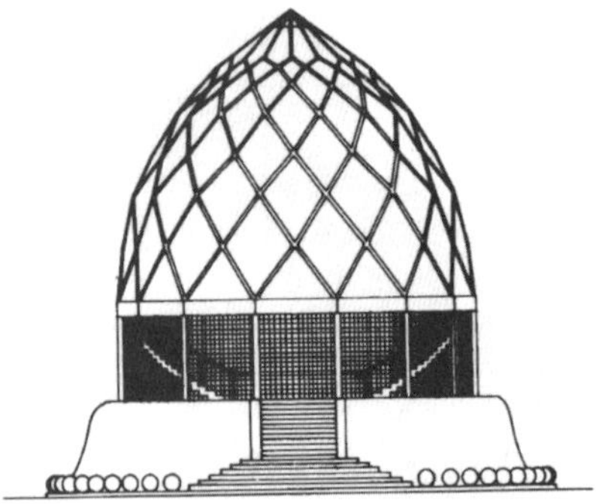

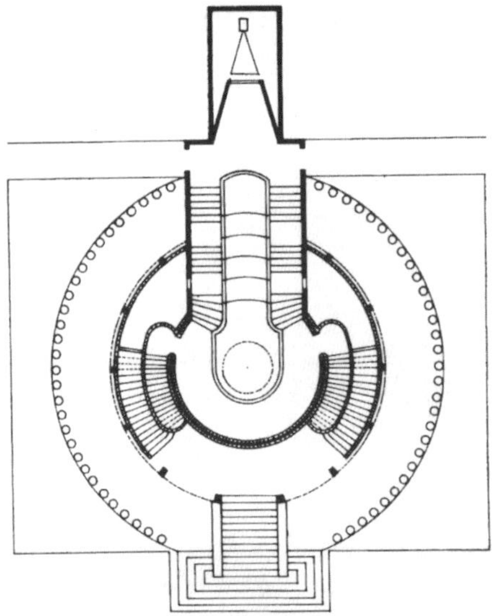

Figs. 94, 95. Taut, Pavilhão de Vidro, Exposição Werkbund, Colônia, 1914. Acima, elevação e planta vertical; à direita, interior escalonado com queda-d'água.

cidade", a forma piramidal postulada por Taut como paradigma universal de todas as construções religiosas que, junto com a fé que pudessem inspirar, configuravam um elemento urbano fundamental para a reestruturação da sociedade.

As implicações socioculturais da visão de Scheerbart foram ampliadas, em 1918, pelo arquiteto Adolf Behne:

> A afirmação de que a arquitetura de vidro fará surgir uma nova cultura não é o capricho louco de um poeta. É um fato. As novas organizações de bem-estar social, os hospitais, as invenções ou inovações e aperfeiçoamentos técnicos não darão origem a uma nova cultura –, mas a arquitetura de vidro cumprirá esse papel. (...) Portanto, o europeu está certo quando teme que a arquitetura de vidro possa tornar-se incômoda. Ela o será, sem dúvida. E esta não constitui sua menor vantagem, pois, em primeiro lugar, é preciso arrancar os europeus de seu comodismo.

Com o armistício de novembro de 1918, Taut e Behne começaram a organizar o Arbeitsrat für Kunst, que acabou por fundir-se com o Novembergruppe, um pouco maior e formado na mesma ocasião. Esse Conselho dos Trabalhadores da Arte declarou seus objetivos básicos no *Architekturprogramm* [Programa de arquitetura] de Taut, de dezembro de 1918, que reivindicava uma nova obra de arte total a ser criada com a participação ativa do povo. Na primavera de 1919, o manifesto do Arbeitsrat für Kunst reafirmou seu princípio geral: "A arte e o povo devem formar uma entidade. A arte não será mais um luxo para poucos; será desfrutada e vivenciada pelas grandes multidões. O objetivo é a aliança das artes sob a égide de uma grande arquitetura." Liderado por Behne, Gropius e Taut, e afiliado aos pintores de Die Brücke, o Arbeitsrat für Kunst compreendia cerca de cinquenta artistas, arquitetos e mecenas que viviam em Berlim e seus arredores, inclusive os artistas Georg Kolbe, Gerhard Marcks, Lyonel Feininger, Emil Nolde, Hermann Finsterlin, Max Pechstein e Karl Schmidt-Rottluff, e os arquitetos Otto Bartning, Max Taut, Bernhard Hoetger, Adolf Meyer e Erich Mendelsohn. Em abril de 1919, os cinco últimos montaram uma exposição de obras visionárias que tinha por título *Uma exposição de arquitetos desconhecidos*. A introdução que Gropius escreveu para essa exposição era, na verdade, o primeiro esboço de seu programa para a Bauhaus de Weimar, publicado no mesmo mês:

> Precisamos querer, imaginar e criar o novo conceito arquitetônico em cooperativa. Pintores, escultores, derrubem as barreiras que cercam a arquitetura e transformem-se em participantes de uma mesma construção, bem como em companheiros de armas em prol do objetivo fundamental da arte: a ideia criativa da Catedral do Futuro [*Zukunftskathedrale*], que mais uma vez a tudo abarcará em uma única forma – arquitetura, escultura e pintura.

Essa invocação de um novo edifício religioso, capaz de unificar a energia criativa da sociedade como acontecia na Idade Média, foi repetida por Behne em 1919, em sua réplica a uma pesquisa de opinião pública publicada sob o título de *Ja! Stimmen des Arbeitsrates für Kunst in Berlin* [Sim! Vozes da arte soviética em Berlim]:

> Parece-me que o mais importante é construir uma Casa de Deus ideal, não apenas em Seu nome, mas que seja verdadeiramente religiosa. (...) Não devemos esperar pelo advento de uma nova religiosidade, pois ela pode estar esperando por nós enquanto esperamos por ela.

A supressão da Revolta Espartacista em 1919 pôs fim às atividades abertas do Arbeitsrat für Kunst, e as energias do grupo foram canalizadas para uma série de cartas conhecidas como Die Gläserne Kette, ou Cadeia de Cristal. Foi esta a "Correspondência utópica" de Bruno Taut, que começou em novembro de 1919, depois da sugestão deste de que "cada um de nós desenhará ou escreverá a breves intervalos de tempo, informalmente e à medida que seu espírito o leve a fazê-lo (...), as ideias que lhe agradaria compartilhar com o nosso círculo". A correspondência envolvia quatorze pessoas, das quais só a metade criou obras de importância duradoura. Além de Taut, que chamava a si mesmo de *Glas*, havia Gropius (*Mass*), Finsterlin (*Prometh*) e o irmão de Bruno Taut, Max, que escrevia com seu próprio nome. Esse círculo interno era complementado por arquitetos que anteriormente só haviam tido um envolvimento periférico com o Arbeitsrat, principalmente os irmãos Hans e Wassili Luckhardt e Hans Scharoun. Além de fornecer material para a revista de Taut, *Frühlicht*, a "Correspondência utópica" serviu para expor e desenvolver as diferentes atitudes representadas pelo círculo. Taut e Scharoun, em especial, enfatizaram o papel criativo importante do inconsciente. Scharoun, por exemplo, escreveu em 1919:

> Precisamos criar do mesmo modo que o sangue de nossos ancestrais levantou ondas de criatividade; e ficaremos satisfeitos se, mais tarde, formos capazes de demonstrar uma compreensão completa da natureza e da causalidade de nossas criações.

Por volta de 1920, contudo, a solidariedade da Cadeia de Cristal começou a desfazer-se. Foi quando Hans Luckhardt admitiu que a forma inconsciente, livre, e a produção pré-fabricada racional eram incompatíveis sob certos aspectos. Naquele ano, ele escreveu:

Oposta a esse empenho profundamente espiritual está a tendência que se volta para os processos automáticos. A invenção do *Sistema Taylor* é uma característica típica disso. Seria completamente errado recusar-se a admitir essa tendência da época, uma vez que se trata de um fato histórico. Além do mais, não há como provar que ela seja hostil à arte.

Fig. 96. Poelzig, Grosse Schauspielhaus, Berlim, 1919.

Fig. 97. Poelzig, indústria química, Luban, 1912.

Enquanto o Racionalismo de Luckhardt teve o efeito de redirecionar o debate para as questões que haviam dividido a Werkbund, em 1914, Taut conservou as concepções scheerbartianas expressadas pela primeira vez em livros como *Alpine Architektur* [Arquitetura alpina] e *Die Stadtkrone*, de 1919, publicando seu famoso *Die Auflösung der Städte* [*A dissolução das cidades*] em 1920. Em comum com os planejadores socialistas da Revolução Russa, ele recomendou a dissolução das cidades e a volta ao campo da população urbana. Em seu momento mais prático, tentou formular modelos de comunidades rurais e artesãs; quando sua fantasia falou mais alto, projetou a construção de templos de vidro nos Alpes. Típico das proposições kropotkinianas de Taut foi o seu modelo de um povoado agrícola de forma circular, subdividido radialmente. Em seu núcleo haveria três áreas residenciais distintas, uma para cada classe de cidadão – *Künder, Künstler und Kinder* [os "iluminados", os artistas e as crianças] –, cada qual agrupada ao redor de pátios de forma romboidal. Axialmente, essa tríplice organização levava à Haus des Himmels, ou Casa do Céu, central e feita de vidro, onde se reuniam os governantes da comunidade. Um dos paradoxos do Socialismo anárquico de Taut está no fato de as instituições hierárquicas, para não dizer autoritárias, que ele concebeu para essas comunidades contivessem as sementes de um fascismo que logo encontraria sua vulgarização na cultura "sangue e solo" do movimento nacional-socialista.

Depois de tornar-se arquiteto da prefeitura de Magdeburg em 1921, Taut tentou concretizar sua Stadtkrone em forma de uma sala de exposições municipal que projetou no ano seguinte. Nessa ocasião, porém, o movimento propagado pela revista *Frühlicht* estava perdendo seu ímpeto. Taut, como Hans Luckhardt antes dele, estava começando a entender-se com a dura realidade da República de Weimar, em que o pragmatismo da necessidade social abria muito pouco espaço para a conquista do paraíso de cristal de Scheerbart. Isso ficou bem claro em 1923, quando ele começou a trabalhar com seu irmão no projeto dos primeiros conjuntos residenciais de baixo custo encomendados pelo governo.

Paradoxalmente, não foi Taut, mas Hans Poelzig, quem veio a concretizar a imagem quintessencial da "coroa da cidade" em vidro. O teatro de 5.000 lugares que ele projetou para Max Reinhardt em Berlim, em 1919, aproximava-se muito de Scheerbart em sua luminosa e cintilante dissolução da forma e do espaço, superior, a esse respeito, a todas as obras do pós-guerra de Taut. Sobre seu fantástico interior de estalactites, Wassili Luckhardt escreveu:

> O interior da grande cúpula tem uma variedade infinita de ornamentos pendentes aos quais se confere um movimento sutilmente curvo através da cavidade da cúpula à qual estão presos. Assim, sobretudo quando se lança luz contra os pequenos projetores em cada extremidade, o resultado é a impressão de uma certa dissolução e de infinito.

Depois de se estabelecer como arquiteto em Breslau em 1911, Poelzig havia criado duas obras embrionárias que antecipavam a linguagem formal posterior tanto de Taut quanto de Mendelsohn: uma torre de água para Posen (uma "imagem Stadtkrone" das mais fortes) e um prédio de escritórios para Breslau, que levou ao formato arquitetônico do *Berliner-Tageblatt*, edifício construído por Mendelsohn em 1921. Além disso, a indústria química construída por Poelzig em Luban, em 1912, de alvenaria extremamente articulada, estava a um passo de rivalizar com o estilo industrial que Behrens acabara de inventar para a AEG.

Depois da guerra, em seu discurso como presidente da Werkbund em 1919, Poelzig retomou a controvérsia sobre o *Typisierung* e voltou a defender vigorosamente o princípio do *Kunstwollen*. Um ano depois, anunciou sua afinidade com os artistas da Cadeia de Cristal em seu projeto para o Festspielhaus de Salzburgo, onde seu recém-inventado motivo pendente se acumulou em forma de uma imagem Stadtkrone de proporções heroicas. Como em seu projeto para a Freundschaftshaus [Casa da Amizade] de Istambul, em 1917, essas formas abobadadas foram aglutinadas de modo a criar um zigurate cujo interior era uma caverna prismática totalmente feita com elementos pendentes. Além de seus cenários para o filme *O Golem* (1920), de Paul Wegener, a Schauspielhaus para Reinhardt foi a última obra inteiramente expressionista de Poelzig. Por volta de 1925, com seu Cinema Capitol de Berlim, já havia retomado a linha criptoclássica.

Fig. 98. Mendelsohn, Torre Einstein, Potsdam, 1917-21. Elevações dianteira e lateral e meia planta.

Mendelsohn criou sua própria versão da Stadtkrone no observatório que construiu para Albert Einstein em Potsdam, em 1917-21. Ao combinar as formas escultóricas do Teatro Werkbund de Van de Velde com o perfil geral do Pavilhão de Vidro de Bruno Taut, o ponto de partida do *projeto* estava na Exposição Werkbund de 1914. Em sua silhueta final, porém, a Torre Einstein revelava uma certa afinidade formal com o vernáculo de telhado em sapê dos arquitetos holandeses Eibink e Snellebrand, os quais, ao lado de Theo Wijdeveld, representavam a ala orgânica radical do expressionismo holan-

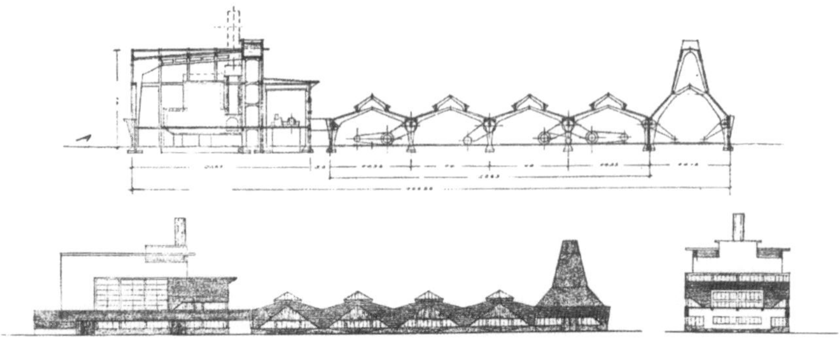

Fig. 99. Mendelsohn, fábrica de chapéus, Luckenwalde, 1921-23. Acima, corte; abaixo, elevação da parte dianteira à posterior, e elevação frontal posterior do edifício.

Fig. 100. Mendelsohn, Loja Petersdorff, Breslau (Wroclaw), 1927.

dês, centrada ao redor da revista *Wendingen* [Mudanças de direção], de Wijdeveld. Não surpreende, portanto, que logo depois de concluir o observatório, Mendelsohn tenha visitado a Holanda, a convite de Wijdeveld, para conhecer pessoalmente a obra do círculo ligado à *Wendingen*. Em Amsterdã, visitou alguns conjuntos habitacionais expressionistas que na época ainda estavam sendo construídos como parte do projeto de Berlage para Amsterdã-Sul, inclusive o Eigen Haard de Michel de Klerk (1913-19) e o De Dageraad de Piet Kramer (1918-23). Executados com alvenaria de tijolo moldada e telhas alcantiladas, exemplificavam uma abordagem muito mais estrutural do que as preocupações extremamente plásticas e folclóricas dos arquitetos "vernáculos" de Wijdeveld. Fora da Escola de Amsterdã de Wijdeveld, De Klerk e Kramer, Mendelsohn foi influenciado por diversos arquitetos holandeses que conheceu. Estes pertenciam a linhas extremamente diferentes, como o arquiteto racionalista de Roterdã, J. J. P. Oud e o arquiteto wrightiano W. M. Dudok, que exercia sua atividade em Hilversum. Numa carta à sua esposa, Mendelsohn explicou de que maneira nem a escola de Amsterdã nem a de Roterdã contavam com sua total aprovação:

> A analítica Roterdã recusa a visão; a visionária Amsterdã não compreende a objetividade. Certamente, o elemento primário é a função, mas a função sem sensibilidade nada mais é além de mera construção. Mais do que nunca, atenho-me a meu programa conciliador. (...) De outro modo, Roterdã seguirá o caminho da mera construção, com um desalento mortal a correr por suas veias, e Amsterdã será destruída pelo fogo de seu próprio dinamismo. Função mais dinâmica é o desafio.

Como essa carta sugere, o mais estrutural dos expressionistas holandeses teve um impacto imediato sobre o desenvolvimento de Mendelsohn: depois de sua visita à Holanda, ele passou da plasticidade de seu observatório

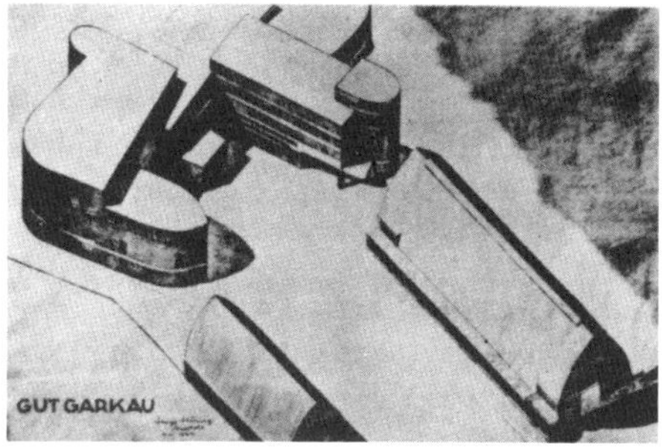

Fig. 101. Häring, granja em Garkau, 1924. Edifícios para os animais (acima, à esquerda) e celeiros.

de Potsdam para uma preocupação com a expressividade estrutural intrínseca dos materiais. A fábrica de chapéus que construiu em Luckenwalde em 1921-23 é um reflexo dessa influência. Seu setor de tinturaria e seus galpões de produção, com seu telhado com cumeeira e inclinado à maneira de De Klerk, contrastavam fortemente com a central elétrica de cobertura horizontal cuja expressão cubista, em camadas de tijolo e concreto, evoca a obra da fase inicial de Dudok. O princípio estabelecido aqui, o da projeção de formas industriais de grande altura em contraposição à horizontalidade dos componentes administrativos, foi repetido por Mendelsohn em seu projeto de uma indústria têxtil em Leningrado, em 1925. Neste caso, contudo, foi dado um passo além, pois a modelagem amarrada do bloco da administração antecipava o perfil de suas lojas de departamento metropolitanas, construídas em Breslau, Stuttgart, Chemnitz e Berlim entre 1927 e 1931. Desde então, como observou Reyner Banham, ele passou a pensar "em termos de conjuntos estruturais de unidades geométricas simples que se apresentavam ao olhar como orlas nitidamente perfiladas".

Na obra-prima de Hugo Häring, o complexo agrícola construído em 1924 em Garkau, perto de Lübeck, encontramos um uso expressivo um tanto semelhante das formas de telhados inclinados em contraste com elementos tectônicos maciços e cantos arredondados. Alguns anos antes, em Berlim, Häring havia dividido um escritório com Mies van der Rohe, quatro anos mais novo que ele, e há indícios de que, por um breve período e até certo ponto, os dois homens influenciaram-se mutuamente. Isto é muito nítido em suas participações no famoso concurso para a construção de um edifício de escritórios na Friedrichstrasse, em 1921, quando adotaram uma abordagem orgânica semelhante da gênese da forma. Contudo, como seria de esperar, foi Mies, e não Häring, quem apresentou uma estrutura totalmente de vidro. A obsessão scheerbartiana de Mies pela reflexibilidade desse material também se manifestou em um extraordinário projeto para um arranha-céu de vidro, que foi publicado em 1922, no último número da revista *Frühlicht*, de Taut.

Ainda que Häring, como Mendelsohn, acreditasse na supremacia definitiva da função, procurou transcender a natureza primitiva da mera utilidade, desenvolvendo suas formas a partir de uma compreensão mais profunda do programa. Como Scharoun, porém, sua atitude diante da massificação foi muitas vezes ingenuamente imitativa da forma biológica. A esse respeito, podemos ver o edifício de Scharoun para a Exposição Casa e Trabalho, realizada em Breslau, em 1928, como tendo sido influenciada pelo projeto residencial Prinz Albrecht Garten, criado por Häring em 1924. Apesar de uma tendência abertamente expressionista, Häring continuou preocupado com a fonte interna da forma, com aquilo que chamava de *Organwerk* ou essência programática do "organismo", em oposição à sua expressão superficial ou *Gestaltwerk*. Sobre esse dualismo, escreveu:

> Queremos examinar as coisas e permitir que descubram suas próprias imagens. Não faz sentido atribuir-lhes uma forma proveniente do exterior. (...) Na natureza, a "imagem" é o resultado de uma coordenação de muitas partes, de modo a permitir que o todo assim como cada um de seus componentes vivam com plenitude e eficiência máximas. (...) Se tentarmos descobrir a forma orgânica "verdadeira", em vez de impor uma forma exterior, estaremos agindo de acordo com a natureza.

Na Exposição da Secessão de Berlim, em 1923, Hans e Wassili Luckhardt, junto com Mies e alguns de seus contemporâneos, tinham começado a mostrar um modo de construção mais funcional e objetivo, uma evolução que os levou, no ano seguinte, à formação do Zehnerring. Por volta de 1925, quando este último se transformou em Der Ring, tendo Häring por secretário, não haviam aparecido divisões entre as diferentes posições, uma vez que sua energia coletiva estava dedicada a superar os programas reacionários do arquiteto da cidade de Berlim, Ludwig Hoffmann.

Em 1928, porém, quando essa batalha já fora ganha, a preocupação de Häring com o "orgânico" levou-o, naturalmente, a entrar em conflito com Le Corbusier quando, como secretário do Der Ring, participou da fundação dos Congrès Internationaux d'Architecture Moderne realizados em La Sarraz, na Suíça. Enquanto Le Corbusier ali proclamou uma arquitetura de funcionalismo e forma geométrica pura, Häring tentou, em vão, atrair o Congresso para sua concepção de construção "orgânica". Seu fracasso em fazê-lo não apenas enfatizou a natureza não normativa e centrada no "lugar" que caracterizava a sua abordagem, como também denotou o derradeiro eclipse do sonho scheerbartiano. Por mais que Scharoun tenha ampliado essa visão, fazendo-a chegar ao período do pós-guerra através de seus apartamentos Romeu e Julieta, construídos em Stuttgart em 1954-59, e de sua última obra-prima, a Philharmonie, construída em Berlim em 1956-63, a natureza idiossincrática da abordagem "orgânica" já não mais dispunha de terreno fértil para prevalecer.

CAPÍTULO 14 A Bauhaus: a evolução de uma ideia, 1919-32

Criemos uma nova guilda de artesãos, sem as distinções de classe que erguem uma barreira de arrogância entre o artesão e o artista. Juntos, vamos conceber e criar o novo edifício do futuro, que abrangerá arquitetura, escultura e pintura em uma só unidade e que um dia se erguerá para o céu a partir das mãos de um milhão de operários, como o símbolo cristalino de uma nova fé.

Proclamação da Bauhaus de Weimar, 1919

A Bauhaus foi o resultado de uma tentativa contínua de reformular a formação nas artes aplicadas na Alemanha por volta da virada do século; primeiro, com o estabelecimento, em 1898, da Dresdner Werkstätten de Karl Schmidt (que se transformou na Deutsche Werkstätten, transferindo-se para a cidade-jardim de Hellerau em 1908), depois com a nomeação, em 1903, de Hanz Poelzig e Peter Behrens como diretores das escolas de artes aplicadas em Breslau e Düsseldorf, e por último, em 1906, com a fundação da Escola de Artes e Ofícios do Grão-Ducado, em Weimar, sob a direção do arquiteto belga Henry van de Velde.

Apesar das estruturas ambiciosas que ele projetou tanto para o Edifício de Belas-Artes quanto para a Escola de Artes e Ofícios, Van de Velde fez pouco mais, desde sua posse, do que estabelecer um *Kunstseminar* relativamente modesto para os artesãos. Depois de sua demissão forçada em 1915, por ser estrangeiro, aconselhou o Ministro de Estado da Saxônia que um sucessor adequado poderia ser encontrado tanto em Walter Gropius quanto em Hermann Obrist e August Endell. Ocorreram discussões intermináveis ao longo de toda a guerra entre o Ministério e Fritz Mackensen, diretor da Academia de Belas-Artes do Grão-Ducado, a propósito do *status* pedagógico relativo das belas-artes e das artes-aplicadas, com Gropius defendendo a relativa autonomia das últimas. Gropius defendia um ensino do *design* com base no ateliê tanto para os *designers* quanto para os artesãos, enquanto Mackensen, aferrado à linha idealista prussiana, insistia em que os artistas-artesãos deviam ter sua formação numa academia de belas-artes. Esse conflito ideológico foi resolvido em 1919, com de um meio-termo: Gropius tornou-se diretor de uma instituição mista, que consistia na Academia de Arte e na Escola de Artes e Ofícios, um arranjo que, em termos conceituais, dividiria a Bauhaus ao longo de toda a sua existência.

Os princípios da Proclamação da Bauhaus de 1919 tinham sido antecipados no programa arquitetônico de Bruno Taut para o Arbeitsrat für Kunst, publicado em fins de 1918. Taut argumentava que uma nova unidade cultural só poderia ser obtida através de uma nova arte da construção, na qual cada disciplina isolada daria sua contribuição para a forma final. "A essa altura", escreveu, "não existirão fronteiras entre os ofícios, a escultura e a pintura; tudo será uma coisa só, a Arquitetura."

Essa reformulação anárquica do ideal do Gesamtkunstwerk foi elaborada por Gropius primeiro no panfleto escrito em abril de 1919 para a Exposição de Arquitetos Desconhecidos, organizada pelo Arbeitsrat für Kunst, e depois em sua Proclamação da Bauhaus, mais ou menos à mesma data. Onde uma conclamava todos os artistas das belas-artes a rejeitar a arte dos salões e retornar aos ofícios a serviço da metafórica catedral do futuro – "entrar nos edifícios, dotá-los de contos de fadas (...) e *construir com fantasia*, sem preocupar-se com as dificuldades técnicas" –, a outra exortava os membros da Bauhaus "a criar uma nova guilda de artesãos, sem as distinções de classe que erguem uma barreira de arrogância entre o artesão e o artista".

Mesmo a palavra *Bauhaus*, que Gropius convenceu o relutante governo do Estado a aceitar como título oficial da nova instituição, evocava intencionalmente a *Bauhütte* (ou alojamento dos alvanéis) medieval. O fato de tais conotações terem sido deliberadas é confirmado por uma carta escrita por Oskar Schlemmer em 1922:

Fig. 102. Feininger, gravura em madeira para a Proclamação da Bauhaus em 1919. *Zukunftskathedrale*, a catedral do futuro como a catedral do socialismo.

> Originalmente, a Bauhaus foi fundada com a finalidade de erigir a catedral do socialismo, e os ateliês foram dispostos à maneira dos alojamentos dos construtores das catedrais [*Dombauhütten*]. Com o tempo, a ideia da catedral passou para segundo plano, e, com ela, certas ideias definidas de uma natureza artística. Hoje, na melhor das hipóteses devemos pensar em termos da casa, quando não exclusivamente nela. (...) Diante da crise econômica, temos o dever de nos tornar pioneiros da simplicidade, ou seja, é preciso encontrar uma forma simples para todas as necessidades da vida, uma forma que seja ao mesmo tempo respeitável e verdadeira.

Nos primeiros três anos de sua existência, a Bauhaus foi dominada pela presença carismática do pintor e professor suíço Johannes Itten, que chegou no outono de 1919. Três anos antes, ele havia criado sua própria escola de arte em Viena, sob a influência de Franz Cizek. Num ambiente extremamente carregado, matizado pelas atividades anárquicas antissecessionistas do pintor Oskar Kokoschka e do arquiteto Adolf Loos, Cizek desenvolvera um sistema único de instrução baseado no estímulo da criatividade individual através da produção de colagens de diferentes texturas e materiais. Seus métodos haviam amadurecido numa atmosfera cultural impregnada pela teoria educacional progressiva, desde os sistemas de Froebel e Montessori até o "aprender fazendo", movimento iniciado pelo norte-americano John Dewey e vigorosamente difundido na Alemanha, a partir de 1908, pelo reformador educacional Georg Kerschensteiner. O ensino na escola vienense de Itten e no *Vorkurs*, ou curso preliminar, que ele havia introduzido na Bauhaus, provinha de Cizek ainda que Itten houvesse enriquecido o método com a teoria da forma e da cor de

Fig. 103. Itten com indumentária masdeísta desenhada por ele, 1921.

seu próprio mestre, Adolf Hölzel. Os objetivos do curso de Itten, obrigatório para todos os alunos do primeiro ano, consistiam em libertar a criatividade individual e permitir que cada aluno pudesse trabalhar com base em sua habilidade específica.

Até 1920, quando, a pedido de Itten, vieram juntar-se à Bauhaus os artistas Schlemmer, Paul Klee e Georg Muche, ele ministrou, sozinho, quatro cursos diferentes sobre os ofícios, além do *Vorkurs*, enquanto Gerhard Marcks e Lyonel Feininger davam cursos periféricos sobre cerâmica e artes gráficas respectivamente. A posição anárquica de Itten na época pode ser vislumbrada em sua réplica de 1922 a um referendo sobre a concessão de ajuda estatal aos artistas:

> A mente fica além dos limites de qualquer organização. Nos casos em que, não obstante, foi organizada (religião, igreja), distanciou-se de sua natureza intrínseca. (...) O Estado deve cuidar para que nenhum cidadão morra de fome, mas a arte prescinde de seu apoio.

A posição antiautoritária e até mesmo mística de Itten foi substancialmente reforçada, em 1921, por sua longa permanência no centro masdeísta de Herrliberg, perto de Zurique. Na metade daquele ano, ele voltou para converter seus alunos e seu colega Muche aos rigores dessa versão moderna de uma religião persa arcaica. O culto exigia um estilo de vida austero, jejuns periódicos e uma dieta vegetariana condimentada com queijo e alho. O bem-estar físico e espiritual, considerado fundamental para a criatividade, era também assegurado por exercícios de respiração e relaxamento. Mais tarde, Itten escreveu sobre essa orientação voltada para o interior:

Fig. 104. Gropius e A. Meyer, projeto para o Edifício *Chicago Tribune*, 1922.

As perdas terríveis e os acontecimentos horríveis da Primeira Guerra Mundial, mais o estudo aprofundado de *Decline of the West* [Declínio do Ocidente], de Spengler, levaram-me a concluir que havíamos chegado a um ponto crucial de nossa civilização científico-tecnológica. Para mim, não era suficiente abraçar os lemas "volta aos ofícios" ou "arte e tecnologia de mãos dadas". Estudei a filosofia oriental, mergulhei nos ensinamentos do masdeísmo persa e da ioga hindu e comparei-os com o cristianismo primitivo. Cheguei à conclusão de que precisamos contrabalançar nossa pesquisa científica e nossa especulação tecnológica, ambas voltadas para o exterior, com um pensamento e uma prática voltados para nosso interior. Procurei alguma coisa, para mim e para o meu trabalho, em que pudesse basear um novo estilo de vida.

A crescente divergência entre Gropius e Itten foi exacerbada pelo surgimento, em Weimar, de duas personalidades igualmente poderosas: o holandês Theo van Doesburg, artista ligado ao De Stijl, que ali passou a residir no inverno de 1921, e o pintor russo Wassily Kandinsky, que veio juntar-se à Bauhaus, por instigação de Itten, no verão de 1922. O primeiro postulava uma estética racional e anti-individualista; o segundo pregava uma abordagem emotiva e essencialmente mística da arte. Ainda que os dois não tenham entrado em conflito explícito, a polêmica extramuros de Van Doesburg, ligada ao De Stijl, foi imediatamente bem recebida por muitos alunos da Bauhaus. Seus ensinamentos não apenas tiveram um impacto imediato sobre a produção dos ateliês, como também desafiaram diretamente os preceitos abertos do programa original da Bauhaus. Sua influência refletiu-se, inclusive, no mobiliário do escritório do próprio Gropius e na composição assimétrica do trabalho que este mandou para o concurso do *Chicago Tribune* de 1922, projetado com Adolf Meyer.

Em 1922, depois de Van Doesburg ter-se dedicado ao proselitismo durante nove meses, a situação socioeconômica, geralmente crítica, levou Gropius a modificar a orientação do programa original, voltada para os ofícios. Seu primeiro ataque contra Itten apareceu em sua circular aos mestres da Bauhaus, onde ele indiretamente criticava Itten por sua rejeição monástica do mundo. Na verdade, o texto era um esboço de seu ensaio *Idee und Aufbau des Staatlichen Bau-hauses Weimar* [Teoria e organização da Bauhaus], publicado por ocasião da primeira exposição da Bauhaus em Weimar, em 1923. Escreveu:

O ensino dos ofícios pretende preparar o *design* para a produção em série. Partindo dos instrumentos mais simples e das tarefas menos complicadas, ele [o aprendiz da Bauhaus] vai aos poucos adquirindo a capacidade de dominar problemas mais complexos e trabalhar com máquinas, ao mesmo tempo em que se mantém em contato com todo o processo de produção, do começo ao fim. Por outro lado, o operário fabril nunca vai além do conhecimento de uma fase do processo. Portanto, a Bauhaus está conscientemente buscando contatos com empresas industriais existentes, com o objetivo de fomentar um estímulo mútuo.

Este argumento cuidadosamente articulado em favor da reconciliação entre *design* artesanal e produção industrial provocou a demissão imediata de Itten.

Seu cargo na faculdade foi prontamente ocupado pelo artista húngaro László Moholy-Nagy, homem radical em suas preocupações sociais. Quando de sua chegada em Berlim, em 1921 (como refugiado da efêmera revolução húngara), Moholy-Nagy havia entrado em contato com o *designer* russo El Lissitzky, que na época estava na Alemanha para os preparativos da Exposição Russa de 1922. Esse encontro incentivou-o a perseguir suas próprias tendências construtivistas, e, a partir de então, suas pinturas passaram a conter elementos suprematistas, aquelas cruzes e retângulos modulares que logo se tornariam a essência de suas famosas imagens "de telefone", executadas em aço esmaltado. Sobre elas, ele escreveu:

Em 1922, pedi por telefone a uma fábrica de letreiros cinco pinturas em esmalte de porcelana. Eu tinha o catálogo de cores da empresa diante de mim e esbocei minhas pinturas em papel quadriculado. Do outro lado da linha, o supervisor da fábrica tinha o mesmo papel dividido em quadrados. Ele anotou as formas ditadas em sua posição correta.

Essa demonstração espetacular de produção de arte programada parece ter impressionado Gropius, pois no ano seguinte ele convidou Moholy-Nagy a assumir tanto o curso preliminar quanto a oficina de metalurgia. Sob a liderança dele, os produtos da oficina voltaram-se de imediato para um "elementarismo construtivista" que, com os anos, foi atenuado por uma preocupação madura com a conveniência dos objetos produzidos. Nesse ínterim, introduziu no curso preliminar, que dividia com Joseph Albers, exercícios de estruturas de equilíbrio em uma diversidade de materiais, inclusive madeira, metal, arame e vidro. O objetivo não era mais demonstrar o desejo de contrastar materiais e formas, em geral aglutinados como relevos, mas sim revelar as propriedades estáticas e estéticas das estruturas assimétricas livres. O epítome de tais "exercícios" foi a construção de seu próprio Modulador de Luz e Espaço, que o ocuparia de 1922 a 1930.

O estilo "elementarista-construtivista", que em parte Moholy-Nagy fora buscar nos Vkhutemas (Estudos Técnicos e Artísticos Elevados) da União Soviética, foi complementado em outros segmentos da Bauhaus pela influência do De Stijl de Van Doesburg e por uma abordagem pós-cubista da forma, como evidenciavam os ateliês de escultura sob a direção de Schlemmer a partir

Fig. 105. Muche e A. Meyer, Casa Experimental, Exposição Bauhaus, Weimar, 1923.

Figs. 106, 107. Gropius, Bauhaus, Dessau, 1925-26. O exterior mostra a composição em forma de cata-vento (ver p. 167); abaixo, ponte ligando os blocos da administração e de oficinas e ateliês no dia da inauguração, em 1926.

de 1922. Uma das primeiras manifestações dessa estética "elementarista", instantaneamente adotada como um estilo próprio depois da demissão de Itten, foi a tipografia *sans serif* usada por Herbert Bayer e Joost Schmidt para a Exposição Bauhaus de 1923.

Duas casas-modelo, em grande parte construídas e mobiliadas pelos ateliês e oficinas da Bauhaus, caracterizam esse período de transição, revelando elementos comuns e dessemelhanças surpreendentes. São elas a Casa Sommerfeld, projetada por Gropius e Meyer e concluída em Berlim-Dahlem em 1922, e a Versuchshaus, ou Casa Experimental Bauhaus, projetada por Muche e Meyer para a Exposição Bauhaus de 1923. A primeira foi desenhada como uma casa de madeira tradicional, em *Heimatstil*, com um interior enriquecido por madeira entalhada e vitrais de modo a criar uma *Gesamtkunstwerk*; a segunda foi concebida como um objeto *sachlich*, de acabamento refinado e mobiliada com os recursos mais modernos, capazes de poupar trabalho, de modo a tornar-se uma *Wohnmaschine*, ou "máquina de se viver". Essa casa de circulação mínima foi organizada ao redor de um "átrio" – não um pátio aberto, mas uma sala de estar iluminada por clerestório, cercada em todos os lados por quartos e outros espaços subsidiários. Cada uma dessas dependências do perímetro era equipada austeramente, com radiadores de metal expostos, molduras de janelas e portas de aço, mobília elementar e luminárias tubulares, sem quebra-luz. Ainda que a maioria dessas peças tenham sido feitas manualmente nas oficinas e nos ateliês da Bauhaus, Adolf Meyer, em seu relatório sobre a casa para o *Bauhausbücher 3* [Os livros da Bauhaus] (1923), enfatizava o fato de ela contar com móveis e acessórios padronizados na cozinha e no banheiro, bem como sua construção com materiais e métodos inteiramente novos.

A ideologia mutável da Bauhaus foi novamente demonstrada num artigo de Gropius no mesmo número de *Bauhausbücher*; intitulado Wohnhaus-Industrie, ilustrava uma extraordinária casa redonda projetada por Karl Fieger, cuja concepção centralizada e leve antecipava a Casa Dymaxion de Buckminster Fuller, construída em 1927. Além disso, Gropius publicou suas próprias Serienhäuser, ou casas em série, concebidas como protótipos do Bauhaussiedlung, um conjunto de casas que pretendia construir nos arredores de Weimar. Essas casas em série foram finalmente realizadas como as casas dos mestres construídas na Bauhaus de Dessau em 1926.

Depois de 1923, a abordagem da Bauhaus tornou-se extremamente "objetiva", no sentido de estar estreitamente afiliada ao movimento Neue Sachlichkeit. Essa afiliação, que, apesar de sua massificação um tanto formalista, se refletiu nas construções para a própria Bauhaus de Dessau, iria tornar-se mais acentuada depois da demissão de Gropius em 1928. Os últimos dois anos sob a direção de Gropius distinguiram-se por três fatos muito importantes: a mudança de Weimar para Dessau, muito bem orquestrada em termos de trâmites políticos, a conclusão da Bauhaus de Dessau e, por último, a emergência gradual de uma abordagem característica da Bauhaus, em que uma ênfase maior incidia sobre a derivação da forma a partir do método de produção, da sujeição do material e da necessidade programática.

Os ateliês de mobiliário, sob a brilhante direção de Marcel Breuer, começaram, em 1926, a produzir cadeiras e mesas leves, de aço tubular, práticas, fáceis de limpar e econômicas. Ao lado das luminárias produzidas pelas oficinas de metalurgia, essas peças foram usadas para mobiliar os interiores dos novos edifícios criados pela Bauhaus. Por volta de 1927, a produção industrial "licenciada" desses projetos da Bauhaus estava em plena atividade, inclusive o mobiliário de Breuer, os tecidos texturados de Gunta Stadler-Stölz e seus colegas e as elegantes lâmpadas e artefatos em metal de Marianne

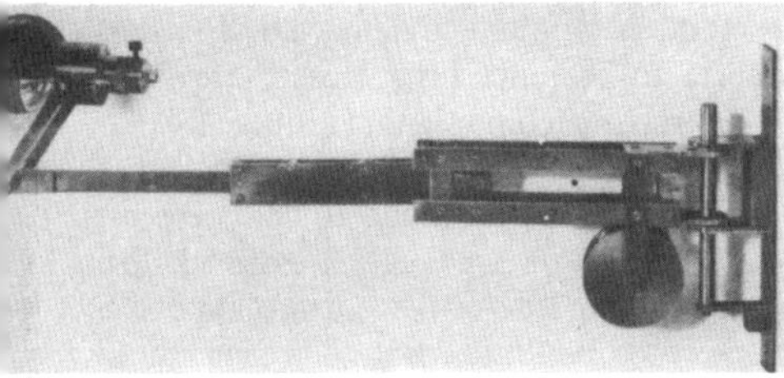

Fig. 108. Jucker, luminária ajustável para piano, 1923.

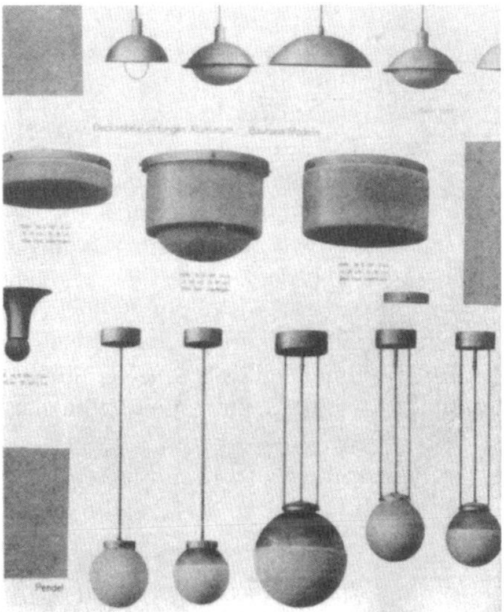

Fig. 109. Luminárias da Bauhaus em metal prensado e vidro opalescente, produzidas em série sob a direção de H. Meyer.

Brandt. Nesse ano, também, a tipografia da Bauhaus finalmente amadureceu, com o austero *layout* de Bayer e o tipo *sans serif* prestes a tornar-se mundialmente famosos por sua exclusão das letras em caixa alta. O ano de 1927 também viu surgir a formação do departamento de arquitetura, sob a liderança do arquiteto suíço Hannes Meyer. Alguns projetos de casas pré-fabricadas de Breuer, criados mais ou menos nessa mesma época, refletem o impacto imediato da influência de Meyer. Este último trouxe consigo seu talentoso colega Hans Wittwer, que, assim como ele, havia sido membro do grupo esquerdista ABC, em Basileia (ver mais adiante, p. 159).

No início de 1928, Gropius apresentou seu pedido de demissão ao prefeito de Dessau e indicou Meyer como seu sucessor. A relativa maturidade da instituição, os sucessivos ataques contra sua pessoa e o acúmulo de suas tarefas convenceram-no de que era preciso mudar. Essa mudança transformou radicalmente a Bauhaus, e, por mais paradoxal que seja, dada a crescente atmosfera reacionária vigente em Dessau, fez com que ela se voltasse ainda mais para a esquerda, chegando, inclusive, a uma posição mais próxima do movimento Neue Sachlichkeit. Por várias razões, Moholy-Nagy, Breuer e Bayer acompanharam Gropius em sua decisão, demitindo-se também. Como Moholy-Nagy indicou em sua carta de demissão, não lhe agradava a insistência imediata de Meyer na adoção de um método rigoroso de *design*:

Fig. 110. Gropius, Bauhaus, Dessau, 1925-26. Auditório principal com mobiliário de Breuer.

Não terei como tolerar a continuidade dessa base especializada, puramente objetiva e voltada para a eficiência – nem na esfera da produção nem na humana. (...) Sob um programa de tecnologia cada vez mais avançada, só poderei continuar se puder contar com a ajuda de um técnico especializado. Por razões econômicas, isto nunca será possível.

Em grande parte livre da influência inibidora do estrelismo do ensino de Gropius, Meyer foi capaz de orientar a obra da Bauhaus para um programa de *design* mais "socialmente responsável". Simples, desmontável e barato, o mobiliário em madeira compensada veio para o primeiro plano junto com a produção de uma grande variedade de papéis de parede. Os projetos da Bauhaus estavam sendo mais fabricados do que nunca, embora a ênfase agora incidisse sobre o social e não sobre considerações de natureza estética. Meyer organizou a Bauhaus em quatro departamentos principais: arquitetura (hoje chamado de "construção" por razões polêmicas), publicidade, produção em madeira e metal, e têxteis. Os departamentos foram enriquecidos com a introdução de cursos científicos complementares, como organização industrial e psicologia, ao mesmo tempo que o setor de construção dirigia sua ênfase para a otimização econômica da organização de projetos e os métodos de cálculo preciso de luz artificial, luz solar, perda e ganho de calor e acústica. Um programa assim ambicioso exigia a contratação de novos profissionais, de tal modo que a nomeação de Wittwer como técnico foi logo complementada pelas nomeações do arquiteto/planejador Ludwig Hilberseimer, do engenheiro Alcar Rudelt e de uma equipe de estúdio formada por Alfred Arndt, Karl Fieger, Edvard Heiberg e Mart Stam.

Apesar da preocupação de Meyer em impedir que a Bauhaus se transformasse em instrumento de partidos políticos de esquerda (ele resistiu à tentativa de formar uma célula estudantil comunista), uma campanha impiedosa contra ele finalmente obrigou o prefeito a exigir sua demissão. Em carta aberta ao prefeito, Fritz Hesse, Meyer demonstrou que compreendia a situação:

De nada adiantaria que eu [lhe] explicasse que um grupo da Bauhaus de Dessau ligado ao Partido Comunista Alemão era uma impossibilidade sob o ponto de vista da organização do próprio partido; de nada adiantaria que eu lhe assegurasse que minhas atividades políticas tinham um caráter cultural, jamais partidário. (...) A política municipal exige que o senhor propicie êxitos espetaculares para a Bauhaus, uma fachada brilhante para a Bauhaus e um diretor de prestígio para a Bauhaus.

A política municipal e a reação da direita alemã exigiram muito mais na sequência dos fatos. Exigiram que a Bauhaus fechasse suas portas e que sua fachada *sachlich* fosse revestida por um telhado em vertente "ariano". Exigiram que os marxistas fossem impugnados, e que os liberais emigrados fossem banidos junto com suas

Fig. 111. Yamawaki, O fim da Bauhaus de Dessau, colagem, 1932.

obscuras obras de arte – que mais tarde seriam chamadas de decadentes. A tentativa desesperada do prefeito de Dessau no sentido de apoiar a Bauhaus em nome da democracia liberal, através da direção patriarcal de Mies van der Rohe, estava condenada ao fracasso. A Bauhaus só continuou em Dessau por mais dois anos. Em outubro de 1932, o que dela restava foi transferido para um velho depósito nos arredores de Berlim. Naquele momento, porém, as comportas da reação estavam escancaradas, e nove meses mais tarde a Bauhaus foi finalmente fechada.

CAPÍTULO 15 A nova objetividade: Alemanha, Holanda e Suíça, 1923-33

Na verdade, a expressão *Neue Sachlichkeit* foi criada por mim no ano de 1924. Um ano depois, foi aberta em Mannheim a exposição que trazia o mesmo nome. A expressão realmente devia aplicar-se como um rótulo ao novo realismo de matiz socialista. Estava ligada ao sentimento contemporâneo, vigente na Alemanha, de resignação e cinismo depois de um período de esperanças exuberantes (que haviam desembocado no expressionismo). O cinismo e a resignação são o lado negativo da *Neue Sachlichkeit*; o lado positivo expressa-se no entusiasmo pela realidade imediata em decorrência de um desejo de considerar as coisas de modo totalmente objetivo, sobre uma base material, sem investi-las imediatamente de implicações ideais. Na Alemanha, essa desilusão saudável encontra sua expressão mais clara na arquitetura.

G. F. Hartlaub
Carta a Alfred H. Barr, Jr., julho de 1929

O termo *Sachlichkeit* já era corrente nos círculos culturais alemães muito antes de 1924, quando o crítico de arte G. F. Hartlaub inventou a expressão die neue Sachlichkeit [a nova objetividade] para identificar uma escola de pintura antiexpressionista do pós-guerra. *Sachlichkeit* parece ter sido usado pela primeira vez num contexto arquitetônico em uma série de artigos escritos por Hermann Muthesius para o jornal *Dekorative Kunst* entre 1897 e 1903. Esses artigos atribuíam a qualidade da *Sachlichkeit* ao movimento inglês Arts and Crafts, sobretudo do modo como ela se manifestava nas guildas de artesãos (como a de Ashbee) e nas primeiras cidades-jardins. Para Muthesius, *Sachlichkeit* parece ter significado uma atitude "objetiva", funcionalista e eminentemente associada aos pequenos proprietários rurais a propósito do *design* de objetos, tendendo para a reforma da própria sociedade industrial. Em seu livro *Kunstgeschichtliche Grundbegriffe* [Princípios de história da arte], publicado em 1915, Heinrich Wölfflin atribuiu conotações um tanto diferentes a esse termo, quando, a propósito da visão "linear" de 1800, escreveu: "A nova linha vem servir a uma nova objetividade". Desse modo, a Sachlichkeit já havia sido qualificada pelo adjetivo "nova" muito antes de Hartlaub ter dado o título de *Die Neue Sachlichkeit* a sua exposição em Mannheim, 1925, dos pintores do "realismo mágico" – artistas que, desde a Primeira Guerra Mundial, haviam retratado tanto a aparência quanto a essência de uma realidade social austera. Contudo, como observou Fritz Schmalenbach,

Na verdade, a "objetividade" da nova pintura não era aquilo que o termo pretendia formular em primeiro lugar e acima de tudo, mas sim algo de mais universal e subjacente a essa objetividade, do qual era a expressão – uma revolução na atitude mental geral dos tempos, uma nova e geral *Sachlichkeit* de pensamento e sentimento.

Nos primeiros anos da década de 1930, a expressão tornara-se bastante conhecida e passara a conotar, como Hartlaub havia pretendido, uma abordagem não sentimental da natureza da sociedade. Em 1926, a expressão foi usada pela primeira vez para designar uma atitude "neo-objetiva" e explicitamente socialista a propósito da arquitetura, ainda que, como notou Schmalenbach, essa transferência não tenha derivado de uma confluência de estilo entre o Realismo mágico e a nova arquitetura. Depois de 1918, o primeiro uso polêmico da palavra "objeto" (*Gegenstand*) na Alemanha veio diretamente de uma fonte russa, o que introduziu no desenvolvimento da arquitetura Neue Sachlichkeit um conjunto específico de conotações sociopolíticas.

Com o advento da Revolução Russa em 1917 e com o colapso militar da Alemanha no ano seguinte, tanto a Rússia quanto a Alemanha viram-se defrontadas por potências ocidentais hostis. Enquanto a União Soviética tinha de lutar contra a intervenção estrangeira no meio de uma guerra civil e com as privações impostas por um bloqueio econômico, a Alemanha foi estropiada pelos acordos punitivos de reparação de Versalhes. O fim da Guerra Civil Russa em 1921 e o afrouxamento das pressões externas levaram Lenin a proclamar sua nova Política Econômica, que se destinava a atrair capital estrangeiro para parcerias com a União Soviética. Pouco depois, a Alemanha ratificava uma série de negociações anteriores com os soviéticos, assinando, em 1922, o Tratado de Rapallo, que restabelecia as relações diplomáticas e exortava os dois países a uma cooperação econômica mútua. Com a retomada das relações russo-alemãs no final de 1921, El Lissitzky e Ilya Ehrenburg foram para Berlim na qualidade de embaixadores culturais não oficiais da União Soviética, e sua tarefa imediata foi a organização de uma exposição oficial da arte vanguardista russa. Em maio de 1922, eles publicaram o primeiro número de uma revista de arte trilíngue, *Veshch/Gegenstand/Objet,* que trazia na capa duas imagens significativas: uma foto de uma locomotiva removedora de neve e os ícones básicos do Suprematismo, um quadrado e um círculo negros. *Veshch*, portanto, invocava o objeto técnico, *sachlich*, e o mundo "não objetivo" suprematista.

Fig. 112. Lissitzky, capa de *Veshch/Gegenstand/Objet*, 1922.

Em 1923, Lissitzky envolveu-se ainda mais com esse tipo de propaganda cultural, organizando, com Hans Richter e Werner Graeff, o primeiro número da revista berlinense *G* (de *Gestaltung*, forma), e demonstrando suas ideias arquitetônicas no Prounenraum construído para a Grosse Berliner Kunstausstellung daquele ano. Com essa palavra inventada, Proun (de *Pro-Unovis*, "para a escola da nova arte"), Lissitzky evocava um novo domínio da arte, situado em algum ponto entre a pintura e a arquitetura. Sobre o espaço Proun, que compreendia uma pequena cela retilínea, articulada e animada por um relevo contínuo que se estendia pelo piso e pelo teto, Lissitzky escreveu:

O espaço (...) é concebido com formas e materiais elementares (...) e com superfícies que se estendem sem relevos sobre a parede (cor) e superfícies que são perpendiculares à parede (madeira) (...) o equilíbrio que procuro obter nesse espaço deve ser elementar e capaz de mudar para que *não possa ser perturbado por um telefone ou uma peça de mobiliário padrão*. O espaço está ali para o ser humano – e não o ser humano para o espaço.

Aqui, como na capa de *Veshch*, a abstração suprematista é considerada compatível com os objetos padronizados. Ao contrário de Frank Lloyd Wright no Edifício Larkin, Lissitzky não sentiu nenhuma necessidade de alterar o estilo de objetos manufaturados, como os telefones, ainda que já em 1920 ele tivesse rejeitado o utilitarismo "antiarte" proclamado pelo Grupo Produtivista de Tatlin. Ainda que admitisse que as estruturas empiricamente técnicas (*sachlich*) fossem capazes de possuir tanto beleza espacial quanto importância simbólica, sua Tribuna Lenin de 1920 exemplificou sua sutil combinação de engenharia e Suprematismo: a estrutura básica consistia de uma viga treliçada inclinada, com Lenin (em fotomontagem) em sua parte superior, enquanto o púlpito e a base eram tratados como formas elementares, milagrosamente suspensas no espaço. Essa justaposição incongruente de elementos abstratos e não objetivos com uma forma de engenharia empírica caracterizaria a obra de Lissitzky até o início dos anos 1930. Ainda que essa síntese não fosse estritamente compatível com a noção de *Sachlichkeit*, a abordagem de Lissitzky tornou-se um ponto de partida para um estilo de construção internacional e "objetivo".

Em 1922, o arquiteto holandês Mart Stam, na época com vinte e três anos de idade, foi trabalhar para Max Taut, em Berlim. Ali, enquanto trabalhava independentemente tendo em vista um concurso para a construção de um prédio de escritórios em Königsberg, conheceu Lissitzky e, durante o resto de sua permanência em Berlim, os dois homens mantiveram-se em estreito contato. Em 1923, Lissitzky projetou seu edifício de escritórios "suspensos" para Moscou, o Wolkenbügel, do qual duas versões distintas acabaram sendo produzidas, uma por Lissitzky apenas, e outra num trabalho conjunto entre ele e Stam. Quando, no final de 1923, Lissitzky ficou tuberculoso e foi obrigado a transferir-se para Zurique, Stam acompanhou-o. No ano seguinte, passaram a ter vários seguidores suíços e, em 1925, em grande parte por instigação de Lissitzky, eles formaram o grupo esquerdista ABC, sediado em Basileia. Os membros suíços do grupo incluíam Emil Roth, de Zurique, e Hans Schmidt, Hannes Meyer e Hans Wittwer, de Basileia. Esses homens dedicaram-se ao *projeto* de edifícios socialmente relevantes, fazendo-o segundo princípios científicos.

Em 1924, o grupo ABC começou a difundir seus pontos de vista na revista *ABC: Beiträge zum Bauen* [ABC: contribuição para construir], publicada por Stam, Schmidt e Lissitzky em colaboração com Roth. Ainda que não adotassem a expressão Neue Sachlichkeit, sua orientação *sachlich* ficava explícita. O primeiro número continha o ensaio de Stam intitulado Kollektive Gestaltung [*Design* coletivo] e o texto fundamental de Lissitzky, Element und Erfindung [Elemento e invenção], em que ele esboçava a dualidade de sua abordagem, sua síntese da estrutura funcional com elementos abstratos. O segundo número introduzia a preo-

Fig. 113. Desaprovação pública do grupo ABC, envolvendo a Prefeitura de Estocolmo, de Östberg, a Estação Ferroviária de Stuttgart, de Bonatz, e uma casa de Van Doesburg e Van Eesteren (1923: ver fig. 128), em *ABC*, 1926.

cupação característica do grupo com os padrões normativos, sobretudo no ensaio de Paul Artaria sobre a padronização dos tamanhos dos papéis, enquanto os números 2 e 3, uma edição dupla, incluíam um ensaio sobre a construção em concreto armado, como exemplificado por Le Corbusier no sistema Dom-Ino de 1914-15, bem como pelos projetos de arranha-céus de vidro feitos por Mies van der Rohe em 1922 e pelas propostas de Stam a respeito do bloco de Königsberg e da casa extensível, da mesma data. Ao comparar dramaticamente os pesos e as espessuras relativas das molduras para janelas em metal e madeira, a revista enfatizava a economia intrínseca da moderna tecnologia de construção. Pouco depois, o grupo ABC resumiria sua aversão pela arquitetura maciça na equação "construção + peso = monumentalidade".

Com a publicação, em 1926, do projeto Petersschule para Basileia, de Meyer e Wittwer, o grupo ABC cristalizou seu programa funcionalista e antimonumental. A descrição de Meyer revela a preocupação do ABC com o cálculo preciso e a relevância social, que devem tornar-se manifestos através de uma técnica leve:

> O ideal seria deixar entrar a luz natural em todas as dependências (...) e isolar um novo local como parte da cidade. No presente, não parece haver nenhuma perspectiva de que tais exigências venham a cumprir-se, e a que apresento a seguir é uma solução conciliatória com base no edifício antigo. (...) A própria escola é erguida tanto quanto possível acima do solo, num nível em que exista luz do sol e ar fresco. No primeiro andar há apenas a piscina e o ginásio de esportes em um espaço fechado. O restante da área de *playground* fica liberado para a circulação do público e o estacionamento. Em vez de um *playground*, dois espaços abertos (plataformas suspensas), e todas as coberturas planas do edifício ficam para a recreação das crianças. (...) O peso morto do edifício é usado para segurar, com quatro cabos, a estrutura de aço sem suportes das duas plataformas suspensas.

Essa obra "construtivista" de estrutura de aço lembra um projeto dos Vkhutemas soviéticos para um restaurante suspenso, publicado por Stam na revista *ABC* de 1924. O mobiliário "mecanicista" da proposta da Petersschule, suas janelas de aço, suas portas de alumínio, seus pisos de borracha e seu revestimento com cimento-amianto anteciparam os acabamentos propostos no projeto que Meyer/Wittwer apresentaram para o concurso da Liga das Nações em 1927.

A afirmação de Meyer e Wittwer, de que seu projeto para a Liga das Nações era uma solução científica, merece um exame. Estruturalmente, a afirmação parece sustentável, na medida em que seu uso de um módulo padronizado na estrutura toda teria favorecido em muito a pré-fabricação. Como no Palácio de Cristal de Paxton, a extensão ou contração modular de qualquer parte teria sido possível sem alterar a ordem básica da construção. A elevação do edifício sobre colunas estava mais do que justificada pela existência de um estacionamento embaixo. A tão proclamada "objetividade" de Meyer também se refletia na determinação do perfil do auditório através de complexos cálculos de acústica. Mas é possível questionar a "objetividade" do arquiteto quando os poços dos elevadores são envidraçados (segundo modelos construtivistas russos) de modo a revelarem a "estética mecânica" em ação. Outras dúvidas surgem quando consideramos as qualidades inegavelmente pitorescas da composição. E, embora Meyer afirmasse em seu relato que "nosso edifício não simboliza nada" e que sua indiferença objetiva ao local extrapolava a avaliação estética, ele demonstrou uma certa intenção simbolizadora quando escreveu:

> Se as intenções da Liga das Nações são sinceras, não é possível colocar essa nova organização social na camisa de força da arquitetura tradicional. Nada de salões de recepção com colunas para monarcas enfastiados, mas salas de trabalho higiênicas para os atarefados representantes de seu povo. Nada de corredores re-

côndítos para a prática da diplomacia clandestina, mas salas abertas e envidraçadas para a negociação pública de homens honestos.

O simbolismo latente da abordagem funcional de Meyer também encontra expressão em sua proposta de classificar os usuários do edifício de assembleias pela posição que ocupam no estacionamento e conduzi-los discretamente desse ponto até os lugares a eles destinados no auditório superior.

O compromisso do ABC com uma abordagem objetiva tanto do edifício quanto da vida partiu de uma determinação de servir

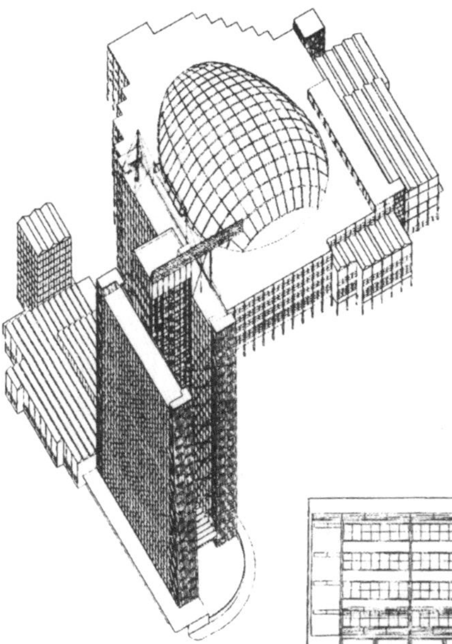

Fig. 114. H. Meyer e Wittwer, projeto para o edifício da Liga das Nações, Genebra, 1926-27. (Comparar com o projeto de Le Corbusier para o mesmo concurso, fig. 144.)

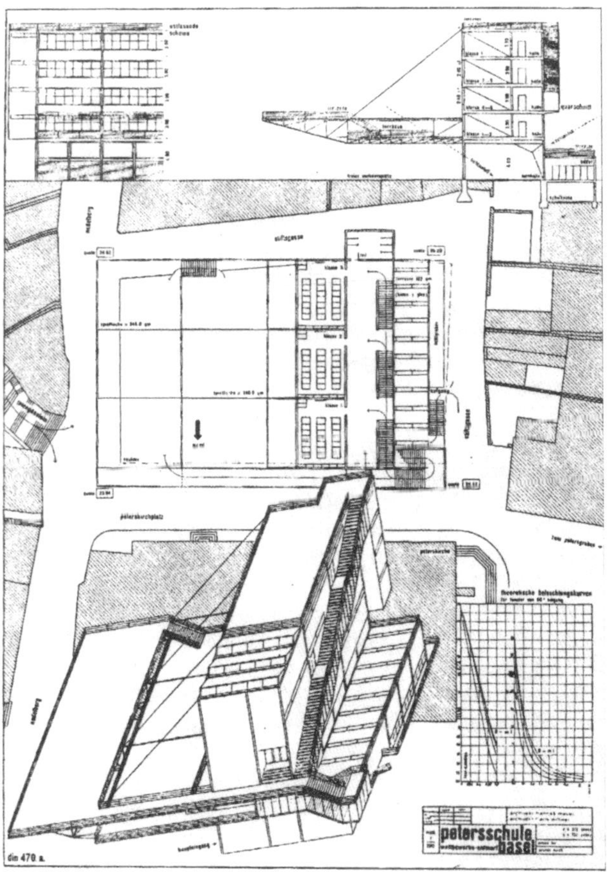

Fig. 115. H. Meyer e Wittwer, projeto para a Petersschule, Basileia, 1926.

apenas à necessidade coletiva, sobre a qual Stam escreveu em Kollektive Gestaltung:

> A concepção dualista da vida – céu e terra, bem e mal –, a ideia de que existe um conflito interior que nunca se acaba, fez a ênfase incidir sobre o indivíduo e apartou-o da sociedade. (...) O isolamento do indivíduo levou-o a deixar-se dominar por suas emoções. Mas a perspectiva moderna (...) vê a vida como um impulso único a partir de uma força *única*. Isto significa que o que é especial e individual deve ceder diante daquilo que é comum a todos.

Meyer expressou um ponto de vista semelhante em seu ensaio Die neue Welt [O Novo Mundo], publicado em *Das Werk* [A obra] (1926):

> A estandardização de nossas exigências é demonstrada pelo chapéu-coco, o cabelo das mulheres cortado curto, o tango, o jazz, o produto cooperativo, o tamanho padrão DIN [*Deutsche Industrie Normen*/Normas da Indústria Alemã], etc. (...) Sindicato, cooperativa, Ltda., Inc., cartel, truste e a Liga das Nações são as formas nas quais os conglomerados sociais de hoje encontram sua expressão, e o rádio e a prensa mecânica rotativa são os seus meios de comunicação. A cooperação rege o mundo. A comunidade rege o indivíduo.

Em 1925, Stam voltou para a Holanda para trabalhar com L. C. van der Vlugt como chefe de obras da fábrica Van Nelle, uma estrutura de concreto armado e colunas em forma de cogumelo que seria concluída em 1929. Se o projeto de Meyer/Wittwer para a Liga das Nações pode ser visto como a obra canônica do grupo ABC, então a fábrica Van Nelle, de embalagem de tabaco, café e chá, pode ser considerada como a concretização de premissas técnicas e estéticas semelhantes. Como no projeto de Meyer/Wittwer, a estrutura e os sistemas de movimento eram explicitamente revelados, ainda que, naturalmente, num processo de embalagem, os agentes motores não fossem elevadores, mas esteiras envidraçadas que corriam diagonalmente, entre o muro de vedação do setor de embalagem e o armazém do canal. A importância de uma expressão assim aberta e dinâmica não foi ignorada por um observador tão sensível quanto Le Corbusier, que nela viu uma confirmação de suas convicções socialistas utópicas e escreveu, em 1931:

> A estrada que leva à fábrica é plana e uniforme, ladeada por calçadas de lajotas marrons; é tão limpa e luminosa quanto um salão de baile. As fachadas do edifício, de vidro brilhante e metal cinzento, erguem-se (...) contra o céu. (...) A serenidade do lugar é total. Tudo se *abre para o exterior*. E isto tem uma importância enorme para todos os que trabalham nos oito andares *internos* desse edifício. (...) A fábrica de tabaco Van Nelle de Roterdã, uma criação da era moderna, eliminou por completo todas as conotações anteriormente associadas à palavra "proletário". E esse desvio do instinto egoísta de propriedade, que ali caminha para um sentido de ação coletiva, leva a um resultado extremamente feliz: o fenômeno da *participação pessoal* em cada etapa do empreendimento humano.

Apesar da importante participação de Stam nesse projeto, o papel de Van der Vlugt não pode ser negligenciado, sobretudo quando se tem em mente que, mais tarde, ele projetou uma obra de "objetividade" comparável sem a ajuda de Stam – seus apartamentos *Existenzminimum* Bergpolder, construídos em Roterdã em 1933. Não obstante, deve-se dar crédito a Stam por ter introduzido a polêmica da objetividade na arquitetura holandesa, embora J. J. P. Oud já houvesse, àquela altura, construído grandes quantidades de casas funcionalistas de cobertura plana para operários, em particular seu projeto urbano Kiefhoek de Roterdã, em construção por volta de 1925. Em toda essa obra, Oud, na condição de arquiteto da cidade de Roterdã, conservou-se apegado ao preceito urbano tradi-

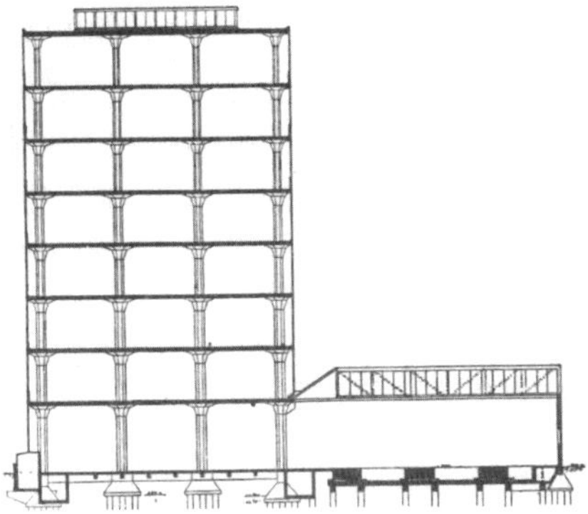

Figs. 116, 117. Brinkman e Van der Vlugt (arquiteto encarregado: Stam), fábrica Van Nelle, Roterdã, 1927-29. Corte transversal mostrando a construção com colunas de concreto em forma de cogumelos e exterior.

cional de Berlage: a rua considerada como um prolongamento externo da casa.

A medida da revolta de Stam contra essa tradição pode ser avaliada em seu projeto de 1926 para o bairro Rokin, de Amsterdã, onde a continuidade da rua existente é invalidada por um bloco de escritórios de elevação contínua, servido por escadas rolantes e uma via férrea elevada, ficando o solo reservado ao estacionamento, às exposições e à circulação dos pedestres. Esse projeto interessante, mas economicamente questionável, era típico da preocupação de Stam com a subversão do padrão urbano tradicional. Sintetizava seu conceito da "cidade aberta", sobre o qual escreveu em fins da década de 1920:

> O volume cada vez maior do tráfego, devido ao crescente desafio econômico, transforma sua organização no fator determinante do planejamento urbano arquitetônico. O pensamento arquitetônico deve romper com as atitudes estéticas que nos foram legadas pelas gerações anteriores. A concepção de uma cidade como um espaço fechado é uma delas, e deve ceder lugar à cidade aberta.

O materialismo extremo de Stam serviu para isolá-lo do grupo funcionalista Opbouw, já estabelecido em Roterdã por volta de 1920. Apesar de seu compromisso com a Nieuwe Zakelijkheid, membros do Opbouw como Brinkman, Van der Vlugt e seu cliente, o industrial Kees van der Leeuw, procuravam transcender a "objetividade" através de uma preocupação com os valores "espirituais" universais. Isto foi por eles expresso através de sua participação no movimento teosófico holandês e de sua construção, em 1930, de um pequeno retiro em Ommen para Krishnamurti e seus seguidores.

Aspirações espirituais semelhantes impregnavam a obra de Johannes Duiker e Bernard Bijvoet, que romperam com seu estilo wrightiano inicial através da casa de madeira que construíram em Aalsmeer, em 1924. Essa casa assimétrica e com coberturas de uma água deflagrou o período Zakelijkheid da carreira de Duiker, um período que culminou em duas estruturas de vidro e concreto armado de tendência abertamente construtivista – seu sanatório Zonnestraal em Hilversum, de 1928, e sua Escola ao Ar Livre de Amsterdã, construída em 1930. Apesar de receptivo à necessidade de distorção programática, como demonstrou na ala assimétrica do ginásio de esportes da Escola ao Ar Livre, o idealismo latente de Duiker encontrou expressão em sua preferência pela

Fig. 118. Duiker e Bijvoet, casa, Aalsmeer, 1924.

Fig. 119. Duiker, sanatório Zonnestraal, Hilversum, 1928. Administração e complexo médico e alas de enfermarias que se irradiam a partir do centro.

Fig. 120. Duiker, Escola ao Ar Livre, Amsterdã, 1930.

organização simétrica. Só no fim de sua vida ele abandonaria seu característico partido "borboleta", em favor da abordagem mais serial e menos formal de Stam. Foi o que aconteceu com seu Cinema Cineac de Amsterdã, 1934, e com o Hotel Gooiland de Hilversum, concluído em 1936 por Bijvoet depois da morte de Duiker.

Em 1928, tendo projetado casas para o Weissenhofsiedlung de 1927, em Stuttgart, Stam transferiu-se mais uma vez da Holanda para a Alemanha, dessa vez para Frankfurt, onde trabalharia com o arquiteto da municipalidade Ernst May, no projeto urbano Hellerhof – um conjunto residencial dentro da grande Neue Frankfurt de May. Mais tarde, nesse mesmo ano, com a curiosa companhia de Rietveld e Berlage, Stam representou a Holanda na abertura do Congrès Internationaux d'Architecture Moderne (CIAM) em La Sarraz, na Suíça. Logo depois desse encontro, o movimento holandês da Nieuwe Zakelijkheid consolidou-se através da fusão do círculo funcionalista de Amsterdã, conhecido como De 8, com o grupo Opbouw. Essa formação, chamada de De 8 en Opbouw, permaneceu ativa como ala holandesa dos CIAM até 1943.

O surgimento da Neue Sachlichkeit na Alemanha foi inseparável do intensivo programa habitacional da República de Weimar, iniciado pela estabilização do Rentenmark em novembro de 1923. Naquele ano, Otto Haesler, o pioneiro das casas Zeilenbau (em fileiras) concluiu o Siedlung Italienischer Garten em Celle, perto de Hanover. De coberturas planas e com fachadas de cores diferentes, sua fórmula modernista seria adotada por Ernst May como modelo para as primeiras unidades a serem construídas em Frankfurt, em 1925. Em 1924, no Siedlung Georgsgarten, sua segunda obra em Celle, Haesler desenvolveu o modelo Alte Heide de casas enfileiradas, criado por Theodor Fischer em 1919, transformando-o num sistema geral. As casas ficavam dispostas em fileiras, separadas por uma distância que permitia a penetração da luz solar e a ventilação. Esse padrão, baseado na regra de Heiligenthal (fig. 125), segundo a qual a distância entre as fileiras não deveria ser inferior a duas vezes a altura do bloco, tornou-se a fórmula normativa da Neue Sachlichkeit e, como tal, foi repetida em inúmeros projetos de conjuntos residenciais construídos na Alemanha entre 1925 e 1933. Em tais projetos, seguindo o exemplo de Haesler, as salas de estar voltadas para o sul ou para o oeste dão para um espaço verde comunitário. Em Georgsgarten, Haesler acrescentou aos terraços pequenos blocos que davam para o sul, criando, assim, uma série de quintais verdes em forma de L, os quais seguiam até os lotes adjacentes. Esses lotes eram subdivididos em pequenos trechos nos quais as famílias podiam cultivar suas hortas (cf. o projeto Heuberg de Viena, criado por Adolf Loos em 1926). Em Georgsgarten, Haesler também desenvolveu o tipo básico de apartamento, do qual criaria inúmeras variações ao longo de sua carreira. Seu apartamento típico, disposto em três andares, com acesso mediante escadarias em pares, consistia em uma sala de estar/jantar, uma pequena cozinha, um W.C., e de três a seis quartos. A substituição da tradicional *Wohnküche* por uma cozinha separada foi uma inovação radical nos conjuntos residenciais e teve o importante impacto social de desviar o foco da casa para uma versão austera do salão burguês. Haesler aperfeiçoaria seu apartamento típico no Siedlung Friedrich Ebert-Ring de Rathenow, construído em 1929, onde um banheiro independente foi introduzido no apartamento padrão.

Todos esses primeiros assentamentos contavam com serviços comunitários como lavanderias, salas de reunião, bibliotecas, quadras de esportes, etc., e em Georgsgarten também foram introduzidos um café, um salão de cabeleireiro e um parque infantil. O escasso mobiliário desses espaços, com móveis padrão Thonet e lâmpadas sem quebra-luz, realçado por encanamentos e condutores elétricos cuidadosamente detalhados, era uma síntese do interior Neue Sachlichkeit típico: frio e austero, mas ao mesmo tempo cintilante. Essas qualidades eram repetidas no exterior, onde superfícies planas, janelas de aço, grandes áreas envidraçadas e balaustradas de metal eram combinadas de modo a criar uma sintaxe *sachlich* universal.

Apesar da divergência nacional e ideológica dos dezessete arquitetos envolvidos – incluindo, somente da Alemanha, personalidades tão diversas quanto Behrens, Döcker, Gropius, Hilberseimer, Rading, Scharoun, Schneck, Mies van der Rohe e os irmãos Taut –, essa modalidade objetiva de expressão foi mais ou menos coletivamente adotada na Deutsche Werkbund Weissenhofsiedlung, erguida nas imediações de Stuttgart em 1927.

Na evolução subsequente de sua própria obra, Haesler começou a afastar-se da expressão do Siedlung como uma entidade corporativa, chegando à afirmação do bloco com terraço como uma unidade independente e passível de repetição infinita. Sob esse aspecto, seu projeto inicial para o Siedlung Rothenberg de Kassel, de 1929, é típico não só de sua própria obra, como também da maioria dos outros conjuntos residenciais ligados ao Neue Sachlichkeit em data comparável.

Com a nomeação de May como arquiteto da cidade de Frankfurt em 1925, a construção de assentamentos para operários iniciou-se, ali, em escala até então desconhecida. Contudo, devido à sua cooperação anterior tanto com Theodor Fischer, em Munique, quanto com Raymond Unwin, na Inglaterra, o Racionalismo de May foi atenuado por um apego à tradição. Enquanto Haesler havia criado uma forma denticulada (porém contínua) em Georgsgarten, e um projeto compacto, de extremidades abertas, em Rothenburg, May (como Bruno Taut e Martin Wagner em seu conjunto residencial contemporâneo em Berlim/Britz) estava mais preocupado com a criação do espaço urbano autônomo, segundo o modelo do tradicional povoamento prussiano *Anger*. Desse modo, a pri-

Fig. 121. May e Rudloff, projeto urbano Bruchfeldstrasse, Frankfurt, 1925.

Fig. 122. Schütte-Lihotzky, *Frankfurter Küche*, 1926.

meira obra de May para Frankfurt, sua criação da Bruchfeldstrasse em 1925, trabalho feito em conjunto com C. H. Rudloff, consistia em um grande pátio com casas em zigue-zague, circundando a paisagem elaborada de um jardim comunitário. Esse projeto único, formalmente reminiscente da Cité Moderne concebida por Victor Bourgeois para Bruxelas em 1922, cedeu lugar a uma abordagem mais generalizada, visível no plano piloto de May para Neue Frankfurt em 1926, e em seus assentamentos Römerstadt, Praunheim, Westhausen e Höhenblick, construídos como parte do complexo do Vale do Nidda, entre 1925 e 1930.

As 15.000 unidades concluídas sob a direção de May equivalem a mais de noventa por cento das moradias construídas em Frankfurt em todo esse período. Esse número impressionante dificilmente teria sido atingido sem a insistência de May na eficiência e economia tanto do projeto quanto da construção. Uma abordagem assim objetiva, reforçada pelas realidades dos custos da edificação, levou inevitavelmente à formulação de espaços padrão do "mínimo para a existência", que se tornaram o polêmico tema do Congresso dos CIAM de 1929, em Frankfurt. Em contraste com o apelo idealista de Le Corbusier, em favor de um "máximo para a existência", os padrões mínimos de May ficavam na dependência de engenhosos espaços para armazenagem, camas dobráveis e, sobretudo, do desenvolvimento da cozinha ultraeficiente que mais se assemelhava a um laboratório, a *Frankfurter Küche* projetada pelo arquiteto G. Schütte-Lihotzky. Os custos cada vez mais altos finalmente levaram May a tornar-se o pioneiro da construção com lajes de concreto pré-fabricadas, o chamado Sistema May, que foi usado nos conjuntos habitacionais de Praunheim e Höhenblick, iniciados em 1927.

O edifício da Bauhaus projetado por Gropius em 1926, e seu projeto habitacional do bairro de Törten, de 1928, representam duas etapas de sua gradual conversão aos princípios da Neue Sachlichkeit. Enquanto o *layout* "de ferrovia" de Törten refletia não somente a estandardização de suas unidades, mas também o processo linear de montagem pré-fabricada por guindaste móvel, a Bauhaus de Dessau ainda equivalia a uma composição formalista de elementos assimétricos. Sua forma centrífuga, semelhante a um cata-vento e reminiscente do planejamento do De Stijl, havia sido tentada pela primeira vez, por Gropius e Meyer, em seu projeto de 1922 para o edifício do jornal *Chicago Tribune* (fig. 104), e foi por eles reformulada como uma distribuição assimétrica e horizontal de massas em seu projeto de 1924 para a Academia Erlangen. Se, por um lado, a expressão de uma estética comparável na Bauhaus de Dessau precisou da supressão intencional de sua armação estrutural, por outro, isto foi compensado pelo detalhamento *sachlich* de seus componentes secundários, como os radiadores, a fenestragem, as balaustradas e as luminárias. De qualquer modo, a articulação definitiva dessas grandes massas intersecccionais não poderia ter sido obtida sem recorrer-se a mudanças de cor, ou a um modelado pouco profundo da fachada, algo que realmente evocasse a *modenature* neoclássica do edifício para a Exposição Werkbund, construído por Gropius e Meyer em 1914.

A obra de Gropius que o liga do modo mais inequívoco à Neue Sachlichkeit é seu Teatro Total, de 1927, projetado em Berlim para o Volksbühne de Erwin Piscator. Este último havia fundado seu Teatro Proletário em 1924, segundo o modelo de Meyerhold, o revolucionário produtor russo cujo Teatro de Outubro havia sido criado em Moscou, em 1920. Assim, o Piscatorbühne de Gropius foi em grande parte projetado para satisfazer às exigências de um palco biomecânico, que proporcionasse o espaço para um "teatro de ação" conforme o haviam esboçado Meyerhold e seus colegas do Proletkult. O ator-acrobata era o tipo ideal para tal teatro, onde uma atuação de tipo circense, porém mecanizada, era apresentada num palco projetado. As prescrições de Meyerhold para uma produção biomecânica tornavam um certo conteúdo político mais ou menos inevitável:

> O auditório deve ser mantido permanentemente iluminado, criando-se, desse modo, uma ligação visual permanente entre ator e público. (...) O "rebotalho da alma" do teatro burguês deve ser evitado. O teatro não deve ser visto como *culturalmente independente*. O palco deve ser usado como um foro político, ou como simulador de uma experiência social profunda.

Em sua solução extraordinariamente elegante e flexível, Gropius ofereceu a Piscator um auditório capaz de transformar-se rapidamente em uma das três formas "clássicas" de palco: o palco italiano, o palco projetado e a arena. Gropius foi quem melhor descreveu com suas próprias palavras de que modo isso poderia ser feito e com quais finalidades teatrais. Em 1934, numa conferência em Roma, afirmou:

> Uma transformação completa do edifício é obtida ao se fazer a plataforma do palco e parte da orquestra girar cento e oitenta graus . Em seguida, o palco italiano anterior transforma-se numa arena central totalmente cercada por fileiras de espectadores! Isto pode ser feito inclusive durante a representação. (...) Esse "ataque" ao espectador, alterando sua posição quando a peça está sendo encenada e mudando inespe-

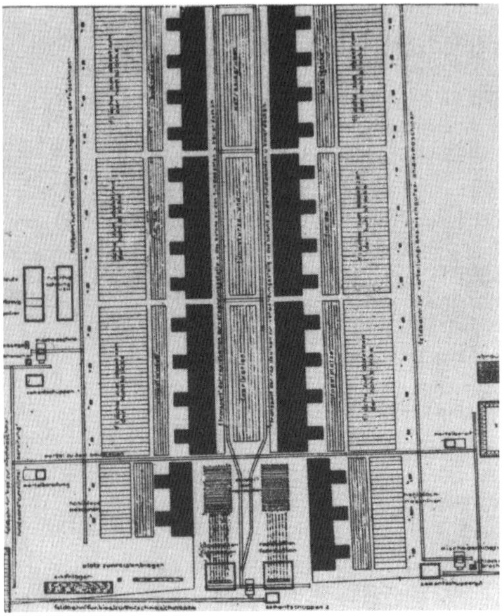

Fig. 123. Gropius, projeto urbano racionalizado, Dessau-Törten, 1928. O assentamento está aparentemente organizado ao redor de pistas para guindastes.

Fig. 124. Gropius, projeto do Teatro Total, 1927. Visão de cima e plantas alternativas mostrando o palco italiano, o palco projetado e a arena.

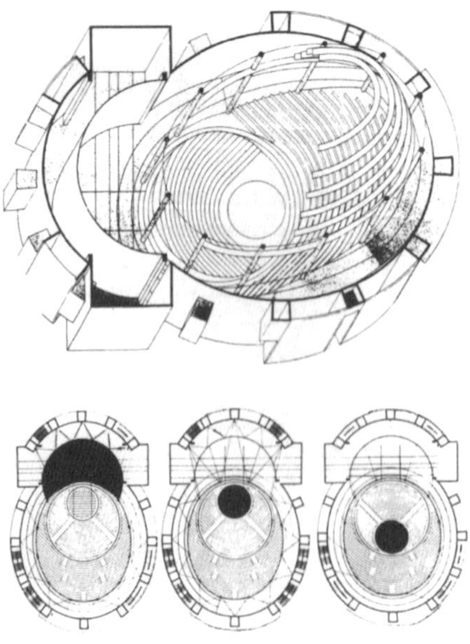

radamente a área do palco, transforma a escala de valores vigente, colocando o espectador diante de uma nova consciência do espaço e fazendo com que ele participe da ação.

O auditório conversível também estava equipado com um palco periférico no qual a ação podia transcorrer ao redor do público. Alternativamente, esse *Spielring* podia ser ocultado por uma tela segmentada de retroprojeção, apresentando imagens cinematográficas que complementariam a ação transcorrida em cena. Um ciclorama desmontável também estava disponível para o palco em si. A adaptabilidade desse auditório ainda podia ser aumentada mediante dispositivos para exibições acrobáticas, que ficavam bem acima da arena central. Esse palco aéreo teria o efeito de transformar o vazio oval de Gropius num espaço teatral verdadeiramente tridimensional, com o público circundando ou sendo circundado pela ação por todos os lados. Por último, o próprio auditório era uma caixa transparente através da qual sua estrutura básica podia ser facilmente percebida, com a estrutura aberta do teto ovoide habilmente reconciliada com os nodos de colunas de seu suporte elíptico anular (cf. o auditório de Meyer/Wittwer para a Liga das Nações).

Mais ou menos da mesma data que o Teatro Total foram os projetos do conjunto habitacional Haselhorst e do Hospital Elberfield, criados por Marcel Breuer e Gustav Hassenpflug em 1928, e a Escola Sindical que Hannes Meyer concluiu em Bernau em 1930. O projeto hospitalar de Breuer, que não foi concretizado, e a escola de Meyer em Bernau eram obras *sachlich* comparáveis, tendo em vista que cada uma delas compreendia sequências assimétricas de elementos repetidos, dispostas em formação escalonada, respondendo "simultaneamente" às respectivas exigências do programa, da orientação e da topografia. Onde as unidades de enfermaria do sanatório, sustentadas por uma superestrutura de concre-

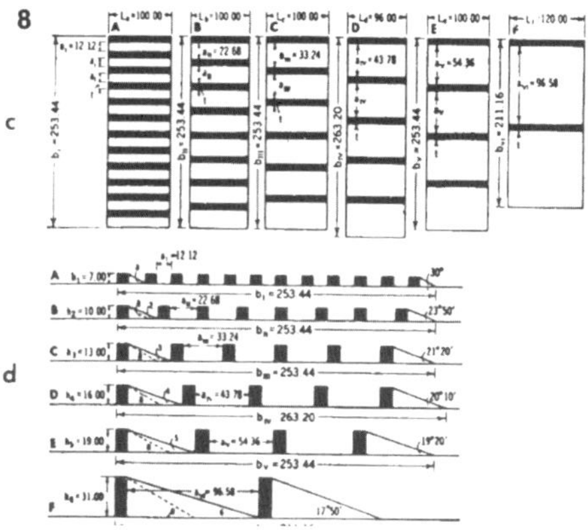

Fig. 125. Gropius, diagrama apresentado no CIAM em 1930, demonstrando a densidade e o espaço aberto crescentes a serem obtidos através do uso de lajes de alturas diversas.

to, eram recuadas de modo a prover uma sequência escalonada de espaços para banhos de sol, um para cada enfermaria, a parte principal da escola de Meyer era formada por blocos residenciais de três andares, recuados nas extremidades de modo a quebrar o comprimento total. Esses dois edifícios eram escalonados em relação a locais de suave declive, e mesmo assim ambos tinham uma relação livre e funcional com seus principais elementos atípicos, como as salas de operação e as unidades de raios X no sanatório, ou as salas de leitura e as instalações comuns no caso da escola.

Depois de demitir-se da Bauhaus no fim de 1927, Gropius envolveu-se cada vez mais com o problema da construção de moradias, de tal modo que, à parte os inúmeros projetos de baixo custo que criou e viu construídos no final da década de 1920, em Dessau, Karlsruhe e Berlim, preocupou-se teoricamente com a melhoria dos padrões habitacionais e com o desenvolvimento dos projetos urbanos, que pretendia ver transformados num sistema de assentamentos comunitários desvinculados das questões de classe. Seus projetos habitacionais de 1929 para Berlim, que ficaram por realizar, foram um avanço significativo sobre seu trabalho anterior, oferecendo padrões de vida mais altos e serviços sociais mais abrangentes, enquanto sua proposta de 1931 para a construção de casas para a classe média alta em Wannsee, perto de Berlim, representou sua primeira tentativa de criar um bloco comunitário independente, dotado de um restaurante e um ginásio de esportes/solário no teto. Em fins da década de 1920, as concepções de Gropius ficavam à esquerda da posição social-democrata, como se percebe claramente através da leitura de seu ensaio *Die Soziologischen Grundlagen der Minimalwohnung* [As bases sociológicas da habitação mínima], de 1929. Ali, ele apresentou a conhecida tese socialista em favor do envolvimento do Estado na construção de moradias:

> Uma vez que a tecnologia opera no âmbito da estrutura da indústria e das finanças e já que qualquer redução de custo que se obtenha deve, em primeiro lugar, ser explorada em benefício da indústria privada, ela só será capaz de oferecer habitações mais baratas e diversificadas se o governo aumentar o interesse da indústria privada pela construção de moradias através da melhoria das medidas de bem-estar social. Se a moradia mínima vai ser realizada em níveis de um aluguel capaz de ser sustentado pela população, o governo deve ser exortado a: 1º impedir o desperdício de fundos públicos com moradias de grandes dimensões (...) para as quais é preciso definir um limite máximo em termos de seu tamanho; 2º reduzir o custo inicial de estradas e serviços; 3º oferecer os terrenos para as construções e tirá-los das mãos dos especuladores; 4º liberalizar ao máximo as leis de zoneamento e os códigos de construção.

Essas prescrições antecipavam em muito pouco a política oficial da construção de moradias da República de Weimar que, entre 1927 e 1931, subsidiaria publicamente, através do seguro social e do imposto sobre a propriedade, o projeto e a construção de cerca de um milhão de moradias – mais ou menos setenta por cento das novas obras que foram iniciadas em todo o período.

Contudo, um Estado de bem-estar social de tais dimensões não podia ser mantido ante o colapso da Bolsa de Valores que se seguiu à depressão em que entrou a economia mundial em 1929. O comércio exterior desmoronou, os empréstimos foram suspensos, e a Alemanha viu-se mais uma vez mergulhada no caos econômico e político. Esses fatos tiveram o efeito de levar a opinião pública do país a uma guinada para a direita, o que, por sua vez, praticamente selou o destino dos arquitetos alemães da Neue Sachlichkeit. A emigração foi o único caminho que lhes restou, e foi o que todos fizeram, cada qual segundo o matiz de suas convicções políticas. May partiu para a União Soviética no início de 1930, com uma equipe de arquitetos e urbanistas para trabalhar no plano piloto de uma usina de fundição de aço e uma cidade em Magnitogorsk, nos Urais. Sua equipe incluía Fred Forbat, Gustav Hassenpflug, Hans Schmidt, Walter Schwagenscheidt e Mart Stam. Ao mesmo tempo, Meyer partiu para assumir um cargo docente em Moscou. Outros, como Arthur Korn e Bruno Taut, seguiram o mesmo exemplo nos primeiros anos da década de 1930. Com a conquista do poder pelo nacional-socialismo, em 1933, os arquitetos remanescentes da Neue Sachlichkeit, que tinham ideias mais moderadas, viram-se forçados a demitir-se de seus cargos ou a deixar o país. Em 1934, Gropius e Breuer partiram precipitadamente para a Inglaterra, a caminho da América.

Fig. 126. Um arquiteto deixa a Alemanha e vai para a União Soviética: capa de *Das Neue Frankfurt*, setembro de 1930, número dedicado à "Construção alemã na URSS".

CAPÍTULO 16 De Stijl: evolução e dissolução do Neoplasticismo, 1917-31

1. Há uma antiga e uma nova consciência da época. A antiga se volta para o indivíduo, e a nova para o universal. O conflito entre o individual e o universal reflete-se na Guerra Mundial tanto quanto na arte de hoje.
2. A guerra está destruindo o mundo antigo com tudo aquilo que ele contém: a primazia do indivíduo em todos os campos.
3. A nova arte revelou a substância da nova consciência da época: um equilíbrio semelhante entre o universal e o individual.
4. A nova consciência está pronta para realizar-se em tudo, inclusive nas coisas do cotidiano da vida.
5. As tradições, os dogmas e a primazia do individual (o natural) atravessam o caminho dessa realização.
6. Portanto, os fundadores do Neoplasticismo exortam todos os que acreditam na reforma da arte e da cultura a destruir as coisas que impedem os novos avanços, assim como na nova arte plástica, ao eliminarem a restrição das formas naturais, puseram fim àquilo que atravessa o caminho da expressão da arte pura, a consequência extrema de todos os conceitos de arte.

Do primeiro manifesto do De Stijl, 1918

O movimento holandês De Stijl, que não durou mais de quatorze anos, teve por centro a obra de três homens: os pintores Piet Mondrian e Theo van Doesburg e o ebanista e arquiteto Gerrit Rietveld. Os outros artistas que constituíam a formação original, em 1917, sob a liderança de Van Doesburg – os pintores Bart van der Leck, Georges Vantongerloo e Vilmos Huszar, os arquitetos J. J. P. Oud, Robert van't Hoff e Jan Wils e o poeta Anthony Kok –, logo se separaram, cada qual a seu modo, da linha principal do movimento. Todos eles, porém, com exceção de Van der Leck e Oud, foram signatários do manifesto de oito pontos publicado em 1918, no segundo número da revista *De Stijl*. Este, o primeiro manifesto do De Stijl, exigia um novo equilíbrio entre o individual e o universal, além da libertação da arte tanto das coerções da tradição quanto do culto da individualidade. Também influenciados pelo pensamento filosófico de Spinoza e pelos antecedentes do calvinismo holandês do qual provinham todos, buscaram uma cultura que transcendesse a tragédia do indivíduo através de sua ênfase em leis imutáveis. Essa aspiração universal e utópica era sucintamente resumida por seu aforismo: "O objeto da natureza é o homem, o objeto do homem é o estilo."

Por volta de 1918, o movimento já havia sido influenciado pela filosofia neoplatônica, para não dizer teosófica, do matemático M. H. Schoenmaekers, cujas obras principais, *Het nieuwe Wereldbeeld* [A nova imagem do mundo] e *Beeldende Wiskunde* [Os princípios da matemática plástica], tinham sido publicadas em 1915 e 1916, respectivamente. A visão de mundo metafísica de Schoenmaekers foi complementada por atitudes mais concretas e por conceitos extraídos diretamente de Berlage e Wright; este último ficara conhecido na Europa com a publicação, em 1910 e 1911, dos dois famosos volumes Wasmuth dedicados a sua obra.

Berlage, por outro lado, era mais influente devido a sua crítica sociocultural, e foi dele que os artistas do De Stijl se apropriaram do título O estilo, que, por sua vez, talvez tenha sido extraído do estudo crítico de Gottfried Semper, *Der Stil in den technischen und tektonischen Künsten oder praktische Ästhetik*, de 1860.

O aparecimento das primeiras composições pós-cubistas de Mondrian, que em grande parte consistiam em linhas horizontais e verticais quebradas, coincidiu com seu retorno à Holanda, proveniente de Paris, em julho de 1914, e com o período que ele e Van der Leck passaram em Laren, em contato quase diário com Schoenmaekers. Deste último veio o termo neoplasticismo – de seu neologismo *nieuwe beelding* –, e também foi dele que veio a restrição da paleta às cores primárias, sobre cujo significado cósmico ele escreveu em *Het nieuwe Wereldbeeld*: "As três cores principais são, essencialmente, o amarelo, o azul e o vermelho. São as únicas cores que existem (...) o amarelo é o movimento do raio (vertical), o azul é a cor que contrasta com o amarelo (o firmamento horizontal), e o vermelho é o cruzamento de amarelo e azul." Em outra parte, no mesmo texto, ele apresentou uma justificativa comparável para a limitação da expressão neoplástica a elementos ortogonais: "Os dois opostos fundamentais e completos que formam nossa Terra e tudo o que é dela são: a linha horizontal do poder, que é o curso da Terra ao redor do Sol, e o movimento vertical, profundamente espacial, dos raios que se originam no centro do Sol."

Apesar de toda a sua influência formativa, Schoenmaekers não desempenhou um papel direto na evolução estética do De Stijl. Isto ficou a cargo de Van der Leck e Vantongerloo, cuja própria independência, devido à sua condição de artistas, levou-os a romper com Van Doesburg pouco depois do início de seu relacionamento. Contudo, sem suas contribuições é duvidoso que a estética característica do De Stijl tivesse sido formulada de modo tão claro dentro de um período de tempo tão breve. É óbvio, por exemplo, que *A vaca*, a famosa abstração de Van Doesburg de 1916, deve muito a Van der Leck, enquanto a escultura de Vantongerloos intitulada *Inter-relação de massas*, de 1919, antecipa claramente a massificação geral dos projetos de conjuntos residenciais de Van Doesburg e Cor van Eesteren, feitos em 1923. E até mesmo o independente Mondrian, no último número de *De Stijl* (1932) – dedicado à memória de Van Doesburg –, admitiu sua dívida para com Van der Leck pelo fato de este último ter usado as cores primárias saturadas já em 1917.

Os anos 1914-16 haviam visto Mondrian em Laren, em contato frequente com Schoenmaekers. Durante esse período ele escreveu seu texto teórico básico, *De Nieuwe Beelding in de Schilderkunst* [Neoplasticismo em pintura], que foi publicado em 1917 no primeiro número de *De Stijl*. O isolamento e a meditação forçados dos anos da guerra levaram Mondrian a um novo ponto de partida. Agora, sua obra consistia em uma série de composições com planos flutuantes, retangulares e coloridos. Tanto ele quanto Van der Leck haviam chegado àquilo que cada um via como uma ordem plástica totalmente nova e pura, e sua liderança era seguida muito de perto por um Van Doesburg muito mais jovem. Contudo, enquanto Mondrian continuou envolvido com composições planas, colocadas dentro do "raso espaço" do plano pictórico, como se vê representado em sua *Composição com planos de cor sobre um fundo branco*, de 1917, Van der Leck e Van Doesburg chegariam a uma estruturação linear do plano pictórico em si, através do uso de estreitas faixas de cor colocadas sobre um campo branco. Data desse período *A vaca* de Doesburg, bem como seu *Ritmo de uma dança russa,* de 1918, duas obras influenciadas por Van der Leck.

A primeira obra arquitetônica relacionada ao De Stijl foi criada por Robert van 't Hoff, que havia conhecido o trabalho de Wright numa visita aos Estados Unidos antes da guerra, e em 1916 construiu uma *villa* wrightiana extraordinariamente convincente nos arredores de Utrecht. Além do pioneirismo de sua casa de concreto armado em Huis ter Heide, e de algumas obras wrightianas de Wils, todas elas menos elegantes, a atividade arquitetônica foi relativamente escassa nas fases iniciais do De Stijl. Oud, que foi nomeado arquiteto da cidade de Roterdã em 1918, aos vinte e oito anos de idade, nunca esteve visceralmente ligado ao movimento. Depois de abster-se por ocasião do manifesto de 1918, empenhou-se em estabelecer sua independência artística. Segundo parece, encontrou nas composições do arquiteto austríaco Josef Hoffmann um meio de distanciar-se dos interesses mais "estruturais" do De Stijl. Sob esse aspecto, a única exceção foi seu projeto da fábrica de Purmerend, de 1919, em que elementos neoplásticos foram muito timidamente aplicados a um volume de massas de resto bastante ameno. Na verdade, houve muito pouca arquitetura neoplástica antes de 1920, quando esta apareceu pela sua primeira vez na obra de Rietveld. Antes de 1915, este último havia feito cursos com o arquiteto P. J. Klaarhamer, o qual, apesar de nunca ter tido ligações com o De Stijl, colaborava na época com Van der Leck.

O ano de 1917 viu a criação da famosa cadeira Vermelha/Azul de Rietveld. Essa simples peça de mobiliário, baseada numa tradicional poltrona-cama dobrável, ofereceu a primeira oportunidade para a projeção da estética neoplástica em três dimensões. Em sua forma, as barras e os planos das composições de Van der Leck realizavam-se agora como elementos articulados e deslocados no espaço. Além de sua articulação, a cadeira distinguia-se pelo uso exclusivo de cores primárias junto com uma armação preta – uma combinação que, com o acréscimo de cinza e branco, iria transformar-se no esquema cromático padrão do movimento De Stijl. Sua estrutura permitiu a Rietveld demonstrar uma organização arquitetônica aberta que estava manifestamente livre da influência de Wright. Ainda pontificava uma *Gesamtkunstwerk*, mas nesse caso livre das analogias biológicas do Simbolismo sintético do século XIX, ou seja, do estilo Art Nouveau.

Poucos (para não dizer nenhum) dos colegas de Rietveld poderiam ter previsto o pleno potencial das modestas peças de mobília que ele continuou a criar entre os anos de 1918 e 1920 – o bufê, o carrinho de bebê e o carrinho de mão que, como desmembramentos diretos da cadeira Vermelha/Azul, eram montados com traves e planos retilíneos de madeira simplesmente cavilhados. Nenhuma dessas peças, porém, antecipava

Fig. 127. Rietveld, bufê, 1919.

plenamente o ambiente arquitetônico tentado por Rietveld em seu projeto para o estúdio do dr. Hartog, construído em Maarssen em 1920. Cada peça de mobiliário dessa obra, inclusive a luminária suspensa, parecia estar "elementarizada", e na verdade tinha por efeito implicar, como nas pinturas posteriores de Mondrian, uma série infinita de coordenadas no espaço.

Sob muitos aspectos, Van Doesburg representou sozinho o movimento, pois por volta de 1921 a composição do grupo já estava completamente alterada. A essa altura, Van der Leck, Vantongerloo, Van 't Hoff, Oud, Wils e Kok já se haviam desligado do De Stijl, enquanto Mondrian se restabelecera em Paris, como artista independente. Essa defecção holandesa convenceu Van Doesburg da necessidade de fazer proselitismo do movimento no exterior. O sangue novo trazido para o movimento em 1922 refletiu sua orientação internacional. Dos novos membros daquele ano, só um era holandês, o arquiteto Van Eesteren; os demais eram russos e alemães – o arquiteto, pintor e artista gráfico El Lissitzky e o cineasta Hans Richter. Foi a convite deste último que Van Doesburg visitou a Alemanha pela primeira vez em 1920, e dessa visita resultou, no ano seguinte, um convite de Gropius para que ele fosse juntar-se à Bauhaus. A breve permanência de Van Doesburg em Weimar em 1921 provocou uma crise dentro da Bauhaus cujas repercussões iriam tornar-se lendárias, pois o impacto de suas ideias sobre os estudantes e o corpo docente foi imediato e fulminante. Até mesmo Gropius que, dadas as circunstâncias, tinha motivos para ficar apreensivo, desenhou, em 1923, uma luminária suspensa para seu próprio estúdio que revelava uma inequívoca afinidade com o modelo que Rietveld criou para Hartog.

De maior importância para a segunda fase do movimento De Stijl, que vai até 1925, foi o encontro de Van Doesburg com Lissitzky. Exatamente dois anos antes desse encontro, Lissitzky havia desenvolvido sua própria forma de expressão elementarista, trabalhando em conjunto com Kasimir Malevich na escola suprematista de Vitebsk. Embora o Elementarismo russo e o holandês tivessem origens muito independentes – suprematista no primeiro caso, neoplástica no segundo –, a obra de Doesburg passou por uma transformação. Depois de 1921, sob o impacto das composições Proun de Lissitzky, tanto ele quanto Van Eesteren começaram a projetar, em forma de desenhos axonométricos, uma série de estruturas arquitetônicas hipotéticas, cada qual compreendendo um conjunto assimétrico de elementos planos articulados suspensos no espaço ao redor de um centro volumétrico. Van Doesburg convidou Lissitzky a tornar-se membro do De Stijl, e, em 1922, a obra tipográfico-abstrata deste último, sua fábula infantil de 1920, A história de dois quadrados, foi publicada nas páginas da revista. É significativo que, nesse momento, a própria revista tenha mudado de formato, ao Van Doesburg substituir a composição frontal e o logotipo gravado, de autoria de Huszar, por um *layout* elementarista assimétrico e um logotipo "construtivista".

Em 1923, Van Doesburg e Van Eesteren conseguiram cristalizar o estilo arquitetônico do Neoplasticismo em uma exposição de sua obra na galeria parisiense de Léonce Rosenberg, *L'Effort moderne*. Essa mostra foi um sucesso imediato, razão pela qual foi reapresentada em outro lugar, em Paris mesmo, e em seguida em Nancy. Além dos estudos axonométricos há pouco mencionados, dela faziam parte o projeto de ambos para uma casa para Rosenberg e outras duas obras embrionárias: o estudo para o interior de uma sala de universidade e o projeto para a casa de um artista.

Enquanto isso, na Holanda, Huszar e Rietveld colaboravam no projeto para uma pequena dependência a ser construída como parte da Grosse Berliner Kunstausstellung de 1923. Huszar projetou o ambiente e Rietveld o mobiliário, inclusive a importante cadeira de Berlim. Simultaneamente, Rietveld

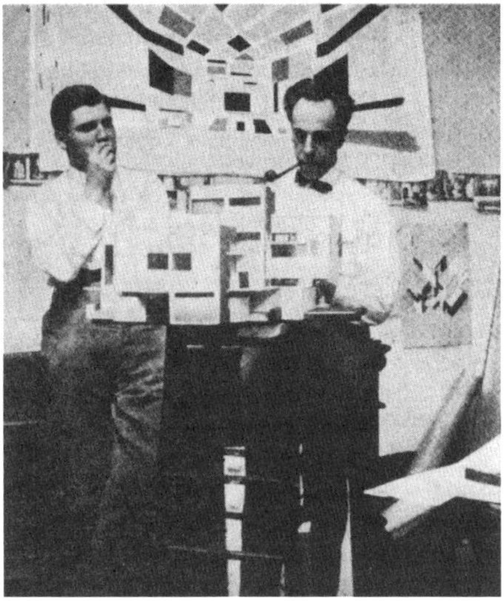

Fig. 128. Van Eesteren (esquerda) e Van Doesburg preparando-se para a Exposição Rosenberg em Paris, 1923, com uma maquete de sua "casa do artista".

começou a trabalhar no projeto e detalhamento da Casa Schröder-Schräder de Utrecht. Sob muitos aspectos, essa casa, construída na extremidade de um terraço do século XIX, era uma realização dos *Naar een beeldende architectuur* [Dezesseis pontos de uma arquitetura plástica] de Van Doesburg, publicado na época da conclusão da casa. A casa estava de acordo com os ditames do arquiteto, pois era *elementar, econômica e funcional; não monumental e dinâmica; anticúbica* em sua forma e *antidecorativa* em sua cor. Seu principal nível habitacional no andar superior, com sua "planta transformável" aberta, exemplificava, apesar de sua construção tradicional em alvenaria e madeira, seu postulado de uma arquitetura dinâmica liberada do empecilho de paredes estruturais e das restrições impostas por aberturas. O décimo primeiro ponto de Doesburg é como uma descrição idealizada da casa:

A nova arquitetura é *anticúbica*, ou seja, não tenta congelar as diferentes células espaciais funcionais em um cubo fechado. Pelo contrário, lança-as (e faz o mesmo com planos salientes, volumes de sacadas, etc.) centrifugamente, a partir do núcleo do cubo. E, por esses meios, *altura, largura, profundidade* e *tempo* (isto é, uma dimensão quadridimensional imaginária), aproxima-se de uma expressão plástica totalmente nova nos espaços abertos. Assim, a arquitetura assume um aspecto mais ou menos flutuante que, por assim dizer, atua contra as forças gravitacionais da natureza.

A terceira e última fase da atividade do De Stijl, que vai de 1925 a 1931, foi anunciada por uma divergência drástica entre Mondrian e Van Doesburg a propósito da introdução, por este último, da diagonal em suas pinturas através de uma série de "contracomposições" que havia concluído em 1924. A essa altura, a unidade inicial estava perdida, tanto pela incessante atividade polêmica de Van Doesburg quanto por sua arbitrária modificação do cânone neoplástico. A partir de sua associação com Lissitzky, ele passara a situar a estrutura social e a tecnologia entre os principais determinantes da forma, a despeito de quaisquer preocupações que ainda pudesse ter com o ideal do De Stijl acerca de uma harmonia universal. Em meados da década de 1920, ele se deu conta de que, em si mesma, a universalidade só poderia produzir uma cultura artificialmente delimitada que, por sua aversão aos objetos do cotidiano, só tendia a voltar-se contra a preocupação inicial do De Stijl – assumida inclusive por Mondrian – com a unificação de arte e vida. Van Doesburg parece ter optado por uma solução lissitzkiana desse dilema, na qual tanto a escala ambiental quanto a condição do objeto devessem determinar até que ponto ele poderia ser manipulado em conformidade com uma concepção abstrata. Assim, enquanto o mobiliário e os equipamentos do modo como os produzia a sociedade em geral deviam ser aceitos como os objetos banais da cultura, o ambiente construído em si poderia, e na

Figs. 129, 130. Rietveld, Casa Schröder-Schräder, Utrecht, 1924. À direita, plantas do andar superior "fechado" (acima) e "aberto".

52. Schröder House, plan, upper floor, closed

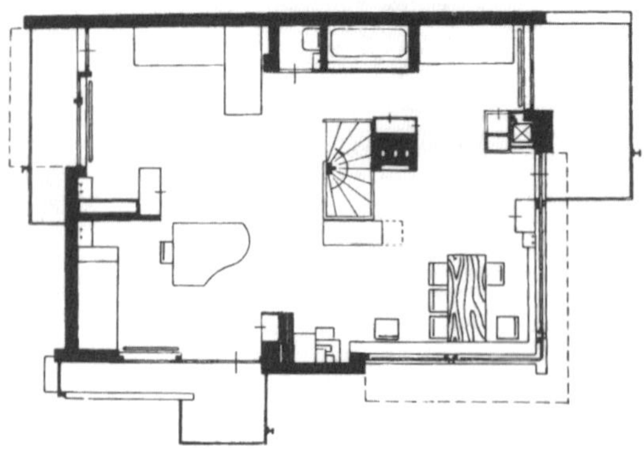

53. Schröder House, plan, upper floor, open

verdade deveria, ser criado de acordo com uma ordem mais elevada.

Van Doesburg e Van Eesteren apresentaram uma visão idealizada dessa posição em seu ensaio *Vers une construction collective* [Por uma construção coletiva], publicado em 1924, em que tendiam a uma solução mais objetiva e técnica do problema da síntese arquitetônica:

> É preciso entender que vida e arte deixaram de ser domínios separados. É por isso que a "ideia" da "arte" como uma ilusão separada da vida real deve ser banida. A palavra "arte" não significa mais nada para nós. Em seu lugar, exigimos a construção de nosso ambiente segundo leis criativas baseadas em um princípio fixo. Essas leis, seguindo as da economia, da matemática, da técnica, do saneamento, etc., estão levando a uma nova unidade plástica.

Mais adiante lemos, no sétimo ponto do manifesto, a essência do espírito que deveria dar forma à última grande obra de Van Doesburg, o Café L'Aubette de 1928:

> Estabelecemos o verdadeiro lugar da cor na arquitetura, e declaramos que a pintura, sem a construção arquitetônica (isto é, a pintura de cavalete) não tem mais razão de existir.

Depois de 1925, foi escassa a parceria entre Van Doesburg e Rietveld. Não obstante, a obra deste último desenvolveu-se numa direção semelhante; afastando-se do elementarismo da Casa Schröder e do mobiliário ortogonal de sua fase inicial, voltou-se para soluções mais "objetivas" que decorriam da aplicação da técnica. Rietveld assumiu essa diretriz ao redesenhar os assentos e espaldares de suas cadeiras como planos curvos, não só pelo fato de tais formas serem mais confortáveis, mas também porque possuíam maior força estrutural. Isso levou naturalmente à técnica da laminação da madeira, e a partir daí, uma vez que a inibidora estética neoplástica tinha sido abandonada, faltava apenas um passo para que as cadeiras passassem a ser modeladas a partir de uma única chapa de madeira compensada. A casa do motorista, em dois andares, construída por Rietveld em Utrecht em 1927, foi em grande parte o produto de uma abordagem semelhante na qual, apesar do uso – ou, melhor dizendo, por causa do uso – de uma técnica avançada, sobrou muito pouco da estética original do De Stijl. Em vez de cores primárias, a estrutura de aço exposta e os painéis de concreto foram pintados de preto, e a superfície dos próprios painéis foi repintada com um reticulado de quadrados brancos. Distante da concepção de Doesburg de um espaço anticubista, como preconizado em seus *Dezesseis pontos de uma arquitetura plástica*, era mais determinada pela técnica do que por qualquer impulso voltado para a forma universal.

O Café L'Aubette de Estrasburgo, projetado em 1928, compreendia uma sequência de dois grandes espaços públicos e espaços adicionais situados dentro de uma fachada do século XVIII. Essas dependências foram projetadas e realizadas por Van Doesburg em associação com Hans Arp e Sophie Täuber Arp. Van Doesburg controlou o tema geral, e cada artista ficou livre para criar seu próprio espaço. Com a única exceção do mural de Arp, todas as dependências eram moduladas por relevos de parede abstratos, e superficiais, com a cor, a iluminação e os equipamentos integrados a cada composição. O próprio esquema de Van Doesburg era, na verdade, uma retomada de seu projeto de 1923 para um edifício universitário em que uma composição elementarista diagonal havia sido deliberadamente imposta a todas as superfícies de um espaço parcialmente ortogonal. O interior de Doesburg em L'Aubette era igualmente dominado e distorcido pelas linhas de um enorme relevo diagonal ou contracomposição, passando obliquamente sobre todas as estruturas internas. Essa fragmentação através do relevo – uma extensão do enfoque dado por Lissitzky à sua sala Proun em 1923 – era complementada pelo fato de o mobiliário

Fig. 131. Van Doesburg. Café L'Aubette, Estrasburgo, 1928-29

estar livre de quaisquer peças elementaristas. Em seu lugar, Van Doesburg concebeu cadeiras "padrão" em madeira curvada e em outras partes utilizou detalhes extremamente objetivos. A balaustrada, tubular em toda sua extensão, era simplemente soldada, enquanto a iluminação principal consistia em lâmpadas expostas, fixas em dois tubos de metal suspensos no teto. Sobre esse projeto, ele escreveu:

> A trajetória do homem no espaço (da esquerda para a direita, da frente para trás, de cima para baixo) adquiriu uma importância fundamental para a pintura em arquitetura. (...) Nessa pintura, a ideia não é conduzir o homem ao longo da superfície pintada de uma parede, para que ele observe o desenvolvimento pictórico do espaço que vai de uma parede à outra; o problema está em evocar o efeito simultâneo da pintura e da arquitetura.

L'Aubette, concluído em 1929, é a última obra arquitetônica neoplástica de alguma importância. A partir dessa data, os artistas ainda ligados ao De Stijl, inclusive Rietveld e Van Doesburg, deixaram-se influenciar cada vez mais pela Neue Sachlichkeit, o que, por sua vez, os levou a submeter-se aos valores culturais do socialismo internacional. A casa do próprio Van Doesburg, construída em Meudon por volta de 1929, quase nada tem a ver com os dezesseis pontos de seu manifesto de 1924. É apenas um estúdio utilitário, de estrutura de concreto armado aparente e construção de alvenaria, lembrando por alto o tipo de moradia artesanal que já havia sido projetado por Le Corbusier no início da década de 1920. Para as janelas, Van Doesburg optou por usar o caixilho industrial francês padronizado, e, no caso da mobília, criou sua própria versão de uma cadeira *sachlich* em aço tubular. Por volta de 1930, o ideal neoplástico de unir as artes e transcender a divisão entre arte e vida já fora abandonado e voltara a suas origens na pintura abstrata, ao *art concert* das contracomposições de Van Doesburg que pendiam das paredes de seu estúdio em Meudon. Contudo, a preocupação consciente desse artista com uma ordem universal continuou viva, pois em sua última polêmica, *Manifeste sur l'art concret* [Manifesto sobre a arte concreta] (1930), ele escreveu: "Se os meios de expressão forem libertados de toda particularidade, eles estarão em harmonia com o fim último da arte, que consiste em criar uma linguagem universal." Não se explicitava, porém, de que modo esses meios seriam libertados no caso da arte aplicada, como, por exemplo, o mobiliário e o equipamento em geral. Um ano depois, aos quarenta e oito anos de idade, Van Doesburg morreu num sanatório em Davos, na Suíça, e com ele morria a força motriz do Neoplasticismo. Do grupo original de artistas do De Stijl, só Mondrian parece ter mantido o compromisso com os princípios estritos do movimento, com o ortogonal e as cores primárias que eram os elementos constitutivos de sua obra da maturidade. Com eles, Mondrian continuou a representar a harmonia de uma utopia irrealizável. Como escreveu em seu *Plastic and Pure Plastic Art* [Arte plástica pura] (1937), "A arte é apenas um substituto enquanto a beleza da vida ainda for deficiente. Vai desaparecer proporcionalmente, à medida que a vida ganhar em equilíbrio."

CAPÍTULO 17 **Le Corbusier e o Esprit Nouveau, 1907-31**

Vocês usam pedra, madeira e concreto, e com esses materiais constroem casas e palácios; isso é construção. A inventividade está em ação. De repente, porém, vocês tocam meu coração, fazem-me bem; fico feliz, e digo: "Isso é bonito". Isso é Arquitetura. Existe a participação da arte. Minha casa é prática. Agradeço a vocês, como poderia agradecer aos engenheiros ferroviários ou ao serviço telefônico. Vocês não tocaram meu coração. Mas suponhamos que as paredes se elevem aos céus de um modo que me deixe emocionado. Percebo suas intenções: seus estados de espírito foram gentis, brutais, encantadores ou nobres. É o que me dizem as pedras que vocês erigiram. Vocês me fixam no lugar e meus olhos o contemplam. Eles veem algo que expressa uma ideia. Uma ideia que se manifesta sem som ou palavra, mas unicamente através de formas que mantêm uma certa relação mútua. Essas formas são tais que se revelam claramente à luz. As relações entre elas não têm, necessariamente, nenhuma referência àquilo que é prático ou descritivo. São uma criação matemática que a mente de vocês gerou. São a linguagem da Arquitetura. Com o uso de materiais inertes e partindo de condições mais ou menos utilitárias, vocês estabeleceram certas relações que despertaram minhas emoções. Isso é Arquitetura.

Le Corbusier
Vers une architecture, 1923

O papel absolutamente central e embrionário representado por Le Corbusier no desenvolvimento da arquitetura do século XX é causa suficiente para que nos detenhamos detalhadamente nos primórdios de sua evolução; e a importância fundamental de sua conquista só se torna aparente quando vista contra o pano de fundo das influências extremamente variadas e intensas às quais esteve submetido na década entre sua primeira casa, construída em La Chaux-de-Fonds em 1905, quando tinha dezoito anos, e as últimas obras que ali realizou em 1916, um ano antes de transferir-se para Paris. Acima de tudo, parece necessário examinar os longínquos antecedentes albigenses de sua família, de resto calvinista, e aquela visão de mundo maniqueísta meio esquecida, mas latente, que parece ter sido a origem de sua atitude mental "dialética". Refiro-me àquele jogo onipresente de opostos – do contraste entre sólido e vazio, luz e sombra, Apolo e Medusa – que impregna sua arquitetura e é evidente como postura mental na maioria de seus textos teóricos.

Le Corbusier nasceu em 1887, na cidade relojoeira suíça de La Chaux-de-Fonds, situada no Jura, perto da fronteira com a França. Uma das primeiras imagens de sua adolescência deve ter sido essa cidade industrial de um traçado extremamente racional, que tinha sido reconstruída após um incêndio ocorrido cerca de vinte anos antes do seu nascimento. Durante sua formação como *designer* e gravador na escola local de artes e ofícios, Charles Édouard Jeanneret (seu verdadeiro nome) envolveu-se, no final da adolescência, com as últimas fases do movimento Arts and Crafts. A maneira

Jugendstil de sua primeira casa, a Villa Fallet de 1905, foi uma cristalização de tudo quanto lhe havia ensinado seu mestre Charles L'Eplattenier, diretor do *cours supérieur* da escola de arte aplicada de La Chaux-de-Fonds. O ponto de partida do próprio L'Eplattenier tinha sido Owen Jones, cujo livro *The Grammar of Ornament* [A gramática do ornamento] (1856) era um compêndio definitivo de arte decorativa. L'Eplattenier pretendia criar uma escola nativa de arte aplicada para a região do Jura e, à maneira de Jones, ensinava seus alunos a derivar todo ornamento de seu meio ambiente natural imediato. O tipo e a decoração vernáculos da Villa Fallet eram exemplares a esse respeito: sua forma geral era essencialmente uma variação das casas de campo de madeira e pedra do Jura, enquanto seus elementos decorativos derivavam da flora e da fauna da região.

Apesar de sua admiração por Owen Jones, para L'Eplattenier, de formação obtida em Budapest, o centro cultural da Europa continuava sendo Viena, e sua grande ambição era fazer com que seu melhor aluno se tornasse, ali, aprendiz de Josef Hoffmann. Assim, no outono de 1907, Le Corbusier foi mandado para Viena. Foi recebido com cordialidade, mas parece ter rejeitado a oferta de trabalho de Hoffmann e com ela a sofística do Jugendstil, àquela altura clássico. Sem dúvida, os projetos que criou em Viena para novas casas que seriam concluídas em La Chaux-de-Fonds, em 1909, mostram muito poucos indícios da influência de Hoffmann. Esse aparente desafeto pelo Jugendstil já em declínio foi estimulado por um encontro com Tony Garnier em Lyon, no inverno de 1907, no exato momento em que este começava a ampliar seu projeto de 1904 para uma Cité Industrielle. As afinidades socialistas utópicas de Le Corbusier e sua suscetibilidade diante de uma abordagem tipológica – para não dizer clássica – da arquitetura certamente datam desse encontro, sobre o qual ele escreveu: "Esse homem sabia que o nascimento iminente de uma nova arquitetura dependia de fenômenos sociais. Seus planos revelavam uma grande facilidade. Eram a consequência de um século de evolução arquitetônica na França."

O ano de 1907 pode ser visto como o ponto de mutação da vida de Le Corbusier, pois nesse ano ele não só conheceu Garnier, como também fez uma visita crucial ao convento de cartuxos de Ema, na Toscana. Ali vivenciou, pela primeira vez, a "comuna" viva que viria a tornar-se o modelo sociofísico de sua própria reinterpretação das ideias socialistas utópicas que herdara, em parte de Garnier e, em parte, de L'Eplattenier. Mais tarde, descreveria o convento dos cartuxos como uma instituição na qual "uma autêntica aspiração humana tinha se concretizado: silêncio e solidão, mas também o contato diário entre os homens".

Em 1908, em Paris, Le Corbusier conseguiu um emprego de meio período com Auguste Perret, cuja reputação já fora estabelecida por sua "domesticação" da estrutura de concreto armado de seu bloco de apartamentos construído na Rue Franklin em 1904. Os quatorze meses que Le Corbusier passou em Paris deram-lhe uma concepção totalmente nova tanto da vida quanto do trabalho. Além de receber uma formação básica em concreto armado, a capital ofereceu-lhe a oportunidade de aumentar seus conhecimentos da cultura francesa clássica, graças a visitas a museus, bibliotecas e salas de conferência. Ao mesmo tempo, para grande desaprovação de L'Eplattenier, o contato com Perret convenceu-o de que o *béton armé* era o material do futuro. Além de sua natureza monolítica e maleável, de sua economia e durabilidade intrínsecas, Perret via na estrutura de concreto um agente para a resolução do antiquíssimo conflito entre a autenticidade estrutural do Gótico e os valores humanistas da forma clássica.

O impacto de toda essa variedade de experiências pode ser avaliado a partir do projeto que criou para sua *alma mater* em 1909, quando de seu retorno a La Chaux-de-Fonds. Esse edifício, evidentemente concebido em concreto armado, consistia em três alas escalonadas de ateliês para artistas, cada qual com seu jardim fechado, dispostas ao redor de um espaço comunitário central coberto por um telhado piramidal de vidro. Essa livre adaptação da forma celular dos cartuxos, com suas conotações de comunalismo, foi o primeiro exemplo em que Le Corbusier reinterpretou um tipo clássico com a finalidade de conciliar um tipo inteiramente novo de programa. Essas transformações tipológicas, com suas referências espaciais e ideológicas, iriam tornar-se uma parte intrínseca de seu método de trabalho. Uma vez que seu procedimento sintético era impuro por definição, era inevitável que suas obras se impregnassem de referências a um grande número de antecedentes diversos ao mesmo tempo. Por mais que esse processo possa, às vezes, ter sido em parte inconsciente, a escola de arte deve ser vista tanto como um legado do Familistério de Godin quanto como uma reinterpretação de Ema. Não obstante, Ema permaneceria incrustada na imaginação de Le Corbusier como uma imagem de harmonia a ser reinterpretada um sem-número de vezes, primeiro em grande escala, em seu projeto Immeuble-Villa de 1922, e depois, menos diretamente, nos tipos de conjuntos residenciais que ele concebeu, ao longo de toda a década seguinte, para seus projetos hipotéticos de cidades.

Le Corbusier foi para a Alemanha em 1910, com o objetivo ostensivo de ampliar seu conhecimento da técnica do concreto armado, mas, enquanto ali esteve, foi patrocinado pela escola de arte de La Chaux-de--Fonds para estudar a situação das artes decorativas. Esse encargo, que resultou num livro, colocou-o em contato com todas as figuras principais do Deutsche Werkbund, sobretudo com Peter Behrens e Heinrich Tessenow, os dois artistas que exerceriam uma influência tão forte sobre duas de suas últimas obras em La Chaux-de-Fonds – a Villa Jeanneret Père, de 1912, e o Cinema Scala, de 1916. Além disso, o contato com o Werkbund conscientizou-o das conquistas da moderna engenharia de produção, os navios, automóveis e aviões que seriam a substância de seu polêmico ensaio *Des Yeux qui ne voient pas* [Olhos que não veem]. No fim daquele ano, depois de cinco anos no escritório de Behrens, onde ele certamente conheceu Mies van der Rohe, Le Corbusier deixou a Alemanha para assumir um cargo docente em La Chaux-de-Fonds, oferecido por L'Eplattenier. Antes de voltar para a Suíça, porém, ele fez uma grande viagem pelos Bálcãs e pela Ásia Menor, a partir da qual a arquitetura otomana se tornou uma influência decisiva em sua obra, ainda que veladamente. Isto se torna muito evidente em seu lírico relato de viagem, o livro *Voyage d'Orient* [Viagem ao Oriente] de 1913.

Os cinco anos que antecedem 1916 deram forma à orientação de sua futura carreira em Paris. Seu rompimento definitivo com L'Eplattenier e sua simultânea rejeição de Frank Lloyd Wright, cuja obra ele teria conhecido a partir dos volumes Wasmuth de 1910-11, permitiram-lhe permanecer aberto às possibilidades da produção racionalizada em concreto armado. Em 1913, abriu seu próprio escritório em La Chaux-de-Fonds, com o objetivo ostensivo de especializar-se em *béton armé*.

Em 1915, junto com seu amigo de infância, o engenheiro suíço Max du Bois, desenvolveu duas ideias que moldariam seu desenvolvimento ao longo de toda a década de 1920 – sua reinterpretação da estrutura Hennebique como a Maison Dom-Ino, que se tornaria a base estrutural da maioria de suas casas até 1935, e as Villes Pilotis, uma cidade projetada para ser construída sobre pilastras; o conceito da rua elevada certamente provinha da Rue Future de Eugène Hénard, de 1910.

O ano de 1916 presenciou a culminação dos primórdios de sua carreira em La Chaux--de-Fonds, com a construção da Villa Schwob, que era uma síntese extraordinária de tudo que Le Corbusier havia vivenciado até então. Era, sobretudo, uma assimilação elaborada do potencial espacial do sistema Hennebique, permitindo que seu autor impusesse, a uma estrutura de esqueleto, elementos estilísticos extraídos de Hoffmann, Perret e Tessenow. Havia, inclusive, uma evocação erótica de um harém, razão pela qual o edifício passou a ser conhecido pela alcunha de Villa Turque. Ao mesmo tempo, foi o primeiro momento em que Le Corbusier concebeu uma casa em termos honoríficos, isto é, como um palácio. O sistema de intercolúnios alternadamente largos e estreitos e a organização simétrica do projeto conferiam à Villa Schwob uma estrutura inegavelmente paladiana. Conotações clássicas semelhantes foram indicadas no texto que acompanhava sua publicação em *L'Esprit Nouveau*, em 1921, em que Julien Caron escreveu:

> Le Corbusier teve que resolver um problema delicado a propósito da criação de uma obra pura de arquitetura, do modo como o postulava um projeto no qual as massas eram de uma geometria primária, o quadrado e o círculo. Essa especulação na construção de uma casa foi raramente tentada, a não ser durante o Renascimento.

Pela primeira vez, Le Corbusier empregou "linhas reguladoras", aquele recurso clássico usado para manter o controle proporcional sobre a fachada, manifesto, por exemplo, na disposição da fenestragem de acordo com a seção áurea. Nos anos seguintes, esse tema da "casa-palácio" teve sua consumação na obra de Le Corbusier em duas escalas diferentes, com conotações socioculturais afins, porém separadas. A primeira foi a *villa* burguesa individual e independente, de precedentes paladianos, da qual nos dão um exemplo as casas magistrais do final da década de 1920; a segunda foi a habitação coletiva, concebida como um palácio barroco que podia evocar, através de sua planta "em recuo", as conotações ideológicas de um falanstério.

Logo depois de mudar-se para Paris em outubro de 1916, onde foi trabalhar, Le Corbusier teve a sorte de ser apresentado por Auguste Perret ao pintor Amédée Ozenfant, com o qual desenvolveria a abrangente estética mecânica do Purismo. Baseado na filosofia neoplatônica, o Purismo ampliava seu discurso de modo a abranger todas as formas de expressão plástica, da pintura de salão ao *design* de produtos e à arquitetura. Não era nada menos que uma abrangente teoria da civilização que pregava diligentemente o refinamento consciente de todos os estilos existentes. Portanto, posicionava-se tanto contra aquilo que Le Corbusier e Ozenfant viam como as distorções gratuitas do Cubismo pictórico (cf. sua primeira polêmica conjunta, intitulada *Après le Cubisme* [Após o Cubismo], de 1918), quanto em favor da perfeição "evolutiva" de coisas como, digamos, os móveis de compensado de Thonet ou os jogos de café padronizados. Sua primeira formulação plena dessa estética veio com seu ensaio intitulado *Le Purisme* [O Purismo], que foi publicado em 1920, no quarto número de *L'Esprit Nouveau*, uma revista artística e literária que eles continuariam a publicar com o poeta Paul Dermée até 1925. Sem dúvida, o período mais fértil de sua colaboração surgiu com a gestação de *Vers une architecture* [Por uma arquitetura], que, antes de ser publicado em forma de livro, em 1923, foi parcialmente publicado em *L'Esprit Nouveau* com o duplo pseudônimo de Le Corbusier-Saugnier.

Esse texto – que, em forma de livro, teve seu crédito apropriado por Le Corbusier – articulava o dualismo conceitual em torno do qual sua obra viria a desenvolver-se: por um lado, a necessidade imperiosa de atender às exigências funcionais através da forma empírica, e, por outro, o impulso de usar elementos abstratos de modo a atingir os sentidos e nutrir o intelecto. Essa concepção dialética da forma, introduzida sob o título Esthétique et architecture de l'ingenieur [Estética e arquitetura do engenheiro], era exemplificada pelas mais avançadas estruturas de engenharia da época, o Viaduto Garabit de Eiffel, de 1884, e a fábrica Fiat de Giacomo Matté Trucco, de 1915 a 1921.

O outro aspecto da Estética do Engenheiro – o *design* de produtos – era representado pelos navios, automóveis e aviões, que vinham apresentados em subseções separadas, sob o título geral de Des Yeux qui ne voient pas [Olhos que não enxergam]. A terceira parte levava o leitor de volta à antítese da arquitetura clássica, à lúcida poesia da Acrópole de Atenas, que era examinada no penúltimo capítulo sob o título de Architecture, pure creation de l'esprit [Arquitetura, criação pura do espírito]. Tão grande era a admiração de Le Corbusier pela exatidão técnica, que os perfis do Partenon eram apresentados como análogos aos que hoje são produzidos por instrumentos mecânicos. Ele escreveu: "Toda essa maquinaria clássica é realizada em mármore com o rigor que aprendemos a aplicar através da máquina. A impressão é de aço puro e polido."

Durante os cinco primeiros anos de sua intensa atividade em Paris, nos quais pintou e escreveu no tempo livre de que dispunha, Le Corbusier ganhava a vida, durante o dia, como gerente de uma fábrica de tijolos e materiais de construção em Alfortville. Em 1922, deixou o cargo para começar a trabalhar com seu primo Pierre Jeanneret, um contrato que durou até a eclosão da Segunda Guerra Mundial. Uma das primeiras realizações do escritório foi apresentar a ideia "construcional" pela primeira vez discutida com du Bois nos anos iniciais da Primeira Guerra Mundial, ou seja, a Maison Dom-Ino e as Villes Pilotis.

O protótipo Dom-Ino era nitidamente aberto a diferentes níveis de interpretação. Enquanto, por um lado, era apenas um recurso técnico para a produção, por outro era um jogo com a palavra Dom-Ino como nome industrial patenteado, denotando uma casa tão estandardizada quanto um dominó. Esse jogo adquiria a força de um quebra-cabeça literal, onde as colunas livres podiam ser vistas em planta como pontos de dominó, e onde o padrão em zigue-zague de um agregado dessas casas lembrava a formação de um jogo de dominó. Com sua disposição simétrica, porém, esses padrões também podiam adquirir conotações específicas ora assemelhando-se ao projeto típico de palácio barroco do falanstério de Fourier, ora, alternativamente, ao evocarem o Boulevard à Redans de Eugène Hénard, de 1903. Com sua própria "rue à redents" de 1920, Le Corbusier conseguiu combinar a imagem do falanstério com sua própria polêmica da "rua anticorredor". Ao mesmo tempo, desejava ver o Dom-Ino como uma peça de equipamento, análoga em sua forma e modo de montagem a uma peça típica do *design* de produtos. Esses elementos eram vistos por Le Corbusier como *objets-types*, cujas formas já se haviam refinado em resposta a necessidades típicas. Em *Vers une architecture*, ele escreveu:

> Se eliminarmos de nossos corações e mentes todos os conceitos mortos a propósito das casas e examinarmos a questão a partir de um ponto de vista crítico e objetivo, chegaremos à "Máquina de Morar", a casa de produção em série, saudável (também moralmente) e bela como são as ferramentas e os instrumentos de trabalho que acompanham nossa existência.

A tentativa feita no pós-guerra pela fábrica de aviões Voisin, no sentido de participar do mercado francês de construção civil com uma linha de produção em série de casas de madeira foi saudada com entusiasmo por Le Corbusier no segundo número de *L'Esprit Nouveau*. Ao mesmo tempo, porém, ele se deu conta de que tal produção só seria alcançada através do exercício de muita perícia e de uma produção industrial de alto nível, uma combinação de circunstâncias que era rara na indústria da construção. Reconheceu essas limitações em sua proposta da Maison Dom-Ino, que, à parte a construção das fôrmas e a instalação das armaduras de aço, se destinava a ser construída por uma mão de obra não qualificada. Já em 1919, ele havia adotado uma abordagem

Figs. 132, 133. Le Corbusier, Maison Dom-Ino, 1915. Abaixo, estrutura de unidade Dom-Ino; acima, perspectiva e planta mostrando um agrupamento possível.

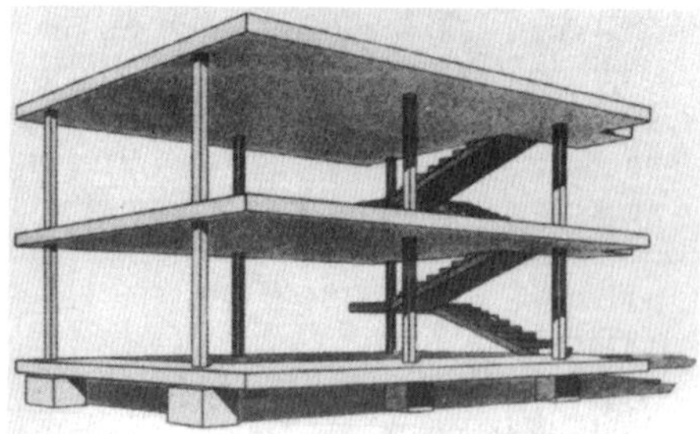

"colagista" da construção, quando propôs o uso de chapas onduladas de amianto como cobertura permanente para o teto abobadado, em concreto, de sua Maison Monol.

Em 1922, tanto a Maison Dom-Ino quanto as Villes Pilotis foram aperfeiçoadas como a Maison Citrohan e a Ville Contemporaine, e os dois projetos foram expostos no Salon d'Automne daquele ano. Enquanto a segunda provinha diretamente, pelo menos em corte, da Rue Future de Hénard, de 1910, a primeira usava a estrutura Hennebique para projetar um longo volume retilíneo, aberto numa das extremidades, que se aproximava da tradicional forma do mégaron mediterrâneo. Dentro desse tipo básico – projetado em duas versões sucessivas – Le Corbusier criou pela primeira vez seu espaço vital característico de pé-direito duplo, completado com um mezanino-dormitório e quartos para as crianças na parte superior. Além de suas raízes no vernáculo grego, esse tipo, que ele produziu pela primeira vez em 1920, parece ter tido suas origens num café para operários de Paris, na Rue de Babylone, onde ele almoçava diariamente com seu primo. Com base nesse pequeno restaurante, eles criaram o corte e a distribuição básica da Maison Citrohan: "Simplificação da fonte de luz; uma única abertura em cada extremidade; duas paredes laterais de suporte; uma cobertura plana; uma verdadeira caixa que poderia ser usada como uma casa."

Enquanto a Maison Citrohan, elevada sobre *pilotis*, estava na iminência de antecipar *Les 5 Points d'une architecture nouvelle* [Os cinco pontos de uma nova arquitetura], que Le Corbusier formulou por fim em 1926, era dificilmente aplicável a qualquer coisa que não fosse o desenvolvimento "suburbano". Com esse objetivo, ele logo usaria uma versão dela nos projetos de cidades-jardim que construiu em Liège e Pessac em 1926. Entre as cento e trinta casas de concreto armado construídas em Pessac para o industrial Henri Frugès, havia um tipo predominante conhecido como unidade "de arranha-céu", que na verdade era uma combinação da Maison Citrohan e das unidades confinadas pela parte posterior que projetou para a

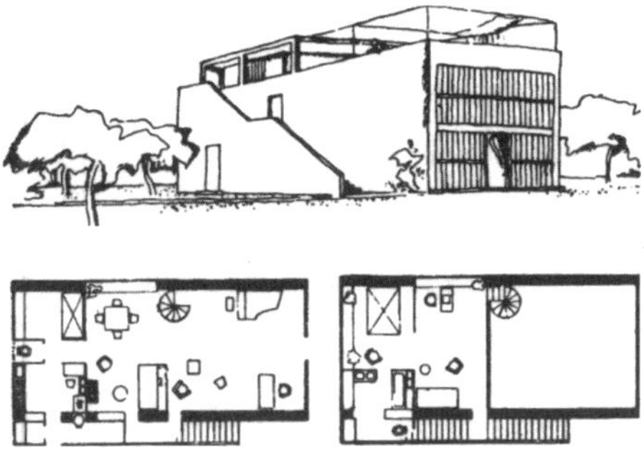

Fig. 134. Le Corbusier, Maison Citrohan, 1920. Perspectiva, pavimento térreo e primeiro pavimento.

Fig. 135. Le Corbusier, Pessac, projeto urbano perto de Bordeaux, 1926, no dia da inauguração.

Fig. 136. Gropius (esquerda), Senhora Gropius e Le Corbusier num café em Paris.

"cidade" de Audincourt naquele mesmo ano. Contudo, uma versão autêntica do tipo Citrohan só foi realizada quando de sua obra na Weissenhofsiedlung de Stuttgart, em 1927. Pessac, como indicaria sua mistura de tipos de unidade, foi uma culminação de suas incessantes tentativas, no início da década de 1920, de pôr em prática seus diversos projetos para a moradia estandardizada. O nome Citrohan era uma brincadeira com a marca de uma famosa fábrica de automóveis, indicando que uma casa deveria ser tão padronizada quanto um carro. Pessac mostrou a primeira integração consciente de deslocamentos puristas cromáticos para a arquitetura. Na época, o arquiteto observou:

> A localização de Pessac é muito seca. As casas cinzentas de concreto produzem uma insuportável massa comprimida à qual falta ar. A cor pode oferecer-nos espaço. Este é o modo como estabelecemos certos pontos invariáveis. Algumas fachadas são pintadas em siena queimada. Fizemos com que as linhas de outras casas recuassem mediante o uso de um azul ultramarino claro. Além disso, através de algumas fachadas em verde-claro confundimos certas seções com a folhagem dos jardins e as árvores.

Ao contrário de seus contemporâneos europeus, Gropius e Mies van der Rohe, Le Corbusier ansiava por desenvolver as conotações urbanas de sua arquitetura. A Ville Contemporaine, para 3 milhões de habitantes, foi a demonstração máxima desse aspecto de seu trabalho até 1922. Igualmente influenciado pelas cidades reticuladas de arranha-céus dos Estados Unidos e pela imagem da "cidade-coroa" apresentada por Bruno Taut em seu livro *Die Stadtkrone* (1919), Le Corbusier projetou a Ville Contemporaine como uma cidade capitalista de elite que seria um centro de administração e controle, com cidades-jardim para os trabalhadores situadas, junto com a indústria, para além da "zona de segurança" do cinturão verde que envolvia a cidade.

A cidade em si, de textura semelhante à de um tapete oriental e de área quatro vezes maior que a de Manhattan, consistia em blocos residenciais de dez a doze andares cada, além de vinte e quatro escritórios centrais com sessenta andares, com o conjunto cercado por um parque pitoresco que, como o tradicional *glacis*, mantinha a separação de classe entre elite urbana e proletariado suburbano. As próprias torres cruciformes para os escritórios – os chamados arranha-céus cartesianos – evocavam, com seu perfil denteado, as formas escalonadas dos templos dos khmers ou hindus, e, enquanto tal, tinham a finalidade evidente de substituir, em sua condição de centros do poder secular, as estruturas religiosas da cidade tradicional. O fato de tal autoridade ser atribuída a essas formas é sugerido por sua relação proporcional com a malha urbana, onde ocupavam uma seção áurea da área superficial em planta, dentro do quadrado duplo ocupado pela cidade como um todo.

Nada disso deixou de ser percebido pelo jornal comunista *L'Humanité*, que considerou o projeto inteiramente reacionário. Sua impressão de que Le Corbusier estava comprometido com os métodos saint-simonianos de administração e controle foi totalmente confirmado pela publicação de seu livro *Urbanisme* [Urbanismo], em 1925, cuja última ilustração representava Luís XIV supervisionando a construção de Les Invalides. O próprio Le Corbusier também ficou constrangido com essa imagem, a tal ponto que a complementou com a afirmação de que não devia ser entendida como um apoio ao partido fascista francês Action Française.

A Ville Contemporaine não era menos ideológica na organização pormenorizada de seus bairros residenciais, que consistiam em dois protótipos diferentes de blocos – o bloco perimetral e o "recuo", ou formação em *redent* –, cada qual postulando uma concepção diferente da cidade. O primeiro ainda estava ligado à ideia de uma cidade "murada" formada por ruas, enquanto o segundo pressupunha uma "cidade aberta" sem muros, aquela visão a ser por fim concretizada na Ville Radieuse, de uma densa cidade elevada acima da superfície de um parque contínuo. A implícita polêmica "anti-rua" contida em tal visão foi finalmente explicitada num ensaio sobre a rua que, em 1929, Le Corbusier escreveu para o jornal sindicalista *L'Intransigeant* [O intransigente].

Fig. 137. Le Corbusier e Jeanneret, projeto do Plan Voisin para Paris, 1925. A mão aponta para o novo centro comercial da cidade.

Além de oferecer os "prazeres essenciais" do verde e da luz solar, supunha-se que a cidade aberta facilitasse a locomoção, de acordo com o aforismo empresarial de Le Corbusier, para quem "Uma cidade feita para a velocidade é uma cidade destinada ao sucesso". Isto fazia parte da retórica que acompanhava a proposta de seu Plan Voisin para Paris, em 1925 – a ideia paradoxal de que, tendo realmente destruído a cidade grande, o automóvel agora poderia ser explorado como um instrumento para a sua salvação. Apesar de seu apoio financeiro, o cartel carro/avião, Voisin certamente tinha total consciência da impossibilidade econômica e política de erguer grandes torres cruciformes nos arredores da Île de la Cité.

A contribuição mais importante e duradoura da Ville Contemporaine foi sua unidade Immeuble-Villa, uma adaptação da Maison Citrohan como célula-base de moradias de grande altura e densidade habitacional. Essas unidades, aglutinadas em seis andares

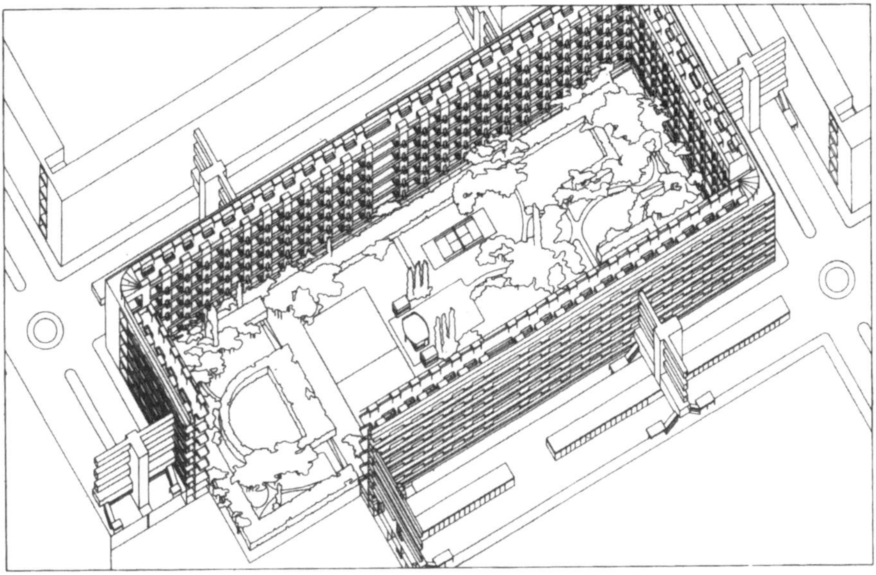

Fig. 138. Le Corbusier e Jeanneret, Ville Contemporaine, 1922. Blocos celulares perimetrais formados por unidades Immeuble-Villa.

Fig. 139. Le Corbusier, Pavillon de l'Esprit Nouveau, Exposition des Arts Décoratifs, Paris, 1925, mobiliado com *objets-types* e telas puristas de Léger e Le Corbusier.

duplos, incluíam terraços ajardinados, um para cada dúplex, uma organização que hoje parece ser uma das poucas soluções aceitáveis para a vida *familiar* em um edifício de muitos andares. Nos chamados blocos perimetrais "celulares" da Ville Contemporaine, esses apartamentos dúplex com terraço abriam-se, no térreo, para uma área verde retangular dotada de instalações para o lazer comunitário. A introdução de um espaço comunitário adicional no interior do bloco e nos arredores da periferia dessa área mais a pretendida oferta de serviços gerais de hotelaria colocam essa proposta a meio caminho entre o prédio de apartamentos burguês e a moradia socialista coletiva (cf. o falanstério e os Aérodromes de Borie). A unidade Immeuble-Villa foi finalmente trabalhada em detalhe e exposta como protótipo no Pavillon de L'Esprit Nouveau, construído para a Exposition des Arts Décoratifs de Paris, em 1925. Infelizmente, as tentativas subsequentes de comercializar essa unidade, tanto como *maisonette* na cidade quanto como *villa* independente nos subúrbios, não tiveram o sucesso esperado. O Pavillon de l'Esprit Nouveau foi uma condensação da sensibilidade purista: enquanto maquinista em promessa e urbana por implicação, uma vez que se destinava ostensivamente à produção em série e à agregação em alta densidade, era mobiliada segundo o cânone purista dos *objets-types*, isto é, com poltronas inglesas do tipo "club", móveis Thonet de madeira curvada e peças parisienses padronizadas de ferro fundido, com *objets-tableaux* de origem purista, tapetes orientais e cerâmica da América do Sul. Esse conjunto muito bem equilibrado de objetos populares, artesanais e industrializados, que em seu espírito estava em dívida com Adolf Loos, foi ali colocado sob o patrocínio do Ministério das Artes como um gesto polêmico contra o movimento Art Déco.

Em 1925, Le Corbusier também retomou o tema da *villa* burguesa, primeiro em sua Maison Cook, concluída no ano seguinte como demonstração de *Les 5 points d'une architecture nouvelle*, publicado em 1926, e depois no projeto para a Villa Meyer, que antecipava a *villa* em Garches e a Villa Savoye em Poissy, concluídas em 1927 e 1929, respectivamente.

Para sua expressão, todas essas casas dependiam da sintaxe dos "cinco pontos": 1) os *pilotis* que elevavam a massa acima do solo, 2) a planta livre, obtida mediante a separação entre as colunas estruturais e as paredes que subdividiam o espaço, 3) a fachada livre, o corolário da planta livre no plano vertical, 4) a longa janela corrediça horizontal, ou *fenêtre en longueur*, e finalmente 5) o jardim de cobertura que supostamente recriava o terreno coberto pela construção da casa.

O potencial latente da estrutura Hennebique na Maison Dom-Ino e as sólidas paredes laterais da Maison Citrohan determinaram, em igual medida, o partido básico de todas essas casas, com o uso liberal de colunas livres, fachadas com janelas enfileiradas e lajes de piso em balanço. A subdivisão estrutural da Maison Dom-Ino (com a fórmula rítmica AAB compreendendo duas grandes esquadrias mais outra, estreita, que continha uma escada) liga o paladianismo explícito da Villa Schwob ao paladianismo reprimido da *villa* em Garches, com as duas casas aparentemente organizadas segundo o

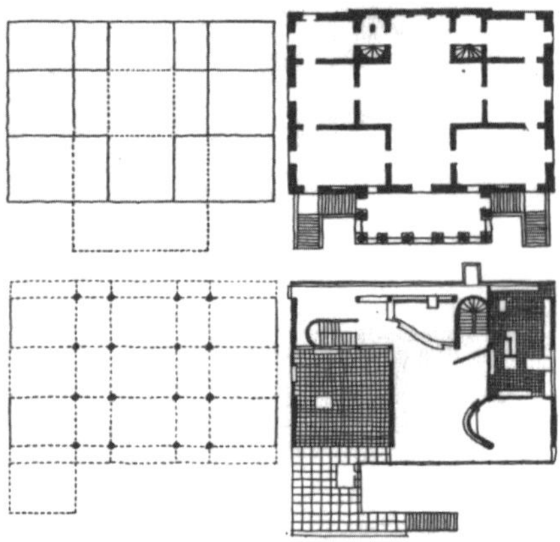

Fig. 140. Le Corbusier e Jeanneret, Villa de Monzie, Garches, 1927.

Fig. 141. Villa Malcontenta de Palladio, 1560 (acima), e Villa de Monzie de Le Corbusier em Garches, 1927, com análises de seu ritmo proporcional.

clássico ritmo paladiano ABABA, sobre o qual Colin Rowe chamou a atenção. A Villa Malcontenta de Palladio, de 1560, e a *villa* de Le Corbusier em Garches, construída cerca de 350 anos mais tarde, são igualmente baseadas, na direção longitudinal, na alternância de vãos duplos e simples que produzem um ritmo de 2:1:2:1:2. Como afirmou Rowe, uma síncope semelhante é obtida na outra dimensão:

Em ambos os casos, estabelecem-se seis linhas "transversais" de apoio, alternando rit-

Fig. 142. Le Corbusier e Jeanneret, Villa Savoye, Poissy, 1929-31. O *jardin suspendu* do primeiro andar.

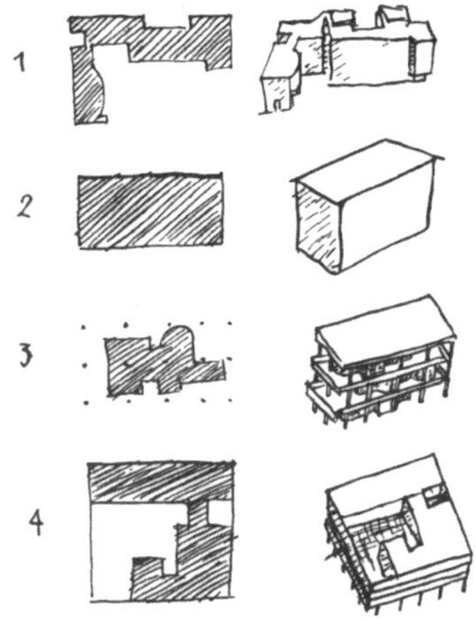

Fig. 143. Le Corbusier, as Quatro Composições de 1929: 1) Maison La Roche, 2) *villa* em Garches, 3) Weissenhofsiedlung em Stuttgart, 4) Villa Savoye.

micamente vãos simples e duplos; mas, como resultado do uso que Le Corbusier faz do balanço, o ritmo das linhas de apoio paralelas torna-se ligeiramente diferente. Na villa em Garches, é de $\frac{1}{2}:1\frac{1}{2}:1\frac{1}{2}:1\frac{1}{2}:\frac{1}{2}$ e, na Villa Malcontenta, de $1\frac{1}{2}:2:2:1\frac{1}{2}$. Na planta, portanto, Corbusier obtém uma espécie de compressão para seu vão central, e o interesse parece transferido para seus vãos externos, que são aumentados pela meia unidade extra do balanço, enquanto Palladio assegura um domínio de sua divisão central e uma progressão na direção de seu pórtico, que ali concentra o interesse. Em ambos os casos, o elemento que se sobressai, terraço ou pórtico, ocupa $1\frac{1}{2}$ unidade em profundidade.

Rowe prossegue, apontando o contraste da centralização da Villa Malcontenta com a natureza centrífuga da *villa* em Garches:

> Em Garches, o foco central foi rompido consistentemente, a concentração em um ponto desintegrou-se e foi substituída por uma dispersão periférica de incidência. Os fragmentos desmembrados do foco central tornam-se, na verdade, uma espécie de instalação serial de interesse ao redor das extremidades da planta.

Além de seu assentamento purista de planos frontalizados no espaço e seu jogo com a transparência literal e fenomenal, observada por Rowe e Robert Slutzky, Garches foi significativa por sua solução de um problema que havia sido proposto por Loos pela primeira vez: como combinar o conforto e a informalidade da planta Arts and Crafts com as asperezas da forma geométrica, quando não neoclássica – como conciliar o domínio privado da conveniência moderna com a fachada pública da ordem arquitetônica. Como indicariam as Quatro Composições de Le Corbusier, de 1929, Garches foi capaz de tal conquista, com uma elegância negada a Loos, através dos deslocamentos possibilitados pela invenção da planta livre. A disjunção do interior complexo, por assim dizer, ficou distante da frente pública mediante a elisão da fachada livre.

Se Garches deve ser associada à Villa Malcontenta, a Villa Savoye, como afirma Rowe mais uma vez, pode ser comparada à Villa Rotonda de Palladio. A planta quase quadrada da Villa Savoye, com seu andar térreo elíptico e sua rampa centralizada, pode ser interpretada como uma metáfora complexa da planta centralizada e biaxial da Rotonda. Aí, porém, termina toda e qualquer semelhança, pois Palladio insiste na centralidade e Le Corbusier afirma, dentro de seu quadrado autoimposto, as qualidades espirais da assimetria, da rotação e da dispersão periférica. Não obstante, em seu livro *Précisions sur un état présent de l'architecture et de l'urbanisme* [Especificações sobre o estado atual da arquitetura e do urbanismo] (1930), Le Corbusier tornou o Classicismo iminente da Villa Savoye extremamente claro:

> Os habitantes aqui vêm porque essa paisagem rústica se harmoniza com a vida no campo. Eles observam todo o seu domínio das alturas de um *jardin suspendu*, ou a partir dos quatro aspectos de duas *fenêtres en longueur*. Sua vida doméstica fica inserida em um sonho virgiliano.

Com a Villa Savoye, chegamos à última das Quatro Composições de 1929 de Le Corbusier. A primeira foi sua Maison La Roche, de 1923, por ele apresentada em 1929 como uma versão purista da planta em L do Neogótico – um "genre plutôt facile, pittoresque, mouvementé" [gênero mais para o fácil, pitoresco, movimentado]; a segunda foi mostrada como um prisma ideal, e a terceira e quarta (a *villa* de Garches e a Villa Savoye) como estratégias alternativas para conciliar as duas primeiras, aquela dependendo de uma sutil integração entre a primeira e a segunda, e esta dependendo da incorporação da primeira por um prisma.

Em 1927, com seu projeto para o concurso internacional para a sede da Liga das Nações (Société des Nations, ou SdN) em Genebra, Le Corbusier e Pierre Jeanneret criaram seu primeiro projeto para uma grande estrutura pública. Até aquele momento, a atenção de ambos estivera concentrada na casa e na simplicidade concomitante de um prisma básico. Agora, debruçavam-se sobre a necessária complexidade do "palácio" como um tipo. As condições do concurso estipulavam dois edifícios, um para o secretariado e outro para a assembleia, e esse dualismo programático levou os arquitetos a adotar uma abordagem elementarista do projeto: primeiro, estabeleceram os elementos "constitutivos", os quais foram em seguida manipulados de modo a gerar um determinado número de ordenações alternativas. Essa extensão do elementarismo, professada na virada do século pelo mestre Julien Guadet, da École des Beaux-Arts, teria chegado a Le Corbusier por intermédio de dois discípulos de Guadet, Garnier e Perret. Que ele adotaria essa abordagem em geral ao lidar com grandes complexos é um fato demonstrado por seus estudos preliminares para o projeto do Palácio dos Sovietes, de 1931. Ali, num esquema de oito alternativas, lemos o seguinte: "Os vários estágios do projeto, nos quais vemos os órgãos já estabelecidos numa relação de independência mútua, assumem aos poucos seus lugares recíprocos, de modo a culminarem numa solução sintética." Encontramos uma observação comparável anexada a um esquema alternativo para o projeto SdN que Le Corbusier publicou em *Une Maison, un Palais* [Uma casa, um palácio] (1928). Sob um desenho simétrico (evidentemente mais racional do ponto de vista operacional), lemos: "Proposições alternativas utilizando os mesmos elementos de composição." A organização assimétrica finalmente adotada sugere um conflito entre a lógica circulatória do desenho simétrico e uma preferência clássica por uma abordagem axial da fachada representativa do edifício principal.

O projeto SdN é ao mesmo tempo o clímax e o momento de crise da primeira fase da carreira de Le Corbusier: um momento de aclamação, negado (se acreditarmos em suas próprias palavras) por sua desclassificação com base no fato de ele não ter apresentado seu projeto no meio gráfico apropriado. Representa a culminância de seu período purista, já que praticamente coincide com a introdução, em sua pintura, de ele-

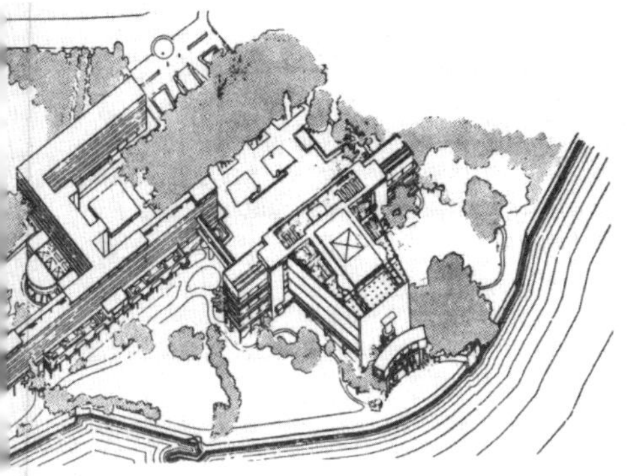

Fig. 144. Le Corbusier e Jeanneret, projeto para o Edifício da Liga das Nações, Genebra, 1927. (Comparar com o projeto enviado por H. Meyer e Wittwer, fig. 114.)

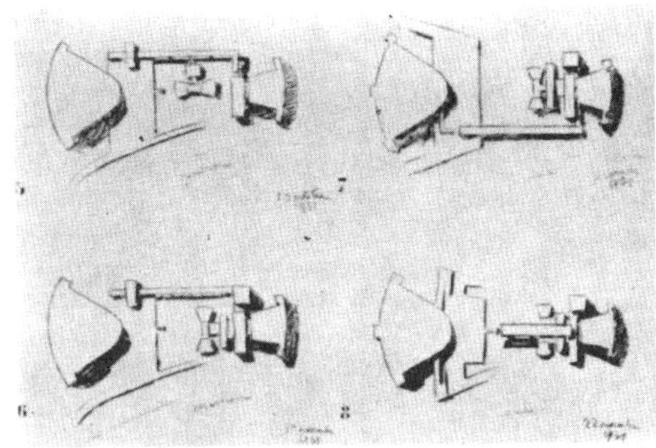

Fig. 145. Le Corbusier e Jeanneret, projeto para o Palácio dos Sovietes, Moscou, 1931. Quatro configurações alternativas usando os mesmos elementos.

mentos figurativos e daquilo que ele mais tarde chamaria de *objets à réaction poétique*, que se poderia traduzir como "objetos evocadores de emoção poética". A partir de então, ao mesmo tempo que sua pintura se tornaria orgânica e figurativa, sua arquitetura, pelo menos no nível público, adquiriu uma configuração cada vez mais simétrica. Visto em retrospecto, o projeto que enviou para o concurso da Liga das Nações deve ser considerado como um divisor de águas; como um ponto de divisão, não só no âmbito de sua própria obra, como também entre ele mesmo e seus seguidores dentro do Movimento Moderno internacional, sobretudo onde isso dizia respeito ao apoio daqueles cujas convicções políticas tendiam para a esquerda. Em 1927, as afinidades construtivistas do projeto para a Liga das Nações, seu compromisso com a assimetria de livre flutuação e a inovação técnica, seu secretariado *à pilotis* (reminiscente, na planta, do *Wolkenbügel* de Lissitzky), seu sistema de limpeza mecânico, seu anfiteatro com ar-condicionado (acusticamente perfilado, ajustado e inundado de luz) nada podiam fazer além de despertar o apoio entusiasmado dos jovens, quaisquer que fossem suas tendências políticas. Mas o inegável monumentalismo – expresso em sua fachada de pedra e na hierarquia do sistema de entradas de sete portas que se propunham a conduzir as diferentes classes de usuários aos lugares a eles destinados no auditório – parece ter tido o efeito de acabar provocando uma certa desconfiança ideológica.

O empenho de Le Corbusier em resolver a dicotomia entre a Estética do Engenheiro e a Arquitetura, em combinar a utilidade com a hierarquia do mito, iria fazê-lo entrar em conflito com os *designers* funcionalistas-socialistas do final da década de 1920. Seu Mundaneum, ou Cité Mondiale, projetado em 1929 para Genebra como um centro de pensamento mundial, provocou uma intensa reação por parte de seu admirador tcheco, o artista e crítico esquerdista Karel Teige. O que provocou as objeções de Teige não foi o conteúdo, mas a *forma* da Cité, sobretudo o zigurate helicoidal do Musée Mondial. Em 1927, Teige havia apoiado Le Corbusier publicamente na controvérsia internacional sobre seu projeto para o concurso da Liga das Nações e exortara outros artistas tchecos a adotarem a mesma atitude. Agora, pouco mais de dois anos depois, ele atacou-o com tal veemência que Le Corbusier se viu forçado a replicar através de um ensaio intitulado A defesa da arquitetura, escrito para *Stavba*, o periódico de Teige.

Em seu ataque, este último tinha citado o ensaio *Bauen* [Construção], publicado por Hannes Meyer em 1928:

Todas as coisas do mundo são produto da fórmula função, tempo, economia, o que faz com que nenhuma dessas coisas seja uma obra de arte; toda arte é composição e, desse modo, imprópria para um fim específico. Toda vida é função, e portanto não é artística; a ideia da composição de um cais é suficiente para fazer um gato rir. Mas de que modo se faz o projeto de uma cidade, ou de uma moradia? Competição ou Função? Arte ou Vida?

Le Corbusier colocou essa citação como epígrafe de seu ensaio, deixando claro que sua resposta era dirigida tanto a Meyer quanto a Teige. Em seguida, argumentava:

Hoje, entre a vanguarda da Neue Sachlichkeit, duas palavras foram mortas: *Baukunst* [Arquitetura] e *Kunst* [Arte]. Foram substituídas por *Bauen* [Construir] e *Leben* [Viver]. (...) Hoje, quando a mecanização nos oferece uma produção gigantesca, a arquitetura está sobretudo no navio de guerra, Monsieur Hannes Meyer, tanto quanto na condução da guerra ou na forma de uma caneta, ou num telefone. A arquitetura é um fenômeno de criação, segundo um ordenamento. Quem determina esse ordenamento determina a composição.

No mesmo ano do ataque de Teige ele reconheceu, em seu livro *Précisions* [Especificações], que o Mundaneum tinha sido mal recebido pela esquerda arquitetônica alemã, mas afirmou não ver razões para modificar sua posição fundamental. Assim, afirmava que

Os edifícios projetados são estritamente utilitários – particularmente esse Musée Mondial helicoidal que com tanta violência se recrimina. (...) Os projetos da Cité Mondiale trazem às construções, que são verdadeiras máquinas, uma certa magnificência na qual alguns desejam descobrir, a qualquer preço, uma inspiração arqueológica. Em meu ponto de vista, porém, essa qualidade harmoniosa nasce de outra coisa, de uma simples resposta a um problema bem formulado.

Ainda assim ele não podia negar, como de fato não negou, que o local projetado para a construção da Cité Mondiale tinha sido determinado por uma rede de *tracés régulateurs* comparáveis aos usados para controlar a fachada da *villa* em Garches – uma fachada que, por mais de acordo que estivesse com os cânones da estética mecânica purista, permanecia tão clássica em suas afinidades quanto o projeto de tipo paladiano do qual derivava sua estrutura.

CAPÍTULO 18 Mies van der Rohe e a importância do fato, 1921-33

Então percebi, com clareza, que não competia à arquitetura inventar formas. Tentei entender qual seria sua missão. Perguntei a Peter Behrens, mas ele não soube me dar uma resposta. Ele não se fazia aquela pergunta. Os outros disseram: "O que construímos é arquitetura", mas essa resposta não nos satisfazia (...) no entanto, como sabíamos tratar-se de uma questão de verdade, tentamos descobrir o que era realmente a verdade. Tivemos o grande prazer de encontrar a definição da verdade oferecida por Santo Tomás de Aquino: "*Adequatio intellectus et rei*", ou, como um filósofo moderno o expressa em linguagem atual: "A verdade é a relevância do fato".

Berlage era um homem muito sério que nada aceitaria de falso, e foi ele quem disse que não se deveria edificar nada que não fosse claramente construído. Foi exatamente o que Berlage fez. E o fez a tal ponto que seu famoso edifício em Amsterdã, o Beurs, é de natureza medieval sem ser medieval. Ele usou o tijolo como as pessoas o usavam na Idade Média. A ideia de uma construção clara surgiu-me ali, como um dos pontos fundamentais que devemos aceitar. Podemos falar sobre isso com facilidade, mas a dificuldade está em fazê-lo. É muito difícil apegar-se a essa construção fundamental, e depois erguê-la em forma de uma estrutura. Devo esclarecer que, na língua inglesa, vocês chamam tudo de estrutura. Na Europa não é assim. Chamamos uma cabana de cabana, não de estrutura. Temos uma ideia filosófica a respeito de estrutura. A estrutura é o todo de cima até embaixo, até o último detalhe – com as mesmas ideias. É a isso que damos o nome de estrutura.

Mies van der Rohe
(citado por Peter Carter em *Architectural Design*, março de 1961)

Como a citação anterior deixa claro, Ludwig Mies – que mais tarde passou a usar o sobrenome de sua mãe, Van der Rohe – foi tão inspirado pela obra do arquiteto holandês Berlage quanto por aquela escola prussiana do Neoclassicismo da qual se tornaria herdeiro direto. Ao contrário de seu contemporâneo Le Corbusier, ele não foi educado dentro do *etos* Arts and Crafts do Jugendstil. Aos quatorze anos de idade, entrou para o ramo de construção no qual seu pai atuava, e depois de dois anos numa escola de comércio e de um período subsequente como *designer* de revestimentos de estuque para um construtor local, em 1905 trocou sua cidade natal, Aachen, por Berlim, onde trabalhou para um arquiteto sem maior expressão, especializando-se em construção em madeira. Seguiu-se mais um período de aprendizagem com o *designer* de móveis Bruno Paul antes que ele se aventurasse brevemente, por sua própria conta, a construir sua primeira casa num estilo *englische* comedido, reminiscente da obra do arquiteto Hermann Muthesius, ligado ao Werkbund. No ano seguinte juntou-se a Peter Behrens, cujo escritório berlinense recém-estabelecido estava começando a desenvolver um estilo residencial geral para a companhia de eletrificação AEG.

Durante seus três anos no escritório de Behrens, Mies tomou conhecimento da tradição *Schinkelschüler*, que, à parte sua filiação neoclássica, tinha afinidades com a ideia de *Baukunst*, não só enquanto ideal de elegância estética, mas também como concepção filosófica. A Bauakademie de Schinkel em Berlim, de alvenaria e detalhamentos que evocavam um armazém, foi mais tarde comparada por Mies à construção articulada da Beurs (Bolsa) de Berlage em Amsterdã, que ele vira pela primeira vez em sua visita à Holanda em 1912. Ao deixar de trabalhar com Behrens em 1911, depois de uma breve temporada como arquiteto auxiliar na construção da Embaixada Alemã em São Petersburgo, de Behrens, Mies abriu seu próprio escritório com a Casa Perls, concluída em Berlim-Zehlendorf naquele ano. Essa foi a primeira de uma série de cinco casas neo-schinkelescas projetadas por Mies antes do começo da Primeira Guerra Mundial. Em 1912, substituiu Behrens como arquiteto da sra. H. E. L. J. Kröller, que queria uma galeria e residência em Haia onde pudesse alojar a famosa coleção Kröller-Müller: o projeto foi criado em tela e madeira, em tamanho natural, antes de ser inexplicavelmente abandonado. Esse mesmo ano também viu seu monumento a Bismarck, à maneira de Boullée, que seria o último projeto significativo de sua carreira antes da guerra.

Fig. 146. Mies van der Rohe, projeto para um prédio de escritórios na Friedrichstrasse, Berlim, 1919-21. Primeiro projeto.

A derrota e o colapso do império militar-industrial alemão no fim da Primeira Guerra Mundial reduziram o país a uma situação de caos econômico e político, e Mies, como qualquer arquiteto que tinha lutado na guerra, procurou criar uma arquitetura mais orgânica do que a permitida pelos cânones autocráticos da tradição de Schinkel. Em 1919, começou a dirigir a seção arquitetônica do radical Novembergruppe, cujo nome fora extraído do mês da revolução republicana e que se dedicava à revitalização das artes em toda a Alemanha. Essa associação colocou-o em contato com o Arbeitsrat für Kunst e com as ideias da Cadeia de Cristal de Taut (ver capítulo 13), e praticamente não há dúvida de que seu primeiro projeto para um arranha-céu, em 1920, foi criado em resposta à *Glasarchitektur* de Paul Scheerbart, de 1914. O mesmo tema do arranha-céu facetado, de vidro, foi mantido no projeto que mandou para o concurso da Friedrichstrasse em 1921, e a publicação desses dois projetos no último número da revista *Frühlicht*, de Taut, confirmava sua afiliação expressionista no pós-guerra. Nessa época, a intenção de Mies era usar o vidro como uma superfície refletora complexa que, sob o impacto da luz, estaria permanentemente sujeita a transformações. Tudo isso fica claro na descrição que acompanhava a primeira publicação de sua proposta para a Friedrichstrasse:

> Em meu projeto para um arranha-céu na Estação Friedrichstrasse em Berlim, usei uma forma prismática que me pareceu ajustar-se melhor ao terreno triangular onde o edifício seria construído. Coloquei as paredes de vidro

separadas por um ligeiro ângulo para evitar a monotonia das superfícies de vidro de grandes dimensões. Ao trabalhar com modelos de vidro, descobri que o mais importante é o jogo dos reflexos, e não, como acontece nos edifícios comuns, o efeito de luz e sombra.

Os resultados dessas experiências podem ser vistos no segundo projeto publicado aqui. À primeira vista, o traçado curvo do projeto parece arbitrário. Essas curvas, porém, foram determinadas por três fatores: iluminação suficiente do interior, massa do edifício a partir da rua e, por último, o jogo dos reflexos. Comprovei, no modelo de vidro, que os cálculos de luz e sombra não ajudam a projetar um edifício totalmente de vidro.

Sob esse aspecto, é esclarecedor comparar o projeto enviado por Mies com o de Hugo Häring. Onde um é triangular, ondulado e convexo, o outro é triangular, facetado e côncavo. Essas diferenças à parte, as duas soluções são similarmente expressivas, uma coincidência que, em parte, talvez possa ser explicada pelo fato de Häring ter dividido um ateliê com Mies no início da década de 1920.

O chamado período G de Mies van der Rohe começou em 1923, com sua participação no primeiro número da revista *G*, com o subtítulo de *Material zur elementaren Gestaltung* e publicada por Hans Richter, Werner Gräff e Lissitzky. Seus arranha-céus de vidro do ano anterior, com seus reflexos cinéticos sobre as superfícies de formas translúcidas, já haviam antecipado algo da peculiar sensibilidade G, que parece ter combinado uma objetividade construtivista com um sentido dadaísta do acaso. Contudo, o edifício de escritórios de sete andares que Mies apresentou no primeiro número de *G* abria um novo campo, pois agora o material expressivo básico não era o vidro, mas o concreto, projetado na forma de "bandejas" de concreto que se projetavam em balanço de uma estrutura de concreto armado. Como no Edifício Lark de Frank Lloyd Wright, de 1904, as partes superiores dessas "bandejas" eram suficientemente altas para acomodar fichários embutidos de tipo padrão, colocados sob uma faixa de janelas tipo clerestório em recesso. Com esse projeto, Mies posicionou-se contra o formalismo e a especulação estética e escreveu, com matizes decididamente hegelianos, que "A arquitetura é a vontade da época concebida em termos espaciais. Viva, mutável, nova". Mais adiante, no mesmo texto, declarava: "O edifício de escritórios é uma casa de trabalho (...) de organização, claridade e economia. Salas de trabalho luminosas, amplas, fáceis de supervisionar, divididas apenas da maneira que o exijam as funções específicas. O máximo efeito com o mínimo dispêndio de meios. Os materiais são concreto, ferro e vidro."

Apesar dessa defesa objetiva de uma arquitetura "de pele e osso", reminiscente da proposta Dom-Ino de Le Corbusier, um traço de tradição acadêmica era visível no projeto no alargamento dos vãos das extremidades com a finalidade de "reforçar" as quinas do edifício. Esta, porém, foi a última referência aberta de Mies aos princípios neoclássicos de Schinkel até seu primeiro gesto rumo a um "novo monumentalismo" uma década depois, com seu projeto de 1933 para o Reichsbank.

À parte os matizes onipresentes de Neoclassicismo, a obra de Mies posterior a 1923 mostra, em graus variados, três influências principais: 1) a tradição de alvenaria de Berlage e a máxima de que "não se deve edificar nada que não seja claramente construído"; 2) a obra de Frank Lloyd Wright anterior a 1910, do modo como foi filtrada pelo grupo De Stijl – uma influência admitida nos perfis horizontais que se estendiam para a paisagem da casa de campo de tijolos que Mies construiu em 1923 e 3) o Suprematismo de Kasimir Malevich, do modo como a obra de Lissitzky o interpretou. Enquanto a estética wrightiana pôde ser facilmente absorvida dentro da tradição *Schinkelschüler* da *Baukunst* – ou seja, segundo os mais altos padrões na prática de alvenaria europeia –, o Suprematismo teve o efeito de incentivar Mies a desenvolver a planta livre. Se o ideal *Baukunst* de Mies teve livre curso no Monumento a Karl Liebknecht e Rosa Luxemburgo e na Casa Wolf, ambos construídos de tijolo e concluídos em 1926, a planta livre surgiria plenamente armada, por assim dizer, no Pavilhão de Barcelona de 1929.

Apesar dessas influências profundas e diversificadas, Mies ainda parece ter tido dificuldades para abandonar a estética expressionista de seu período Novembergruppe. Uma sensibilidade comparável, matizada por um senso de cor com algo de russo, ainda está evidente na Exposição da Indústria da Seda realizada em Berlim, em 1927, projetada em colaboração com Lily Reich, que tivera sua formação inicial como *designer* de moda. Os veludos em negro, laranja e vermelho e as sedas em ouro, prata, negro e amarelo-limão certamente refletem seu gosto, assim como a tapeçaria em couro verde-ácido usada para o mobiliário da sala de estar da Casa Tugendhat. Uma predileção latente pelo Expressionismo ainda pode ser detectada na Exposição *Deutsche Werkbund Weissenhofsiedlung,* inaugurada em Stuttgart no mesmo ano. Apesar de uma tendência a considerar cada encargo como um objeto independente, inicialmente Mies planejou essa exposição como uma forma urbana contínua, como uma cidade medieval. Tinha, inclusive, um vestígio de *Stadtkrone*, um gesto pseudotautiano rumo a uma unidade que teve de ser abandonada. Na versão final do desenho, Mies dividiu o terreno em partes retilíneas nas quais um "mostruário" de casas independentes foi construído segundo os projetos de diversos arquitetos ligados à Werkbund, entre os quais Walter Gropius e Hans Scharoun. Alguns arquitetos estrangeiros também participaram, inclusive Le Corbusier, Victor Bourgeois, J. J. P. Oud e Mart Stam.

Inicialmente concebida no espírito da exposição original de Darmstadt de 1901, *Ein Dokument Deutscher Kunst*, a *Weissenhofsiedlung* tornou-se a primeira manifestação internacional daquele modo de construção branco, prismático e de cobertura horizontal que, a partir de 1932, passaria a ser identificado como Estilo Internacional. A contribuição de Mies tanto para o estilo quanto para o conteúdo da exposição foi um edifício de apartamentos que ele projetou como uma armadura central do esquema. Em termos gerais, essa estrutura de cinco andares era semelhante ao bloco *Zeilenbau* padrão que estava sendo desenvolvido na época, mas diferia da típica casa em fileiras, de lajes, pela facilidade com que se podia fazer com que acomodasse uma variedade de formas e tamanhos diferentes de apartamentos. Sobre essa solução, Mies escreveu em 1927:

> Hoje, a questão da economia torna a racionalização e a padronização imperativas para as casas de aluguel. Por outro lado, a crescente complexidade de nossas exigências requer flexibilidade. O futuro terá que levar esses dois fatores em conta. Tendo esse fim em vista, a construção em esqueleto é o sistema mais adequado. Possibilita os métodos de construção racionalizados e permite a criação de interiores divididos com liberdade. Se, devido à canalização doméstica, considerarmos as cozinhas e os banheiros como um núcleo fixo, então o restante do espaço deve ser dividido com paredes móveis. Em minha opinião, isto deve satisfazer todas as exigências normais.

O clímax da fase inicial da carreira de Mies veio com as três obras-primas que ele projetou em sequência, depois da conclusão da *Weissenhofsiedlung*: o Pavilhão do Estado Alemão da Exposição Mundial de Barcelona de 1929, a Casa Tugendhat em Brno, ex-Tchecoslováquia, em 1930, e a casa-modelo erguida para a Exposição da Construção em Berlim, no ano de 1931. Em todas essas obras, uma ordenação espacial centrífuga horizontal era subdividida e articulada por planos e colunas independentes. Enquanto essa estética (já antecipada pelos projetos de casas de campo criados por Mies em 1922

Fig. 147. Mies van der Rohe, projeto para uma casa de campo de alvenaria, 1923.

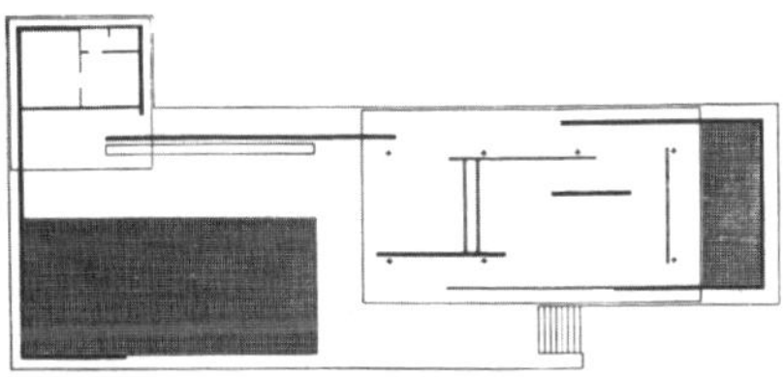

Fig. 148. Mies van der Rohe, Pavilhão Alemão, Exposição Mundial de Barcelona, 1929.

c 1923) era basicamente wrightiana, o que ali se via era um Wright reinterpretado pela sensibilidade do Grupo G e pelas concepções espaciais metafísicas do De Stijl. Como Alfred Barr observou, as paredes estruturais da casa de campo de alvenaria de Mies eram dispostas em forma de cata-vento, como os grupos de elementos da tela pintada por Van Doesburg em 1917, *Ritmos de uma dança russa*.

Apesar das associações clássicas de seu traçado regular de oito colunas e do uso liberal de materiais tradicionais, o Pavilhão de Barcelona era inegavelmente uma composição suprematista-elementarista (cf. *Planetas futuros para habitantes da Terra*, de Malevich, 1924, e a obra de seu discípulo indireto Ivan Leonidov). As fotos da época revelam a qualidade ambivalente e inefável de sua forma espacial e material. Com base nesses registros, podemos ver que certos deslocamentos em seu volume foram criados por leituras ilusórias de superfície, como a concretizada pelo uso de biombos de vidro verde, que emergiam como os equivalentes especulares dos principais planos confinantes. Por sua vez, esses planos, revestidos de mármore verde polido de Tinian, refletiam os realces das barras verticais, cromadas e vitrificadas, que sustentavam o vidro. Em termos de textura e cor, um jogo comparável era efetuado pelo contraste entre o plano central interno, de ônix polido (o equivalente do núcleo central representado pela lareira de Wright) e a longa parede de travertino que flanqueava o terraço principal com sua grande piscina refletora. Ali, limitada pelo travertino e agitada pelo vento, a superfície irregular da água distorcia a imagem espelhada do edifício. Contrastando com isso, o espaço interno do pavilhão, modulado por colunas e mainéis, ia terminar num pátio fechado que continha um tanque refletor recoberto por vidro negro. Acima, e neste espelho implacável e perfeito, ficava a forma congelada e petrificada da *Bailarina* de Georg Kolbe. Contudo, apesar de todos esses delicados contrastes estéticos, o edifício era simplesmente estruturado em oito colunas cruciformes que suportavam sua cobertura horizontal. A regularidade da estrutura e a solidez de sua base em travertino fosco evocavam a tradição *Schinkelschüler* à qual Mies retornaria.

Como o espaço De Stijl de 1923, o Pavilhão de Barcelona deu ensejo à apresentação de uma peça de mobiliário clássica, a cadeira de Barcelona, que era uma das cinco peças neoschinkelescas que o arquiteto desenharia nos anos 1929-30 – as outras quatro foram o tamborete e a mesa de Barcelona, a poltrona Tugendhat e um divã de couro com botões. A cadeira de Barcelona, sustentada por uma estrutura de aço soldada e cromada e guarnecida de couro de boi com botões, integrava-se tão bem ao projeto do pavilhão quanto a cadeira Vermelha/Azul de Rietveld no espaço que este último projetara para a Exposição de Berlim.

A casa Tugendhat, construída em 1930 num terreno muito íngreme de onde se tinha uma vista da cidade de Brno, na ex-Tchecoslováquia, adaptava a concepção espacial do Pavilhão de Barcelona a um programa residencial. Também se pode vê-la como uma tentativa de combinar a planificação em estratos e compartimentalizada da Casa Robie de Wright – onde o bloco de serviço se desloca para trás do principal volume habitacional – com a típica forma de *loggia* da *villa* à italiana de Schinkel. De qualquer modo, aqui a planta livre foi reservada exclusivamente para o volume habitacional horizontal. Este, novamente modulado por colunas cruciformes cromadas, abria-se em sua ampla lateral para um panorama da cidade, e, em seu lado menor, dava para uma estufa de plantas revestida por grandes folhas de vidro laminado planas. Enquanto o rebaixamento mecânico da

Fig. 149. Mies van der Rohe, Pavilhão Alemão, Exposição Mundial de Barcelona, 1929.

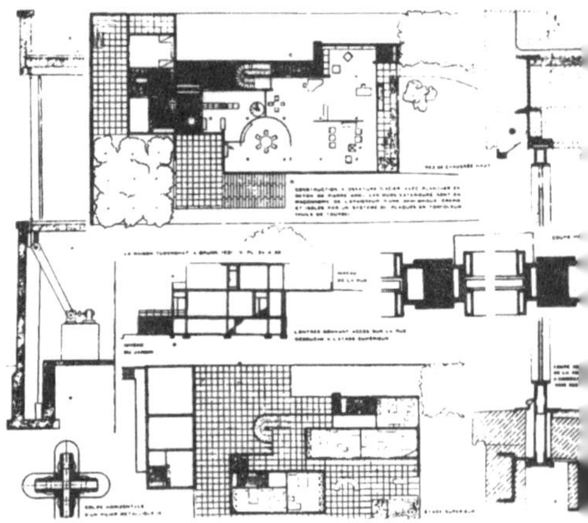

Fig. 150. Mies van der Rohe, Casa Tugendhat, Brno, 1930.

longa parede de vidro transformava toda a área residencial em um belvedere, a estufa funcionava como uma ogiveta natural em um esquema simbólico – como uma mediação entre a vegetação natural e o ônix fossilizado do interior. De modo comparável, a madeira compensada da sala de jantar, revestida de ébano, evocava a manutenção da vida à qual seu espaço era dedicado. Si-

Fig. 151. Mies van der Rohe, casa Tugendhat, Brno, 1930. Sala de jantar.

milarmente, o plano retilíneo de ônix que dividia o volume residencial da casa significava, por sua superfície, o "mundanismo" dos espaços a serem encontrados em cada um de seus lados – a sala de estar e o estúdio. Essa retórica só prevalecia no andar inferior; no nível da entrada, os quartos eram tratados simplesmente como volumes herméticos.

Por outro lado, com a casa da Exposição da Construção de Berlim, em 1931, Mies demonstrou a possibilidade de estender a planta livre até os quartos, e nos quatro anos seguintes elaborou esse enfoque através de uma série de casas com pátios extremamente elegantes que, infelizmente, nunca foram construídas.

O idealismo de Mies van der Rohe e sua afinidade natural com o Classicismo romântico alemão serviram nitidamente para distanciá-lo da abordagem de produção em massa da Neue Sachlichkeit. Em cada caso, o sentido de objetividade era de uma diferença lapidar. Naquilo que dizia respeito à Neue Sachlichkeit, Mies declarou a natureza apolítica – para não dizer reacionária – de sua posição quando, em 1930, aceitou a direção da Bauhaus, como sucessor de Hannes Meyer. Em seu ensaio *A nova era*, escrito por ocasião de sua indicação, tentou formular sua posição um tanto quanto ambivalente. Em resposta ao ensaio "materialista" de Hannes Meyer, *Bauen* [Construir], ele escreveu:

> A nova era é um fato: ela existe, de nada importando nosso "sim" ou "não". Contudo, não é nem melhor nem pior do que qualquer outra era. É puro dado, e em si mesma não possui nenhum conteúdo de valor. Portanto, não tentarei defini-la ou esclarecer sua estrutura básica.
>
> Não concedamos uma importância indevida à mecanização e à padronização.
>
> Aceitemos o fato da transformação das condições sociais e econômicas.
>
> Todas essas coisas seguem seu curso cego e fatídico.
>
> Uma coisa será decisiva: o modo como nos afirmarmos a nós mesmos diante das circunstâncias.
>
> É aqui que se iniciam os problemas do espírito. A pergunta importante a fazer não é "o que", mas "como". Que bens produzimos ou que ferramentas usamos não são questões de valor espiritual.
>
> Como a questão dos arranha-céus *versus* edifícios baixos é colocada, se construímos com vidro ou aço, não são questões importantes do ponto de vista do espírito.
>
> Se tendemos à centralização ou à descentralização no planejamento urbano é apenas uma questão de natureza prática, desprovida de valor.
>
> Contudo, o elemento decisivo é exatamente a questão do valor.
>
> Precisamos criar novos valores, estabelecer nossos objetivos fundamentais para que possamos determinar padrões.
>
> Pois o que é certo e significativo para qualquer era – inclusive para a nova era – é isto: dar ao espírito a oportunidade de existir.

Essa preocupação neoclássica com o valor espiritual parece ter levado diretamente ao monumentalismo idealizado da proposta do Reichsbank, feita por Mies em 1933, submetida a um concurso no mesmo ano em que o nacional-socialismo subiu ao poder. O impulso não clássico que o havia sustentado até então – o Elementarismo suprematista que inspirara sua versão da planta livre – agora cedia lugar a uma monumentalidade impassível que, à parte a neutralidade de sua superfície, não pretendia nada além da idealização da autoridade burocrática. Essa sensibilidade suprematista permaneceria suprimida na obra de Mies até 1939, quando, ao transferir-se para os Estados Unidos, ressurgiu momentaneamente nos primeiros esboços para o campus do IIT em Chicago.

CAPÍTULO 19 A nova coletividade: arte e arquitetura na União Soviética, 1918-32

O conceito simples e clássico de internacionalismo passou por uma mudança considerável em fins da década de 1920, quando cessaram as esperanças de uma revolução mundial iminente e se iniciou a fase mais autárquica da "construção do socialismo em um país". Simultaneamente, a exuberante concepção romântica da técnica deu lugar a uma conscientização moderada de que a técnica, na Rússia, significava uma árdua luta, para transformar uma economia rural em um organismo industrial moderno, partindo dos meios mais primitivos.

Sua incapacidade de compreender a importância dessas transformações e de adaptar-se levou a profissão, como anteriormente já havia acontecido, no caso dos formalistas, ao limiar de uma completa impotência.

Desarmando-se ao rejeitar a totalidade da tradição arquitetônica do passado, a profissão foi aos poucos perdendo toda a confiança em si mesma e em seu objetivo social. Os arquitetos mais honestos consigo próprios tiraram sua própria conclusão do culto ao engenheiro e da negação de toda a tradição arquitetônica, e na verdade abandonaram sua profissão para se tornarem técnicos em construção, administradores e planejadores.

A disparidade entre a visão de uma técnica sobrecarregada e a realidade de uma indústria da construção primitiva e atrasada, na qual, cada vez mais, a tecnologia idealizada tinha que ceder espaço à inventividade comum num nível baixo, levou outros a um esteticismo vazio e falso, indiscernível daquele dos formalistas que eles se haviam proposto substituir, ao mesmo tempo que se viam forçados a reproduzir as formas adulteradas de uma técnica avançada na ausência dos meios reais dela.

Toda a confiança agressiva em si mesmos com que os funcionalistas enunciaram seu credo não foi capaz de mascarar a aridez de sua doutrina, nem a esterilidade de sua prática. Os poucos edifícios do período que ainda restam são testemunhos disso.

Berthold Lubetkin
A arquitetura soviética: Notas sobre seu desenvolvimento de 1917 a 1932, *in AAJ*, 1956

O movimento cultural russo pan-eslavo que teve início depois da liberação dos servos em 1861 manifestou-se numa ampla retomada das artes e ofícios eslavófilos. Esse movimento surgiu pela primeira vez nos primeiros anos da década de 1870, na propriedade de Abramtsevo, nos arredores de Moscou, onde o magnata das ferrovias, Savva Mamontov, havia criado um retiro para os pintores populistas ou Narodniki, os quais, chamando a si próprios de Os viandantes, tinham rompido com a Academia de São Petersburgo em 1863 para se tornarem artistas itinerantes que levavam sua "arte" ao povo.

Esse movimento assumiu uma forma mais aplicada na colônia da rudimentar indústria fundada em Smolensk em 1890 pela princesa Tenisheva, com a finalidade de ressuscitar os ofícios eslavos tradicionais. Enquanto as conquistas da *intelligentsia* Mamontov iam do *revival* medieval (estilo russo antigo), exemplificado pela capela de Abramtsevo de 1882, obra de V. M. Vasnetsov, aos desenhos de Leonid Pasternak para a primeira produção de *Branca de Neve*, ópera de Rimsky-Korsakov (1883), as obras da colônia Tenisheva eram de escala mais modesta, consistindo em casas, móveis e utensílios domésticos simples, leves e com ornamentação em relevo, os quais iam buscar boa parte de sua forma básica na construção tradicional em madeira e a maior parte de seus elementos decorativos nos ofícios camponeses, como a tradicional forma artística do *lubok*, uma narrativa cujo texto era gravado em madeira. As pinturas populistas-expressionistas do círculo de Abramtsevo estavam entre as primeiras tentativas de chegar a uma arte russa radical nos primórdios do século XX e pressagiaram tanto a poesia dadaísta *zaum*, de Alexei Kruchonykh, quanto a música atonal de Matyushin, enquanto a obra artesanal de Tenisheva antecipou a tipografia construtivista do bloco xilográfico e do estêncil, uma das características do movimento pós-revolucionário Proletkult.

Em contraste com a exuberante vitalidade do movimento pan-eslavo nas artes, a arquitetura russa, apesar de toda a sua prodigiosa produção depois de 1870, permaneceu estilisticamente dividida (sobretudo em Moscou) entre os padrões clássicos do *establishment* de São Petersburgo e o movimento nacional-romântico, que lentamente dava seus primeiros passos. Este último, iniciado em 1838 pelo palácio neobizantino do Kremlin, de K. A. Thon, deu origem, na primeira década do século, aos chamados *designers* neorrussos, como Vasnetsov, A. V. Shchusev, V. F. Walcot e, em especial, F. O. Shekhtel, cuja Mansão Rayabushinsky, de 1900, se equiparava ao melhor de August Endell. Estreitamente ligado ao Art Nouveau e remetendo a figuras como Voysey, Townsend e Richardson, o nível de expressão variava da estação de Kazan de Shchusev (iniciada em 1913), de estilo extremamente eclético, mas retardatário em essência, à brilhante Galeria Tretyakov de Vasnetsov (1900-1905), que, apesar de seu ecletismo, é ainda comparável à Casa Ernst Ludwig de Olbrich, de 1901. Em grande parte, tudo isso era independente dos avanços no campo da engenharia, em particular as obras do engenheiro V. A. Zhukov, que criou o telhado de vidro para a nova empresa comercial de A. N. Pomerantsev em Moscou (1889-93) e, mais tarde, projetou uma torre de rádio leve em forma de tronco de pirâmide, construída em Moscou em 1926.

De maior importância para a arquitetura pós-revolucionária foi a transformação do movimento eslavófilo numa força cultural com origens no povo, em grande parte inspirada pelas teorias culturais "científicas" do economista Alexander Malinovsky, que, em 1895, se autodenominou "Bogdanov" (o "dotado por Deus"). Tendo abandonado os socialdemocratas em favor dos bolcheviques na crise revolucionária de 1903, Bogdanov fundou, em 1906, a Organização para a Cultura do Proletariado, também conhecida como Proletkult. Esse movimento dedicava-se à regeneração da cultura através de uma nova unidade de ciência, indústria e arte. Para Bogdanov, uma superciência da "tectologia" ofereceria à nova coletividade os meios naturais de levar a uma ordem de unidade mais elevada tanto a cultura tradicional quanto seu próprio produto material. Como escreveu James Billington,

> À maneira de Saint-Simon, mais do que à de Marx, Bogdanov argumentava que os conflitos destrutivos do passado jamais seriam resolvidos sem uma nova religião positiva; que o papel unificador outrora representado na sociedade por um templo central de veneração e fé religiosa devia agora ficar a cargo de um templo vivo do proletariado e de uma filosofia pragmática, de orientação sociológica, de "empírio-monismo".

Bogdanov publicou o primeiro fascículo de seu tratado de tectologia, *A ciência universal da organização*, em 1913, o mesmo ano em que a peça futurista de Kruchonykh, *Vitória sobre o sol*, foi encenada pela primeira vez em São Petersburgo com música de Matyushin e figurinos e cenários de Kasimir Malevich. O pano de boca criado por Malevich para essa peça apocalíptica apresentava, pela primeira vez, o motivo do quadrado preto que viria a tornar-se o ícone quintessencial do Suprematismo.

Às vésperas da Primeira Guerra Mundial, a cultura vanguardista russa já havia tomado dois impulsos distintos, porém afins. O primeiro deles era representado por uma forma de arte sintética não utilitária que prometia transformar a vida cotidiana no futuro milenarista evocado pela poesia de Kruchonykh e Malevich. O segundo, como propunha Bogdanov, era uma hipótese pós--Narodnik, que procurava forjar uma nova unidade cultural a partir das exigências materiais e culturais da vida e da produção comunitárias. Depois de outubro de 1917, a realidade revolucionária do recém-formado Estado soviético tendeu a colocar essas duas posições – a "apocalíptica" e a "sintética" – em conflito, levando a formas híbridas de cultura socialista, como a adaptação, por Lissitzky, da arte "apocalíptica" e extremamente abstrata de Malevich aos fins utilitários de seu Elementarismo suprematista.

Em 1920 foram fundados, em Moscou, o Inkhuk (Instituto de Cultura Artística) e o Vkhutemas (Estudos Artísticos e Técnicos Superiores), como institutos voltados para uma formação abrangente em arte, arquitetura e *design*. Essas duas instituições iriam servir de arena para o debate público, no qual idealistas místicos, como Malevich e Wassily Kandinsky, e artistas objetivos, como os irmãos Pevsner se viram igualmente confrontados com os chamados "produtivistas", Vladimir Tatlin, Alexander Rodchenko e Alexei Gan. Em 1920, o desafio da posição da arte pura foi formulado com a máxima eloquência por Naum Gabo (Pevsner), que mais tarde escreveu sobre sua reação crítica à Torre Tatlin:

Mostrei-lhes uma foto da Torre Eiffel e disse: "Isso que vocês imaginam ser novo já foi feito. Construam casas funcionais e pontes ou criem arte pura, ou façam ambas as coisas. Não confundam uma com a outra. Essa arte não é arte construtiva pura, mas apenas uma imitação da máquina."

Fig. 152. Trem Agit-Prop, 1919.

Apesar da lógica persuasiva de tal retórica, idealistas como Gabo e Kandinsky sentiram-se forçados a deixar a União Soviética, ainda que Malevich tivesse conseguido entrincheirar-se em Vitebsk, onde pouco depois de 1919 havia fundado sua escola suprematista, Unovis (A Escola da Nova Arte). Essa instituição exerceria uma influência definitiva sobre a evolução de Lissitzky, pondo fim a seu grafismo expressionista e iniciando-o em sua carreira de *designer* suprematista.

Nesse ínterim, surgira de forma espontânea uma cultura especificamente proletária que se originou das necessidades de comunicação da Revolução, conferindo vitalidade a formas culturais que, de outra maneira, poderiam ter-se mantido distantes das condições concretas do período e das necessidades reais de uma população que basicamente ainda morava mal, alimentava-se mal e, sobretudo, ainda estava por ser alfabetizada. A arte gráfica veio a representar um papel importante na difusão da mensagem da Revolução. Assumiu a forma de uma arte de rua em grande escala, exposta nos trens e barcos de propaganda da Agit-Prop, desenhados pelos artistas do Proletkult, e no "plano de propaganda monumental" lançado pelas autoridades logo depois da Revolução com a finalidade expressa de cobrir toda superfície disponível com *slogans* inflamados e uma iconografia evocativa. Nessa época, o objetivo central do Proletkult era a difusão de informações oficiais por meio da produção teatral, de filmes e grafismos de exortação, e sua forma era invariavelmente nômade e desmontável. Tudo tinha de ser facilmente transportável e realizado no nível mais simples de produção. Além da disseminação da propaganda, artistas produtivistas como Tatlin e Rodchenko voltaram-se para o *design* de móveis leves e desmontáveis e para a criação de roupas duráveis para os trabalhadores. Tatlin projetou um fogão que supostamente daria o máximo de calor com um consumo mínimo de energia. A universalidade desse impulso "nômade" reflete-se no mobiliário leve criado por arquitetos europeus em fins da década de 1920 – as cadeiras conceitualmente "desarmáveis", para não dizer de fato desmontáveis, que foram produzidas por Mies van der Rohe, Le Corbusier, Mart Stam, Hannes Meyer e Marcel Breuer. Este último foi particularmente sensível a tal influência: sua famosa cadeira Wassily de 1926 coincidia com uma cadeira de lona e tubo criada pelos Vkhutemas mais ou menos na mesma época. Hoje já se sabe, com base na correspondência entre Moholy-Nagy e Rodchenko, que depois de 1923 a Bauhaus sofreu uma influência direta dos Vkhutemas.

No início da década de 1920, o Proletkult alcançou sua expressão mais sintética através do teatro, de modo mais notável na "teatralização da vida cotidiana" de Nikolai Evreinov, que usava o formato do toque de recolher para reproduzir, no palco, a reencenação anual do assalto ao Palácio de Inverno. Em ocasiões menos grandiosas, organizavam-se paradas nas quais manequins construtivistas, invariavelmente representando a Revolução ou seus inimigos capitalistas, serviam de ícones centrais para as manifestações de massa. Uma intenção igualmente polêmica inspirou Meyerhold na proclamação do Teatro de Outubro, que tentou traduzir a atividade de rua da Agit-Prop em princípios da dramaturgia revolucionária. A proclamação "outubrista" de Meyerhold, de 1920, prescrevia um teatro constituído pelos seguintes elementos e princípios: 1) o uso de uma arena permanentemente iluminada, que desse modo uniria o público e os atores; 2) um modo antinaturalista de produção mecanizada, apresentando o ator--acrobata como o tipo ideal para o palco "biomecânico" de Meyerhold – uma forma

Fig. 153. Tatlin, maquete de monumento à Terceira Internacional, 1919-20. Tatlin está em primeiro plano, o cachimbo na mão.

de palco que tinha afinidades óbvias com o circo; e, finalmente, 3) a exclusão da ilusão e a eliminação de todos os elementos simbolistas que, na época, ainda impregnavam o teatro burguês, exemplificado pelo Teatro de Arte de Moscou, de Stanislavsky. Prescrições semelhantes dariam forma à fundação, em 1924, do Teatro Proletário de Berlim, de Erwin Piscator.

Lenin chegou a desconfiar, ou mesmo a temer, a afirmação radical de Bogdanov de que havia três caminhos independentes para o socialismo: o econômico, o político e o cultural. Contudo, apesar do repúdio oficial a Bogdanov em 1920 e a consequente submissão do movimento Proletkult à autoridade do Narkompros (Comissariado Popular para a Educação), o *etos* da cultura Agit-Prop persistiu, em particular no teatro de Meyerhold. Também continuou a expressar-se nos inúmeros projetos para quiosques, tribunas e outras estruturas de informação didática projetadas por artistas construtivistas, como G. Klutsis e Rodchenko. Esses projetos representaram as primeiras tentativas de formular um estilo arquitetônico socialista, mas não profissional. Embora intencionalmente "irrealizável", a concepção de Lissitzky para uma Tribuna Lenin, em 1920 (ver p. 159), projetada como um Proun, era uma alternativa para tal arquitetura. Lissitzky havia cunhado o termo *Proun* – de *Pro-Unovis*, Para a Escola da Nova Arte – para indicar um domínio criativo sem precedentes, situado em algum lugar entre a pintura e a arquitetura.

Um dos trabalhos preeminentes entre essas obras pioneiras foi o projeto de Tatlin, de 1910-20, para um monumento de quatrocentos metros de altura à Terceira Internacional, projetado como duas espirais entrelaçadas em cujo interior ficariam suspensos quatro grandes volumes transparentes, cada qual girando a velocidades progressivamente maiores – uma vez por ano, uma vez por mês, uma vez por dia e, presumivelmente, uma vez por hora. Dedicavam-se, respectivamente, às esferas da legislação, administração, informação e projeção cinemática. Em um nível, a Torre de Tatlin era um monumento à constituição e funcionamento do Estado soviético; em outro, pretendia exemplificar o programa produtivista/construtivista de considerar os "materiais intelectuais", como a cor, a linha, o ponto e o plano, e os "materiais físicos", como o ferro, o vidro e a madeira, como elementos tematicamente iguais. Sob esse aspecto, fica muito difícil ver a torre como um objeto puramente utilitário. Apesar dos *slogans* antiarte e antirreligião do "Programa do Grupo Produtivista", de 1920, a torre permaneceu como uma metáfora monumental da harmonia de uma nova ordem social. Foi exposta pela primeira vez sob uma faixa que trazia o *slogan* Os engenheiros criam novas formas. O símbolo milenarista tanto de sua forma quanto de seu material manifesta-se com clareza numa descrição contemporânea que supostamente parafraseava palavras do próprio Tatlin:

> Assim como o produto do número de oscilações pelo comprimento de onda é a medida espacial do som, a proporção entre o vidro e o ferro é a medida do ritmo material. Pela união desses materiais de fundamental importância, expressa-se uma simplicidade compacta e imponente e, ao mesmo tempo, uma relação, já

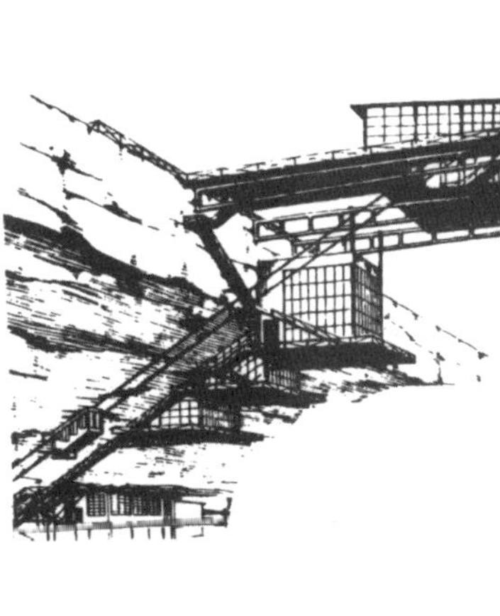

Fig. 154. Simbirchev no ateliê Vkhutemas de Ladovsky, projeto para um restaurante suspenso, c. 1922-23.

que esses materiais, para os quais o fogo é o criador da vida, constituem os elementos da arte moderna.

Em seu uso do tema da espiral, em sua inserção de uma série de sólidos platônicos progressivamente decrescentes e em sua exposição retórica do ferro, do vidro e do movimento mecanizado como a própria essência do milênio, a Torre de Tatlin antecipou a obra de duas tendências distintas na arquitetura vanguardista russa. Uma delas era a escola que se estabeleceu dentro dos Vkhutemas, como parte do curso de primeiro e segundo ano dado por Nikolai A. Ladovsky. Essa escola estruturalista, ou, na verdade, formalista, tentou desenvolver uma sintaxe totalmente nova da forma plástica, ostensivamente baseada nas leis da percepção humana. A outra era uma abordagem muito mais materialista e programática, que surgiu claramente em 1925, sob a liderança do arquiteto Moisei Ginzburg.

Em 1921, Ladovsky insistia em que um instituto de pesquisa fosse estabelecido nos Vkhutemas para o estudo sistemático da percepção da forma. Os *designs* básicos dos Vkhutemas, produzidos sob sua supervisão, sempre apresentaram algum delineamento rítmico das superfícies de formas puras, ou, alternativamente, estudos sobre o crescimento e a diminuição da forma dinâmica segundo as leis da progressão matemática. Esses exercícios dos Vkhutemas quase sempre apresentavam volumes geometricamente progressivos, subindo ou descendo tanto em tamanho quanto em posição. Em alguns momentos, esses estudos foram propostos como projetos de edifícios, como no restaurante suspenso concebido por Simbirchev por volta de 1923, um projeto cuja total transparência e cujo extravagante sistema de acesso repetiam o utilitarismo expressivo dos produtivistas. Essa estrutura fantástica estava nitidamente além da capacidade da engenharia soviética da época, ao mesmo tempo que suas inúmeras mudanças de nível certamente limitariam seu uso enquanto restaurante.

O chamado "racionalismo" de Ladovsky era tudo menos programático, pois em última instância ele buscava, como observou Lubetkin, um universalismo de tipo Larousse. Como os artistas neoclássicos do final do século XVIII, ele preferia usar entidades geométricas como esferas e cubos, formas que podiam ser hipoteticamente associadas a estados psicológicos específicos. Em 1923, Ladovsky tentou difundir suas ideias através da fundação da Asnova (Associação dos Novos Arquitetos), um grupo profissional centrado nos Vkhutemas. Essa organização atingiu sua maior influência por volta de 1925, quando Lissitzky e o arquiteto Konstantin Melnikov associaram-se a ela. Como as bancas de mercado em madeira desmontáveis que projetou em 1924, o Pavilhão da URSS criado por Melnikov para a Exposition des Arts Décoratifs de Paris, em 1925, era uma síntese dos aspectos mais progressistas da arquitetura soviética até o momento. Em seu uso criativo de pontaletes e pranchas de madeira com juntas sobrepostas, lembrava não apenas o vernáculo tradicional das estepes, como também os pavilhões de exposição que tinham sido projetados para a Exposição Pan-russa de Agricultura e Artesanato de 1923, inclusive o quiosque Izvestia, criado pelos artistas A. A. Exter, Gladkov e Stenberg, e o próprio Pavilhão Makhorka de Melnikov. Em sua concepção básica, o Pavilhão deste último refletia o formalismo rítmico da escola de Ladovsky. Seu terreno retangular era animado por uma escada que, atravessando a diagonal, dividia o pavimento térreo em dois triângulos idênticos. Essa escadaria, subindo e descendo através de uma construção aberta em madeira que formava planos entrecruzados, só dava acesso aos níveis superiores da estrutura. Essa forma de cobertura em interseção logo se tornaria, na vanguarda russa, um recurso "geometricamente progressivo" tão predominante quanto a espiral logarítmica da Torre de Tatlin. A dinâmica estrutura em madeira de Melnikov era complementada pelo interior de Rod-

Fig. 155. Melnikov, Mercado Sucharev, Moscou, 1924-25.

chenko para um clube ideal de trabalhadores, que contava com o típico mobiliário produtivista leve, inclusive um conjunto em forma de tabuleiro de xadrez dialeticamente vermelho e negro, que consistia em uma mesa e duas cadeiras.

O grupo Asnova buscava alcançar não apenas uma estética mais científica, como também criar novas formas de construção que pudessem satisfazer e expressar as condições do novo Estado socialista. Daí a preocupação com clubes para trabalhadores e centros de lazer destinados a funcionar como novos "condensadores sociais". Esse impulso de inventar novas formas também explica a tentativa de Lissitzky de reconstituir o arranha-céu norte-americano numa forma socialista, em seu projeto Wolkenbügel (suporte de nuvens) de 1924, concebido como um propileu elevado abrindo-se para o bulevar periférico que circundava o centro de Moscou. Por mais bizarra que fosse, essa obra foi concebida como uma antítese crítica tanto do arranha-céu capitalista quanto do portão clássico.

As primeiras obras produtivistas de Melnikov foram todas construídas no período de relativa estabilidade econômica que resultou da Nova Política Econômica (NPE) de Lenin, introduzida depois da Guerra Civil de março de 1921 como uma maneira de atrair capital estrangeiro para parceria com a União Soviética. A morte de Lenin em janeiro de 1924 não só pôs fim ao período da cultura da NPE, como também colocou o

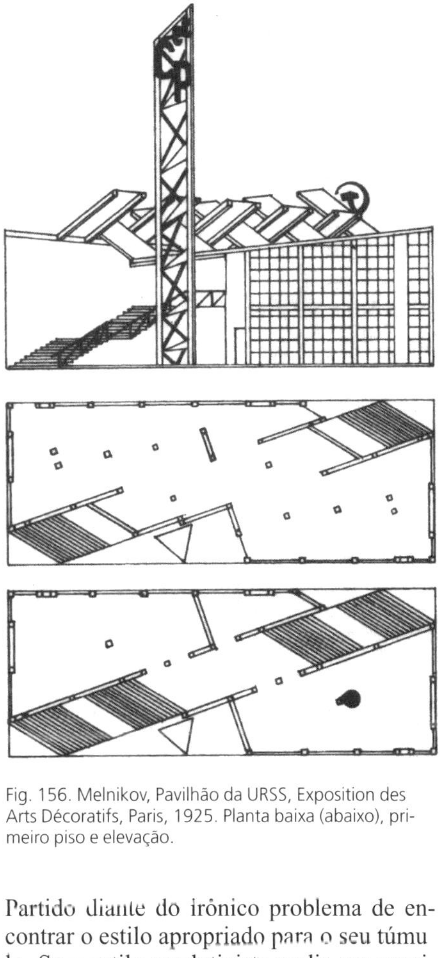

Fig. 156. Melnikov, Pavilhão da URSS, Exposition des Arts Décoratifs, Paris, 1925. Planta baixa (abaixo), primeiro piso e elevação.

Partido diante do irônico problema de encontrar o estilo apropriado para o seu túmulo. Se o estilo produtivista podia ser considerado adequado para a representação da União Soviética numa exposição internacional de artes decorativas, era, por outro lado, excessivamente frágil para cultuar a memória do fundador do primeiro Estado socialista. O Neoclassicismo, com suas conotações idealistas, era igualmente impróprio. Algo dessa incerteza se reflete nos projetos que o acadêmico Shchusev criou para o mausoléu de Lenin. O primeiro era uma estrutura provisória em madeira que, apesar de sua simetria, revelava afinidades com a estética produtivista. O segundo, uma

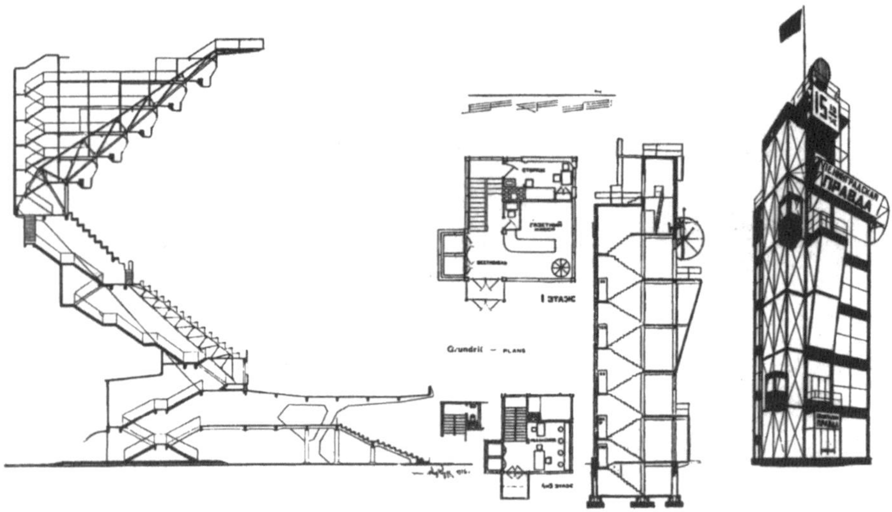

Fig. 157. Obras construtivistas típicas da década de 1920: Korschev, Estádio Spartakiada, Moscou, 1926 (esquerda: corte das arquibancadas), e Vesnin, Edifício Pravda, Moscou, 1923 (direita: plantas, corte e vista)

versão permanente em pedra, era uma tentativa de recriar a forma de um túmulo tártaro da Ásia Central.

Com a morte de Lenin, o período heroico da Revolução chegou ao fim. A essa altura, a Revolução tinha adquirido uma história definitiva, desde a difícil vitória sobre os Brancos, na Guerra Civil, à trágica supressão da revolta de Kronstadt contra o Partido e o estabelecimento, pela NPE, do capitalismo de Estado dentro do Estado proletário. Sem o carisma de Lenin, a perspectiva imediata era de conflito, não de solução – a luta pela sucessão dentro do Partido, a modernização da indústria e da agricultura, a campanha contra o analfabetismo, a luta diária para prover moradia e alimento, o esforço para eletrificar o país e a necessidade onipresente de criar uma ligação verdadeira entre o proletariado industrial, urbano, e uma sociedade camponesa dispersa e com vestígios de feudalismo. Acima de tudo, havia a batalha anual para extrair alimento suficiente para o populacho urbano de um campo

Fig. 158. Shchusev, mausoléu provisório em madeira para Lenin, Moscou, 1924.

recalcitrante e alienado, que resistira obstinadamente aos incentivos que recebera sob as condições estipuladas pela Nova Política Econômica.

Do ponto de vista arquitetônico, o problema mais crônico era seguramente o da moradia. Nada tinha sido construído desde o início da Primeira Guerra Mundial, e o nível de deterioração das habitações anteriores à guerra refletiu-se nas atas do 13º Congresso do Partido, em 1924, no qual se reconhecia a construção de moradias como "a questão mais importante na vida material dos trabalhadores". Diante da tarefa de enfrentar essa deficiência, certos membros da geração mais nova de arquitetos acharam que não mais podiam condescender com as preocupações formalistas dos Vkhutemas, ainda sob a influência de Ladovsky.

A reação precipitou a formação de um novo grupo, a Associação dos Arquitetos Contemporâneos (OSA), cujo grupo inicial, sob a liderança de Ginzburg, compreendia M. Barshch, A. Burov, L. Komarova, Y. Kornfeld, M. Okhitovich, A. Pasternak, G. Vegman, V. Vladimirov e os irmãos A. e V. Vesnin. Pouco depois de sua fundação, a OSA começou a admitir membros provenientes de campos afins, como a sociologia e a engenharia. A orientação essencialmente programática da OSA era tão avessa à cultura produtivista do Proletkult quanto ao esteticismo perceptual de Ladovsky. Desde o início, tentou mudar o *modus operandi* do arquiteto, que, de alguém que tradicionalmente mantinha uma relação artesanal com seu cliente, devia transformar-se em um novo tipo de profissional, alguém que era primeiro um sociólogo, em segundo lugar um político e, por último, um técnico.

Em 1926, a OSA começou a difundir esses pontos de vista em sua revista *Sovremennaya Arkhitektura* (Arquitetura contemporânea), dedicada à incorporação de métodos científicos à prática arquitetônica. No quarto número, a OSA trazia a proposta de uma concorrência internacional para a construção de telhado plano, na qual se pedia a Taut, Behrens, Oud e Le Corbusier que comentassem a viabilidade técnica e as vantagens desse tipo de cobertura. A OSA também assumiu a tarefa de formular os programas necessários e as formas-tipo para uma sociedade socialista emergente, preocupando-se também com as questões mais amplas da distribuição de energia e da dispersão da população. Assim, suas preocupações básicas eram: primeiro, a questão da moradia comunitária e a criação de unidades sociais apropriadas, e, segundo, o processo de distribuição, ou seja, o trânsito em todas as suas formas.

Em busca do primeiro, lançou uma segunda indagação na *SA* de 1927 a propósito da forma adequada da nova moradia comunitária, ou *dom-kommuna*. As respostas recebidas foram usadas como base de uma competição fraternal que tentou desenvolver e refinar um novo protótipo de residência, algo na linha do falanstério de Fourier. A maioria dos participantes conferia uma importância operacional e simbólica a um corredor interno de carga dupla, um volume formado pelo encadeamento de apartamentos dúplex que subiam e desciam. Uma versão dessa seção veio a ser adotada por Le Corbusier depois de 1932 como a seção cruciforme do bloco típico de sua Ville Radieuse.

Toda essa atividade induziu o governo a instituir um grupo de pesquisa para a estandardização da moradia, sob a liderança de Ginzburg. A obra desse grupo levou ao de-

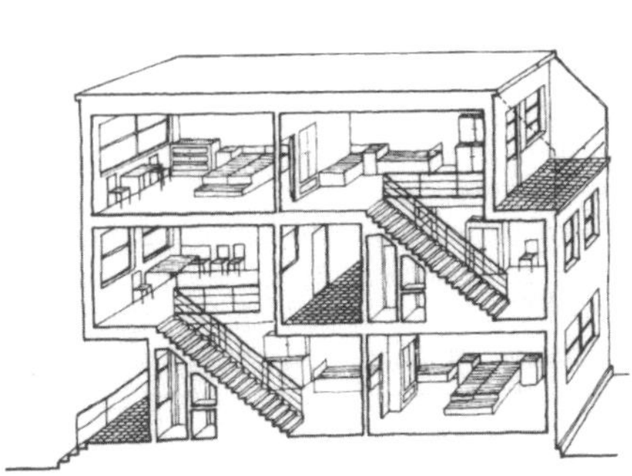

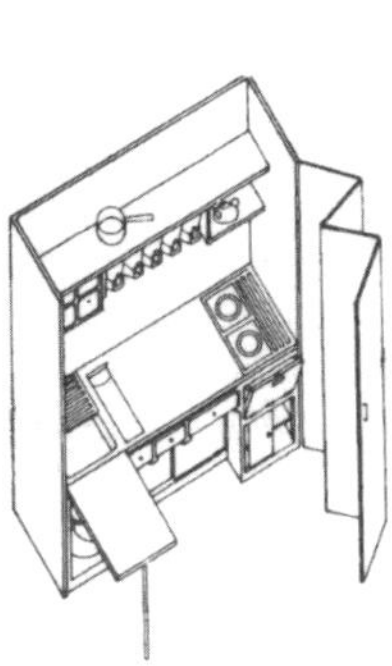

Fig. 159. OI, Ivanov e Lavinsky, apartamentos dúplex encadeados, com corredor central, concurso OSA de 1927.

Fig. 160. Projeto para um módulo de cozinha compacto com divisória, criação do Comitê de Construção do Conselho Econômico da URSS, 1928.

senvolvimento de uma série de unidades Stroikem, uma das quais foi adotada por Ginzburg para seu bloco de apartamentos Narkomfin, construído em Moscou em 1929. Ainda que sua rua interna ou seu sistema de deque desse acesso direto a um bloco adjunto que continha uma cantina, um ginásio de esportes, uma biblioteca, uma creche e um jardim suspenso, Ginzburg não perdeu a aguda consciência de que essa coletividade implícita não podia ser imposta aos moradores somente através da forma construída. Na época, ele escreveu:

> Não podemos mais forçar os ocupantes de uma construção específica a viver em coletividade, como tentamos fazer no passado, em geral com resultados negativos. Devemos oferecer a possibilidade de uma transição gradual e natural para o uso comunitário de certas áreas diferentes. Esse é o motivo pelo qual tentamos manter cada unidade isolada da subsequente, é por isso que julgamos necessário projetar o espaço da cozinha como um elemento padrão de tamanho mínimo, que pudesse ser retirado do apartamento de modo a permitir a introdução do sistema de cantinas comunitárias a qualquer momento. Para nós, é absolutamente necessário incorporar certas características que possam estimular a transição para um modo de vida socialmente superior – *estimular*, mas não *ditar.*

No ano anterior, a OSA voltara sua atenção para o projeto de outro tipo de "condensador social", o clube dos trabalhadores. Anatole Kopp observou:

> O ano de 1928 testemunhou uma mudanca na arquitetura dos clubes. Apesar de todas as suas inovações, os clubes existentes, mesmo os mais modernos, como os projetados por Melnikov e Golosov, foram duramente criticados por estarem centrados no palco e ligados ao teatro profissional.

A reação do protegido de Ginzburg, Ivan Leonidov, consistiu em projetar um tipo totalmente diferente de clube, que se concentrava mais nas instituições educacionais e nas instalações atléticas. Em 1928, começou a produzir uma série de projetos, todos eles, na verdade, versões de seu admirável Instituto Lenin, concebido um ano antes para um local nas Colinas Lenin, fora de Moscou. Seu projeto para esse instituto de estudos avançados consistia em duas formas básicas envidraçadas: uma torre retilínea, que abrigava a biblioteca, e um auditório esférico, que repousavam sobre um único ponto. Todo o complexo suspenso, flutuante, estabilizado por cabos de estai, deveria ser ligado à cidade por um monotrilho elevado. O conceito de ficção científica de Leonidov acerca do clube como uma megaestrutura suprematista – visão claramente influenciada pela obra de Malevich –, chegou a seu ponto culminante em 1930, em seu projeto para o Palácio da Cultura, cujos auditórios envidraçados, planetários, laboratórios e jardins de inverno ficavam sobre o traçado de uma matriz retilínea que fazia poucas concessões ao paisagismo tradicional. Sua superfície inscrita, quase metafísica, era aliviada por tufos de uma vegetação luxuriante e por prismas, cujas formas transparentes, apesar de reveladoras de seus interiores, não eram funcionalmente determinadas. O mastro de amarração e o dirigível incluídos na composição tinham a nítida intenção de exemplificar a mesma tecnologia leve que seria usada para as estruturas em terra – edifícios cuja construção espaço-armação integrada antecipava a obra de meados do século de *designers* como Konrad Wachsmann e Buckminster Fuller.

Em tais complexos, Leonidov contemplava a implantação de um processo contínuo de educação e recreação: atletismo, demonstrações científicas, encontros políticos, filmes, exposições de botânica, manifestações, voo, voo com planadores, corridas de carro e exercícios militares. A utopia dessa concepção colocou-o sob o ataque do grupo pró-Stalin conhecido como Vopra (um acrônimo de "Associação Pan-russa de Arquitetos Proletários"), que condenou tais projetos por seu vão idealismo.

Antes que a consolidação da linha do Partido em arquitetura, instituída pelo ucasse de abril de 1932, finalmente suprimisse a extraordinária diversidade da vanguarda arquitetônica soviética, a OSA envolveu-se com a questão da "condensação social" em muito maior escala, no nível do planejamento racional, que ainda estava em sua primeira infância enquanto ciência aplicada. Para o principal teórico em planejamento da OSA, Okhitovich, a projetada eletrificação da União Soviética oferecia-se como um modelo infraestrutural para todas as formas de planejamento regional. Sua estratégia para a desurbanização do país, a ser literalmente realizada ao longo das linhas da rede de força e do sistema viário, implicava uma atitude crítica em relação à *dom-kommuna* e às supercomunas, ou *kombinats*, que na época estavam sendo propostas pelo principal teórico da urbanização, L. Sabsovich. Okhitovich escreveu em 1930:

> Chegamos, agora, a um momento de desencanto com a chamada "comuna", que priva o trabalhador de um espaço vital em favor de corredores e passagens aquecidas. A pseudocomuna, que não permite ao trabalhador nada além de dormir em casa, a pseudocomuna, que o priva tanto de espaço vital quanto de conveniência pessoal (as linhas que formam banheiros e vestiários externos, e na cantina) está começando a provocar a inquietação das massas.

Em conclusão, as comunas supercoletivas caíram em descrédito, não só por sua falta de aceitação social, mas também porque sua escala maciça acarretaria o uso de uma tecnologia sofisticada e dos parcos recursos materiais. Por algum tempo, as propostas de desurbanização de Okhitovich e N. A. Milyutin encontraram uma aceitação favorável nos círculos oficiais. Contudo, era mais fácil conseguir a aceitação para um plano de ação teórico do que conceber um padrão econômico de assentamento que pudesse ser genericamente aplicado em todo o país, e, até o fim de sua existência, o grupo da OSA ficou um tanto dividido quanto à maneira ideal de encontrar a melhor saída para o problema. Depois dos projetos de uma cidade linear de Soria e Mata, eles finalmente propuseram assentamentos "em faixa" que, embora criativos, eram quase sempre bastante arbitrários em sua configuração específica. Típico de tais propostas era o projeto da Cidade Verde de Barshch e Ginzburg, para a ampliação de Moscou, publicado em 1930. Esse projeto um tanto excêntrico compreendia um estranho espinhaço contínuo de unidades para "solteiros", erguidas sobre estacas, que, além de prover acomodação resi-

Fig. 161. Leonidov, projeto para um Palácio da Cultura. Extraído da capa de *SA*, 1930, mostrando (da esquerda para a direita) o "setor de cultura física", o "campo para demonstrações" e o "setor de atividades populares".

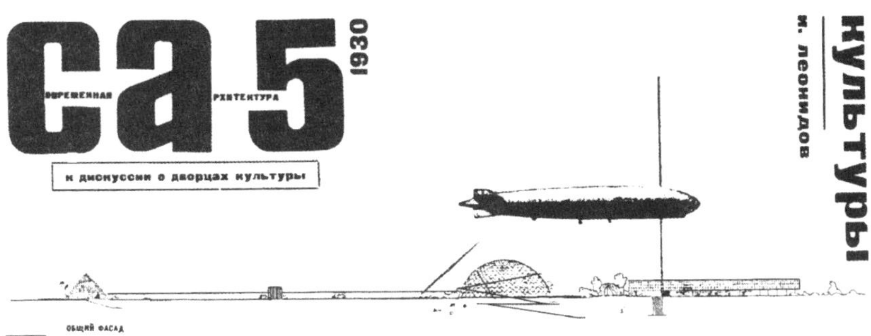

dencial, foram aparentemente concebidas com a intenção de significar a presença da cidade. De ambos os lados desse espinhaço, ofereciam-se instalações comunitárias a cada quinhentos metros. Esses edifícios eram flanqueados pelo complemento habitual de quadras de esporte e piscinas e ficavam dentro de faixas contínuas de parque de cada lado do espinhaço central, "franjas" verdes de larguras variáveis que eram delimitadas, em suas orlas exteriores, pelo fluxo e refluxo de vias de mão única que davam acesso ao sistema todo. A estratégia geral de Ginzburg consistia em usar essas artérias para a decantação progressiva da população existente de Moscou, permitindo, assim, a deterioração da antiga capital e a reversão gradual a uma espécie de parque semirrústico no interior do qual monumentos significativos seriam colocados como evocadores de uma cultura do passado.

De longe, porém, a proposta mais abstrata e coerente do ponto de vista teórico era o princípio da cidade linear apresentado por Milyutin, que pregava, em 1930, a criação de uma cidade compreendendo seis faixas ou zonas paralelas. Essas zonas seriam ordenadas na seguinte sequência: 1.º uma zona ferroviária; 2.º uma zona industrial contendo em seu interior, além dos centros de produção, centros de educação e pesquisa; 3.º uma zona verde que acomodasse a estrada de rodagem; 4.º uma zona residencial subdividida em instituições comunitárias, moradias e uma área para os jovens, com escolas e jardins de infância; 5.º uma zona de parque, com construções destinadas aos esportes, e, por último, 6.º, uma zona agrícola.

Um objetivo político e econômico específico dava forma a essa disposição. Os trabalhadores industriais e os agricultores ficariam juntos na mesma zona residencial, enquanto qualquer excedente de produção, tanto da indústria quanto da agricultura, fluiria diretamente para os armazéns situados nas zonas ferroviária ou verde, onde ficariam temporariamente, até serem redistribuídos por todo o país. De acordo com o mesmo modelo "biológico", o lixo sólido da zona residencial seria diretamente canalizado para a zona agrícola, para ser ali reciclado e de novo transformado em alimento. Segundo os princípios expostos no *Manifesto comunista* de 1848, toda educação secundária e técnica seria dada em locais de trabalho, assegurando-se, assim, a unidade de teoria e prática. Sobre esse esquema biológico, Milyutin escreveu:

> Não deve haver desvio na sequência dessas seis zonas, pois isso, além de perturbar todo o projeto, também impossibilitaria o desenvolvimento e a extensão de cada unidade individual, criando condições insalubres de vida e anulando por inteiro as importantes vantagens de produção oferecidas pelo sistema linear.

Em janeiro de 1929, o governo soviético declarou sua intenção de fundar a cidade de Magnitogorsk nos Urais orientais para a exploração dos depósitos de ferro, e Milyutin e outros arquitetos da OSA, como Ginzburg e Leonidov, apresentaram propostas esquemáticas para a nova cidade. Esses projetos, com diferentes graus de abstração, foram rejeitados pelas autoridades, que preferiram contratar o arquiteto alemão Ernst May e sua equipe de Frankfurt para criar o projeto oficial da cidade. As intermináveis discussões teóricas da vanguarda arquitetônica russa – os complexos argumentos e contra-argumentos dos "urbanistas" e dos "desurbanistas" – finalmente levaram as autoridades soviéticas a evitar essas controvérsias entre facções e a convidar os arquitetos esquerdistas da República de Weimar, mais pragmáticos e experientes, para aplicar seus métodos normativos de planejamento e produção (seu desenho *Zeilenbau* e seus métodos racionais de construção) à tarefa de concretizar as construções do Primeiro Plano Quinquenal.

A incapacidade da OSA de desenvolver propostas suficientemente concretas para o planejamento em grande escala ou a criação de tipos de moradia que se ajustassem às necessidades e aos recursos de um Estado socialista assediado, em conjunto com a tendência paranoide de censura e controle que se manifestou sob o governo de Stalin, tiveram o efeito de eclipsar a arquitetura "moderna" da União Soviética. A despeito de todas as suas justificativas da necessidade da cultura proletária basear-se no "desenvolvimento orgânico daqueles repositórios de conhecimento que a humanidade acumulou sob o jugo do capitalismo", há pouca dúvida de que a repressão deslanchada por Lenin contra o Proletkult, em outubro de 1920, já continha algo de um primeiro passo na outra direção. Foi, sem dúvida, a primeira tentativa de controlar as extraordinárias forças criativas que haviam sido liberadas pela Revolução. O programa da NPE de Lenin foi claramente um segundo passo, no sentido de estipular limites ao alcance do comunismo participativo. Acima de tudo, o compromisso econômico da NPE parece ter acarretado a convocação e o emprego de especialistas "politicamente não confiáveis", remanescentes da era burguesa; homens como Shchusev, ironicamente encarregado de projetar o mausoléu de Lenin. Apesar de toda sua eficácia, essa cooptação de profissionais burgueses sob a supervisão do Estado envolvia um compromisso profundo que não só prejudicou os princípios da Revolução, como também inibiu o desenvolvimento de uma cultura coletiva. Por outro lado, as circunstâncias históricas eram tais que, em grande parte, as pessoas eram incapazes de adotar o modo de vida proposto pela *intelligentsia* socialista. Além do mais, o fracasso da vanguarda arquitetônica em harmonizar suas propostas visionárias para tal estilo de vida com níveis apropriados de desempenho técnico levou à sua perda de credibilidade junto às autoridades. Por último, seu apelo a uma cultura socialista internacional era claramente antagônico ao projeto político soviético posterior a 1925, quando Stalin anunciou a decisão de "construir o socialismo em um país". O fato de Stalin não ter afinidade alguma com o Internacionalismo elitista foi oficialmente confirmado pelo *slogan* cultural nacionalista-populista lançado por Anatole Lunacharsky em 1932, seus famosos "pilares para o povo", que efetivamente comprometeram a arquitetura soviética com uma forma regressiva de historicismo do qual ela ainda precisa emergir.

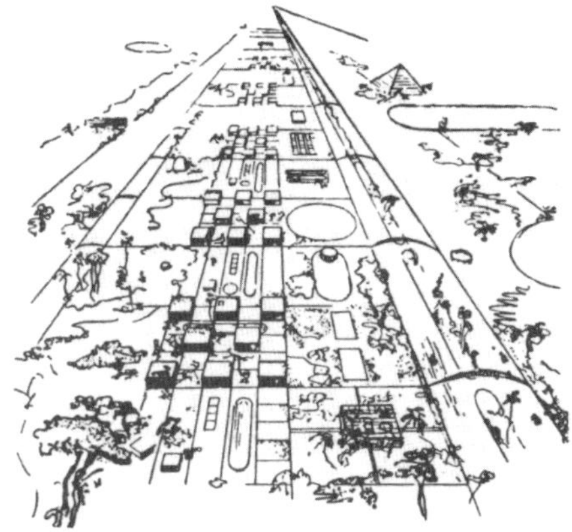

Fig. 162. Leonidov, projeto para Magnitogorsk, 1930. Uma estrada de 32 quilômetros liga o setor industrial a uma comunidade agrícola no interior.

CAPÍTULO 20 Le Corbusier e a Ville Radieuse, 1928-46

A maquinaria da sociedade, profundamente desengrenada, oscila entre uma melhora, de importância histórica, e uma catástrofe. O instinto primordial de todos os seres humanos é garantir um abrigo. As diferentes classes de trabalhadores de nossos dias não mais têm moradias adaptadas às suas necessidades, e o mesmo se pode dizer acerca do artesão ou do intelectual. O que se encontra na raiz da inquietação social de hoje é uma questão de construção: arquitetura ou revolução.

Le Corbusier
Vers une architecture, 1923

Depois do concurso para a Liga das Nações de 1927, a Estética e Arquitetura do Engenheiro parecia remeter cada vez mais a um cisma na ideologia do próprio Le Corbusier, e não a uma oposição que fosse capaz de chegar a uma síntese. Por volta de 1928, essa cisão evidenciava-se de modo mais nítido no contraste entre o inegável monumentalismo da Cité Mondiale e as delicadas peças de mobília leve, em aço tubular, que ele criara ao mesmo tempo que Charlotte Perriand – *le fauteuil à dossier basculant, le grand confort, la chaise longue, la table "tube d'avion"* e *le siège tournant* –, todas as quais foram expostas no Salon d'Automne de 1929. Uma certa racionalização dessa diferença de abordagem já havia sido antecipada na teoria da estética purista, que argumentara que, quanto mais íntima a relação entre o homem e o objeto, tanto mais este último deve refletir os contornos da forma daquele, ou seja, mais deve aproximar-se de ser o equivalente ergonômico da Estética do Engenheiro – e que, inversamente, quanto mais distante for a relação, mais o objeto tenderá para a abstração – isto é, para a arquitetura.

No que diz respeito à construção, essa determinação de forma através da proximidade e do uso viu-se complicada pelas exigências de produção em grande escala e pela consequente necessidade de distinguir entre a criação do monumento exclusivo e a vantagem potencial de usar métodos racionais de produção para a oferta geral de moradia. Essa distinção parece ter sido o motivo de Le Corbusier ter abandonado seu bloco perimetral, também conhecido como a Immeuble-Villa, em favor de uma forma de construção mais apropriada à produção em série, ou seja, seu bloco *à redent* da Ville Radieuse, projetado como uma faixa contínua de moradias "alinhadas". Baseada no Boulevard à Redans de Eugène Hénard, de 1903 (o termo *redan* provém, assim como *boulevard*, do vocabulário da fortificação), a forma em redente de Le Corbusier consistia em um terraço contínuo cuja frente retrocedia ou se alinhava, alternada e regularmente, a partir dos limites exteriores da rua.

A diferença na organização das unidades habitacionais desses dois tipos era tão significativa quanto a diferença entre suas formas exteriores. Enquanto a Immeuble-Villa preconizava (como sugere seu próprio nome) o suprimento *qualitativo* da casa com seu "jardim suspenso" como uma unidade autônoma, o tipo Ville Radieuse parece terse orientado para critérios mais econômicos, ou seja, para os padrões *quantitativos* da produção em série. Enquanto a Immeuble-Villa incorporava um amplo terraço ajardinado e um espaço vital de altura dupla, de dimensões fixas a despeito do tamanho da família, a unidade Ville Radieuse (VR) era um apartamento flexível de pavimento único e extensão variável, mais econômico em termos de espaço do que a seção dúplex de altura dupla. A unidade VR otimizava cada centímetro quadrado de espaço de que se dispunha, e, em termos de espessura, suas divisões eram reduzidas a ponto de se tornarem inadequadas como barreiras acústicas. Com finalidades semelhantes, os núcleos de serviço, isto é, cozinhas e banheiros, eram reduzidos ao mínimo. Além disso, cada apartamento tinha uma certa capacidade de transformação em termos de seu uso noturno ou diurno, com a retirada das divisórias corrediças. Quando fechados, esses elementos subdividiam os espaços para dormir, e, abertos, ofereciam uma área de lazer para as crianças que podia ter continuidade com a sala de estar. Por meio desses artifícios, o apartamento VR típico destinava-se a ser tão ergonomicamente eficiente quanto as cabines de dormir de um *wagon-lit*, e, de fato, Le Corbusier usou muitos de seus padrões espaciais. Com ar-condicionado e fachadas vedadas, tratava-se de uma evidente tentativa de prover o equipamento normativo de uma civilização da era da máquina. Próximo do desenho industrial e distante da arquitetura no sentido tradicional, o bloco VR dificilmente poderia estar mais distanciado do *etos* da Cité Mondiale.

Essa mudança do bloco perimetral independente para a moradia de terraço contínuo, e do padrão burguês da *villa* para uma norma industrializada, pode muito bem ter sido uma resposta ao desafio tecnocrático da ala esquerdista dos CIAM – aqueles arquitetos alemães e tchecos da Neue Sachlichkeit que Le Corbusier teria conhecido no congresso de fundação dos CIAM, em 1928 (ver p. 164). Esses *designers* "materialistas" voltaram a desafiar Le Corbusier em Frankfurt, em 1929, por ocasião da primeira reunião de trabalho dos CIAM, dedicada, sob o título de Existenzminimum, a determinar os critérios ideais para o padrão mínimo de condições de habitação. Ao repudiar a abordagem redutivista de arquitetos como Ernst May e Hannes Meyer, Le Corbusier proclamou retoricamente os padrões espaciais de seu *maison maximum*, que era um jogo irônico com o nome de seu carro econômico, *voiture maximum*, projetado junto com Jeanneret no ano anterior. Neste último aspecto eles demonstrariam estar certos, uma vez que sua *voiture maximum* tornou-se o protótipo da austeridade dos veículos que, depois da Segunda Guerra Mundial, viriam a ser produzidos em grande escala na Europa.

Esse encontro da Neue Sachlichkeit e as três visitas que Le Corbusier fez à Rússia entre 1928 e 1930 puseram-no em estreito contato com a esquerda internacional; tanto as-

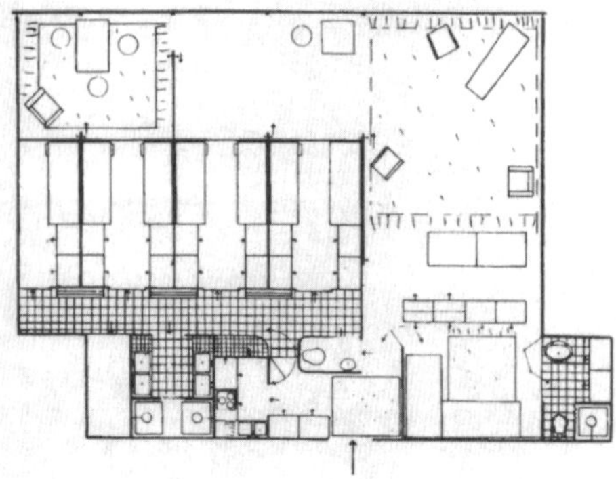

Fig. 163. Le Corbusier e Jeanneret, Ville Radieuse, 1931. Projeto de uma unidade com cinco quartos.

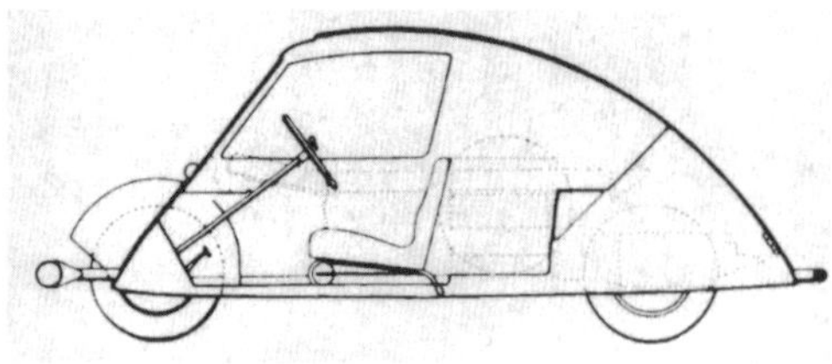

Fig. 164. Le Corbusier e Jeanneret, *voiture maximum*, 1928.

sim que um crítico ocidental reacionário, Alexandre de Senger, pôde denunciá-lo pouco depois como o Cavalo de Troia do bolchevismo. De maior importância para a sua evolução posterior, contudo, foi seu contato, em 1927, com os protótipos de moradias russas da OSA, com suas unidades dúplex encadeadas, além de seu encontro com os conceitos de cidade linear de N. A. Milyutin. Essas duas ideias logo emergiram em seu próprio trabalho, a seção dúplex cruciforme em 1932 e a cidade "industrial-linear" de 1935. Uma vez assimiladas, foram por ele reformuladas em meados da década de 1940: a primeira como a seção prototípica de sua Unité d'Habitation, e a segunda como a Cité Industrielle, central a sua tese sobre planejamento regional intitulada *Les trois établissements humains* [Os três estabelecimentos humanos]. Como revide, por assim dizer, ele tentou introduzir a parede-cortina na União Soviética, como parte de seu edifício Tsentrosoyuz construído em Moscou em 1929, obra tecnicamente "progressiva", mas problemática em última instância. Essa parede de vidro dupla (uma técnica padrão do Jura suíço que ele usou na Villa Schwob) não teria como resistir aos rigores do inverno russo. Mesmo assim, foi incluída como elemento técnico em sua resposta de 1930 a um questionário de Moscou intitulado *Réponse à Moscou* [Resposta a Moscou], documento para o qual, segundo parece, foram especialmente preparadas as pranchas da Ville Radieuse.

As transformações em seus protótipos urbanos da década de 1920, em que a "hierárquica" Ville Contemporaine de 1922 se converteu na Ville Radieuse "sem classes" de 1930, implicou mudanças significativas no modo de Le Corbusier conceber a cidade da era da máquina; dentre elas, a mais importante foi o abandono de um modelo urbano centralizado, que avançou para um conceito teoricamente ilimitado cujo princípio de ordem provinha do fato de ser dividido, como a cidade linear de Milyutin, em zonas de faixas paralelas. Na Ville Radieuse, essas faixas destinavam-se aos seguintes usos: 1) cidades-satélites dedicadas à educação; 2) zona comercial; 3) zona de transporte, incluindo trens e transporte aéreo; 4) zona de hotéis e embaixadas; 5) zona residencial; 6) zona verde; 7) zona da indústria leve; 8) armazéns e trens de carga e 9) indústria pesada. Para dizer o mínimo, era paradoxal que algo de uma metáfora humanista e antropomórfica ainda estivesse inserido nesse modelo. Isto se torna bastante evidente a partir de seus esboços explicativos do período, que mostram a "cabeça" isolada dos dezesseis arranha-céus cruciformes acima do "coração" do centro cultural,

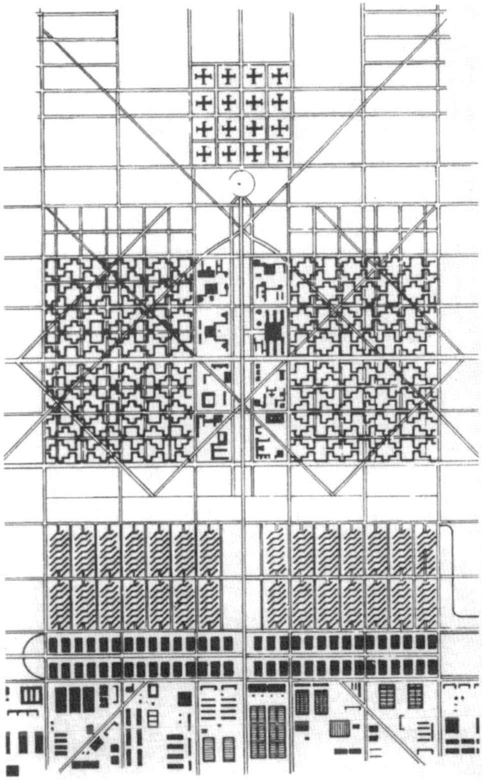

Fig. 165. Le Corbusier e Jeanneret, Ville Radieuse, 1931. A planta mostra o zoneamento em faixas paralelas: de escritórios (acima) à indústria, através das moradias.

situado entre as duas metades, ou os dois "pulmões" da zona residencial. À parte as distorções induzidas por tais metáforas biológicas, aderiu-se estritamente ao modelo linear, permitindo-se, assim, que as zonas menos hierárquicas se expandissem independentemente umas das outras.

A Ville Radieuse levou o conceito de cidade aberta da Ville Contemporaine à sua conclusão lógica, e um corte típico através da cidade toda mostrava todas as estruturas erguidas bem acima do solo, inclusive as garagens e as vias de acesso. Com a elevação de tudo sobre *pilotis*, a superfície do terreno teria se transformado num parque contínuo no qual o pedestre estaria livre para circular à vontade. O típico corte transversal do bloco VR e a parede-cortina de vidro, ou *pan-verre*, em que ficava envolta eram igualmente cruciais para a oferta de "alegrias essenciais", de "sol", "espaço" e "verde", com este último sendo assegurado não só pelo parque, mas também pelo jardim de cobertura que corria ao longo da parte superior do bloco contínuo em redente.

Em 1929, antes de concluir seus projetos para a "cidade radiosa", Le Corbusier visitou a América do Sul, onde, transportado pelos aviadores pioneiros Mermoz e Saint-Exupéry, teve a estimulante experiência de admirar uma paisagem tropical vista do ar. A partir desse vantajoso ponto de observação, o Rio de Janeiro impressionou-o como uma cidade linear natural, colocada como uma estreita faixa ao longo de sua *corniche*, com o mar de um lado e, do outro, rochas vulcânicas íngremes. A forma desse terreno urbano parece ter sugerido espontaneamente a ideia da cidade-viaduto, e Le Corbusier imediatamente esboçou uma extensão do Rio em forma de uma via costeira de cerca de seis quilômetros de comprimento, cem metros acima do solo e compreendendo quinze andares de "lugares artificiais" para uso residencial, colocados sob a superfície da via. A megaestrutura resultante era mostrada em corte como estando elevada acima do nível médio da altura dos telhados da cidade.

Essa proposta inspirada levou diretamente aos projetos para Argel, desenvolvidos de 1930 a 1933. O primeiro deles proje-

Fig. 166. Le Corbusier, extensões de *corniche* para o Rio de Janeiro, 1930.

Fig. 167. Le Corbusier e Jeanneret, Plan Obus para Argel, 1930.

tava uma megaestrutura de autoestrada para toda a extensão de uma *corniche* igualmente espetacular, que recebeu o nome de Obus pelo fato de sua côncava inserção na baía lembrar a trajetória de uma granada. (Observe-se, mais uma vez, a apropriação de um termo militar.) Com seis andares sob sua superfície de estrada e doze acima, a ideia da "cidade-viaduto" tornou-se uma realidade. Separados por cerca de cinco metros, cada um desses pisos constituía um lugar artificial, onde se imaginava que cada proprietário pudesse erguer unidades de dois andares "em qualquer estilo que lhes parecesse o melhor". Essa criação de uma infraestrutura pública, porém pluralista, concebida para a apropriação individual, estava destinada a difundir-se consideravelmente entre a vanguarda arquitetônica anarquista do período posterior à Segunda Guerra Mundial (por exemplo, nas infraestruturas urbanas propostas por Yona Friedman e Nicolaas Habraken).

As configurações eróticas dos projetos criados para as cidades do Rio de Janeiro e Argel parecem ter estado ligadas a certas transformações na estrutura expressiva da pintura de Le Corbusier, que depois de 1926 começou a passar da abstração purista para composições sensualmente figurativas, representando seus chamados *objets à réaction poétique*. As figuras femininas apareceram pela primeira vez em sua pintura nessa época, e o estilo sensual e pesado com que eram representadas conferiu uma certa substância à sua afirmação de que, a exemplo de Delacroix, ele havia redescoberto a essência da beleza feminina na casbá de Argel.

O projeto de 1930 de Le Corbusier para Argel foi sua última proposta urbana de grandeza esmagadora. Reminiscente do espírito sensório do Parque Güell de Gaudí, seu entusiasmo enlevado parece ter-se consumido ali num poema apaixonado à beleza natural do Mediterrâneo. A partir de então, sua abordagem do planejamento urbano iria tornar-se mais pragmática, enquanto seus tipos de construção urbana assumiriam aos poucos formas menos idealizadas. O arranha-céu cartesiano cruciforme foi abandonado em favor do bloco de escritórios em forma de Y, com o qual era possível obter-se uma distribuição mais favorável do sol sobre a superfície toda do edifício. Da mesma maneira, seu típico bloco VR em redente foi distorcido de modo a assumir uma forma arabesca no projeto Obus, e depois foi sendo aos poucos eliminado. Esta última modificação, que levou à adoção da laje livre como seu tipo residencial básico (cf. a laje *Unité* de 1952), foi introduzida em 1935, com suas propostas para as cidades de Nemours, na África do Norte, e de Zlín, na Tchecoslováquia. Enquanto essas duas plantas foram projetadas para lugares bastante íngremes – para os quais a laje livre era extremamente adequada –, seu desenho enxadrezado, apropriadamente colocado contra o declive do terreno, tornou-se uma fórmula que logo seria aplicada em toda parte, fosse qual fosse a topografia. Enquanto típica solução corbusieriana para a construção de grande densidade, seria copiada com resultados desastrosos em grande parte dos novos projetos de desenvolvimento urbano, e o ambiente alienante criado em muitos dos *grands ensembles* do pós-guerra certamente deve muito à influência desse modelo.

À parte o contexto que forneceu para a evolução da forma de laje *Unité*, a importância de Zlín, projetada para o fabricante de calçados Bata, está em sua engenhosa adaptação da proposta de Milyutin para uma cidade linear em um lugar específico. Ligando a cidade antiga e o centro manufatureiro de Zlín, no fundo do vale, ao aeroporto executivo situado no planalto, a rodovia e a ferrovia corriam em paralelo ao comprimento do vale, com a nova indústria de um lado, e as casas da companhia do outro. Desse modo, Zlín tornou-se a primeira formulação de Le Corbusier da cidade linear segundo o modelo soviético, um tipo que mais tarde seria por ele designado como uma das três unidades produtivas (isto é, *Éta-*

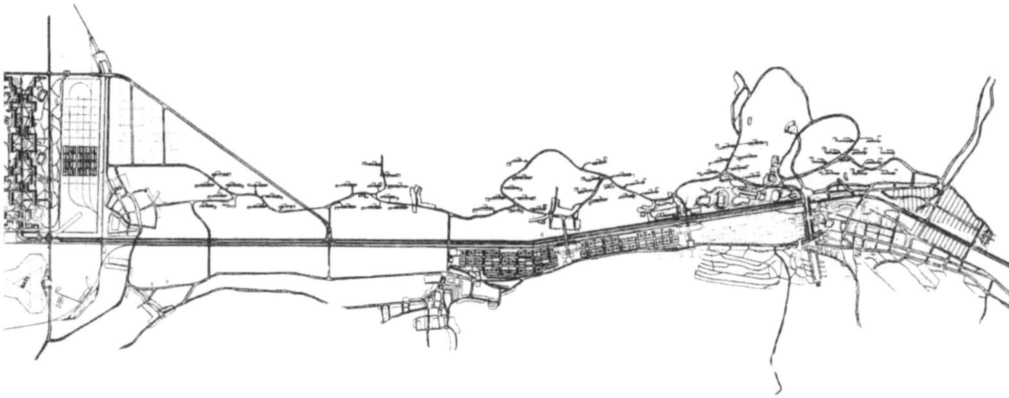

Fig. 168. Le Corbusier e Jeanneret, projeto para Zlín, Tchecoslováquia, 1935, mostrando-a organizada como uma cidade linear em faixas paralelas.

blissements humains), sendo as outras duas a cidade tradicional planejada radialmente e a "cooperativa agrícola".

O argumento apresentado em *Les Trois Établissements humains*, de 1944, era em grande parte uma reinterpretação das teses de planificação regional que já haviam sido defendidas pelo geógrafo alemão Walter Kristaller e pelo teórico espanhol da cidade linear, Soria y Mata. Le Corbusier foi buscar seu próprio modelo regional na lei de desenvolvimento urbano de Kristaller. Para este último, sendo os outros fatores iguais, os assentamentos urbanos na Alemanha sempre haviam ocorrido nas interseções de traçados triangulares ou hexagonais. Usando a ideia de Soria y Mata a propósito do subúrbio linear, Le Corbusier apenas complementou a análise de Kristaller, propondo que todas as ligações entre as cidades radioconcêntricas existentes deveriam ser desenvolvidas como assentamentos industriais-lineares. Avançando mais ainda, mostrou que os interstícios do traçado poderiam, depois, ser desenvolvidos como cooperativas agrícolas. Para essa abordagem regional abrangente era preciso desenvolver uma nova tipologia em escala aumentada. Zlín serviria como "cidade linear-industrial", e a "fazenda radiante" e o "povoado radiante" projetados em 1933 para o agricultor sindicalista Norbert Bezard seriam colocados como os elementos constitutivos da nova cooperativa agrícola.

Les Trois Établissements humains, com os quais, segundo Le Corbusier, seria possível urbanizar tanto a cidade quanto o campo, foi uma tentativa de resolver o conflito que dividira de modo tão virulento os planejadores urbanos russos de fins da década de 1920 entre os desurbanistas, que haviam pretendido redistribuir a população existente em toda a União Soviética, e os urbanistas, que haviam defendido a manutenção das cidades existentes e a criação de novos centros urbanos.

Embora a cidade radiante nunca se tenha concretizado, sua influência como modelo evolutivo sobre o desenvolvimento urbano do pós-guerra na Europa e em outros lugares foi bastante grande. Além dos inúmeros esquemas de conjuntos habitacionais, a organização específica de duas novas capitais ficou claramente em dívida com as ideias contidas na Ville Radieuse: o plano piloto de Le Corbusier para Chandigarh, de 1950, e o projeto de Lúcio Costa para Brasília, em 1957. A aceitação básica, por Le Corbusier, do desenho existente de cidade-jardim para Chandigarh, tal como produzi-

Fig. 169. Le Corbusier, apartamentos Porte Molitor, Paris, 1933.

do pelo planejador norte-americano Albert Mayer naquele mesmo ano, deixou suficientemente claro que ele havia, de fato, abandonado quaisquer ideias de criar uma cidade finita de forma significativa, e que orientara sua abordagem geral para a promoção de modelos de crescimento dinâmico em escala regional. Apesar de toda a sua modificação do projeto Mayer, sua "cidade ideal" veio a reduzir-se, nesse momento, apenas ao centro governamental, o Capitólio de Chandigarh, de 1950. Essa estratégia realista já havia sido antecipada em seu projeto para St-Dié, em 1946. A partir de então, como os mestres do Renascimento, ele parece ter-se preparado para compensar o todo irrealizável pela projeção de um elemento de representação em escala monumental.

Ao longo da primeira metade da década de 1930, essa tendência latente à monumentalização não diminuiu de modo algum o interesse de Le Corbusier pelos equipamentos da civilização da "era da máquina". Ele continuou procurando os industriais, e, sempre que possível, chamava-lhes a atenção para sua capacidade de projetar os *objets-types* em grande escala, os quais ele via como essenciais para equipar uma nova era. Assim foram, de fato, os quatro edifícios principais que realizou entre 1932 e 1933: os apartamentos do edifício Clarté, em Genebra, o Pavillon Suisse na Cité Universitaire, o Edifício do Exército da Salvação e seus apartamentos da Porte Molitor, os três últimos dos quais construídos em Paris. A fachada modular do tipo *pan-verre*, em vidro e aço, usada em cada caso, pretendia demonstrar a estética da "era da máquina". Como tal, representava uma ruptura com a estrutura de concreto e a alvenaria de blocos rebocados utilizadas nas *villas* da década de 1920. Paradoxalmente, essa apoteose da Estética do Engenheiro ocorreu no exato momento em que Le Corbusier começava a perder a fé no inevitável triunfo da era da máquina. Pouco depois de 1933, começou a reagir contra a produção racionalizada da *machine à habiter*, embora não se saiba ao certo se o terá feito por desilusão com a técnica moderna enquanto tal ou por desespero diante de um mundo arrebentado pela depressão econômica e pela reação política. Como Robert Fishman mostrou recentemente, ele sempre manteve uma certa ambivalência com relação à promessa de uma produção em série taylorizada:

> Nos anos 1930, a busca da Autoridade por Le Corbusier reflete, finalmente, sua atitude de profunda ambivalência com respeito à industrialização. Seu pensamento social e sua arquitetura repousavam sobre a crença de que a sociedade industrial tinha a capacidade inerente de criar uma ordem genuína e prazenteira. Por trás dessa crença, porém, havia o medo de que uma industrialização pervertida e descontrolada pudesse destruir a civilização. Ainda jovem, em La Chaux-de-Fonds, ele havia visto a relojoaria ser literalmente varrida do mapa por feios cronômetros alemães produzidos em série, uma lição que não seria esquecida.

Por alguma razão cujos fundamentos últimos desconhecemos, o fato é que elementos técnicos primitivos começaram a aparecer em sua obra com uma frequência e uma liberdade de expressão cada vez maiores a partir de 1930. Primeiro na Casa Errazuriz, um projeto de 1930 para o Chile, obra em madeira, pedra e com telhado em vertente, depois na *villa* de paredes de cascalho construída para Madame Mandrot perto de Toulon, em 1931, e por último em duas extraordinárias obras de 1935 e 1937, respectivamente: uma casa para fins de semana construída nos subúrbios de Paris, de concreto e abobadada, e seu leve Pavillon des Temps Nouveaux, feito em lona, para a Exposição Internacional de Paris de 1937. Enquanto o telhado da primeira lembrava não apenas sua Maison Monol de 1919, mas, mais profundamente, a tradicional construção mediterrânica de teto abobadado, a segunda evocava não só a tenda nômade, mas também aquela reconstrução do templo hebraico numa região erma, que ele escolhera para apresentar, em *Vers une architecture*, como exemplo de linhas reguladoras. Com essa série de obras, o ônus da expressão agora passava da forma abstrata para o próprio meio de construção. Como Le Corbusier observaria a propósito de sua casa para fins de semana: "O planejamento dessa casa exigiu um cuidado extremo, pois os elementos de construção eram o único meio arquitetônico." Apesar das referências arcaicas e vernáculas, ainda assim as duas obras exploravam aspectos de uma tecnologia avançada; a casa para fins de semana fazia um uso eloquente do concreto armado, do compensado e das lentes de vidro, e o pavilhão era uma demonstração espetacular de suspensão por cabos de aço, fazendo-o de modo a lembrar as técnicas de encaixe que, na época, estavam circunscritas aos domínios da construção aeronáutica. Por último, as duas obras pareciam ser metáforas sofisticadas de um futuro menos doutrinário em que o homem teria a liberdade de misturar técnicas primitivas e avançadas, segundo suas necessidades e seus recursos (ver capítulo 25).

O modo como os recursos em geral poderiam ser mais bem alocados em termos sociopolíticos é algo que, pela primeira vez,

Fig. 170. Le Corbusier e Jeanneret, Casa Errazuriz, Chile, 1930.

foi explicitamente formulado por Le Corbusier em suas contribuições, a partir de janeiro de 1931, ao periódico sindicalista mensal *Plan* [Plano], publicado por Philippe Lamour, Hubert Lagardelle, François Pierrefeu e Pierre Winter. Em dezembro de 1931, num ensaio intitulado "Décisions" [Decisões], ele estabeleceu as precondições políticas sob as quais suas ideias urbanas poderiam ser postas em prática. Sua recomendação de que o solo urbano devia ser requisitado pelo Estado serviu bem para municiar as armas da reação, que já haviam optado por vê-lo como um bolchevique disfarçado, ao mesmo tempo que sua exigência de que o Estado deveria proibir por lei a produção de bens de consumo inúteis deve ter perturbado os membros da direita tecnocrática, que de outro modo o teriam tomado por um inequívoco representante de seus interesses.

Em 1932, Le Corbusier rompeu com Lamour e tornou-se membro do Comitê de Ação Regionalista e Sindicalista e colaborador de sua revista *Prélude* [Prelúdio] publicada por Hubert Lagardelle. Como protegido de Sorel, Lagardelle mantinha laços estreitos com a ala esquerdista do movimento fascista italiano, e, enquanto tal, era cautelosamente pró-fascista. O texto de *La Ville Radieuse*, publicado em forma de livro em 1933, já havia aparecido em fascículos sob o signo de uma facção autoritária do sindicalismo, primeiro em *Plan* e em seguida, depois de 1932, em *Prélude*. Le Corbusier, sem dúvida influenciado pelas fortes tradições sindicalistas da região do Jura, vacilou, como seus companheiros sindicalistas, entre o socialismo autoritário utópico de Saint-Simon e as tendências anarcossocialistas latentes nos textos de Fourier. Em *La Ville Radieuse*, Le Corbusier defendia, em linhas sindicalistas, um sistema direto de governo através dos *métiers* (guildas comerciais ou sindicatos); contudo, a exemplo de seus colegas de editorial, parece só ter tido uma ideia muito vaga sobre a maneira como esse reino dos *métiers* podia ser estabelecido.

Aceitando tacitamente, ainda que sempre protelando a eventualidade de uma greve geral como única forma de acesso ao poder, os sindicalistas franceses da década de 1930 favoreciam mais a reforma do que a revolução e mais a racionalização do Estado do que sua abolição. Enquanto pró-industrialistas e progressistas, permaneceram nostálgicos de uma harmonia pré-industrial; en-

Fig. 171. Le Corbusier, capa de *Des canons, des munitions? Merci! Des logis... S.V.P.*, 1938.

quanto anticapitalistas, eram não obstante promotores de uma elite tecnocrática, pois, ao mesmo tempo que se opunham à oligarquia do Estado bolchevique, defendiam simultaneamente a autoridade tecnocrática. Com maior consistência, eram ardorosamente internacionalistas, pacifistas e contrários ao desperdício da produção armamentista e do consumo do *laissez-faire*. Com esse objetivo, em 1938 Le Corbusier escreveria seu livro mais polêmico, com o título profético – para não dizer irônico – de *Des canons, des munitions? Merci! Des logis... S.V.P.* [Canhões, munições? Obrigado! Moradias... por favor] Apesar de tudo isso, porém, os sindicalistas foram incapazes de estabelecer uma base popular. O abismo entre a criação de um estado de bem-estar social e a possibilidade de uma cultura de massas de alta qualidade não escapou a Le Corbusier, que, com um distanciamento característico, criticou as casas protopopulistas a serem providas pelas Lois Loucheur de 1929, sob cujos auspícios suas moradias mínimas para trabalhadores haviam sido projetadas. Ele concluiu sua descrição inicial do projeto com uma afirmação resignada:

> Não faremos uma única. (...) Porque sua lei não tem uma base real. Não existe ponto de contato entre os dois lados envolvidos: meu projeto (que é um modo de vida) e aqueles para os quais a lei é feita, os clientes potenciais que não foram educados.

CAPÍTULO 21 Frank Lloyd Wright e a Cidade Evanescente, 1929-63

Segundo notícias veiculadas pela imprensa, Henry Ford emitiu uma ordem estipulando que, em seu tempo livre, todos os operários e trabalhadores casados devem cultivar legumes e verduras em suas hortas, de acordo com instruções pormenorizadas de especialistas por ele contratados para esse fim. A ideia é de que, com tal procedimento, eles terão condições de satisfazer à maior parte de suas necessidades. A terra necessária para a horta será colocada à sua disposição. Henry Ford afirmou: "A autoajuda é a única maneira de combater a depressão econômica. Todos os que se recusarem a cultivar sua horta serão demitidos."

Die Heimstätte, nº 10, 1931

Fig. 172. Wright, projeto para o Edifício National Life Insurance, Chicago, 1924.

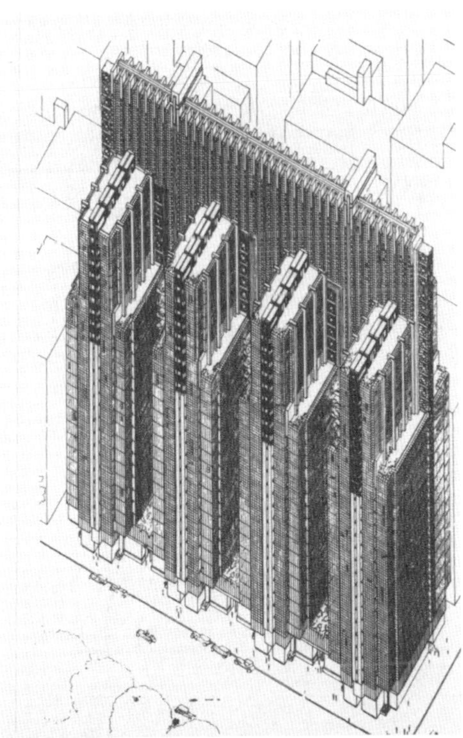

A segunda fase significativa da carreira de Wright iniciou-se com a conclusão da última de suas casas de blocos de concreto em Tulsa, Oklahoma, em 1929, e com o primeiro de seus projetos a explorar o limite da capacidade de balanço do concreto armado, seus Apartamentos Elizabeth Noble projetados para Los Angeles. A estética cristalina desses apartamentos já tinha sido antecipada em seu projeto para o Edifício National Life Insurance de Chicago, em 1924, cuja fachada cintilante em cobre e vidro era uma tradução direta, para o vidro, de seu "bloco de concreto texturado".

A econômica produção de carros em série por Henry Ford e o impacto da Depressão parecem ter tido o efeito de fazer Wright despertar de seus sonhos de Eldorado, da cultura "do instante" de suas casas maias, construídas para estetas ricos e refugiados nas luxuriantes colinas do sul da Califórnia. Influenciado pelo papel então representado pela Neue Sachlichkeit na Europa, Wright foi induzido a formular um novo papel para a arquitetura no contexto da reestruturação da ordem social nos Estados Unidos.

Desde sua palestra A arte e ofício da máquina, de 1901, Wright havia reconhecido que era o destino da máquina produzir uma profunda mudança na natureza da civilização. Sua reação inicial, que durou até 1916, dera-se no sentido de adaptar a máquina à criação de uma cultura artesã de alto nível, ou seja, aplicá-la à formação direta de seu Estilo Pradaria. Apesar do fato de que, para Wright, a palavra "máquina" sempre parecia envolver um certo uso retórico do balanço (a Casa Robie de 1909 é um exemplo típico), ele ainda insistia na autoridade fundamental dos métodos e materiais tradicionais. Ainda que antecipado na Casa Coonley (1908) e em seus Jardins Midway (1914), só em meados da década de 1920 Wright passou a considerar o conjunto de estruturas inteiras a partir de elementos sintéticos produzidos em massa, como o mosaico de blocos de concreto de suas casas californianas ou o sistema modular de paredes-cortinas que concebeu para envolver estruturas de concreto monolíticas.

Ao ser forçado, por razões de economia, a reconhecer os limites dos materiais e da construção tradicionais, Wright foi levado a abandonar a sintaxe "terrena" de seu Estilo Pradaria, e, através de uma singular combinação de concreto armado e vidro, criou uma arquitetura prismática e facetada cujo exterior de vidro, sustentado por uma armação de planos flutuantes, transmitia uma ilusão de leveza absoluta. Era como, a exemplo de Scheerbart antes dele, ele tivesse sido subitamente possuído pelas qualidades expressivas do vidro, cuja transparência cristalina podia ser mais bem complementada pelos atributos liberadores da planta livre de colunas. A primeira ocasião em que Wright, o mestre da alvenaria, aclamou o vidro como o material moderno *por excelência*, foi em suas famosas conferências Kahn, proferidas na Universidade de Princeton em 1930. Em "Estilo e Indústria", ele afirmou:

> O vidro tem hoje uma visibilidade perfeita, finas lâminas de ar cristalizado para manter as correntes de ar dentro ou fora. As superfícies de vidro também podem ser modificadas para permitir que a visão as atravesse de um modo que pode chegar à perfeição. A tradição não nos legou instruções sobre esse material como meio de visibilidade perfeita, de onde a percepção do vidro como cristal não ter ainda entrado para a arquitetura, como a poesia. Toda a dignidade da cor e do material encontrada em qualquer outro material pode ser permanentemente subestimada. As sombras eram as "pinceladas" do arquiteto antigo. Deixemos que, hoje, os modernos trabalhem com luz, luz difusa, luz refletida – a luz pela luz, sombras gratuitas. É a máquina que torna modernas essas oportunidades novas e raras oferecidas pelo vidro.

Em 1928, Wright cunhou o termo Usonia para denotar uma cultura igualitária que surgiria espontaneamente nos Estados Unidos. Com essa palavra, parecia remeter não apenas a um individualismo de raízes populares, mas também à concretização de uma

Fig. 173. Wright, projeto para a subdivisão de uma área típica de terra pública, Chicago, 1913.

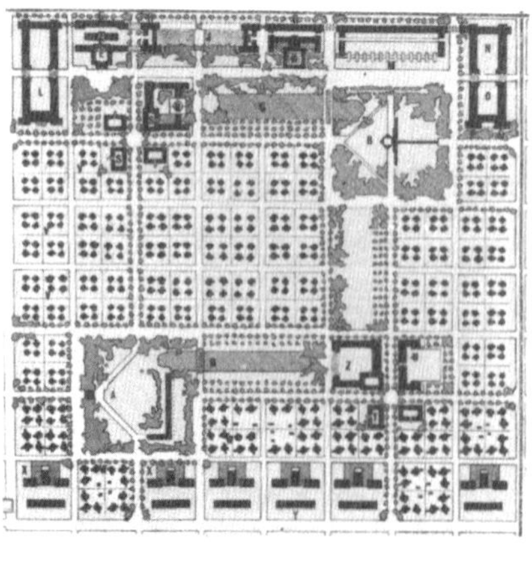

Fig. 174. Wright, projeto para o edifício do *Capital Journal*, Salem, Oregon, 1931. Corte.

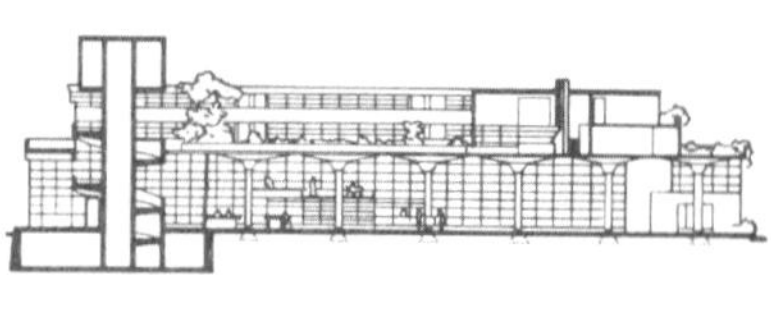

forma nova e dispersa de civilização, como a que havia pouco se tornara possível pela propriedade maciça de automóveis. O carro enquanto a modalidade "democrática" de locomoção seria o *deus ex machina* do modelo antiurbano de Wright, seu conceito de Broadacre City, em que a concentração da cidade do século XIX seria redistribuída pela rede de um traçado rural regional (já antecipado pelo projeto que mandou para o concurso do City Club de Chicago, em 1913, para uma subdivisão dos arredores da cidade). Ele se manifestara pela primeira vez contra a cidade tradicional na última de suas conferências Kahn, que começava com a pergunta: "A cidade é uma forma persistente de doença social, que resulta no destino que todas as cidades tiveram?" Uma das ironias de nosso século está no fato de a Broadacre City ter correspondido, mais estreitamente que qualquer outra forma de urbanismo radical, aos preceitos centrais do *Manifesto comunista* de 1848, que defendia "a abolição gradual da distinção entre cidade e campo através de uma distribuição mais equânime da população na terra".

Não obstante, os primeiros projetos de Wright para essa nova cultura usoniana, a torre de apartamentos St Mark e o edifício do *Capital Journal*, ambos de 1931, tinham um tom mais urbano que rural. Finalmente realizados como a Price Tower em Bartlesville, Oklahoma (1952-55), e o edifício da Johnson Wax Administration em Racine, Wisconsin (1936-39), esses dois projetos consistiam em sistemas de concreto armado em balanço, envolvidos por uma membrana cristalina. Num nível simbólico, davam corpo à polaridade essencial que já se evidenciara na obra de Wright desde sua Casa Martin e seu Edifício Lark de 1904 – a assimilação fundamentalista da construção do lar aos processos da natureza, bem como a do lugar de trabalho à ideia de sacramento. No período usoniano de Wright, essa polarização seria brilhantemente reformulada em duas obras-primas de riqueza e generosidade insuperáveis: a casa Kaufmann para fins

Figs. 175, 176. Wright, Edifício S. C. Johnson & Son Administration, Racine, Wisconsin, 1936-39. Vista noturna geral e interior.

de semana, em Bear Run, Pensilvânia, obra de 1936 mais conhecida como Falling Water [Queda-d'água], e o edifício para a Johnson Wax Administration, iniciado nesse mesmo ano.

Para Wright, a palavra "orgânico" (que ele aplicou pela primeira vez à arquitetura em 1908) passou a significar o uso de balanços em concreto como se se tratasse de uma forma natural, de algo semelhante a uma árvore. Ele parece ter chegado à concepção de tal forma como uma extensão direta da metáfora vitalista do "germe seminal" de Sullivan, agora ampliada de modo a incluir a estrutura toda, e não apenas a ornamentação. Pouco antes de sua morte, Wright escreveu sobre o tanque em forma de vulva no *foyer* do Museu Guggenheim: "Típica dos detalhes desse edifício, a figura simbólica é a vagem seminal ovalada que contém unidades globulares."

No Edifício Johnson Wax Administration, essa metáfora orgânica mostrou-se em colunas altas e esguias em cogumelo, que se adelgaçavam nas bases e formavam o suporte básico num espaço de escritórios com ar-condicionado, de nove metros de altura e em planta aberta. No nível do teto, essas colunas se resolvem em forma de grandes folhas de nenúfar circulares, de concreto, entre as quais está "entretecida" uma membrana de tubos de vidro pirex. Essas luzes horizontais do teto, delicadamente sustentadas por colunas, e as próprias colunas (cujos núcleos ocos servem de escoadouros da água das chuvas e cujas bases articuladas estão presas por pinos a sapatas de bronze), representam em conjunto a apoteose da imaginação técnica de Wright. Foi esse o destino expressivo da Usonia, uma poesia de técnica miraculosa que emergiu de uma ousada inversão dos elementos tradicionais. Desse modo, onde se esperaria o sólido (o teto), encontramos a luz, e onde se esperaria a luz (as paredes), encontramos o sólido. A propósito dessa inversão, Wright escreveu:

> A tubulação de vidro colocada como tijolos numa parede compõe todas as superfícies iluminadas. A luz entra no edifício por onde costumava ficar a cornija. No interior, a estrutura semelhante a uma caixa desaparece por inteiro. As paredes nas quais estão fixados os tubos de vidro são de tijolo vermelho duro e de arenito Kasota da mesma cor. A estrutura toda é de concreto armado, e uma tela distendida a frio é usada como reforço.

Essa construção de concreto em forma de cogumelo levou Wright a desenvolver pela primeira vez um perfil de cantos curvos e um vocabulário predominantemente circular que, executado com materiais duros e precisos, e totalmente iluminado por uma tubulação de vidro, conferia à estrutura uma aura moderna aerodinâmica que o tempo não conseguiu destruir. Ao mesmo tempo, essa atmosfera de *ficção científica* transformou o Edifício Johnson Wax em um local de trabalho monástico e discreto. Como escreveu Henry-Russel Hitchcock, "Há uma certa ilusão de céu visto do fundo de um aquário". Nesse caso também, como em seu Edifício Larkin, Wright criou um ambiente hermético cuja exclusão física do mundo exterior foi reforçada pela forma e cor do mobiliário especialmente criado para os escritórios.

Se o Johnson Wax reinterpretava o local de trabalho naquilo que ele tem de sacramental, a casa Falling Water corporificava o ideal wrightiano da fusão entre o lugar onde se vive e a natureza. De novo, o concreto armado foi o ponto de partida; só que, desta vez, a projeção do balanço era extravagante a ponto de atingir a loucura, em contraste com a imperturbável tranquilidade da estrutura em cogumelo do Johnson Wax. A Falling Water projetava-se da rocha natural em que estava presa, lembrando uma plataforma que, em voo livre, flutuasse sobre uma pequena cachoeira. Projetada em um único dia, esse gesto estrutural dramático foi a suprema manifestação romântica de Wright. Não mais limitados pela extensa linha de terra de seu Estilo Pradaria, os terraços dessa casa pareciam uma aglomeração de planos milagrosamente suspensos no espaço, em níveis variáveis de altura acima das árvores de um vale de densa vegetação. Ligada ao escarpamento pelas vigas eretas de concreto armado de seus terraços, a Falling Water desafia o registro fotográfico. Sua fusão com a paisagem é total, pois, apesar do extenso uso de vidros horizontais, a natureza permeia a estrutura a cada passo. Seu interior evoca a atmosfera de uma caverna mobiliada, não de uma casa no sentido tradicional. Que as paredes de pedra rústica e os pisos lajeados revelam a intenção de prestar uma certa homenagem primitiva ao lugar é um fato confirmado pela escadaria da sala de estar que, descendo até a cachoeira abaixo, não tem nenhuma função além da de colocar o homem em comunhão mais íntima com a superfície da água. A eterna ambivalência de Wright diante da técnica nunca se expressou mais singularmente do que nessa casa, pois embora o

Fig. 177. Wright, Falling Water, Bear Run, Pensilvânia, 1936.

Fig. 178. Wright, anteprojeto para o Solomon R. Guggenheim Museum, Nova York, 1943.

concreto tenha tornado o projeto exequível, ele ainda o via como um material ilegítimo – como um "conglomerado" que tinha "pouca qualidade em si". Sua intenção inicial era revestir o concreto da Falling Water com folha de ouro, um gesto *kitsch* do qual foi dissuadido pela discrição do cliente. Finalmente, ele resolveu fazer o acabamento da superfície com tinta cor de damasco!

A partir de então, além de suas casas usonianas extraordinariamente práticas, Wright continuou desenvolvendo um tipo curioso de arquitetura de ficção científica que, a julgar pelo estilo exótico de suas últimas criações, parecia destinado a servir de moradia para alguma espécie extraterrestre. Esse exotismo consciente chegou ao nível máximo do *kitsch* em sua Marin County Courthouse, Califórnia, obra da qual foi encarregado em 1957, mas que só foi concluída em 1963, quatro anos depois de sua morte. Wright já havia admitido essa compulsão pelo fantástico ao escrever, em 1928: "O fato é que Usonia queria romance e sentimento. A incapacidade de tê-los conseguido é menos importante do que o fato de que foram buscados."

A visão usoniana de Wright, pela primeira vez cristalizada em suas obras-primas de meados da década de 1930, atingiu sua realização plena em seu Museu Guggenheim de Nova Iorque, de 1943. A ideia estrutural e a decisão de projetar o museu remontam a seu esboço para o Gordon Strong Planetarium de 1925 – uma proposta *de ficção científica* por excelência, um "zigurate" destinado à gratificação semirreligiosa de peregrinos "adoradores da natureza". No Guggenheim, ele simplesmente pôs para fora a hélice decrescente do planetário, invertendo e, assim, convertendo o que previamente fora uma rampa para carros em uma galeria interna espiralada, uma hélice espacial estendida à qual Wright se referiria mais tarde como uma "onda contínua". O Museu Guggenheim deve ser visto como o ponto culminante da última fase da carreira de Wright, uma vez que combina os princípios estruturais e espaciais de Falling Water com a iluminação por cima do Johnson Wax. Sua declaração de que o Museu se assemelhava mais a um templo num parque do que a um edifício comercial ou a uma estrutura residencial pode ser vista como uma referência irônica a sua origem nesses projetos.

Em seu primeiro livro sobre planejamento urbano, *The Disappearing City* [A cidade evanescente] (intitulado *The Industrial Revolution Runs Away* [A Revolução Industrial está passando] em seu primeiro esboço), publicado em 1932, depois de concluído seu estudo sobre Broadacre City, Wright declarou que a cidade do futuro estaria em todas as partes e em nenhuma, e que "será uma cidade tão profundamente diferente da cidade antiga, ou de qualquer cidade de nosso tempo, que talvez nem sejamos capazes de reconhecer seu advento enquanto tal". Em outra parte, ele afirmou: "A América não precisa de nenhuma ajuda para construir Broadacre City. Ela irá construir-se a si mesma, ao sabor do acaso." Wright não procurou nem encontrou alguma solução satisfatória para a contradição inerente a essa polêmica. Por um lado, argumentava que os homens deviam estabelecer conscientemente um novo sistema de assentamentos de terra dispersos, antiurbano por definição; por outro, afirmava que havia pouca necessidade de fazer isso, pois seria algo que aconteceria espontaneamente.

Em seu determinismo histórico, Wright considerava a máquina como o único agente diante do qual a única opção do arquiteto é chegar a um acordo. Mas o velho dilema permanecia: como fazer isso sem deixar-se brutalizar? Para Wright, foi essa a busca cultural contínua que marcou sua longa carreira. Assim, em *The Living City* [A cidade viva] (1958), encontramos a seguinte afirmação: "Os milagres de invenção técnica com os quais nossa cultura compulsiva nada tem a ver são – apesar de seu mau uso – novas forças com as quais qualquer cultura nativa deve acertar contas." Enquanto relegava a energia a vapor e a ferrovia ao esquecimento imediato, saudava (como os desurbanistas soviéticos de sua época) a eletricidade como uma fonte de energia silenciosa, e o automóvel como o gerador de um movimento ilimitado. Identificava as novas forças que transformariam todos os fundamentos da civilização ocidental da seguinte maneira: 1) Eletrificação, a eliminação das distâncias através da comunicação e a constante iluminação da ocupação humana; 2) Mobilização Mecânica, a incomensurável ampliação do contato humano graças à invenção do aeroplano e do automóvel, e, por último, 3) Arquitetura Orgânica, que, embora sempre fugisse a uma definição precisa, parece ter chegado a significar para Wright a criação econômica da forma construída e do espaço de acordo com os princípios latentes da natureza, do modo como estes podem revelar-se através do uso da construção de concreto armado. Em outra ocasião, Wright caracterizou os recursos que implacavelmente configurariam Broadacre City como sendo o carro, o rádio, o telefone, o telégrafo e, acima de tudo, a

Fig. 179. Wright, projeto para Broadacre City, 1934-58.

padronização dos bens de consumo mecanizados.

Para Wright, a cultura usoniana e a Broadacre City eram conceitos inseparáveis: a primeira provia a intenção básica por trás de toda uma série de construções que eram a substância arquitetônica da segunda. Sem dúvida, Falling Water e o Edifício Johnson Wax teriam encontrado seu lugar em Broadacre City. Com a Usonia, porém, Wright pretendia remeter a uma coisa muito mais modesta: casas aconchegantes, pequenas, de planta aberta, destinadas à comodidade, à economia e ao conforto. O coração da casa usoniana era a cozinha "tempo e movimento", um espaço de trabalho livremente planejado a partir do volume habitacional, que, como observou Henry-Russell Hitchcock, foi uma contribuição importante ao planejamento doméstico norte-americano. De importância quase semelhante para o interior moderno foi a introdução por Wright, nessa mesma época, de assentos dispostos continuamente junto às paredes, com a finalidade de ampliar o espaço das casas pequenas. Enquanto as casas usonianas unifamiliares eram projetadas como a reserva habitacional de Broadacre City, na prática elas também foram realizadas nas inúmeras casas de subúrbio que Wright projetou e construiu entre 1932 e 1960, inclusive as famosas Casas Suntop para quatro famílias, dispostas em forma de cata-vento, que foram erguidas nos arredores de Filadélfia em 1939.

De longe, o tipo de construção mais importante concebido para a cidade ideal de Wright não foi uma casa, mas a Fazenda-Modelo Walter Davidson, projetada em 1932. Essa unidade, destinada a facilitar a administração econômica tanto da casa quanto da terra, era crucial para a economia geral de Broadacre City, onde cada homem cultivaria seu próprio alimento em um acre de terra que, reservado desde o seu nascimento, seria colocado à sua disposição assim que ele alcançasse a maioridade.

Além de algumas ideias sociais contingentes, como o sistema de imposto único ou de crédito social – dois remédios muito conhecidos no período da Depressão –, Broadacre City era sobretudo uma atualização da economia de subsistência defendida pela primeira vez por Peter Kropotkin em seu livro *Factories, Fields and Workshops* [Fábricas, campos e oficinas], de 1898. Ao retomar tal proposta, havia pelo menos uma contradição incômoda que Wright, a exemplo de Henry Ford, se recusou obstinadamente a admitir: o fato de que uma economia individualista quase agrária não seria necessariamente capaz de garantir, para uma sociedade industrializada, nem a subsistência nem os benefícios da produção em série, já que esta última, apesar da automação, ainda exigia alguma concentração tanto na mão de obra quanto nos recursos. O próprio Kropotkin reconheceu a necessidade de concentrar mão de obra e recursos para os processos da indústria pesada. A visão wrightiana de uma cidade em que pequenos proprietários de meio-expediente fossem para seus trabalhos em fábricas rurais dirigindo seus Fords T de segunda mão sugere que uma força, de trabalho migrante, de "equidade de suor", teria sido fundamental para o sucesso da economia de Broadacre.

Como Meyer Schapiro mostrou na época, apesar de seus ataques incansáveis ao aluguel e ao lucro e de sua presciência a propósito da dissolução da cidade, Wright não conseguiu defrontar-se com a premente questão do poder, fundamental para o conceito Broadacre. Como Buckminster Fuller, que já estava em atividade nessa época, foi-lhe impossível reconhecer que arquitetura e planejamento devem, por necessidade, voltar-se para a luta de classes. Schapiro sintetizou corretamente o utopismo de Wright quando escreveu, em 1938:

> As condições econômicas que determinam a liberdade e uma vida decente são em grande parte ignoradas por Wright. Ele prevê, de fato, a pobreza desses novos assentamentos feudais ao determinar que o trabalhador monte sua casa pré-fabricada segundo seus próprios

meios, parte por parte, começando por um banheiro e uma cozinha e depois acrescentando outras dependências à medida que seu trabalho na fábrica lhe dê os recursos necessários para fazê-lo. Sua indiferença quanto às relações de propriedade e ao Estado, sua admissão da indústria privada e dos Fords de segunda mão nesse universo idílico de trabalho anfíbio traem coisas de seu caráter reacionário. Já sob a ditadura de Napoleão III, as fazendas do Estado, parcialmente inspiradas em velhas utopias, foram a solução oficial para o desemprego. O democrático Wright pode atacar o aluguel e o lucro, mas, à parte uma breve referência ao imposto único, ele evita a questão de classe e poder.

CAPÍTULO 22 Alvar Aalto e a tradição nórdica: o Romantismo Nacional e a sensibilidade dórica, 1895-1957

A primeira característica essencial de interesse é a uniformidade da arquitetura careliana. Existem poucos exemplos comparáveis na Europa. É uma pura arquitetura de assentamento na floresta, em que a madeira domina em quase cem por cento, tanto como material quanto como método de ensambladura. Desde o telhado, com seu sistema maciço de barrotes, até as partes móveis da construção, a madeira domina, na maioria das vezes ao natural, sem o efeito desmaterializador que uma camada de tinta lhe confere. Além disso, a madeira é frequentemente usada em proporções tão naturais quanto possível, na escala típica do material. Um vilarejo careliano dilapidado assemelha-se um pouco a uma ruína grega, onde a uniformidade do material também é um traço dominante, ainda que o mármore substitua a madeira. (...) Outra característica especial significativa é o modo como surgiu a casa careliana, tanto em sua evolução histórica quanto em seus métodos de construção. Sem entrar em detalhes etnográficos, podemos concluir que o sistema interno de construção resulta de uma acomodação metódica às circunstâncias. A casa careliana é, em certo sentido, uma construção que começa com uma única célula modesta, ou com o simples embrião de um edifício, abrigo para um homem e animais, e que então, falando em termos figurativos, vai se desenvolvendo ano após ano. "A casa careliana expandida" pode, de certo modo, ser comparada a uma formação celular biológica. A possibilidade de uma construção maior e mais completa está sempre em aberto.

Essa extraordinária capacidade de crescer e adaptar-se tem seu melhor reflexo no princípio arquitetônico fundamental da construção careliana: o fato de que o ângulo de declive do telhado não é constante.

Alvar Aalto
Architecture in Karelia, 1941

Fig. 180. Sonck, Catedral de Tampere, 1902. Planta baixa mostrando as "cabanas de madeira" das extremidades.

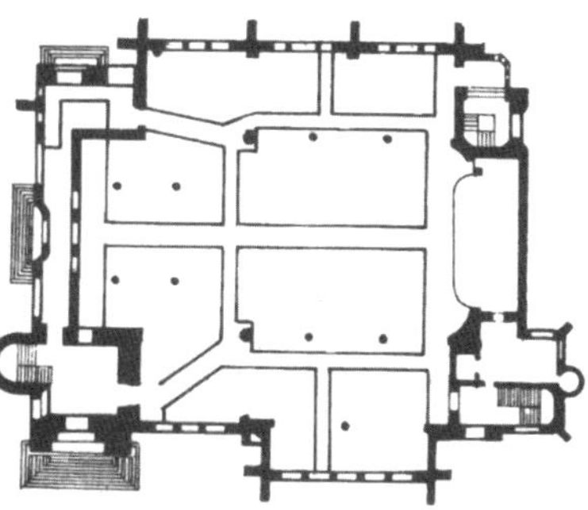

Nesse ensaio penetrante sobre o vernáculo da casa de fazenda do leste da Finlândia, Aalto evocou, quase por acaso, as duas modalidades arquitetônicas proeminentes da segunda metade do século XIX, o Classicismo romântico e o Neogótico. Enquanto o relato de Aalto a propósito de uma forma rural nativa com sua ênfase na variação da inclinação do telhado se aproxima muito da prescrição original de Pugin acerca da retomada de um estilo medieval doméstico, sua caracterização de um vilarejo careliano destruído como uma ruína grega em madeira, e não em pedra, é uma espécie de imagem especular da tese de Auguste Choisy, para quem as métopas do Partenon não são mais que formas residuais de construção em madeira. Além de nos inteirar de sua própria consciência clássica e de seu interesse por quase todo o vernáculo primitivo, esse trecho também serve para introduzir os dois temas estilísticos da tradição nórdica: o Romantismo Nacional, que data de 1895, e a sensibilidade dórica, que surgiu na Escandinávia por volta de 1910. A carreira longa e brilhante de Aalto dificilmente pode ser apreciada sem uma referência explícita a esses temas, pois, embora ele nunca tenha tido um compromisso explícito com nenhum deles, a obra de toda sua vida refletiu uma dívida constante com a tactilidade do Romantismo Nacional e com as asperezas da forma dórica.

A origem dessas modalidades é importante; uma delas provém nitidamente do Neogótico, através do estilo Shingle norte-americano de H. H. Richardson, e a outra procede do Classicismo romântico de Schinkel. Helsinque, fundada como capital finlandesa em 1817, com base no traçado ortogonal de J. A. Ehrenström, seria particularmente vulnerável à influência do estilo clássico-romântico, já que foi traçada ao redor de uma armadura de edifícios clássicos representativos – o Senado, a Universidade e a Catedral, todos construídos depois de 1818 de acordo com os projetos do companheiro e discípulo de Schinkel, Carl Ludwig Engel. Quanto ao Romantismo Nacional, a dívida de Aalto para com tal movimento é de tal monta que dificilmente poderemos apreciar a fase posterior de sua carreira sem um exame inicial de suas origens e seus objetivos.

Inicialmente, o Romantismo Nacional predominou tanto na Suécia quanto na Finlândia, sobretudo na obra do arquiteto Gustaf Ferdinand Boberg, que foi responsável, em sua Estação Gävle Fire de 1890, pela introdução da obra de Richardson na Escandinávia. Em termos gerais, porém, os arquitetos suecos foram incapazes de transformar essa maneira neorromânica em um estilo nacional convincente. Isto que afirmamos sobre a Suécia foi ainda mais verdadeiro no caso da Dinamarca, onde o popularmente aclamado edifício da Prefeitura Municipal de Copenhague, construído por Martin Nyrop em estilo neomedieval em 1892, mantinha raízes complacentes em uma forma de historicismo muito eclética, ainda que bem-sucedida, totalmente intocado pelas convicções e pela integridade do heroico exemplo de Richardson. De fato, os suecos e dinamarqueses só foram capazes de conquistar uma autêntica revivescência nacional depois que o impulso fundamental do movimento cultural nacionalista já se esgotara, mais notavelmente na prefeitura de Estocolmo de Ragnar Östberg, obra semelhante a um castelo, construída entre 1909 e 1923, e na igreja Grundtvig de Copenhague, projeto protoexpressionista de P. V. Jensen-Klint, de 1913, que só veio a realizar-se em 1921-26.

Na Finlândia, o Romantismo Nacional já se tornara uma força significativa por volta de 1895, quando um grupo de artistas atingiu ao mesmo tempo sua maturidade ideológica e artística: o compositor Jean Sibelius, o pintor Akseli Gallén-Kallela e os arquitetos Eliel Saarinen, Herman Gesellius, Armas Lindgren e, a uma certa distância, Lars Sonck. A inspiração básica por trás da obra de todos eles era a épica popular finlandesa, a *Kalevala*, que fora compilada e transcrita por Elias Lönnroth no início do século XIX.

A força propulsora por trás do Romantismo Nacional na Finlândia procedia, pelo menos em parte, da necessidade de encontrar um estilo nacional que não fosse o Classicismo Romântico, que era o estilo imperialista de Helsinque, construído sob os auspícios russos. Outro motivo da forma específica muito prontamente assumida, na Finlândia, da sintaxe richardsoniana, provinha da necessidade de explorar a abundância de granito local, refletida no envio de uma missão a Aberdeen, no início da década de 1890, com a finalidade de estudar a técnica escocesa de construir com esse material. O primeiro arquiteto romântico nacional a usar o granito foi Sonck, cuja igreja neogótica de São Miguel, construída em Turku em 1895, foi enriquecida por colunas e móveis de granito apuradamente trabalhado, em contraste com seu interior austero e de escassa decoração. O fato de esse interior, com sua precisão de água-forte, mostrar algo da mesma articulação de superfície encontrada, digamos, na igreja Steinhof de Viena, construída por Otto Wagner uma década depois, talvez se explique em parte pela circunstância de a geração de Sonck ter feito sua formação na Politécnica finlandesa sob a tutela do tecnocrata Carl Gustav Nyström, que tinha, não obstante, uma formação clássica. Além de ser um pioneiro da construção em granito, Nyström estabelecera-se como um "tecnocrata" wagneriano com o seu edifício dos Arquivos Nacionais, de 1890. Mais tarde, iria distinguir-se como um racionalista estrutural, quando, em 1906, acrescentou uma exemplar estante de livros em aço e concreto à parte posterior da Biblioteca Universitária de C. L. Engel.

As principais construções de Sonck, a catedral de Tampere (1902) e o edifício da Telefônica em Helsinque (1905) foram nitidamente influenciados pela obra de Richardson, cuja sintaxe em alvenaria, como observou Asko Salokorpi, lembrava a tradição medieval finlandesa. Esse estilo richardsoniano logo seria adotado por Eliel Saarinen e Armas Lindgren em seu Pavilhão Finlandês para a Exposição de Paris de 1900, obra de extração orientalizante e neorromânica, e uma versão doméstica desse estilo foi usada em sua extremamente romântica Villa Hvitträsk, projetada em 1902 em colaboração com Gesellius. Por dentro, porém, Hvitträsk era menos richardsoniana, e, sob muitos aspectos, era uma retomada do estúdio de madeira de Gallén-Kallela construído em Ruovesi em 1893. Além dessa inspirada interpretação do vernáculo finlandês em madeira, a decoração interna de Hvitträsk reiterava a tentativa de Gallén-Kallela de evocar as formas e imagens perdidas da cultura finoúgrica. Dois anos depois, em 1904, o idílio "de guilda" de Saarinen, Gesellius e Lindgren – que, antecipando Wright, não apenas trabalhavam, mas também viviam juntos em Hvitträsk – chegou abruptamente ao fim. Isto aconteceu quando Saarinen, agindo independentemente, participou do concurso para a construção do Terminal Ferroviário de Helsinque e foi o candidato vencedor, com um projeto cuja invenção arquitetônica refletia o Jugendstil "cristalizado" de edifícios como o Palais Stoclet de Hoffmann, construído em Bruxelas em 1905, e o Hochzeitsturm de Darmstadt, construído por Olbrich em 1908. Saarinen não foi o único finlandês a cultivar o estilo da última fase do Jugendstil: o estilo Wagnerschule de Onni Tarjanne tinha pontos em comum com o de Saarinen e, em alguns aspectos, chegava mesmo a superá-lo, particularmente em seu sanatório Takaharju, de 1903. (O fato de Tarjanne ter projetado o Teatro Nacional Finlandês de Helsinque em estilo romântico nacional, richardsoniano, apenas cinco anos antes, dá-nos uma medida de seu brilhantismo.) O canto do cisne do Jugendstil finlandês chegou com a obra extremamente delicada e hoffmannesca de Selim A. Lindquist, exemplificada em Helsinque pela Casa de Força Suvilhati, de 1908, e pela Villa Ensi, de 1910.

De modo bastante natural, dada a longa história da Finlândia como colônia imperial, primeiro da Suécia e depois da Rússia, o ressurgimento do Classicismo Romântico na Escandinávia – a chamada sensibilidade dórica – começou na Dinamarca. Passou a existir ali sob a influência de escritores como Vilhelm Wansher, cujos primeiros artigos sobre o Neoclassicismo apareceram em 1907, e o alemão Paul Mebes, cujo livro *Um 1800* foi publicado em 1908. O interesse desses homens (e de outros, inclusive H. Kampmann e E. Thompsen) por uma simplicidade dórica não historicista, primordial, baseada em elementos arquitetônicos primitivos nem clássicos, nem vernáculos, chamou a atenção da escola dinamarquesa do Classicismo Romântico para a obra de Gottlieb Bindesbøll (1800-56) e de Christian Frederick Hansen (1756-1845). Toda essa sensibilidade cristalizou-se em 1910, depois que a fábrica de cerveja Carlsberg pediu, publicamente, que uma agulha de torre fosse acrescentada à Fruekirche de Hansen. O arquiteto Carl Petersen respondeu a seu gesto arrogante organizando uma exposição dos desenhos de Hansen. No ano seguinte, um grupo de pintores reagiu, encarregando Petersen de projetar o Museu Faaborg, em geral considerado como o primeiro edifício do *revival* romântico clássico.

Fig. 181. Gallén-Kallela, estúdio do artista em Ruovesi, 1893. Planta baixa e elevação.

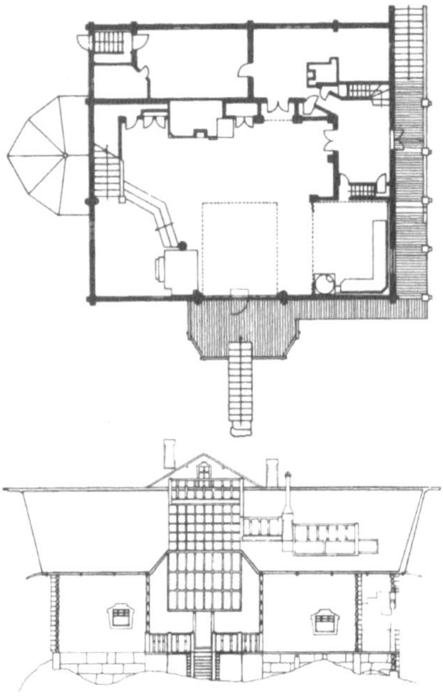

Levaria algum tempo para esse movimento entrar na Suécia. O impulso já é discernível nos Tribunais de Estocolmo de Carl Westman, de 1915, uma obra em parte romântica nacional, em parte clássica, que foi seguida pela Sala de Concertos neoclássica de Estocolmo (1920-26), de Ivar Tengbom, e pela Biblioteca Pública de Estocolmo (1920-28), de Gunnar Asplund. O movimento culminou na Finlândia até o ponto de sua exaustão, com o edifício do Parlamento Finlandês (1926-31) de J. S. Sirén. Na Suécia, longe de ser *sachlich* e normativo, o *revival* romântico clássico foi deformado por uma tendência à inflexão do plano e por uma obsessão pela alusão local, tal como havia sido estabelecida no planejamento e na iconografia enviesada do estilo romântico nacional de Östberg. Esta foi uma forma de expressão contida e sintética que invariavelmente aludia à topografia e ao *genius loci*. Esse impulso para a distorção estava profundamente arraigado em Asplund, que,

Fig. 182. Saarinen, Lindgren e Gesellius, Villa Hvitträsk, perto de Helsinque, 1902.

tendo sido influenciado tanto por Östberg quanto por Tengbom na Escola Klara, procurou esporadicamente, ao longo de sua carreira, transcender a "guerra dos estilos", fundindo o vernáculo e o clássico em uma forma de expressão primitiva e mais autêntica. A primeira oportunidade de fazê-lo surgiu com sua capela Woodland (1918-20) no Cemitério Sul de Estocolmo, que ele planejara como um projeto para concurso junto com Sigurd Lewerentz em 1915. Basicamente clássica em seu projeto, essa pequena estrutura unicelular, com seu telhado de ardósia de perfil bem definido, colocado sobre um peristilo toscano, na verdade derivava de uma "cabana primitiva" que Asplund vira por acaso num jardim em Liselund. Até a época de seu breve período "funcionalista", que durou de 1928 a 1933, sua obra parece ter estado sujeita a influências tão diversas e apartadas no tempo quanto os neoclássicos franceses, Josef Hoffmann e, sobretudo, Bindesbøll, cujo Museu Thorwaldsen de Copenhague (1848) deu a Asplund os motivos de extração egípcia e neoclássica que se repetem em sua obra ao longo de toda a década de 1920, primeiro na escola Carl Johan de Göteborg (1915), depois no cinema Skandia de Estocolmo (1921) e, por último, na Biblioteca Pública de Estocolmo, concluída em 1928.

No início da carreira de Alvar Aalto, foi Asplund o catalisador, apesar da influência Wagnerschule do professor de Aalto, Usko Nyström. Por volta de 1922, quando começou a atuar por conta própria, Aalto, a exemplo de Asplund antes dele, parecia mover-se em várias direções. Os quatro edifícios que projetou para a Exposição Industrial de Tampere naquele mesmo ano obviamente aludem a níveis muito diferentes de desenvolvimento cultural. Em toda a diversidade retórica de sua carreira posterior, nenhum contraste é tão expressivo quanto aquele a ser encontrado em sua obra ali – digamos, entre seu pavilhão industrial "clássico", construído de painéis modulares, na mesma linha da Estação Karlsplatz de Otto Wagner, de 1899, e seu quiosque "vernáculo" com teto de sapê, projetado para a exposição de artesanato finlandês.

A prática inicial de Aalto em Jyväskylä, entre 1923 e 1927, foi extraordinariamente variada, nela incluindo-se apartamentos para operários e um clube para eles (ambos construídos em 1924), um número surpreendente de igrejas, reformas de igrejas e duas casas da guarda civil construídas em Seinäjoki e Jyväskylä em 1927. Todas essas obras foram realizadas sob a influência de Asplund, num estilo vagamente dórico que, apesar de constituído em parte do vernáculo local da madeira, estava ao mesmo tempo em dívida com a austeridade de linhas de Hoffmann e com o estilo italianizado de Schinkel. Em 1927, Aalto passou decididamente para o Classicismo romântico com sua igreja Viinika e seu projeto para o concurso da construção da biblioteca Viipuri. Este último (realizado com modificações em 1935) era inequivocamente influenciado por Asplund, e sua forma incluía características extraídas diretamente da Biblioteca Pública de Estocolmo. O projeto neoclássico com sua *scala regia* axial, a fachada atectônica, seu friso e a gigantesca porta à maneira egípcia eram, sem dúvida, elementos que Asplund, por sua vez, havia ido buscar em Bindesbøll. Foi o projeto vencedor de Aalto para o sanatório de Paimio, de 1928,

Fig. 183. Asplund, Biblioteca Pública de Estocolmo, 1920-28.

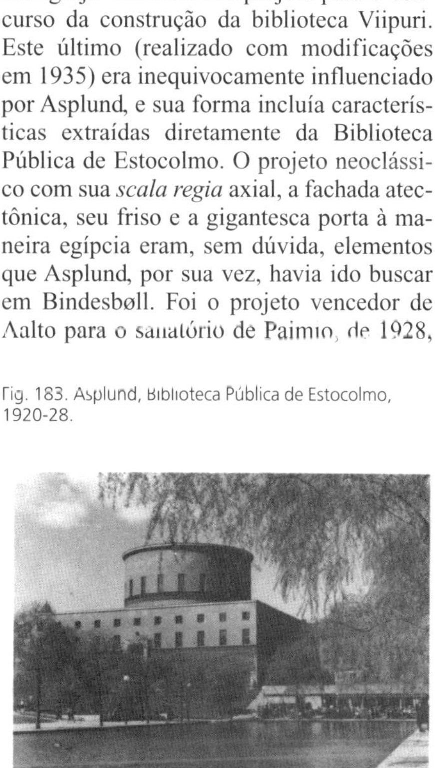

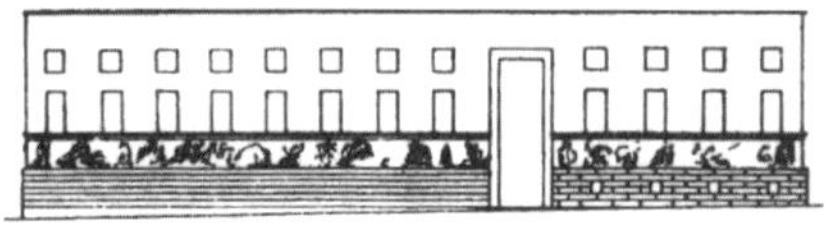

Fig. 184. Aalto, projeto para a biblioteca de Viipuri, 1927.

que estabeleceu firmemente o estilo funcionalista fundamental do primeiro período de sua maturidade (1927-34).

Além de Asplund, a outra figura catalisadora do desenvolvimento inicial de Aalto foi, claramente, o arquiteto finlandês Erik Bryggman, um pouco mais velho, com quem Alvar e sua esposa Aino tiveram uma breve colaboração depois de sua mudança para a florescente cidade de Turku, no sul da Finlândia, em fins de 1927. Alvar Aalto logo superaria o classicismo desagregado dos apartamentos Atrium de Bryggman, de 1925, com seu edifício da Cooperativa Agrícola do Sudoeste, obra com características asplundianas que foi realizada em Turku, em 1928. O esquema cromático do teatro nesse edifício – um auditório azul-escuro realçado por uma tapeçaria em pelúcia cinza e rosa – foi obviamente extraído do cinema Skandia de Asplund, assim como o friso que corre sob a cornija externa. O primeiro fruto da colaboração entre Aalto e Bryggman foi um projeto para um edifício de escritórios para a cidade de Vaasa, e depois, em 1929, uma exposição comemorativa do 700º aniversário de Turku. Como nos esboços de Asplund para a Exposição de Estocolmo em 1928, com seus modilhões leves e salientes, expostos, letreiros suspensos e grafismos "agitatórios", essa encomenda levou Bryggman e Aalto a seguirem a liderança da Agit Prop soviética na retórica arquitetônica.

Depois da realização de seu edifício para o jornal *Turun-Sanomat* em Turku, 1928, obra influenciada pelo Construtivismo (e reminiscente do projeto de Vesnin para o *Pravda*, em 1923), Aalto pôde tirar partido de sua crescente reputação, participando de congressos internacionais sobre arquitetura e construção modernas. Num colóquio sobre concreto armado em Paris, em 1928, ele entrou em contato com a obra de Duiker (pp. 163-4), cujo sanatório Zonnestraal em concreto armado foi o ponto de partida para o projeto enviado pelo próprio Aalto para o concurso do sanatório de Paimio, apresentado em janeiro de 1929. A partir dessa data, Aalto tornou-se explicitamente influenciado pelo Construtivismo holandês e russo, sobretudo do modo como este se manifestava na obra de Duiker e nos projetos urbanos dos grupos Asnova e ARU, de N. A. Ladovsky. Os esquemas seriais e geométricos propostos em momentos diferentes pela ARU (Associação de Arquitetos Urbanos), como o bairro de Kostino projetado por Ladovsky para Moscou, em 1926, são obviamente a fonte de toda a trajetória e das formações paisagísticas seriais que aparecem em Paimio. Além de refletir a abordagem urbana da ARU, Paimio também assinalou um ponto de mutação na questão do detalhe, já que nesse projeto eram abundantes as citações construtivistas.

Apesar de manter-se à distância das polêmicas internacionais, nesse período Aalto aproximou-se de modo surpreendente da posição exclusivamente econômica adotada pelos arquitetos ligados à Neue Sachlichkeit alemã no Congresso dos CIAM sobre o Existenzminimum que se realizou em Frankfurt em 1929. Essas preocupações refletiram-se em seus projetos de apartamentos de 1930, para a Sociedade Finlandesa de Artes e Ofícios, e em sua casa prototípica mínima para a Conferência Nórdica da Construção, de 1932.

Mais ou menos nessa mesma época, Aalto conheceu Harry e Mairea Gullichsen, um fato que encaminhou sua prática para a produção industrial. A sra. Gullichsen, herdeira da grande firma Ahlström de madeira, papel e celulose, tinha visto as primeiras peças de mobiliário de Aalto numa loja de Helsinque e convidou-o para projetar uma coleção de móveis que seriam produzidos em série. As consequências futuras de tal convite foram a fundação, em 1935, da Companhia de Móveis Artek (para distribuir o mobiliário de Aalto), a fábrica de polpa de papel Sunila e as casas para trabalhadores projetadas e realizadas em Kotka entre 1935 e 1939. Por sorte, as peças de Aalto prestavam-se muito bem à produção em série. Ele havia começado a projetar mobília em compensado já em 1926, quando criou uma cadeira dobrável para a casa da guarda de Jyväskylä, um resultado excelente ao qual se seguiu uma poltrona em madeira laminada para Paimio, um protótipo que finalmente entrou em produção em 1933. É interessante observar que Aalto foi buscar a técnica desse projeto na cadeira padrão de compensado curvo que havia sido criada por Otto Korhonen em fins da década de 1920.

O patrocínio de Aalto pela indústria madeireira finlandesa – as grandes empresas de Ahlström e Enso-Gutzeit iriam patrociná-lo pelo resto de sua vida – levou-o a reavaliar o valor da madeira sobre o concreto enquanto material expressivo básico. Com isso, ele parece ter voltado aos poucos ao estilo arquitetônico extremamente textural do movimento romântico nacional finlandês, à obra de Saarinen, Gallén-Kallela e Sonck. O primeiro indício desse afastamento do Construtivismo internacional surgiu com sua própria casa, construída em Munkkiniemi, Helsinque, em 1936. A essa construção um tanto irregular em forma de L, executada como uma colagem em alvenaria caiada, pranchas cancladas e tijolo aparente, seguiu-se seu projeto vencedor do concurso para o Pavilhão finlandês da Exposição Mundial de Paris de 1937, uma estrutura de madeira com o título significativo de *Le Bois est en marche* [A madeira está a caminho]. Era uma apresentação retórica da construção em madeira, e seus vários elementos de apoio expressavam as características específicas da madeira. A parede do vestíbulo principal, com chapas ininterruptas de madeira, e a estrutura em madeira do perímetro espacial da exposição eram uma demonstração virtuosística das diferentes

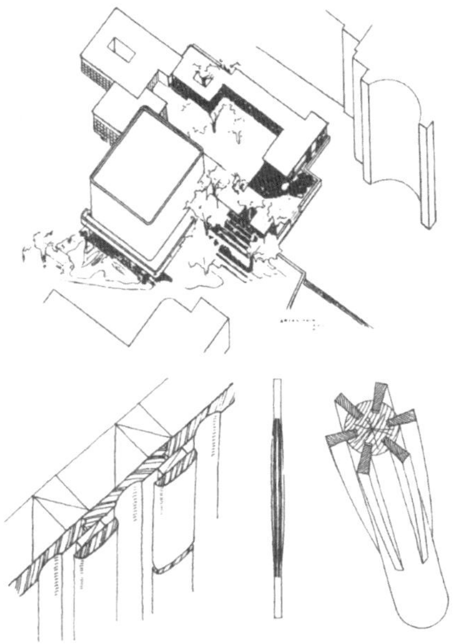

Fig. 185. Aalto, Pavilhão Finlandês, Exposição Mundial de Paris, 1937. Os detalhes mostram (da esquerda para a direita) uma parede revestida de madeira, uma coluna de madeira reforçada da *loggia* e parte de uma coluna com aletas de reforço salientes.

técnicas de ensamblamento em madeira. Contudo, apesar de toda a destreza de sua construção, o Pavilhão finlandês era basicamente importante por sua formulação do princípio de planejamento de local que seria característico da carreira posterior de Aalto, segundo o qual um edifício dado é invariavelmente separado em dois elementos distintos, e o espaço intermediário é articulado como um espaço de aparência humana (ver a Villa Mairea, a Prefeitura de Säynätsalo, etc., mais adiante, p. 243). Em suas obras completas, ele escreveu sobre o pavilhão:

Um dos problemas arquitetônicos mais difíceis é a configuração dos arredores do edifício em escala humana. Na arquitetura moderna, onde a racionalidade da moldura estrutural e as massas construídas ameaçam dominar, existe

Fig. 186. Aalto, Biblioteca de Viipuri, 1927-35. Setor de pedidos de livros e sala de leitura no nível mais elevado.

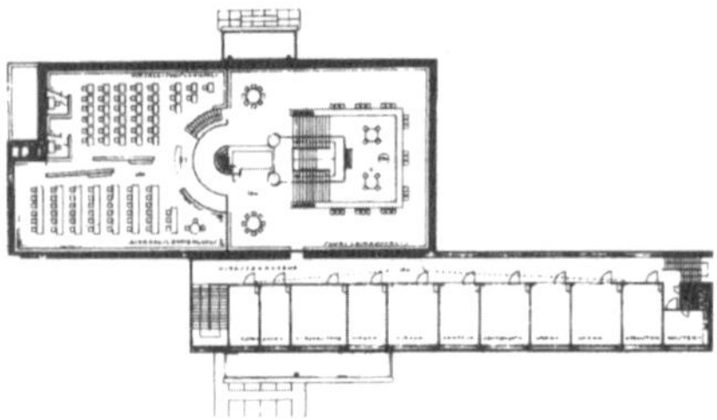

Fig. 187. Aalto, Biblioteca de Viipuri, 1927-35. Planta do primeiro pavimento.

frequentemente um vácuo arquitetônico nas porções restantes do local. Seria bom se, em vez de preencher esse vácuo com jardins decorativos, o movimento orgânico das pessoas pudesse ser incorporado à forma do lugar, de modo a criar uma estreita relação entre Homem e Arquitetura. Felizmente, no caso do Pavilhão de Paris esse problema pôde ser resolvido.

Em fase posterior de sua carreira, Aalto consideraria a passagem da expressão em concreto armado para a madeira e para os materiais naturais como algo da maior importância para o desenvolvimento de sua arquitetura. Via seu mobiliário laminado como exemplar de uma abordagem intuitiva, indireta e mais crítica do *design*, capaz de criar um ambiente mais receptivo e modulado do que aquele em geral alcançado pela lógica linear. Assim, em 1946, quando de uma exposição de seu mobiliário em Zurique, ele escreveu:

> Para alcançar objetivos práticos e formas estéticas válidas a propósito da arquitetura, não se pode *sempre* partir de um ponto de vista racional e técnico – talvez *nunca*. A imaginação humana deve ter um espaço livre no qual possa desenvolver-se. Em geral, foi este o caso com minhas experiências com a madeira. Em alguns casos as formas lúdicas puras, sem função prática alguma, têm levado a uma forma prática depois de passados dez anos. (...) A primeira tentativa de construir a forma orgânica a partir de volumes de madeira sem o uso de técnicas de entalhadura levou mais tarde, depois de mais ou menos dez anos, a soluções triangulares, considerando a orientação das fibras da madeira. A porção vertical de suporte das formas de mobiliário é, sem dúvida, a irmã mais nova da coluna arquitetônica.

Essa abordagem orgânica do *design* já está por trás dos detalhes da Biblioteca de Viipuri e do Sanatório de Paimio, essas obras-primas de fins dos anos 1920 que, apesar de construídas em concreto armado, ainda ofereceram a Aalto uma oportunidade de ampliar os preceitos do funcionalismo de modo a incluir a satisfação de uma gama total de necessidades físicas e psicológicas (cf. a abordagem "biológica" de Neutra). A permanente preocupação de Aalto com o ambiente geral de um espaço e com o modo como este pode ser modificado através da filtragem ativa de calor, luz e som, teve sua primeira formulação plena nessas obras. Em Paimio, as enfermarias duplas foram cuidadosamente dispostas de modo a satisfazer as necessidades dos pacientes, não só no nível do controle ambiental, como também em termos de identidade e privacidade, com a luz direta e o calor mantidos a distância da cabeça dos pacientes. Ao mesmo tempo, os tetos eram coloridos para reduzir a luminosidade, e os lavabos foram projetados de modo a funcionar silenciosamente.

Da mesma maneira, as principais salas de leitura da Biblioteca de Viipuri eram iluminadas indiretamente o tempo todo – de dia, através das luminárias tubulares do teto, e à noite através de refletores retráteis cujo foco podia ser controlado a partir das paredes opostas. Aalto tratou com igual cuidado as propriedades acústicas da biblioteca, isolando as salas de leitura do barulho do tráfego e dotando o anfiteatro retangular para conferências com um refletor de teto ondulante ao longo de todo o seu comprimento. Em termos gerais, os princípios de "livre planejamento" adotados na biblioteca e no sanatório estabeleceram a abordagem arquitetônica orgânica de Aalto, uma abordagem que, a despeito de toda sua liberdade intrínseca, raramente sofreu, em termos formais, de uma perda de controle. Sua preocupação com a modificação natural do ambiente e com a natureza intrínseca do terreno deram à sua obra uma continuidade única, desde seu período funcionalista no final dos anos 1920 até a fase mais expressiva de seu trabalho, que teve início nos primórdios da década de 1950. A propósito de sua atitude antimecanicista, ele escreveu em 1960:

> Tornar a arquitetura mais humana significa criar uma arquitetura melhor, o que, por sua vez, implica um funcionalismo muito mais amplo do que aquele com bases exclusivamente técnicas. Este objetivo só pode ser alcançado por métodos arquitetônicos – pela criação e combinação de coisas técnicas diferentes, de tal modo que elas possam oferecer ao ser humano uma vida extremamente harmoniosa.

Em 1938, Aalto criou a obra-prima de sua carreira do pré-guerra, a Villa Mairea, uma casa de verão construída para Mairea Gullichsen em Noormarkku. O primeiro esboço dessa construção em forma de L faz

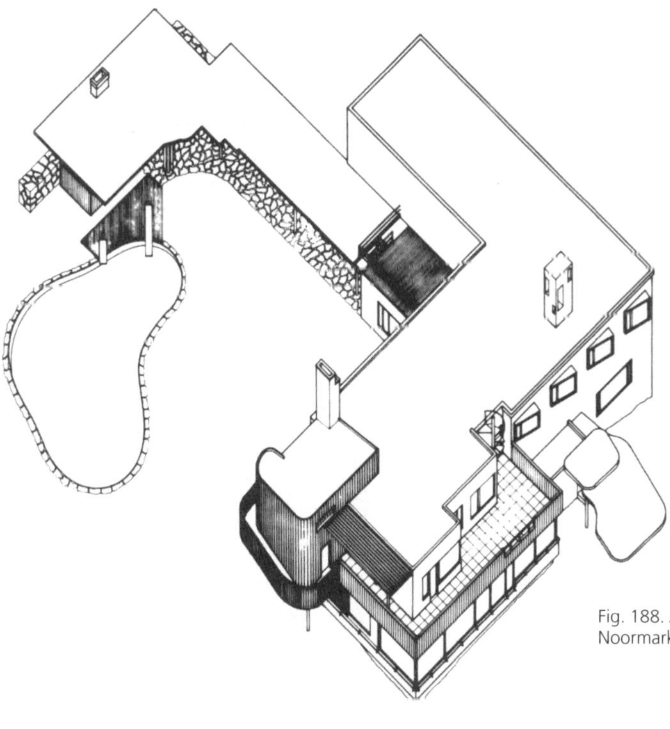

Fig. 188. Aalto, Villa Mairea, Noormarkku, 1938-39.

referência explícita ao Romantismo Nacional: a planta da sala de estar principal remete diretamente à planta do estúdio Ruovesi construído por Gallén-Kallela em 1893. As duas obras também ostentam uma lareira esculpida e saliente e uma sala de estar escalonada que leva a uma escada de mezanino. Como sua Casa Munkkiniemi, a Villa Mairea foi construída com uma mistura de tijolo aparente, alvenaria rebocada e chapas de madeira.

Mais que qualquer outra obra do pré-guerra de Aino e Alvar Aalto, a *villa* representa um elo conceitual entre a tradição construtivista racional do século XX e o legado evocativo do movimento romântico nacional. Seus espaços básicos, as salas de estar e jantar, ladeiam um pátio com jardim coberto dentro de uma clareira mais ou menos circular. A massa da casa, "geologicamente estriada", e o perímetro de contorno irregular da piscina da sauna sugerem uma oposição metafórica entre forma artificial e natural, e esse princípio de dualismo prevalece na obra toda. Assim, a "cabeça" do estúdio em forma de proa da sra. Gullichsen opõe-se à "cauda" representada pela sauna, e as paredes de tábua da área social contrastam fortemente com o branco dos espaços privados. Da mesma maneira, complexas operações formais são abundantes na casa inteira: um exemplo disso é a "metonímia" do dossel de entrada, o ritmo irregular de seu biombo de madeira fazendo eco ao espaçamento irregular dos pinheiros da floresta – um recurso que se repete na balaustrada da escadaria interna. Isto é seguido, em termos de sequência, pela repetição da mesma forma de planta no estúdio, pelo dossel de entrada e pela piscina, tudo evocando o sinuoso perímetro de um lago típico finlandês. Os acabamentos do andar térreo são também codificados como uma paisagem interna na qual as mudanças de azulejo para madeira ou uma pavimentação à base de pedras rústicas denotam sutis transformações de tom e *status* à medida que nos deslocamos, por exemplo, da lareira familiar para

Figs. 189, 190. Aalto, Villa Mairea, Noormarkku, 1938-39. Vista da sala de estar e do exterior.

Fig. 191. Aalto, Prefeitura de Säynätsalo, 1949-52.

a sala de estar e a estufa. Por fim, a própria estrutura é usada simbolicamente para remeter às origens: como na Villa Hvitträsk, a sauna representa a cultura nativa – ligada por uma parede externa de cascalho à casa principal; é uma estrutura tradicional de madeira com cobertura de torrão de relva e foi construída segundo os cânones do vernáculo finlandês em madeira, em oposição ao sofisticado caráter tectônico da casa em si.

Depois da exuberância retórica de seu pavilhão para a Feira Mundial de Nova Iorque em 1939, e do projeto um tanto mal resolvido do Dormitório Baker, construído para o MIT em Cambridge, Massachusetts, em 1947, houve uma certa incerteza quanto à expressividade da obra de Aalto, impressão que durou até 1949, quando a segunda fase de sua carreira assumiu uma forma decisiva com sua Prefeitura de Säynätsalo. Se, em termos de sua articulação, a Villa Mairea dependera do revestimento de madeira, em Säynätsalo a síncope da forma iria depender do espaçamento rítmico da disposição das janelas e do sutil modelado da alvenaria de tijolo. Apesar de todas as suas diferenças, porém, as obras tinham a mesma base conceitual em sua divisão em duas partes agrupadas ao redor de um átrio. Esses elementos, que assumiram a forma de uma casa em L e de uma piscina na Villa Mairea, são em Säynätsalo um prédio de administração em forma de U e um bloco independente de biblioteca, ambas as formas circundando um pátio que fica acima do nível da rua. Esse *parti*, que Aalto voltou a usar em seu Instituto Nacional de Previdência de Helsinque, parece derivar dos tradicionais complexos de fazenda e vilarejo carelianos sobre os quais ele já havia escrito em 1941. Outra fonte do dualismo dessas composições pode ser a concepção idiossincrática de Aalto quanto ao processo arquitetônico de criação, sobre o qual escreveu em *A truta e o regato da montanha* (1947):

> Gostaria de acrescentar que a arquitetura e seus detalhes são, de certo modo, ligados à biologia. Talvez sejam como o salmão e a truta. Não nascem maduros, nem mesmo nascem no mar ou em alguma outra formação aquática onde normalmente irão viver. Nascem a muitas centenas de quilômetros de seu ambiente vital apropriado. Onde os rios não passam de regatos, pequenos espaços de água nas montanhas (...), tão longe de seu meio ambiente normal quanto a vida espiritual e os instintos do homem estão distantes de seu trabalho cotidiano. E, assim como o desenvolvimento das ovas dos peixes precisam de tempo para amadurecer, o mesmo tempo se faz necessário para tudo que se desenvolve e cristaliza em nosso mundo das ideias. A arquitetura precisa desse tempo em grau ainda maior do que qualquer outra obra criativa.

Todas essas construções parecem simbolizar esse dualismo da criação arquitetônica em que a forma em L ou U envolvente da massa principal, o elemento "peixe", contrasta com a forma independente da "ova" adjacente. Na Villa Mairea e na Prefeitura de Säynätsalo, a forma da cabeça do peixe parece acomodar o mais honorífico dos elementos públicos – o estúdio da casa e a sala do conselho na Prefeitura.

Essa diferenciação hierárquica é complementada por mudanças de material e estrutura. Em Säynätsalo, a pavimentação de tijolo do corredor de acesso "secular" e da escadaria leva ao piso de madeira suspenso da "sagrada" sala do conselho acima. Essa mudança de *status* é confirmada por um elaborado detalhamento da armação do telhado que cobre a sala do conselho, uma referência óbvia à prática medieval. Mudanças semelhantes de conteúdo simbólico ocorrem no elemento "ova": na Villa Mairea, a "ova" é a piscina – o agente de regeneração física –, enquanto na Prefeitura de Säynätsalo esse papel é representado pela biblioteca, o repositório do alimento intelectual. Além disso, o detalhamento do próprio átrio, sobretudo em Säynätsalo e no Instituto da Previdência, reflete uma intenção mítica comparável. Nos dois casos, o

Fig. 192. Aalto, Instituto Nacional de Previdência, Helsinque, 1952-56. Centro da fachada sul.

caminho através da "acrópole" é tratado como um "rito de passagem", entre a urbanidade supercivilizada de um lado do complexo e a rusticidade nativa do outro. Em cada caso, o espaço é enriquecido pela presença da água, mais uma vez insinuando o processo de nascimento e regeneração.

O Instituto da Previdência de Helsinque, projetado para um concurso de 1948 e construído em 1952-56, estabeleceu Aalto como um dos principais arquitetos do pós-guerra. Tanto quanto qualquer obra dos últimos vinte e cinco anos de sua carreira, esse grande complexo burocrático demonstrou uma arquitetura que, em suas próprias palavras, acrescentaria "uma estrutura mais sensível à vida". Essa intenção, evidente no aconchego e na comodidade dos menores detalhes, desde as cadeiras da sala de recepção até os cabides de roupas para os visitantes, e das luminárias ao sistema de calefação embutido, manifestava-se sobretudo na delicadeza da escala das cabines de entrevistas dispostas em fileiras sob o vestíbulo com iluminação natural. Este último, pavimentado em mármore preto e branco, determinava a "chave" honorífica para o resto do edifício. A partir dele, cada espaço vem codificado em uma cor que sugere mudança de *status* – a entrada principal em azulejos de parede em branco e azul-escuro, o refeitório dos funcionários em marrom, branco e bege e assim por diante.

A decisão de Aalto de servir ao homem comum reapareceu em sua adaptação do conceito de "átrio" ao projeto de um bloco de apartamentos de vários andares, construído para a Exposição Hansaviertel Interbau de Berlim, em 1955. Esse projeto engenhoso apresentava um dos tipos mais significativos de apartamento inventados desde o fim da Segunda Guerra Mundial. A famosa *maisonette* Unité de Le Corbusier (tão copiada em conjuntos habitacionais de baixo custo no mundo todo) pode ser muito desfavoravelmente comparada a ele como uma moradia familiar. A virtude básica do tipo de apartamento de Aalto está no fato de prover os atributos de um lar dentro dos limites de um pequeno apartamento. Dentro de sua organização em U, um generoso terraço-átrio é ladeado pelas salas de estar e jantar, enquanto o conjunto é cercado, dos dois lados, por espaços privativos como quartos e banheiros. A disposição desses apartamentos no interior do bloco é igualmente boa, e sua "aglomeração" ao redor de escadarias que partem de vestíbulos com iluminação natural permitiu que Aalto evitasse aquela sensação de um número infinito de apartamentos "monotípicos" empilhados em uma única estrutura de grande altura.

Ao longo de toda a sua vida, a tentativa de Aalto de satisfazer critérios sociais e psicológicos distanciou-o dos funcionalistas mais dogmáticos dos anos 1920, cujas carreiras já estavam estabelecidas quando ele projetou suas primeiras obras significativas. Apesar de sua reação inicial às formas dinâmicas do Construtivismo russo, Aalto sempre concentrou sua atenção na criação de ambientes que levassem o homem a uma situação de bem-estar. Mesmo suas obras mais funcionalistas, como seu edifício *Turun-Sanomat* de 1928, refletem sua perene sensibilidade à luz, constantemente enriquecendo uma estrutura que, de outro modo, seria extremamente dogmática e austera.

Em termos conceituais, uma abordagem tão coerentemente orgânica aproximou Aalto do *etos* da Cadeia de Cristal de Bruno Taut e, em especial, da obra de Hans Scharoun e Hugo Häring. Assim, podemos vê-lo como pertencente àquele "grupo" de arquitetos expressionistas do Norte europeu que se empenharam em fazer com que a construção fosse uma fonte de vida e não de repressão. Isto significou que a tirania latente do traçado ortogonal normativo devia ser a fragmentada e modulada sempre que as peculiaridades do terreno ou do programa assim o exigissem. Em 1960, Leonardo Benevolo resumiu muito bem as conquistas de Aalto sob esse ponto de vista, nos seguintes termos:

> Nas primeiras construções modernas, a constância do ângulo reto serviu basicamente para generalizar o processo composicional de instituir relações geométricas apriorísticas entre todos os elementos, o que significou que todos os conflitos podiam ser geometricamente resolvidos pelo equilíbrio de linhas, superfícies e volumes. O uso do oblíquo (como em Paimio) indicou o caminho para o processo contrário, o de tornar as formas mais individuais e precisas, permitindo que o desequilíbrio e a tensão existissem e fossem contrabalançados pela consistência física dos elementos e seus arredores. Esta arquitetura perdeu em rigor didático, mas ganhou em calor, riqueza e sentimentos, e, em última instância, ampliou seu campo de ação porque o processo de individuação se baseava no método generalizador já reconhecido que na verdade pressupunha.

Naquilo que tinha de melhor, esta foi uma modalidade discreta – ainda que extremamente sensível – de construir. Deu continuidade à tradição nórdica essencial de fundir o vernáculo e o clássico, ou seja, o idiossincrático e o normativo, ao longo de cinquenta anos de um desenvolvimento ininterrupto, da Villa Bonnier de Östberg, de 1909, até a Sala de Concertos Finlândia de Aalto, concluída em Helsinque cerca de quatro anos antes de sua morte em 1976.

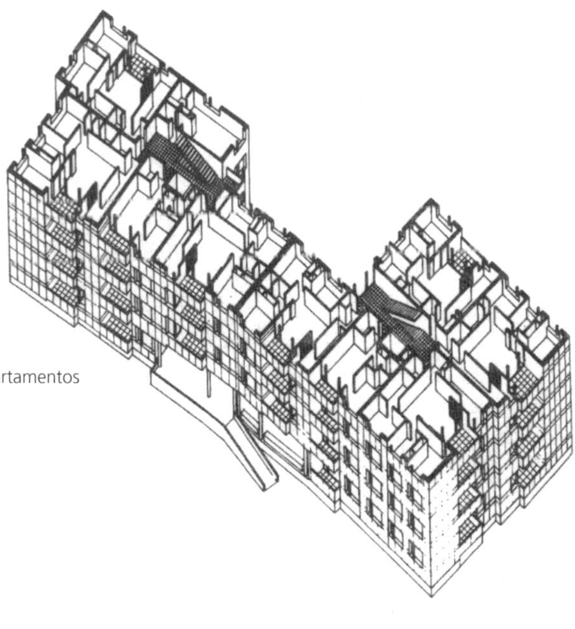

Fig. 193. Aalto, bloco de edifícios de apartamentos Hansaviertel, Berlim, 1955.

CAPÍTULO 23 Giuseppe Terragni e a arquitetura do Racionalismo italiano, 1926-43

Não mais nos consideramos os homens das catedrais e das antigas assembleias do povo, mas homens dos Grandes Hotéis, das ferrovias, de estradas gigantescas, portos colossais, mercados cobertos, arcadas luminosas, áreas reconstruídas e saneamento de bairros miseráveis.

Antonio Sant'Elia
"Messaggio" (texto para a *Città Nuova*, 1914)

Nosso passado e nosso presente não são incompatíveis. Não desejamos ignorar nosso legado tradicional. É a tradição que se transforma e assume novos aspectos, que somente alguns poucos são capazes de reconhecer.

Gruppo 7
"Nota", *in Rassegna Italiana*, dezembro de 1926

A expressão clássica e onírica que emergiu na Itália depois de terminada a Primeira Guerra Mundial – primeiro em pintura, no Valori Plastici, movimento extremamente metafísico liderado por Giorgio de Chirico, e depois em arquitetura, com o movimento Novecento clássico, iniciado pelo arquiteto Giovanni Muzio – foi ao mesmo tempo o complexo ponto de partida do desenvolvimento do racionalismo italiano e o legado da polêmica futurista do pré-guerra.

O racionalista Gruppo 7, cujos membros se manifestaram pela primeira vez, depois de formados pela Politécnica de Milão, na *Rassegna Italiana*, era constituído pelos arquitetos Sebastiano Larco, Guido Frette, Carlo Enrico Rava, Adalberto Libera, Luigi Figini, Gino Pollini e Giuseppe Terragni. Todos procuravam alcançar uma síntese nova e mais racional entre os valores nacionalistas do Classicismo italiano e a lógica estrutural da era da máquina. Em sua "Nota" de 1926, comprometeram-se a explorar um terreno a meio caminho entre a linguagem arcana do Novecento – da qual temos um exemplo no bloco de apartamentos Ca' Brutta de Muzio, construído em Milão em 1923 – e o vocabulário dinâmico da forma industrial que lhes fora legado pelos futuristas. O grupo também demonstrava uma certa afinidade com o Deutsche Werkbund e as obras dos construtivistas russos. Contudo, apesar de seu entusiasmo pela era da máquina, o Gruppo 7 valorizava mais uma reinterpretação da tradição do que a modernidade *per se*. Assim, em 1926 escreveram criticamente sobre os futuristas:

> A marca da vanguarda anterior foi um ímpeto afetado e uma fúria vã e destrutiva em que se misturavam bons e maus elementos; a marca da juventude de hoje é um desejo de lucidez e sabedoria. (...) Isto deve ficar claro (...), não pretendemos romper com a tradição. (...) A nova arquitetura deve ser o resultado de uma estreita associação entre lógica e racionalidade.

Apesar dessa declaração de fé na tradição, as primeiras obras dos racionalistas, em particular as projetadas por Giuseppe Terragni, revelavam uma preferência por composições baseadas em temas industriais. Os projetos de Terragni para um gasômetro e uma fábrica de tubo de aço, expostos na III Biennale de Monza, em 1927, parecem

Fig. 194. Piacentini e equipe, Universidade de Roma, 1932. Edifício do Senado no dia de sua inauguração.

ter mais a ver com a Estética do Engenheiro do que com a arquitetura, para usarmos as polaridades de *Vers une architecture*, de Le Corbusier, livro que exerceu considerável influência sobre os racionalistas depois de sua publicação em 1923. Uma reação primitiva e ingênua a essa influência foi, sem dúvida, a casa de barcos de Pietro Lingeri, construída em Como em 1926, que, com sua alusão à engenharia naval, prestava uma homenagem um tanto simplista à obra de Le Corbusier.

Mais suscetível à influência de Muzio, Terragni estabeleceu-se em 1928 com a conclusão de seus apartamentos Novocomun em Como. Essa composição simétrica de cinco andares, popularmente conhecida como Transatlântico, manifestava a típica preocupação racionalista com o deslocamento retórico das massas. Onde as extremidades do edifício deveriam ter sido reforçadas segundo o cânone clássico, foram dramaticamente retiradas de modo a expor cilindros de vidro, que eram rematados pelo peso maciço do andar superior sobressalente, e ligadas à composição pelos prolongamentos da sacada do terceiro andar e pela massa do segundo. Esta solução obviamente devia mais ao Construtivismo russo do que ao Purismo, e o projeto inicial de Golossov para seu Clube dos Trabalhadores Zuyev, concluído em Moscou em 1928, foi seu precedente mais óbvio.

O movimento racionalista italiano constituiu-se por um breve período como um organismo oficial do Movimento Italiano per l'Architettura Razionale (MIAR), fundado em 1930, exatamente um ano antes da terceira exposição do Gruppo 7 na Galleria d'Arte de Bardi, em Roma. Sua influência foi passageira, pois logo seria minada pelas forças da reação cultural. Enquanto as manifestações anteriores da obra racionalista haviam deixado os profissionais mais conservadores relativamente indiferentes, essa exposição era acompanhada por um panfleto provocativo intitulado "Relato a Mussolini sobre a arquitetura", escrito pelo crítico de arte Pietro Maria Bardi. Ele afirmava que a arquitetura racionalista era a única expressão verdadeira dos revolucionários princípios fascistas. Uma declaração do MIAR, feita nesse mesmo período, trazia uma afirmação igualmente oportunista: "Nosso movimento não tem outro objetivo moral além do de servir à Revolução [fascista] no conturbado clima predominante. Para que possamos fazê-lo, invocamos a boa-fé de Mussolini."

Mussolini inaugurou a exposição, mas sua fé pouco valeu contra a reação hostil da União Nacional dos Arquitetos, submetida à influência do clássico Marcello Piacentini. Três semanas depois de inaugurada a exposição, a União Nacional dos Arquitetos repudiou a própria obra que anteriormente patrocinara, declarando publicamente que a arquitetura racionalista era incompatível com as exigências retóricas do fascismo. Coube a Piacentini o papel de mediador entre o tradicionalismo metafísico do Novecento e o vanguardismo dos racionalistas, quando então propôs seu estilo extremamente eclético, o Stile Littorio (Estilo lictório) como a maneira "oficial" do partido. Inicialmente formulado na Torre Revolucionária, concluída em Brescia segundo seus projetos em 1932, esse estilo terminaria por consolidar-se no Palácio da Justiça de Piacentini, iniciado em Milão naquele mesmo ano.

A posição de Piacentini foi reforçada pela fundação do Raggruppamento Architetti Moderni, de ideologia fascista, que evitava qualquer condenação categórica tanto dos novecentisti quanto dos racionalistas e dava seu apoio ao classicismo residual do Stile Littorio. As diretrizes que Piacentini impôs aos nove arquitetos que colaboraram com ele em 1932 na nova Universidade de Roma estabeleceram, através da repetição de elementos simples, os rudimentos do estilo fascista oficial. Esse estilo, extraordinariamente consistente, expressou-se quase sempre em estruturas de quatro andares, em tijolo ou pedra, rematadas por cornijas rudimentares e articuladas apenas por uma modulação de aberturas retangulares. Já que uma certa irregularidade e assimetria eram permitidas no projeto detalhado, a expressão representativa ficava em grande parte restrita às entradas onde, com colunatas, baixos-relevos e frisos com inscrições de letras, assumia uma forma clássica. Embora nenhum membro do Gruppo 7 tenha trabalhado na Universidade, três construções da equipe de Piacentini traíam uma certa afinidade racionalista: a Escola de Matemática de Gio Ponti, o edifício de Mineralogia de Giovanni Michelucci e, sobretudo, o Instituto de Física de Giuseppe Pagano, com sua elegante fachada em tijolo.

Por volta de 1932, Pagano já dera sua contribuição à polêmica acerca do desenvolvimento de um estilo nacional apropriado, pois em 1930 tinha começado a publicar a revista *Casabella*, em colaboração com Edoardo Persico, crítico de arte e *designer* de Turim. Com seus editoriais, esses homens tentaram convencer os membros indecisos do Novecento a abandonar o Stile Littorio de Piacentini em favor do racionalismo de Terragni. Em 1934, Persico escreveu sobre a situação difícil do racionalismo: "Hoje, os artistas devem defrontar-se com o mais espinhoso dos problemas da vida italiana: a capacidade de acreditar em ideologias específicas e o desejo de prosseguir a luta contra as reivindicações de uma maioria 'antimodernista'".

Em 1932, Terragni produziu a obra canônica do movimento racionalista italiano, a Casa del Fascio (atual Casa del Popolo) em Como. Projetada dentro de um quadrado perfeito e de altura igual à metade de sua largura de trinta e três metros, o meio cubo da Casa del Fascio estabeleceu a base de uma geometria estritamente racional. Dentro desse volume, ela não só revelava a lógica de sua estrutura travejada, mas também o código "racional" subjacente ao modelado de sua fachada em camadas. Em cada lado (com exceção da elevação sudeste, que enfatiza a escadaria principal), a fenestragem e as camadas externas do edifício são manipuladas de modo a expressar a presença do átrio interno. Os estudos iniciais para a construção do edifício revelam que, a exemplo de outras obras

Fig. 195. Terragni, Casa del Fascio, Como, 1932-36. Sistema proporcional de fachada e planta baixa.

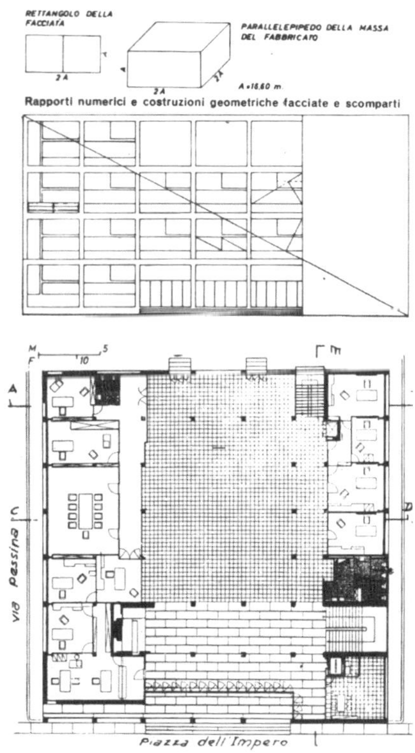

de Terragni (como sua Escola Sant'Elia de 1936), ele foi originalmente planejado ao redor de um pátio aberto, segundo o modelo do *palazzo* tradicional. Em estágios subsequentes do projeto, esse *cortile* tornou-se uma sala de reuniões central, de altura dupla e iluminação incidindo através de uma cobertura de concreto e vidro, e cercada, dos quatro lados, por galerias, escritórios e locais de reunião. Como o Pavilhão de Mies van der Rohe para a Exposição de Barcelona de 1929, o caráter monumental de toda a estrutura é determinado por sua ligeira elevação sobre uma base de alvenaria descrita por Terragni como um *piano rialzato*. O objetivo político original da estrutura expressa-se, em termos quase literais, através de uma série de portas de vidro que separam o *foyer* de entrada da *piazza*. Ao serem simultaneamente abertas por um dispositivo elétrico, essas portas uniriam a ágora interna do *cortile* à *piazza*, permitindo assim o fluxo ininterrupto de demonstrações de massa da rua para o interior (fig. 24). Conotações políticas comparáveis são evidentes no tratamento da sala de reuniões principal, com sua fotomontagem em relevo, de Mario Radice, e no relicário que celebra os mortos do movimento fascista. Desnecessário dizer que um aspecto dessa obra transcende essas considerações ideológicas para preocupar-se com a criação de efeitos espaciais metafísicos – o edifício é tratado como se fosse uma matriz espacial contínua, sem orientação específica alguma, como acima ou abaixo, esquerda ou direita, etc. Assim, os efeitos especulares do vidro são usados no revestimento do teto do *foyer* para criar a ilusão de uma construção travejada infinita, existindo em volumes que, na verdade, são ocupados de maneiras muito diversas. Ao mesmo tempo, a sutil implantação da obra em um núcleo urbano histórico, sua fachada inteiramente em mármore de Bolticino e seu uso de blocos de vidro para designar seu espaço honorífico são coisas que se combinam para criar uma obra ao mesmo tempo tectônica, meticulosa e monumental.

Essa simbolização ideal do fascismo não foi de modo algum única. Outras aberturas retóricas ao movimento foram feitas pelos racionalistas antes de sua desilusão final, em meados da década de 1940. Entre elas é preciso mencionar o edifício para a Mostra della Rivoluzione Fascista, apresentada em Roma em 1932, por ocasião do dé-

Fig. 196. Terragni, Casa del Fascio, Como, 1932-36. Sala de reuniões principal. O painel na parede do fundo, de Radice, inclui um retrato de Mussolini.

cimo aniversário da Marcha sobre Roma. Essa estrutura temporária, fortemente evocativa da obra de Leonidov e construída segundo os projetos de Libera e De Renzi, continha, junto com outras peças fixas, o comemorativo Espaço 1922, concebido por Terragni como relevo mural dinâmico que combinava elementos plásticos, gráficos e fotográficos de uma maneira que lembrava a Exposição Internacional de Higiene soviética inaugurada em Dresden, em 1930.

Em meados dos anos 1930, a arquitetura racionalista efetiva apresentava um alto índice de variação, indo da obra extremamente intelectualizada de Terragni até o insípido Estilo Internacional do Comasco, grupo efêmero cuja casa do artista foi exposta na V Trienal de Milão, em 1933. A participação de Terragni como membro dessa equipe de oito *designers* parece ter exercido pouco efeito sobre a qualidade do resultado, e uma perda de intensidade comparável pode ser detectada ao compararmos a primeira obra de Figini e Pollini, ou seja, sua Casa Elettrica construída para a Trienal de Milão de 1930 com sua casa do artista construída para a Trienal seguinte, em 1933. E, na verdade, os fatos indicam que, por ocasião da V Trienal, o racionalismo italiano já estava se comprometendo, tanto por um modernismo banal, por um lado, quanto por um historicismo reacionário, por outro.

Em 1934, Persico e Marcello Nizzoli projetaram sua famosa sala Medaglia d'Oro para a Exposição Aeronáutica italiana em Milão. Um elegante labirinto de armações de madeira brancas, erguidas bem acima do piso, suportavam um campo de imagens gráficas e fotográficas que pareciam flutuar no espaço, avançando e retrocedendo pela profundidade da sala. Essa construção suspensa estabeleceu um novo padrão para o *design* de exposições, que exerceria uma forte influência até bem depois da Segunda Guerra Mundial. Por volta dessa época, com exceção de obras-primas eventuais como esse extraordinário trabalho de Persico e Nizzoli, o racionalismo italiano já entrara em decadência. Isto pode ser claramente percebido na obra subsequente do próprio Persico, que no espaço de dois anos passou de *designs* de grande vivacidade e sofisticação para o monumentalismo frio e atectônico de seu Salone d'Onore para a Trienal de 1936, projetado em colaboração com Nizzoli, Palanti e Fontana. Só Terragni, trabalhando com Pie-

Fig. 197. Persico e Nizzoli, sala Medaglia d'Oro, primeira Exposição Aeronáutica italiana, Milão, 1934.

tro Lingeri e Cesare Cattaneo, foi capaz de manter a intensidade intelectual da abordagem racionalista com sua preocupação com a integração total da forma conceitual, estrutural e simbólica.

Depois da morte prematura de Persico em 1936, as dificuldades políticas e culturais do racionalismo aumentaram. Pagano, sempre próximo dos círculos oficiais, comprometeu-se ainda mais ao colaborar com Piacentini no projeto para a Esposizione Universale Roma 42, a ser aberta fora de Roma em 1942. Como as novas cidades fascistas de Littoria, Sabaudia, Carbonia e Pontinia (esta última construída nos pântanos pontinos), as estruturas permanentes da EUR 42, os museus, memoriais e palácios foram destinados por Mussolini a formar o núcleo da Terceira Roma. Nem mesmo a inteligência de Pagano pôde impedir que esse extravagante gesto ideológico degenerasse na mais banal aglutinação de formas neoclássicas. Sua principal peça fixa, o Palazzo della Civiltà Italiana de Guerrini, La Padula e Romano, nada mais era que a suprema vulgarização do movimento Valori Plastici. Imaginamos que suas formas vazias, cúbicas e arqueadas dificilmente teriam deleitado alguma sensibilidade mais do que a do próprio De Chirico. Com o mesmo espírito do plano elaborado por Mussolini em 1931 para a haussmannização de Roma (uma proposta para a total remoção da malha urbana medieval das ruínas antigas), o projeto EUR 42 de Piacentini ficou imobilizado, como as várias facções arquitetônicas, inclusive os racionalistas, entre um impulso pós-futurista de criar uma civilização moderna e a necessidade de legitimar essa mesma civilização através de um apelo às glórias do Império Romano. Assim, o complexo EUR dirigiu seu eixo principal para a costa do Mar Tirreno e inscreveu um de seus monumentos com a profecia: "A Terceira Roma irá estender-se pelas outras colinas ao longo do rio sagrado [o Tibre] até atingir as praias marítimas." Quanto ao envolvimento dos racionalistas nesse empreendimento faustiano, Leonardo Benevolo escreveu:

> O compromisso tentado por Pagano era, portanto, insustentável: ao seguir "ligações ideais" que remontavam aos tempos romanos, os arquitetos chegariam a um único resultado, o conformismo neoclássico; a diferença de tom entre a arqueologia aplicada de Brasini e a simplificação comedida de Foschini, entre a sofisticada elegância dos jovens romanos e os ritmos calculados dos jovens milaneses, que parecia importante nos projetos, desaparecia por inteiro na execução. O que havia acontecido na Alemanha, na Rússia e na França repetia-se aqui também: era a *internationale des pompiers.*

O reacionarismo da atmosfera arquitetônica e política predominante na Itália em meados dos anos 1930 foi parcialmente compensado pelas aspirações saint-simonianas de um homem, Adriano Olivetti, que sucedera seu pai como diretor da famosa fábrica de máquinas de escrever em 1932. Em 1934, Adriano começou a demonstrar sua preocupação com a contribuição a ser dada pelo *design* moderno à prosperidade industrial; encarregou então sucessivamente Figini e Pollini de projetarem toda uma sequência de edifícios para a Olivetti em Ivrea; primeiro, um novo centro administrativo em 1935, depois as casas para trabalhadores e instalações comunitárias entre 1939 e 1942. Em 1937, estendeu seu patrocínio ao planejamento regional, pedindo a Figini e Pollini, bem como ao BBPR (Banfi, Belgiojoso, Peressutti e Rogers) que preparassem um projeto para o vale de Aosta.

Nesse ínterim, toda uma série de *designs* extremamente afins continuou a ser produzida no estúdio de Terragni, inclusive os que ele mandou para o concurso da Casa Littoria, em 1937, e para o congresso da Construção EUR em 1938, dois projetos criados em colaboração com Cattaneo e Lingeri. Mais ou menos na mesma época, Terragni produziu a obra mais metafísica de toda a sua carreira, seu Danteum, projetado em

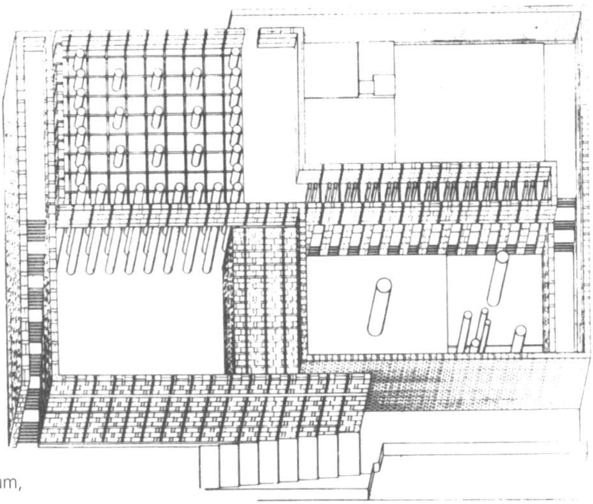

Fig. 198. Terragni, projeto Danteum, Roma, 1938.

1938 como uma monumental ornamentação da Via del Impero aberta por Mussolini através da cidade antiga. Esse projeto, constituído por blocos progressivamente menos densos de espaços retangulares dispostos em forma de labirinto e simbolizando os estágios do Inferno, Purgatório e Paraíso, era, sob muitos aspectos, uma abstração do *parti* usado para o edifício EUR.

A obsessão de Terragni por uma arquitetura "transparente" – uma sublimação do programa futurista de projetar a rua na casa – foi pela primeira vez apresentada em sua Casa del Fascio. Depois, reapareceu como um impulso constante ao longo de toda a sua obra pública, do Monumento Sarfatti, construído em Col d'Echele em 1934 ao projeto definitivo para o Edifício dos Congressos EUR. Além do estado de suprema "lucidez" alcançado no volume do Paraíso do Danteum, com suas trinta e três colunas de vidro e seu teto desse mesmo material, Terragni chegou a uma sensação de transparência conceitual através de dois artifícios básicos que ele fundiu com grande habilidade em seu bloco de apartamentos de sete andares, a Casa Rustici de Milão (1936-37). Esses artifícios eram: 1) o uso de um dualismo que, seguindo a forma de seu Memorial da Guerra de 1931, em Como, em geral compreendia duas massas retilíneas paralelas com um espaço vazio a separá-las, e 2) vazios ou massas retilíneos com frontões que corriam em paralelo, recuando como planos pictóricos sucessivos a partir de um determinado ponto de observação, como nas sacadas volantes, pontes, etc., da Casa Rustici, ou as lajes vitrificadas dos escritórios da Casa Littoria, cujas camadas espaciais em recuo estabeleciam o domínio da acomodação subsidiária no andar térreo, dos auditórios, etc.

Essa fórmula com frontões de volumes paralelos alternadamente construídos e não construídos veio a ser assimetricamente alternada na proposta para a EUR e, de forma condensada, no último edifício de Terragni, seus apartamentos Giuliani Frigerio, de quatro andares, que foram concluídos em Como em 1940. Como na Casa del Fascio, a intenção parece ter sido a de modular a orientação do prisma, dispondo os elementos de modo a colocar uma fachada principal e outra secundária em ângulos retos entre si. Uma composição "cubista" rotatória semelhante já havia aparecido nas primeiras *villas* de

Terragni, e o mesmo "formato" foi adotado por Cattaneo em seu prédio de apartamentos construído em Cernobbio em 1938.

A última obra da série, da qual Terragni não participou, é o Edifício do Sindicato Fascista de Como, que foi construído perto da Casa del Fascio de 1938 a 1943 segundo os projetos do principal discípulo de Terragni, Cattaneo, em colaboração com Lingeri, Augusto Magnagni, L. Origoni e Mario Terragni. Essa estrutura ortogonal travejada, organizada ao redor de um traçado paladiano ABABABABA em uma direção, e de um traçado modular regular, mas parcialmente sincopado, em outra, constitui sob muitos aspectos a mais sublime resolução dos temas de composição e tipológicos propostos pelos racionalistas de Como, a ponto de podermos afirmar que esse edifício é uma das inspirações fundamentais por trás da chamada "arquitetura autônoma" da Tendenza italiana produzida na última década (cf. o projeto de Giorgio Grassi para um Albergue da Juventude em Chieti, de 1974, em colaboração com Monestiroli, Conti e Guazzoni). O Edifício do Sindicato consiste em dois blocos de cinco andares separados por um pátio no qual um bloco subsidiário de dois andares está suspenso, compreendendo um pódio de entrada, um secretariado e um auditório para quinhentos lugares.

A conclusão desse edifício, em 1943, coincidiu com as mortes prematuras (e até hoje um tanto misteriosas) de Terragni e Cattaneo. Embora suas mortes tenham levado o movimento a um final brusco, suas obras ainda testemunham seu empenho em realizar um cenário ideal para uma sociedade que seria, a um só tempo, racionalmente organizada e culturalmente desprovida de classes. O fato de que esse ideal tenha se concretizado na lógica transparente de sua arquitetura e não na sociedade como um todo foi abordado por Sylvia Danesi quando, em 1977, escreveu sobre esses dois homens:

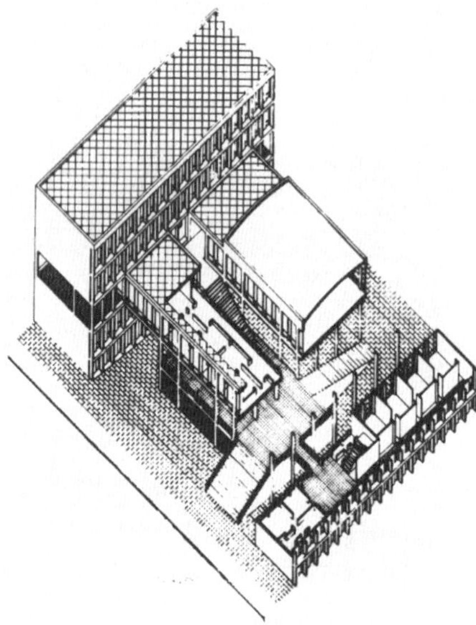

Fig. 199. Cattaneo, Lingeri, Magnagni, Origoni e M. Terragni, Edifício do Sindicato, Como, 1938-43. Vista axonométrica em corte.

> Havia, em ambos, uma total confiança no papel orientador da classe média, em sua capacidade de organização e em sua função administrativa enquanto pivô do contrato social. Não perceberam a crise em que sua geração estava prestes a se ver envolvida. Sentiam que a classe à qual também pertenciam seria perfeitamente capaz de levar a cabo a tarefa que lhe fora delegada pelo resto do país. Não perceberam que, aos poucos, a classe média industrial local ia perdendo terreno para a nova burguesia estatal que estava sendo formada em decorrência da crise de 1929 (nacionalização dos bancos, fundação do IRI, etc.), e que ainda nos governa até hoje; uma classe muito bem afinada com os interesses do grande capital e totalmente à vontade com o regime totalitário.

CAPÍTULO 24 Arquitetura e Estado: ideologia e representação, 1914-43

A estrada descreve uma curva e entra imperceptivelmente num terreno em declive. De repente, à direita, uma paisagem de torres e cúpulas ergue-se no horizonte, com tons de rosa e creme dançando contra o azul do céu, fresco como um copo de leite, grandioso como Roma. Bem à nossa frente, o primeiro plano revela um arco branco.

O carro cruza a avenida arterial e, contornando a base vermelha e baixa do monumento, ali se detém. O viajante suspira. Diante de seus olhos, num delicado movimento ascendente, corre um caminho de cascalho cuja perspectiva, de tão infinita, sugere a intervenção de uma lente redutora; no final desse caminho, erguendo-se por trás das verdejantes copas das árvores, reluz a sede do governo, a oitava Delhi, quatro quadrados sobre uma proeminência – cúpula, torre, cúpula, torre, cúpula, torre, vermelho, rosa, creme e ouro branqueado cintilando ao sol da manhã.

Robert Byron
Nova Delhi, *in The Architectural Review*, 1931

A tendência modernista a reduzir toda forma à abstração fez disso uma maneira insatisfatória de representar o poder e a ideologia do Estado. Em grande parte, essa inadequação iconográfica explica a sobrevivência de uma abordagem historicista da construção na segunda metade do século XX. Deve-se a Henry-Russel Hitchcock enquanto historiador a percepção, de longa data, da necessidade de se reconhecer a persistência dessa tradição residual. Contudo, o termo A Nova Tradição, por ele cunhado em 1929 numa tentativa de estabelecer uma distinção entre uma certa tendência conservadora e as obras dos pioneiros, é uma dessas designações das quais se pode dizer que praticamente não passaram pelo teste do tempo. As características e a cronologia por ele atribuídas a essa tradição eram vagas demais para obter aceitação geral. Não obstante, a necessidade de tratar os problemas colocados pela representação (ou por sua ausência) aumentou com o passar dos anos em vez de diminuir, e a difícil situação cultural do Realismo Social em seu sentido mais amplo já não pode ser excluída de nosso exame crítico. De modo geral, o termo pode ser tomado como comprovação da incapacidade de comunicação da forma abstrata. Diante disso, como escreveu Hitchcock em 1958: "O historiador *deve* tentar oferecer algum tipo de explicação de coisas como a Prefeitura de Estocolmo ou o Edifício Woolworth."

A origem da Nova Tradição, fora da diretriz principal do Movimento Moderno, pode ser situada no surgimento, entre 1900 e 1914, de um estilo historicista conscientemente "modernizado". Em primeiro lugar, o estilo genérico do *establishment*, a modalidade pública de fins do século XIX que constantemente oscilava entre o Neogótico e o Neobarroco, começou a perder sua definição. Na Inglaterra e na Alemanha, em particular, degenerou numa elaboração eclética que no fim das contas demonstrou pouca capacidade de chegar a uma expressão arquitetônica convincente. Ao mesmo tempo, a corrente principal do Classicismo europeu, as Beaux-Arts, chegou a seu impasse *pompier* na Exposição de Paris de 1900. A retórica cintilante, mas exagerada do Grand Palais, por exemplo, era claramente imprópria para representar a ideologia progressista de uma sociedade industrialmente avançada. Afinal, o que poderia ser mais simbólico da repressão do que o interior ferrovítreo do Grand Palais, encarcerado numa elaborada cenografia de pedra? A tentativa subsequente de fazer ressurgir essa preferência perene pela forma lítica, com motivos florais sinuosos extraídos do Art Nouveau, levou a exemplos igualmente sombrios de um classicismo petrificado, com fortes matizes simbolistas, como o Hôtel Lutetia de Boileau em Paris (1911), muito desprezado por Le Corbusier.

Por outro lado, o Estilo Livre anglo-saxão, essencialmente contrário ao *establishment*, ou seu sucessor ainda mais liberado do continente, conhecido como Art Nouveau, já haviam a essa altura degenerado em uma forma de expressão rígida e cristalizada. Além disso, como Henry van de Velde deu-se conta em 1908, a própria ideia de uma *Gesamtskunstwerk* teve a infeliz consequência de privatizar a importância sociocultural da obra em questão. Nem o redundante mito pré-rafaelita da volta a uma economia artesanal rural nem o exotismo urbano do Art Nouveau podiam ser explorados de modo a representar a democracia parlamentarista ou as aspirações ideológicas de uma sociedade liberal e progressista. Mesmo Peter Behrens que, por volta de 1910, estava no limiar de um novo estilo normativo expressamente concebido para a representação do cartel, quando não do moderno Estado industrial (o *Machtstaat* de Max Weber), perderia sua energia criadora por ocasião da Exposição do Werkbund de 1914, refugiando-se na segurança da forma quase neoclássica de seu Festhalle Werkbund.

A adaptação única de Ragnar Östberg dos princípios do Estilo Livre inglês ao objetivo de representar uma instituição pública surgiu com sua Prefeitura de Estocolmo, de 1909-23, um triunfo iconográfico que parece ter devido seu sucesso singular ao fato de ter representado um porto burguês tradicional e não um Estado industrial. Nesse aspecto, apontava para as políticas arquitetônicas do Terceiro Reich, que reservava certos estilos para fins ideológicos específicos.

A véspera da Primeira Guerra Mundial assistiu à criação de algumas obras representativas da Nova Tradição, edifícios "historicistas" que estavam longe de ser historicamente determinados em sua concepção geral. Assim, o detalhamento gótico do Edifício Woolworth de Cass Gilbert em Nova York (1913) era incidental se comparado ao modo como sua organização descompromissada e seu exótico perfil antecipariam os avanços dos arranha-céus do pós-guerra que seriam criados por Frank Lloyd Wright e Raymond Hood.

Na Europa, a inauguração da Nova Tradição foi mais consciente de si mesma, marcada por obras que, com independência, romperam com o estilo público oficial do Neobarroco para retornar, em espírito ou até mesmo em forma, à gravidade e à clareza da antiga Roma – exemplos típicos incluem a Estação Ferroviária de Stuttgart, de Paul Bonatz, construída em 1913-27, e a Nova Delhi de Edwin Lutyens, obra da qual foi encarregado em 1912, que só foi concluída em sua forma definitiva em 1931.

A proclamação de George V, fundando a capital de Nova Delhi num darbar, a grandiosa recepção formal com que se celebrava a presença do imperador britânico na Índia, nada mais foi que um gesto ideológico concebido para mascarar o mero expediente que estava por trás da transferência, pelos ingleses, da capital indiana de Calcutá para Nova Delhi em 1911. Sem dúvida, a Inglaterra esperava que, ao reviver as grandiosas recepções da corte mongol – em nome do Raj e no coração do Império –, poderia ainda prosseguir com sua contraditória política de manter, ao mesmo tempo, a autonomia de seu governo e uma economia colonial. O fato de se ter perdido grande parte do prestígio im-

Fig. 200. Lutyens, Casa do vice-rei, Nova Delhi, 1923-31.

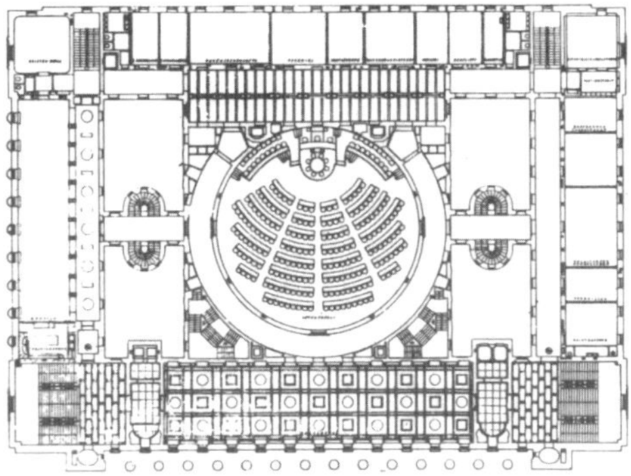

Fig. 201. Sirén, Edifício do Parlamento finlandês, Helsinque, 1926-31. Planta do nível principal.

perial porque o rei entrou na cidade a cavalo, e não sobre um elefante, não deixa de ter um certo significado. O empenho diplomático no sentido de obter-se um compromisso liberal havia alterado o código tradicional para além da identificação possível, e o rei atravessou os portões de Delhi praticamente ignorado. Que a construção de Nova Delhi foi uma reificação desse frágil gesto ideológico fica evidente a partir dos reiterados esforços realizados entre 1913 e 1918, no sentido de chegar a um estilo anglo-indiano convincente que pudesse satisfazer a todos os interessados. Acima de tudo, era preciso convencer o próprio Lutyens, que finalmente decidiu que a cidade mongol de Fatehpur Sikri apresentava a única arquitetura nativa realmente passível de ser incorporada à tradição humanista. O Humanismo, isto é, o Classicismo, tinha sido apressadamente revalidado na cultura arquitetônica inglesa depois da virada do século, primeiro na arquitetura de Shaw e Lutyens, e depois, com grande sofisticação, em nível teórico, em *The Architecture of Humanism* [A arquitetura do Humanismo], de Geoffrey Scott, publicado em 1914.

A necessidade de assimilar uma poderosa cultura exótica e ao mesmo tempo afirmar os padrões do humanismo levou Lutyens a um nível de precisão e equilíbrio abstratos que ele jamais atingira antes, e que só voltaria a igualar em seus monumentos aos mortos na Primeira Guerra Mundial – o Cenotáfio de Londres, inaugurado em 1920, e o Arco Thiepval, em homenagem aos mortos e desaparecidos no Somme, obra de 1924 (fig. 30). Na casa do vice-rei em Nova Delhi, em construção de 1923 a 1931, Lutyens transcendeu o historicismo essencialmente estéril de suas casas de campo para postular, como Wright, a possibilidade de uma cultura de "fronteira", um império sintético no qual o Sol jamais se poria. É irônico que a história só permitiria mais quinze anos de domínio britânico, dado que Nova Delhi foi o complexo mais monumental que eles construíram. Só a casa do vice-rei, a despeito de seus interiores quase domésticos, abrange uma área igual à de Versalhes.

Como no caso de Versalhes, a encomenda de Nova Delhi em 1912 inaugurou um período de construção no qual a arquitetura seria mais uma vez explorada em nome do Estado – primeiro, para representar novas nações que haviam emergido como democracias independentes do cataclismo da Primeira Guerra Mundial, depois para comemorar o "milênio" revolucionário do modo como este se manifestou, sob vários disfarces, entre 1917 e 1933 – primeiro na União Soviética, depois em 1922, na Itália fascista, e por último no Terceiro Reich. Em termos mais gerais, foi invocado para representar o ressurgimento e o destino manifesto do monopólio do capital tanto antes quanto depois do desastre da Bolsa de Valores em 1929.

A acusação ideológica lançada contra a arquitetura oficial durante esse período e os antecedentes clássicos, para não dizer de Beaux-Arts, da maioria dos arquitetos envolvidos, serviram para isolar toda a evolução das aspirações progressistas do Movimento Moderno, e, na maior parte dos casos, esse isolamento parece ter sido conscientemente desejado. O edifício do Parlamento finlandês, de Sirén, construído em Helsinque para o novo Estado independente em 1926-31, estabeleceu a norma neoneoclássica da Nova Tradição. O brilhante planejamento de seu Riksolagshus vinha diretamente do *revival* do Neoclássico escandinavo, e, enquanto tal, estava intimamente ligado à Biblioteca Pública de Estocolmo, construída por Asplund em 1920-28. A obra de Sirén, contudo, parece quase teatral quando comparada à de Asplund; a pouca profundidade de seu peristilo nada mais é que um relevo cenográfico sobre um edifício concisamente organizado, cujo volume estritamente estereométrico teria, de outro modo, revelado uma total carência de inflexão.

O confronto explícito entre o Movimento Moderno e a Nova Tradição emergiu com o concurso de 1927 para a construção da Liga das Nações, quando um júri formado por acadêmicos da Beaux-Arts e veteranos ligados ao Art Nouveau – homens como John Burnet, Charles Lemaresquier e Carlos Gato, do primeiro grupo, e Hoffmann, Victor Horta e Hendrik Berlage, do outro – escolheu vinte e sete projetos representativos das três abordagens básicas do período. Nove prêmios ficaram com a Beaux-Arts, e o Movimento Moderno foi contemplado com oito, inclusive os famosos projetos de Le Corbusier e Hannes Meyer (figs. 144, 114). A Nova Tradição ficou com dez, inclusive os projetos de L.-C. Boileau, Paul Bonatz e Marcello Piacentini. Três dos premiados da Beaux-Arts e Giuseppe Vago, cuja obra representava a Nova Tradição, foram encarregados de preparar um projeto final que, surpreendentemente, se aproximava muito do Classicismo despojado do Realismo social russo.

A União Soviética, 1931-38

A luta entre o Movimento Moderno e a Nova Tradição precisou ser travada novamente no concurso para o Palácio dos Sovietes, realizado em 1931 como uma resposta russa deliberada à construção da Liga das Nações. O impacto desse concurso sobre a arquitetura soviética foi decisivo, pois não só atraiu projetos do mundo todo, inclusive de Le Corbusier, Perret, Gropius, Poelzig e Lubetkin, como também estimulou uma igual quantidade de atividades dentro da União Soviética, envolvendo um grande número de *designers* individuais lado a lado com projetos enviados pelas principais facções arquitetônicas, dentre as quais Asnova, OSA e Vopra.

O fato de o projeto de Le Corbusier (ver p. 190) ter sido o mais construtivista de toda a sua carreira fica evidente na estrutura aparente do telhado de seus auditórios e na total transparência de sua camada externa. Contudo, apesar da natureza redutora desses elementos, o simbolismo do projeto ficava bastante explícito na tribuna dos oradores situada na extremidade do bloco da biblioteca, elevando-se acima do pódio *res publica*, na parte posterior do auditório maior. Dos projetos enviados, poucos eram tão literais em sua atribuição de um valor simbólico à funcionalidade de seus diversos componentes, e aqui reconhecemos uma obra tão didática, em sua organização e forma, quanto o teatro de Gropius para Piscator, projetado cerca de quatro anos antes. O júri, porém, achou que o projeto de Le Corbusier "era por demais condescendente ao culto da máquina e à estetização".

O mesmo poderia ser dito de muitos dos projetos russos, em geral pouco mais que

Fig. 202. Nénot, Broggi, Vago e Lefebvre, Liga das Nações, Genebra. Sala do Conselho, com murais de J. M. Sert.

Fig. 203. Iofan, projeto para o Palácio dos Sovietes, Moscou, 1934.

exercícios elaborados de retórica tecnológica projetados como metáforas do Estado socialista recém-industrializado. Uma das ironias desse concurso está no fato de a diretriz monumentalista do Realismo Socialista, que seria oficialmente adotada pelo Comitê Central do Partido em abril de 1932, não ter sido representada pelo projeto da facção mais esquerdista, o grupo Proletkult ou Associação Pan-Russa dos Arquitetos Proletários. Em vez disso, o estilo SR foi experimentalmente apresentado pela primeira vez no projeto vencedor de B. M. Iofan, cujos auditórios construtivistas eram mostrados como edifícios semicirculares situados nas extremidades, delimitando os confins de um pátio retangular clássico. A partir do centro desse espaço erguia-se um pilone igualmente clássico rematado pela estátua de um trabalhador. Essa figura parecia ser uma referência consciente à Estátua da Liberdade, com seu braço erguido projetando a luz da revolta, ou mesmo da liberdade. No desenvolvimento subsequente do projeto depois de 1933, com a atuação de Iofan em colaboração com os acadêmicos Gelfreikh e V. Shchuko, este tornou-se cada vez mais retórico. Por volta de 1934, os dois auditórios da versão original haviam sido absorvidos por um "bolo de noiva" de fileiras de colunatas e estatuária no cume, culminando em uma gigantesca estátua de Lenin oferecendo sua mão ao universo a quatrocentos e cinquenta metros de altura. Três anos depois, embora a forma geral ainda permanecesse a mesma, a massa total tornara-se menor, e as colunatas tinham sido reagrupadas como pilastras Art Déco.

Depois de 1932, os acadêmicos como A. V. Shchusev (cuja eclética Estação de Kazan em Moscou, de extração romântica nacional, estava sendo construída por volta de 1913), que se haviam estabelecido antes da Revolução e, desde então, desenvolvido atividades extremamente discretas, começaram a construir um monumento pseudoneoclássico atrás do outro. A Biblioteca Estatal Lenin, de Shchuko, de 1938, exemplifica esse estilo bastardo de volumes assimétricos, pilastras despojadas e episódios clássicos irrelevantes enriquecidos por esculturas. Diversos fatores concorreram para que a Nova Tradição aparecesse na União Soviética. Primeiro, houve o desafio doutrinário e incontestável lançado por Vopra aos intelectuais construtivistas, no sentido de que só o proletariado podia criar uma cultura proletária; depois, havia também os acadêmicos reabilitados do pré-guerra que, apesar de tecnicamente indispensáveis para o programa de construção, não se mostrariam solidários com o Construtivismo; por último, havia o próprio Partido, que percebia que as pessoas eram incapazes de reagir à estética abstrata da arquitetura moderna. O utilitarismo ideológico absoluto da diretriz realista social do Partido, instigada em 1932, explica os sofismas de Anatole Lunacharsky do ano seguinte, sua apologia ultraelaborada do Realismo Social em que, embora reconhecendo a natureza remota da cultura helênica, insistia em que "esse berço da civilização e da arte" ainda poderia servir de modelo para a arquitetura da União Soviética. O êxito dessa cultura estatal, uma política que se manteve coerente por mais de quarenta anos, talvez nunca tenha sido tão justamente avaliada como o foi por Berthold Lubetkin, que escreveu em 1956:

> Afestoados com miudezas baratas, vestidos de andrajos teatrais e envoltos em páginas irrelevantes de um monumental catálogo de alvanel, alguns edifícios soviéticos (quando não todos eles) são ainda capazes de formar, em virtude de desenhos de vigorosa concepção, do uso prodigioso de espaços abertos e de uma escala arrebatadora, conjuntos grandiosos e ordenados cujo impacto não é facilmente esquecido por um arquiteto ocidental da época da fragmentação pitoresca e do "desenvolvimento misto".

A Itália fascista, 1931-42

Um conflito semelhante entre modernidade e tradição impregnou a ideologia arquitetônica do movimento fascista italiano, entre a marcha de Mussolini sobre Roma, em outubro de 1922, e em 1931, quando o Sindicato dos Arquitetos, apoiado pelo governo, retirou seu apoio ao recém-fundado Movimento Italiano per l'Architettura Razionale (MIAR) e cerrou fileiras, sob a liderança de Marcello Piacentini, em apoio à causa de reconciliar as facções antagônicas em uma única formação ideológica, o Raggruppamento Architetti Moderni Italiani.

Fig. 204. Cartaz para a Exposição Universal, Roma (EUR), 1942, apresentando o projeto de Libera para um arco que se dirige para o futuro.

O desenvolvimento da ideologia fascista depois da guerra tivera sua origem em dois aspectos distintos do movimento futurista anterior a ela: em sua preocupação revolucionária com a reestruturação da sociedade e em seu culto à guerra e sua adoração da máquina. Os dois aspectos continham elementos que podiam ser efetivamente incorporados à retórica fascista, mas a guerra e suas sequelas tinham sido um desastre – destrutivo, inclusive, para o próprio futurismo –, e a ideia de uma "cultura da máquina" de repente passou a ser vista com uma boa dose de ceticismo, não apenas no nível do povo, como também da *intelligentsia*.

De fato, a reação cultural contra o futurismo tinha sido formulada antes mesmo

Fig. 205. De Chirico, *O enigma da hora*, 1912.

Fig. 206. Guerrini, La Padula e Romano, Palazzo della Civiltà Italiana, EUR, 1942.

que esse movimento surgisse em sua plenitude, primeiro com a *Filosofia come scienza dello spirito* [Filosofia como ciência do espírito] de Benedetto Croce, obra de 1908-17, que insistia no domínio exclusivamente formal da arte, e depois com a pintura de Giorgio de Chirico intitulada *O enigma da hora* (1912), que representava um peristilo com arcadas à meia-luz – uma imagem metafísica opressiva que imediatamente pareceu prefigurar a forma e o espírito da Nova Tradição italiana.

Influenciada por De Chirico e pelos pintores metafísicos do movimento Novecento, por homens que conheciam a modernidade mas não se deixavam seduzir por ela, a vanguarda arquitetônica milanesa, liderada por Giovanni Muzio, começou a reinterpretar as formas clássicas do Mediterrâneo como uma antítese consciente do culto futurista à máquina. A obra inaugural desse movimento, os apartamentos Ca' Brutta, de Muzio, construídos na Vila Moscova, Milão, em 1923, era tanto um ponto de partida para a obra dos racionalistas italianos quanto uma influência sobre o Stile Littorio, de Piacentini, que surgiu na Universidade de Roma, iniciada sob sua direção em 1932. A defesa de Muzio da tradição clássica, escrita em 1931, revelava uma consciência da universalidade da Nova Tradição que transcendia os conceitos piranesianos de seu próprio estilo. Ele escreveu sobre o movimento Novecento como se este configurasse uma convicção antifuturista. Argumentava que os esquemas clássicos do passado seriam sempre aplicáveis, e prosseguia, perguntando: "Não estaremos, talvez, antecipando um movimento cujo nascimento iminente se anuncia por toda a Europa através de sintomas indecisos, porém muito difundidos?"

O conflito entre modernidade e tradição assumiu uma forma particularmente sutil na Itália, uma vez que os jovens racionalistas estavam tão comprometidos quanto Muzio e Piacentini com uma reinterpretação da tradição clássica. Mas a abordagem do MIAR era extremamente intelectualizada, e suas obras austeras careciam de uma iconografia fácil de entender. Consciente de que o Futurismo não podia representar uma ideologia nacionalista, o poder fascista optou, em 1931, por um estilo clássico simplificado e facilmente reprodutível cuja apoteose surgiu com o malfadado EUR de 1942. Essa fantasiosa implantação de uma nova capital, fora dos limites da Cidade Eterna, era tão utópica e reacionária, em suas aspirações, quanto Nova Delhi. Pressupunha uma monumentalidade totalmente divorciada da realidade social, e *O enigma da hora* de De Chirico foi quase literalmente realizado no Palazzo della Civiltà Italiana, um prisma de seis andares cheio de arcos que delimitava o eixo principal do lugar.

O Terceiro Reich, 1929-41

A luta italiana entre duas interpretações alternativas da tradição clássica – racionalista *versus* historicista – não aconteceu na Alemanha, onde a linha racional do Movimento Moderno passou por um eclipse imediato depois que o nacional-socialismo tomou o poder em janeiro de 1933. A arquitetura moderna foi rejeitada como cosmopolita e degenerada, exceto nas ocasiões em que a eficiente produção industrial e as boas instalações fabris exigiam uma abordagem funcionalista; mas a questão do estilo apropriado para a "revolução social" de Hitler não pôde ser resolvida, como na Itália ou na Rússia, por um conflito aberto terminando na adoção de um único estilo a ser usado em quase todas as ocasiões. As sutis políticas ideológicas do Terceiro Reich eram avessas a tais soluções gerais.

Enquanto se empenhavam, em nível público, para representar o nacional-socialismo como a efetivação heroica do destino germânico, os nazistas também desejavam satisfazer o desejo popular de uma arquitetura de segurança psicológica e compensar por um mundo em que a industrialização da guerra, a inflação e as convulsões políticas já haviam minado a sociedade tradicional. Essa dicotomia estilística inicial refletia, de maneira perversa, a cisão ideológica que permeara a história do Movimento Moderno – a cisão pela primeira vez identificada por Pugin, na década de 1830, como a oposição entre os padrões utilitários e universais da produção industrial (reificada na forma neoclássica) e um desejo cristão básico de retornar aos valores *arraigados* de uma economia artesanal e rural. Para o primeiro caso, os nazistas precisavam apenas olhar para a cultura prussiana ilustrada do Estado autoritário, expresso na filosofia de Hegel e na arquitetura de Schinkel; para o segundo, podiam retornar ao mito germânico do *Volk*, àquele culto antiocidental inicialmente fomentado pelo patriota prussiano F. L. Jahn em 1806.

A atualização nacional-socialista da filosofia de Jahn surgiu com a publicação, em 1929, do livro *Das Bauerntum als Lebensquell der nordischen Rassen* [O campesinato como fonte vital da raça nórdica], de Richard Walter Darré, que pela primeira vez postulava a ideia de uma cultura de "sangue e solo", defendendo a volta à terra. Darré, que iniciara sua carreira como agrônomo, viria a representar um importante papel no desenvolvimento de uma ideologia racial antiurbana do nacional-socialismo, e, embora seus pontos de vista nunca tenham sido plenamente adotados pela elite nazista, continuaram sendo o fundamento lógico por trás do Heimatstil, ou vernáculo dos conjuntos habitacionais construídos sob os auspícios do partido depois de 1933.

Dado que as ideologias antagônicas dentro do Terceiro Reich não podiam ser adequadamente expressas em dois estilos polarizados, era preciso aduzir novas modalidades. As remotas escolas políticas do partido, as Ordensburgen, foram construídas de modo a lembrar pseudocastelos medievais, e as diversas instalações para o lazer do movimento Kraft durch Freude [Força através da alegria], de Robert Ley, exigiam um ambiente escapista próprio. Uma decoração popular pseudorrococó foi indiscriminadamente aplicada aos interiores de teatros, navios e outras construções voltadas para o divertimento leve. Essa esquizofrenia estilís-

Fig. 207. Cartaz do movimento Kraft durch Freude, 1936. O Volkswagen foi parte integrante do movimento de Ley.

tica quase sempre fazia com que partes diferentes de uma mesma obra fossem tratadas de modo totalmente diverso, como na fábrica Heinkel em Oranienburg, construída por Herbert Rimpl em 1936, que, em termos de expressão, ia do pórtico neoclássico do edifício da administração ao Heimatstil das casas dos trabalhadores e ao funcionalismo da estrutura em si.

A súbita mudança de estilo das casas patrocinadas pelo Estado, das formas cúbicas de telhado plano da República de Weimar às formas de telhado de empena do Terceiro Reich, foi entusiasticamente apoiada pelo arquiteto Paul Schultze-Naumburg, que, apesar da austeridade de seu próprio estilo, já reagira há muito tempo contra a arquitetura funcionalista. Associado a Heinrich Tessenow na criação de uma maneira Heimatstil de telhado caiado, de empena, Schultze-Naumburg procurou, já em meados dos anos 1920, resistir às tendências internacionalistas e mecanicistas da vida moderna. Sua retórica antirracionalista provinha de uma preocupação tardia com formas simples, organicamente ligadas à terra, que tinha matizes do movimento Arts and Crafts e era igualmente subscrita por Tessenow, Häring e Scharoun. Para Schultze-Naumburg, porém, o problema da forma tinha conotações políticas, e, ao opor-se à arquitetura Neue Sachlichkeit da República de Weimar, ele não demorou a adotar atitudes direitistas, para não dizer racistas, que eram facilmente assimiláveis pela ideologia reacionária do Partido. Por volta de 1930, quando Schultze-Naumburg finalmente se ligou à frente cultural de Alfred Rosenberg, o Kampfbund für deutsche Kultur, Darré já havia preparado o terreno para um ataque à cultura moderna em geral, com sua diatribe contra a urbanização industrial e a destruição do campesinato. Para ele, o assentamento agrícola não era apenas o baluarte do

Fig. 208. Rimpl, casas para os operários da Heinkel (acima), e a fábrica, Oranienburg, 1936.

patriotismo, mas também o hábitat hipotético de uma raça nórdica pura.

Schultze-Naumburg assumiu uma posição paralela em seu livro Kampfbund de 1932, *Kampf um die Kunst* [A luta pela arte], em que vituperava contra os nômades da metrópole que haviam perdido qualquer conceito de pátria. Em outra parte, quase parafraseando Darré, louvava a casa alemã de telhado de empena, com suas raízes profundamente arraigadas no solo, contrastando com a arquitetura de cobertura plana de um povo desarraigado. Ele já havia anunciado esses pontos de vista em 1926, quando escreveu que o telhado plano "é imediatamente identificável como o filho de outros céus e de outro sangue" – um comentário que parece ter inspirado a sarcástica fotomontagem da Weissenhofsiedlung de Stuttgart sob o disfarce de um povoado árabe com beduínos e camelos. O preconceito racial de Schultze-Naumburg tornou-se explícito em seu livro *Kunst und Rasse* (Arte e raça), de 1928, em que tentou provar que a "decadência" cultural da Alemanha tinha origem biológica. Em sua segunda obra teórica, *Das Gesicht des deutschen Hauses* [O rosto da casa alemã], de 1929, escreveu que a casa alemã

> dá a sensação de brotar do chão, como um de seus produtos naturais, como uma árvore que lança suas raízes profundas na terra e com ela forma uma união. É isso que nos faz entender o lar [*Heimat*], uma ligação com o sangue e a terra [*Erde*]; para um tipo de homens, essa é a condição de sua vida e o significado de sua existência.

Por mais que fosse apropriado para a construção de casas em série, um Heimatstil de "sangue e solo" dificilmente poderia representar o mito do Reich milenar, e com esse objetivo o partido explorou o legado clássico de Gilly, Langhans e Schinkel. Paul Ludwig Troost e Albert Speer (sucessivamente arquitetos pessoais de Hitler de 1933 a meados da década de 1940) estabeleceram, efetivamente, uma versão reduzida da tradição Schinkelschüler como estilo representativo do Estado. Do embelezamento feito por Troost em Munique, a "capital do partido", até as colossais peças fixas de Speer para o Estado nazista em seu apogeu, seu estádio Zeppelinfeld para o comício monstro de Nuremberg em 1937 e sua nova Chancelaria em Berlim, concluída no ano seguinte, predomina o mesmo Classicismo espartano.

A eliminação consciente da sutileza proporcional de Schinkel em nome do milênio não teve mais que um desenvolvimento ligeiro, ao passar da frígida versão troostiana da ordem toscana à preferência speeriana por colunas retangulares, lisas ou com caneluras. Essa esterilização do Classicismo Romântico – construída com precisão fanática – só adquiria vida quando as enormes peças fixas eram usadas para as manifestações de massa, para um estilo de ostentação que o próprio Speer formulara pela primeira vez em sua chamada "catedral de gelo", uma coluna virtual de estandartes e holofotes criada para a grande concentração de Tempelhof em Berlim, 1935. Sob a direção de Goebbels, essas arenas transformaram-se no cenário para a inculcação da ideologia nazista, não só ali, mas em todo o Reich: pela primeira vez, o "Estado como obra de arte" pôde ser canalizado para os meios de comunicação de massa representados pelo rádio e pelo cinema. O documentário de Leni Riefenstahl sobre a concentração de Nuremberg de 1934, *Triumph des Willens* (O triunfo da vontade), foi a primeira ocasião em que a arquitetura, na forma do cenário provisório de Speer, foi colocada a serviço da propaganda cinematográfica. Desde então, os projetos de Speer para estádios em Nuremberg foram determinados tanto por tomadas de câmera quanto por critérios arquitetônicos. Essa exploração cinematográfica da arquitetura estava em total desacordo com a insistência de Speer no uso de alvenaria de suporte para assegurar o futuro do Zeppelinfeld como uma ruína sublime.

Essa "lei das ruínas" idiossincrática, que proibia o uso de armaduras de metal, era uma referência nostálgica ao Iluminismo (ele pensava nas gravuras de Piranesi em Pesto, por exemplo); o mesmo se dava com a insistência de Wilhelm Kreis de que o Neoclassicismo expressava o espírito da terra alemã, o culto popular da *Heimat*.

A versão nacional-socialista da Nova Tradição não podia transcender essa redução do "espaço de aparição pública" à histeria de massa, essa subordinação de todas as relações reais à ilusão do filme ou aos rituais histriônicos das *Thingplätze* – teatros de arena ao ar livre construídos depois de 1934 para o culto à natureza e a celebração de ritos teutônicos. A linguagem do Classicismo Romântico, privada de seu imaginário iluminista e de sua fé, estava agora reduzida à cenografia. Com as notáveis exceções do Estádio Olímpico de Werner March, de 1936, e das pontes Autobahn de Bonatz, da mesma data, a Nova Tradição degenerou numa megalomania absurda, terminando, depois de 1941, nos Totenburgen de Kreis, castelos dos mortos de uma concepção brilhante, à maneira de Boullée, construídos ao longo de toda a Europa Ocidental, sempre que havia tempo, com a finalidade de imortalizar os despojos dos mortos.

Fig. 209. Kreis, projeto para um monumento em homenagem aos mortos na guerra, Kutno, 1942.

O estilo modernista na América do Norte, 1923-32

O aspecto da Nova Tradição que assumiu a forma de um estilo clássico despojado emergiu como o gosto dominante na década de 1930, onde quer que o poder desejasse representar a si próprio sob uma luz positiva e progressista. Como Speer observou, o Pavilhão soviético para a Exposição Mundial de Paris de 1937 usava uma sintaxe pseudoclássica quase idêntica à do Pavilhão Alemão que Speer projetara para o mesmo evento. Esse gosto pela monumentalidade neoclássica não estava restrito, como observou Speer, aos Estados totalitários, mas podia ser visto em Paris, onde se mostrava em obras como o Musée d'Art Moderne de J. C. Dondel e o Musée des Travaux Publics de Auguste Perret, duas obras concluídas em 1937. Também se manifestou nos Estados Unidos, onde foi aos poucos emergindo do Neoclassicismo Beaux Arts – o estilo "oficial" desse país, desde a Exposição Mundial de Columbia, em 1893, até a Primeira Guerra Mundial. Como podemos inferir com base nos adornos neoclássicos de Washington, como o Lincoln Memorial de 1917, obra de Henry Bacon, o governo federal era por demais conservador para tornar-se um mecenas da Nova Tradição. Com as universidades mais ou menos comprometidas, depois da virada do século, com o Gótico de manual, os únicos mecenas capazes de patrocinar um ecletismo mais ousado parecem ter sido as ferrovias, do Românico eclético dos terminais de Nova York, construídos na década anterior à Primeira Guerra Mundial – a Grand Central Station de

Fig. 210. Exposição Mundial, Paris, 1937. A representação do Terceiro Reich (extrema esquerda), de Speer, está diante do Pavilhão da URSS (extrema direita), de Iofan.

Warren e Wetmore (1903-13) e a Pennsylvania Station de McKim, Mead e White (1906-10) – até peças modernas como a Union Station de Cincinatti, projetada por Feilheimer & Wagner em 1929.

A outra fonte de patrocínio para uma expressão moderna foi, sem dúvida, o desenvolvimento de arranha-céus para escritórios, e a partir da época do Edifício Woolworth de Cass Gilbert, em 1913, a Nova Tradição demonstrou, naquilo que diz respeito aos arranha-céus, uma preferência pelo Gótico. Essa tendência foi reforçada pelos resultados do concurso do *Chicago Tribune* de 1922. Mais uma vez, os projetos premiados por um concurso internacional parecem ter sido decisivos para a formação de um estilo dominante; o segundo prêmio, conferido ao projeto de Eliel Saarinen, foi uma influência tão decisiva sobre a carreira subsequente de Raymond Hood quanto o próprio projeto vencedor de Hood e Howell. Isto pode ser visto no desenvolvimento do "estilo arranha-céu" de Hood, desde seu edifício American Radiator em negro e ouro, de 1924, até os primeiros esboços que fez, em 1930, para o Rockefeller Center de Nova York. Como observaria Jacques Greber em 1920, um "Gótico despojado" permitiu que o arquiteto superasse o problema de um grande número de janelas "por meio de nervuras bastante pronunciadas, que acentuavam o verticalismo e desse modo conferiam a imponente aparência de torres".

Nos Estados Unidos, a síntese do Art Déco ou do Estilo Modernista teve tantas raízes na corrente principal do Movimento Moderno quanto no Historicismo da virada do século. Acima de tudo, suas afinidades eram com o Expressionismo alemão (Poelzig, Höger, etc.), como podemos julgar com base na evolução da obra nova-iorquina de McKenzie, Voorhees, Gmelin e Walker, de seu edifício inaugural Barclay-Vesey, de 1923, a seu edifício Western Union de 1928. Contudo, nenhuma fonte pode ser creditada a esse estilo extremamente sintético, cuja necessidade parece ter decorrido de um desejo espontâneo de celebrar o triunfo da democracia e do capitalismo no Novo Mundo. Do ponto de vista norte-americano, a Primeira Guerra Mundial tinha tido um final favorável; os Estados Unidos dela emergiram como país credor, e o *boom* de 1920 estava prestes a iniciar-se. Em qual estilo poderia expressar-se esse entusiasmo pelo "progresso"? Não, certamente, nos estilos historicistas do poder europeu decadente –, mas também não era possível adotar o estilo vanguardista da nova Europa. Suas fontes, como observou Forrest F. Lisle a propósito da Exposição Century of Progress, de 1933, tinham que ser mais abertas e ecléticas:

> (...) a Feira de Paris de 1925, Frank Lloyd Wright, o cubismo, a ética da máquina, as formas maias, os padrões Pueblo, Dudok, a Secessão vienense, os interiores modernos, as reentrâncias da lei de zoneamento. Esse grande número de fontes fragilmente correlatas, prontamente identificadas como subjacentes ao *Moderne* na América, começa a sugerir os contornos do movimento moderno *aqui* – imprecisos, amplos, abrangentes, menos intensos, um tanto indiscriminados e, portanto, democráticos –, em oposição ao impulso da vanguarda europeia dessa época, por sua vez impessoal, redutor, exclusivista, mais idealista e moralista.

Algo da intenção por trás do Estilo Moderno pode ser aduzido a partir do modo como foi usado. Além dos interiores domésticos, etc., ele foi reservado para a esfera mundana dos escritórios, blocos de edifícios de apartamentos modernos, hotéis, bancos, lojas de departamentos e edifícios dedicados aos meios de comunicação modernos, jornais, transações editoriais, telecomunicações, etc. Foi um estilo exclusivamente urbano: a obra suburbana de arquitetos modernos como Ely-Jacques Kahn e Raymond Hood – suas casas particulares e seus clubes de campo – foi geralmente realizada como variações do Estilo Livre inglês, às vezes amenizado pelo pórtico colonial. Houve, de fato, um sentido de adequação estilística comparável ao que predominou segundo a "linha do partido" nos países totalitários: um estilo para o escritório, outro para os locais de retiro suburbano, e outro, ainda, para o idílio da universidade – este último quase sempre saído da mão medieval de Ralph Adams Cram.

Ainda assim, a maneira exata como o Estilo Moderno foi urdido no tecido histórico e ideológico de seu tempo talvez se revele melhor na história do Rockefeller Center de Nova Iorque, que começou como uma grande peça de desenvolvimento imobiliário, com base no desejo da Metropolitan Opera Company de ter um novo auditório em um novo local. Foi concluído como uma especulação precária, em meio à Depressão, significativamente sem a casa de ópera, mas *com* a ajuda de uma recém-criada e florescente indústria de comunicações, a Radio Corporation of America e suas subsidiárias NBA e RKO como cliente principal. Assim, em vez de ficar concentrado ao redor de uma bela praça urbana, diante de um teatro de ópera com fachada Art Déco, como no projeto feito por B. W. Morris em 1928, logo foi reinterpretado, tanto ideológica quanto arquitetonicamente, como uma *Radio City* – "dentro de uma cidade". A administração do Rockefeller Center tinha plena consciência de que a ameaça econômica de um empreendimento tão gigantesco durante um período de depressão teria de ser apresentada como uma inequívoca contribuição ao bem-estar público. Com esse objetivo, induziram seu principal cliente a contratar o empresário Roxy (S. L. Rothafel), homem ligado ao universo do rádio e do *vaudeville*, para trabalhar em colaboração com os arquitetos na criação do Radio City Music Hall, de seis mil e duzentos lugares, para a apresentação de um espetáculo híbrido que compreendia o *vaudeville* e o cinema, e do luxuoso cinema de três mil e quinhentos lugares conhecido como Center Theater. A popularidade do Radio City – a cidade da ilusão e do divertimento em plena crise (o lema de Roxy era "uma visita ao Radio City vale tanto quanto um mês no campo") – foi reforçada em 1936, quando a falência das lojas na praça abaixo do nível da rua levou a sua substituição por uma pista de patinação ao ar livre, com restaurantes dos dois lados.

Como principal *designer* do trio de arquitetos representado por Reinhard & Hof-

Fig. 211. Van Alen, Edifício Chrysler, Nova York, 1928-30, entre o Edifício RCA Victor (atual G.E.), de Cross & Cross, e o Waldorf Astoria, de Schultze e Weaver, ambos de 1930-31.

meister, Corbett Harrison & Macmurray e Hood & Fouilhoux, Hood terá o mérito eterno de ter conseguido controlar não só a composição geral e os detalhes, mas também grande parte do programa; foi ele, por exemplo, o primeiro a ter a ideia dos jardins de cobertura. Sob sua supervisão, o Centro, que acabou tendo oito quarteirões e quatorze edifícios, teve seu núcleo representativo – o prédio de setenta andares da RCA, a praça e o Radio City Music Hall – concluído em dezoito meses, a tempo de sua grandiosa inauguração em 1932.

A fórmula de Roxy, um *show* das Rockettes seguido por um filme, foi tão extemporânea e transitória em sua natureza cultural quanto o programa artístico do Centro como um todo, onde as obras de arte, esculturas ou murais tinham como tema coisas como a luz, o som, o rádio, a televisão, a aviação e o progresso em geral, culminando em duas peças fixas no eixo central do complexo. Essas peças eram o Prometeu dourado de Paul Manship, cercado pelo zodíaco e dominando a praça abaixo do nível da rua, e o malfadado mural de Diego Rivera no saguão de entrada do Edifício RCA Victor, *O homem na encruzilhada*, que, com sua iconografia inequivocamente revolucionária, da qual inclusive constava uma imagem de Lenin, teve a consequência de colocar seus patrocinadores numa posição pública insustentável, que politicamente não lhes deu outra opção além de insistir em sua retirada. Esse gesto contraditório New Deal do monopólio do capital encomendar, conscientemente, uma obra emblemática a um artista comunista, agora parece, quase meio século depois, tão remoto e fictício quanto a visão

Fig. 212. Reinhard & Hofmeister, Corbett Harrison & Macmurray, e Hood & Fouilhoux, Rockefeller Center, Nova York, 1932-39. A estrutura mais alta, no centro, é o Edifício RCA Victor. Abaixo, à direita, está o Radio City Music Hall. Entre o Edifício RCA Victor e a Quinta Avenida (ao fundo) ficam o jardim abaixo do nível da rua, com a estátua de Prometeu, e dois edifícios baixos com jardins na cobertura, que flanqueiam uma praça com fontes.

Fig. 213. Ferriss, The Business Centre, 1927, extraído de *The Metropolis of Tomorrow*, 1929.

de Hugh Ferriss de Manhattan transformada numa repetição infinita de arranha-céus em forma de zigurates, como vemos em seu livro *The Metropolis of Tomorrow* [A metrópole de amanhã], de 1929. Registrando arranha-céus Art Déco, que na época estavam ou concluídos ou em construção, e antecipando a apoteose representada pelo Rockefeller Center, essa foi uma visão de ficção científica de uma cidade de torres tão cenográficas e teatrais quanto o estilo em si – uma Nova Babilônia nascida da euforia, dos valores da terra e dos perfis em recuo impostos, em 1916, pelo código de zoneamento da cidade de Nova York.

A nova monumentalidade, 1943

Com exceção da União Soviética, o New Deal de Roosevelt e a Segunda Guerra Mundial tiveram o efeito de levar a Nova Tradição a um brusco ponto final, mas não antes que arquitetos como J. J. P. Oud tivessem sido tocados por sua influência (ver, por exemplo, seu Edifício Shell, construído em Haia em 1938). Depois da guerra, o clima ideológico geral do Ocidente era hostil a qualquer espécie de monumentalidade. A Liga das Nações estava desacreditada, os britânicos tinham dado a independência à Índia, e os regimes que haviam transformado a Nova Tradição num instrumento de política nacional eram vistos como anátema. Além disso, as vantagens manipulatórias de modos de representação ideológica menos permanentes mas mais baratos, flexíveis e penetrantes, logo passariam a ser vistos como superadores da eficácia da arquitetura. Como já fora antecipado pelo uso intenso e brilhante do rádio e do cinema na propaganda do Terceiro Reich e pelas produções populares de massa da RCA e de Hollywood durante a Depressão, os governos posteriores à Segunda Guerra Mundial passaram a dar uma atenção cada vez maior ao conteúdo e impacto da mídia do que à forma construída. E, onde a primeira se tornava cada vez mais retórica e intensa, a segunda ficava cada vez mais abstrata e vazia de conteúdo iconográfico. Depois de 1956, a qualidade extremamente abstrata da ampliação do Rockefeller Center a oeste da Sexta Avenida, para Time Inc., Exxon e McGraw-Hill, já era um testemunho desse processo redutivo.

As razões para o eclipse da Nova Tradição modernista em 1939 não foram, porém, totalmente ideológicas; em primeiro lugar, a alta qualidade da mão de obra facilmente disponível para a realização de estruturas tão admiráveis quanto o Edifício Chrysler de William van Alen, construído em Nova York em 1930, foi em grande parte absorvida e dispersada pelo esforço de guerra. Por outro lado, o entusiasmo com que o *establishment* norte-americano recebeu o Movimento Moderno aumentou ano após ano, depois da exposição *Modern Architecture*, de Hitchcock e Johnson, em 1932, e por volta de 1945, quando o New Deal estava no auge, a linha funcionalista em arquitetura era virtualmente o estilo dominante (cf. a obra de Lescaze, Neutra, dos irmãos Bowman, etc.)

É irônico que o declínio da Nova Tradição e o triunfo do Movimento Moderno coincidissem com uma reação favorável à monumentalidade, que vinha do coração do próprio movimento. Apenas cinco anos separam as Conferências Charles Eliot Norton, proferidas por Giedion na Universidade de Harvard em 1938-39 (publicadas como *Space, Time and Architecture* [Espaço, tempo e arquitetura] em 1941), de seu polêmico *Nine Points on Monumentality* [Nove pontos sobre a monumentalidade], de 1943, escrito em colaboração com Fernand Léger e José Luis Sert. Eis o que se afirma nos artigos mais importantes desse documento:

1) Os monumentos são marcos humanos que os homens criaram como símbolos de seus ideais, objetivos e atos. Sua finalidade é sobreviver ao período que lhes deu origem e constituir um legado às gerações futuras. Enquanto tais, formam um elo entre o passado e o futuro.

2) Os monumentos são a expressão das mais altas necessidades culturais do homem. Devem satisfazer à eterna exigência das pessoas, que desejam ver sua força coletiva transformada em símbolos. Os monumentos mais vitais são aqueles que expressam o sentimento e as ideias dessa força coletiva – o povo.

4) Os últimos cem anos testemunharam a desvalorização da monumentalidade. Isto não significa que exista ausência alguma de monumentos formais ou exemplos arquitetônicos que pretendam servir a essa finalidade; com raras exceções, porém, os chamados monumentos dos últimos tempos transformaram-se em fachadas vazias. De modo algum representam o espírito e o sentimento coletivo dos tempos modernos.

6) Um novo passo está à nossa frente. As mudanças do pós-guerra em toda a estrutura econômica das nações podem trazer consigo a organização da vida comunitária na cidade, que foi praticamente ignorada até o presente momento.

7) As pessoas querem que os edifícios que representam sua vida social e comunitária proporcionem algo além da mera satisfação funcional.

Esse posicionamento – destinado a ser a súmula do CIAM VIII de 1952 – continha uma abordagem agudamente discriminativa do problema da representação, que parece tão válida hoje quanto o foi ao ser escrita pela primeira vez. Em primeiro lugar, há o reconhecimento do fato de que nem a monumentalidade da Nova Tradição nem o funcionalismo do Movimento Moderno foram capazes de representar as aspirações coletivas do povo. Em segundo, há a implicação, nunca apresentada de modo explícito, de que uma coletividade genuína só pode realizar uma expressão apropriada de seus valores e sua continuidade histórica em nível "cantonal" ou municipal, e de que os grandes Estados centralizadores ou autoritários são, por definição, incapazes de representar autenticamente as esperanças e os desejos do povo. A partir de 1943, o problema da representação – o problema fundamental do significado em arquitetura – ressurgiu algumas vezes, apenas para deparar-se com a repressão ou a negação, ou com uma retirada escapista para o supostamente espontâneo e portanto popular significado da publicidade e dos meios de comunicação na economia de consumo. Hoje, a prática da arquitetura mergulha no "silêncio" – ver *Progetto e utopia* [Projeto e utopia] de Manfredo Tafuri, de 1973 –, e mesmo em desprestígio, somente porque um dos temas fundamentais sobre os quais deveria manifestar-se, o destino da sociedade, é-lhe continuamente negado. Infelizmente, as instituições políticas que seriam capazes de rearticular essa forma específica de significado são hoje tão frágeis quanto a cultura da própria arquitetura.

CAPÍTULO 25 Le Corbusier e a monumentalização do vernáculo, 1930-60

Este edifício, construído por empreiteiros locais, consiste em pisos de concreto armado e foi feito com paredes de tijolo aparente a partir de um tipo de pedra local. Apesar do uso da alvenaria comum, os conceitos habitualmente usados em nossas casas reaparecem aqui. Quer dizer, uma total distinção é mantida entre as paredes de sustentação, consideradas como os suportes dos pisos, e as divisões envidraçadas que preenchem os espaços vazios.

A composição é estruturada pela paisagem. A casa ocupa um pequeno promontório que domina a planície por trás de Toulon, tendo por fundo uma magnífica silhueta de montanhas. O lugar oferece o extraordinário espetáculo de uma vasta paisagem que se desdobra, e a natureza inesperada de tal fato foi mantida pela construção de paredes nas principais dependências do lado que dá para a vista, com uma única porta que se abre para uma varanda de onde o súbito panorama funciona como uma explosão. Ao descer a pequena escadaria que leva ao andar térreo, vê-se uma grande estela de Lipschitz que se ergue, com sua *palmette* terminal delineada contra o céu sobre as montanhas.

Le Corbusier,
Oeuvre complète, 1929-34, 1935

Le Corbusier e Pierre Jeanneret já haviam pensado em sua arquitetura doméstica do final dos anos 1920 como dotada de uma forte ligação com o ambiente natural, mas nunca lhes ocorrera imaginar que essa conexão pudesse acontecer em escala tão monumental. Agora, com essa casa de férias projetada para Hélène de Mandrot e construída nos arredores de Toulon em 1931, e sua casa Errazuriz, projetada para um lugar remoto no Chile (1930), começaram a conceber sua obra no contexto de paisagens de proporções titânicas. Essa mudança sutil para uma sensibilidade topográfica contrastava com sua aceitação aparentemente espontânea da construção "vernácula" enquanto modalidade de expressão. Embora tivessem usado paredes cruzadas de sustentação em momentos anteriores, nunca haviam explorado as qualidades expressivas da pedra desbastada.

Esse rompimento com a estética dogmática do Purismo (já antecipada pela pintura de Le Corbusier em 1926) coincide com o ponto conceitual de sua carreira em que ele começou a abandonar sua crença no funcionamento *inevitavelmente* benéfico de uma civilização da era da máquina. A partir de então, desiludido com a realidade industrial e cada vez mais sob a influência "brutalista" do pintor Fernand Léger, seu estilo começou a tomar duas direções opostas ao mesmo tempo. Por um lado voltou, pelo menos em sua obra residencial, à linguagem do vernáculo; por outro, como em seu projeto para a Cité Mondiale de Paul Otlet, de 1929, adotou uma monumentalidade de grandeza clássica, para não dizer no estilo Beaux-Arts.

Contudo, pensar nessa ruptura como uma simples diferenciação de modo de expressão entre "construção" e "arquitetura" equivale a uma explicação por demais simplificada da prática nessa época. Pois, apesar da "dúvida interior", a estética da máquina não só não fora totalmente abandonada (como podemos afirmar com base nas estruturas com paredes-cortina construídas entre 1930 e 1933), como também obras como o apartamento de cobertura Beistegui revelaram, de modo inesperado, uma vertente surrealista da imaginação de Le Corbusier. Esse exercício de sonho – reminiscente dos interiores de Adolf Loos para a casa de Tristan Tzara de 1926 – manifestou suas disjunções "estéticas" em mais de um nível. Embora enfatizasse o estranhamento dos objetos em escala doméstica (o gramado do solário parecia um tapete vivo!), também evocava associações urbanas (topográficas) improváveis, como a semelhança isomórfica entre a falsa lareira do solário e o Arco de Triunfo colocado no horizonte artificial da parede limítrofe. Essa sensibilidade surrealista (cf. Magritte e Piranesi) é latente ao longo de toda a volta de Le Corbusier ao vernáculo, da casa Mandrot de 1931 à capela de peregrinação Ronchamp, construída em meados dos anos 1950.

Em muitos dos ensaios "vernáculos" anteriores a Ronchamp, a natureza remota do próprio local tornou-se o fundamento lógico da maneira de construir. O exemplo mais extremado disso é a casa econômica de Mathes, perto de Bordeaux (1935), construída a partir de desenhos, sem que o arquiteto visitasse o lugar. Le Corbusier escreveu:

> A impossibilidade de supervisionar a construção e a necessidade de contratar um pequeno empreiteiro do vilarejo exerceram, inclusive, uma influência sobre o projeto em si. As obras da casa tinham três estágios sucessivos e absolutamente distintos entre si:
>
> a) a alvenaria construída de uma só vez;
>
> b) a carpintaria construída de uma só vez;
>
> c) a marcenaria, que compreendia janelas, portas, persianas e armários, tudo segundo um padrão e um princípio unitário de construção; tudo montado independentemente e com diferentes tipos de painéis de vidro, madeira compensada e cimento-amianto.

A mesma justificativa de ausência de recursos poderia ser apresentada no caso das casas Errazuriz e Mandrot, mas dificilmente se aplicaria às casas de fim de semana construídas nos subúrbios de Paris em 1935. Ali, o vernáculo estava sendo conscientemente assumido por sua articulação material, por sua capacidade de enriquecer a natureza abstrata e redutora do estilo purista. Le Corbusier escreveu:

> O projeto de uma casa assim exigia um cuidado extremo, pois os elementos construtivos eram o único meio de que o arquiteto dispunha. O tema arquitetônico era estabelecido ao redor de uma típica porção plana de terreno cuja influência se estendia até o pequeno pavilhão no jardim. Ali estávamos diante de uma alvenaria de pedra aparente, natural no exterior, branca por dentro; madeira nas paredes e no teto e uma chaminé saindo de alvenaria de tijolo rústica, com azulejos de cerâmica branca no piso, paredes de blocos de vidro de Nevada e uma mesa de mármore de Cippolino.

Em resumo, como nos casos de Toulon e Mathes, o arquiteto recorrera a uma expressiva *bricolage*. A partir daí, a justaposição de materiais contrastantes tornou-se um aspecto fundamental do estilo de Le Corbusier, não só como *palette* expressiva, mas também como meio de construção.

Essa adesão a materiais naturais e métodos primitivos teve consequências que ex-

Fig. 214. Le Corbusier e Jeanneret, casa para fim de semana, Paris, 1935.

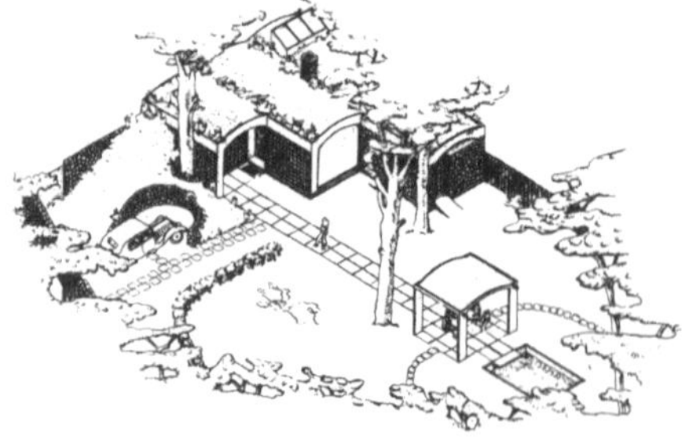

trapolaram a mera mudança de técnica ou de estilo de superfície. Acima de tudo, significou o abandono do envoltório clássico que tinha sido usado nas *villas* de fins da década de 1920 em favor de uma arquitetura baseada na força expressiva de um único elemento arquitetônico, fosse um telhado de uma água, suportado por paredes cruzadas, ou um mégaron coberto por uma abóbada cilíndrica. Enquanto a primeira modalidade (antecipada em Mathes) apareceu nas paredes de terra batida e nos telhados de meia-água de sapé das Maisons Murondins propostas em 1940 para a acomodação de refugiados, a segunda foi o módulo estrutural básico tanto da casa de fim de semana quanto do complexo rural projetado para Cherchell, no Norte da África, em 1942. Depois da Segunda Guerra Mundial, a preocupação de Le Corbusier com o Mediterrâneo assumiu uma forma vernácula, e não clássica, fato que é comprovado por uma sequência de obras nascidas do projeto Cherchell e levando, através das casas Roq e Rob de terraços escalonados, projetadas para Cap Martin em 1949, até a Casa Sarabhai em Ahmedabad e às Maisons Jaoul de Paris, duas obras que foram concluídas em 1955.

Como James Stirling deixaria claro, o projeto das Maisons Jaoul era uma afronta às sensibilidades que haviam se alimentado do mito de que a arquitetura moderna devia manifestar-se em forma de superfícies lisas, mecânicas e planares, dentro de uma moldura estrutural articulada. Era perturbador descobrir que esse complexo estava "sendo construído por operários argelianos equipados com escadas, martelos e pregos", e que, com exceção do vidro, nenhum material sintético estava sendo usado. Para Stirling, o nível quase medieval da tecnologia era suficiente para relegar a obra ao domínio da arte pela arte, e ele a via, com razão, como algo em oposição frontal à tradição racionalista do Movimento Moderno. Contudo, a "irracionalidade" de Le Corbusier ia além da aplicação anacrônica, ainda que oportuna, da estrutura arqueada catalã ou do tijolo

Fig. 215. Le Corbusier, projeto Roq et Rob, Cap Martin, 1949. Reinterpretação da casa de fim de semana como um protótipo de conjunto habitacional.

e concreto aparentes saindo diretamente das persianas de madeira. As aberturas estreitas nas paredes e as ogivas transversais (estas últimas em grande parte preenchidas com painéis de compensado) combinavam-se de modo a criar a impressão de uma atitude conscientemente hostil ao mundo exterior. Agora, a janela arquetípica não era mais a *fenêtre en longueur* através da qual se via o mundo, mas, pelo contrário, uma guarnição emoldurada e com painéis a ser contemplada. "O olho que encontra interesse em cada parte de um empaste superficial", escreveu Stirling, "não procura alívio, como em Garches, do duro acabamento desprovido de textura através do exame dos contornos e da forma do plano." Em vez da forma purista, as Maisons Jaoul ofereciam uma realidade tátil muito distante das visões utópicas do final dos anos 1920; um pragmatismo que estava prestes a abarcar, como observou

Fig. 216. Le Corbusier, Maisons Jaoul, Paris, 1955. Elevação nordeste.

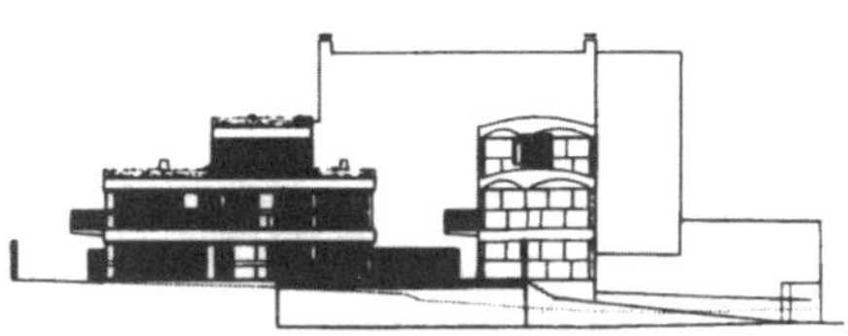

Reyner Banham, as contradições e confusões dos subúrbios.

O projeto das Maisons Jaoul era uma reinterpretação monumental de um vernáculo mediterrânico cujo efeito provinha tanto de sua solenidade introspectiva quanto de sua escala. Essa sintaxe surrealista dificilmente poderia ser usada na Unité d'Habitation, edifício de dezoito andares construído em Marselha em 1947-52. E, no entanto, ao abandonar a tecnologia mecânica leve do pré-guerra, a Unité mostrava-se igualmente comprometida com métodos de construção "brutalistas". Isto se evidencia sobretudo na modelagem de sua superestrutura básica de concreto a partir de formas de madeira, uma revelação deliberada do processo de construção que Le Corbusier justificaria em bases quase existenciais.

Além desse aspecto de *béton brut*, a Unité era muito mais complexa em sua organização do que o bloco típico da Ville Radieuse do pré-guerra. Enquanto a laje utilizada na VR era um volume horizontal contínuo, hermeticamente contido por trás do vidro, a Unité revelava sua unidade celular pelo uso de anteparos solares em forma de sacadas e dosséis que se projetavam do corpo principal do edifício. Esses *brise-soleil* com suas paredes laterais enfatizavam o volume das unidades de dois andares estendendo-se através da largura do bloco – mégarons construídos como elementos independentes e suspensos dentro da estrutura de concreto de modo muito semelhante ao de garrafas num armário. "Ruas" interiores em andares alternados proviam o acesso horizontal a essas unidades cruzadas que se entrosavam entre si.

Essa morfologia celular expressava automaticamente um aglomerado de moradias privadas (cf. Roq et Rob), enquanto a arcada comercial e as instalações comunitárias na cobertura serviam para estabelecer e representar a esfera pública. O *status* honorífico desse conjunto maior era expresso, no térreo, através das colunas cuidadosamente perfiladas que suportavam a subestrutura do edifício. Esses *pilotis*, precisamente proporcionais de acordo com o *Modulor* de Le Corbusier, sugeriam a invenção de uma nova ordem "clássica". Unindo suas trezentas e trinta e sete moradias a uma arcada comercial, um hotel e uma cobertura, uma pista de corridas, um pequeno lago, um jardim de infância e um ginásio de esportes, a Unité era um "aglutinador social" tanto quanto o haviam sido os blocos comunitários soviéticos dos anos 1920. Essa total integração de serviços comunitários lembrava o modelo oitocentista do falanstério de Fourier, não só por seu tamanho, mas também devido a seu isolamento do meio ambiente imediato. E, assim como o falanstério tinha por finalidade abrigar o homem comum em um domínio principesco (Fourier detestava a pobreza da casa individual), a Unité era vista por seu autor como um projeto capaz de devolver a dignidade da arquitetura à mais simples moradia individual.

Fig. 217. Le Corbusier, Unité d'Habitation, Marselha, 1947-52.

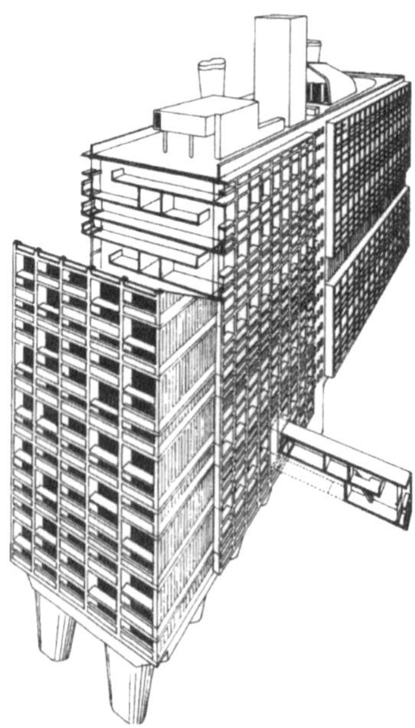

A capela de peregrinação em Ronchamp, projetada pela primeira vez em 1950, e o mosteiro dominicano de La Tourette, construído em 1960 em Eveux, nos arredores de Lyons, representam os dois tipos principais de construção – o edifício sacro e o retiro – que haviam preocupado Le Corbusier durante os anos 1950. O mosteiro, na verdade combinando os dois tipos, serviu para lembrá-lo do paradigma de "solidão e comunhão" que tanto o havia impressionado ao visitar, pela primeira vez, a Cartuxa de Ema em 1907. La Tourette simplesmente reinterpretava esse modelo ideal como um esquema bipartido que compreendia a igreja "pública" e o claustro "privado". Mais elevada acima do solo do que disposta em forma de terraços, essa oposição entre o volume vertical da capela e o estrato horizontal do ambulatório era dramaticamente exposta pelo desnível do terreno. Colin Rowe escreveu:

> Em La Tourette, o lugar é tudo ou nada. Há ali uma ladeira abrupta e um declive transversal. Não se trata, em absoluto, de uma circunstância local que realmente justifique o estabelecimento dominicano quintessencial, que parece ter sido preconcebido. Ocorre o contrário; a arquitetura e a paisagem, experiências lúcidas e distintas, são como os protagonistas rivais de um debate que progressivamente contradizem e esclarecem um o significado do outro.

Nada poderia estar mais longe disso do que a relação estabelecida entre construção e lugar em Ronchamp, onde as formas crustáceas que compõem o conjunto – o telhado em concha, com sua gárgula gigantesca, as capelas laterais e o altar – estavam precisamente ajustadas de modo a responder à "acústica visual" de uma paisagem ondulante. Ronchamp levou Le Corbusier de volta aos anos 1930, não só à Casa Mandrot, por sua integração com o terreno, mas também à forma básica do Pavilion des Temps Nouveaux construído para a Exposição de Paris de 1937. Por mais improvável que

Fig. 218. Le Corbusier, Unité d'Habitation, Marselha, 1947-52. Piscina infantil na cobertura.

Fig. 219. Le Corbusier, mosteiro de La Tourette, perto de Lyons, 1957-60. Corte e planta do segundo pavimento.

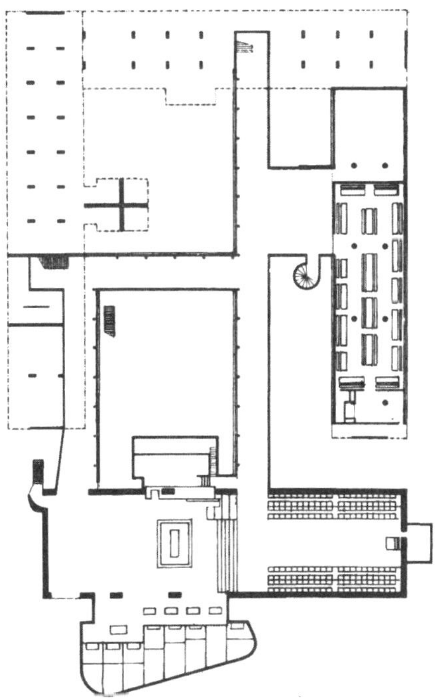

Fig. 220. Le Corbusier e Jeanneret, Pavillon des Temps Nouveaux, Exposição Mundial, Paris, 1937.

Fig. 221. Le Corbusier, Capela de Ronchamp, perto de Belfort, 1950-55.

pareça, essa estrutura suspensa por cabos foi o protótipo fundamental para Ronchamp, uma vez que se inspirava na reconstrução do templo hebreu no deserto, já reproduzido em *Vers une architecture*. Como transposição posterior da mesma metáfora, a estrutura dominante de concreto em forma de concha de Ronchamp repetia o perfil do telhado de catenária em lona e cabo do pavilhão de 1937. A repetição desse perfil no Capitólio de Chandigarh e em outros momentos de sua obra posterior dá a impressão de que Le Corbusier estava tentando estabelecer essa forma como o equivalente, no século XX, à cúpula renascentista, isto é, como um signo do sagrado.

Além disso, Ronchamp resiste à análise – em parte túmulo maltês, em parte vernáculo ísquio, suas capelas laterais semicilíndricas, iluminadas por cima por capelos esféricos e orientadas para a trajetória do Sol, servem para lembrar que, no passado, naquele sítio cristão, existiu um templo solar. Construído como é ao redor de uma estrutura de concreto oculta, o vernáculo, nesse caso, é mais simulado do que reinterpretado em termos monumentais. Como na *villa* em Garches, o enchimento em alvenaria rústica é feito com "gunite"*, mas o acabamento desejado não é mais aquele da precisão mecânica do Purismo – trata-se, antes, da textura pontilhada e caiada da construção popular do Mediterrâneo.

A preocupação de Le Corbusier com a ressonância escultórica de um edifício em relação a seu local foi formulada pela primeira vez em 1932, quando caracterizou a Acrópole e seus propileus como aquele ponto "em que nada mais pode ser tirado, em que nada seria deixado a não ser os elementos estreitamente entrelaçados e violentos que têm a sonoridade clara e trágica de trombetas de bronze". Essa imagem apaixonada da Acrópole, que transmite um sentimento de unidade que antecede em muito pouco sua ruptura, vai ressurgir como um tema constante ao longo de toda a sua vida e com um *pathos* acentuado no final de sua carreira. Foi esse o princípio subjacente da "acústica visual" de Ronchamp e também a razão das pequenas formas vulcânicas e montanhosas que irrompem da cobertura da Unité.

* Marca registrada. Mistura de cimento, areia e água, aplicada por pressão pneumática por uma mangueira especialmente adaptada (N. do R.)

Uma abordagem mais cartesiana dava forma ao projeto de Chandigarh, a nova capital administrativa do Punjab, fundada em 1951. Como o terreno ali era plano, a localização dos monumentos foi determinada pela imposição de uma grade proporcional. Le Corbusier já havia usado essas "linhas reguladoras" em escala urbana em sua Cité Mondiale de 1929 e em seu centro para St Dié, em 1945. Sua descrição do Capitólio deixa claro que ele estava convencido de que esses delicados refinamentos eram perceptíveis, a despeito das distâncias envolvidas. "A composição do Parque do Capitólio, com toda sua vastidão, é hoje regulada pelo centímetro em quase todas as suas dimensões, tanto em termos gerais quanto em seus detalhes. São esses os meios, os poderes e os objetivos da 'proporção'." O fato de recursos modulares semelhantes terem sido usados por sir Edwin Lutyens ao projetar Nova Delhi não foi ignorado por Le Corbusier, que escreveu positivamente sobre essa cidade, afirmando que "foi construída por Lutyens há cerca de trinta anos, com extremo cuidado, grande talento e êxito inequívoco. Os críticos podem arengar à vontade, mas a realização de tal empreendimento é digna de respeito".

Fig. 222. Le Corbusier, Capela de Ronchamp, perto de Belfort, 1950-55.

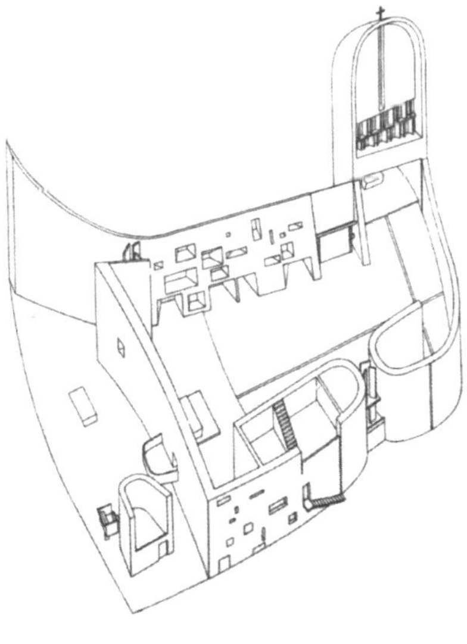

Ao contrário de Nova Delhi ou da Cité Mondiale, Chandigarh chegou à monumentalidade sem remeter diretamente ao vocabulário tradicional do Classicismo ocidental. Os extraordinários perfis de seus três monumentos derivaram, em primeiro lugar, de uma resposta direta aos rigores do clima. Ao contrário de Lutyens, que só havia explorado os elementos secundários da arquitetura mongol, Le Corbusier apropriou-se do tradicional conceito do "para-sol" de Fatehpur Sikri como um artifício monumental de codificação a ser variado de uma estrutura para outra. Ao usar a forma de concha tanto como prelúdio (o dossel da entrada da Assembleia) quanto como uma constante (o teto abobadado do Tribunal Superior), ou como elemento dominante (o pára-sol que coroava o Palácio do Governador), ele foi capaz de sugerir o caráter e o *status* de cada instituição. Os perfis delicados dessas formas de concha provinham, em parte, do gado e da paisagem da região. A intenção evidente era representar uma identidade indiana moderna livre de qualquer associação com seu passado colonial.

Fig. 223. Le Corbusier, com Jeanneret, Drew e Fry, Chandigarh, 1951-65. O Capitólio (parte superior da planta) é representado como uma maquete de madeira em primeiro plano, mostrando (da esquerda para a direita) o Secretariado, a Assembleia, o Palácio do Governador e o Tribunal Superior.

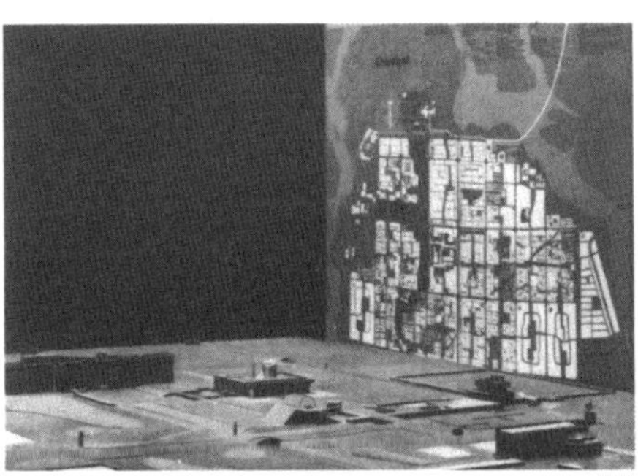

Ao mesmo tempo, a escala monumental do Capitólio privava-o daqueles atributos públicos do "coração da cidade" que, no CIAM VIII, realizado em Hoddesdon em 1952, tinham sido considerados por Sert como dependentes de "distâncias transponíveis a pé" e do "ângulo visual do homem". Dentro do *temenos* do Capitólio, onde são necessários mais de vinte minutos para andar do Secretariado ao Tribunal Superior, a presença do homem é mais metafísica do que real (mais uma vez, lembrando De Chirico). A herança neoclássica de Le Corbusier emergira para evocar a paisagem do *genre terrible*: os edifícios representativos dos "três poderes" – o Superior Tribunal, a Assembléia e o Secretariado – não estavam relacionados, como na Acrópole, pela configuração do lugar, mas por linhas visuais abstratas que recuavam por grandes distâncias, um escorço progressivo cujos únicos limites pareciam ser as montanhas no horizonte.

Fig. 224. Le Corbusier, Chandigarh, c. 1951. Desenhos de gado e formas vernáculas de construção, e corte do Secretariado.

A realização de Chandigarh propriamente dita, como um projeto abstrato e irrefletido, dificilmente pode ser separada das aspirações políticas da Índia na época de sua independência, como afirmou Stanislaus von Moos. Pois Chandigarh era mais que a capital do Punjab: era o símbolo da Nova Índia. Resumia a ideia de um Estado industrial moderno, o destino utópico que Nehru intuíra para a Índia em total oposição à vontade de Gandhi. Assim, Chandigarh já havia sido delineada como um pitoresco subúrbio "motópico" pelo urbanista norte-americano Albert Mayer antes de sua apressada racionalização em forma de uma rede viária mais ou menos ortogonal nas mãos de Le Corbusier, em associação com Pierre Jeanneret, Jane Drew e

Fig. 225. Le Corbusier com Jeanneret, Drew e Fly, Capitólio de Chandigarh, 1957-65. Secretariado (esquerda) e Edifícios da Assembleia.

Maxwell Fry. A crise emergente do Iluminismo ocidental, sua incapacidade de dar sustentação a uma cultura existente, ou mesmo de manter o significado de suas próprias formas clássicas, sua falta de qualquer objetivo além da contínua inovação técnica e do desenvolvimento econômico ideal, tudo isso parece estar sintetizado na tragédia de Chandigarh – uma cidade projetada para automóveis num país em que muitos, como acontece ainda hoje, não têm sequer uma bicicleta.

CAPÍTULO 26 Mies van der Rohe e a monumentalização da técnica, 1933-67

Em arquitetura só existe um homem a quem até mesmo os jovens podem defender, e esse homem é Mies van der Rohe. Mies sempre se manteve distante da política e sempre se posicionou contra o funcionalismo. Ninguém pode acusar as casas de Mies de parecerem fábricas. Dois fatores, sobretudo, tornam possível a aceitação de Mies como o novo arquiteto. Primeiro, Mies é respeitado pelos conservadores. Mesmo o *Kampfbund für deutsche Kultur* nada tem contra ele. Segundo, Mies acabou de vencer (...) um concurso para a construção do novo edifício do Reichsbank. O júri era formado por arquitetos mais velhos e por representantes do banco.

Se (e este pode ser um grande se) Mies construísse esse edifício, ele teria sua posição consolidada. Um bom Reichsbank moderno satisfaria o novo anseio pela monumentalidade, mas, acima de tudo, provaria aos intelectuais alemães e aos países estrangeiros que a nova Alemanha não pretende destruir todas as esplêndidas artes modernas que foram construídas nos últimos anos.

Philip Johnson
Architecture in the Third Reich, *in Horn and Hound*, 1933

O projeto enviado por Mies van der Rohe para o concurso do Reichsbank de 1933 foi o ponto de partida de uma transformação em sua obra, que passou da assimetria informal à monumentalidade simétrica. Esse impulso para o monumental culminou no desenvolvimento de um método construtivo extremamente racional, que foi amplamente adotado nos anos 1950, pela indústria da construção norte-americana e sua clientela. O projeto do Reichsbank apontava para esse desenvolvimento futuro em mais de um sentido, uma vez que estabelecia uma preferência não só pela simetria, mas também por uma certa tectônica que tendia a distanciar-se dos efeitos espaciais dinâmicos do início de sua carreira. Ao mesmo tempo, o cliente era o *establishment* institucional, um mecenas ao qual Mies serviria ao longo de sua prática nos Estados Unidos.

O projeto do Reichsbank não foi simplesmente um retorno a Schinkel, que, a não ser na obra de Mies do começo dos anos 1920, sempre havia sido uma influência latente. Foi mais uma volta à tectônica do edifício comercial em concreto de Mies, publicada pela primeira vez em 1923, na revista *G*. Nos dois projetos, a ênfase incidia sobre

Fig. 226. Mies van der Rohe, projeto para o Reichsbank, Berlim, 1933.

as qualidades expressivas de uma técnica objetiva de construção, concebida com lógica e executada com rigor. Em 1926, Mies havia falado da arquitetura como "a vontade da época traduzida para o espaço". Em termos hegelianos, ele via essa vontade como uma técnica historicamente determinada, como um fato evidente por si próprio, que só cabia refinar pelo espírito. A monumentalidade intrínseca das últimas fases de sua obra baseava-se em tal refinamento. Para Mies, a tecnologia era a manifestação cultural do homem moderno, e, a este respeito, o Reichsbank deve ser visto como sua primeira tentativa de monumentalização da técnica. Isso explica sua aparência de "armazém" e o tratamento neutro, muito pouco modulado, de suas paredes.

Entre 1933 e o início dos anos 1950, a obra de Mies oscilaria entre assimetria e simetria, entre as técnicas como fundo e a monumentalização da técnica como forma. Essa variação de expressão ocorreu não só de um edifício para outro, mas também no âmbito de uma mesma estrutura. Ele resumiu a grande importância cultural que atribuía à técnica em sua conferência no Instituto de Tecnologia de Illinois, em 1950:

> A tecnologia tem suas raízes no passado. Ela domina o presente e tende para o futuro. É um movimento histórico genuíno – um dos grandes movimentos que configuram e representam sua época.
>
> Só podemos compará-la com a descoberta clássica do homem enquanto pessoa, com o desejo de poder dos romanos e com o movimento religioso da Idade Média.
>
> A tecnologia é muito mais que um método, é um universo em si. Enquanto método, é superior em quase todos os aspectos. Contudo, é somente ao ser deixada consigo mesma, como nas gigantescas estruturas da engenharia, que a tecnologia revela sua verdadeira natureza. (...) Sempre que a tecnologia atinge sua realização plena, ela transcende a si mesma como arquitetura. É verdade que a arquitetura depende de fatos, mas seu verdadeiro campo de atividade é a esfera do significado.

A evolução de Mies van der Rohe depois de meados da década de 1930 esteve ligada à

Fig. 227. Mies van der Rohe, anteprojeto para o Instituto de Tecnologia de Illinois, Chicago, 1939.

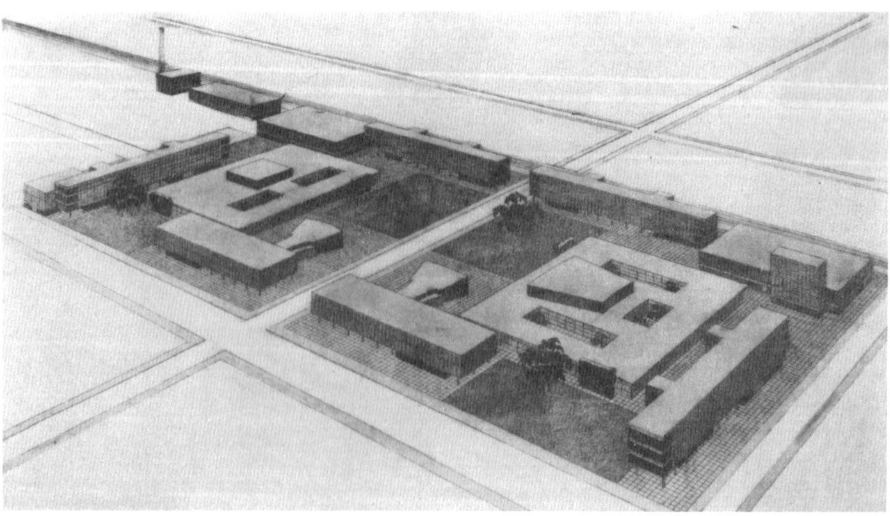

conciliação de dois sistemas antagônicos. Um deles foi a herança do Classicismo Romântico que, ao ser traduzido para a estrutura de aço, apontou para a desmaterialização da arquitetura, para a conversão da forma construída em planos mutáveis suspensos num espaço diáfano – a imagem do Suprematismo. O outro foi a autoridade da arquitetura travejada (e não com arcos), do modo como fora herdada do mundo antigo, os elementos implacáveis do telhado, da viga, da coluna e da parede. Apanhado, por assim dizer, entre o "espaço" e a "estrutura", Mies procurou constantemente expressar ao mesmo tempo a transparência e a corporalidade. A dicotomia revelou-se de maneira mais sublime em sua atitude para com o vidro, que ele usou de modo a permitir que esse material se transformasse sob o efeito da luz, do aparecimento de uma superfície refletora ao desaparecimento da superfície em pura transparência: por um lado, a aparição de nada, e, por outro, uma necessidade evidente de suporte.

A esse respeito, o anteprojeto para o campus do Instituto de Tecnologia de Illinois (IIT), preparado em 1939, dois anos depois de sua chegada aos Estados Unidos, é nitidamente tão suprematista em sentimento quanto algumas partes do Pavilhão de Barcelona. Como no projeto para o Reichsbank, a planta está disposta ao redor de um só eixo de simetria. Todas as estruturas têm quatro andares e são expressas em forma de prismas puros, revestidos com paredes-cortina quadriculadas e com suas superfícies animadas por reflexos do horizonte visível. Essas paredes são representadas como se deslizassem por trás de eventuais grupos de árvores, ocultando-se em projeções de planos de alvenaria recobertos por hera, colocados na orla de suas massas estereométricas. Além de uma insistência neoclássica no reforço visual das extremidades com painéis de tijolos, o efeito assemelha-se ao da estética suprematista de Ivan Leonidov, em particular de seu Parque da Cultura projetado em 1930.

Fig. 228. Mies van der Rohe, Edifício de Pesquisas de Minerais e Metais, IIT, Chicago, 1942.

Sob esse aspecto, Mies parece estar lutando com a relação genérica entre coluna e parede, particularmente onde a parede em questão é em grande parte de vidro. A solução implícita na primeira proposta para o IIT (como no projeto do Reichsbank) consiste em posicionar as colunas em recuo com relação à face de vidro, mas na versão final, de 1940, as colunas são integradas à parede. Essa evolução torna-se explícita no primeiro edifício para o campus. A articulação do sistema de colunas em conjunção com o plano envidraçado torna-se cada vez mais idealizada e monumental a cada estrutura sucessiva.

Essa idealização progressiva dependia da substituição da genérica seção cruciforme de colunas usada por Mies no início dos anos 1930 pela viga americana padrão duplo T. As plantas assimétricas em forma de cata-vento do Pavilhão de Barcelona e a Casa Tugendhat de Brno exigiam uma forma de coluna não direcional, semelhante aos pontos de apoio que Mies usou em 1931 na sua casa para a Exposição da Construção em Berlim. Em contraste, sua preferência, a partir do Reichsbank, por um único eixo de simetria favorecia a articulação de fachadas em termos do eixo direcional da viga duplo T. O desenvolvimento dessa obra no IIT, do

Edifício de Pesquisas de Minerais e Metais e da Biblioteca de 1942 até o Alumni Memorial Hall de 1945, está voltado para a idealização da coluna duplo T, culminando nas colunas quadradas de aço revestido de concreto do Alumni Memorial Hall.

Com a Biblioteca e o Alumni Memorial Hall, Mies estava no limiar da tipologia de construção e da sintaxe estrutural da última fase de sua carreira. Ao mesmo tempo, na Biblioteca do IIT ele projetou pela primeira vez uma obra cuja monumentalidade dependia de suas grandes dimensões – um gigantismo que desde então obsedou a prática arquitetônica de Chicago (cf. a obra recente dos principais projetistas de Skidmore, Owings e Merrill, e C. F. Murphy). Aqui, Mies audaciosamente propôs um vão de 20 metros de largura, com painéis de vidro de 5,5 x 3,7 metros e um único volume de altura tríplice com 91 x 61 metros de planta, somente interrompido por uma estante de livros de piso a piso, um pátio fechado e um mezanino suspenso. Enquanto a Biblioteca antecipava o tipo de construção posterior de Mies de um único andar e vão livre (pela primeira vez formulada claramente em seu projeto de restaurante para motoristas, em 1946), o Alumni Memorial Hall antecipava sua típica laje de pavimentos múltiplos, em que o vidro, as esquadrias e a estrutura da parede externa se combinam de modo a formar uma fachada articulada. Enquanto a Biblioteca do IIT levava, através do restaurante para motoristas, ao projeto de Mies para o Teatro de Mannheim de 1953 – um monumento tecnológico por excelência, que consistia em uma grande cobertura horizontal de 162 x 81 metros, suspenso por sete vigas de aço –, o detalhamento do Alumni Hall era a formulação da linguagem que Mies em breve usaria para a realização de 860 Lake Shore Drive.

Os apartamentos de Lake Shore Drive, construídos entre 1948 e 1951, pegaram a cozinha, os banheiros e os núcleos de acesso dos apartamentos Weissenhofsiedlung de Mies, de 1927, e os condensaram ao redor de dois elevadores no meio de uma espessa laje. Com tal disposição as pessoas tinham acesso, através de uma área de serviço compreendendo cozinhas e banheiros, a um espaço contínuo que corria ao redor do perímetro, o qual, por sua vez, podia ser subdividido segundo variações de tamanho e tipo da unidade. As articulações iniciais parede/coluna do Alumni Hall foram aqui elaboradas em uma fachada modulada, que se relacionava sutilmente com a justaposição suprematista, em forma de cata-vento, dos dois blocos. Sobre essa relação, Peter Carter escreveu:

> A moldura estrutural e o enchimento de vidro fundem-se arquitetonicamente, cada qual perdendo uma parte de sua identidade específica ao estabelecer a nova realidade arquitetônica. O mainel atuou como uma espécie de catalisador dessa mudança. As dimensões das colunas e dos mainéis determinam a largura das janelas. As duas janelas centrais (em cada vão estrutural) são, portanto, mais largas do que as adjacentes às colunas. Essas variantes produzem cadências visuais de intervalos de expansão e contração: coluna – janela estreita – janela larga, e depois o contrário: janela larga – janela estreita – coluna, e assim por diante. Essas cadências são de uma riqueza extraordinariamente sutil. A isso vem acrescentar-se a opacidade do aço e a reflexibilidade do vidro alternadas, provocadas pela natureza de brilho intermitente dos mainéis *en masse*.

Em resumo, mais do que em qualquer outra obra de Mies, a parede é aqui apresentada – segundo a prescrição de Semper – como uma tessitura, uma sutil integração de estrutura e fenestragem que mostra a mesma capacidade da alvenaria de suporte para limitar qualquer extensão do espaço.

Essa restrição bem pode ter contribuído, como sugeriu Colin Rowe, para a preocupação de Mies com a criação de um volume unitário, de um único andar e em vão livre. Esse, o outro tipo genérico de Mies, iria ab-

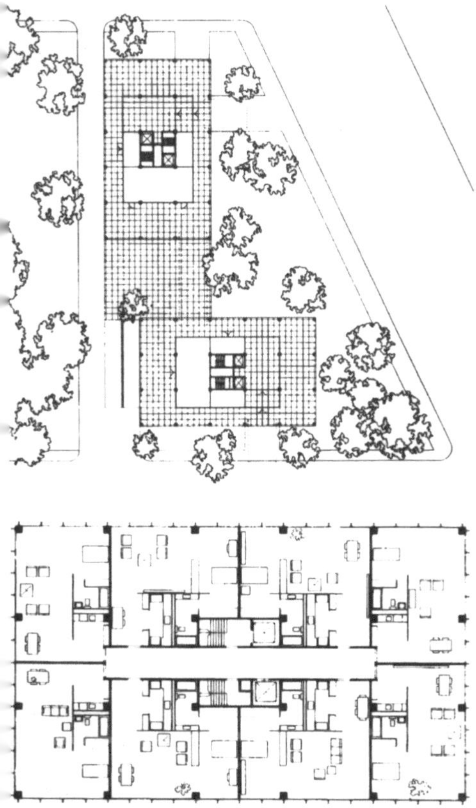

Fig. 229. Mies van der Rohe, 860 Lake Shore Drive, Chicago, 1948-51. Planta horizontal das torres e planta baixa típica.

sorvê-lo a partir da Biblioteca do IIT. Como forma arquetípica, era inerentemente pública, muito embora nem sempre acomodasse um programa público. Em termos domésticos, o tipo cristalizou-se pela primeira vez na casa projetada em 1946 para a dra. Edith Farnsworth, construída quatro anos mais tarde em Plano, Illinois. Aqui, uma casa de um só volume de 23 x 9 metros foi comprimida, por assim dizer, entre as lajes do piso e da cobertura, e erguida 1,5 metro acima do solo, sobre colunas de viga em I externas, separadas por uma distância de 6,7 metros entre si. A caixa resultante ficava encerrada em um envoltório de vidro plano, a apoteose da frase de Mies *beinahe nichts*, "quase nada".

Uma evidente assimetria, em parte derivada do Suprematismo, foi aqui harmoniosamente equilibrada pela simetria da tradição *Schinkelschüler*. Assim, a plataforma de entrada deslizava para além da base da casa como um plano nivelado, sustentado por seis colunas em oposição ao volume prismático sustentado por oito. A assimetria evidenciava-se, desse modo, pela justaposição de dois elementos simétricos. Apesar de todo o seu tamanho limitado, isso equivalia à elevação da casa ao *status* de um monumento. A plataforma, os degraus, o terraço e o próprio piso eram revestidos de travertino. O aço aparente fora pintado de branco depois de eliminados todos os vestígios de soldadura. As janelas tinham cortinas de xantungue natural. Não admira que o custo exorbitante da casa tenha levado ao rompi-

Fig. 230. Mies van der Rohe, 860 Lake Shore Drive, Chicago, 1948-51.

mento de relações entre Mies e a dra. Farnsworth. Hoje uma casa de fim de semana de um milionário distante; está adequadamente mobiliada apesar de quase sempre vazia, como um santuário xintoísta muito bem conservado e praticamente esquecido.

No nível público, o volume de vão único de Mies encontrou sua realização mais "clássica" no Crown Hall do IIT, construído em 1952-56, e sua mais monumental expressão no salão de convenções de Chicago, projetado em 1953. Enquanto o primeiro afastou Mies do Suprematismo do início de sua carreira nos Estados Unidos (seus projetos de 1939-50), a segunda obra ainda deve ser vista como sua derradeira manifestação suprematista. Não construída, essa estrutura de aço de 18 metros de altura revestida de mármore, reforçada por treliças e elevada 6 metros acima do nível do solo, teria compreendido um salão de convenções coberto por uma estrutura espacial com o colossal vão livre de 220 metros.

O Crown Hall, projetado quase ao mesmo tempo que o Teatro de Mannheim, foi uma volta decisiva à tradição de Schinkel e, em particular, ao Altes Museum berlinense de Schinkel, sempre admirado por Mies. Essa forma-tipo *Schinkelschüler* é geralmente evidente como um paradigma organizador que atravessa toda a obra de Mies de fins dos anos 1960, do Edifício Bacardi na Cidade do México (1963) à Escola de Administração de Serviços Sociais da Universidade de Chicago (1965). Desnecessário dizer que o programa nem sempre conseguiu acomodar-se adequadamente dentro de um paradigma tão simples. Assim, embora a Escola de Serviços Sociais, com sua biblioteca centralizada na parte de trás, permitisse uma transposição mais ou menos direta do pórtico de entrada e da rotunda do Altes Museum, o Crown Hall dificilmente poderia refletir esses elementos componentes, e, mesmo assim, só o poderia fazer à custa do programa.

Fig. 231. Mies van der Rohe, Casa Farnsworth, Fox River, Plano, Illinois, 1946-50.

Fig. 232. Mies van der Rohe, Crown Hall, IIT, Chicago, 1952-56.

Colin Rowe afirmou que toda a evolução do Estilo Internacional em arquitetura foi profundamente afetada por uma cisão conceitual entre espaço centrípeto e centrífugo, o primeiro procedendo do Paladianismo e o segundo derivando, em última análise, da antimonumentalidade da extensão wrightiana da planta inglesa Free Style. Essa cisão, segundo Rowe, é demonstrada no Crown Hall (de modo bastante significativo, a escola de arquitetura do IIT), onde o vão de 67 x 37 metros da caixa de vidro não permite uma leitura inequívoca de sua composição centralizada. Como Rowe escreveu:

> Como composição paladiana característica, Crown Hall é um volume simétrico e, talvez, matematicamente regulado. Mas, ao contrário da composição paladiana típica, não é uma organização hierarquicamente ordenada que projeta seu tema centralizado verticalmente, em forma de uma cobertura piramidal ou de uma cúpula. Ao contrário da Villa Rotonda, mas a exemplo de muitas das composições dos anos vinte, o Crown Hall não tem uma área central efetiva dentro da qual o observador possa ficar e abranger o todo (...) uma vez que, a partir de seu interior, o edifício oferece, mais que qualquer clímax espacial, um sólido central – não vigorosamente afirmado, é verdade, mas, ainda assim, um núcleo isolado ao redor do qual o espaço se desloca lateralmente, com o remate das janelas. Além disso, a laje plana da cobertura produz um certo impulso para o exterior, e, por esse motivo, apesar da atividade centralizadora do vestíbulo de entrada, o espaço ainda continua sendo, embora de maneira muito simplificada, a organização rotatória e periférica dos anos 1920, mais que a composição basicamente centralizada da verdadeira planta paladiana ou clássica.

A típica supressão de tudo que fosse programaticamente incompatível com o monumental manifestou-se de modo mais surpreendente no Crown Hall, onde o departamento de projeto industrial foi banido para o sótão para ali ficar, literal e simbolicamente, por baixo da grandiosidade do departamento de arquitetura. Contudo, apesar das imposições de um idealismo apriorístico, Mies nunca foi grandioso, e suas estruturas eram relativamente pouco onerosas, sobretudo quando acarretavam a repetição de elementos celulares, como os que encon-

Fig. 233. Schinkel, Altes Museum, Berlim, 1823-30 (acima), e Mies van der Rohe, Crown Hall, Chicago, 1952-56.

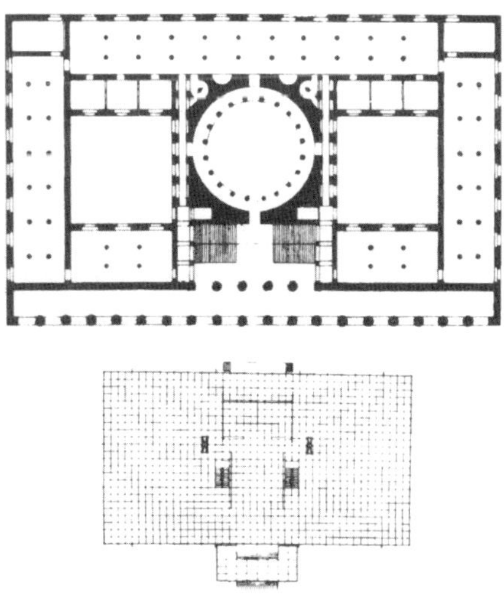

tramos nas múltiplas acomodações residenciais ou de escritórios.

A abordagem de Mies oferecia ao cliente dotado de consciência pública uma impecável imagem de poder e prestígio. Depois da conclusão do 860 Lake Shore Drive (construído para o urbanista Herbert Greenwald) em 1951, ele começou a trabalhar cada vez mais intensamente para o *establishment* imobiliário e institucional. A "ruptura" final veio em 1958, quando a Phyllis Lambert o encarregou do projeto de um edifício de trinta e nove andares em Nova York, o Seagram Building. Nessa torre de escritórios em bronze e vidro Mies alcançou, mais uma vez, aquela tessitura semperiana de fenestragem e estrutura. Desta vez, porém, ao contrário de Lake Shore Drive, criou uma composição axial de frente para uma *piazza* de granito. A laje em si ficou recuada cerca de 27 metros do alinhamento dos demais edifícios, como uma cortesia ao Racquet Club de McKim, Mead e White, de 1917, do outro lado da Park Avenue. Essa concessão por parte do cliente permitiu, por sua vez, que Mies construísse seu único monumento em Manhattan, rivalizando, em sua grandiosidade, com a estrutura nova-iorquina que ele há tanto tempo admirava, a Ponte George Washington.

Fig. 234. Mies van der Rohe e Johnson, Edifício Seagram, Nova York, 1958.

Como diretor do departamento de arquitetura do Instituto de Tecnologia de Illinois de 1939 a 1959, Mies teve inúmeras oportunidades de desenvolver uma "escola" de arquitetura no mais amplo sentido dessa palavra, e de gerar uma cultura de construção simples e lógica, receptiva ao refinamento (*Baukunst*) e aberta, em princípio, à utilização ideal da técnica industrial. Infelizmente, não foi capaz de transmitir com a mesma força aquela sensibilidade *Schinkelschüler* que era, para ele, uma espécie de segunda natureza. E, embora a grande força da escola estivesse na clareza de seus princípios, os seguidores de Mies, como sugerem os fatos recentes, foram em grande parte incapazes de apreender a delicadeza de sua sensibilidade, aquele sentido da proporção precisa dos perfis que, por si só, sempre lhe assegurou o domínio sobre a forma.

CAPÍTULO 27 O eclipse do New Deal: Buckminster Fuller, Philip Johnson e Louis Kahn, 1934-64

Aqueles que, como Kahn, mostram um acentuado individualismo num mundo em que o trabalho em equipe vai se tornando cada vez mais aceito, que pretendem construir para a eternidade num mundo de economia de consumo, encontram-se, em certo sentido, além das contingências do tempo; e é a partir dessa posição que suas personalidades se consolidam. A personalidade de Kahn evoca uma imagem da magistral fusão de elementos coexistentes em antítese. Embora Kahn seja clássico de fato, na estabilidade e assimetria de suas formas, ele é romântico em sua nostalgia da Idade Média. Aplica com convicção os recursos tecnológicos mais avançados, mas isso não o impede de usar a pedra para os pilares de suporte da Casa Adler. Extrapolou os esquemas do funcionalismo em sua distribuição, mas há muitos casos em que utiliza a estética funcionalista. Tem o culto à estereometria de um racionalista, a qual, porém, tende a ser refutada pelas esquadrias delgadas e pela transparência total de seus blocos. Dominou os conceitos vitais do orgânico, mas não compartilha sua perturbadora morfologia.

Enzo Fratelli
Zodiac 8, 1960

As crises econômicas e políticas na Europa dos anos 1930 e as medidas sociais do New Deal de Roosevelt fizeram afluir para os Estados Unidos uma *intelligentsia* de refugiados, ao mesmo tempo que ali se implantavam vastos programas de previdência social e reforma. Enquanto o Museu de Arte Moderna e a Universidade de Harvard desempenhariam os papéis principais na assimilação cultural dessa migração, o governo federal ofereceu a infraestrutura de base para as muitas obras de bem-estar social que seriam executadas entre o Housing Act de Roosevelt, de 1934, e o término da Segunda Guerra Mundial. Os projetos de planejamento e assentamento do New Deal mais famosos foram a Tennessee Valley Authority e as Greenbelt New Towns de Clarence Stein, estas últimas realizadas depois de 1936, sob os auspícios da Federal Resettlement Administration. Ao contrário das admiráveis represas, pontes rolantes e rampas de lançamento de estaleiros construídos no vale do Tennessee, os assentamentos Greenbelt de Stein não foram agraciados com obras que se caracterizassem por alguma distinção arquitetônica. Sob esse ponto de vista,

Fig. 235. Arquitetos e engenheiros da Tennessee Valley Authority, represa de Norris, 1933-37.

foram obtidos resultados muito melhores nas vilas operárias financiadas, no mesmo período, pela Farm Security Administration, das quais um exemplo típico é a comunidade agrária de adobe em Chandler, no Arizona, construída em 1937 segundo projetos de Vernon de Mars. Um nível de construção igualmente eficaz e elegante foi alcançado em outros assentamentos financiados por órgãos governamentais semelhantes, inclusive o povoado de New Kensington, na Pensilvânia, construído em 1940 segundo projetos de Walter Gropius e Marcel Breuer, e Channel Heights, em San Pedro, Los Angeles, projetado por Richard Neutra em 1943. Uma obra inexplicavelmente canhestra, construída sob os mesmos auspícios, foi o conjunto habitacional Carver Court em Coatesville, Pensilvânia, projetado em 1944 por George Howe, Oscar Stonorov e Louis Kahn. Essa obra parece ainda mais surpreendente quando nos damos conta de que Kahn já havia mostrado seu talento ao trabalhar com Alfred Kastner nos Jersey Homesteads de Hightstown, Nova Jersey, entre 1935 e 1937.

A despeito de seu mérito arquitetônico, todas essas obras evidenciavam a presença de uma Nova Objetividade nos Estados Unidos. O fato de tal movimento praticamente não ter sido tão consciente de si mesmo ou polêmico quanto seu equivalente europeu deve-se à inexistência de uma base ideológica comparável. De qualquer modo, o "movimento" tinha que ser mais sensível ao problema da aceitação popular, razão pela qual sua antimonumentalidade provinha diretamente de seu uso de materiais locais, bem como de sua resposta às flutuações de topografia e clima.

Figura única e controvertida dentro da vanguarda norte-americana durante o New Deal, Richard Buckminster Fuller tinha adotado uma atitude reconhecidamente "objetiva" – para não dizer construtivista – já em 1927, quando projetou a primeira versão da Dymaxion, uma casa independente cujo nome era um neologismo com o significado de *dinamismo mais eficiência*. A exemplo dos membros mais extremados do grupo suíço ABC, Fuller não tinha a menor preocupação com as particularidades de nenhum contexto e projetou sua casa como se ela fosse um protótipo para a produção em série. Hexagonal em planta e comprimida entre duas plataformas ocas, era suspensa e triangulada (segundo o princípio da roda de arame) a partir de um mastro central. Com essa forma era apresentada, como o automóvel Dymaxion de 1933, obra ainda mais excêntrica de Fuller, como solução única e inevitável. Nunca embaraçado diante da retórica, Fuller descreveu essa casa leve metálica em sua revista *Shelter* [Abrigo], de maio de 1932, como uma síntese entre o arranha-céu norte-americano e o pagode oriental. Habilmente equipada com um mastro hexagonal oco que continha todos os serviços necessários, foi a primeira de uma série de estruturas centralizadas que culminaram na cúpula geodésica de Fuller, muito mais simples, pela primeira vez adaptada ao uso doméstico por ele mesmo em Carbondale, Illinois, em 1959. A dura ética redutiva do individualista pioneiro evidencia-se nos versos cômicos a serem cantados com a melodia de *Home on the Range*, que Fuller compôs em meados da década de 1950, quando era professor visitante da Universidade de Yale:

Roam home to a dome
Where Georgian and Gothic once stood
Now chemical bonds alone guard our blondes
And even the plumbing looks good.

[Toma o rumo de uma cúpula / Onde outrora havia o Georgiano e o Gótico / Hoje, só ligações químicas protegem nossas loiras / E até o encanamento parece uma boa coisa.]

Tal atitude, ao mesmo tempo utilitária e complacente, parece um eco distante das propostas seriamente apresentadas por Fuller, em 1932, para a conversão das estruturas vazias de arranha-céus usados como escritórios (sem uso em decorrência da Depressão) em moradias provisórias durante uma situação de emergência. Fuller afirmava que, por volta do fim do ano, 90% das pessoas que ainda viviam na cidade não teriam condições de pagar impostos ou comprar alimentos. Isso, mais que qualquer outra coisa, tende a confirmar a afinidade que na época, coincidentemente, existia entre as preocupações da Neue Sachlichkeit europeia e o grupo Structural Studies Association – Simon Breines, Henry Churchill, Theodore Larsen e Knud Lönberg-Holm –, sócios de Fuller durante o breve período em que ele publicou a revista *Shelter*, em 1932.

O ano de 1945 aparece como um divisor de águas entre o *etos* socialmente comprometido do New Deal e um impulso incipiente para a monumentalidade. Este último parece em parte decorrente das exigências norte-americanas de um *status* de po-

Fig. 236. Fuller, banheiro pré-fabricado, patenteado em 1938-40.

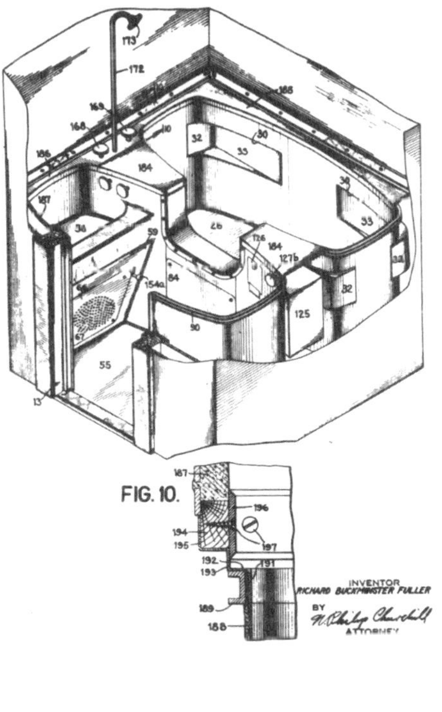

tência mundial e, em parte, da ansiedade cultural que se instaurou depois de terminada a Segunda Guerra Mundial. Dois textos publicados em 1945 apresentam o clima predominante no período com uma certa precisão: são eles *Built in U.S.A. 1932-1944* [Construindo nos E.U.A. 1932-1944], organizado por Elizabeth Mock, que acompanhava uma exposição no Museu de Arte Moderna de Nova York – no qual metade das ilustrações era dedicada às obras do New Deal –, e *New Architecture and City Planning* [Nova arquitetura e planejamento urbano], organizado por Paul Zucker, que registrava as atas de um simpósio realizado naquele mesmo ano. Esse simpósio foi dedicado à crescente necessidade de expressão monumental, tema mais elaboradamente formulado por Sigfried Giedion em seu texto de 1944, *The Need for a New Monumentality* [A necessidade de uma nova monumentalidade]. O próprio Kahn argumentava, na mesma época, que

> A monumentalidade é enigmática. Não pode ser criada intencionalmente. Nem o material mais requintado nem a tecnologia mais avançada são necessários à criação de obras de natureza monumental, pela mesma razão por que a melhor tinta não foi imprescindível para a redação da Magna Carta.

A questão foi retomada em 1950, no primeiro número de *Perspecta – The Yale Architectural Journal*, criado por George Howe, onde Henry Hope argumentava que o New Deal havia desferido um duro golpe contra a cultura da abundância e que as medidas originárias da Depressão haviam, de fato, inibido qualquer capacidade para o monumental:

> Na verdade, o New Deal mostrou ser o maior mecenas das artes naquela década, mas nunca com base na pompa e circunstância, ou por razões de prestígio nacional ou exaltação democrática. Pelo contrário, o governo estendeu uma mão caridosa e filantrópica ao artista

faminto, mão que certamente não era a do mecenas suntuoso ou "perdulário". Pouco surpreende, portanto, que os arquitetos e urbanistas estivessem maduros para uma mensagem, vinda através dos mares, sobre um novo estilo que bania o "desperdício", tolerava apenas o funcional e declarava que a casa era uma máquina de morar – uma expressão perfeita para uma era tecnocrática.

Embora Reed concluísse que as ferramentas para a criação do monumento estivessem perdidas, sua afirmação logo se mostraria equivocada, pois os Estados Unidos estavam na iminência de entrar num surto sem precedentes de construção de obras monumentais. Esses indícios, já presentes no Simpósio Zucker de 1944, foram comprovados alguns anos depois, em 1949, quando Philip Johnson construiu sua pequena mas monumental Casa de Vidro em New Canaan, Connecticut. Apesar de inspirada nos esboços de Mies van der Rohe para a Farnsworth House, de 1945, essa obra se distanciava intencionalmente da preocupação de Mies com a expressão da lógica estrutural. O fato de a Casa de Vidro já antecipar a adaptação posteriormente feita por Johnson da sintaxe de Mies com fins decorativos já se encontra insinuada na descrição dela feita por ele em 1950:

> Muitos detalhes da casa são adaptados da obra de Mies, sobretudo o tratamento dos ângulos e a relação da coluna com as molduras das janelas. O uso de perfis de aço padronizados para dar um acabamento forte e ao mesmo tempo decorativo à janela é típico da obra de Mies em Chicago. Talvez, se algum dia existir "decoração" em nossa arquitetura, ela possa vir da manipulação de elementos estruturais em série como esses (o maneirismo não poderá ser o próximo?).

A determinação de Johnson de obscurecer a estrutura pela manipulação da superfície caracterizaria sua obra de toda a década seguinte. Essa abordagem, pela primeira vez plenamente formulada em termos monumentais em sua sinagoga de Port Chester, Nova York, em 1954, alcançou seu desenvolvimento máximo em seu New York State Theater no Lincoln Center, em Nova York, e em sua Torre do Laboratório Klein, construída em New Haven para a Universidade de Yale, duas obras que foram totalmente concluídas em 1963.

Enquanto a Escola de Pós-Graduação em *Design* de Harvard (sob a direção de Gropius depois de 1963) ajudou a consolidar a abordagem funcionalista anti-historicista e "objetiva" do New Deal, a Escola de Arquitetura de Yale, sob a liderança de George Howe a partir de 1950, desempenhou um papel formativo no desenvolvimento da monumentalidade norte-americana do pós-guerra. A carreira profissional do próprio Howe havia sido certamente tão diversificada quanto a de Gropius, desde o conservadorismo do arco de sua casa de campo em Filadélfia até o funcionalismo vanguardista de sua breve parceria, em 1929, com William Lescaze. Howe defendeu a causa da monumentalidade não só através de sua fundação da *Perspecta*, mas também pela sua influência na seleção de arquitetos para o programa de expansão de Yale, iniciado no começo dos anos 1950. Na verdade, quando o artigo de Reed foi publicado na *Perspecta* de 1950, Louis Kahn já havia sido escolhido para fazer o projeto da Galeria de Arte de Yale.

Com a conclusão da galeria de arte em 1954, Kahn estabeleceu a monumentalidade norte-americana do pós-guerra como uma força cultural por si só. Fez isso através de um edifício que dificilmente se podia comparar com a retórica vulgar praticada, em termos gerais, pela arquitetura oficial norte-americana durante a década de 1950. Um monumento "imperialista" típico do período foi, sem dúvida, a Embaixada dos Estados Unidos, construída por Edward Durrell Stone em Nova Delhi, em 1957, uma obra cujo nível de monumentalidade decorativa, para não dizer forçada, só seria superado,

Figs. 237, 238. Johnson, Casa de Vidro, Nova Canaan, Connecticut, 1949.

Fig. 239. Kahn, Galeria de Arte da Universidade de Yale, New Haven, Connecticut, 1950-54.

em seus tons autoritários, pela muito superior Embaixada dos Estados Unidos em Londres, obra de Eero Saarinen que foi concluída em 1960.

A Galeria de Arte de Yale, como a Casa de Vidro de Johnson, baseava-se numa transposição sutil da estética da última fase de Mies van der Rohe. Contudo, enquanto Mies sempre dera prioridade à expressão direta da armação estrutural, tanto Kahn quanto Johnson ocultavam a armação, pelo menos externamente, fazendo com que a ênfase incidisse sobre a monumentalização daquilo que se podia considerar como componentes "secundários", como paredes, pisos e tetos. De modo semelhante, enquanto Mies sempre optara por enfatizar a axialidade de sua composição, Kahn e Johnson mascaravam a ordem simétrica inerente de sua obra, o que era obtido mediante a supressão da armação. Enquanto Kahn usava a opacidade palpável do tijolo com essa finalidade, Johnson preferia a reflexibilidade do vidro. Explorou a capacidade inata deste último, quando usado rente à superfície, de assemelhar-se a uma membrana contínua: dar a impressão de pertencer à mesma substância metálica e à mesma ordem formal da estrutura metálica de suporte. No entanto, essas duas obras embrionárias tinham mais em comum do que apenas sua atitude hermética com relação à superfície. Em ambos os casos, o principal volume ortogonal era animado por uma forma cilíndrica que alojava elementos básicos de serviço: a principal escadaria de acesso, no caso da galeria, a lareira e o banheiro na casa. E, enquanto o esquema da Casa de Vidro – um círculo em um retângulo – também serviu como partido fundamental da galeria de Kahn, foi este último, e não Johnson, quem terminou por elaborar a noção do cilindro como o *servidor*, e o retângulo como o *servido* no contexto da dialética de uma teoria arquitetônica geral.

Essas primeiras obras de Johnson e Kahn criaram uma espécie de espaço pós-miesiano: uma arquitetura assimétrica de "quase nada" que não mais dependia da manifestação da estrutura enquanto armação, mas, pelo contrário, da manipulação da superfície como principal agente da revelação da luz, do espaço e do suporte. Assim, o espaço da galeria de arte de Kahn foi determinado tanto pela estrutura espacial tetraédrica de concreto que constituía seus pisos quanto pela rede regular de colunas retangulares que dividiam seu volume interno em quatro seções básicas. Como observou Reyner Banham:

> A exata equipartição da planta pouco contribui para sua organização funcional, ou para a experiência visual do visitante. Em outras palavras, nenhum passeio arquitetônico surgiu do ritmo da grade estrutural, ou, pelo menos, nenhum que de alguma forma transcendesse a disposição esporádica e em permanente mutação das divisões da galeria.

A partir do início dos anos 1950, primeiro Johnson e depois Kahn passaram a preocupar-se cada vez mais com a reativação de sistemas formais do passado. O próprio "historicismo" de Johnson – evidente nas qualidades neoclássicas da Casa de Vidro – provinha diretamente de sua compreensão da obra tardia de Mies, e, mais uma vez a partir de Mies, de algo do Classicismo Romântico de Schinkel. O início da preocupação de Kahn com o passado é mais difícil de determinar. Formado em Belas-Artes em Filadélfia sob a orientação de Paul Cret, mas próximo, em fins dos anos 1930 e durante os 1940, do radicalismo de homens como Buckminster Fuller e Frederick Kiesler, Kahn voltaria, depois do New Deal, a uma remota tradição histórica, por meio de sua preocupação com a criação da ordem hierárquica a partir de uma forma estrutural pesada. Certamente, toda a abordagem de Kahn modificou-se com seu projeto para o Centro da Comunidade Judaica de Trenton, em 1954, criado cerca de dois anos depois de ele ter voltado de seu ano sabático na American Academy de Roma.

Em meados da década de 1950, os pontos de referência começavam a se tornar mais complexos, pois, enquanto Johnson voltara sua atenção de Schinkel para Soane, ao mesmo tempo que mantinha seu olhar fixo nas incursões barrocas totalmente independentes que, na época, Oscar Niemeyer fazia em Brasília, Kahn começara a preocupar-se com o conceito de uma totalidade arquitetônica cuja referência histórica iria mostrar-se, em última instância, mais islâmica do que ocidental.

Nesse momento crítico da carreira de Kahn, encontramos um dos paradoxos centrais na obra e influência de Buckminster Fuller. Pois, enquanto a contribuição de Fuller foi postulada, tanto por ele quanto por seus seguidores, como a única abordagem verdadeiramente funcionalista da época, desde então tornou-se evidente que seus sistemas estruturais geodésicos deviam ser vistos como evocadores, através de sua geometria universal, de uma atitude fundamentalmente mística diante da forma e da vida. Fica

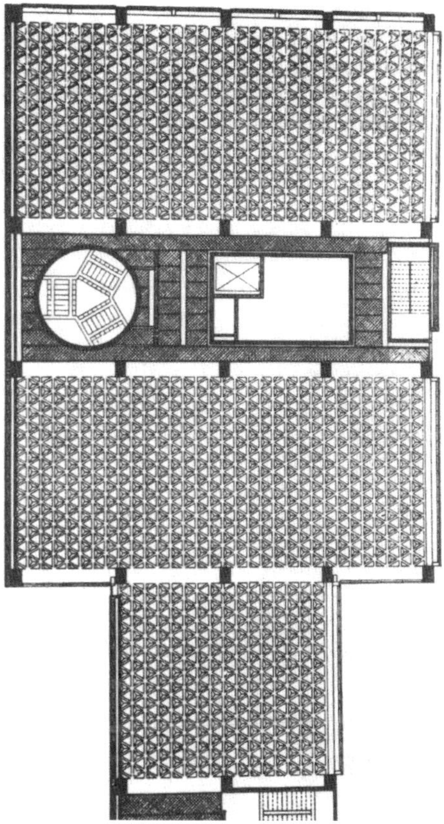

Fig. 240. Kahn, Galeria de Arte da Universidade de Yale, New Haven, Connecticut, 1950-54. Planta baixa com reflexo do teto reticulado.

claro, com base na carreira subsequente de Kahn, que esse aspecto do pensamento de Fuller exerceu um poderoso domínio sobre a sua evolução, em especial durante o período em que ele esteve associado a Ann Tyng, uma fervorosa seguidora das diretrizes de Fuller. As diferentes versões da prefeitura triangulada de Kahn para Filadélfia, um edifício de muitos andares projetado em colaboração com Tyng entre 1952 e 1957, encerram o período durante o qual ele esteve mais diretamente sob a influência de Fuller. O conceito básico de um arranha-céu geodésico, estabilizado por pisos tetraédricos de concreto – uma armação vertical contra o vento –, permitiu que Kahn retornasse a uma intenção arquitetônica que seria apreciada por Viollet-le-Duc. Isto se torna bastante evidente em uma das enunciações de intenção mais claras jamais feitas por ele:

Em tempos góticos, os arquitetos construíam com pedras sólidas. Hoje, podemos construir com pedras ocas. Os espaços definidos pelos componentes de uma estrutura são tão importantes quanto os próprios componentes. Em termos de escala, esses espaços vão desde os vazios de um painel isolante, vazios para que o ar, a luz e o calor possam circular, até espaços suficientemente grandes para que possamos caminhar por eles e neles viver. O desejo de expressar positivamente os vazios no projeto de uma estrutura evidencia-se no crescente interesse e trabalho voltados para o desenvolvimento das estruturas espaciais. As formas experimentadas provêm de um conhecimento mais íntimo da natureza e da expansão da constante busca de ordem. Os hábitos de *design* que levam ao ocultamento da estrutura não têm lugar nessa ordem implícita. Esses hábitos retardam o desenvolvimento de uma arte. Acredito que em arquitetura, como nas outras artes, o artista conserva instintivamente as marcas que revelam o modo como uma coisa foi feita. A sensação de que nossa arquitetura atual precisa embelezar-se procede, em parte, de nossa tendência a manter as articulações ocultas, dissimulando a maneira como se juntam as partes. É preciso conceber estruturas capazes de abrigar as necessidades mecânicas de dependências e espaços. (...) Se nos treinássemos para desenhar do modo como construímos, de baixo para cima, quando o fazemos, detendo nosso lápis para fazer uma marca nas juntas de escoamento ou ajustagem, o ornamento nasceria de nosso amor pela expressão do método. Seguir-se-ia que o revestimento com materiais leves e acústicos, o soterramento de dutos, tubulações e encanamentos torturados e indesejáveis seriam coisas intoleráveis. O desejo de expressar de que modo se fez iria filtrar-se através de toda a sociedade da construção, chegando até o arquiteto, o engenheiro, o construtor e o desenhista projetista.

Fig. 241. Kahn e Tyng, projeto para a Prefeitura de Filadélfia, 1952-57. Maquete.

Os temas fundamentais da carreira subsequente de Kahn estão todos basicamente delineados nessa passagem admirável, da noção de transpor conceitualmente sólido e vazio – veja-se a referência a pedras ocas – até a ideia de integrar, explicitamente, sistemas mecânicos à estrutura e o importante corolário de que o princípio ordenador universal (ou seja, "aquilo que a construção deseja ser") só poderia manifestar-se pela revelação do processo construtivo.

O desenvolvimento integrado desses princípios, da Galeria de Arte de Yale aos Laboratórios Richards construídos para a Universidade da Pensilvânia entre 1957 e 1964, levaram à primeira fase da maturidade tardia de Kahn. Nas duas obras, o arquiteto usou um método e um modo de expressão em que os detalhes empíricos do programa têm pouco ou nenhum impacto sobre a forma geral. Tratou-se, na verdade, de um caso de função discreta tendo de acomodar-se – como no passado – à forma, mas somente na medida em que a forma em si havia sido inventada, em primeiro lugar, a partir de uma profunda compreensão do empreendimento como um todo. No caso dos Laboratórios Richards, o aspecto problemático do método de Kahn estava exatamente nessa questão, a de saber se a forma geral estava ou não tipologicamente justificada. As dificuldades subsequentes encontradas no uso do edifício sugeririam que não estava. Parece que estamos aqui diante do tradicional impulso norte-americano de idealizar o local de trabalho – de monumentalizar o espaço do processo –, uma intenção que é tão evidente nos Laboratórios Richards quanto na Torre Klein, de Johnson. De modo pouco surpreendente, o precedente de tudo isso pareceria ser Wright, primeiro em seu Edifício Larkin de Buffalo, 1904, depois em seu complexo para a Johnson Wax, construído em Racine, Wisconsin, 1936-39. É uma ironia muito apropriada, para dizer o mínimo, que tanto Kahn quanto Johnson viessem a debater, na *Perspecta 2* (1953), a validade do anexo posterior de Wright a seu complexo de Racine, ou seja, a torre do laboratório ali construída em 1946. Com evidente indiferença quanto ao *status* da torre tal como ela poderia ser determinada pelo programa em relação à sociedade, Kahn observou:

> Tem a ver com a total complexidade de fazer a arquitetura funcionar no sentido psicológico. Funciona porque é esta sua motivação. Satisfaz desejos e necessidades. E é assim que a torre deve funcionar, como satisfação psicológica.

Em linhas mais estéticas, e com maior brilho, Johnson declarou sua própria indiferença a propósito do problema da função:

> Foi o terrível problema do homem que quer um belo edifício, mas ao qual só cabe construir um laboratório. Wright coloca-o numa torre. Não funciona; não tem que funcionar. Wright já concebera essa forma muito antes de saber o que entraria nela. Afirmo que é aí que começa a arquitetura, com o conceito.

Uma das medidas do êxito de Kahn e de sua influência, que se estende até nossos dias, está no fato de o "conceito" ser para ele exatamente o ponto em que a arquitetura sempre começou, mesmo que ele fosse suficientemente flexível para permitir que a "Forma" inicial (termo usado por Kahn para "tipo") fosse modificada pelas exigências do programa. Para ele, construir continuou sendo um ato espiritual, e dificilmente se pode ver como acidental o fato de a melhor parte de sua obra ter-se voltado para a construção de estruturas religiosas ou extremamente honoríficas. Em muitos encargos subsequentes, ele atribuiu uma conotação de

Fig. 242. Kahn, Laboratórios A. N. Richards, Universidade da Pensilvânia, Filadélfia, 1957-1961. Planta do terceiro pavimento

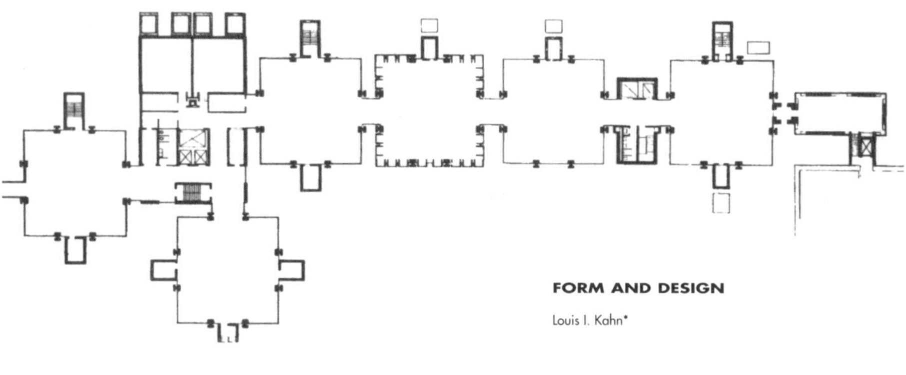

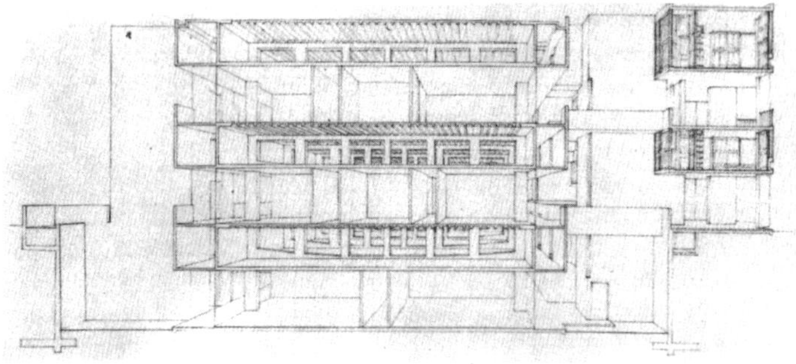

Fig. 243. Kahn, Instituto Salk de Estudos Biológicos, La Jolla, Califórnia, 1959-65. Corte da ala do laboratório.

Fig. 244. Kahn, complexo "doca", projetado para Filadélfia, 1956, compreendendo um estacionamento em vários andares cercado por edifícios de apartamentos e escritórios.

elevada espiritualidade ao programa, sobretudo no caso do centro de pesquisas que projetou para o dr. Jonas Salk em La Jolla, Califórnia, entre 1959 e 1965. Nesse exemplo, a separação do complexo todo em setores de *trabalho, reuniões* e *convívio* parece ter liberado Kahn da necessidade compulsiva de reduzir o espaço do laboratório a uma forma ideal. A versão definitiva dos Laboratórios Salk levou-o a aceitar uma solução na qual os serviços eram tão "reprimidos" ou ocultos quanto em qualquer edifício de escritórios de Mies van der Rohe. A criação de todo um andar de serviços sob cada laboratório – criação que hoje se presta a uma total utilização – resultou num espaço muito mais flexível do que o obtido em Filadélfia em termos gerais. O complexo de reuniões Salk, que ficou por construir, foi também a primeira ocasião em que Kahn teve a oportunidade de desenvolver seu conceito antiofuscante de colocar um "edifício dentro de um edifício", ideia que desenvolveu pela primeira vez, em nível conceitual, nos esboços que fez em 1959 para o Consulado dos Estados Unidos em Luanda, Angola. Essa ideia, destinada a ficar sem ser construída mesmo em La Jolla, iria tornar-se o tema principal de seu magnífico edifício da Assembleia Nacional, construído em Dacca, no Paquistão Oriental (atual Bangladesh), de 1965 a 1974.

A rejeição por parte de Kahn de um funcionalismo simplista, ainda que socialmente comprometido, em favor de uma arquitetura capaz de transcender a utilidade, levou-o a postular uma abordagem paralela para a forma urbana. Uma vez mais, essa mudança refletia sua própria evolução, dentro da qual progrediu do projeto da Ville Radieuse para o centro de Filadélfia – em seus chamados estudos Cidade Racional de 1939-48 – até o momento em que postulou, já na maturidade, a necessidade de fazer uma distinção explícita entre a arquitetura do "viaduto" e a construção em escala humana. Isto talvez nunca tenha sido tão dramaticamente expresso quanto em seu projeto para o núcleo central de Filadélfia em 1956, onde tentou colocar as formas da Roma de Piranesi, de 1762, a serviço da cidade moderna. Contudo, apesar de toda a poesia racional dessa proposta e da ingenuidade de sua sutil reordenação das normas de tráfego (a distinção, por exemplo, entre as vias expressas como "rios" e as ruas controladas por semáforos como "canais"), as propostas de planejamento do núcleo central apresentadas por Kahn perderam, paradoxalmente, sua especificidade quando foi preciso imaginar as relações precisas que deviam vigorar entre o pedestre e o automóvel. Consciente da profunda incompatibilidade entre o automóvel e a cidade e da ligação fatal entre consumismo, centro comercial suburbano e declínio do núcleo urbano (ligação que, a propósito, decorria dos efeitos combinados dos subsídios federais de pós-guerra às estradas de rodagem e das medidas hipotecárias da G. I. Bill [lei que estipulava certos benefícios para os veteranos de guerra]), Kahn não foi capaz, tanto quanto qualquer outro arquiteto, de conceber um intercâmbio satisfatório entre a escala humana e a escala do carro. Sua proposta piranesiana de 1956, uma "doca" composta por um silo cilíndrico de seis andares capaz de abrigar 1.500 carros e cercado, em seu perímetro, por edifícios de dezoito andares cada, era tão carente, como qualquer outra megaestrutura do período, dos elementos necessários com os quais estabelecer uma escala humana em sua base. Os limites do profundo historicismo de Kahn nunca foram tão agudos quanto na comparação que fez entre seu projeto para o núcleo central de Filadélfia e Carcassonne. Não passava, sem dúvida, de uma vã esperança utópica argumentar, como ele fez, que a ordenação do movimento dentro de uma cidade asseguraria, necessariamente, sua defesa contra a destruição representada pelo automóvel.

PARTE 3 AVALIAÇÃO CRÍTICA E EXTENSÃO ATÉ O PRESENTE, 1925-91

Fig. 245. Foster Associates, Edifício Willis-Faber & Dumas, Ipswich, 1974 (ver p. 365-7).

CAPÍTULO 1 O Estilo Internacional: tema e variações, 1925-65

O efeito de massa, de solidez estática, até agora a principal qualidade da arquitetura, praticamente desapareceu; em seu lugar há um efeito de volume, ou, mais exatamente, de superfícies planas que demarcam um volume. O símbolo arquitetônico básico não é mais o tijolo denso, mas a caixa aberta. De fato, em sua grande maioria os edifícios são, na realidade, tanto quanto em termos de efeito, meros planos que envolvem um volume. Com o arcabouço da construção envolto apenas por uma tela protetora, o arquiteto dificilmente consegue evitar esse efeito de superfície, de volume, a menos que, por deferência ao projeto tradicional em termos de massa, ele tome outro atalho com o objetivo de obter o efeito contrário.

Henry-Russell Hitchcock e Philip Johnson
The International Style, 1932 (catálogo de exposição, Museu de Arte Moderna, Nova York)

Sob muitos aspectos, o Estilo Internacional foi pouco mais que uma expressão conveniente, denotando uma modalidade arquitetônica cubista que se espalhara por todo o mundo desenvolvido na época da Segunda Guerra Mundial. Sua aparente homogeneidade era enganadora, uma vez que sua forma planar despojada era sutilmente modulada de modo a responder a diferentes condições climáticas e culturais. Ao contrário do estilo neoclássico do mundo ocidental de fins do século XVIII, o Estilo Internacional nunca se tornou verdadeiramente universal. Não obstante, implicava uma universalidade de abordagem que em geral favorecia a técnica leve, os materiais sintéticos modernos e as partes modulares padronizadas, de modo a facilitar a fabricação e a construção. Como regra geral, tendia à flexibilidade hipotética da planta livre, razão pela qual preferia a construção baseada em um esqueleto à alvenaria. Essa predisposição tornou-se formalista nos casos em que condições específicas, fossem elas climáticas, culturais ou econômicas, não pudessem suportar a aplicação de uma tecnologia leve e avançada. As *villas* ideais de Le Corbusier nos últimos anos da década de 1920 anteciparam esse formalismo pelo fato de se disfarçarem de formas brancas, homogêneas e feitas por máquinas, quando na verdade eram construídas com blocos de con-

Fig. 246. Neutra, Casa de Saúde Lovell, Griffith Park, Los Angeles, 1927.

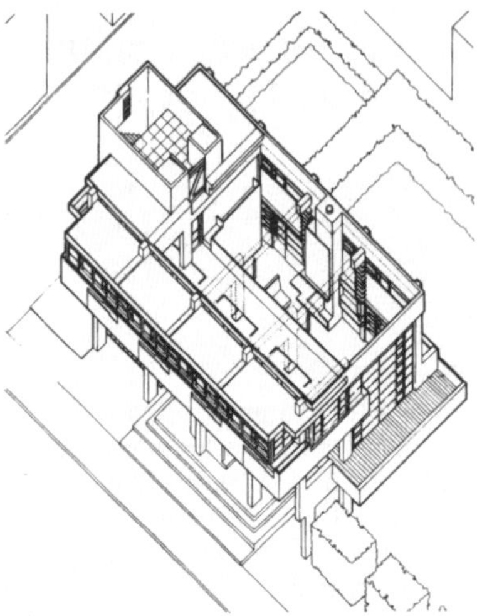

Fig. 247. Schindler, Casa de Praia de Lovell, Newport Beach, Califórnia, 1925-26.

Fig. 248. Rudolf Schindler (direita) com Richard e Dione Neutra e seu filho na casa Kings Rd de Schindler (1921--22), Los Angeles, 1928.

creto unidos por uma estrutura de concreto armado.

A Casa de Saúde do dr. Philip Lovell, construída em Los Angeles em 1927 segundo os projetos do arquiteto austríaco emigrado Richard Neutra, pode ser vista como a apoteose do Estilo Internacional, com sua expressão arquitetônica derivando diretamente de uma estrutura de aço revestida por uma leve camada de material sintético. Situada num penhasco de onde se descortina uma paisagem romântica e silvestre, sua composição assimétrica de pisos majestosamente suspensos lembrava o estilo do conjunto habitacional construído por Wright na costa ocidental nos anos 1920, e essa semelhança formal já sugere as fontes católicas das quais, inicialmente, derivou a suposta homogeneidade do Estilo Internacional.

Quase incidentalmente, a planta aberta da casa era um reflexo apropriado da personalidade expansiva de Lovell e servia para representar seu estilo de vida calistênico. Como David Gebhard sugere em seu estudo do compatriota e sócio de Neutra, Rudolph Schindler (que tinha construído uma casa para Lovell na praia de Newport havia apenas um ano), Lovell podia ser visto como alguém que representava os atributos atléticos e progressistas do Estilo Internacional em sua própria pessoa:

> O dr. Lovell era um produto típico do sul da Califórnia. É duvidoso que sua carreira pudesse ter-se repetido em qualquer outro lugar. Através de sua coluna no *Los Angeles Times*, Os cuidados com o corpo, e do Centro de Cultura Física do dr. Lovell, exercia uma influência que ia muito além dos cuidados com o corpo. Era progressista e assim desejava ser considerado, em termos de cultura física, educação liberal ou arquitetura.

A ideologia de Lovell e sua expressão direta na Casa de Saúde exerceram uma influência decisiva sobre o resto da carreira de Neutra. Desde então, o melhor de sua obra deu-se sempre que o programa construtivo pôde ser interpretado de modo a trazer uma contribuição direta ao bem-estar psicofisiológico de seus moradores. O tema central tanto da obra quanto dos escritos de Neutra era o impacto benéfico de um ambiente bem projetado sobre a saúde geral do sistema nervoso humano. E, ainda que o seu chamado "biorrealismo" se fundamentasse em grande parte em argumentos não comprovados, que associavam a forma arquitetônica à saúde geral, fica difícil desacreditar a extraordinária sensibilidade e a atitude suprafuncional que matizavam toda a sua abordagem. Nada poderia estar mais longe das motivações exclusivamente formais atribuídas ao Estilo Internacional por Hitchcock e Johnson do que as preocupações biológicas gerais apresentadas por Neutra em seu livro *Survival Through Design* [Sobrevivência pelo *design*] (1954), onde escreveu:

> Tornou-se imperativo que, ao projetarmos nosso ambiente físico, coloquemos conscientemente a questão da sobrevivência no sentido mais amplo do termo. Qualquer projeto que confira ou imponha uma tensão excessiva ao aparato natural humano deve ser eliminado ou modificado de acordo com as exigências de nosso funcionamento nervoso e, mais gradualmente, de todo o nosso funcionamento fisiológico.

Portanto, a preocupação básica de Schindler e Neutra – ambos haviam feito seu aprendizado norte-americano com Wright – não era a forma abstrata enquanto tal, mas sim a modulação do sol e da luz, bem como a articulação sensível da cortina de plantas entre o edifício e seu contexto geral. Esse hedonismo ambiental nunca foi mais sutilmente expresso do que nos apartamentos Sachs, em Los Angeles, construídos segundo projeto de Schindler em 1929, ou na segunda obra-prima de Neutra, sua Kaufmann Desert House, construída em Palm Springs, Califórnia, entre os anos de 1946-47.

Para Alfred Roth, que atuou em Zurique durante toda a década de 1930, a referência fundamental do Estilo Internacional era uma abordagem sensível e estritamente doutrinária da criação da forma construída. Em sua admirável antologia de 1940, *The New Architecture* [A nova arquitetura], ele tentou mostrar que a Neue Sachlichkeit atingia seus melhores momentos quando nem a técnica avançada nem a planta livre conseguiam tornar-se um fim em si mesmos. Um programa bem formulado e uma preocupação com o impacto ambiental do detalhamento pare-

Fig. 249. Neutra, Kaufmann Desert House, Palm Springs, Califórnia, 1946-47.

Fig. 250. Haefeli, Hubacher, Steiger, Moser, Artaria e Schmidt, Neubühl Siedlung, Zurique, 1932. Plano do terreno (em declive de baixo para cima) e elevações escalonadas.

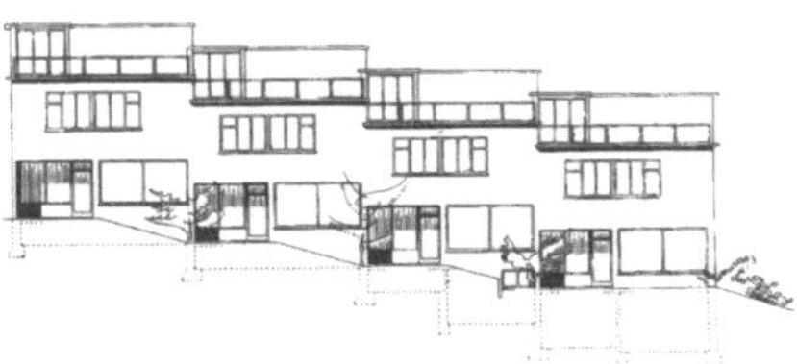

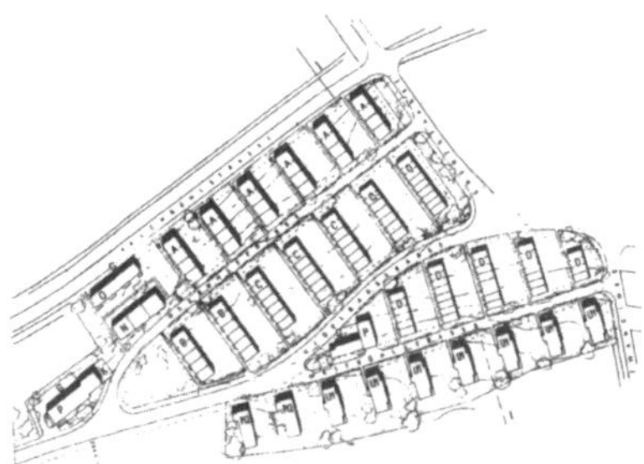

cem ter sido muito mais valorizados por Roth do que a conquista de soluções espetaculares em termos tanto espaciais quanto técnicos. Roth, portanto, deu tanto espaço às técnicas tradicionais, como a alvenaria estrutural, quanto aos sistemas avançados de construção de estruturas em madeira e aço. E, enquanto os segundos incluíam a escola ao ar livre que Neutra construiu em Los Angeles em 1934, totalmente linear mas com um belo detalhamento, as primeiras iam desde os terraços de adobe construídos por Vernon de Mars no Novo México em 1939 até o Siedlung Neubühl de 1932, construído em Zurique segundo os projetos de compatriotas de Roth, Max Haefeli, Carl Hubacher, Rudolf Steiger, Werner Moser, Paul Artaria e Hans Schmidt. Embora atendesse aos critérios não retóricos (antimonumentais), sociais e técnicos do grupo ABC, por cujos membros foi em grande parte criado, o projeto urbano Neubühl conseguiu humanizar a rigorosa abordagem *Zeilenbau* da Neue Sachlichkeit, não só através da inflexão escalonada da fileira de casas sobre um terreno em declive, como também da delicadeza de sua paisagem.

Ao apresentar outras obras igualmente comedidas, mas elegantes, como as piscinas Bad-Allenmoos em Zurique, de Werner Moser, construídas em 1935, ou os apartamentos Doldertal do próprio Roth, construídos para Sigfried Giedion em Zurique, em 1936, segundo projetos feitos com Marcel Breuer e seu primo Emil Roth, *The New Architecture* proclamava a maturidade do Movimento Moderno suíço. Contudo, apesar de sua tendência inequívoca em favor da obra dos membros dos CIAM, a antologia de Roth era tão cosmopolita quanto *The International Style*, apresentando obras da Tchecoslováquia, Inglaterra, Finlândia, França, Holanda, Itália e Suécia, reconhecendo, desse modo, o estabelecimento da Nova Arquitetura (nos termos do próprio Roth) em todos esses países em fins dos anos 1930. A França estava representada por duas obras: a escola ao ar livre, obra perretesca construída

Fig. 251. Williams, Indústria Farmacêutica Boots, Beeston, Nottingham, 1932.

Fig. 252. Kysela, loja de sapatos, Praga, 1929.

em Suresnes, fora de Paris, segundo projeto de Beaudouin e Lods, e a casa protobrutalista de Le Corbusier, com paredes de cascalho e telhado de madeira, construída em Mathes em 1935. A Holanda estava representada pela obra do grupo Opbouw (uma ala holandesa dos CIAM), mais notavelmente pelos trabalhos de Brinkman e Van der Vlugt, e Van Tijen e Maaskant. A Inglaterra estava presente com a obra-prima singular do engenheiro Owen Williams, a famosa Indústria Farmacêutica Boots, construída em Beeston em 1932. Williams era o *outsider* da antologia toda, uma vez que não era nem arquiteto nem membro dos CIAM. Não obstante, sua fábrica em vidro e concreto armado rivalizava em brilho com a fábrica de embalagens Van Nelle, de Brinkman e Van der Vlugt, construída nos arredores de Roterdã em 1929. No caso de Williams, o uso audacioso de gigantescas colunas em cogumelo, suportando intercolúnios de 9,75 x 11 metros em planta, dava à sua estrutura industrial de quatro andares uma forma escultórica de extraordinária precisão e energia. (O efeito escultórico resultante dos recuos de 45º nos níveis do térreo da elevação lateral é uma circunstância fortuita: o edifício iria estender-se naquela direção.)

O único país que sempre foi inadequadamente representado em qualquer exposição do Estilo Internacional é a Tchecoslováquia, e uma história apropriada do movimento funcionalista tcheco ainda está por ser escrita. A antologia de Roth incluía os edifícios de seguradoras construídos em Praga em 1934, segundo projetos de J. Havlíček e K. Honzik, e *The International Style* apresentou a "casa dupla" de Otto Eisler, de 1926, e o pavilhão "formalista" de exposição de 1929, de Bohuslav Fuchs, ambos construídos em Brno. Acima de tudo, mostrava a loja de sapatos Bata, de oito andares, construída em 1929 por Ludvik Kysela, uma construção com a fachada em vidro plano. Hitchcock e Johnson deixaram, porém, de mencionar figuras brilhantes como Jaromir Krejcar, embora sua obra reconhecidamente

Fig. 253. Lubetkin e Tecton, Highpoint 1, Highgate, Londres, 1935.

mais espetacular, o Pavilhão Tcheco para a Exposição Mundial de Paris de 1937, ainda estivesse por ser feita. Talvez ainda mais grave fosse não mencionarem o papel catalisador desempenhado pelo crítico Karel Teige, cujo grupo Devenstil era a força motriz por trás da ala esquerdista do movimento funcionalista tcheco.

Como nos Estados Unidos, onde o Estilo Internacional foi inicialmente praticado por emigrados vienenses e suíços, na Inglaterra o movimento teve sua origem no trabalho de estrangeiros. Em primeiríssimo lugar há a casa de Peter Behrens para W. J. Bassett-Lowke, New Ways, construída em Northampton em 1926. Depois vem a casa de Amyas Connell, High and Over, construída em Amersham em 1930 para o arqueólogo Bernard Ashmole. Connell veio da Nova Zelândia em fins dos anos 1920, e pouco depois fundou, em Londres, a firma Connell, Ward and Lucas. O mais influente entre os emigrados que chegaram à Inglaterra nesse momento foi o arquiteto russo Berthold Lubetkin, cujo impacto sobre o desenvolvimento da arquitetura moderna na Inglaterra nunca foi devidamente apreciado. Lubetkin, que vinha de uma carreira modesta porém brilhante em Paris, dotou a Tecton, a empresa que fundara em 1932, de uma capacidade de organização lógica que não era muito comum na arquitetura inglesa. Seu bloco de apartamentos construído em 1935 em Highgate, Londres, o Highpoint 1, é uma obra-prima mesmo quando visto sob o prisma da arquitetura atual; sua planta e sua disposição internas num lugar não muito adequado são um modelo de ordem formal e funcional. Apesar do sucesso de seu trabalho subsequente para os zoológicos de Londres e Whipsnade, Lubetkin e sua equipe da Tecton – Chitty, Drake, Dugdale, Harding e Lasdun – nunca voltaram a atingir o mesmo nível. Seu bloco Highpoint 2, construído em 1938, já revela uma forte reação maneirista. Cabe-nos especular até que ponto Lubetkin, como arquiteto de tendência anarcossocialista, tornara-se receptivo ao Realismo Socialista soviético, pois sem dúvida seus ensaios sobre a arquitetura soviética, escritos nos anos 1950, revelam uma simpatia que vai por essa direção. A mudança de expressão entre Highpoint 1 e Highpoint 2 foi percebida na época, e a discussão que se seguiu estabeleceu as regras para os conflitos ideológicos da década de 1950. O problema central, a primazia do conceito formal em arquitetura e o significado último da forma construída, foi abordado por Anthony Cox em 1938, quando escreveu sobre Highpoint 2:

> Highpoint 1 fica na ponta dos pés e abre suas asas; Highpoint 2 está sentado de cócoras, como o Buda. Os componentes do Tecton talvez fossem os primeiros a admitir que esse efeito é deliberado; temos a sensação de que uma *forma* foi imposta às dependências (uma coisa totalmente diferente de dar uma forma a elas). É como se, durante os três anos que separam a construção dos dois edifícios, se houvesse chegado a conclusões rigorosas quanto ao que é formalmente necessário em arquitetura. A questão importante não é saber se, pessoalmente, gostamos ou não dessas conclusões formais, mas sim se qualquer conclusão rigorosa é oportuna. (...) A abordagem intelectual que produziu aquilo que conhecemos como arquitetura moderna é, fundamentalmente, uma abordagem funcionalista. Acredito que a maioria de nós não precisa discutir sobre tal coisa. Funcionalismo é um nome muito fraco para a antítese do formalismo, pois traz consigo ideias desumanizadas que ninguém deseja defender – mas, interpretada em sentido mais amplo, creio que a palavra traduz o método de trabalho que se encontra na base desse movimento. (...) Minha alegação é a de que a obra recente do Tecton mostra um desvio dessa abordagem. É mais que um desvio de aparência; implica um desvio de objetivo. É mais do que um ajuste dentro de limites legítimos; predispõe-se a colocar certos valores formais acima dos valores de uso e assinala o ressurgimento da *ideia* como força motriz.

Preocupada com a necessidade de criar uma arquitetura moderna acessível em termos gerais, a obra do Tecton posterior a 1938 parece ter sido determinada por uma tentativa consciente de assimilar a tradição retórica do barroco aos rigores de uma sintaxe cubista. A aceitação crítica do estilo neocorbusiano maneirista do Tecton, como exemplificado por seu Finsbury Health Centre, em Londres (1938), conferiu a Lubetkin uma posição de ascendência no cenário inglês imediatamente posterior à guerra, e o período de dez anos que se seguiu a 1945 foi realmente dominado pela linguagem inventada por ele e seus colegas na década anterior. O Royal Festival Hall, para tomarmos um dos exemplos mais importantes, projetado em 1950 por uma equipe da qual faziam parte Leslie Martin, Robert Matthew e Peter Moro, deve certamente muito a Lubetkin, assim como a obra da jovem parceria ex-tectoniana representada por Lindsay Drake e Denys Lasdun, cujo casario de Bishop's Bridge construído em Paddington, Londres, em 1953, levou o fachadismo de Lubetkin a entregar-se a um tosco mascaramento da realidade, com fachadas com arabescos sincopados e colunas com apliques.

O MARS (Modern Architectural Research Group), a ala inglesa dos CIAM, foi fundado em 1932 por iniciativa do emigrado canadense Wells Coates, que representou o MARS no Congresso de 1933 dedicado ao tema da Cidade Funcional. Embora o grupo MARS possuísse, pelo menos de início, o *élan* necessário para atrair os membros ingleses mais vanguardistas da profissão – incluindo-se, aí, Connell, Ward e Lucas, Lubetkin, E. Maxwell Fry e o crítico e historiador P. Morton Shand –, sua única realização além da Exposição New Architecture, realizada nas Burlington Galleries em 1938, foi seu brilhante (ainda que utópico) projeto para Londres, criado no início dos anos 1940 sob a direção do arquiteto alemão Arthur Korn e do engenheiro vienense Felix Samuely. O grupo MARS tinha uma esperança ingênua num futuro que, nas palavras de Coates, "deve ser planejado, em vez de um passado que deve ser remendado"; contudo, ao contrário do Tecton, esse grupo foi incapaz de formular uma metodologia verdadeiramente progressista que fosse capaz de organizar esse futuro. Lubetkin parece ter sido o primeiro a perceber essa falta de orientação e desligou-se do MARS no final de 1936, associando-se à esquerdista ATO (Architects' and Technicians' Organization), que, até o começo dos anos 1950, iria preocupar-se exclusivamente com o problema da moradia da classe trabalhadora.

Um polêmico movimento paralelo desenvolveu-se na Espanha depois de 1930, sob a liderança dos arquitetos socialistas José Luis Sert e Garcia Mercadal. Iniciado em 1929 como um movimento cultural catalão, organizou-se em bases nacionais como a ala espanhola dos CIAM, sob a sigla GATEPAC (Grupo de Arquitectos y Técnicos Españoles para el Progreso de la Arquitectura Contemporánea). Entre seus membros havia personalidades importantes como Sixte Yllescas, Germa Rodríguez Arias e Torres Clave. Antes da Guerra Civil Espanhola, no espaço de mais ou menos oito anos, esses homens produziram três estudos teóricos fundamentais, inclusive o Projeto Maciá para Barcelona, realizado em colaboração com Le Corbusier em 1933. Esse admirável projeto residencial conseguia a densidade extraordinariamente alta de mil pessoas por hectare (quatrocentas por acre), sem ultrapassar a altura de dois andares. A realização mais significativa do GATEPAC foi a moradia comunitária Casa-Bloc, de sete andares, que incluía apartamentos dúplex, uma biblioteca, uma creche, um jardim de infância e uma piscina – uma forma-tipo que provinha claramente do protótipo em redente da Ville Contemporaine de Le Corbusier.

O último gesto significativo do Movimento Moderno espanhol deu-se sob a égide da malfadada Segunda República, em forma do Pavilhão Espanhol que Sert projetou para a Exposição de Paris de 1937. Esse pavilhão foi o lugar onde se expôs pela primeira vez a *Guernica* de Picasso, que evocava o bombardeio aéreo dessa cidade basca um pouco antes, naquele mesmo ano. Encomendada pelo governo republicano como um monumento aos mortos de Guernica, essa obra foi concebida como uma solene execração da traição internacional à causa republicana.

Depois da exposição de Hitchcock e Johnson em 1932, o Estilo Internacional expandiu-se fora da Europa e dos Estados Unidos, começando a aparecer em lugares tão distantes como a África do Sul, a América do Sul e o Japão. O movimento pioneiro sul-africano, que durou de 1929 a 1942, foi um caso especial, uma vez que Le Corbusier se associou diretamente a ele ao dedicar a segunda edição de sua primeira *Oeuvre complète* a Rex Martienssen e seu Grupo Transvaal. Sua carta-dedicatória de 1936 iniciava-se com as seguintes palavras:

> É uma experiência tocante folhear seu *South African Architectural Record*. Primeiro, porque é surpreendente encontrar algo tão vital emanando de um ponto distante na África, que fica muito além das florestas equatoriais, mas muito mais ainda porque ali podemos descobrir uma fé juvenil tão ardorosa, tanta solicitude para com a arquitetura e um desejo tão empolgante de chegar a uma filosofia cósmica.

Fig. 254. Sert, Pavilhão Espanhol, Exposição Mundial, Paris, 1937, mostrando a *Guernica* de Picasso.

Nessa época, já se havia estabelecido uma estreita relação entre Le Corbusier e o Grupo Transvaal, o arquiteto contribuindo com um artigo especial para o *South African Architectural Record* [Registro arquitetônico sul-africano], e homens como Martienssen e Norman Hanson construindo em Johannesburgo casas num estilo pós-corbusiano extremamente sofisticado. Por volta de 1942, porém, antes que o grupo pudesse tornar-se a ala sul-africana dos CIAM, Martienssen havia morrido e Hanson começara a questionar a validade socioeconômica do planejamento de Le Corbusier, posicionando-se contra a abstração *in-vacuo* de seu urbanismo simplificado.

No Brasil, a arquitetura moderna teve suas origens na parceria formada em meados dos anos 1920 entre Lúcio Costa e Gregori Warchavchik, um arquiteto russo emigrado que havia sido influenciado pelo Futurismo durante seus estudos em Roma e que foi responsável pelas primeiras casas cubistas no Brasil. Com a revolução liderada por Getúlio Vargas em 1930 e a nomeação de Costa como diretor da Escola de Belas-Artes, a arquitetura moderna passou a ser acolhida, no Brasil, como uma questão de política nacional. Em 1936, Le Corbusier teve um impacto direto sobre a América do Sul quando foi convidado para atuar, no Brasil, como consultor para o projeto de um novo edifício para o Ministério da Educação, no Rio de Janeiro. Depois de trabalhar com Costa e sua equipe de projetistas, Le Corbusier parece ter endossado a solução de um edifício de dezesseis andares que se afastava dramaticamente de seus esboços iniciais. Mas a versão final, erguida sobre um peristilo de *pilotis*, deu ensejo à primeira aplicação monumental de muitos dos elementos corbusianos característicos, inclusive o *toit-jardin*, o *brise-soleil* e o *pan-verre*. Os jovens seguidores brasileiros de Le Corbusier transformaram imediatamente esses componentes puristas numa expressão nativa extremamente sensual que fazia eco, em sua exuberância plástica, ao Barroco brasileiro do século XVIII. O expoente mais brilhante dessa maneira retórica foi Oscar Niemeyer, que havia trabalhado com Costa, Affonso Reidy, Jorge Moreira e outros no projeto para o Ministério da Educação. A planta livre de Niemeyer para o Pavilhão Brasileiro da Exposição Mundial de Nova York de 1939, projetado com Costa e Paul Lester Wiener, conquistou o reconhecimento mundial para o movimento brasileiro e confirmou o extraordinário talento desse arquiteto. Niemeyer levou o conceito corbusiano da planta livre a um novo nível de fluidez e interpenetração. Inicialmente planejado ao redor de um jardim exótico onde estariam representadas a flora e a fauna brasileiras – uma paisagem microamazônica repleta de orquídeas e serpentes –, esse conceito plástico evocava a costa tropical do próprio Rio. O projeto do jardim foi obra do pintor Roberto Burle Marx, cujas paisagens posteriores a 1936 se tornaram uma força embrionária do movimento brasileiro. Burle

Fig. 255. Niemeyer, Costa e Wiener, Pavilhão Brasileiro, Exposição Mundial, Nova York, 1939.

Marx explorava o conceito purista do *mariage de contour* com o objetivo de organizar "jardins paradisíacos", articulados e texturados, em muitos casos, com plantas até então desconhecidas em jardins, que ele mesmo trazia da floresta. Com a paisagem de Burle Marx passou a existir um novo estilo nacional, em grande parte baseado na vegetação brasileira nativa.

O gênio de Niemeyer atingiu seu ponto culminante em 1942, quando, aos trinta e cinco anos de idade, criou sua primeira obra-prima, o Cassino da Pampulha. Nele, Niemeyer reinterpretou a concepção corbusiana de uma *promenade architecturale* em uma composição espacial de extraordinário equilíbrio e vivacidade. Tratava-se de um edifício narrativo sob todos os aspectos, do acolhedor *foyer* de altura dupla às rampas reluzentes que subiam para as salas de jogos; dos corredores elípticos que levavam ao restaurante ao engenhoso acesso ao salão de baile, passando por trás dos bastidores; em resumo, uma *promenade* explícita que articulava o espaço do edifício como a estrutura de um jogo complexo, tão complexo quanto os hábitos da sociedade a que se destinava a servir. O restaurante, com suas complexas vias de acesso, encadeando-se como as curvas de um labirinto, determinava não apenas as rotas, mas também os papéis sociais dos diferentes "atores", divididos em clientes, artistas e o pessoal de serviço. Forte e hedonista em seu tratamento geral, o edifício tinha uma atmosfera severa, ainda que teatral, um contraste de "tom" estabelecido pela adequação das fachadas, revestidas de travertino e pedra juparana, e o exotismo de um interior revestido de vidro cor-de-rosa, cetim e a profusão de cores dos painéis de azulejos portugueses tradicionais. Tornado obsoleto como cassino devido à subsequente proibição do

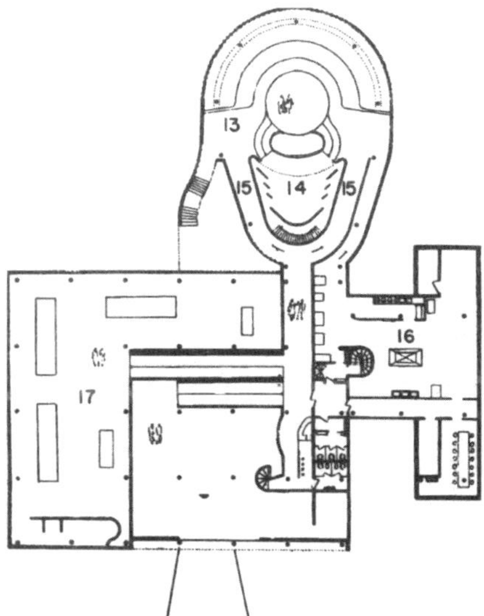

Fig. 256. Niemeyer, Cassino, Pampulha, Minas Gerais, Brasil, 1942. Planta do segundo pavimento.

jogo, o edifício hoje funciona como museu de arte. Niemeyer tinha plena consciência das limitações de se trabalhar para uma sociedade tão subdesenvolvida quando escreveu, em 1950:

> A arquitetura deve expressar o espírito das forças técnicas e sociais que predominam numa determinada época; mas, quando tais forças não são equilibradas, o conflito que daí resulta é prejudicial ao conteúdo da obra e à obra como um todo. Só tendo isto em mente é que podemos compreender a natureza dos projetos e dos desenhos que aparecem neste volume. Muito me agradaria estar em condições de apresentar uma realização mais realista: uma espécie de obra que refletisse não apenas requintes e confortos, mas também uma colaboração positiva entre o arquiteto e o conjunto da sociedade.

Por mais que essa colaboração fosse sinceramente procurada pelo presidente reformista Juscelino Kubitschek, para quem Niemeyer vinha trabalhando desde 1942, esse equilíbrio permaneceu intangível. Um feito singular foi o complexo de Pedregulho de Reidy, construído fora do Rio entre 1948 e 1954 e compreendendo apartamentos, uma escola primária, um ginásio de esportes e uma piscina; o conjunto constituía uma unidade de vizinhança prototípica. Surpreendentemente, ao longo do mandato presidencial de Kubitschek, a partir de 1955, foi realizada pouca arquitetura em nome da sociedade.

Brasília, planejada por Costa em meados dos anos 1950, levou o desenvolvimento progressivo da arquitetura brasileira a um ponto crítico. Essa crise, que terminaria por provocar uma reação mundial contra os preceitos do Movimento Moderno, impregnou todo o projeto, não apenas no nível da construção individual, como também na escala do plano em si. O cisma conceitual que já havia ocorrido em Chandigarh em 1951, entre a monumentalidade isolada do centro governamental como o projetado por Le Corbusier e o resto da cidade, viria a repetir-se em Brasília, onde o plano geral era um pouco menos sistemático em sua concepção básica. Enquanto Chandigarh, em última análise, pelo menos adulava a venerável lógica da grade colonial, Brasília, apesar de seu padrão ortogonal de superquadras, baseava-se fundamentalmente em uma forma de cruz. É como se os princípios míticos do Humanismo europeu, do modo como foram reinterpretados nas obras das últimas fases de Le Corbusier, houvessem determinado a estrutura de Brasília com consequências infelizes, pelo menos do ponto de vista do acesso. Brasília emergiu como *duas* cidades: a cidade monumental do governo e dos altos negócios, para a qual os burocratas se deslocavam a partir do Rio por via aérea, e a "cidade dos barracos", ou das favelas, cujos habitantes serviam ao "esplendor" da cidade alta. Mesmo dentro de seus próprios limites, Brasília (como a Ville Radieuse de Le Corbusier, de 1933) era uma cidade dividida em zonas diferentes conforme a estrutura de classe. Contudo, à parte a evidente desigualdade social reforçada por semelhante distribuição, Brasília também produziu resultados formalistas e repressivos no nível de sua própria representação. A esse respeito, pode-se argumentar que o trabalho de Le Corbusier em Chandigarh prenunciou um ponto crítico da própria carreira de Niemeyer, cuja obra se tornou, nitidamente, cada vez mais simplista e monumentalista depois da publicação dos primeiros esboços para Chandigarh.

Embora Niemeyer não tenha conseguido voltar à delicadeza formal de seu Cassino da Pampulha, seu controle sobre a forma livre, em parte proveniente de sua contínua associação com Burle Marx, cresceu em sua autoridade lírica desde a época de seu restaurante da Pampulha de 1942 até a extraordinária "casa orgânica" que ele construiu para si mesmo em 1953-54 na Gávea, de onde se descortina a paisagem do Rio. Nesse momento crítico, contudo, Niemeyer rompeu com a funcionalidade informal na qual

Fig. 257. Niemeyer e Costa, Brasília, 1956-63. Vista do eixo norte-sul entre os edifícios dos Ministérios, em direção à Praça dos Três Poderes. À direita, a Catedral.

suas fluidas formas planas haviam se baseado, concentrando-se na criação da forma pura: na verdade, aproximando-se mais da tradição neoclássica. Essa ruptura pode ser datada em 1955, quando de seu projeto para um Museu de Arte Moderna em Caracas, onde propôs o dramático uso de uma pirâmide invertida a ser situada na borda de um terreno escarpado. Invertida ou não, esse uso da pirâmide parece ter assinalado uma volta aos absolutos clássicos, e o mesmo se pode dizer de sua obra em Brasília, que, em conjunto com o traçado de Costa, evocava a aura do *genre terrible*, a afirmação da forma implacável contra a natureza impiedosa; pois, além da ordem do edifício do Congresso, cercado por um lago artificial, havia a infinita extensão da floresta. Numa paráfrase direta de Chandigarh, a Praça dos Três Poderes em Brasília, na extremidade do eixo norte/sul, destinava-se a acomodar os poderes Executivo, Legislativo e Judiciário, igualando-se em conteúdo, quando não em forma, ao Secretariado, ao Tribunal Superior e ao Edifício da Assembleia em Chandigarh. Nos dois casos, o Congresso situava-se exatamente na posição conceitual de cabeça, zona com finalidades administrativas no projeto inicial da Ville Radieuse. A "cabeça" em Brasília, representada pelos blocos idênticos dos Ministérios de Niemeyer, atuava como "ponto de mira" para um eixo que divide a cúpula convexa do Senado e a forma côncava da Câmara dos Deputados.

Em contraste com o *brise-soleil* ajustável criteriosamente aplicado, cerca de vinte anos antes, à fachada norte do Ministério da Educação (atual Palácio da Cultura), as paredes em Brasília ficaram desprotegidas contra o sol, apesar de revestidas por vidro absorvente de calor. Essa indiferença ao clima parece decorrer de um desejo de representar as instituições governamentais por formas platônicas cuja pureza contrastaria fortemente com os painéis de vidro repetitivos que são os Ministérios. O fato da exuberância inicial da arquitetura brasileira moderna conter em si as sementes de tal formalismo decadente parece ter sido mais claramente percebido por Max Bill, que condenou o Palácio da Indústria de São Paulo construído por Niemeyer em 1954 em termos decisivos:

> Vi, numa rua aqui de São Paulo, as obras de um edifício em que a construção sobre *pilotis* é levada a extremos que julgaríamos impossíveis. Vi, ali, coisas chocantes: a arquitetura moderna naufragada nas profundezas, um sedicioso desperdício antissocial desprovido de qualquer senso de responsabilidade tanto para com os ocupantes comerciais quanto para com os seus clientes. (...) *Pilotis* grossos, *pilotis* finos, *pilotis* de formas estapafúrdias, tudo sem pé nem cabeça, ocupando o espaço todo. (...) É

Fig. 258. Raymond, a casa do arquiteto, Reinanzaka, Tóquio, 1923.

desconcertante explicar a existência de tal barbarismo num país no qual existe um grupo dos CIAM, um país onde são realizados congressos sobre a arquitetura moderna, onde se publica uma revista como o *Habitat* e onde existe uma bienal de arquitetura. Essas obras nascem de um espírito destituído de qualquer decência e responsabilidade em relação às necessidades humanas. É o espírito da decoração, algo diametralmente oposto ao espírito que anima a arquitetura, que é a arte da construção, a arte social por excelência.

Suscetível à influência ocidental por cerca de cinquenta anos, o Japão estava bem preparado para a assimilação do Estilo Internacional, cujo advento pode ser datado em 1923, com a construção da primeira casa em concreto armado de Antonin Raymond, feita para ele mesmo. Uma vez mais, tratava-se da introdução de um estilo, em sua forma mais consumada, através de um emigrado. Raymond era um tcheco americano muito viajado que, em fins de 1919, fora para Tóquio trabalhar como arquiteto supervisor do Imperial Hotel de Frank Lloyd Wright. Como no caso das carreiras de Neutra e Schindler nos Estados Unidos, o estilo surgiu das mãos de um arquiteto da Europa Central que fora formalmente educado na Europa e depois complementara sua formação com Wright. É interessante notar que Neutra, Schindler e Raymond libertaram-se das coerções da influência estilística de Wright poucos anos depois de interromperem seu trabalho com ele.

A casa de Raymond era extraordinária por vários motivos. Foi uma das primeiras ocasiões em que uma estrutura de concreto foi detalhada de modo a evocar a tradicional construção japonesa em madeira, um maneirismo que se tornaria a pedra de toque da arquitetura japonesa depois da Segunda Guerra Mundial. Seu interior também estava à frente de seu tempo segundo os padrões do Estilo Internacional, uma vez que Raymond fez um dos primeiros usos de mobília de aço tubular em balanço, antecipando-se às cadeiras pioneiras de Mart Stam e Marcel Breuer. A própria casa era detalhada com fenestragem em metal e treliças de aço tubular. Ao mesmo tempo, Raymond tentou integrar à sua forma elementos extraídos diretamente do vernáculo local, como o uso de condutores de águas pluviais à base de cordas, em vez dos tradicionais coletores ocidentais. Por outro lado, no perfilamento de suas janelas em dossel, a casa ainda evocava algo do estilo Unity Temple de Wright, de 1905.

Apesar do brilho anterior da "reelaboração" de Wright da cultura japonesa nos Estados Unidos e do uso inventivo que Paul Mueller fez da técnica do concreto armado, o Imperial Hotel de Tóquio não dava nenhuma indicação do modo como seu estilo arquitetônico pesado poderia contribuir para uma reinterpretação inteligente da leveza da construção característica do país. Suas afinidades estilísticas eram mais próximas dos castelos isolados dos séculos XVI e XVII do que da aristocrática construção *xintoísta* da era Heian; ao contrário da opinião de Louis Sullivan em 1924, manteve-se muito distante da corrente arquitetônica principal da cultura nativa. Não obstante, o fato de ter sobrevivido espetacularmente ao terremoto de Tóquio em 1923 configurou uma justificativa *post facto* para a extravagância de uma estrutura antissísmica, sobretudo no caso dos edifícios públicos. Essa "prova" da construção monolítica reforçada permitiu que Raymond extraísse todas as vantagens da mais recente tecnologia em concreto quando da construção de suas principais obras em fins da década de 1920, inclusive seus escritórios para a Rising Sun Petroleum Company, de 1926, e seu clube de golfe de Tóquio, obra amaneirada e elaborada, edificada nos arredores da capital em 1930. Nesse momento de sua carreira, Raymond parece ter abandonado sua lealdade estilística a Auguste Perret, aparentemente ao perceber que uma sintaxe apropriada para o concreto armado aparente dificilmente poderia ser encontrada em Wright.

Com as casas Akaboshi e Fukui de 1933-35, Raymond e sua mulher, Noemi Pernessin, atingiram o apogeu da fase inicial de sua carreira a serviço de uma classe de industriais arrivistas. Juntos, determinaram o *design* de tudo, desde o edifício em si até seus móveis e os tecidos usados. Nesses anos, criaram toda uma série de casas para diversos membros da família Akaboshi, tentando vagamente integrar seu elegante mobiliário à severidade do piso *tatami* e à superfície implacável do biombo *shoji*. Seu estilo eurasiano único parece ter atingido seu ponto mais alto em uma casa e um banheiro que projetaram para a família Fukui na baía de Atami em 1935, onde reinterpretaram formas tradicionais, fazendo-o de tal modo que finalmente conseguiram libertar-se da influência de Wright e Perret.

Em 1926, um movimento japonês relativamente independente começou a desenvolver-se ao redor do Grupo Secessão japonês, que contava, entre os seus primeiros membros, com Mamoru Yamada, que projetou a Central Telefônica de Tóquio em 1926, e Tetsuro Yoshida, que projetou a Agência Geral dos Correios de Tóquio em 1931. Na mesma época, os membros de uma geração ainda mais jovem, como Kunio Mayekawa e Junzo Yoshimura, começaram a trabalhar para Raymond ou a estudar no exterior. Alguns japoneses chegaram, inclusive, a estudar na Bauhaus em fins dos anos 1920, enquanto outros, como Mayekawa e Junzo Sakakura, trabalharam para Le Corbusier. Sakakura conseguiu até mesmo completar sua experiência europeia com uma obra de importância internacional, o Pavilhão Japonês da Exposição de Paris de 1937, obra em que a ordem arquitetônica da tradicional casa de chá foi reinterpretada em termos modernos, para não dizer corbusianos. O planejamento em espaço aberto de Sakakura ao lado da clara articulação de sua estrutura e sua ligação por meio de rampas entre o espaço externo e interno assemelhavam-se vagamente à ordem espacial da arquitetura japonesa tradicional.

Uma interpretação mais contida da tradição deu forma à prática doméstica de Isoya Yoshida. Contra esse conservadorismo posicionava-se a ousadia conceitual de homens como Rentchitchiro Kavakita, cujo projeto enviado ao concurso para a construção do teatro soviético de Kharkov, em 1931, estava muito distante do modernismo em vigor nesse período, ou seja, estava tão distante dos motivos construtivistas convencionais quanto da tradição japonesa. Voltava-se basicamente para a excitação do movimento mecânico e a retórica da invenção estrutural em enorme escala. Essa obra antecipava, sem dúvida, a extraordinária ousadia da evolução pós-guerra de Kenzo Tange, que culminou nos estádios olímpicos gêmeos que projetou para os Jogos de Tóquio em 1964. Enquanto Tange não se preocupava com o movimento, os volumes elípticos e circulares desses estádios eram cobertos por telhados de aço de suspensão catenária que subiam dos "chifres" (semelhantes a proas) de vigas anelares elípticas, de concreto, que também suportavam as fileiras dos assentos superiores.

Pouco antes de seu hoje famoso Monumento à Paz de Hiroshima, de 1955 – obra

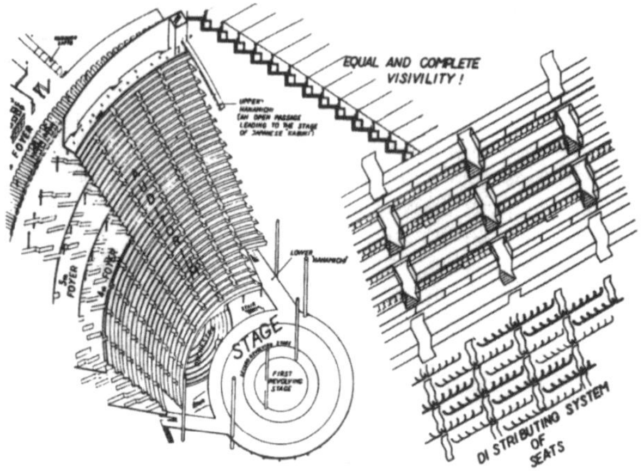

Fig. 259. Kavakita, projeto para o Teatro Kharkov, 1931.

Fig. 260. Tange, Ginásio Olímpico Nacional, Tóquio, 1964. Vista aérea mostrando o pequeno estádio de basquete, o grande estádio de piscinas e o interior deste último.

que assinala o epicentro da primeira explosão nuclear –, Tange, ex-assistente de Mayekawa, iniciou sua carreira com toda uma série de encargos governamentais, partindo de suas câmaras municipais um tanto esquemáticas para Shimizu e Tóquio (1952-54) e culminando com a Prefeitura de Kagawa (1955-58) e a Câmara Municipal de Kurashiki (1957-60). Enquanto a Prefeitura de Tóquio, em concreto, era uma paródia meticulosa, mas nada espontânea, da técnica em madeira de Jomon, a Prefeitura de Kagawa alcançou um estado de equilíbrio quase clássico que, através de sua organização espacial extraordinariamente lúcida, fundia conceitos extraídos da era Heian com elementos discretamente abstraídos do vocabulário sancionado pelo Estilo Internacional. Apesar de todo seu historicismo e suas referências mistas a protótipos budistas e xintoístas, essa obra estabeleceu Tange como uma das principais figuras que surgiriam no Japão depois da Segunda Guerra Mundial. Apesar das raízes comuns na obra de Le Corbusier, o final da década de 1950 não poderia conhecer projetos mais diferentes entre si do que a Praça dos Três Poderes de Niemeyer, em Brasília, com seu classicismo simplista, e a Prefeitura de Kagawa de Tange, com seu detalhamento extraordinariamente articulado. O fato de ele ter plena consciência da energia liberada pelo intenso desenvolvimento industrial do Japão e do papel ambivalente a ser desempenhado pela tradição a propósito dessa força socialmente "liberadora" é enfatizado por Tange na análise incisiva e otimista que fez quando da conclusão da Prefeitura:

> Até muito pouco tempo, o Japão vivia constantemente sob o controle de um Estado absolutista, e a energia cultural do povo como um todo – a energia com a qual ele poderia ter cria-

do novas formas – estava confinada e suprimida. Isto foi especialmente verdadeiro no período Tokugawa, quando a governo se empenhou ao máximo para impedir a transformação social. Só em nossa época a energia à qual me refiro começou a ser liberada. Ainda está atuando em um meio confuso e ainda há muito a ser feito antes que a verdadeira ordem seja alcançada, mas não há dúvida de que essa energia será de extrema importância para transformar a tradição japonesa em algo de novo e criativo.

A geração mais velha, os homens nascidos na virada do século como Mayekawa e Sakakura, continuou a dar contribuições significativas, ainda que menos expressivas: a obra teórica de Mayekawa realmente desafiou toda a orientação da arquitetura do século XX e sua ligação fatal com a instrumentalidade do Ocidente. Tanto o Museu Kamakura de Arte Moderna de Sakakura (1951) quanto os apartamentos Harumi de Tóquio, obra de Mayekawa (1957), eram obras híbridas que revelavam uma certa dependência cultural: a primeira era verdadeiramente neoclássica, num sentido de comparação de culturas, e a segunda provinha da Unité d'Habitation de Le Corbusier, em Marselha. Enquanto Tange viria a perder todo sentido de escala ou lugar humanos nas enormes megaestruturas residenciais que começou a propor em fins dos anos 1950, especificamente no seu projeto para a baía de Boston em 1959 e na sua proposta para a baía de Tóquio em 1961, Mayekawa faria uma tentativa ousada de conciliar um estilo de vida em parte ocidental e em parte japonês dentro dos estratos de múltiplos pavimentos de uma gigantesca estrutura antissísmica. O fato de o bloco de apartamentos Harumi, como o estilo de vida sintético que pretendia abrigar, não ser mais que um sucesso parcial na melhor das hipóteses parece ter sido reconhecido pelo próprio Mayekawa em 1965, quando, num ensaio intitulado *Reflexões sobre a civilização em arquitetura*, chegou à ponderada conclusão de que:

A arquitetura moderna baseia-se, e deve basear-se, categoricamente nas sólidas con-

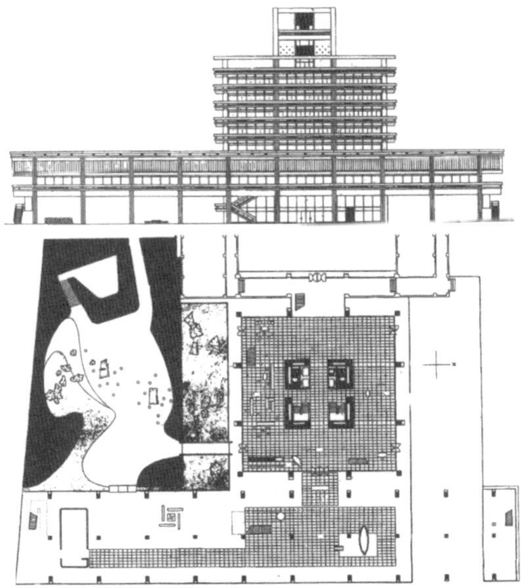

Fig. 261. Tange, Prefeitura de Kagawa, Takamatsu, 1955-58. Elevação e planta.

quistas da ciência, da tecnologia e da engenharia modernas. Por que, então, tende tantas vezes a transformar-se em algo desumano? Acredito que uma das principais razões está no fato de nem sempre ser criada para atender às necessidades humanas, mas sim por alguma outra razão, como a motivação do lucro. Ou se faz uma tentativa de confinar a arquitetura no âmbito da estrutura de algum orçamento formulado pelas operações mecânicas de um poderoso sistema burocrático do Estado moderno, um orçamento que nada tem a ver com as motivações humanas. Outra possibilidade é a de que elementos desumanos possam estar contidos na própria ciência, na própria tecnologia e na própria engenharia. Quando o homem tenta entender um determinado fenômeno, a ciência analisa-o, decompondo-o em seus componentes mais simples. Na engenharia estrutural, portanto, quando se tenta compreender um certo fenômeno, os métodos adotados são os da simplificação e da abstração. Coloca-se o problema de saber se o uso de tais métodos não pode provocar um distanciamento das realidades humanas. (...) A arquitetura moderna deve chamar de volta os seus rudimentos, seus princípios essenciais enquanto uma arquitetura humana. Se a ciência e a engenharia são produtos de cérebros humanos, a arquitetura moderna e as cidades modernas que são por eles construídas tendem a tornar-se desumanas. O que obscureceu os princípios rudimentares da arquitetura moderna, o que está desfigurando seu sentido de missão é o sistema ético atual que rege as ações humanas e o sistema de juízos de valor que se oculta por trás desse sistema ético. Esses critérios éticos e de valor são as forças que estão movendo a civilização moderna, mas que também estão destruindo a dignidade humana e transformando em escárnio e zombaria a Declaração dos Direitos Humanos. A conclusão da tragédia não é de modo algum simples. Precisamos remontar às origens da civilização ocidental e descobrir se a capacidade de pôr em prática essa revolução ética pode, de fato, ser encontrada no inventário da própria civilização ocidental. Se não for assim, então devemos procurá-la, juntamente com Toynbee, no Oriente, ou talvez no Japão.

Com essa proposição paródica, a de que a cultura japonesa tradicional ainda pode, em sua essência, sobreviver como a única força capaz de redimir os excessos tecnocráticos do Ocidente, a era do Estilo Internacional chegou de uma vez por todas ao fim, não só no Japão, mas também em todo o resto do mundo.

Fig. 262. Mayekawa, Apartamentos Harumi, Tóquio, 1957.

CAPÍTULO 2 O Novo Brutalismo e a arquitetura do Estado do Bem-estar: Inglaterra, 1949-59

Em janeiro de 1950, trabalhei ao lado de meus prezados colegas Bengt Edman e Lennart Holm. Na época, esses arquitetos estavam projetando uma casa em Uppsala. Com base numa avaliação de seus desenhos chamei-os, com um leve sarcasmo, de "neobrutalistas". (...) No verão seguinte voltei a mencionar o termo, por brincadeira, a alguns amigos ingleses, entre eles Michael Ventris, Oliver Cox e Graeme Shankland. Ao visitar esses mesmos amigos em Londres, no ano passado, disseram-me que haviam levado o termo de volta para a Inglaterra, que ela se difundira rapidamente e que, de modo um tanto surpreendente, fora adotada por uma certa facção de jovens arquitetos ingleses.

Hans Asplund,
Carta a Eric de Maré, in *Architectural Review*,
agosto de 1956

Depois da Segunda Guerra Mundial, a Inglaterra não dispunha nem dos recursos materiais nem da necessária segurança cultural para justificar qualquer modalidade de expressão monumental. Na verdade, a tendência do pós-guerra ia na direção oposta, já que em arquitetura, como em outras esferas, a Grã-Bretanha vivia as últimas fases de sua identidade imperial. Enquanto a independência indiana deflagrava a desintegração do Império em 1945, o conflito de classes que dividira tão implacavelmente o país durante a Depressão viveu momentos de alívio parcial graças às medidas de bem-estar social introduzidas pelo governo trabalhista de Attlee. O impulso inicial para a reconstrução social do pós-guerra foi dado por duas importantes leis parlamentares: a Lei da Educação, de 1944, que tornou a escolaridade obrigatória até os quinze anos de idade, e a Lei de Novas Cidades de 1946. Essa legislação foi o instrumento efetivo de um vasto programa governamental de edificação, que resultou na construção de cerca de 2.500 escolas em uma década e na designação de dez novas cidades a serem construídas a partir do modelo da Letchworth Garden City, com populações que iam de 20.000 a 69.000 habitantes.

Grande parte desse trabalho – com a exceção de autoridades precoces como o Conselho Municipal de Hertfordshire, que, sob a liderança de C. H. Aslin, seria pioneiro na construção de escolas em série – foi realizado no estilo neogeorgiano "reduzido" do arquiteto municipal médio, ou no chamado Estilo Contemporâneo, em grande parte baseado na arquitetura oficial do Estado do Bem-estar sueco, já há muito estabelecido. A sintaxe desse estilo – que parece ter sido considerado suficientemente "popular" para a realização da reforma social inglesa – compreendia uma arquitetura de telhados de pouca declividade, paredes de alvenaria, tímpanos verticais e janelas de caixilhos quadrados, de madeira, que tanto podiam ser deixadas sem pintura quanto pintadas de branco. Esse chamado "detalhamento popular" tornou-se, com acréscimos locais, o vocabulário padrão dos arquitetos esquerdistas do Conselho Municipal de Londres e conquistou maior aceitação graças à influência dos editores mais ativos de *The Architectural*

Fig. 263. Alison e Peter Smithson, Escola Secundária, Hunstanton, Norfolk, 1949-54.

Review [A revista de arquitetura], J. M. Richards e Nikolaus Pevsner, os quais, após terem defendido um modernismo rigoroso, começaram, na década de 1950, a optar por uma abordagem mais livre da criação da forma construída. As conferências Reith feitas por Pevsner em 1955, O caráter inglês da arte inglesa, afirmavam publicamente a informalidade pitoresca como a própria essência da cultura britânica. Essa versão humanizada do Movimento Moderno chegou, inclusive, a ser difundida sob o título de "O Novo Humanismo" em um editorial de *The Architectural Review*.

Em 1951, o Festival of Britain serviu para conferir a essa política cultural pouco exigente uma dimensão progressista e moderna, ao parodiar a iconografia heroica dos construtivistas soviéticos. Seus dois símbolos mais fortes, o Skylon de Philip Powell e John Hidalgo Moya e a Cúpula do Descobrimento de Ralph Tubbs, não representavam nada de mais pretensioso através de sua estrutura retórica do que o "circo" da vida para o qual, supostamente, dentro em breve se providenciaria o "pão". Não é que a exposição carecesse de conteúdo – ocorre que esse conteúdo era apresentado de uma maneira gratuita.

Enquanto a obra de Edman e Holm pode ter deflagrado a invenção do termo Novo Brutalismo, foi na Inglaterra, e não na Suécia, que se manifestou pela primeira vez a reação radical por ele denotada. O populismo gratificante do Festival of Britain foi totalmente rejeitado por Alison e Peter Smithson, os primeiros proponentes do *etos* brutalista, que contavam, entre seus simpatizantes e colegas, muitos daqueles que pertenciam à geração imediatamente posterior à guerra, inclusive Alan Colquhoun, William Howell, Colin St John Wilson e Peter Carter, os quais trabalhavam, no início dos anos 1950, para o Departamento de Arquitetos LCC, sem aderirem à "linha sueca". Reyner Banham observou, a propósito de tal situação:

> O aspecto negativo da atitude da nova geração pode ser sintetizado pela exasperada afirmação de James Stirling: "Vamos aos fatos: William Morris era um sueco!" Não devemos nos deter, aqui, sobre a exatidão factual dessa afirmação; o que importa é sua verdade emocional enquanto total rejeição do estilo de todas as formas da arquitetura do Estado do Bem-estar. O *revival* de William Morris, ou o Detalhamento do Povo, ou qualquer outro termo correntemente usado para satirizar as tentativas de ressuscitar as técnicas da construção em alvenaria do século XIX, completadas com pequenas janelas de arco escocês, etc., acabou sendo dignificado pela designação grandiosa de O Novo Humanismo, que era, em si, uma reelaboração do título inventado (por *The Architectural Review*) para o afastamento sueco da Arquitetura Moderna: O Novo Empirismo.

Na medida em que o Brutalismo adotava uma tendência paladiana identificável, a reação brutalista ao Novo Humanismo de

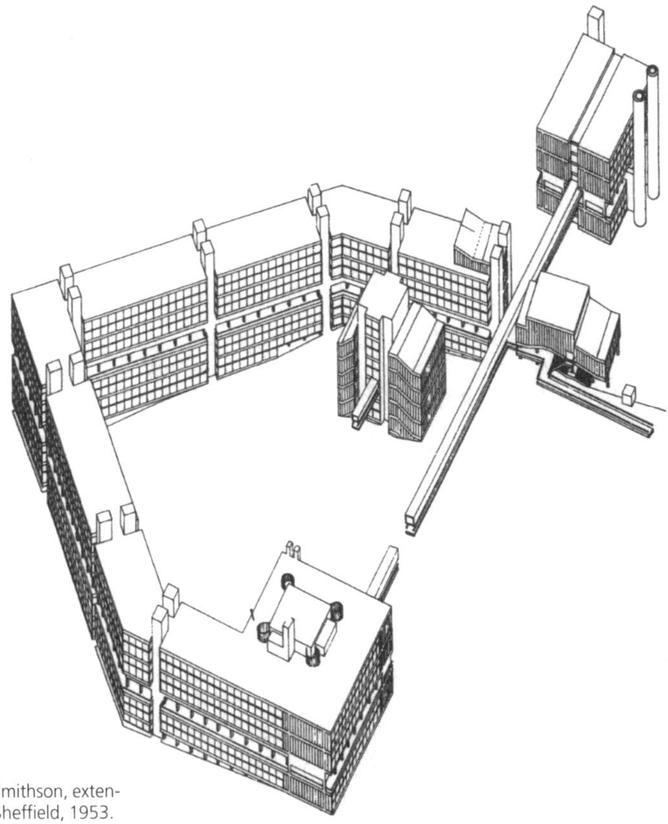

Fig. 264. Alison e Peter Smithson, extensão da Universidade de Sheffield, 1953.

The Architectural Review viria afirmar o velho humanismo que, de qualquer modo, sempre estivera latente no Movimento Moderno do pré-guerra. Em 1949, a publicação de *Architectural Principles in the Age of Humanism* [Princípios arquitetônicos na era do Humanismo], de Rudolf Wittkower, teve o inesperado efeito de despertar o interesse da geração ascendente pela metodologia e pelos objetivos de Palladio. Em outro nível, o Brutalismo reagiu ao desafio do "detalhamento do povo" referindo-se diretamente às raízes socioantropológicas da cultura popular, ao mesmo tempo que rejeitava por inteiro a respeitabilidade pequeno-burguesa do empirismo sueco. Esse esteticismo antropológico (estreitamente ligado, enquanto impulso, ao culto antiarte da *art brut*, de Jean Dubuffet) colocou os Smithson em contato, no início dos anos 1950, com as extraordinárias personalidades do fotógrafo Nigel Henderson e do escultor Eduardo Paolozzi, dos quais o Brutalismo derivou grande parte de seu caráter existencial.

Os anos 1951-54 foram cruciais para a formação arquitetônica dessa sensibilidade. Já muito envolvidos com a realização de sua escola palladio-miesiana, projetada para Hunstanton, Norfolk, em 1949, e concluída cerca de cinco anos mais tarde, os Smithson deram sequência a seu primeiro sucesso com uma série de projetos extremamente originais que enviaram para diferentes concursos – projetos que, como observou Banham, só podem ser vistos como tentativas de inventar uma arquitetura inteiramente "outra". Na verdade, o pouco palladianismo que restou de seus projetos desse período é bastante indireto, de sua Coventry Cathedral de 1951 a seu conjunto habitacional Golden Lane, construído em 1952, em Londres, ou à igualmente admirável extensão da Universidade de Sheffield, realizada no ano seguinte. Se é que se pode afirmar tal coisa, esses projetos são "construtivistas" em suas afinidades, ainda que sua retórica estrutural contida pareça, em retrospecto, ter sido de extração mais japonesa do que russa. Que a falta de premiações para qualquer um desses projetos foi uma perda para a cultura arquitetônica inglesa é algo que pode ser avaliado com base na absoluta banalidade das estruturas que terminaram sendo erguidas em seu lugar.

O *etos* subjacente à sensibilidade brutalista original – o elemento críptico que transcendia seu palladianismo – adquiriu notoriedade pública pela primeira vez com a Exposição Paralelo entre vida e arte, realizada no Instituto de Artes Contemporâneas, Londres, em 1953. Essa mostra compreendia uma coleção didática de fotos reunidas e anotadas por Henderson, Paolozzi e os Smithson. Extraídas de novas fotos e fontes arcanas, arqueológicas, antropológicas e zoológicas, muitas dessas imagens "ofereciam cenas de violência ou visões desfiguradas ou antiestéticas da figura humana, e todas tinham uma grosseira textura granulada que era claramente vista pelos colaboradores como uma de suas principais virtudes". Havia algo de decididamente existencial numa exposição que insistia em ver o mundo como uma paisagem arrasada pela guerra, pela decadência e pela doença – por baixo de cujos destroços queimados ainda seria possível encontrar vestígios de vida, ainda que microscópica, pulsando no interior das ruínas. Ao escrever sobre sua obra desse período, Henderson afirmou: "Sinto-me extremamente feliz entre coisas abandonadas, fragmentos corrosivos que foram lançados à margem da vida, mas que ainda conservam a efervescência da vida em si. Existe nisso uma ironia, e ela forma pelo menos um símbolo parcial da atividade artística."

O fato de ser essa a motivação subjacente ao Brutalismo dos anos 1950 não passou despercebido aos visitantes de Isto é o amanhã, uma exposição organizada em 1956 pelo Grupo Independente ICA na Whitechapel Art Gallery, sob a liderança de Lawrence Alloway. Para essa exposição, os Smithson, novamente em colaboração com Henderson e Paolozzi, desenharam um *temenos* simbólico – um abrigo metafórico num pátio igualmente metafórico, uma irônica reinterpretação da cabana primitiva de Laugier, de 1753, em termos da realidade dos pátios de Bethnal Green, sobre os quais Banham observou:

> Era impossível evitar a sensação de que aquele abrigo específico com jardim, com suas rodas de bicicleta enferrujadas, uma trombeta amassada e outros trastes domésticos grosseiros, havia sido desenterrado depois de um holocausto atômico, com a constatação de que fazia parte de uma tradição europeia de planificação do local que remontava à Grécia arcaica e ainda muito mais além.

Esse gesto, porém, não era de modo algum retrospectivo de todo, pois, dentro dessa metáfora críptica e quase casual do abrigo, o passado remoto e o futuro imediato fundiam-se em uma entidade única. Assim, o pátio do pavilhão foi guarnecido não apenas por uma roda velha e um avião de brinquedo, mas também por uma televisão. Em resumo, dentro de uma estrutura urbana decadente e destroçada (isto é, bombardeada), já se começava a divisar a "afluência" de um consumismo volúvel que, além do mais, era saudado como a substância vital de um novo vernáculo industrial. A colagem irônica de George Hamilton para essa exposição, intitulada *O que será que torna as casas de hoje tão diferentes e fascinantes?*, não só inaugurava a cultura pop, como também cristalizava a imagem doméstica da sensibilidade brutalista. A Casa do Futuro apresentada pelos Smithson na Exposição Daily Mail Ideal Home, em 1956, tinha a evidente intenção de ser a casa ideal para o halterofilista musculoso "natural" de Hamilton e sua curvilínea companheira.

Divididos entre uma simpatia pela antiga solidariedade da classe operária e a promessa do consumismo, os Smithson estavam enredados na ambivalência intrínseca de um populismo assumido. Durante a segunda metade da década de 1950, abandonaram sua simpatia inicial pelo estilo de vida do proletariado, voltando-se para os ideais de classe média que dependiam, em termos de seus atrativos, tanto do consumo conspícuo quanto da propriedade maciça do automóvel. Ao mesmo tempo, permaneceram muito pouco otimistas quanto ao potencial evidente que teria essa recém-descoberta "mobilidade" de destruir tanto a estrutura quanto a densidade da cidade tradicional. Em seu estudo das vias londrinas em 1956, tentaram resolver esse dilema projetando a via elevada como novo elemento urbano. Enquanto isso, na escala residencial, continuaram vendo os produtos cromados da moradia desagregada ou o interior de plástico como o ícone essencialmente liberador de seu estilo conciliatório.

Até meados da década de 1950, a fidelidade aos materiais continuou sendo um preceito fundamental da arquitetura brutalista, manifestando-se, de início, numa preocupação obsessiva com a articulação expressiva dos elementos mecânicos e estruturais, como na escola Hunstanton dos Smithson, e reafirmando-se de maneira mais normativa, mas ainda assim antiestética, na pequena casa do Soho projetada por eles em 1952. Destinada a ser construída com tijolos, com lintéis de concreto aparente e um interior sem reboco, essa estrutura de quatro pavimentos fazia inúmeras referências ao vernáculo dos armazéns britânicos de fins do século XIX, antecipando em um ano a publicação do igualmente brutal *avant project* para as Maisons Jaoul de Le Corbusier, em Paris, e antecipando os diversos projetos de conjuntos habitacionais de James Stirling, William Howell e dos próprios Smithson. O projeto da casa foi exposto no Congresso CIAM de 1953, em Aix-en-Provence.

Os meados dos anos 1950 presenciaram, claramente, uma ampliação da base brutalista para além das preocupações herméticas dos Smithson, de Henderson e Paolozzi. Por volta de 1955, tanto Howell quanto Stirling faziam parte de uma formação brutalista, ainda que Stirling sempre tenha negado posteriormente que alguma vez se tenha visto como tal. Embora seu projeto para o concurso da Universidade de Sheffield, em 1953, fosse realmente "tectonesco", o projeto para uma casa naquele mesmo ano levou-o de volta à estética utilitária em alvenaria do século XIX, ainda que, em sua composição neoplástica de quadrados que se entrosam, essa obra tenha passado ao largo da brutal aura antiarte da casa do Soho dos Smithson. Enquanto isso, dentro do LCC, arquitetos como Colquhoun, Carter, Howell e John Killick tinham começado a realizar vários projetos residenciais corbusianos que culminaram numa paródia da "cidade radiante", a Alton East Estate, construída em Roehampton em 1958.

Apesar de o campus do IIT de Mies ter sido a influência inicial sobre as formas da primeira construção dos Smithson, o desenvolvimento subsequente do estilo brutalista encontrou grande parte de seu vocabulário na obra da última fase de Le Corbusier. Sua revitalização do vernáculo mediterrânico, manifesta em seu projeto Roq et Rob de 1948, mostrou-se fundamental para a formação da sensibilidade brutalista, e os Smithson acompanharam seu entusiasmo por Mies com uma sutil reelaboração do estilo *béton brut* de Le Corbusier: como afirmaram em 1959, "Mies é grande, mas Corb comunica". Da mesma maneira, o choque

Fig. 265. Stirling e Gowan, apartamentos, Ham Common, Richmond, Surrey, 1955-58.

experimentado por Stirling quando visitou pela primeira vez as Maisons Jaoul em 1955 foi logo atenuado pelo entusiasmo com que seguiu seu exemplo. A estreita correspondência entre a sintaxe das Maisons Jaoul e o estilo do conjunto habitacional Ham Common de Stirling, obra de 1955, dificilmente pode ser questionada, ainda que, em cada caso, as paredes estruturais transversais tenham sido usadas com fins arquitetônicos totalmente distintos.

A integração definitiva da estética brutalista britânica – a fusão de seus aspectos contraditórios "formalista" e "populista" em um vernáculo à base de vidro e tijolo, extraído das estruturas industriais do século XIX – surgiu com as obras de Stirling e de seu sócio James Gowan em 1959: o projeto de um dormitório para o Selwyn College de Cambridge e o Engineering Building para a Universidade de Leicester. É preciso fazer, aqui, uma menção à obra do falecido Edward Reynolds, cujos projetos estruturalmente expressivos (para não dizer expressionistas), feitos quando ele era ainda um estudante, exerceram uma influência decisiva sobre a evolução do Brutalismo, mais notavelmente no projeto que Howell e Killick enviaram para o concurso do Churchill College, de Cambridge, em 1958, e, no ano seguinte, no projeto feito por Stirling para Leicester.

A proposta de Stirling e Gowan para o Selwyn College não só apresentava a plasticidade cristalina de seu estilo inicial, como também estava presente, pela primeira vez, o tema "anterior" *versus* "posterior", que seria típico de sua organização característica; um tema derivado da expressão sólido *versus* envidraçado da laje da Ville Radieuse. De novo, a influência principal sobre a forma do Engineering Building de Leicester, uma obra em que Stirling e Gowan finalmente chegaram à sua expressão única, parece ter sido o projeto de Reynolds para um armazém, em 1958. O que anteriormente fora o elemento "laje" no Pavillon Suisse de Le Corbusier transformou-se, aqui (através do esquema de armazéns de Reynolds) na forma horizontal de um laboratório com telhado de vidro,

Fig. 266. Stirling e Gowan, projeto para o Selwyn College, Cambridge, 1959.

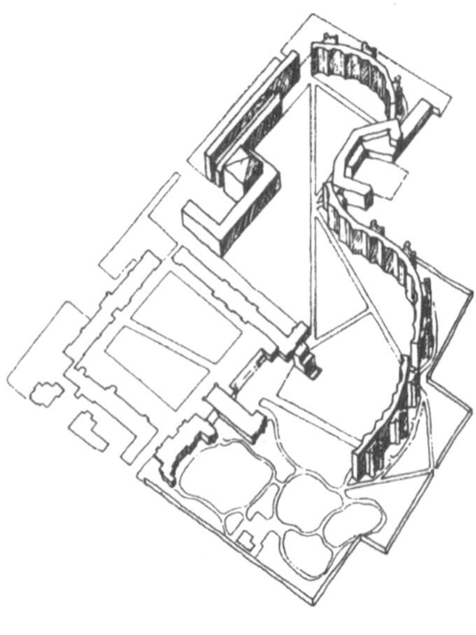

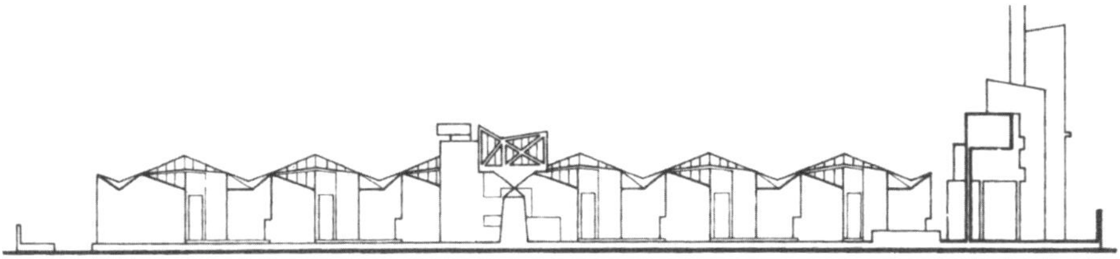

Fig. 267. Reynolds, projeto para um armazém de entrega, Bristol, 1958.

enquanto a torre de acesso independente de Le Corbusier reaparecia como um conjunto vertical que compreendia laboratórios nivelados, salões de conferências e escritórios. Leicester absorveu as contradições fundamentais da posição brutalista inicial ao recombinar as formas canônicas do Movimento Moderno com elementos extraídos do vernáculo industrial e comercial da Liverpool nativa de Stirling (ver, por exemplo, a obra pioneira de Peter Ellis). Tudo o que restava agora do paradigma purista de fins dos anos 1920 era o detalhamento naval – a balaustrada de convés, as escadas de escotilha e coberturas que tinham sido polemicamente ilustradas em *Vers une architecture*. Quanto ao resto, Leicester era um *tour de force* eclético que lembrava, em sua admirável justaposição de elementos díspares, não só a obra de Telford e Brunel, mas também a de William Butterfield do modo como a conhecemos através de sua Igreja de Todos os Santos, em Margaret Street, Londres, de 1849. Que outra estratégia além do Neogótico, cabe perguntar, teria sido capaz de combinar elementos formais puristas com o imaginário romântico do complexo Johnson Wax de Wright, de 1936-39, integrando ao mesmo tempo componentes estruturais brutalistas, como os pisos expostos orientados segundo a diagonal, criados com base nos Laboratórios Richards de Kahn, de 1958?

Enquanto Leicester impôs, por assim dizer, uma grade de 45° sobre uma geometria de resto ortogonal, o Edifício da Faculdade de História de Stirling, construído em Cambridge em 1964, introduzia a diagonal como principal eixo organizador do plano. Ao mesmo tempo, a Faculdade de História estendia a sintaxe em tijolo e vidro de Selwyn e Leicester até que a forma cristalina do vidro começou a dominar a armação diretriz representada pelo tijolo. Apesar disso, este último ainda estava presente na torre dupla dos elevadores, não apenas como uma articulação de acesso reminiscente do ele-

Fig. 268. Stirling e Gowan, Engineering Building, Universidade de Leicester, 1959.

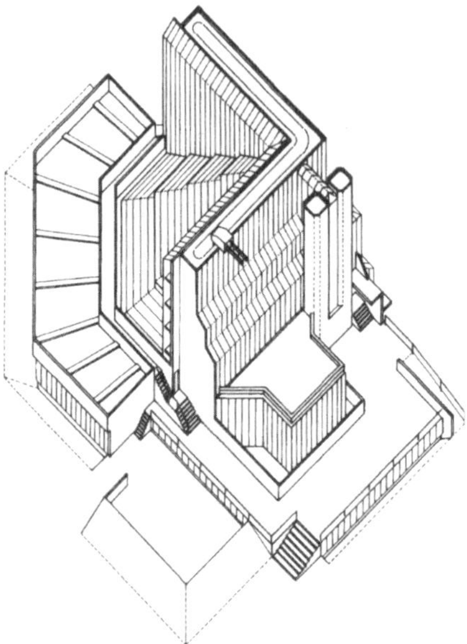

Fig. 269. Stirling, Edifício da Faculdade de História, Universidade de Cambridge, 1964.

mento "servil" de Kahn (cf. os Laboratórios Richards), mas também como um recurso tipológico que denotava o estilo de casa de Stirling. Esse recurso seria repetido na última e menos bem-sucedida das séries em tijolo e vidro, ou seja, no Edifício Residencial Florey, projetado por Stirling para o Queen's College de Oxford em 1966. As obras mais importantes dessa série – Selwyn, Leicester, a Faculdade de História e o Edifício Florey – seguem-se umas às outras como um catálogo de tipos para a universidade moderna. Essa orientação tipológica, com sua tendência a desmembrar e recombinar elementos arquitetônicos distintos, em parte numa reação às exigências empíricas e em parte por uma determinação de "desconstruir" as formas estabelecidas do Movimento Moderno, deu forma a esses últimos "monumentos" do Brutalismo, fazendo-o em muito maior grau do que qualquer preocupação com os atributos do lugar.

Por mais que as exigências programáticas tenham sido invariavelmente satisfeitas, a importância de Stirling até o momento está na qualidade imperiosa de seu estilo; no brilho arquitetônico de sua forma mais que no refinamento consistente daqueles atributos "de lugar" que, por necessidade, determinam a qualidade da vida. Apesar de sua reverência por Aalto, a conquista de Stirling está por demais distante do ambiente receptivo e da sensibilidade discreta da Câmara Municipal de Säynatsalö de Aalto, por exemplo. É como se a mestria formal de sua imaginação sintática viesse negar o potencial crítico da "criação de lugares" que, no passado, ele próprio havia imposto a seu conjunto habitacional de meados da década de 1950. Como escreveu Manfredo Tafuri sobre a última fase da obra de Stirling:

> Suspendendo o público destinado a usar seus edifícios no limbo de um espaço que oscila de modo ambíguo entre o vazio da forma e um "discurso sobre a função" – isto é, a arquitetura como uma máquina autônoma, como é detalhadamente apresentada na Faculdade de História de Cambridge e explicitada no projeto para a Siemens AG –, Stirling pratica o mais cruel dos atos ao abandonar o recinto sagrado no qual o universo semântico da tradição moderna tem estado confinado. Nem atraído nem repelido pela articulação independente das máquinas formais de Stirling, o observador vê-se forçado a seguir uma trajetória sinuosa, ela mesma tão oscilante quanto o perverso jogo do arquiteto com os elementos de sua própria linguagem.

CAPÍTULO 3 As vicissitudes da ideologia: os CIAM e o Team X, crítica e contracrítica, 1928-68

1. A ideia de arquitetura moderna inclui o vínculo entre o fenômeno da arquitetura e o do sistema econômico geral.

2. A ideia de "eficiência econômica" não implica a oferta, por parte da produção, de um lucro comercial máximo, mas a exigência, por parte da produção, de um mínimo esforço funcional.

3. A necessidade de uma eficiência econômica máxima é o resultado inevitável do empobrecimento da economia geral.

4. O método mais eficiente de produção é o que decorre da racionalização e da padronização. A racionalização e a padronização agem diretamente sobre os métodos de trabalho, tanto na arquitetura moderna (concepção) quanto na indústria da construção (realização).

5. A racionalização e a padronização agem de três modos diversos:

a) exigem da arquitetura concepções que levem à simplificação dos métodos de trabalho no lugar e na fábrica;

b) significam para as construtoras uma redução da mão de obra especializada; levam ao uso de uma mão de obra menos especializada que trabalhe sob a direção de técnicos da mais alta habilitação;

c) esperam do consumidor (ou seja, do consumidor que encomenda a casa na qual vai viver) uma revisão de suas exigências em termos de uma readaptação às novas condições da vida social. Essa revisão irá manifestar-se na redução de certas necessidades individuais, doravante desprovidas de uma verdadeira justificativa; as vantagens dessa redução irão estimular a máxima satisfação das necessidades da maioria, as quais se acham no momento restringidas.

Declaração de La Sarraz,
Congrès Internationaux d'Architecture Moderne, 1928

A declaração dos CIAM de 1928, assinada por vinte e quatro arquitetos representando a França (6), a Suíça (6), a Alemanha (3), a Holanda (3), a Itália (2), a Espanha (2), a Áustria (1) e a Bélgica (1), enfatizou a *construção*, e não a arquitetura, como a "atividade elementar do homem, intimamente ligada à evolução e ao desenvolvimento da vida humana". Os CIAM afirmaram, de modo explícito, que a arquitetura estava inevitavelmente sujeita às necessidades mais amplas da política e da economia, e que, longe de estar distante das realidades do mundo industrializado, teria que depender, em termos de seu nível geral de qualidade, não do trabalho artesanal, mas da adoção universal de métodos racionais de produção. Se, quatro anos depois, Hitchcock e Johnson defenderiam a preeminência do estilo enquanto instância determinada pela técnica, os CIAM enfatizaram a necessidade da economia e da industrialização planejadas, denunciando, ao fazê-lo, a eficiência como um meio de maximizar os lucros. Em vez disso, defendiam a introdução de dimensões normativas e métodos de produção eficientes como um primeiro passo para a racionalização da indústria da construção. Portanto, aquilo que os estetas veriam como uma preferência formal pela regularidade era, para os CIAM, o requisito inicial para aumentar a produção de casas e deixar para trás os métodos de uma era artesanal. O documento de La Sarraz assumia uma atitude igualmente radical em relação ao planejamento urbano ao declarar:

> A urbanização não pode ser condicionada às reivindicações de um esteticismo preexistente; sua essência é de ordem funcional (...) a caótica divisão da terra, que resulta de vendas, especulações e heranças, deve ser abolida por uma política da terra coletiva e metódica. Essa redistribuição da terra, a base preliminar indispensável para o planejamento urbano, deve incluir a divisão justa, entre os proprietários e a comunidade, do *incremento não ganho através do trabalho*, a partir de obras de interesse comum.

Entre a declaração de La Sarraz de 1928 e a última conferência dos CIAM, realizada em Dubrovnik em 1956, os CIAM passaram por três etapas de desenvolvimento. A primeira, que foi de 1928 a 1933 e compreendeu os congressos de Frankfurt em 1929 e de Bruxelas em 1930, foi, sob muitos aspectos, a mais doutrinária. Dominados pelos arquitetos Neue Sachlichkeit de língua alemã, que tinham quase todos tendências socialistas, esses congressos voltaram-se num primeiro momento, em Frankfurt, sob o título Die Wohnung für das Existenzminimum, para os problemas dos padrões mínimos de vida, e em seguida, em Bruxelas (CIAM III), sob o título Rationelle Bebaungsweisen, para as questões da altura ideal e do espaço entre os blocos, tendo em vista o uso mais eficiente tanto da terra quanto do material. O CIAM II, aberto pelo arquiteto de Frankfurt Ernst May, também estabeleceu um grupo de trabalho conhecido como CIRPAC (Comité International pour la Résolution du Problème de l'Architecture Contemporaine), cuja tarefa básica era a preparação dos temas a serem discutidos nos congressos seguintes.

O segundo estágio dos CIAM, de 1933 a 1947, foi dominado pela personalidade de Le Corbusier, que deliberadamente alterou a ênfase predominante, fazendo-a incidir sobre o planejamento urbano. O CIAM IV, de 1933, foi sem dúvida o congresso mais abrangente do ponto de vista urbanístico, em virtude de sua análise comparativa de trinta e quatro cidades europeias. Dele surgiram os artigos da Carta de Atenas, que por razões inexplicáveis só foi publicada dez anos depois. Reyner Banham caracterizou as conquistas desse congresso em 1963, quando escreveu, nos seguintes termos críticos:

> O CIAM IV, cujo tema foi A Cidade Funcional, realizou-se em julho e agosto de 1933 a bordo do S. S. *Patris*, em Atenas, e em Marselha no fim da viagem. Foi o primeiro congresso "romântico", que teve por entorno um panorama de esplendor cênico, e não a realidade da Europa industrial; foi também o primeiro *Congrès* a ser dominado por Le Corbusier e pelos franceses e não pelos duros realistas alemães. O cruzeiro pelo Mediterrâneo foi claramente um alívio agradável da situação cada vez pior da Europa, e, durante essa suspensão temporária da realidade, os participantes produziram o documento mais olímpico, retórico e essencialmente destrutivo que já surgiu dos CIAM: a Carta de Atenas. As cento e onze propostas que constituem a Carta consistem, em parte, de declarações sobre as condições das cidades, e em parte de propostas para a correção dessas condições, agrupadas sob cinco categorias principais: Moradia, Lazer, Trabalho, Transporte e Edifícios Históricos.
>
> O tom continua sendo dogmático, mas é também genérico e menos especificamente ligado a problemas práticos imediatos do que o que impregna os documentos de Frankfurt e Bruxelas. A generalização teve suas virtudes, pois trouxe consigo uma maior largueza de visão e insistiu em que as cidades só podem ser consideradas em relação às regiões que as circundam. Contudo, essa generalização persuasiva que confere à Carta de Atenas seu ar de aplicabilidade universal esconde uma concepção muito limitada tanto da arquitetura quanto do planejamento urbano, e, de modo equivo-

cado, comprometeu os CIAM com: a) um zoneamento funcional rígido da planificação urbana, com cinturões verdes entre as áreas reservadas às diferentes funções, e b) um único tipo de moradia urbana, expresso, nos termos da Carta, como "blocos de apartamentos altos e com bom espaço entre si, sempre que existir a necessidade de alojar uma alta densidade de população". Hoje, trinta anos depois, não reconhecemos nisso nada além da expressão de uma preferência estética, mas na época teve a força de um mandamento mosaico e realmente paralisou as pesquisas sobre outras formas de moradia.

Embora o conteúdo consensual da Carta de Atenas possa muito bem ter servido para inibir qualquer exame posterior de modelos de moradias alternativas, o fato é que houve uma notável mudança de tom. As exigências políticas radicais do movimento inicial tinham sido abandonadas, e, enquanto o funcionalismo continuava sendo o credo geral, os artigos da Carta pareciam um catecismo neocapitalista cujos decretos eram tão idealistamente "racionalistas" quanto irrealizáveis num sentido mais amplo. No pré-guerra, essa abordagem idealista chegou a sua formulação no quinto congresso, dedicado ao tema da moradia e do lazer e realizado em Paris, em 1937. Nessa ocasião, o CIAM estava disposto a reconhecer não apenas o impacto das estruturas históricas, como também a influência da região em que uma cidade estivesse situada.

Com o terceiro e último estágio dos CIAM, o idealismo liberal triunfou completamente sobre o materialismo do período anterior. Em 1947, no CIAM VI, realizado em Bridgwater, Inglaterra, seus membros tentaram transcender a esterilidade abstrata da "cidade funcional", afirmando que "o objetivo dos CIAM consiste em trabalhar para a criação de um ambiente físico capaz de satisfazer as necessidades emocionais e materiais do homem". Esse tema foi posteriormente desenvolvido sob os auspícios do grupo inglês MARS, que preparou o tópico O núcleo para o CIAM VIII, realizado em 1951 em Hoddesdon, na Inglaterra. Ao optar pelo tema O coração da cidade, o MARS fez com que o congresso se voltasse para um tópico que já havia sido abordado por Siegfried Giedion, José Luis Sert e Fernand Léger em seu manifesto de 1943, quando escreveram: "As pessoas querem que os edifícios que representam sua vida social e comunitária possam dar-lhes uma satisfação funcional maior. Querem satisfazer sua aspiração à monumentalidade, à alegria, ao orgulho e à comoção."

Para Giedion, como para Camillo Sitte, o "espaço de aparição pública" era necessariamente contingente à contraforma monumental das instituições públicas que o encerravam e vice-versa. Contudo, apesar de sua preocupação hoje manifesta com as qualidades concretas do lugar, a velha guarda dos CIAM não deu nenhum sinal de que era capaz de avaliar realisticamente as complexidades da situação urbana difícil do pós-guerra; o resultado foi que os novos afiliados, oriundos da geração mais nova, foram ficando cada vez mais desiludidos e inquietos.

O rompimento decisivo veio com o CIAM IX, realizado em Aix-en-Provence em 1953, quando essa geração, liderada por Alison e Peter Smithson e Aldo van Eyck, desafiou as quatro categorias funcionalistas da Carta de Atenas: Moradia, Trabalho, Lazer e Transporte. Em vez de oferecer um conjunto alternativo de abstrações, os Smithson, Van Eyck, Jacob Bakema, Georges Candilis, Shadrach Woods, John Voelcker e William e Jill Howell pesquisaram os princípios estruturais do desenvolvimento urbano e a unidade significativa imediatamente acima da célula familiar. Sua insatisfação com o funcionalismo modificado da velha guarda – com o "idealismo" de Le Corbusier, Van Eesteren, Sert, Ernesto Rogers, Alfred Roth, Kunio Mayekawa e Gropius – reflete-se em sua reação crítica ao relatório do CIAM VIII. Responderam ao modelo simplista do núcleo urbano apresentando um padrão mais complexo que, em seu ponto de vista, seria mais sensível à necessidade de identidade. Escreveram:

> O homem pode identificar-se de imediato com seu próprio lar, mas não se identifica facilmente com a cidade em que este está situado. "Pertencer" é uma necessidade emocional básica – suas associações são da ordem mais simples. Do "pertencer" – identidade – provém o sentido enriquecedor da urbanidade. A ruazinha estreita da favela funciona muito bem exatamente onde fracassa com frequência o redesenvolvimento espaçoso.

Nesse parágrafo contundente, eles não só rejeitavam o sentimentalismo sittesco da velha guarda, como também o racionalismo da "cidade funcional". Seu impulso crítico de encontrar uma relação mais precisa entre a forma física e a necessidade sociopsicológica tornou-se o tema do CIAM X, realizado em Dubrovnik, em 1956 – o último encontro dos CIAM –, pelo qual esse grupo, desde então conhecido como Team X, foi basicamente responsável. A extinção oficial dos CIAM e a sucessão do Team X foram confirmadas em um novo encontro realizado em 1959, no cenário elegíaco do Museu de Otterlo, de Van de Velde, com o assessoramento do velho mestre. Mas o epitáfio essencial dos CIAM já tinha sido escrito na carta enviada por Le Corbusier ao congresso de Dubrovnik, na qual ele afirmava:

> São aqueles que hoje têm quarenta anos de idade, nascidos por volta de 1916 durante guerras e revoluções, e os que nessa época nem haviam nascido, e estão hoje com vinte e cinco anos, os que nasceram por volta de 1930, durante os preparativos para uma nova guerra e em meio a uma profunda crise econômica, social e política, e que, portanto, se situam no âmago do período presente, são esses os únicos indivíduos capazes de sentir, pessoal e profundamente, os problemas concretos, os objetivos a ser seguidos e os meios para alcançá-los, e a patética urgência da situação atual. São eles os que sabem. Seus antecessores foram excluídos, ficaram de fora, não estão mais sujeitos ao impacto imediato da situação.

O clima cultural peculiar de Londres em meados dos anos 1950, sujeito, como estava, à influência do existencialismo parisiense, não só foi decisivo para configurar o *etos* do movimento brutalista inglês, como também contribuiu para a polêmica do Team X, com o qual esteve estreitamente ligado. A esse respeito, é preciso mencionar o fotógrafo Nigel Henderson, cujas fotos da vida nas ruas de Londres foram expostas pelos Smithson em Aix-en-Provence e cuja percepção e modo de vida desempenharam um papel tão crucial para a formação da sensibilidade deles. O fato de tal sensibilidade estar, em última análise, em confronto com as implicações tábula rasa do Traçado CIAM de Le Corbusier, que ainda estava sendo difundido em 1952, não deve ser de modo algum atribuído ao registro fotográfico que Henderson fez da realidade social e física do East End de Londres – suas fotos sobre a vida comunitária em Bethnal Green. Os Smithson visitavam regularmente a casa de Henderson em Bethnal Green a partir de 1950, e foi com base em sua experiência direta com a vida das ruas na região (hoje anulada pelos sobrados altos construídos pelo Estado do Bem-estar) que eles extraíram suas primeiras noções de *identidade* e *associação*. Assim, a Bye-Law Street, ainda que deturpada por sua própria racionalização, tornou-se a "armadura" conceitual para sua proposta do conjunto habitacional de Golden Lane, de 1952.

Apesar de toda sua semelhança com o projeto Ilot Insalubre de Le Corbusier, de 1937, Golden Lane tinha a nítida intenção de ser uma crítica à Ville Radieuse e ao zoneamento das quatro funções da cidade em Habitação, Trabalho, Lazer e Transporte. Os Smithson opunham a essas funções as categorias mais fenomenológicas de Casa, Rua, Bairro e Cidade, embora o significado de tais termos se tornasse mais vago à medida que aumentava a escala. Em seu projeto de Golden Lane, a casa era claramente a unidade familiar; a rua era, evidentemente, um sistema de acesso com base em galerias unilaterais de largura generosa, elevado no ar. De modo compreensível e realista, o bairro e a cidade eram vistos como domínios variáveis que ficavam fora dos limites de definição física.

Contudo, ao mesmo tempo que continuaram se opondo ao determinismo de pré-guerra da "cidade funcional", em sua proposta de Golden Lane os Smithson ficaram presos num processo de racionalização comparável ao dos CIAM. Por mais que os "quintais" de Golden Lane fossem indicados como áreas adjuntas às ruas, ficava claro que a "casa no ar" não tinha um quintal que fosse, de modo algum, semelhante ao quintal da Bye-Law Street, e que a rua em si, agora apartada do solo, não tinha mais condições de acomodar a vida em comunidade. Acima de tudo, sua natureza unilateral só tinha capacidade de enfatizar a linearidade do trajeto, em vez de engendrar um sentido de lugar. A presença de vida dos dois lados da Bye-Law Street fora claramente responsável por sua vitalidade social (como ficava evidente num dos primeiros esboços dos Smithson), mas a natureza de Golden Lane – alta densidade num lugar pequeno –, e a aceitação dos postulados funcionalistas por parte dos Smithson impediam uma solução que pudesse dar sustentação a tal vida.

A partir de sua proposta desse padrão de moradia como uma solução prototípica, devemos concluir que os Smithson não tinham total consciência dessas contradições: eles continuaram exibindo seu esquema de Golden Lane, repetido *ad infinitum* sobre a área metropolitana como se se tratasse da alternativa crítica evidente à Ville Radieuse de Le Corbusier. E, enquanto sua distribuição casual, com ramificações, podia sem dúvida ser vista como uma polêmica contra a demolição geral e como um argumento em favor do desenvolvimento gradual, sua colagem do protótipo Golden Lane como uma axonometria espectral, aparentemente erguendo-se em meio às ruínas de Coventry, remetia seus autores ao dilema central dos CIAM. Imposta a um Coventry destroçado pelos bombardeios, Golden Lane parecia tão contrária à continuidade da cidade existente quanto as projeções haussmannianas do Plano Voisin de Le Corbusier, em 1925. A axonometria representava as "condições limítrofes" entre o antigo padrão de ruas e a nova obra como uma série de inevitáveis colisões. Depois da elaboração do conceito de Golden Lane em 1961, em Park Hill, Sheffield, a partir dos projetos de Jack Lynn e Ivor Smith, ficou evidente que, à parte a forma de bloco perimetral, como havia sido realizado por Brinkman em Spangen, Roterdã, em 1919 (um esquema que os Smithson conheciam bem), eram poucas as possibilidades de obter alguma continuidade entre plataformas aéreas e ruas no nível do chão.

Por mais que o Team X estivesse comprometido com uma cidade de múltiplos níveis – uma ideia que provinha de Le Corbusier através das visões de Hénard em 1910 –, deve-se creditar aos Smithson o fato de terem permanecido conscientes de suas limitações, e que, em decorrência disso, produziram um dos esboços mais críticos do início de sua carreira, isto é, um desenho onde se demonstrava que, a partir do sexto andar, perde-se todo e qualquer contato com o solo. Ainda que os Smithson viessem a utilizar esse esboço como justificativa de uma abordagem megaestrutural, seu reconhecimento da altura da árvore como limite experimental pode muito bem ter exercido influência, nos anos 1960, sobre a adoção geral do lema "baixa altura, alta densidade" como a política preferida para o desenvolvimento residencial familiar. Essa consciência crítica foi intensificada, na época, pelos projetos de criação de cidades que os Smithson desenvolveram em meados dos anos 1950 – suas casas "próximas" e "conversíveis" –, e por sua insistên-

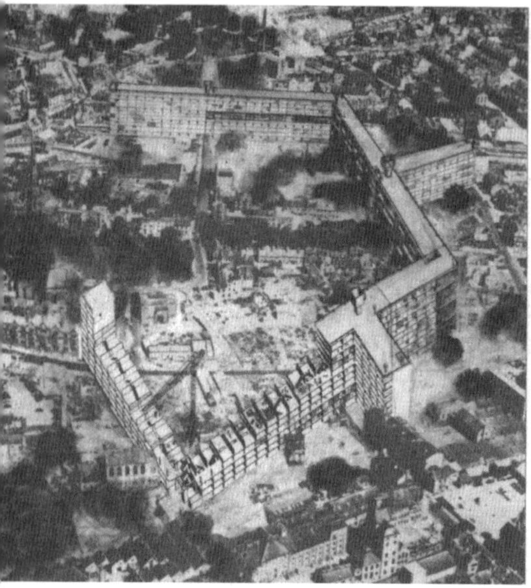

Fig. 270. Alison e Peter Smithson, sistema de moradias Golden Lane aplicado ao centro de Coventry. (A igreja paroquial e a catedral em ruínas estão à esquerda.)

Fig. 271. Lynn e Smith, Park Hill, Sheffield, 1961.

cia, seguindo o argumento "ecológico" de seu Manifesto Doorn de 1954, em que "o hábitat deve integrar-se à paisagem, em vez de permanecer como um objeto isolado dentro dela".

O desafio sociocultural de Bethnal Green perdeu-se em grande parte em Bakema, apesar do antifuncionalismo de seus pronunciamentos nos primórdios dos anos 1940. Ele foi o único membro do Team X cuja prática quase nunca se desviou dos princípios de assentamento local da Neue Sachlichkeit – o princípio das sequências de casas em blocos de extremidades abertas, todos da mesma altura e separados entre si por uma distância ideal. O ponto de referência constante de Bakema foi, claramente, o Projeto Amsterdã-Sul de 1934 e a obra do pré-guerra de funcionalistas holandeses como Merkelbach, Karsten e Stam. De qualquer modo, nos estudos Opbouw para Pendrecht (1949-51) e Alexander Polder (1953-56), de todos os quais Bakema participou, houve um afastamento do princípio rígido de blocos de altura e orientação uniformes e uma aproximação de um esquema mais modulado, compreendendo formações em "suástica", agrupadas em "vizinhanças" ao redor de conjuntos de instalações públicas, piscinas, escolas, etc.

O projeto Kennermerland, criado por Bakema em colaboração com J. M. Stokla e apresentado ao Congresso de Otterlo de 1959, foi uma culminação desse trabalho de pesquisa, como admitiu Bakema ao ser questionado por Kenzo Tange quanto à origem da proposta. Contudo, tem a ver com a confusão da época o fato de que tanto Tange quanto Bakema insistissem no racionalismo corbusiano como seu ponto de partida, pois é evidente que Kennermerland nasceu de um conceito abstrato de "vizinhança" desenvolvido pela primeira vez por planejadores urbanos como Ernst May e Arthur Korn. Ainda no começo dos anos 1960, Bakema propunha uma forma por demais hierarquizada de planejamento de vizinhança, semelhante ao que aparecera inicialmente no

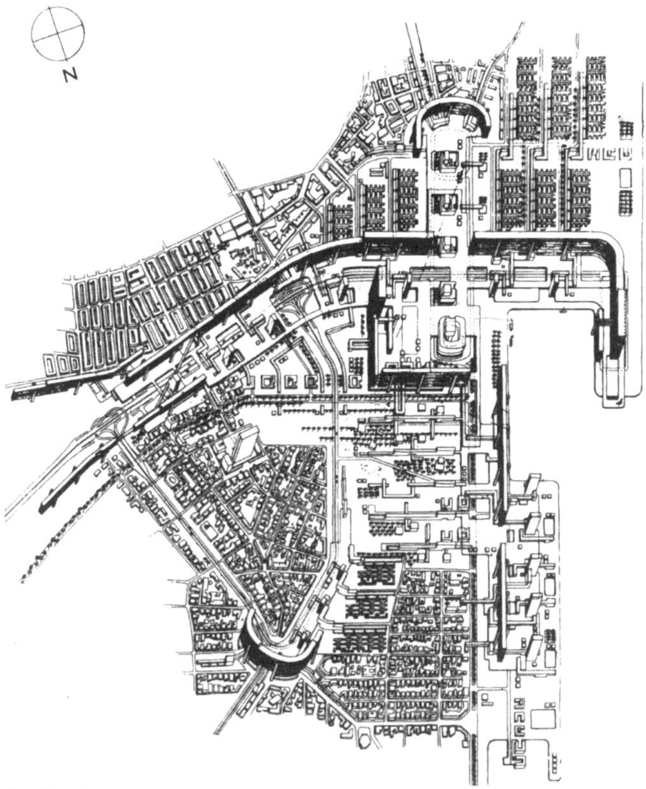

Fig. 272. Bakema e Van den Broek, projeto para blocos megaestruturais em Tel Aviv, 1963.

projeto MARS de Korn para Londres, em 1942.

Bakema só passou a ser realmente influenciado por Le Corbusier por ocasião de sua proposta para Tel Aviv, em 1963, quando usou o bloco megaestrutural Obus projetado para Argel em 1931 (fig. 167) como um meio de ordenar a forma dispersa da cidade. Paradoxalmente, esse superbloco contínuo não serviu, de modo algum, para libertar Bakema de suas tendências deterministas, pois, se passou a atribuir menor importância à ficção da unidade de vizinhança, sua função estruturadora foi substituída por megaformas que, ou cortavam transversalmente a topografia, como no caso do projeto que enviou em 1962 para o concurso da Universidade de Bochum, ou, alternativamente, como em Tel Aviv, seguiam em paralelo a trajetória de uma autoestrada que atravessava a cidade.

Um dos paradoxos do Team X está no fato de Bakema ter proposto a megaconstrução como o "determinante psicológico da posição" para a paisagem megalopolitana exatamente quando os Smithson tinham começado a ter dúvidas quanto à viabilidade de tais estruturas. A tese da "cidade aberta" dos Smithson, influenciada pelos conceitos urbanísticos de Louis Kahn, foi inicialmen-

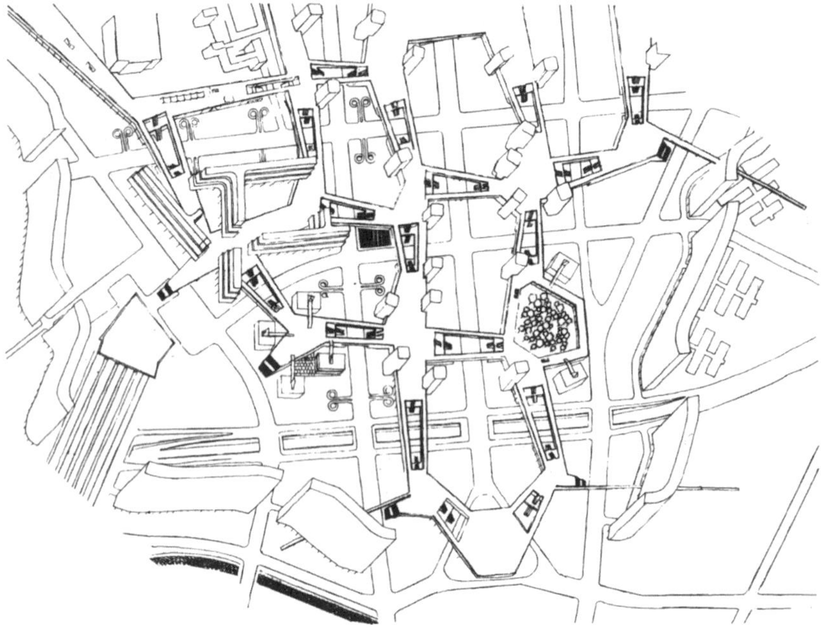

Figs. 273, 274. Alison e Peter Smithson e Sigmond, projeto para Berlim-Haupstadt, 1958. Acima, parte sul da rede para pedestres, mostrando o desenvolvimento de caminhos elevados acima do antigo traçado da rua; abaixo, escadas rolantes de acesso ao setor comercial e cobertura.

te apresentada depois de sua primeira viagem aos Estados Unidos, em 1958. Naquele ano, eles também criaram (com Peter Sigmond) seu projeto a ser enviado para o concurso do bairro Haupstadt, em Berlim. Nesse projeto (estranhamente semelhante ao de Scharoun), eles introduziam a noção da cidade permanentemente "em ruínas" – em ruínas no sentido de que o movimento acelerado e as transformações do século XX eram incapazes de ajustar-se ao padrão de qualquer configuração preexistente.

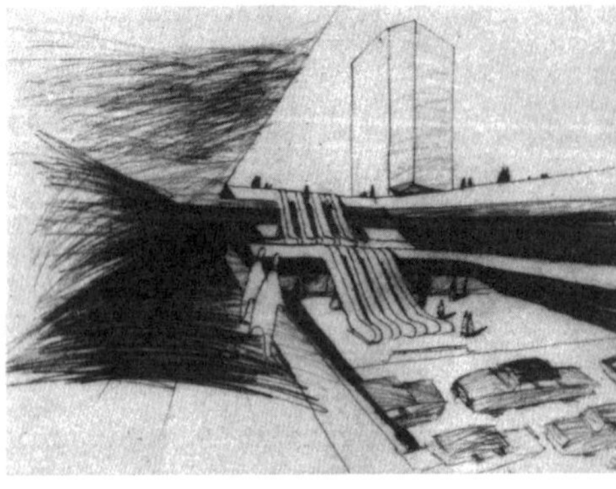

Enquanto tanto Bakema quanto os Smithson estavam preocupados com a noção de "determinante urbano da posição" – no sentido de lugar a ser estabelecido pela arquitetura dentro da "infinitude espacial" de Motopia –, os Smithson, em vez de continuar defendendo a megaestrutura, optaram por encraves localizados e livres de tráfego, fossem eles os pódios elevados de seu projeto Hauptstadt, ou as *Paradeplatzen* schinkelescas de sua proposta Mehringplatz de 1962. De qualquer modo, tanto Bakema quanto os Smithson estavam, àquela altura, obcecados pela promessa libertadora da mobilidade das massas, cuja conquista queriam celebrar com uma contraforma arquitetônica apropriada.

Entre as várias estratégias apresentadas para lidar com esse fenômeno, as dos Smithson parecem ter sido as mais plausíveis, o que se reflete na realização parcial de seus protótipos Hauptstadt e Mehringplatz – o primeiro em seu complexo de escritórios *Economist* em Londres (1965), e o outro no conjunto habitacional Robin Hood Gardens, construído em Londres em 1969. Contudo, as condições estéreis impostas por essas criações, particularmente no caso de Robin Hood Gardens, que ficava tão isolado de seu contexto urbano quanto as torres de qualquer "cidade funcional", sugeririam que os Smithson ainda precisavam chegar a um acordo quanto às consequências urbanas de sua abordagem "*landcastle*".

O pluralismo essencial do Team X encontrou um reflexo direto na abordagem muito diferente de Aldo van Eyck, cuja carreira toda tinha sido dedicada ao desenvolvimento de uma "forma de lugar" que fosse apropriada à segunda metade do século XX. Desde o início, Van Eyck envolveu-se com questões que a maioria dos outros membros do Team X teria preferido deixar sem formular, e, enquanto o Team X manteve sua exuberância inicial através de um otimismo ingênuo, Van Eyck foi motivado por um impulso crítico que beirava o pessimismo. Dos outros membros do Team X, nenhum parece ter estado preparado para atacar a abstração alienante da arquitetura moderna em suas bases, possivelmente porque nenhum deles havia tido as vantagens da experiência "antropológica" de Van Eyck. Sua preocupação pessoal com as culturas "primitivas" e com os aspectos intemporais da forma construída que essas culturas invariavelmente revelam, remontava a princípios dos anos 1940, de modo que, quando ele se ligou ao Team X, já havia desenvolvido uma posição única. Sua declaração no Congresso de Otterlo de 1959, quando expressou sua preocupação com a intemporalidade do homem, era quase tão estranha à corrente principal do Team X quanto o era para a ideologia dos CIAM:

> O homem é sempre e em toda parte essencialmente o mesmo. Tem o mesmo aparato mental, embora o use de modo diferente segundo seus antecedentes culturais ou sociais, ou segundo o modo de vida específico no qual está inserido. Os arquitetos modernos vêm insistindo continuamente no que é diferente em nossa época, e o fazem a ponto de perderem contato com o que não é diferente, com aquilo que é, essencialmente, sempre o mesmo.

A preocupação de Van Eyck com a transição, com a amplificação do "limiar", de modo a mediar simbolicamente entre fenômenos universais idênticos como "interior *versus* exterior" e "casa *versus* cidade", iria manifestar-se em sua própria obra de fins dos anos 1950, mais particularmente em sua casa para crianças em Amsterdã, que na época estava quase concluída. Nessa escola, Van Eyck demonstrou sua concepção de "clareza labiríntica" (ver adiante, p. 361-63) através de uma sequência interligada de unidades "familiares" com cúpulas, todas unidas por um telhado contínuo.

Por volta de 1966, porém, aquilo que havia sido motivo de entusiasmo tornou-se motivo de desespero. Cinco anos de intenso desenvolvimento urbano tinham sido suficientes para convencer Van Eyck de que a profissão arquitetônica, quando não o homem ocidental como um todo, havia até então se mostrado incapaz de desenvolver tanto uma estética quanto uma estratégia para lidar com as realidades urbanas da sociedade de massa. Van Eyck afirmou: "Não sabemos nada sobre a vasta multiplicidade – não podemos entrar numa luta corpo a corpo com ela – nem como arquitetos, nem como urbanistas, nem como o que quer que seja". Em outro texto, Van Eyck caracterizou esse impasse em termos do vazio cultural deixado pela perda do vernáculo. Em seus diversos escritos do período, chamou atenção para o papel desempenhado pela arquitetura moderna na erradicação tanto do *estilo* quanto do *lugar*. Segundo argumentava, o planejamento holandês do pós-guerra não produzira nada, exceto o "nenhum lugar" inabitável e organizado da "cidade funcional". Suas dúvidas quanto à capacidade da profissão de satisfazer as exigências pluralistas da sociedade sem a mediação de um vernáculo levaram-no a questionar a autenticidade da própria sociedade. Em 1966, perguntou: "Se a sociedade não tem forma, como podem os arquitetos construir sua contraforma?"

Em 1963, o Team X já havia ultrapassado o estágio de fértil intercâmbio e colaboração, uma transformação que foi intuitivamente reconhecida pelos Smithson em sua publicação de 1962, o *Team X Primer* [A cartilha do Team X]. A partir de então, o Team X só continuaria a existir como movimento nominalmente, uma vez que já se realizara aquilo que se pretendera alcançar por uma crítica criativa dos CIAM. Na verdade, restava muito pouco a realizar em termos de reinterpretação crítica, com a possível exceção da obra de dois homens que, até então, haviam ficado mais ou menos à margem dos acontecimentos – um norte-americano, Shadrach Woods, e um italiano, Giancarlo de Carlo.

O novo ponto de partida adotado por Woods no projeto que enviou para o concurso Frankfurt-Römerberg de 1963 foi uma resposta direta ao apelo de Van Eyck à "clareza labiríntica", pois o que estava sendo apresentado na proposta de Frankfurt era uma "cidade em miniatura". Em lugar do centro medieval destruído durante a Segunda Guerra Mundial, Woods propôs, em colaboração com Manfred Schiedhelm, uma configuração igualmente labiríntica de lojas, espaços públicos, escritórios e moradias, com o conjunto sendo servido por um subsolo de dois pavimentos contendo serviços

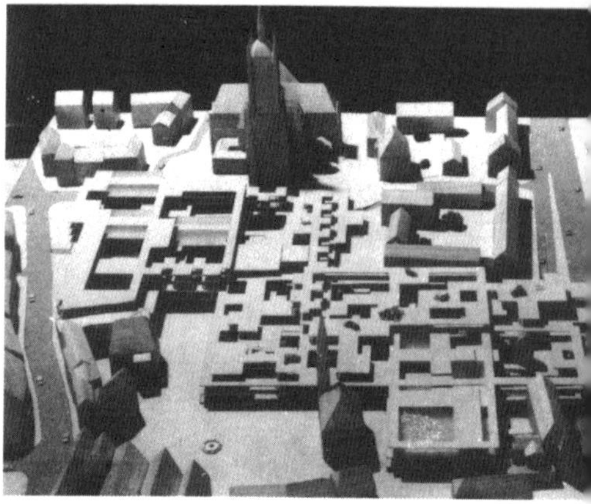

Fig. 275. Candilis, Josic e Woods, projeto para Frankfurt-Römerberg, 1963. Maquete. (Projetistas: Woods e Schiedhelm.)

e estacionamentos. Se Frankfurt era um "acontecimento" urbano, foi certamente concebida em termos diferentes daqueles dos Smithson ou de Bakema, pois, ao mesmo tempo que apresentava uma *contraforma* ortogonal em oposição à *forma* medieval da cidade, também incluía um sistema de "sótão" tridimensional servido por escadas rolantes, cujos interstícios podiam ser ocupados conforme se fizesse necessário. O fato de tal conceito ter sido antecipado por Yona Friedman em *L'Architecture mobile* [A arquitetura móvel] (1958) de modo algum diminui a magnitude da realização de Woods.

Embora não tenha saído do estágio de projeto, Frankfurt-Römerberg foi, sem dúvida, a maior proeza da carreira de Woods e talvez um dos protótipos mais importantes desenvolvidos pelo Team X. Ao ligar-se ao contexto de uma cidade existente e rejeitar o escapismo dos modelos urbanos "funcionais" e "abertos", o projeto tentava pôr o automóvel em seu lugar e dar continuidade à tradição da cultura urbana.

O fato de esse esquema de Frankfurt, como construído na Universidade Livre de Berlim em 1973, ter perdido muito de sua

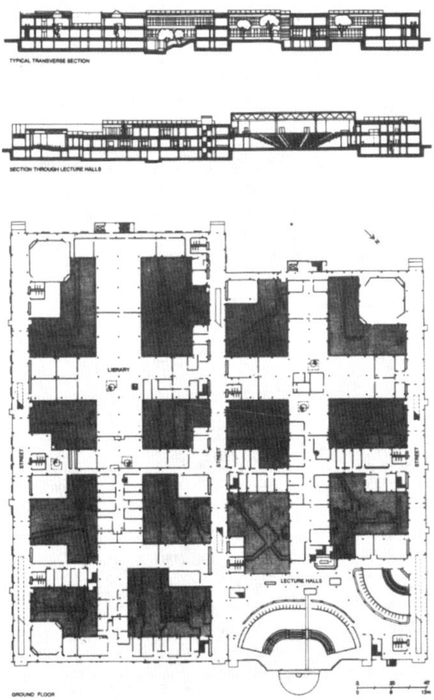

Fig. 276. Woods e Schiedhelm, Universidade Livre, Berlim-Dahlem, 1963-73. Cortes e planta baixa da primeira fase.

força, decorre em grande parte da ausência de um contexto urbano. Em Berlim-Dahlem, viu-se privado daquela cultura urbana para a qual tinha sido criado, e à qual teria reagido se tivesse sido construído em Frankfurt. Por mais que uma cidade possa funcionar como um universo em microcosmo, ela sempre será incapaz de gerar a diversidade viva da cidade propriamente dita. Além disso, a flexibilidade de Frankfurt em termos de espaço foi substituída, em Berlim, por uma idealização de flexibilidade em termos de técnica – pelo detalhamento "poético", mas um tanto inútil da fachada modular de Jean Prouvé, em aço corten.

Em 1964, a ideologia implícita do projeto de Frankfurt de Woods encontrou seu complemento no projeto de De Carlo para Urbino. Esse projeto, precedido por um exaustivo estudo topográfico, dedica mais espaço às táticas de preservação e reabilitação do que à acomodação de novas construções. Com a Urbino de De Carlo, o Team X finalmente chegou à total antítese das projeções cartesianas da Ville Radieuse. A preocupação de De Carlo com a reutilização, sempre que possível, do repertório existente, foi confirmada como plano de ação pelos estudos recentes sobre a moradia, que mostraram exaustivamente que, apesar das mais altas densidades em geral alcançadas, pode demorar cerca de cinquenta anos para que as novas casas compensem a "carência habitacional" estatística que permeia o tempo gasto com a demolição e a construção.

Considerações desse tipo tiveram, finalmente, o efeito de precipitar o Team X num domínio que ele sempre se empenhara arduamente em evitar, isto é, o da política. Essa mudança de consciência nunca foi mais evidente do que na Trienal de Milão de 1968, quando Woods, afinado com os estudantes radicais, ajudou na remoção de sua própria obra. Apenas um ano antes, ele havia escrito:

> O que estamos esperando? Ler as notícias sobre um novo ataque armado com armas ainda mais abstrusas, notícias que nos chegam através do ar, captadas por nossos maravilhosos instrumentos transistorizados, de algum ponto das profundezas de nossas moradias cada vez mais cruelmente criticadas? Nossas armas estão cada vez mais sofisticadas, e nossas casas brutalizam-se cada vez mais. Será esse o balancete da mais rica civilização desde o início dos tempos?

Esse mesmo tema foi retomado por De Carlo em 1968, quando escreveu sua análise sinóptica sobre o desenvolvimento ideológico da arquitetura moderna, sob o título de *Legitimizing Architecture* [Legitimando a arquitetura], onde passava em revista as consequências da Declaração do CIAM de 1928:

Fig. 277. Woods e Schiedhelm, Universidade Livre, Berlim-Dahlem, 1963-73. Sistema de revestimento em aço corten, detalhado por Prouvé.

Hoje, quarenta anos depois do Congresso, constatamos que aquelas propostas transformaram-se em casas, bairros e subúrbios, e depois em cidades inteiras, manifestações palpáveis de um abuso perpetrado de início com os pobres e em seguida com os nem tão pobres assim: álibis culturais para a especulação econômica mais feroz e a incapacidade política mais obtusa. E, no entanto, os "porquês" tão esquecidos com tanta displicência em Frankfurt ainda têm dificuldades para assomar abertamente à superfície. Ao mesmo tempo, temos o direito de perguntar "por que" a moradia deve ser o mais barata possível, e não, por exemplo, relativamente cara; "por que", em vez de fazer todo esforço possível para reduzi-la a níveis mínimos de superfície, de espessura, de materiais, não deveríamos tentar torná-la espaçosa, protegida, isolada, confortável, bem equipada, rica em oportunidades de privacidade, comunicação, intercâmbio, criatividade pessoal. Ninguém, na verdade, pode dar-se por satisfeito com uma resposta que apela para a escassez de recursos disponíveis, quando todos sabemos o quanto se gasta nas guerras, na construção de mísseis e de sistemas antibalísticos, nos projetos de exploração da Lua, nas pesquisas voltadas para o desfolhamento das florestas habitadas por guerrilheiros e na imobilização dos manifestantes saídos dos guetos, na persuasão secreta, na invenção de necessidades artificiais, etc.

Para De Carlo, a revolta dos estudantes de 1968 não foi apenas uma culminação necessária da crise da educação arquitetônica, mas também um reflexo de disfunções mais profundas e significativas da prática e da teoria arquitetônicas – estas últimas quase sempre prestando-se a mistificar a verdadeira rede de poder e exploração que impregna a sociedade toda. Como exemplo disso, De Carlo citou as atas do CIAM VIII, cujas deliberações sentimentais sobre O coração da cidade foram em grande parte responsáveis pela ideologia com que o núcleo tradicional da cidade foi subsequentemente violentado (um procedimento irônico, para não dizer cínico, que só atingiria seu pleno impulso uma década depois). Como afirmou De Carlo, os tons newspeak* desse empreendimento não foram totalmente ignorados pelos críticos da sociedade ocidental, que passaram a ver o processo de renovação urbana como um eufemismo para o deslocamento dos pobres.

Em meados dos anos 1960, esse ponto ainda escapava quase que por inteiro à maioria dos membros do Team X, que, com exceção de Van Eyck, Woods e De Carlo, davam a impressão de preferir ignorar a destruição de nosso legado urbano em nome da especulação. O potencial de postulação do Team X ficou paralisado nessa conjuntura, e sua energia criadora exauriu-se diante de uma situação impossível. Paradoxalmente, o que hoje sobrevive de sua obra não é tanto sua visão arquitetônica quanto a força sugestiva de sua crítica cultural.

* *Newspeak:* linguagem ambígua ou eufemística na qual os significados habituais são geralmente invertidos em função de objetivos de propaganda. O termo foi criado por George Orwell, que o usou em seu romance *1984* com o sentido de "linguagem destinada a reduzir o alcance do pensamento". (N. do T.)

CAPÍTULO 4 Lugar, produção e cenografia: teoria e prática internacionais desde 1962

O que a palavra para "espaço" (*Raum, Rum*) designa está contido em seu antigo significado. *Raum* significa um lugar desocupado ou livre para assentamento e alojamento. Um espaço é algo onde foi criado lugar disponível, algo que, apesar de desocupado e livre, tem um limite – *peras*, em grego. Um limite não é aquilo em que algo se detém, mas, como reconheceram os gregos, o limite é aquilo a partir do qual alguma coisa *inicia sua presença*. É por isso que o conceito é o de *horismos*, isto é, o horizonte, o limite. Espaço é, em essência, aquilo para o qual se criou um lugar, que é deixado dentro de seus confins. Aquilo para o qual se criou lugar é sempre concedido, e portanto unido, isto é, reunido, em virtude de uma localização: algo como uma ponte. *Desta maneira, os espaços recebem o seu ser das localizações e não do "espaço".*

Martin Heidegger
Construir, Morar e Pensar, 1954

Nenhum estudo sobre os avanços recentes da arquitetura pode deixar de mencionar o papel ambivalente que a profissão vem desempenhando desde meados dos anos 1960 – ambivalente não só no sentido de que, enquanto afirma ter sua atuação voltada para o interesse público, tem às vezes concorrido, sem espírito crítico, para reforçar o domínio de uma tecnologia otimizada, mas também no sentido de que muitos de seus membros mais inteligentes abandonaram a prática tradicional, tanto para dedicar-se à ação social direta quanto para entregar-se à projeção da arquitetura como uma forma de arte. No que diz respeito a este último aspecto, é impossível deixar de vê-lo como a volta de uma criatividade reprimida, como a implosão da utopia sobre si mesma. No passado, os arquitetos certamente também se entregaram a tais projeções irrealizáveis, mas, com a clássica exceção de Piranesi, ou, mais recentemente, a fantasmagoria da Cadeia de Cristal de Bruno Taut, eles raramente projetaram suas imagens em termos tão inacessíveis. Tanto antes quanto depois do trauma da Primeira Guerra Mundial, as aspirações positivas do Iluminismo ainda tinham o poder de portar uma certa convicção. Antes disso, no limiar do século XIX, até mesmo a mais grandiosa das visões de Boullée poderia ter sido construída se houvesse recursos suficientes para tanto, e, sem dúvida, Ledoux era tanto um construtor quanto um visionário. O que pensamos de Ledoux não é, certamente, menos verdadeiro a propósito de Le Corbusier, cujas vastas projeções urbanas também poderiam ter-se concretizado se recursos suficientes tivessem sido colocados à sua disposição. O World Trade Center de Nova York, uma estrutura tubular de 412 metros em forma de duas torres idênticas, concluída a partir dos projetos de Minoru Yamasaki em 1972, ou a Sears Tower de Chicago, 30 metros mais alta, projetada em 1971 por Bruce Graham e Fazlur Khan, de Skidmore, Owings e Merrill, são obras que serviram para demonstrar que nem mesmo o arranha-céu de 1.600 metros projetado por Wright em 1956 era necessariamente impraticável. Contudo, esses megaedifícios são por demais excepcionais para servirem de modelo à prática geral. Enquanto isso, como sugeriu Manfredo Tafuri, o objetivo da vanguarda de nossos dias consiste em legitimar a si própria através dos meios de comunicação ou, alternativamente, em redimir sua culpa executando isoladamente o rito do exorcismo criativo. Até que ponto este último pode servir como tática subversiva ("a injeção de ruído no sistema" de Archigram), ou como uma complexa metáfora com implicações críticas, é algo que depende, sem dúvida, da complexidade das ideias em jogo e da intenção subjacente ao empreendimento todo.

No caso do grupo inglês Archigram, que começou a projetar imagens neofuturistas um pouco antes do primeiro número de sua revista *Archigram*, em 1961, é óbvio que sua atitude estava estreitamente ligada à ideologia tecnocrática do *designer* norte-americano Buckminster Fuller e à de seus apologistas britânicos John McHale e Reyner Banham. Por volta de 1960, por sugestão de McHale, Banham já havia identificado Fuller como o paladino e redentor do futuro, no último capítulo de seu livro *Theory and Design in the First Machine Age* [Teoria e projeto na primeira era da máquina]. O compromisso subsequente do Archigram com uma abordagem infraestrutural, leve e *high-tech* (o tipo de indeterminação implícita na obra de Fuller e ainda mais evidente em *L'Architecture mobile* [A arquitetura móvel], de Yona Friedman, 1958) levou o grupo, de modo um tanto paradoxal, a entregar-se a formas irônicas de ficção científica, em vez de projetar soluções que fossem ou realmente indeterminadas, ou passíveis de serem realizadas e apropriadas pela sociedade. É isto, mais que qualquer outra coisa, que o distingue de outro discípulo expressivo de Fuller no cenário inglês, Cedric Price. Seu Fun Palace de 1961 e seu Potteries Thinkbelt de 1964 tinham um potencial de realização e, pelo menos em teoria, eram ambos indeterminados e capazes, respectivamente, de satisfazer uma evidente necessidade de diversão popular e de um sistema facilmente acessível de educação superior.

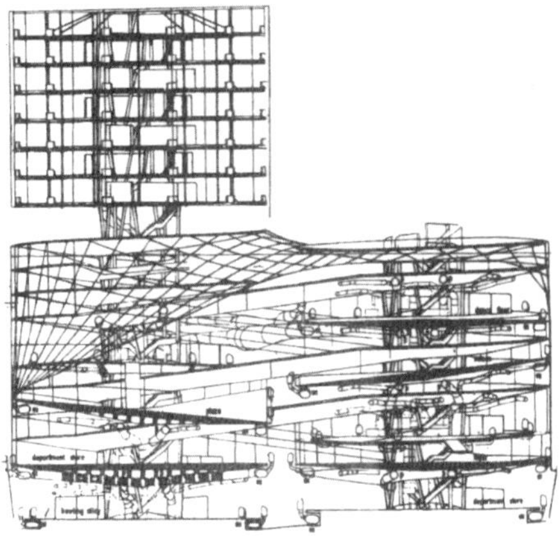

Fig. 278. Webb, projeto Sin Centre, 1962.

Fig. 279. Herron, projeto Walking City, 1964.

Fig. 280. Fuller, projeto para uma cúpula geodésica sobre o centro de Manhattan (de um lado a outro do rio, ruas 64-22), 1962.

Além de um certo erotismo subversivo (a paródia biologicamente funcionalista no Sin Centre de Michael Webb de 1962, por exemplo), o Archigram estava mais interessado no apelo sedutor do imaginário da era espacial, e, segundo Fuller, nos matizes "armagedônicos" de sobrevivência tecnológica, do que nos processos de produção ou na relevância de uma técnica tão sofisticada para as tarefas do momento. Apesar de toda sua ironia superficial, o projeto Walking Cities de Ron Herron, de 1964, fora claramente concebido como estruturas que se arrastassem por um mundo destroçado depois de uma guerra nuclear. Como o Glomar Explorer de Howard Hughes, elas sugerem uma espécie de salvação de pesadelo, que resgata tanto homens quanto artefatos depois de um desastre cataclísmico. Esses leviatãs podem ser vistos como equivalentes de uma proposta feita em 1962 por Fuller, que pretendia erguer uma cúpula gigantesca sobre a parte central de Manhattan. Esse pulmão de aço urbano foi projetado como um escudo geodésico contra a poluição, uma estrutura que certamente também poderia ser usada como abrigo contra a precipitação radioativa na improvável eventualidade de um ataque nuclear que não atingisse exatamente o alvo. Com uma indiferença comparável, o Archigram não via motivos para preocupar-se com as consequências sociais e ecológicas de suas diversas propostas megaestruturais, das quais a Plug-In City de Peter Cook (1964) foi um exemplo típico. Da mesma maneira, em sua obsessão pelas cápsulas suspensas da era espacial, Dennis Crompton, Michael Webb, Warren Chalk e David Greene não se sentiram obrigados a explicar por que alguém optaria por viver num dispositivo mecânico tão caro e sofisticado, enfrentando, ao mesmo tempo, uma existência num espaço tão brutalmente exíguo. Como Banham, representando os gestos narcisistas de Vishnu em sua bolha solipsista e inflável, equipada com alta fidelidade e provavelmente outros confortos materiais (talvez em homenagem ao *etos* filisteu da irônica letra de canção de Fuller, *Roam Home to a Dome*; ver p. 290), todos eles propuseram padrões espaciais muito abaixo do *Existenzminimum* estabelecido pelos funcionalistas do pré-guerra que eles supostamente desprezavam.

Se alguma coisa estava destinada a reduzir a arquitetura "ao nível das atividades de certas espécies de insetos e mamíferos" – para citarmos o ataque lançado em 1956 por Berthold Lubetkin contra o redutivismo dos arquitetos construtivistas soviéticos (seu alvo era o grupo OSA, de Ginzburg) –, eram, sem dúvida, essas células residenciais projetadas pelo Archigram. Modeladas segundo a Casa Dymaxion de Fuller, de 1927, ou seu Banheiro Dymaxion, de uma década mais tarde (ver pp. 290-1), essas unidades pretendiam ser "embalagens autônomas", no sentido de terem sido projetadas basicamente para uma só pessoa ou para casais. Embora essa preocupação com a unidade sem crianças possa ter sido uma crítica implícita à família burguesa, a posição intrínseca do Archigram quase nada tinha de crítica, como fica claro num trecho de *Architecture: Action and Plan* [Arquitetura: ação e plano], de Peter Cook, 1967:

Fig. 281. Kukutake, projeto Cidade Marinha, 1958.

Fig. 282. Kurokawa, torre capsular Nagakin, Tóquio, 1971.

Dentre os pontos principais da atividade de um arquiteto, quase sempre fará parte a investigação das "possibilidades" de um lugar; em outras palavras, o uso da inventividade do conceito arquitetônico para explorar ao máximo as vantagens oferecidas por um pedaço de terra. No passado, isto teria sido visto como um uso imoral das aptidões de um artista. Hoje, simplesmente faz parte da sofisticação de todo o processo ambiental e de construção, no qual a questão financeira pode converter-se num elemento criativo do *design*.

A obra do Archigram tinha afinidades surpreendentes com a dos metabolistas japoneses, que, reagindo às pressões da superpopulação de seu país, começaram, no final dos anos 1950, a propor o desenvolvimento e a adaptação de megaestruturas "de encaixe" nas quais as células vivas, como na obra de Noriaki Kurokawa, seriam reduzidas a casulos pré-fabricados presos a enormes arranha-céus helicoidais. Alternativamente, como nos projetos de Kiyonari Kikutake, eles seriam ligados, como lapas, às superfícies internas e externas de grandes cilindros flutuando no mar. As cidades flutuantes de Kikutake estão certamente entre as visões mais poéticas do movimento metabolista. Contudo, apesar da proliferação de plataformas de perfuração de petróleo em alto-mar, com seus complementos funcionais dedicados à extração de energia, as cidades marinhas de Kikutake parecem cada vez mais remotas e inaplicáveis à vida cotidiana do que as megaestruturas do Archigram. Um testemunho do vanguardismo retórico do movimento está no fato de a maioria dos metabolistas ter-se voltado para práticas mais convencionais. Com a exceção da Sky House de Kikutake, de 1958, e da torre Nagakin com cápsulas para solteiros, construída por Kurokawa em Ginza, Tóquio, em 1971 (cf. os apartamentos capsulares de Kurokawa, de 1962), muito poucos conceitos metabólicos foram realizados na prática. Ainda que seja preciso estabelecer uma distinção entre esse Futurismo exacerbado e as propostas inteligentes de formas urbanas apresentadas por arquitetos moderados como Fumihiko Maki e Masato Otaka, Gunther Nitschke fez as seguintes afirmações ao avaliar o movimento metabolista em 1966:

À medida que as construções atuais se tornam mais pesadas, mais duras, de escala cada vez mais monstruosa, à medida que a arquitetura é vista como uma forma de expressão de poder, seja este individual ou de qualquer tipo de instituição vulgar, que deveria estar a serviço da sociedade, e não tentando dominá-la, toda essa conversa sobre maior flexibilidade e mudanças afetivas não passa de estardalhaço. Ao compararmos essa estrutura [o projeto da Cidade Metabólica de Akira Shibuya, de 1966] com qualquer outra estrutura japonesa tradicional ou com os métodos modernos sugeridos por Wachsmann, Fuller ou Ekuan, no Japão, deve-se vê-la como um mero anacronismo cujo atraso remonta a mil anos, ou, para dizer o mínimo, como algo que não está à frente da arquitetura moderna em termos de teoria e prática.

No Japão, o declínio da concepção metabolista começou com o evidente vazio ideológico da Exposição de Osaka de 1970. Desde então, a liderança crítica da arquitetura japonesa passou dos antigos metabolistas para os membros da chamada Nova Onda japonesa, cuja obra se tornou conhecida em grande parte graças ao apoio de dois arquitetos da geração intermediária, Arata Isozaki e Kazuo Shinohara. Enquanto a obra de Shinohara permaneceu quase que exclusivamente residencial, o valor de Isozaki decorre de sua dupla reputação: primeiro, como um intelectual crítico, e, segundo, como um arquiteto público cuja carreira independente começou com a agência Oita do Fukuoka Mutual Bank, construída em Kyushu em 1966. Essa obra bem-sucedida levou a toda uma série de importantes edifícios públicos, dentre os quais o Museu da Prefeitura de Gunma, Takasaki, de 1974.

Isozaki tornou-se internacionalmente conhecido em 1968, quando fez, na 14ª Trienal de Milão, uma exposição crítica intitulada Labirinto Elétrico. Concebida como uma apresentação multimídia do significado apocalíptico do desastre de Hiroshima, esse *tour de force* que compreendia telas giratórias operadas ao acaso e imagens retroprojetadas, colocou Isozaki em pé de igualdade com a vanguarda europeia. A Trienal de Milão colocou-o em contato com o Archigram e Hans Hollein, e desde então sua obra passou a apresentar alguns aspectos dessas influências. Do Archigram ele assimilou a exuberância *high-tech* de seu robô projetado para o Festival Plaza de Kenzo Tange, na Exposição de Osaka em 1970; de Hollein, sua tendência a misturar materiais com objetos de requintada manufatura e imagens artísticas irônicas, que aparecem pela primeira vez na sede do Fukuoka Sogo Bank em Kitakyushu (1968-71). Além de sua queda pelos acabamentos interiores apurados, Isozaki inspirou-se, a exemplo de Kahn, na *architecture parlante* de Ledoux. Tomando a emblemática geometria neoplatônica deste último como ponto de partida, Isozaki procurou criar uma arquitetura *high-tech* gradeada em uma série de agências bancárias projetadas no início dos anos 1970, culminando na *magnum opus* do Museu de Gunma. Com essa arquitetura de miragens e cintilante, Isozaki tentou compensar a perda do tradicional "espaço da escuridão" japonês – o interior residencial recuado e pouco iluminado que Junichiro Tanizaki tinha sido um dos primeiros a lamentar, em seu ensaio Elogio das sombras (1933). Solidário com a avaliação de Tanizaki dos interiores umbrosos das construções japonesas tradicionais, mas incapaz de aceitar as implicações reacionárias de sua nostalgia cultural, Isozaki tentou desenvolver um equivalente moderno desse espaço mágico tradicional. Essa evolução chegou a seu ponto máximo no Nagamsami Home Bank (1971), sobre o qual escreveu:

Esse edifício quase não tem forma; é apenas uma expansão cinzenta. A grade de múltiplos níveis orienta a linha de visão, mas não a leva para nada de específico. À primeira vista, a vaga expansão cinzenta parece impossível de decifrar e é totalmente estranha. A treliça de múltiplos níveis dispersa a visão pelo espaço, do mesmo modo como se um projetor central

Fig. 283. Isozaki, Museu de Belas-Artes Prefeitoral de Gunma, Takasaki, 1974.

lançasse diversas imagens ao redor de uma área. Absorve todos os espaços individuais que estabelecem uma ordem estrita. Oculta-os, e, concluído esse processo de ocultamento, resta apenas a expansão cinzenta.

Desde o início dos anos 1970, a obra de Isozaki tem oscilado constantemente entre montagens atectônicas reticuladas (expansões cinzentas) controladas pela sobreposição de formas cúbicas, como o Museu de Gunma e o edifício Shukosha na cidade de Fukuoka (1974-75), e uma série de estruturas tectônicas cobertas por abóbadas cilíndricas, como a sede do clube de campo Fujimi, perto de Oita (1972-74) e a Biblioteca Central da cidade de Kitakyushu (1972-75). A versão mais recente deste último paradigma é o Museu de Arte Contemporânea de Los Angeles, em construção em 1984, que talvez seja o que há de melhor em sua obra recente.

Ao contrário dos metabolistas, Isozaki, Shinohara e outros membros da Nova Onda japonesa aceitam o fato de que, hoje, é praticamente impossível tentar obter uma relação significativa entre o edifício individual e a malha urbana como um todo. Essa atitude crítica tem sido expressa em uma série de casas extremamente formais e introspectivas, projetadas por arquitetos como Tadao Ando, Hiromi Fujii, Hiroshi Hara, Itsuko Hasegawa e Toyo Ito, além de obras igualmente introvertidas de Isozaki e Shinohara. (Ver também, mais adiante, pp. 393-4 e 412-5.)

Ito, que foi influenciado em igual medida tanto por Isozaki quanto por Shinohara, pode ser visto como uma síntese da diretriz geral da Nova Onda japonesa, ou seja, sua obra é ao mesmo tempo extremamente estética e ideologicamente crítica. Como Isozaki e Shinohara, ele assumiu uma postura fatalista diante da megalópole, vendo-a como uma manifestação de delírio ambiental, carente de sentido. Em sua opinião, a única oportunidade de significação cultural está na criação de domínios poéticos fechados, em contraste com a desordem aleatória do Domínio Urbano do Não Lugar (ver adiante). Sua maior obra urbana até o momento, o edifício PMT em Nagoya, erguido em 1978, é uma intervenção estrutural "da finura do papel" cuja forma hermética e quase totalmente iluminada pelo alto possui uma beleza áspera e estoica. O que temos, aqui, é a contraforma aristocrática (Isozaki), e não a máscara de um populismo condescendente (Venturi). Isto fica muito claro num ensaio escrito por Ito em 1978, *Colagem e superficialidade em arquitetura*:

> Numa cidade japonesa, a riqueza de superficial não consiste em um acúmulo retórico de edifícios, mas, pelo contrário, decorre de uma nostalgia de nosso passado arquitetônico perdido, indiscriminadamente misturado com os ícones superficiais do presente. Por trás de um infinito desejo de satisfação nostálgica encontra-se um vazio privado de qualquer substância. O que desejo obter com minha arquitetura não é outro objeto nostálgico, mas uma certa superficialidade de expressão que possa revelar a natureza do vazio que se oculta por trás dela.

Como vimos, além da cultura marginal da cúpula geodésica do Oeste norte-americano, o maior impacto de Buckminster Fuller deu-se no Japão, e, acima de tudo, na Inglaterra, onde um desenvolvimento contínuo "Dymaxion" pode ser rastreado, desde os primeiros projetos de estrutura espacial e cúpula de Cedric Price e Peter Cook até a obra mais recente da Foster Associates.

O paradigma desse movimento é o Centro Pompidou em Paris, construído em 1977 a partir dos projetos da breve parceria anglo-italiana de Richard Rogers e Renzo Piano. O edifício é, obviamente, uma realização da retórica tecnológica e infraestrutural do Archigram; e, enquanto as consequências plenas dessa abordagem vão se tornando evidentes pelo uso cotidiano, é evidente que certas conquistas paradoxais podem ser alegadas em seu favor. Primeiro, trata-se de um grande sucesso popular – tanto por sua natureza sensacional quanto por tudo o mais. Em segundo lugar, é um *tour de force* brilhante de uma técnica avançada, assemelhando-se em todos os pontos à refinaria de petróleo cuja tecnologia tenta igualar. Contudo, parece ter passado a existir sem nenhuma consideração para com a especificidade dos pontos principais de seu projeto – o espaço para a arte e a biblioteca que estava destinado a abrigar. Em termos de *design*, representa a abordagem da indeterminação e da flexibilidade ideal levadas a seus extremos. Não apenas foi preciso construir outro "edifício" dentro de seu volume estrutural, para ter paredes e fechamento suficientes para as exposições de arte; parece, também, que a colocação de treliças com vãos de cinquenta metros em todo o edifício para garantir uma flexibilidade máxima mostrou-se um procedimento excessivo. No primeiro caso, há uma falta de superfícies de paredes; no segundo, um excesso de flexibilidade. O fato adicional de que a escala do edifício é bem indiferente a seu contexto urbano e de que ele é incapaz de representar seu *status* enquanto instituição é coerente com a posição ideológica da qual provém, uma vez que tais preocupações sempre foram alheias à escola inglesa de *design* Dymaxion. Uma das ironias involuntárias dessa obra parece derivar da vista espetacular que se pode ter da cidade a partir das escadas rolantes de acesso, que ficam do lado oeste do edifício. Hoje, essas vias de acesso são insuficientes para acomodar a média

Figs. 284, 285. Piano e Rogers, Centro Pompidou, Paris, 1972-77.

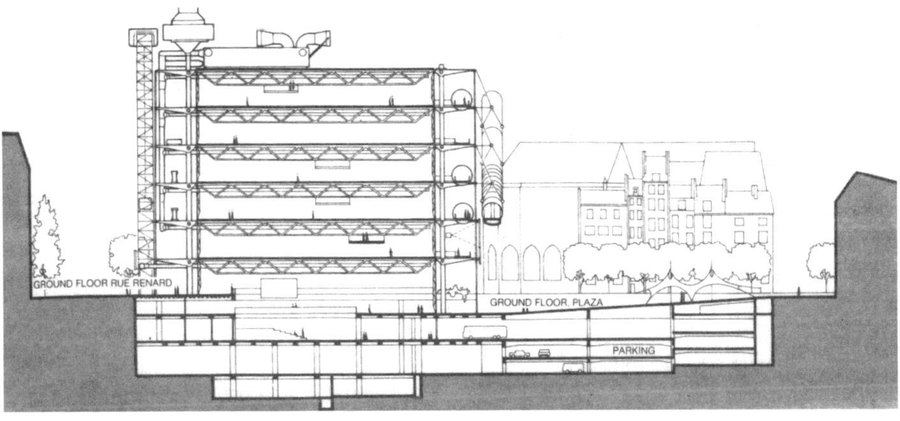

Fig. 286. Llewelyn-Davies Weeks Forestier-Walker e Bor, plano estratégico para Milton Keynes New Town, Buckinghamshire, 1972. Traçado esquemático da rede viária sobre a cidade. As áreas residenciais (em sombreado claro) e as de trabalho (partes mais escuras) são misturadas irregularmente umas com as outras.

diária de mais de 20.000 visitantes, muitos dos quais o procuram não pelas atividades culturais oferecidas, mas pelo edifício em si e pela vista que dele se descortina.

Uma abordagem igualmente indeterminada foi adotada no projeto de 1972 da Milton Keynes New Town inglesa. Essa cidade, baseada num traçado irregular de ruas, foi aparentemente concebida como uma Los Angeles instantânea a ser colocada sobre a paisagem rural de Buckinghamshire. Sua malha vazia e irregular, configurada segundo a topografia, foi mais um exercício de indeterminação levado às raias do absurdo. Apesar do Neoclassicismo de seu centro comercial miesiano, sua capacidade de representar uma identidade municipal é virtualmente inexistente. É um espaço onde não se tem noção de chegada, a não ser pela indicação gráfica dos limites legais, e, para o visitante eventual, Milton Keynes parece ser apenas um aglomerado bastante aleatório de propriedades mais ou menos bem projetadas. Em termos de contraste, pensamos na precisão ortogonal da Broadacre City de Wright, onde, apesar da dispersão inexorável da malha urbana, os lugares teriam adquirido uma certa definição em virtude de seus limites ortogonais. Não é preciso dizer que aqui quaisquer limites que porventura existam não correspondem a qualquer ordem perceptível, o que é muito pouco surpreendente quando nos lembramos de que a estrutura da cidade foi influenciada pelas teorias urbanísticas de Melvin Webber, cujo lema Domínio Urbano do Não Lugar parece ter sido adotado como princípio pelos arquitetos oficiais do projeto, Llewelyn-Davies Weeks Forestier-Walker e Bor. O fato de tal lema provir do envolvimento de Webber com a teoria de Kristaller-Losch da localização do lugar central – na época, tanto quanto hoje, o modelo mais dinâmico entre os disponíveis para a criação de condições ideais de mercado – dificilmente teria deixado de ocorrer tanto aos arquitetos quanto à corporação da cidade. Essa opção por um modelo de planejamento aberto, em harmonia com os interesses hipotéticos de uma sociedade de consumo, foi sem dúvida uma escolha intencional.

Na Hochschule für Gestaltung (HfG) de Ulm, na Alemanha, concebida inicialmente em 1951 pelo arquiteto suíço Max Bill como a sucessora institucional da Bauhaus, uma abordagem rigorosa do *design* e da tecnologia terminou por confrontar-se no espaço de uma década com as contradições fundamentais da criação de projetos para uma sociedade de consumo. Depois da demissão de Bill como diretor, em 1956, a HfG adotou uma forma de "pesquisa operacional" com a qual pretendia desenvolver uma heurística do *design* em que as formas dos objetos seriam determinadas de acordo com métodos precisos para a análise da natureza de sua produção e seu uso. Infelizmente, esse método não demorou a degenerar em uma forma de idolatria do método em que o "purista" metodológico era invariavelmente preparado para adiantar-se a uma solução em vez de chegar a um *design* que não tivesse sido ergonomicamente determinado. No que dizia respeito ao Departamento de Construção Industrial de Herbert Ohl, isso levou a uma ênfase sobre o *design* de componentes industriais que excluía qualquer análise abrangente de tarefas específicas de construção. Em geral, as necessidades reais eram negligenciadas, num esforço de produzir componentes prototípicos extremamente sofisticados (apesar de relativamente simples) para a produção racional da forma construída. Em meados dos anos 1960, os membros mais críticos do corpo docente, Tomás Maldonado, Claude Schnaidt e Gui Bonsiepe, haviam reconhecido conjuntamente que essa idealização do *design* de produtos era um beco sem saída, que desprezava, em nome do método científico e da estética funcional, as contradições fundamentais inerentes à sociedade neocapitalista. A propósito da arquitetura, ninguém expôs isto de modo mais vigoroso do que Schnaidt, que, em seu ensaio *Arquitetura e compromisso político*, escreveu:

Fig. 287. Bill, Hochschule für Gestaltung, Ulm, 1953-55, mostrando (da esquerda para a direita) o bloco dos ateliês, a biblioteca, o edifício da administração e os alojamentos para estudantes. Ao longe, a catedral de Ulm.

> Na época em que os pioneiros da arquitetura moderna eram jovens, eles pensavam como William Morris, para quem a arquitetura deveria ser "uma arte do povo para o povo". Em vez de comprazer-se com os gostos dos poucos privilegiados, queriam satisfazer os requisitos necessários à comunidade. Queriam construir moradias adaptadas às necessidades humanas, erguer uma Cité Radieuse. Mas eles não tinham contado com os instintos comerciais da burguesia, que não perdeu tempo em usurpar suas teorias e colocá-las a seu serviço para ganhar dinheiro. Rapidamente, utilidade tornou-se sinônimo de lucro. As formas antiacadêmicas tornaram-se o novo *décor* das classes dominantes. A moradia racional foi transformada na moradia mínima, a Cité Radieuse num conglomerado urbano, e a austeridade de linha em pobreza de forma. Os arquitetos de sindicatos, cooperativas e prefeituras socialistas foram colocados a serviço dos destiladores de uísque, de fabricantes de detergentes e do Vaticano. A arquitetura moderna, que queria desempenhar seu papel na libertação da humanidade criando um novo ambiente para se viver, foi transformada num gigantesco empreendimento para a degradação do hábitat humano.

Mais adiante, no mesmo artigo, Schnaidt criticava as conquistas da vanguarda "alternativa" dos anos 1960:

> Faz parte de sua filosofia acreditar que até mesmo os mais ousados conceitos em arquite-

Fig. 288. Superstudio, *Trajetória de A a B*, 1969. "Não haverá mais motivos para a construção de estradas ou praças".

tura e planejamento urbano são viáveis graças aos recursos da tecnologia moderna. Isso é o que se encontra por trás de sua busca de algo que se assemelhe a naves espaciais, caixotes para embalagem, sistemas de arquivamento, refinarias ou ilhas artificiais. (...)

Esses arquitetos futuristas podem perfeitamente ter o mérito de levar a tecnologia a suas conclusões lógicas, mas o mais comum é que sua atitude termine em tecnolatria. A refinaria e a cápsula espacial podem servir de modelos de perfeição técnica e formal, mas, caso se transformem em objetos de um culto, as lições que podem ensinar perderão por completo sua marca. Essa confiança ilimitada nas potencialidades da tecnologia caminha de mãos dadas com um grau surpreendente de desprezo pelo futuro do homem. (...) Essas visões são reconfortantes para muitos arquitetos: revigorados por tanta tecnologia, por tamanha confiança no futuro, eles se sentem seguros e justificados em sua abdicação social e política.

Contudo, ainda que possamos questionar sua eficácia, a vanguarda arquitetônica dos anos 1960 não havia abdicado por inteiro de sua responsabilidade social. Existiam muitas facções cuja orientação era decididamente política e cuja atitude diante da tecnologia de ponta não era de modo algum desprovida de espírito crítico. Entre elas, deve-se mencionar o grupo italiano Superstudio, que, nesse aspecto, estava entre as mais poéticas. Influenciado pelo conceito de "planejamento urbano unitário" da International Situationist Constant Nieuwenhuys, que, em sua Nova Babilônia de 1960, havia postulado uma malha urbana em constante mutação, capaz de responder à tendência "lúdica" do homem, o Superstudio, liderado por Adolfo Natalini, começou em 1966 a produzir um conjunto de obras mais ou menos divididas entre a representação da forma de um Monumento Contínuo, como um signo urbano mudo, e a produção de uma série de vinhetas que ilustravam um mundo do qual os bens de consumo haviam sido eliminados. Sua obra ia da projeção de vastos megalitos impenetráveis, revestidos de vidro espelhado, à reprodução de uma paisagem de ficção científica na qual a natureza se tornara benévola – em resumo, a quintessência da utopia arquitetônica. Em 1969, escreveram:

> Para além das convulsões da superprodução, um Estado pode nascer da calma adquirida por um mundo sem produtos ou refugos, uma zona em que a mente é energia e matéria-prima e também o produto final, o único objeto de consumo intangível.

E, de novo, em 1972:

> Os objetos dos quais precisaremos serão apenas bandeiras ou talismãs, signos de uma existência que continua, ou meros utensílios para operações simples. Assim, por um lado restarão utensílios (...), por outro, objetos simbólicos como monumentos ou distintivos (...) objetos que podem ser facilmente levados conosco se nos tornarmos nômades, ou pesados e imóveis se decidirmos ficar para sempre no mesmo lugar.

Além da regra do princípio do desempenho, que o filósofo Herbert Marcuse já havia caracterizado como definidor da vida em termos de instrumentos e bens de consumo, o Superstudio projetava uma utopia silenciosa, antifuturista e tecnologicamente otimista na qual, nas palavras de Marcuse em *Eros e civilização* (1962),

> O nível de vida seria avaliado por outros critérios: a gratificação universal das necessidades humanas básicas, a libertação da culpa e do medo – interiorizados e exteriorizados, instintivos e "racionais". (...) Nesse caso, o *quantum* de energia instintiva ainda por ser desviado para o trabalho necessário (...) seria tão limitado que faria entrar em colapso um grande espaço de coerções e modificações repressivas não mais sustentadas por forças externas.

É significativo que o Superstudio tenha optado por representar um mundo não repressivo como esse em termos de uma arquitetura que era virtualmente invisível, ou, quando visível, totalmente inútil e, em seu *design*, autodestrutiva (ver sua represa autodesintegrante em vidro espelhado para as cataratas do Niagara). Por mais que tenham apresentado a contradição do Monumento Contínuo como uma massa impenetrável que remetia a Boullée, era ainda assim uma imagem metafísica, tão efêmera e críptica quanto os monumentos suprematistas de Malevich ou os edifícios "empacotados" de Christo, um artista que, depois de empacotar o Kunsthalle de Berna, em 1968, continuou a desenvolver esse tipo de trabalho, ou seja, a "silenciar" a maioria dos monumentos institucionais do mundo ocidental.

No início dos anos 1960, a consciência cada vez maior de que, na prática comum, faltava uma correspondência fundamental entre os valores do arquiteto e as necessidades e os costumes do usuário, levou a toda uma série de movimentos reformistas que buscavam, através de uma variedade de caminhos contrautópicos, superar esse abismo entre o *designer* e a sociedade cotidiana. Essas facções não só desafiaram a inacessibilidade da sintaxe abstrata da arquitetura contemporânea, como também tentaram criar maneiras pelas quais os arquitetos poderiam atender aos segmentos pobres da população que normalmente são marginalizados pela profissão. Em seu livro *Supports: An Alternative to Mass Housing* [Suportes: uma alternativa para a construção de moradias em massa] (1972), N. J. Habraken abordou primeiro o problema de construir estruturas residenciais capazes de satisfazer as necessidades variáveis de seus usuários, e John Turner e William Mangin começaram, em 1963, a escrever sobre sua experiência como consultores das cidades espontâneas que os "grileiros" estavam fazendo surgir ao redor dos perímetros de grandes cidades da América do Sul. A situação apresentada a seguir, do modo como a descreveu Mangin, na época, pode ser considerada um exemplo típico de muitas outras cidades do continente:

> O tremendo crescimento populacional no Peru, em conjunto com a centralização das vantagens sociais, políticas, econômicas e culturais em Lima, a capital do país, levou ao recente aumento da migração dos moradores das províncias. Podemos afirmar, com segurança, que pelo menos 1 milhão dos 2 milhões de habitantes de Lima não nasceram ali. O aumento do número de migrantes para a cidade e o posterior reassentamento dramático de muitos deles em terras devolutas (*barriadas*), em desamparo e contando apenas com seu esforço pessoal, chamou a atenção de muita gente no país e no exterior, e, pela primeira vez, deixou os peruanos conscientes de sua situação. Pode ser que, no passado, a cidade tenha crescido de modo semelhante, mas a magnitude e a visibilidade do afluxo recente conferiu ao processo a aparência de um fenômeno inédito. Os migrantes vêm de praticamente todos os grupos étnicos, de todas as regiões e classes sociais existentes no país.

Sem dúvida, problemas de tal magnitude estão além da esfera da arquitetura enquanto disciplina autônoma e até mesmo à margem do processo de assentamento na terra e construção do modo como costuma ser entendido. Ainda assim, a escala do pro-

FIg. 289. De Carlo, vilarejo Mateotti, Terni, 1974-77.

blema, sua visibilidade e a necessidade de enfrentá-lo de um modo que pudesse ajudar os "grileiros" a construir com maior eficácia (a decisão de proporcionar-lhes água e saneamento básico, na maioria dos casos) criaram um clima geral em que a fórmula da Neue Sachlichkeit – que já tinha quarenta anos – para o saneamento de bairros miseráveis seguido por uma reconstrução maciça, foi pela primeira vez submetida a uma reconsideração radical. Habraken argumentou que a abordagem toda precisava ser repensada não só a propósito do Terceiro Mundo, como também do descontentamento cada vez maior dos usuários nas economias industrializadas.

A criação de modos alternativos de lidar com tal situação, tanto no caso do mundo desenvolvido quanto no do subdesenvolvido, mostrou-se ilusória, e a panaceia da "participação do usuário" (difícil de definir adequadamente, e ainda mais difícil de conseguir) serviu apenas para nos dar uma consciência mais aguda da intratabilidade do problema e do fato de que ele talvez só possa ser eficientemente abordado em etapas, por respostas apropriadas a situações específicas. Não obstante, a defesa do planejamento continua sendo um legado radical dos anos 1960, ainda que os resultados de sua aplicação tenham variado muito, desde a manipulação política dos menos privilegiados até a construção recente de moradias baixas em Terni, no norte de Roma, obra projetada por Giancarlo de Carlo segundo um programa desenvolvido como resultado de amplos debates com o sindicato local. Não há dúvida de que todo esse empreendimento resultou na construção de moradias de qualidade e diversidade extraordinárias, muito embora o modo como os desejos dos usuários acabaram sendo interpretados continue sendo uma questão sujeita a controvérsias.

No que diz respeito à transformação da prática da Neue Sachlichkeit, Habraken e sua Foundation for Architectural Research (SAR), em Eindhoven, fizeram o máximo possível, em termos tecnocráticos, para levar a promessa de Yona Friedman (uma abordagem infraestrutural aberta, sua "arquitetura móvel") à sua conclusão lógica. Com esse objetivo em mente, propuseram uma estrutura de *suporte* de baixa altura e múltiplos pavimentos, cuja planta era distribuída de forma indeterminada a não ser pelas vias de acesso, pela cozinha e pelo banheiro. Fora dessas zonas, o ocupante estaria livre para dispor a planta do volume que lhe fora alocado do modo que lhe parecesse mais conveniente. Lamentavelmente, Habraken quis dotar essa matriz espacial de componentes modulares industrializados, fabricados segundo a diretriz da indústria automobilística e levados a um nível de sofisticação técnica e tolerância estrutural que ainda está por ser alcançado, mesmo nos programas de casas pré-fabricadas desenvolvidos na União Soviética. Além disso, como Friedman, ele tendia a menosprezar o fato de que grande parte da liberdade "inerente" ao sistema desapareceria automaticamente assim que se visse sob os auspícios do capital monopolizado. Afinal de contas, a construção de casas ainda precisa transformar-se num verdadeiro elemento de consumo. Felizmente, o conceito do SAR não se manteve nem caiu por terra apenas em função de sua tecnologia, e Habraken iniciou uma linha de pesquisa que ainda está por ser explorada em sua plenitude. Uma obra admirável, aparentemente influenciada pelas ideias de Habraken, são as casas "expansíveis" com terraços construídas em 1971 na Genterstrasse, em Munique, por Otto Steidle e Doris e Ralph Thut.

Populismo

O reconhecimento loosiano da perda de identidade cultural que a urbanização trouxe consigo foi retomado com grande intensidade em meados da década de 1960, quando os arquitetos começaram a perceber que os códigos redutivos da arquitetura contemporânea tinham levado ao empobrecimento do ambiente urbano. Contudo, o modo exato como se deu esse empobrecimento – até que ponto ele se deve às tendências abstratas presentes na própria racionalidade cartesiana, ou, alternativamente, à inexorável exploração econômica – é uma questão crítica e complexa que ainda precisa ser ponderadamente resolvida. Não se pode negar que o redutivismo "tábula rasa" do Movimento Moderno desempenhou um papel relevante na destruição geral da cultura urbana; assim, a ênfase que a crítica "pós-moderna" tem feito incidir sobre o contexto urbano existente dificilmente pode ser desacreditada. Essa crítica "contextualista" antiutópica já era atuante nos anos 1960, primeiro em Colin Rowe e sua abordagem neosittesca da forma urbana (conforme era ensinada na Universidade de Cornell e foi apresentada em seu livro *Collage City* [Cidade de colagem], de 1979) e depois em *Complexity and Contradiction in Architecture* [Complexidade e contradição em arquitetura] (1966), de Robert Venturi, em que ele escreveu:

> A principal justificação dos elementos aviltados na ordem arquitetônica é sua própria existência. Eles são aquilo que somos. Os arquitetos podem lamentá-los ou tentar ignorá-los, ou mesmo tentar destruí-los, mas eles não vão desaparecer. Ou não vão desaparecer por muito tempo, porque os arquitetos não têm o poder de substituí-los (nem sabem com que substituí-los), e porque esses elementos banais acomodam necessidades existentes de variedade e comunicação. Os velhos clichês que envolvem tanto a banalidade quanto a confusão continuarão sendo o contexto de nossa nova arquitetura, e, significativamente, nossa nova arquitetura será o contexto deles. Admito que estou adotando o ponto de vista limitado, mas o ponto de vista limitado, que os arquitetos tendem a menosprezar, é tão importante quanto a concepção visionária, que eles tendem a glorificar mas não executaram. O plano a curto prazo, que, de modo oportuno, combina o velho e o novo, deve acompanhar o plano no longo prazo. A arquitetura é ao mesmo tempo evolutiva e revolucionária. Enquanto arte, deverá reconhecer o que é e o que deveria ser, o imediato e o especulativo.

Com a publicação de *Learning from Las Vegas* [Aprendendo com Las Vegas] em 1972, escrito por Venturi, Denise Scott-Brown e Steve Izenour, a avaliação sensível e equilibrada feita por Venturi das realidades práticas em seu confronto com a prática cotidiana – a necessidade de estabelecer a ordem contra a desordem e vice-versa – modificou-se, passando da aceitação do aviltado à sua glorificação, de uma modesta avaliação da Rua Principal como "quase correta" a uma leitura do quadro para afixar anúncios como a utopia transfigurada do Iluminismo, ocupando seu lugar como uma transposição de ficção científica no meio do deserto!

Essa retórica, que nos levaria a ver os estacionamentos A & P como os *tapis verts* de Versalhes, ou o Caesar's Palace de Las Vegas como o equivalente moderno da Villa de Adriano, é ideologia em sua forma mais pura. A postura ambivalente do modo como Venturi e Scott-Brown exploram essa ideologia como uma maneira de nos fazer tolerar o *kitsch* implacável de Las Vegas, como uma máscara exemplar para o ocultamento da brutalidade de nosso próprio meio ambiente, testemunha a intenção estetizante de sua tese. E, enquanto seu distanciamento crítico lhes permite o luxo de descrever o cassino típico como uma paisagem inexorável de sedução e controle – eles enfatizam os espelhos de dupla face e a intemporalidade ilimitada, escura e desorientadora de seu interior –, eles têm o cuidado de dissociar-se de seus valores. Isto não os impede, contudo, de apresentá-lo como um modelo para a reestruturação da forma urbana:

> Para além da cidade, a única transição entre o Strip e o deserto de Mojave é uma zona de latas de cerveja enferrujadas. Dentro da cidade, a transição é também implacavelmente brusca. Os cassinos cujas fachadas se ligam de modo tão sensível à via elevada voltam suas partes posteriores grosseiras para o ambiente local, expondo formas residuais e espaços de equipamento mecânico e áreas de serviço.

A ironia com a qual os arquitetos, de Lutyens a Venturi, têm procurado transcender pela sagacidade as circunstâncias contraditórias sob as quais são convidados a construir parece degenerar aqui até a submissão total, e o culto do "feio e comum" torna-se indiscernível das consequências ambientais da economia de mercado. Nas entrelinhas, os autores são levados a concordar com a superfluidade do *design* arquitetônico numa sociedade exclusivamente motivada por impulsos econômicos inexoráveis; uma sociedade que não tem nada de mais importante a representar do que o gigantesco anúncio luminoso da rua comum. Ao concluírem sua análise, quase são levados a admitir que a perda do monumento é uma ausência que dificilmente pode ser compensada pelos sofismas do "galpão decorado":

> Em Las Vegas, o cassino é um espaço baixo e de grandes dimensões. É o arquétipo do interior de todos os espaços públicos cuja altura é diminuída por razões de orçamento ou ar-condicionado. Hoje, o vão é fácil de realizar, e o volume é regido por limitações de altura de natureza mecânica e econômica. Contudo, as estações ferroviárias, os restaurantes e as galerias comerciais de apenas três metros de altura também refletem nossa atitude mutável a propósito da monumentalidade (...) substituímos o espaço monumental da Pennsylvania Station por um metrô a céu aberto, e o do Grand Central Terminal continua existindo principalmente graças à sua grandiosa transformação em veículo publicitário.

Venturi está decidido a apresentar Las Vegas como uma autêntica explosão da fantasia popular. Mas, como Maldonado argumentou em seu livro *La Speranza Progettuale* [A esperança do projeto], de 1970, a realidade indicaria o contrário, que Las Vegas é a culminação pseudocomunicativa de "mais de meio século de mascaramento de uma violência manipuladora voltada para a formação de um ambiente urbano aparentemente livre e prazenteiro no qual os homens carecem por inteiro de uma vontade inovadora".

De qualquer modo, a facção ligada a Venturi não foi a única a adotar uma posição populista. Pelo contrário, logo conseguiu solidariedade e apoio, tanto nos círculos acadêmicos quanto profissionais – do crítico e historiador Vincent Scully, que de início cerrou fileiras em torno de sua causa através de uma introdução elogiosa ao livro de Venturi, *Complexity and Contradiction* [Complexidade e contradição], e que manteve seu apoio com seu polêmico *The Shingle Style Revisited* [O estilo *Shingle* revisitado] (1974), e de arquitetos como Charles Moore e Robert Stern, que, apesar de adotarem atitudes *ad hoc* mais diversificadas quanto à manipulação da forma, mostravam-se igualmente abertos à exploração da natureza essencialmente atectônica da estrutura "de retalhos" norte-americana.

O efeito final, pelo menos nos círculos anglo-saxões, foi estimular uma reação bastante indiscriminada contra todas as formas de expressão modernista em arquitetura, uma situação que o crítico Charles Jencks logo identificou como "pós-moderna". Em seu livro *The Language of Post-Modern Architecture* [A linguagem da arquitetura pós-moderna] (1977), Jencks caracterizou eficientemente o pós-modernismo como uma arte populista-pluralista de comunicabilidade imediata. No final da primeira edição de seu livro, ele aclamava a Casa Battló (1906), criação "pré-moderna" de Gaudí, como uma obra exemplar por ser facilmente acessível, no sentido de que o populacho conseguia decifrá-la e identificá-la com a iconografia do separatismo catalão que ela encarnava (Jenks refere-se à torre em forma de lança e ao telhado com a figura do dragão que representa o triunfo definitivo do herói catalão São Jorge contra o "dragão" de Madri). Contudo, as mitologias nacionalistas não podem ser inventadas de um dia para o outro, e o fato é que muitas das obras chamadas de populistas não têm nada a transmitir além de um aconchego reconfortante ou de um comentário irônico sobre o absurdo do *kitsch* suburbano. O mais comum é que os arquitetos pós-modernos usem a casa particular como uma oportunidade para entregar-se a obsessões idiossincráticas, como fica por demais evidente na trivialidade das casas Hot Dog e Daisy, construídas por Stanley Tigerman em meados dos anos 1970.

Fig. 291. Jahn, Banco do Sudoeste, Houston, 1982.

Fig. 290. Stern, Casa Ehrman, Armonk, Nova York, 1975.

Ano após ano, o Populismo norte-americano parece tornar-se cada vez mais difuso em suas paródias ecléticas, desde a presunção Art Déco da Casa Brant de Venturi (1971), construída em Greenwich, Connecticut, ou a muito semelhante Casa Ehrman de Stern em Armonk, Nova York (1975), até o pretenso Maquinismo populista (na verdade, neo-Art Déco) do arranha-céu de vidro típico de Helmut Jahn, com sua estrutura alta envolta em paredes-cortina apresentada como um gigantesco órgão Wurlitzer. Essas e ou-

Fig. 292. Moore, Piazza d'Italia, Nova Orleans, 1975-79.

tras divagações populistas indicam que a simplicidade purificadora do "mudo" e do "comum" (nas palavras de Venturi) foi agora deixada para trás, juntamente com as casas Trubeck e Wislocki, de uma elegância irregular, que Venturi construiu em Cape Cod em 1970.

Ao simular cenograficamente os perfis do clássico e do vernáculo, reduzindo, desse modo, a arquitetônica da construção à pura paródia, o Populismo tende a minar a capacidade da sociedade no sentido de continuar com uma cultura significativa da forma construída. Para a profissão como um todo, a consequência disso tem sido uma guinada sedutora, porém decisiva, para uma espécie de "patético de mau gosto", para usarmos a qualificação feliz (mas ambivalente) de Jencks a propósito dos efeitos teatrais criados por Moore e Turnbull em seus projetos para o Kresge College, no campus de Santa Cruz da Universidade da Califórnia (1974). O cinismo que, em última instância, motiva essas operações cenográficas tem sido abertamente admitido por Moore, sobretudo em seu relato sobre o processo de projeto que levou à Piazza d'Italia em Nova Orleans (1979). Em 1981, ele escreveu:

> Lembrei-me de que as ordens arquitetônicas eram italianas, com uma pequena ajuda dos gregos. Então pensamos que poderíamos colocar colunas toscanas, dóricas, jônicas e coríntias sobre a fonte, mas elas obscureciam-na, obliterando a forma da Itália. Em vez disso, então, acrescentamos uma Ordem de Mercearia que, segundo pensávamos, poderia evocar a imagem de salsichas penduradas em uma vitrine, com o que ilustraríamos sua localização transalpina. Agora, porém, creio que haverá um restaurante italiano, em vez de salsichas. (...) Havia um pouco de dinheiro sobrando, e então pensamos em colocar um templo na frente, para mostrar que nossa *piazza* ficava atrás dele. Também havia dinheiro suficiente para fazer um campanário ao lado do templo, para alardear nossa existência e criar novos desenhos em contraste com as formas verticais do arranha-céu mais atrás. Algum dia haverá lojas por ali, como acontece na Praça Ghirardelli, mas por ora nossa praça está ali sozinha, e parece sentir-se um tanto solitária.

Em contraste com o débil ecletismo de Moore (que abandonou a pureza construtiva de seu complexo Sea Ranch de Sonoma County, Califórnia, 1964-66, assim que ele foi concluído), a obra residencial de Frank Gehry, sobretudo sua "anticasa" desconstruída (cf. a "antipintura" de Marcel Duchamp), construída em Santa Mônica em 1979, introduzia um elemento genuinamente subversivo na decadência complacente da arquitetura

Fig. 293. Gehry, Casa Gehry, Santa Mônica, Califórnia, 1979.

populista norte-americana. Contudo, essa resistência criativa foi mais que equilibrada pela assimilação acrítica do Populismo norte-americano por parte das principais correntes europeias, uma transferência cultural efetuada pela seção arquitetônica de Paolo Portoghesi na Bienal de Veneza de 1980, que tinha o título duplo e sedutor de *A presença do passado* e *O fim da proibição*. É significativo que as fachadas em tamanho natural da Strada Novissima de Portoghesi, no Arsenal (fig. 309), tenham sido realizadas por cenógrafos da indústria cinematográfica italiana. A única exceção era o projeto de Leon Krier, que, sem dúvida por deferência "moral" para com seu adorado Heinrich Tessenow (ver, deste último, *Handwerk und Kleinstadt*, de 1910), insistiu em construir sua fachada com materiais verdadeiros.

Fig. 294. Rossi, bloco de apartamentos para o bairro Gallaratese de Milão, 1969-73.

Fig. 295. Rossi, projeto para o cemitério de Modena, 1971. Perspectiva aérea.

Racionalismo

Nada poderia estar mais distante do programa populista, pelo menos em sua origem, do que o movimento Neorracionalista italiano, a chamada Tendenza, que foi, claramente, uma tentativa de impedir que tanto a arquitetura quanto a cidade fossem infestadas pelas forças onipresentes do consumismo megalopolitano.

Essa volta aos "limites" da arquitetura começou com a publicação de dois textos singularmente embrionários, *L'architettura della città* [A arquitetura da cidade] (1966), de Aldo Rossi, e *La costruzione logica dell'architettura* [A construção lógica da arquitetura] (1967), de Giorgio Grassi. O primeiro enfatizava o papel a ser desempenhado pelos tipos de construção estabelecidos na determinação da estrutura morfológica da forma urbana à medida que ela se desenvolve com o passar do tempo; o segundo tentava formular as regras necessárias de composição ou combinação para a arquitetura – a lógica intrínseca pela qual o próprio Grassi chegara à sua expressão extremamente contida. Apesar de insistirem em que as necessidades do cotidiano devem ser satisfeitas, os dois homens rejeitavam o princípio segundo o qual se supõe que a forma segue a função – a ergonomia – e afirmavam, pelo contrário, a autonomia *relativa* da ordem arquitetônica. Ciente da tendência da racionalidade interessada em absorver e deturpar qualquer gesto cultural significativo, Rossi estruturou sua obra a partir de elementos arquitetônicos históricos que podiam evocar e inclusive transcender os paradigmas racionais (quando não arbitrários) do Iluminismo: a forma pura postulada na segunda metade do século XVIII por Piranesi, Ledoux, Boullée e Lequeu. O aspecto mais enigmático, para não dizermos hermético, desse pensamento, reside em sua preocupação implícita com o Panopticon (cf. *Surveiller et punir* [Vigiar e punir] de Michel Foucault, 1975), sob cuja rubrica ele certamente incluiria – de acordo com os *Contrastes* de Pugin, de 1843 – a escola, o hospital e a prisão. Rossi parece ter retornado obsessivamente a essas instituições normatizadoras, quase punitivas, que para ele, ao lado do monumento e do cemitério, constituem o único programa capaz de encarnar os valores da arquitetura *per se*. Segundo a tese apresentada pela primeira vez por Loos em seu ensaio *Architektur*, de 1910, Rossi admitiu que, em sua maioria, os programas modernos são veículos inadequados para a arquitetura, e, para ele, isto vinha significando recorrer à chamada arquitetura analógica, cujos referenciais e elementos devem ser abstraídos do vernáculo no sentido mais amplo possível. Com esse objetivo, seu bloco de apartamentos Gallaratese, projetado como parte do conjunto habitacional que Carlo Aymonino construiu nos arredores de Milão em 1973, foi uma oportunidade de evocar a arquitetura da tradicional casa de cômodos milanesa. Da mesma maneira, sua Câmara Municipal para Trieste, projetada em forma de uma penitenciária em 1973, era tanto uma homenagem à tradição da construção local no século XIX quanto um comentário sarcástico sobre a natureza básica da burocracia moderna. Como Leon Krier, que desde então seguiu por um caminho parecido, Rossi tenta evitar as quimeras gêmeas da modernidade – a lógica positivista e uma fé cega no progresso – pelo retorno tanto à tipologia quanto às formas de construção da segunda metade do século XIX. Sobre sua contribuição ao complexo Gallaratese, ele escreveu:

> Em meu projeto para o bloco residencial no bairro Gallaratese de Milão (1969-73), há uma relação analógica com certas obras de engenharia que se misturam livremente tanto com a tipologia do corredor quanto com um sentimento afim que sempre experimentei na arquitetura da casa de cômodos milanesa tradicional, onde os corredores significam um estilo de vida banhado pelos acontecimentos do dia a dia, pela intimidade doméstica e pela diversidade das relações pessoais. Contudo, outro aspecto desse projeto foi-me esclarecido por Fabio Reinhart ao atravessarmos, de carro, o desfiladeiro de San Bernardino, como sempre fazíamos para chegar a Zurique a partir do vale do Ticino. Reinhart chamou a minha atenção para o elemento repetitivo no sistema de túneis com aberturas laterais, e, portanto, seu padrão inerente. Compreendi (...) como devo ter consciência dessa estrutura específica (...) sem necessariamente pretender expressá-la numa obra arquitetônica.

Essa abordagem analógica, suspensa, como afirmou o próprio Rossi, entre "inventário e memória", permeia toda a sua obra, desde o monumento à resistência, em forma de *bunker*, projetado para Cuneo em 1962, até o cemitério de Modena de 1971, com suas referências não apenas ao ossário tradicional, mas também, por associação, à fábrica e à propriedade rural típica da região da Lombardia.

Outros italianos que deram importantes contribuições à Tendenza foram Vittorio Gregotti, cujo livro *Il territorio dell'architettura* [O território da arquitetura] (1966) exerceu grande influência, e Enzo Bonfanti, que, com Massimo Scolari, editou a revista neorracionalista *Contraspazio* [Contraespaço] na segunda metade da década de 1960. Finalmente, é preciso conceder crédito a Manfredo Tafuri, cujos textos exerceram uma influência decisiva sobre o movimento, e a Franco Purini e Laura Thermes, cujos projetos teóricos exploravam a extensão potencial da sintaxe neorracionalista. Paradoxalmente, a Tendenza realizou muito pouco

Fig. 296. Reichlin e Reinhart, Casa Tonini, Torricella, 1974.

na Itália, embora tenha exercido um impacto sobre o planejamento urbano italiano e a preservação histórica de centros urbanos, tendo por exemplo clássico o estudo analítico de Bolonha de Cervellati e Scannarini, que influenciou o desenvolvimento dessa cidade ao longo da década de 1970.

A maior realização da Tendenza fora da Itália deu-se, sem dúvida, na região suíça do Ticino, onde uma escola "racionalista" de considerável vigor já vinha florescendo desde o início dos anos 1960. Enquanto Bruno Reichlin e Fabio Reinhart seguiram Rossi muito de perto (ver sua Casa Tonini em Torricella, 1974), a Escola de Ticino incluía artistas cuja obra veio a ter uma influência racionalista muito mais vasta. A esse respeito, uma obra típica é a neocorbusiana Casa Rotalinti, construída por Aurelio Galfetti em Bellinzona (1961), que antecede em quase uma década o surgimento da Tendenza enquanto influência. Também é preciso observar que os arquitetos de Ticino eram privilegiados pela sua ligação com o movimento racionalista italiano do pré-guerra, em particular Alberto Sartoris e Rino Tami (ver mais adiante, pp. 390-1).

Desde o final dos anos 1960, o Neorracionalismo conquistou muitos seguidores em todo o continente europeu. Na França, sua influência é evidente no complexo de apartamentos Noisy 2 de H. E. Ciriani, em Marne-la-Vallée, perto de Paris (1980). Na Alemanha, o Neorracionalismo teve sua principal manifestação na obra tipológica de Mathias Ungers, Jürgen Sawade e J. P. Kleihues. A esse respeito, as obras recentes de maior importância são a ampliação do Messehalle (1983), de Ungers, e seu Museu de Arquitetura (1984), ambas construídas em Frankfurt. Em Berlim, uma amostra da obra racionalista certamente incluiria o conjunto habitacional Vinetaplatz, erguido em Wedding (1978) por Kleihues, e seu hospital megaestrutural em Neukölln (1984).

De especial importância para o desenvolvimento alemão foi a adoção, por parte de Ungers, de uma abordagem neorracionalista modificada da forma urbana, depois de sua volta dos Estados Unidos em 1975. Sua tese

Fig. 297. Ciriani, detalhe de Noisy 2, Marne-la-Vallée, 1980.

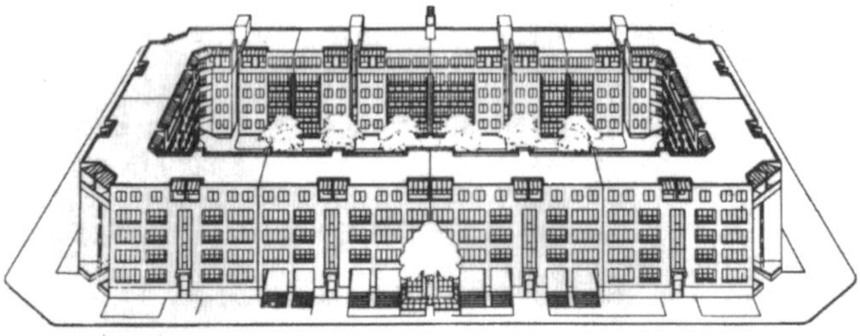

Fig. 298. Kleihues, conjunto habitacional, Berlim-Wedding, 1978. Este tipo-residencial tem a capacidade de formar pátios e ruas.

daquela época, segundo a qual no futuro teremos de nos defrontar frequentemente com o problema da retração metropolitana planejada, mais do que com a expansão ou a renovação, tem conferido uma certa urgência a sua abordagem. Ungers recomenda uma estratégia urbana fragmentária que compreende formas de desenvolvimento limitadas de acordo com as restrições topográficas e institucionais de uma tarefa específica em um contexto específico. Isto aparece em projetos como seu Hotel Berlim, de 1976, ou em sua proposta de 1978 de um edifício para usos múltiplos no centro de Hildesheim. Enquanto, no Hotel Berlim, ele optou por uma "cidade em miniatura" autossuficiente, nas proximidades da paisagem urbana devastada da histórica Lutzowplatz, em Hildesheim, ele tentou racionalizar e reinterpretar o tipo clássico do mercado medieval. Sua única realização verdadeiramente contextual até hoje é o bloco de apartamentos Schillerstrasse em Berlim, concluído em 1982.

Ungers é um importante teórico e professor neorracionalista, tendo trabalhado primeiro na Technische Universität de Berlim e depois na Universidade de Cornell, onde por oito anos (1967-74) dirigiu o Departamento de Arquitetura. Sua aplicação coerente do princípio de transformação tipológica tanto ao ensino quanto à prática tornaram seu método pedagógico muito convincente. Em 1982, ele explicitou plenamente esse preceito transformacional:

Quando a arquitetura é vista como um processo contínuo, no qual as teses e antíteses são dialeticamente integradas, ou como um processo em que a história está tão intimamente envolvida quanto a antecipação da história, em que o passado tem o mesmo peso do olhar voltado para o futuro, então o processo de transformação não é apenas o instrumento do *design*, mas o próprio objeto deste. Ao mesmo tempo, torna-se possível fazer referência à realidade específica de cada lugar individual onde a arquitetura será construída – e, portanto, ao *genius loci* –, e descobrir a poesia do lugar e dar-lhe expressão. Assim, o lugar é usado da melhor maneira possível.

O princípio de transformação atua em todos os campos da natureza, da vida e da arte. É o princípio de formação (*Gestaltungsprinzip*), capaz de organizar elementos díspares em uma totalidade planejada. Portanto, o princípio de transformação – como pode ser apreendido, por exemplo, nas transformações históricas do planejamento urbano de Trier – transforma uma determinada organização estável num caos e, por fim, seguindo as leis do acaso, numa nova ordem. Uma organização diferenciada e planejada vê-se submergida, com o decorrer do tempo, pelo acaso e pela espontaneidade, que afinal produzem uma organização genuinamente diferente, a qual contrasta com a anterior; isto é, uma organização da relação imediata e da necessidade pragmática.

Essa fundamentação da arquitetura na dialética da transformação tipológica exerceu grande influência sobre o arquiteto luxemburguês Robert Krier, que passou alguns anos no estúdio de Ungers em Colônia,

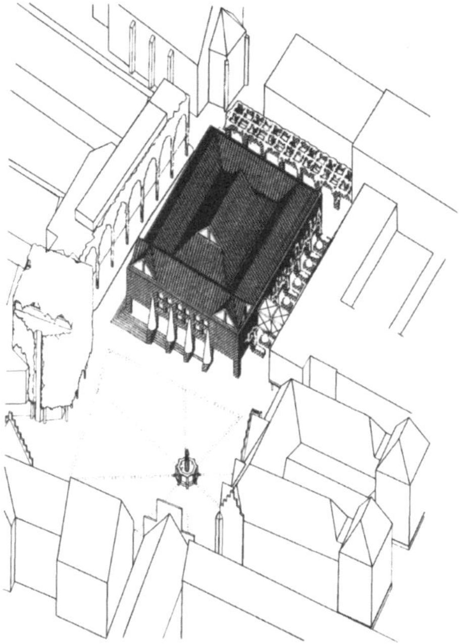

Fig. 299. Ungers, projeto para uma "Stadtloggia" no mercado de Hildesheim, 1980.

como seu assistente. Contudo, embora Ungers permanecesse aberto ao livre intercâmbio e à geração tanto do tipo quanto da técnica, inclusive da técnica industrial, Robert Krier e, em muito maior escala, seu irmão Leon, adotaram uma abordagem exclusivamente artesanal da geração da forma tectônica e urbana. É assim que, em 1976, Leon Krier escreve:

> A discussão que eu e Robert Krier desejamos colocar em pauta com nossos projetos é a da morfologia urbana diante do zoneamento dos planejadores. A restauração de formas precisas do espaço urbano contra a terra desperdiçada que o zoneamento cria. O planejamento dos espaços urbanos, tanto do tráfego quanto dos pedestres, linear e focal, constitui, por um lado, um método suficientemente geral para permitir a flexibilidade e a transformação, e, por outro, suficientemente preciso para criar uma continuidade ao mesmo tempo espacial e construída dentro da cidade (...) em nossos projetos, tentamos reestabelecer a dialética da construção e da esfera pública, do sólido e do vazio, do organismo construído e dos espaços que ele necessariamente cria ao seu redor (...) a linguagem arquitetônica que usamos para grandes extensões urbanas é tão simples quanto ambígua. Em Echternach (1970), recorremos ao mesmo procedimento que, depois da guerra, reconstruiu a cidade, a Abadia e os edifícios anexos.

Estruturalismo

A crença dos irmãos Krier em que "a função segue a forma", sua atitude antitecnocrática e sua insistência na importância cultural do lugar são elementos que encontram um paralelo na obra e no pensamento do arquiteto holandês Herman Hertzberger, que, sob todos os outros aspectos, não poderia estar mais distante do *etos* da Tendenza. A influência mais crucial sobre o pensamento e a prática de Hertzberger foi Aldo van Eyck, responsável pela crítica mais coerentemente sustentada e significativa da arquitetura moderna enquanto parte inseparável do Iluminismo. Em 1962, Van Eyck lançou um de seus ataques mais agressivos ao eurocentrismo e à bancarrota da cultura imperialista:

> A civilização ocidental tem por hábito identificar-se com a civilização enquanto tal, com base no pressuposto pontifical de que aquilo que não se assemelha a ela é um desvio subdesenvolvido e primitivo, ou, na melhor das hipóteses, exoticamente interessante desde que mantido a uma conveniente distância.

Cinco anos depois, em sua revista *Forum*, Van Eyck antecipou muitos dos argumentos que seriam posteriormente expostos por Krier, inclusive um certo ceticismo acerca da ideia de progresso:

> Parece-me que passado, presente e futuro devem estar ativos no interior da mente, como

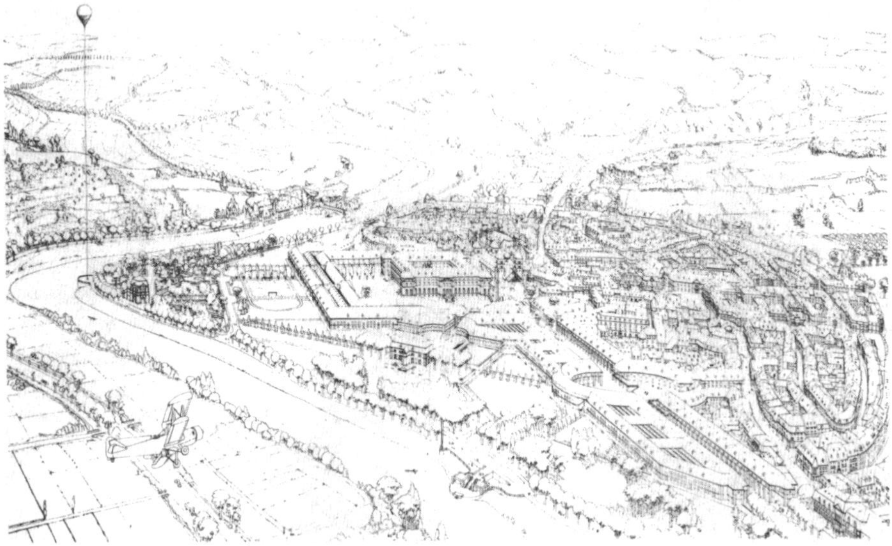

Fig. 300. L. Krier, projeto para Echternach, Luxemburgo, 1970. O telhado de duas águas contínuo (do centro para a direita, abaixo) contém lojas, apartamentos e uma escola.

se fossem um *continuum*. Se não for assim os artefatos que produzimos não terão profundidade temporal ou perspectiva associativa. (...) Afinal, o homem vem se adaptando fisicamente ao seu mundo há milhares de anos. Sua índole natural nem aumentou nem diminuiu nesse período. É evidente que o pleno alcance dessa enorme experiência ambiental não pode ser combina, a menos que "telescopemos" o passado. (...) Os arquitetos de hoje estão patologicamente comprometidos com a transformação, vendo-a como algo que se pode impedir, correr atrás ou, na melhor das hipóteses, algo com cujo desenvolvimento é possível manter-se em dia. Esta é, segundo imagino, a razão pela qual eles tendem a separar passado e futuro, com o resultado de que o presente acaba por tornar-se emocionalmente inacessível, privado de dimensão temporal. Não me agrada uma atitude sentimental e obsoleta para com o passado, assim como abomino uma atitude sentimental e tecnocrática para com o futuro. Ambas têm por base uma noção de tempo estática e mecanicista (algo que os antiquários e os tecnocratas têm em comum). Portanto, é melhor começar pelo passado, para variar, e descobrir a imutável condição do homem.

O conceito unificador com que o Estruturalismo holandês esperava superar o aspecto redutivo do funcionalismo foi caracterizado por Van Eyck com uma clareza labiríntica, um conceito que, desde então, foi plenamente elaborado por seus alunos. Assim, em 1963 Hertzberger escreveu sobre sua noção comum de "espaço polivalente":

O que devemos procurar, em vez de protótipos que são interpretações coletivas de padrões de vida individuais, são protótipos que fazem interpretações individuais dos padrões coletivos possíveis; em outras palavras, precisamos fazer casas iguais de um modo específico, de tal forma que todos possam concretizar sua própria interpretação do padrão coletivo. (...) Tendo em vista que é (e sempre foi) impossível criar o cenário individual que se ajusta perfeitamente a cada um, devemos criar a possibilidade da interpretação pessoal, fazendo as coisas de tal modo que elas sejam, de fato, interpretáveis.

Esse preceito foi o ponto de partida com base no qual Hertzberger desenvolveu o restante de sua obra, que culminou com a construção, em 1974, dos escritórios da seguradora Centraal Beheer em Apeldoorn, erguida, de acordo com seus projetos, na forma de uma "cidade dentro de uma cidade". Essa armação de concreto armado e estruturas em blocos de concreto organiza-se ao redor de um conjunto irregular de plataformas funcionais colocadas dentro de uma grade ortogonal *regular* que compreende pavimentos, colunas, encaixes de luz e tubulações de serviço. Galerias de alturas variadas e iluminadas por cima separam essas plataformas quadradas de 7,5 metros, permitindo que a luz natural seja filtrada e desça até os níveis públicos mais abaixo. As plataformas suspensas oferecem uma rede de espaços para atividades que podem ser apropriados como postos de trabalho tanto individuais quanto grupais, através da reordenação de elementos modulares que compreendem escrivaninhas, cadeiras, luminárias, armários, sofás e máquinas de café expresso, etc. Segundo Hertzberger, esse labirinto semelhante a um *bunker* – reminiscente, em sua introspecção, do edifício Larkin, construído por Wright em 1904 – foi deliberadamente deixado inconcluso para estimular a apropriação e a decoração "espontâneas" do espaço por seus usuários imediatos. A aversão de Hertzberger pela provisão mecanicista de flexibilidade, como aquela que encontramos nas sofisticadas propostas infraestruturais de Habraken e Friedman, parece ser justificada, aqui, pela espontaneidade e facilidade aparentes com que os espaços funcionais foram assumidos e modificados. E, enquanto só nos cabe manter uma atitude de cautela sobre a comparação retórica que Hertzberger faz entre a apropriação do espaço na Centraal Beheer e a distinção linguística estabelecida por Saus-

Fig. 301. Hertzberger, edifício Centraal Beheer, Apeldoorn. Holanda, 1974.

sure entre *langue* e *parole*, há pouca dúvida de que sua abordagem tenha feito alguma coisa para superar a inacessibilidade crônica do discurso arquitetônico de uma época taylorizada.

Os arquitetos da Tendenza certamente concordariam com o argumento de Hertzberger de que a organização funcionalista de unidades residenciais em áreas estritamente subdivididas para estar, comer, cozinhar, lavar e dormir constitui, em si, uma tirania, e que deveríamos tentar voltar à norma pré-industrial de dependências interligadas, que oferecem um ajuste mais folgado entre volume e atividade (cf. as casas experimentais Diagoon de Hertzberger, construídas em Delft em 1971). Por outro lado, eles certamente rejeitariam cabalmente seu conceito de "casbá", sobretudo do modo como aparece na Centraal Beheer, sob a alegação de que uma forma tipo assim introvertida é incapaz de proporcionar um espaço público representativo em uma escala urbana. A Centraal Beheer é, de fato, indiferentemen-

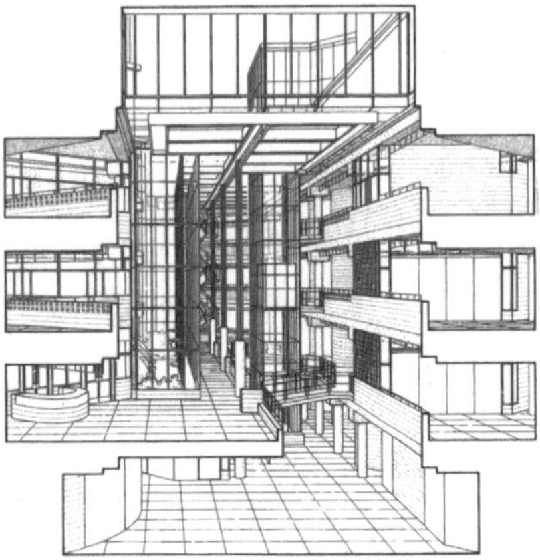

Fig. 302. Hertzberger, Ministério da Previdência Social e do Emprego, Haia, 1990. Corte transversal em perspectiva.

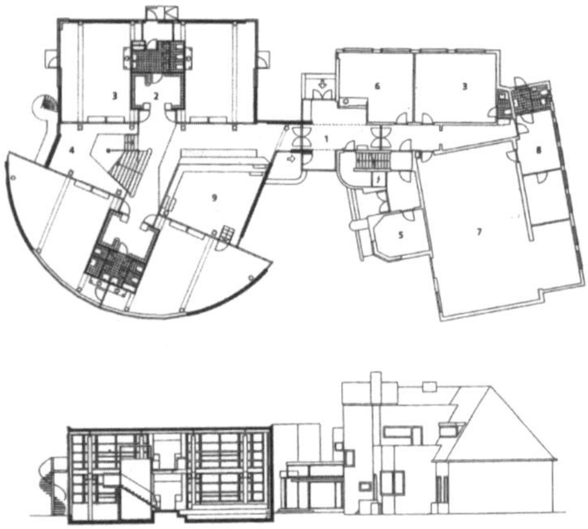

Figs. 303, 304. Hertzberger, ampliação de uma escola, Aerdenhout, 1989. Planta e corte.

te ligada a seu contexto urbano. O fato de que esses tipos de construção islâmicos que lembram o "bazar" ou o "pátio" não são intrinsecamente dotados de elementos arquitetônicos capazes de expressar o *status* hierárquico da entrada também é confirmado na Centraal Beheer, onde a empresa julgou necessário colocar indicações que orientem o visitante para o ponto de entrada.

A partir de meados dos anos 1970, Hertzberger modificou seu paradigma estruturalista, não só em termos do modelo introspectivo labiríntico, que desde então apareceu numa versão igualmente complexa, mas espacialmente mais generosa, no Ministério da Previdência Social construído em Haia em 1990, como também em termos das formas maciças assumidas por obras recentes projetadas para Berlim e realizadas nesta cidade – o centro cinematográfico para a Esplanade (1984), ainda por construir, e o conjunto habitacional já construído na Lindenstrasse (1986), que são unificadas por formas perimetrais circulares ou semicirculares. Do mesmo modo, o tipo de escola desenvolvido em 1980 para sua Escola Apolo prototípica em Amsterdã, introspectiva e formada por quatro quadrados, foi desenvolvido até chegar aos perímetros circulares sobrepostos da Escola Ambonplein, também em Amsterdã (1986), e depois evoluiu para uma adaptação mais livre nas alas curvas e afuniladas das salas de aula da ampliação de uma escola em Aerdenhout, concluída em 1989. Sobre esta última construção, remotamente ligada à obra de Duiker, Joseph Buch escreveu:

> A visibilidade do espaço central misto que se tem a partir das salas de aula foi aumentada através do maior uso do vidro; em vez de uma escadaria única e maciça de tijolos, há uma mistura de suportes de assentos em concreto e uma leve escadaria em metal que leva ao andar superior. Como as escadarias externas nas escolas de Amsterdã, esta foi cuidadosamente composta com a ajuda de maquetes, em forma de uma escultura soldada coberta, como na *Smeedwerk* de Berlage. A escadaria de metal de Hertzberger estabeleceu uma ligação direta com o detalhamento náutico; afinal, o fascínio dos modernistas pelos transatlânticos não dizia respeito apenas ao funcionalismo, mas também às pródigas e complexas exigências espa-

ciais dos projetos de navios. E essa é, de fato, uma experiência espacial pródiga e complexa – sobretudo num edifício tão pequeno. A obra recente de Hertzberger complementou a sólida base do Estruturalismo com um sentido da narrativa em constante evolução.

Produtivismo

Nada poderia estar mais distante da Centraal Beheer do que os escritórios da seguradora Willis-Faber e Dumas, um edifício de três andares e paredes de vidro, construído em 1974 em Ipswich de acordo com os projetos da Foster Associates, pois neles toda a ênfase incidiu na elegância da produção em si, na realização daquilo que Max Bill uma vez definiu como *Produktform*. É interessante notar que Norman Foster cita exatamente tais *Produktformen* como os antecedentes de sua obra, arrolando, por exemplo, o Crystal Palace de Paxton, a própria casa de Charles e Ray Eames, construída

Fig. 305. Foster Associates, edifício Willis-Faber e Dumas, Ipswich.

Fig. 306. Skidmore, Owings e Merrill, Escola de Artilharia Naval, Great Lakes, Illinois, 1954.

para eles mesmos com elementos *ready-made* em Santa Monica, Califórnia (1949), a Escola de Artilharia Naval da SOM em Great Lakes, Illinois (1954) e o Pavilhão da Exposição de Lausanne de Bill (1963). Seguindo essa diretriz, em oposição ao Populismo de Venturi, Willis-Faber é o espaço "não decorado" por excelência; uma forma cuja única diferenciação, à parte seus painéis de parede sinuosos e facetados (fig. 245), está na piscina no andar térreo e no restaurante com terraço ajardinado no telhado.

Se a Centraal Beheer é um edifício híbrido – derivado, em parte, da arcada do século XIX (cf. Pomerantsev, Novas Linhas Comerciais, Moscou, de 1893), e em parte da casbá do Oriente Médio –, a Willis-Faber, com o saguão de acesso central com escadas rolantes, fica a meio caminho entre a torre de escritórios do século XX e a loja de departamentos do século XIX. É possível argumentar, como propôs G. C. Argan, que os tipos de construção encarnam certos valores que eram inerentes a sua concepção inicial e que sobrevivem a qualquer transposição subsequente. Sem dúvida, é pertinente à importância cultural desses edifícios o fato de que, em ambos os casos, a indústria terciária de intercâmbio de informação veio alojar-se em tipos espaciais que, pelo menos em parte, foram outrora espaços de consumo – a casbá

Fig. 307. Pelli, Pacific Design Center, Los Angeles, 1971.

e a loja de departamentos. É contra tais antecedentes que se pode ver a Centraal Beheer como uma tentativa de superar a divisão burocrática do trabalho pela ocupação "antropológica" de sua labiríntica paisagem de escritórios. Como na casbá tradicional, a *Bürolandschaft* fragmentada de Hertzberger estimula um padrão de comportamento que oscila constantemente entre momentos de trabalho e momentos de relaxamento. Na Willis-Faber, por outro lado, vemo-nos diante de uma *Bürolandschaft* que é a sucessora natural do Panopticon de Bentham, de 1791, uma forma em planta aberta cujo incessante panorama de ordem e controle é supostamente compensado pela criação de comodidades centralizadas como o restaurante dos funcionários e a piscina. Uma vez que tais áreas de lazer estão igualmente sujeitas ao controle da companhia, o alcance do domínio panóptico parece ser total.

O contraste entre esses edifícios também se aplica ao ambiente estabelecido por seu detalhamento. As divisórias em concreto aparente usadas em toda a Centraal Beheer têm a suposta finalidade de provocar a apropriação "anárquica" do espaço, enquanto a Willis-Faber apresenta a imagem corporativa de uma sociedade hipoteticamente igualitária e afluente graças à impecabilidade absoluta da pureza de seu revestimento externo e de seu interior. A ondulante parede-cortina do edifício Willis-Faber evoca as propostas de arranha-céus de vidro de Mies na década de 1920, embora a técnica utilizada, folhas de vidro sem caixilho que pendem do teto como um colar, ligadas por juntas de neoprene à prova de intempéries, nos convide a uma comparação com os feitos dos minimalistas norte-americanos que, tendo se formado com Eero Saarinen, tornaram-se conhecidos na década de 1970 – Kevin Roche (Ford Foundation Building, Nova York, 1968, e o United Nations Plaza Hotel, Nova York, 1973), Gunnar Birkerts (Federal Reserve Bank, Minneapolis, 1967), Cesar Pelli (Pacific Design Center, Los Angeles, 1971, e Prefeitura de San Bernardino, 1972), e o talentoso mas pouco reconhecido Anthony Lumsden, cuja obra mais brilhante ainda está, em grande parte, por construir (por exemplo, seu projeto para o Beverly Wilshire Hotel de Los Angeles, 1973).

O edifício Willis-Faber é o "quase nada" de Mies van der Rohe despojado de seu Classicismo e levado, pelo uso de vidro espelhado, não apenas a responder ao imperativo contextual de relacionar-se com a escala e a textura do ambiente urbano existente – nesse caso, simplesmente ao refleti-lo –, como também a responder ao impasse modernista da perda total de qualquer linguagem "recebida" comumente acessível, ou aceitável. Em vez disso, o edifício oferece uma multiplicidade de sensações cinestésicas em constante mutação, opacas e cintilantes nos dias nublados, reflexivas à luz do sol e transparentes à noite. E ainda, de modo paradoxal, compartilha com seu equivalente holandês a falta de qualquer sintaxe naturalmente flexiva, com o resultado de que sua entrada é quase tão invisível quanto a da Centraal Beheer.

O Produtivismo em seu sentido mais puro é virtualmente indiscernível, enquanto postura "modernista", do ponto de vista segundo o qual uma arquitetura moderna autêntica pode e deve ser nada mais que uma engenharia elegante, ou certamente um produto do *design* industrial em escala gigantesca. Como já afirmei, esta é uma concepção que tem muitos antecedentes na história do Movimento Moderno, dentre os quais a obra pioneira do artesão/engenheiro francês Jean Prouvé, remontando da parede-cortina do Aeroclube Roland Garros em Paris, de 1935, e sua Maison du Peuple em Clichy, Paris, uma obra transformável construída em 1939 de acordo com projetos que foram desenvolvidos em colaboração com o engenheiro Vladimir Bodiansky e com os arquitetos Marcel Lods e Eugène Beaudouin.

Ao assumir literalmente a palavra de Mies (isto é, seu culto ao "quase nada"), uma ala do Produtivismo concentrou-se em estruturas sustentadas pelo ar e infláveis, como é o caso do Pavilhão Fuji de Yutaka Murata para a Expo '70 de Osaka, ou em estruturas de lona suspensas por cabos, das quais o representante principal é o arquiteto/engenheiro alemão Frei Otto. Embora as primeiras estruturas em forma de tenda de Otto datem de meados dos anos 1950, ele ficou conhecido com as grandes tendas que projetou para a Exposição Internacional de Horticultura realizada em Hamburgo, em 1963, e com o Pavilhão alemão construído para a Exposição Mundial de Montreal de 1967. Compreensivelmente, em grande parte toda essa abordagem tem ficado restrita a construções provisórias. Até o momento, a maior delas foi a cobertura criada por Otto para o estádio para as Olimpíadas de Munique em 1972.

Fig. 308. Otto, Pavilhão alemão da Expo 67, Montreal, 1967.

Os preceitos básicos do Produtivismo podem ser resumidos do modo como apresentamos a seguir. Em primeiro lugar, é preciso empenhar-se ao máximo para que a "tarefa" construtiva seja acomodada num galpão ou hangar não decorado, e essa estrutura de paiol deve ser mantida tão aberta e flexível quanto for possível (segundo o modelo do ideal *Bürolandschaft* posterior à Segunda Guerra Mundial). Em segundo lugar, a adaptabilidade desse volume deve ser mantida mediante a criação de uma rede homogênea e integrada de serviços – energia, luz, aquecimento e ventilação (ver, a propósito, o conceito de anonimato bem servido de Cedric Price). O terceiro preceito remete à necessidade de articular e expressar tanto a estrutura quanto os serviços e em geral é alcançado quando se observa a famosa separação de Kahn entre espaços *servidos* e *servidores*. Este último preceito é mostrado de modo lapidar nas maiores obras de Richard Rogers, em seu Centro Pompidou e, mais recentemente, em sua sede para a Lloyds de Londres, projetada em 1976 e concluída cerca de oito anos mais tarde. A mesma ideia básica é apresentada com uma

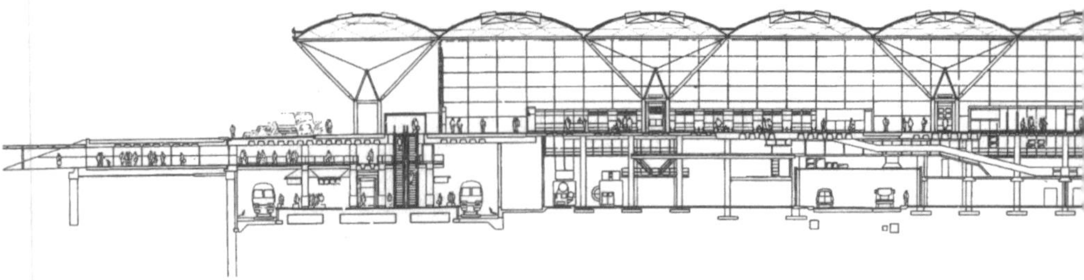

Fig. 309. Foster Associates, sede da Hongkong and Shanghai Banking Corporation, Hongcong, 1979-84 (maquete).

forma de expressão mais discreta (e, em última análise, mais funcional) no Sainsbury Centre for the Visual Arts de Foster, concluído na Universidade de East Anglia, nos arredores de Norwich, em 1978. Aqui, o espaço "servidor" é precisamente acomodado dentro da profundidade de estruturas de suporte de aço tubular treliçadas e vãos de 33 metros (cf. o Instituto Salk de Kahn em La Jolla, obra de 1935: fig. 243). O quarto e mais importante preceito do Produtivismo é, sem dúvida, a manifestação "desimpedida" da produção em si, isto é, a expressão de todas as partes componentes como *Produktformen* – uma regra intransigente que quase nunca é obedecida nas construções dos minimalistas norte-americanos (que demonstram pouco interesse pela construção aparente), ainda que tanto os produtivistas norte-americanos quanto os britânicos se empenhem em obter uma camada externa envolvente, homogênea e "consumista". Como observou Andrew Peckham a propósito do Sainsbury Centre, "a capacidade [de Foster] de convencer-nos não depende da linguagem arquitetônica tradicional, mas, pelo contrário, da linguagem do mundo material moderno – da produção industrial e dos acabamentos consumíveis".

Uma das poucas variáveis básicas da abordagem produtivista diz respeito a até que ponto a "pele" ou o "esqueleto" é o modo de expressão dominante. Até recentemente, essa diferenciação permitia que estabelecêssemos uma distinção entre as respectivas atitudes retóricas adotadas pelas práticas de Foster e Rogers, com o primeiro privilegian-

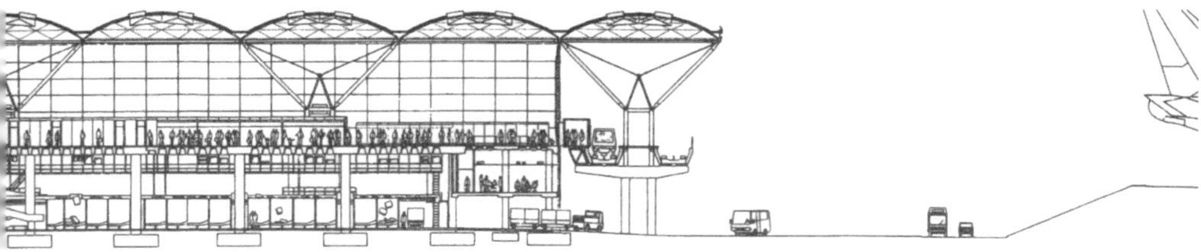

Fig. 310. Foster Associates, Stansted Airport Terminal, 1991. Corte norte-sul. A pista de rolamento lateral está à esquerda, e a pista de pouso à direita.

do, em última instância, a "pele", e o segundo fazendo a ênfase expressiva básica incidir sobre a estrutura. Desde então, a Foster Associates modificou sua abordagem, voltando-se cada vez mais, em sua obra recente, para a expressão extrínseca da estrutura, o que fez de modo mais notável em sua fábrica Renault em Swindon, Wiltshire, concluída em 1983, e em sua sede da Hongkong and Shanghai Banking Corporation de Hongcong, projetada em 1979. Mais do que qualquer estrutura fantástica concebida pelo Archigram ou por Buckminster Fuller, esse arranha-céu escalonado (que compreende três lajes de 16,2 metros de espessura que se elevam a, respectivamente, 28, 35 e 41 andares) convida a uma comparação com as estruturas para o lançamento de foguetes de Cabo Canaveral – não por suas dimensões gerais, mas pela escala colossal de seus componentes articulados, sobretudo por suas gigantescas armações aparentes de aço tubular, de dupla altura e um vão de 38,4 metros, a partir das quais são suspensos os pisos agrupados em conjuntos, sete na parte inferior, depois seis, em seguida cinco, e finalmente quatro, que rematam a estrutura. As palavras de Foster são muito eloquentes a propósito da estranha mistura de realidade e tecno-romantismo que determinou a forma desse edifício:

> As dificuldades de se construir rapidamente e sem problemas num lugar estreito foram resolvidas por uma combinação de tecnologias, desde as unidades familiares nativas, com base no artesanato, até os derivados casuais da indústria aeroespacial e de outras indústrias de tecnologia de ponta. Por exemplo, a maneira mais rápida de se instalar caixões pneumáticos consiste em escavar a terra a mão – uma técnica local que, além do mais, é silenciosa. Do mesmo modo, as estruturas de maior elegância e eficiência que se veem na colônia são as teias de aranha de andaimes de bambu que estão presentes em quase todas as construções locais. Contudo, dada a quantidade de maquinaria importada de que os edifícios necessitam, bem como a consciência da relação muito real entre peso e desempenho, o *design* tem sido fortemente influenciado por fontes alheias à indústria de construção tradicional. Essas fontes vão desde a equipe que projetou o Concorde até as instituições militares que lidam com pontes móveis que conseguem suportar o peso de um tanque, passando pelo universo dos subempreiteiros da indústria aeronáutica, particularmente nos Estados Unidos.

A abordagem de Foster chegou a seu melhor momento nos últimos anos, quando a unidade estrutural repetida e a imagem geral da obra construída complementam-se mutuamente, produzindo, desse modo, uma forma estruturalmente explícita, ainda que autossuficiente, como no Renault Centre e no estádio projetado para Frankfurt em 1986. Este último é mostrado coberto por um arco raso de 70 metros, em treliça de aço tubular. As células hexagonais ocas formadas por essa cobertura em camada dupla oferecem uma superfície e um volume intersticial amplos, tanto para a filtragem da luz do dia quanto para acomodar a ventilação e a iluminação. O empuxo estrutural desse telhado metálico é transmitido pelas articulações colocadas sobre uma série de nervuras de concreto moldado *in situ*, integralmente fundidas com os recessos criados pela terraplenagem, que é escalonada de modo a criar as arquibancadas do estádio.

O Third London Airport de Stansted, concluído em 1991, tem a mesma articulação temática de cobertura *versus* terraplenagem. O edifício do terminal compreende um único volume colocado em cima de uma instalação para bagagens em galeria subterrânea e de conexões com a linha-tronco de circulação ferroviária. O terminal quadrado com vidro nas laterais, coberto por uma engenhosa montagem de vinte e duas cúpulas rebaixadas, é separado por divisórias baixas que delimitam no interior do edifício as áreas de chegada e partida dispostas lado a lado dentro do hangar básico. Segundo o modelo do terminal ferroviário do século XIX, fez-se todo o esforço possível para dar liberdade de movimento aos usuários e permitir o acesso visual aos meios de transporte – neste caso, uma visão nítida dos aviões. Enquanto houve uma meticulosa preocupação com a extensão longitudinal do terminal, as duas fachadas que dão para a rua e para as pistas de pouso e decolagem são concebidas como planos fixos. Desse modo, permite-se a ampliação do aeroporto ao mesmo tempo que se mantém tanto a imagem básica quanto os acessos ao terminal como condições estáveis. Aqui, como em outros momentos de sua obra *high-tech*, a Foster Associates contou com a brilhante assessoria dos engenheiros da Ove Arup & Partners.

Pós-modernismo

O setor arquitetônico da Bienal de Veneza de 1980, A presença do passado, anunciava de várias maneiras a emergência do pós-modernismo em nível global. Embora não se possa definir essa tendência em termos de um conjunto específico de características ideológicas e estilísticas, o fato de que ela tende a proclamar sua legitimidade em termos exclusivamente formais – para não dizer superficiais –, e não em termos de considerações construtivas, organizacionais ou socioculturais (como era, ainda, uma postura central do Revisionismo do Team X), já a separa, enquanto *modus operandi*, da produção arquitetônica do terceiro quarto do século. Contudo, apesar da tese defendida por Portoghesi na Bienal, o passado já era uma presença nos principais monumentos do período.

É desnecessário dizer que os principais arquitetos norte-americanos das décadas precedentes, Mies van der Rohe e Louis Kahn, não se desviaram de seu compromisso com a desconstrução desse legado histórico e com a remontagem de seus preceitos e componentes de acordo com a capacidade tecnológica da época: a obra se manteve como

Fig. 311. Parte da "Strada Novissima" da Bienal de Veneza de 1980. Da direita para a esquerda, as fachadas são de Hollein, Kleihues, Leon Krier e Venturi, Rauch & Scott-Brown.

uma expressão de seu tempo, mesmo que certos elementos tectônicos e modelos de composição fossem patentemente (e até mesmo polemicamente) determinados por precedentes históricos. A Neue Nationalgalerie de Berlim, de Mies van der Rohe (encomendada em 1961 e construída em 1965-68), e o Kimbell Art Museum de Kahn em Fort Worth, Texas (1967-72), ilustram esse ponto. A primeira obra é ligada a Schinkel e à engenharia ferrovítrea do século XIX, e a segunda à construção mediterrânea abobadada e à tectônica do concreto armado. A utopia milenarista está, sem dúvida, em grande parte ausente da obra tardia desses dois homens, cujo enfoque se volta, pelo contrário, para a natureza irredutível da construção tectônica e sua sublime interação com a luz, vistas como as duas condições trans-históricas da arquitetura e, no caso de Kahn, para uma forma de misticismo cosmológico e cabalista. Tanto Mies quanto Kahn teriam visto o surgimento do Pós-modernismo como decadência cultural; e, de fato, temos a acusação aforística feita por Kahn a Venturi ao ver sua proposta para a "legenda" do Bicentenário de Filadélfia: afirmou, a propósito dela, que "cor não é arquitetura".

A esse respeito, podemos alegar que, ao longo da história, não houve "mestres" da arquitetura mais mal compreendidos por seus discípulos e seguidores imediatos do que Mies e Kahn. Mies foi plenamente gratificado por seu sucesso ao formular a modalidade normativa do edifício corporativo norte-americano de 1950 a 1975, e o formato miesiano padronizou-se para um certo setor do desenvolvimento no mundo do pós-guerra (ver, a propósito, *Buildings for Business and Government* [Edifícios para negócios e governo], MoMA, 1959, de Arthur Drexler), mas tanto ele quanto Kahn tendiam a achar que as qualidades latentes de suas respectivas obras eram mais bem apreciadas na Europa. Assim, enquanto a Escola de Chicago, dominada por Skidmore, Owings e Merrill, era capaz de seguir Mies com verve e ousadia, arquitetos como Myron Goldsmith (United Airlines, Des Plaines, Illinois, 1962), Gene Summers (McCormick Place, Chicago, 1971) e Arthur Takeuchi (Wendell Smith Elementary School, Chicago, 1973) não conseguiram chegar a um novo ponto de partida, talvez porque fossem incapazes de apreciar suficientemente as dimensões romântico-clássicas e suprematistas que permaneciam ocultas na obra de Mies. Do mesmo modo, Kahn, apesar de seus discípulos na Escola de Filadélfia (Moore, Venturi, Vreeland e Giurgola), acabou encontrando, em última análise, seguidores mais sensíveis no Neorracionalismo italiano e no Estruturalismo holandês.

Esse eclipse do Modernismo tardio nos Estados Unidos, juntamente com a rejeição "consensual" daquilo que Jürgen Habermas chamou de "projeto moderno inacabado", do modo como se havia integrado tão intensamente ao mito e à realidade do desenvolvimento norte-americano do século passado, não se evidencia com maior força em nenhum outro contexto do que no repúdio atual de Frank Lloyd Wright, sobretudo quando se leva em conta a indiscutível posição dele como um dos mais férteis arquitetos de nosso século. É significativo verificar como, à exclusão do mercado de arte dos antiquários, Mies continua sendo ignorado pelos protagonistas norte-americanos do Pós-modernismo, apesar do empenho recente de Charles Jencks no sentido de valorizar Michael Graves através de Wright, o que fez em seu livro *Kings of Infinite Space* [Reis do espaço infinito] (1983). O motivo de tal esquecimento não é difícil de descobrir, uma vez que Wright tem de ser arrolado entre os modernistas (outro deles seria Aalto) cuja obra não pode, de modo algum, ser descartada como redutora ou inacessível. Para uma comprovação do contrário, podemos apresentar as 200 casas usonianas que Wright construiu ao longo de sua vida, e pensar nelas como uma tentativa de expressar o subúrbio genérico como uma esfera culta.

É difícil chegar ao caráter fundamental do fenômeno pós-moderno do modo como ele surgiu na arquitetura e em quase todos os outros campos culturais. Sob um ponto de vista, é preciso reconhecê-lo como uma reação compreensível às pressões da modernização social, e, portanto, como uma fuga à tendência da vida contemporânea a ser totalmente dominada pelos valores do complexo industrial-científico. Contudo, enquanto as utópicas reivindicações libertadoras do Iluminismo podem ter sido abandonadas em nome de formas mais eficazes e *reconfortantes* do Realismo, existem poucos indícios de que a sociedade moderna possa ou, em última análise, queira renunciar aos "benefícios" fundamentais da modernização. Além do mais, como sugeriu Habermas em seu discurso quando ganhou o Prêmio Theodor Adorno de 1980, a velocidade e a voracidade do desenvolvimento moderno, e não a cultura de vanguarda, é que são responsáveis pelas rupturas e decepções, juntamente com essa rejeição aparentemente popular do novo. No fim das contas, até mesmo o mais irredutível dos neoconservadores admitirá que são poucas as oportunidades de resistir, em termos reais, ao progresso inexorável da modernização.

Se existe um princípio geral que possa caracterizar a arquitetura pós-moderna, teremos então de falar da destruição consciente do estilo e da canibalização da forma arquitetônica, como se nenhum valor, tradicional ou de outra natureza, pudesse opor-se por muito tempo à tendência do ciclo produção/consumo a reduzir toda e qualquer instituição cívica a alguma espécie de consumismo e a destruir qualquer qualidade tradicional. Hoje, a divisão do trabalho e os imperativos da economia "monopolizada" dão-se no sentido de reduzir a prática da arquitetura a um "empacotamento" em grande escala. Pelo menos um arquiteto pós-moderno, Helmut Jahn, já admitiu sem meias palavras que é assim que vê seu papel. Em seus momentos de maior predeterminação, o Pós-modernismo reduz a arquitetura a uma condição em que o "contrato global" feito pelo construtor/empreendedor determina a carcaça e a substância essencial da obra, enquanto o arquiteto se vê reduzido a dar sua contribuição em forma de uma máscara convenientemente sedutora. Esta é, hoje, a situação predominante no desenvolvimento dos centros urbanos americanos, onde os arranha-céus se veem reduzidos ao "silêncio" de seus envoltórios totalmente envidraçados e refletores ou, alternativamente, são revestidos por uma ornamentação de elementos históricos que já deixaram de ter qualquer importância. Na verdade, o Maquinismo popular de Jahn deve ser entendido como uma tentativa de combinar as duas estratégias. Se esse historicismo desmaterializado é ou não feito de pedra verdadeira, e, portanto, deve necessariamente erguer-se com base num esqueleto de aço fortemente reforçado, como no caso da sede da AT&T de Philip Johnson, construída em Nova York em 1978-84, ou se, de um modo mais moderado, trata-se de uma parede-cortina com o vidro engustado no aço, ou ainda, como no caso do Edifício Portland de Michael Graves, Oregon (1979-82), o que se tem é um "painel" de concreto pintado que aumenta, em escala gigantesca, a imagem gráfica de um jardim extravagante, "arruinado" e, portanto, idealizado, o resultado é fundamentalmente o mesmo, ou seja, estamos diante do formato populista do "galpão decorado" de Venturi. De qualquer modo, nas três opções o impulso é muito mais cenográfico do que tectônico, de modo que não só existe uma total ruptura entre substância interna e forma externa, como a própria forma repudia sua origem construtiva ou dissipa sua palpabilidade. Na arquitetura pós-moderna, as "citações" clássicas ou vernaculares tendem a interpenetrar-se de modo desconcertante. Invariavelmente apresentadas como imagens desfocadas, elas se desintegram com muita facilidade e misturam-se com outras formas mais abstratas, em geral cubistas, pelas quais o arquiteto não tem mais respeito

Fig. 312. Graves, Edifício Portland, Oregon, 1979-82.

do que aquele que atribui a suas alusões históricas extremamente arbitrárias.

Michael Graves tem sido uma figura sintomática de todo esse desenvolvimento. O método e a essência de suas colagens pós-cubistas (sejam elas pintadas ou construídas) passaram por uma transformação radical por volta de 1975, quando ele se deixou influenciar pelas "especulações" neoclássicas de Leon Krier, e quando o próprio Krier passou a eliminar de sua obra todos os vestígios da sintaxe modernista. (Compare-se, por exemplo, o projeto Royal Mint Square de Krier, de 1974, com sua escola liliputiana de St Quentin-en-Yvelines, de 1978, onde essa depuração foi levada a sua conclusão lógica.) Da mesma maneira, Graves passou de seu projeto da Casa Crooks (1976), ainda modernista, para a "loucura" neoclássica de seu Centro Cultural Fargo-Moorhead, proposto em 1977 para as cidades gêmeas de cada lado da fronteira entre Minnesota e North Dakota. A partir daí, os motivos "invertidos" influenciados por Ledoux predominam em sua obra, misturados com fragmentos episódicos extraídos de Krier, Hoffmann, Gilly, Schinkel, do Cubismo e, até mesmo, da Art Déco.

A maior obra de Graves na época, o Edifício Portland, colocou-o no centro do turbilhão pós-moderno com um edifício público no qual o aspecto mais controvertido provinha das configurações arbitrariamente pintadas na fachada. Para começar, os clientes opuseram-se enfaticamente às pequenas dimensões das janelas, quase sempre quadradas, com base na alegação de que no Oregon o tempo está quase sempre nublado, e o resultado foi que as janelas tiveram seu tamanho ligeiramente aumentado. Depois, já construído, o edifício foi criticado, em termos arquitetônicos, pela total falsidade de suas janelas aparentemente grandes, que na verdade consistiam, em sua maior parte, em folhas de vidro plano e escuro enganosamente "desenhadas" sobre sólidas paredes de concreto. Por último, e talvez o problema mais sério, o edifício foi questionado por sua atitude de extraordinária insensibilidade em relação a sua localização. Ao contrário dos edifícios em estilo Beaux Arts que se situam nas suas laterais – a Câmara Municipal e o Tribunal –, ele ignora (a não ser por uma entrada de serviço) o espaço público de lazer representado por um parque ao sul, e também apresenta, apesar de seu primeiro andar com arcada, uma frente estranhamente hostil para com as ruas adjacentes.

Desde então, Graves tem conseguido encargos que parecem mais apropriados a sua abordagem fantasiosa, como se pode avaliar com base na diminuta escala cívica da Biblioteca Pública construída em San Juan Capistrano, Califórnia (1983), com seus telhados em estilo colonial espanhol adaptados a uma linguagem regionalista. Mesmo aqui, porém, começa a insinuar-se uma sensação de que, como Olbrich, a quem seu extraordinário talento pode ser mais apropriadamente comparado do que ao de Wright, ele é mais um *designer* de *objets d'art* do que um arquiteto. Na última fase de Graves, como afirma Peter Eisenman, "uma casa, por exemplo, não é mais concebida como

Fig. 313. Stirling, Staatsgalerie, Stuttgart, 1980-83.

uma casa (uma entidade social ou ideológica) ou como um objeto (em si), mas sim como a pintura de um objeto".

O que acontece com Graves pode ser igualmente afirmado acerca de muitas figuras atuais que, até o momento, haviam defendido posições do modernismo tardio – não apenas James Stirling, Philip Johnson e Hans Hollein, mas também outros convertidos recentes à posição pós-modernista, como Romaldo Giurgola, Moshe Safdie e Kevin Roche. Em cada caso, e em graus diferentes, o discurso de um historicismo "desmaterializado" foi conscientemente assumido e virtualmente misturado, ao sabor do acaso, com fragmentos modernistas. Quase sempre, o resultado é uma "cacofonia" inconclusiva e aparentemente sem sentido em que o arquiteto perde o controle de seu material. Essa versão contemporânea do "desaparecimento do autor" está presente na obra de Stirling, principalmente em sua Staatsgalerie de Stuttgart. Embora este seja o edifício público mais importante da última fase da carreira de Stirling – originário de três projetos "neoclássicos" sucessivos para museus alemães na segunda metade dos anos 1970 –, trata-se, também, de um projeto estranhamente heterogêneo e contraditório. Com estrutura de concreto armado, meticulosamente detalhada e com um requintado acabamento em pedra de cantaria, a Staatsgalerie, ainda que longe de ser cenográfica, é atectônica em sua expressão geral, ou seja: é mais próxima de Hoffmann e Asplund, sobretudo do Crematório do Cemitério de Woodland, de Asplund (Estocolmo, 1939), do que dos preceitos vanguardistas e construtivistas que inspiraram Stirling no início de sua carreira. As diferenças entre Stirling e Asplund são igualmente significativas, em particular a substituição da *civitas* liberal de Asplund – seu sentimento de uma identidade cívica igualitária – pelo "Populismo clássico" de Stirling. Refiro-me à convicção deste último, sem dúvida derivada da moderna administração dos museus, de que hoje o museu não é apenas uma instituição edificante, mas também um lugar de distração e lazer. Este último explica a mediação da monumentalidade geral da Staatsgalerie por certos episódios de influência construtivista, por uma parede-cortina dramaticamente sinuosa, por corrimãos tubulares externos, por edículas simbólicas em aço tubular leve, na verdade todo um conjunto de elementos que, semelhantes a brinquedos de cores vivas, se destinam a atrair o homem comum.

Uma abordagem semelhante pode ser encontrada em outras obras de Stirling ligadas a museus, a ampliação do Fogg Museum de Harvard e da Tate Gallery de Londres. No caso da Tate, é como se a tradição da cultura tectônica estivesse sendo consumida diante de nossos olhos por um modismo, a redescoberta da representação arquitetônica.

Outra forma de "desaparecimento" consiste em eliminar completamente o edifício, enterrá-lo para que, desse modo, ele se transforme num interior voltado para si próprio, e não num testemunho das virtudes cívicas. O Museu Mönchengladbach de Hollein (1983) e o novo edifício do Parlamento Australiano em Camberra (concluído em 1988) são dois exemplos recentes desse tipo de abordagem.

Entre os pós-modernistas, Hollein parece ser a única figura capaz de combinar uma indulgência em termos de esteticismo artesanal com um revelador distanciamento crítico. Esse brilho dicotômico foi inequivocamente demonstrado em sua "antifachada" para a Bienal de Veneza de 1980, através da qual ele anunciava as mudanças da "realidade" para a "ilusão", e da "arte" para a "natureza", trabalhando em torno do tema da coluna arquetípica (fig. 311). Um maior alcance em termos de perspicácia e acabamento de alto nível já se havia apresentado a Hollein mais ou menos três anos antes, quando ele fez uma elaborada exposição de cerâmica no Museu de Teerã (1977). Sob muitos aspectos, esse encargo serviu para cristalizar o elevado estilo metafórico que ele também demonstrou nas agências de viagens de Israel e da Áustria, construídas em Viena entre 1976 e 1978. Não é por acaso, como Friedrich Achleitner deixa implícito em seu ensaio Posições vienenses (1981), que Hollein alcança seus melhores momentos no *design* de interiores. A brilhante análise que Achleitner faz sobre a relação de Hollein com a cultura vienense é digna de uma longa citação:

> Para fazer justiça a Hollein, não podemos ignorar a realidade vienense, onde existe uma tradição por demais antiga e uma sensibilidade que também é extremamente desenvolvida a propósito do cenário arquitetônico como uma contrarrealidade, ou uma realidade substituta. Remontando diretamente ao Barroco, e talvez a um passado ainda mais distante, a ambivalência dos meios da música e da arquitetura (que resulta da repressão da literatura por parte dos Habsburgo) foi favorecida em detrimento da apresentação de realidades evidentes e passou a refletir estados físicos coletivos e individuais. Os cortejos fúnebres e as paradas dos Habsburgo tinham anunciado a ratificação da morte do mundo aristocrático e da alta burguesia que precedeu a Primeira Grande Guerra e refletiu-se, no nível estético, na Secessão vienense. Viena tinha uma tradição de intensificar esteticamente a realidade, uma longa prática de distanciamento artificial. As técnicas de montagem, colagem, alienação, alusões surpreendentes e citações conciliatórias não são cultivadas apenas na esfera da linguagem.
>
> Hans Hollein parece não apenas incorporar essa tradição, mas suas obras, vistas a partir de uma perspectiva extrema, são para os vienenses uma confirmação indesejável de uma situação imutável. As telas de fundo voltam a tornar-se visíveis: ele possui os instrumentos capazes de fazer com que adquiram importância. Ou a agência de viagens talvez seja algo diferente do tratamento visual da satisfação das necessidades que em si mesmas são simples, como, por exemplo, dar informações e vender passagens?

Fig. 314. Hollein, agência de viagens em Opernring, Viena, 1976-78.

Mas o que muitos podem achar perturbador é o fato de que o tratamento estético do tema não ilustra o conteúdo de uma maneira redutiva, mas sim o tema em si, em todas as suas facetas. Não se trata, aqui, de informações e documentos de viagem, mas de ilusões, desejos, sonhos e, até mesmo, clichês sobre os objetivos de uma viagem. O cliente entra num mundo de referências e ilusões no qual nenhum objeto é simplesmente ele próprio. Em si, o vestíbulo não é a antecâmara de uma agência de viagens, mas a de uma estação ferroviária, ou, pelo menos, cria essa associação. As alusões possuem diferentes graus de relação imediata: vão desde a legibilidade banal do balcão da companhia aérea (Adler) e das empresas de navegação (Reling) até a bilheteria do teatro (uma peça de cenografia móvel – o estudante tem de adivinhar a razão sem que o ajudem a fazê-lo), e as mais sutis referências ao Egito, à Grécia e à India. Ilusão e orientação, informação e aprendizado são coisas que se fundem enquanto o dinheiro passa pela grade do radiador de um Rolls-Royce – uma piscadela para o cliente.

Nada poderia estar mais distante desse jogo resistente com múltiplos níveis da realidade do que o *Megaclassicismo* neo-social-realista do Taller de Arquitectura, construído em concreto armado pré-fabricado. Diante da realização, por parte de Ricardo Bofill, de grandes projetos de conjuntos habitacionais em um grande número de novas cidades francesas – o bairro urbano conhecido como Les Arcades du Lac, em St Quentin-en-Yvelines (1974-80), e o bloco perimetral teatral Abraxas construído em Marne-la-Vallée (1979-83) –, seria difícil imaginar outro profissional ocidental contemporâneo que desfrute de uma relação mais próxima com o poder do Estado, ou, na verdade, que se identifique de maneira tão simplista com o poder nesse nível. É desnecessário dizer que essa identificação, junto com o sucesso mundial que ela inevitavelmente acarreta, nada faz para legitimar esse "encarceramento" de unidades habitacionais coletivas dentro da carcaça de um Classicismo *kitsch*.

Fig. 315. Bofill e o Taller de Arquitectura, "Le Palacio", Les Espaces d'Abraxas, Marne-la-Vallée, 1979-83.

Esse paralelo tecnicamente realizado com o Maquinismo Popular de Jahn implica, de modo compreensível, uma total negação dos valores atribuídos ao monumento pela Tendenza, pois, embora esta não seja, em absoluto, a primeira vez que se conferiu uma forma monumental à construção maciça de moradias (cf. o Karl Marx Hof de Karl Ehn, Viena, de 1927, e a Unité d'Habitation de Le Corbusier, Marselha, de 1952), desde a época da Ringstrasse – a *Potemkinstadt* de Loos – não se apresentava de modo tão cenográfico a agregação de unidades habitacionais. É certamente sintomático do reacionarismo de nossa época, tanto do ponto de vista social quanto arquitetônico, que na obra de Bofill haja tão pouco lugar ou representação dos "condensadores sociais" – escolas maternais, salas para reuniões, lavanderias e piscinas – que devem ser uma exigência da construção pública. A ausência de tais comodidades é tão reacionária quanto a natureza brutal dos apartamentos padronizados que são intencionalmente encaixados nessas falsas arquitraves e colunas vazias. Privado de um terraço, já que isso não se harmoniza com a sintaxe assumida, o morador que sobe para o seu apartamento deve dar-se por satisfeito com a ilusão operística de viver num palácio.

Neovanguardismo

Apesar dos seguidores norte-americanos de Aldo Rossi, o Neorracionalismo não exerceu muita influência sobre a evolução da arquitetura nos Estados Unidos. Em parte, isso pode ser atribuído a sua falta de relevância para a cidade norte-americana, que não tem em parte alguma a mesma complexidade tipológica e morfológica de seu equivalente europeu. A tese da Tendenza sobre a "continuidade do movimento" não poderia ter muita credibilidade numa sociedade em que o contexto urbano é tão instável. Por outro lado, na segunda metade dos anos 1960 fez-

Fig. 316. Meier, High Museum, Atlanta, 1980-83.

-se uma tentativa de desenvolver uma produção teórica e artística tão rigorosa quanto a alcançada pela vanguarda europeia do pré-guerra. Esse esforço cristalizou-se ao redor da obra dos Five Architects, uma associação um tanto indefinida de arquitetos de Nova York, liderados por Peter Eisenman. Enquanto dois membros desse grupo fundamentaram sua obra numa prática estética vanguardista do pré-guerra (Eisenman e John Hejduk, que, respectivamente, tomaram por modelos Giuseppe Terragni e Theo van Doesburg), os outros três, Michael Graves, Charles Gwathmey e Richard Meier, assumiram o período purista de Le Corbusier como seu ponto de partida. O compromisso do New York Five com a ideia de uma arquitetura autônoma, distanciada daquilo que viam como o funcionalismo redutivo da Neue Sachlichkeit, foi mais enfaticamente expresso na Casa VI de Eisenman, a Casa Frank, construída em West Cornwall, Connecticut, em 1972, e em alguns projetos polêmicos de Hejduk – sua série Diamond Houses (1963-67) e, sobretudo, em sua Wall House (1970). Embora Hejduk tenha, desde então, abandonado seu formalismo inicial para dedicar suas energias à criação de uma série de cenários míticos, como suas Berlin Masques de 1981, e Graves tenha deixado para

Fig. 317. Koolhaas (OMA), projeto para terminal de balsas, Zeebrugge, 1990. Modelo.

trás o Neopurismo do início de sua carreira, em favor de uma abordagem pós-moderna mais decorativa (cf. seu Disney Hotel em Orlando, Flórida, de 1991), Gwathmey e Meier mantiveram-se fiéis a suas raízes puristas, sobretudo Meier, cujos High Museum em Atlanta, Georgia (1980-83) e Museu de Artes Aplicadas em Frankfurt (1979-84) deram-lhe a reputação de um dos arquitetos de mais espírito cívico entre os outros de sua geração. Na verdade, desde então ele se tornou internacionalmente conhecido por grandes obras públicas em construção na década de 1990 em cidades tão diferentes quanto Los Angeles, Paris e Barcelona.

Os membros do New York Five não foram os únicos arquitetos de fins dos anos 1960 a fundamentar sua obra nas premissas estéticas e ideológicas da vanguarda do século XX. O papel por eles assumido em Nova York repercutiu, em Londres, na obra do OMA (Office for Metropolitan Architecture), do qual faziam parte Rem Koolhaas, Elia e Zoe Zenghelis e Madelon Vriesendorp. Como Hejduk, cuja obra inicial foi ecleticamente inspirada, em igual medida, pelo Neoplasticismo e pela última fase de Mies, Koolhaas e Zenghelis basearam seus projetos urbanos na arquitetura suprematista de Ivan Leonidov, ao mesmo tempo que se voltavam para a prática surrealista em busca daquilo que Roland Barthes chamava de "répétition différente".

Além de dar origem, através de sua prática docente, a uma nova geração de neossuprematistas contemporâneos, mais notavelmente Laurinda Spear de Arquitectonica (Casa Spear, Miami, 1979) e Zaha Hadid (vencedora do concurso para o Hong Kong Peak, 1983), o OMA criou projetos cívicos importantes no início dos anos 1980, inclusive uma colônia na ilha grega de Antiparos e um bairro residencial para Kochstrasse, Berlim.

Nessa época, Eisenman já havia produzido sua proposta radical para Cannaregio, em Veneza (1978), onde, em vez de estabe-

Fig. 318. Eisenman, Wexner Center for the Visual Arts, Columbus, Ohio, 1983-89. Vista aérea mostrando a inserção do novo edifício no campus já existente.

Fig. 319. Tschumi, Parc de la Villette, projetado em 1984.

lecer uma relação com a malha existente, optou por sobrepor um traçado arbitrário à cidade, deliberadamente evocativo do projeto de um hospital para Veneza, de Le Corbusier, obra que foi projetada em 1964 e não foi realizada. Versões em escala diferente de sua Casa XIa, projetada no ano anterior, foram instaladas nos intervalos em que o traçado coincidia com os espaços abertos existentes no bairro de Cannaregio. Esse jogo anti-humanista com escalas variadas, para o qual Eisenman mais tarde cunharia o termo "escalamento", pretendia subverter quaisquer ideias estabelecidas sobre a escala ou a dimensão cívica apropriadamente antropomórficas. Com essa obra apocalíptica singular, Eisenman introduziu o *modus operandi* quase dadaísta com o qual vinha se ocupando – ou seja, a derivação da forma a partir da justaposição mais ou menos arbitrária de diferentes traçados, eixos, escalas e contornos, tivessem ou não qualquer relação com o contexto real: ver, a propósito, seu conjunto habitacional Berlin Friedrichstrasse (1982-86) e seu Wexner Center for the Visual Arts em Columbus, Ohio (1983-89).

O ano de 1983 foi decisivo para o Neovanguardismo; foi nele que Rem Koolhaas e o arquiteto suíço Bernard Tschumi, residente nos Estados Unidos, concorreram abertamente às fases finais para o encargo de realizar o Parc de la Villette, em Paris, com o objetivo de criá-lo como o protótipo do parque urbano do século XXI. De modo bastante significativo, dada a subsequente emergência do "desconstrutivismo" em arquitetura, o projeto vencedor de Tschumi, em 1984, extraía seu programa básico de três paradigmas distintos: da proposta Cannaregio de Eisenman, do didático "ponto, linha e plano" de Wassily Kandinsky, conforme apresentado no *Bauhausbücher Nº 9* e, por fim, de uma abordagem da narrativa espacial disjuntiva associada à técnica de cortes não-sequenciais que havia tido por pioneiro o cineasta vanguardista soviético Kuleshov. Em dívida com o Construtivismo russo, e até mesmo com o *mariage de contour* encontrado nas primeiras paisagens de Roberto Burle Marx e Oscar Niemeyer, Tschumi aspirava a uma arquitetura anticlássica na qual usos e configurações inesperados surgiriam das "extravagâncias" construtivistas vermelhas que pontuavam o parque a intervalos regulares. Tschumi estabelece uma diferença entre uma extravagância e a seguinte ao circundar as variações com uma série de prismas, cilindros, rampas, escadas e dosséis que refletem, até certo ponto, diferenças básicas do conteúdo das estruturas. Essa harmonia e desarmonia parciais entre programa e forma reaparecem na pista de corridas incoerentemente projetada no principal volume do trabalho que apresentou para o concurso da Bibliothèque de France em 1990.

Estratégias "desconstrutivistas" semelhantes, mas de modo algum idênticas, foram usadas por outros arquitetos ao longo dos anos 1980, começando com a casa que Frank Gehry construiu para si mesmo em Los Angeles (1978) e continuando com algumas obras de fins da mesma década, inclusive o Biocentro projetado por Eisenman para Frankfurt, o bloco de apartamentos do OMA, realizado em Checkpoint Charlie, Berlim, a apocalíptica proposta de Daniel Libeskind (City Edge) para a mesma cidade, e o Dance Theatre de Koolhaas, concluído em Haia em 1987. Como Mark Wigley escreveu em seu catálogo de uma exposição realizada em 1988 no Museu de Arte Moderna de Nova Iorque, intitulada *Deconstructivist Architecture*,

> A forma se deforma a si mesma. Contudo, essa deformação não destrói a forma. De uma maneira estranha, a forma permanece intacta. Esta é uma arquitetura de destruição, deslocamento, desvio e deformação, mais do que de demolição, desmantelamento, decadência, decomposição e desintegração. Ela desloca a estrutura, em vez de destruí-la.
>
> Em última instância, o que há de tão perturbador nessas circunstâncias é exatamente o fato de que a forma não apenas sobrevive à sua tortura, mas dela ressurge ainda mais forte. Talvez a forma seja, na verdade, produzida por ela. Não fica claro o que veio primeiro, se a forma ou a deformação, o hospedeiro ou o parasita. (...) Nenhuma técnica cirúrgica pode libertar a forma; não se pode fazer nenhuma incisão perfeita. Remover o parasita equivaleria a matar o hospedeiro. Eles formam uma entidade simbiótica.

Apesar de toda sua sutileza crítica, grande parte do discurso teórico que acompanha essa obra é ao mesmo tempo elitista e neutro, testemunhando a autoalienação de uma vanguarda sem causa: como observou o crítico holandês Arie Graafland, onde o Construtivismo pretendia chegar a uma síntese – a criação de uma nova arquitetura para uma nova sociedade –, a antítese do Desconstrutivismo deriva, pelo menos em parte, do reconhecimento de que a modernização global está levando a chamada ordem tecnocrática para além de seus limites racionais. O impasse se reflete no pensamento do criador da desconstrução, o filósofo Jacques Derrida, que colaborou com Eisenman e Tschumi no projeto para um pequeno jardim no Parc de la Villette. Desiludido com o legado idealista do Iluminismo e apanhado (assim como a arquitetura) entre as exigências conflitantes da razão prática e poética, Derrida parece aspirar a um estado intermediário de aporia entre a crítica existencialista de Heidegger e uma forma de pragmatismo social vagamente associado à irredutível ambiguidade da linguagem.

CAPÍTULO 5 Regionalismo crítico: arquitetura moderna e identidade cultural

Embora sendo um progresso da humanidade, o fenômeno da universalização constitui-se ao mesmo tempo numa espécie de destruição sutil, não apenas de culturas tradicionais, o que talvez não fosse um mal irreparável, mas igualmente daquilo que chamarei provisoriamente o núcleo criativo de grandes civilizações e de grandes culturas, o núcleo sobre cuja base interpretamos a vida, ao qual denominarei de antemão o núcleo ético e mítico da humanidade. É a partir daí que o conflito se instaura. Temos a impressão de que esta civilização mundial singular exerce simultaneamente uma espécie de erosão ou desgaste à custa dos recursos culturais que constituíram as grandes civilizações do passado. Esta ameaça expressa-se, entre outros efeitos inconvenientes, pela expansão diante de nossos olhos de uma civilização medíocre que é a contrapartida absurda daquilo que acabei de denominar de cultura elementar. Em qualquer parte do mundo, encontramos o mesmo filme de má qualidade, as mesmas máquinas de venda automáticas, as mesmas monstruosidades de plástico ou alumínio, a mesma deformação da linguagem pela propaganda, etc. É como se a humanidade, ao aproximar-se *en masse* de uma cultura de consumo básica, tivesse igualmente estacionado *en masse* em um nível subcultural. Desse modo, chegamos ao problema crucial com que se defrontam nações que estão emergindo do subdesenvolvimento. Será que para entrar na rota da modernização é necessário descartar o antigo passado cultural que constituiu a *raison d'être* de uma nação?... Aqui se apresenta o paradoxo: por um lado, uma nação precisa enraizar-se no solo de seu passado, forjar um espírito nacional e propalar essa reivindicação espiritual e cultural em relação à personalidade colonialista. Mas, visando participar da civilização moderna, torna-se necessário ao mesmo tempo integrar a racionalidade científica, técnica e política, algo que frequentemente exige o abandono puro e simples de todo um passado cultural. É um fato: nem todas as culturas são capazes de suportar e absorver o choque da civilização moderna. Este é o paradoxo: como tornar-se moderno e voltar às raízes; como reviver uma civilização antiga e adormecida e participar da civilização universal?...

Ninguém é capaz de dizer o que irá tornar-se nossa civilização quando ela tiver realmente se defrontado com diferentes civilizações por outros meios que não o choque da conquista e da dominação. Contudo, precisamos admitir que tal encontro ainda não ocorreu no plano de um diálogo autêntico. É por isso que nos encontramos em uma espécie de trégua ou interregno em que não mais podemos pôr em prática o dogmatismo de uma verdade única e no qual ainda não estamos capacitados para a conquista do ceticismo em que adentramos. Encontramo-nos em um túnel, entre o anoitecer do dogmatismo e o amanhecer de verdadeiros diálogos.

Paul Ricoeur
Universal Civilization and National Cultures, 1961.

O termo Regionalismo crítico não pretende denotar o vernáculo do modo como este foi, outrora, produzido espontaneamente pela interação combinada de clima, cultu-

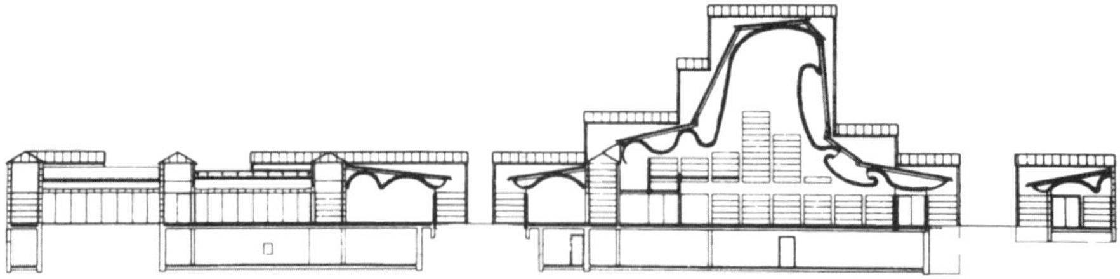

Fig. 320. Utzon, Igreja Bagsvaerd, próxima a Copenhague, 1976: corte longitudinal.

ra, mito e artesanato, mas antes pretende identificar as "escolas" regionais recentes, cujo objetivo principal tem sido refletir os limitados elementos constitutivos nos quais se basearam e servir a eles. Entre outros fatores que contribuíram para a emergência de um regionalismo desse tipo encontram-se não somente uma certa prosperidade, mas igualmente um certo tipo de consenso anticentrista – em última instância, uma aspiração por uma forma de independência cultural, econômica e política.

O conceito de uma cultura local ou nacional é uma proposição paradoxal não apenas devido à atual e óbvia antítese entre cultura de raiz e civilização universal, mas também porque todas as culturas, tanto antigas quanto modernas, parecem ter dependido, para seu desenvolvimento intrínseco, de uma certa fertilização cruzada com outras culturas. Como Ricoeur parece deixar implícito no excerto acima citado, as culturas regionais e nacionais precisam atualmente, mais que nunca, ser, em última instância, constituídas como manifestações localmente moduladas da "cultura mundial". Certamente, não é acidental que esta proposição paradoxal se apresente em uma época em que a modernização global continua minando, com intensidade cada vez maior, todas as formas de cultura tradicional de base agrícola e autóctone. Do ponto de vista da teoria crítica (ver Introdução, p. IX) precisamos encarar a cultura regional, não como algo dado e relativamente imutável, mas antes como algo que precisa, pelo menos atualmente, ser cultivado de forma autoconsciente. Ricoeur sugere que manter qualquer tipo de cultura autêntica no futuro irá depender, em última instância, de nossa capacidade de gerar formas vitais de cultura regional enquanto nos apropriamos de influências estrangeiras tanto no plano da cultura quanto no da civilização.

Esse processo de assimilação e reinterpretação parece evidenciar-se na obra do mestre dinamarquês Jørn Utzon, sobretudo em sua Igreja Bagsvaerd, levantada em um subúrbio fora de Copenhague em 1976, na qual elementos pré-fabricados de concreto de dimensões padronizadas são combinados, de modo particularmente articulado, com abóbadas de concreto armado moldadas *in situ* que encobrem os principais volumes públicos. E, enquanto esta combinação de montagem modular e moldagem *in situ* possa assemelhar-se, de início, a nada mais do que uma integração apropriada de toda a gama das técnicas do concreto que se encontram atualmente a nossa disposição, pode-se argumentar que o modo pelo qual tais técnicas são combinadas alude a uma série de valores dialogicamente opostos.

Em um nível, pode-se afirmar que o agrupamento de elementos modulares pré-fabricados não apenas está de acordo com os valores da civilização universal, mas "representa" igualmente sua capacidade de aplicação normativa, embora a abóbada moldada *in situ* seja uma invenção estrutural única num lugar único. Pode-se argumentar à luz de Ricoeur, que onde um afirma as normas da civilização universal, o outro proclama os valores da cultura idiossincrática. De forma semelhante, pode-se interpretar essas formas diferentes de construção em concreto como a oposição entre a racionalidade das técnicas normativas e a irracionalidade da estrutura simbólica.

Ainda um outro diálogo é evocado assim que passamos do revestimento modular – ótimo do ponto de vista econômico – do exterior (quer se trate dos painéis de concreto ou do claro envidraçamento do teto) para o nada ideal estrutura e casca abobadada, moldadas *in situ*, que cobrem a nave. Tal modo de construção arqueada – um processo de construção relativamente não econômico se comparado, digamos, à treliça de aço – foi escolhido deliberadamente devido à sua capacidade simbólica: a abóbada representa o sagrado na cultura ocidental. E, contudo, a seção altamente configurada, adotada neste exemplo, dificilmente pode ser encarada como ocidental. De fato, o único precedente de uma seção desse tipo num contexto sagrado é oriental – o teto do Pagode Chinês, citado por Utzon em seu longo ensaio de 1962, *Plataformas e mesetas: idéias de um arquiteto dinamarquês.*

As alusões sutis e contrárias incorporadas nessa cobertura de concreto pregueada têm consequências muito mais profundas do que a aparente perversidade de reinterpretar uma forma oriental em madeira através de uma tecnologia ocidental de concreto; pois uma vez que a abóbada principal da nave sugere, por sua escala e sua iluminação superior, a presença de um espaço religioso, isso é realizado de tal modo que impede uma leitura exclusivamente ocidental ou oriental da forma pela qual é constituída. Uma interpretação similar ocidental/oriental ocorre igualmente nas janelas de madeira e nas divisórias com ripas que parecem aludir tanto à igreja nórdica padrão genuína como ao ornamentado artesanato tradicional de carpintaria da China e do Japão. A intenção que subjaz a esses procedimentos de desconstrução e de ressíntese parece ser a seguinte: em primeiro lugar, revitalizar certas formas ocidentais *desvalorizadas* por uma interpretação oriental de sua natureza essencial; em segundo lugar, indicar a secularização das instituições representadas por essas formas. Pode-se argumentar ser esse um modo mais apropriado para representar uma igreja em uma época secular, na qual a iconografia eclesiástica tradicional sempre corre o risco de cair no *kitsch*.

Esta revitalização de elementos ocidentais com contornos orientais e vice-versa de nenhum modo esgota as maneiras pelas quais a Igreja Bagsvaerd é modulada em relação a sua situação no tempo e no espaço. Utzon conferiu-lhe igualmente uma forma semelhante a um celeiro, utilizando-se de uma metáfora agrícola como meio de dar expressão pública a uma instituição sagrada. Contudo, esta metáfora um tanto críptica, que associa religião e cultura rural, pode perfeitamente sofrer mudanças com a passagem do tempo, pois, quando as árvores que a cercam atingirem a maturidade, a igreja irá pela primeira vez surgir dentro de seus próprios limites. Este *temenos* natural, estabelecido por um véu de árvores, sem dúvida irá favorecer uma leitura futura do edifício como sendo mais um templo que um celeiro.

Caso exemplar de um Regionalismo explicitamente anticentrista foi o movimento nacionalista catalão que, a princípio, surgiu com a fundação do Grupo R em Barcelona em 1952. Liderado por J. M. Sostres e Oriol Bohigas, tal grupo viu-se, desde o início, emaranhado em uma situação cultural complexa. Por um lado, via-se obrigado a reviver os valores e procedimentos racionalistas e antifascistas do GATEPAC (a ala espanhola pré-guerra dos CIAM); por outro, estava consciente da responsabilidade política de evocar um regionalismo realista, acessível à população em geral. Este programa de mão dupla foi anunciado publicamente pela primeira vez por Bohigas em seu ensaio, Possibilidades de uma arquitetura de Barcelona, publicado em 1951. Os diversos impulsos culturais que constituíram este Regionalismo heterogêneo tendem a confirmar a

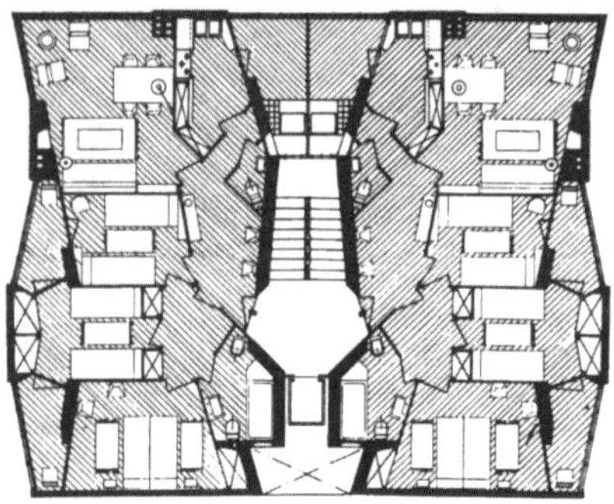

Figs. 321, 322. Coderch, bloco de apartamentos ISM, Barcelona, 1951: vista e planta baixa típica.

Fig. 323. Coderch, Casa Catasus, Sitges, 1956: planta baixa.

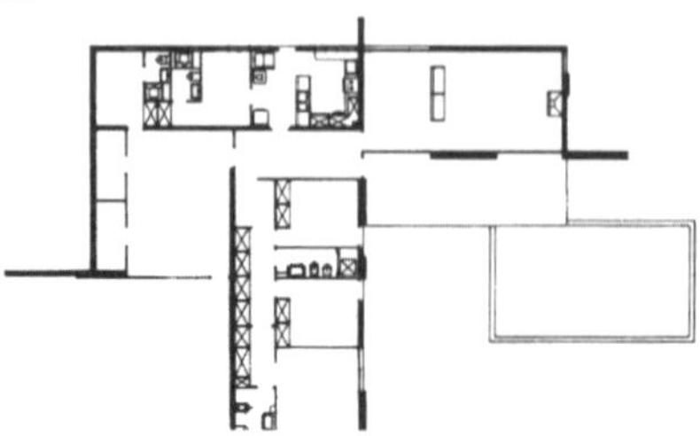

natureza inevitavelmente híbrida da cultura regional moderna. Em primeiro lugar, estava a tradição de alvenaria catalã que datava do período do "Modernismo"; depois, estava a influência de Neutra e do Neoplasticismo, este último sem nenhuma dúvida estimulado por *La Poetica dell'architettura neoplastica* [A poética da arquitetura neoplástica] de Bruno Zevi, de 1953. A isso seguiu-se o influente estilo neorrealista do arquiteto italiano Ignazio Gardella, que utilizara persianas tradicionais, janelas estreitas e amplas cimalhas em sua Casa Borsalino em Alexandria, na Itália (1951-1953). A tudo isso, precisamos acrescentar, especialmente para a obra de Mackay, Bohigas e Martorell, a influência do Novo Brutalismo britânico (ver o bloco de apartamentos que construíram no Paseo de la Bonanova de Barcelona, em 1973).

A carreira do arquiteto barcelonês J. A. Coderch foi tipicamente *regionalista* uma vez que oscilou, até tempos recentes, entre uma alvenaria genuína mediterraneizada e moderna, formulada pela primeira vez em seu bloco de apartamentos ISM de oito andares construído em Barcelona no Paseo Nacional em 1951 ("tradicionalmente" articulado como a Casa Borsalino, com venezianas de alto a baixo e finas e salientes cornijas) e a composição vanguardista, neoplástica e miesiana de sua Casa Catasus, construída em Sitges em 1956.

A deliquescência mais recente do Regionalismo catalão mostra-se possivelmente com mais evidência na obra de Ricardo Bofill e o Taller de Arquitetura. Enquanto os apartamentos da Calle Nicaragua de Bofill, de 1964, apresentavam certa afinidade com a alvenaria vernácula reinterpretada de Coderch, o Taller adotava uma abordagem abertamente *Gesamtkunstwerk* no final da década de 1960. Com o complexo de Xanadu, construído em Calpe em 1967, eles se abandonaram a uma forma de Romantismo *kitsch*. Esta obsessão por imagens de castelo alcançou sua apoteose em seu heroico mas ostensivo complexo Walden 7 com fachada em azulejos em Sant Just Desvern, Barcelona (1970-1975). Com seus vazios de doze andares de altura, salas de estar mal iluminadas, balcões minúsculos e seu revestimento de azulejos atualmente se desintegrando, Walden 7 marca aquele limite infeliz no qual o que foi inicialmente um impulso crítico degenera-se em uma cenografia altamente fotogênica. Em última análise, apesar de sua efêmera homenagem a Gaudí, Walden 7 apresenta uma certa afinidade com a sedução massificante. Trata-se de uma arquitetura narcisista *par excellence*, uma vez que a retórica formal dirige-se para a alta moda e para a mística da personalidade excêntrica de Bofill. A utopia mediterrânica hedonística a que Walden 7 aspira cai por terra diante de um exame mais acurado, sobretudo no que se refere à cobertura ajardinada onde um ambiente potencialmente sensual não se realizou pela ocupação (cf. Unité d'Habitation em Marselha, de Le Corbusier).

Nada poderia estar mais distante das intenções de Bofill que a arquitetura do mestre português Alvaro Siza Vieira, cuja carreira, que se iniciou com a construção da piscina na Quinta da Conceição, Matosinhos (1958-1965), pode ter sido tudo, menos fotogênica. Isso pode ser deduzido não apenas da natureza fragmentária e evasiva das imagens publicadas, mas igualmente de um texto escrito em 1979:

> A maior parte de minhas obras nunca foi publicada; algumas coisas que fiz foram realizadas apenas em parte, outras foram profundamente transformadas ou destruídas. Isso já era previsível. Uma proposta arquitetônica cujo objetivo é aprofundar-se... uma proposta que pretende ser mais que uma materialização passiva, recusa-se a reduzir essa mesma realidade, analisando cada um de seus aspectos, um a um; tal proposta não pode encontrar apoio em uma imagem estática, não pode seguir uma evolução linear... Cada desenho deve captar, com o máximo rigor, um momento preciso da imagem palpitante, em todas as suas tonalidades, e quanto melhor se conseguir reconhecer essa qualidade palpitante da realidade, mais claro será seu desenho (...) Deve ser por isso que apenas obras marginais (uma residência tranquila, uma casa de férias a quilômetros de distância) mantiveram-se do modo como foram originalmente projetadas. Contudo, alguma coisa permanece. Fragmentos são conservados aqui e ali, dentro de nós, talvez apadrinhados por alguém, deixando marcas no espaço e nas pessoas, dissolvendo-se em um processo de transformação total.

Essa hipersensibilidade em relação à transformação de uma realidade fluida e, contudo, específica, torna a obra de Siza mais estratificada e enraizada que as tendências ecléticas da Escola de Barcelona, uma vez que, ao tomar Aalto como ponto de partida, ele fundamentou seus edifícios na configuração de uma topografia específica e na refinada textura da malha local. Com essa finalidade, seus fragmentos são respostas ajustadas à paisagem urbana, campestre e marinha da região do Porto. Outros fatores importantes consistem em sua deferência para com os materiais locais, o artesanato e as sutilezas da luz local; uma deferência que é mantida sem cair no sentimentalismo de excluir a forma racional e a técnica moderna. Assim como a Câmara Municipal de Säynätsalo de Aalto, todos os edifícios de Siza são acomodados delicadamente à topografia de seu lugar. Sua abordagem é claramente tátil e tectônica, mais que visual e gráfica, a partir de sua Casa Beires construída em Póvoa do Varzim entre 1973 e 1977 até suas casas para a Associação de Residentes Bouça no Porto (1973-1977). Mesmo seus pequenos edifícios urbanos, entre os quais o melhor é provavelmente a filial do Banco Pinto, construído em Oliveira de Azemeis em 1974, são estruturados de maneira topográfica.

A obra projetada de Raimund Abraham, arquiteto austríaco radicado em Nova York, parece ser moldada por preocupações semelhantes, uma vez que ele sempre enfatizou a

Figs. 324-326. Siza, Casa Beires, Póvoa do Varzim, 1973-1977: vista e planta do pavimento superior (acima) e do pavimento inferior (abaixo).

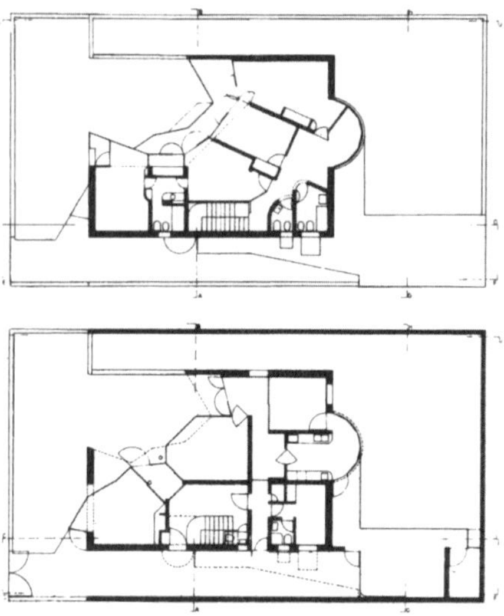

criação do lugar e os aspectos topográficos da forma construída. A Casa com três paredes (1972) e a Casa com paredes floridas (1973) são exemplos típicos de suas obras do início da década de 1970, nas quais o projeto evoca uma imagem onírica embora insista na inescapável materialidade da construção. Esta preocupação com a forma tectônica e com sua capacidade de transformar a superfície da terra foi transposta para os projetos recentes de Abraham para a Exposição Internacional de Construção em Berlim, sobretudo para seu recente projeto do Friedrichstadt Sul em 1981.

Observa-se uma atitude igualmente tátil na obra do veterano arquiteto mexicano Luis Barragán, cujas casas mais belas (muitas das quais erguidas na cidade do México, no bairro de Pedregal) assumem uma forma topográfica. Sendo tanto paisagista como arquiteto, Barragán sempre buscou uma arquitetura sensual e ligada à terra; uma arquitetura composta por espaços fechados, estelas, fontes e córregos, uma arquitetura erguida sobre rocha vulcânica e vegetação luxuriante; uma arquitetura que remete indiretamente à *estancia* mexicana. Com relação ao início de carreira mítico e enraizado de Barragán, basta citar as memórias do *pueblo* apócrifo de sua juventude:

> Minhas recordações de infância mais antigas referem-se a um rancho que minha família possuía perto do vilarejo de Mazamitla. Tratava-se de um *pueblo* com colinas, constituído por casas cobertas por telhas e imensos beirais que serviam para abrigar os viandantes das fortes chuvas que caem naquela região. Mesmo a cor da terra era interessante, porque era vermelha. Nessa cidadezinha, o sistema de distribuição de água consistia em grandes troncos ocos, em forma de calhas, que corriam sobre uma estrutura de apoio de forquilhas de árvore, a cinco metros de altura, acima dos telhados. Este aqueduto atravessava a cidade toda, chegando aos pátios, onde havia grandes fontes de pedra para armazenar a água. Os pátios abrigavam os estábulos, com vacas e galinhas misturadas. Do lado de fora, na rua, havia argolas de ferro nas quais se amarravam os cavalos. As calhas de troncos, cobertas de limo, pingavam água sobre toda a cidade, é claro, o que lhe dava um ambiente de conto de fadas. Não, não existem fotografias. Resta-me apenas a lembrança.

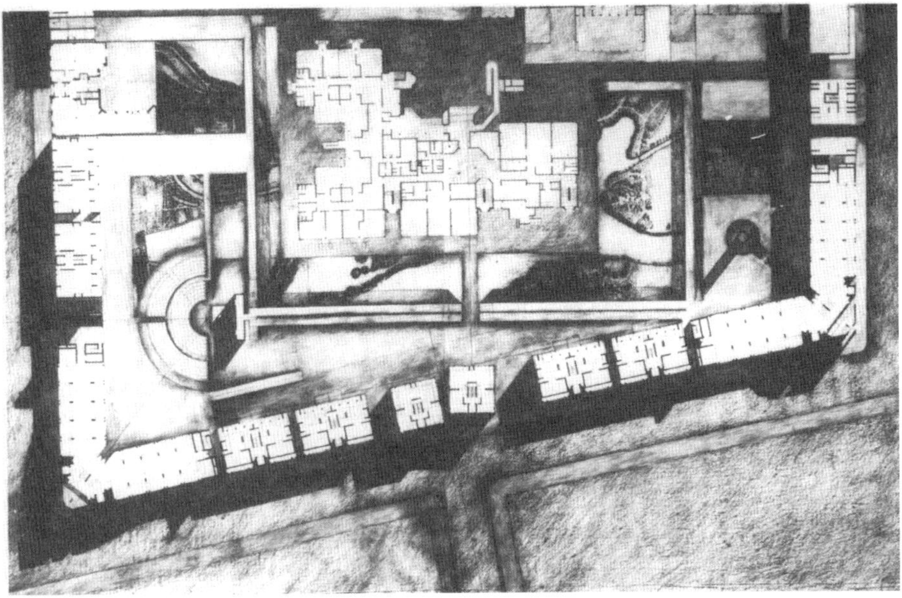

Fig. 327. Abraham, projeto para Friedrichstadt Sul, Berlim, 1981: detalhe mostrando metade do terreno.

Esta recordação, certamente, foi influenciada pelo envolvimento que durante grande parte de sua vida Barragán teve com a arquitetura islâmica. Sentimentos e preocupações semelhantes ficam evidentes em sua oposição à invasão da privacidade no mundo moderno e em sua crítica à erosão sutil que acompanhou a civilização do pós-guerra:

A vida cotidiana está se tornando demasiadamente pública. O rádio, a televisão, o telefone, todos invadem a privacidade. Por isso, os jardins deveriam ser fechados, não abertos ao olhar do público. (...) Os arquitetos esquecem-se da necessidade da meia-luz que os seres humanos têm, aquela espécie de luz que propicia tranquilidade, tanto em suas salas de visitas quanto em seus dormitórios. Mais ou menos a metade do vidro utilizado em tantos edifícios – sejam casas ou escritórios – precisaria ser removida para que se obtivesse a qualidade de luz que permite que se viva e trabalhe de uma maneira mais concentrada (...)

Antes da era das máquinas, mesmo no meio das cidades, a Natureza era a companheira fiel de todos (...) Atualmente, a situação inverteu-se. O homem não se encontra com a Natureza, mesmo quando deixa a cidade para comungar com ela. Fechado em seu automóvel reluzente, com seu espírito selado com a marca do mundo desde o aparecimento do automóvel, o homem é, dentro da Natureza, um corpo estranho. Um cartaz de publicidade é suficiente para sufocar a voz da Natureza. A Natureza torna-se um refugo da Natureza, e o homem, um refugo do homem.

Quando da construção de sua primeira casa e estúdio em torno de um pátio fechado em Tacubaya, México D.F., em 1947, Barragán já havia se distanciado da sintaxe do Estilo Internacional. E, contudo, sua obra sempre continuou comprometida com a forma abstrata que tem caracterizado a arte de nosso tempo. A tendência de Barragán para planos amplos, abstratos e quase inescrutá-

Fig. 328. Barragán e Goeritz, Torres da Cidade Satélite, Cidade do México, 1957.

veis, situados na paisagem, encontra-se talvez com maior intensidade em seus jardins para os distritos residenciais de Las Arboleadas (1958-1961) e Los Clubes (1961-1964) e, ainda, em seu monumento na rodovia, Torres da Cidade Satélite, projetado com Mathias Goeritz em 1957.

O Regionalismo manifestou-se, sem dúvida, em outras regiões das Américas. No Brasil, na década de 1940, nas primeiras obras de Oscar Niemeyer e Affonso Reidy; na Argentina, na obra de Amancio Williams, sobretudo em sua casa ponte em Mar del Plata de 1943-1945, e talvez, mais recentemente, no Banco de Londres e da América do Sul de Clorindo Testa, Buenos Aires (1959); na Venezuela, na Cidade Universitária, construída de acordo com os projetos de Carlos Raúl Villanueva entre 1945 e 1960; na costa oeste dos Estados Unidos, primeiro em Los Angeles desde o final dos anos 1920 na obra de Neutra, Schindler, Weber e Gill, e em seguida na escola Bay Area, fundada por William Wurster e na obra de Harwell Hamilton Harris no sul da Califórnia. Talvez ninguém tenha expressado com maior intensidade a ideia de um Regionalismo crítico que Harris em Regionalismo e Nacionalismo, uma palestra que realizou pela primeira vez perante o Conselho Regional do Noroeste da AIA em Eugene, Óregon, no ano de 1954. Foi nessa oportunidade que ele adiantou pela primeira vez sua diferenciação bem-sucedida entre Regionalismo restrito e Regionalismo liberado:

> Em contraposição ao Regionalismo de restrição existe outro tipo de regionalismo: o Regionalismo de liberação. Esta é a manifestação de uma região que está *especialmente sintonizada com o pensamento emergente da época*. Damos o nome de "regional" a esse tipo de manifestação apenas porque *ele ainda não se manifestou em nenhum outro lugar*. O gênio desta região consiste em estar mais consciente e livre do convencional. Sua virtude reside no fato de que sua manifestação tem *um significa-*

Fig. 329. Williams, casa ponte, Mar del Plata, 1943--1945.

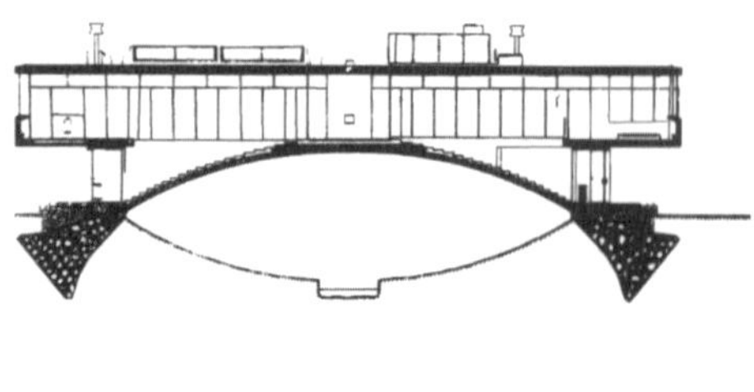

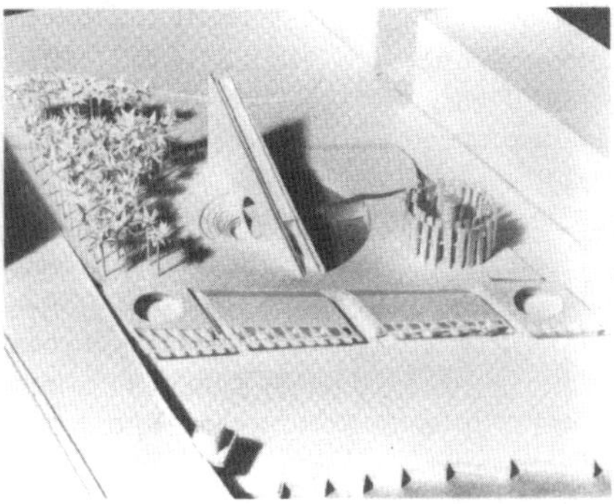

Fig. 330. Wolf, maquete para a Riverfront Plaza de Fort Lauderdale, 1982.

do para o próprio mundo exterior. Para exprimir esse regionalismo de modo arquitetônico é necessário que haja construções – preferencialmente, muitas construções – ao mesmo tempo. Apenas desse modo a expressão pode ser suficientemente geral, variada e intensa para captar a imaginação das pessoas e propiciar um clima amigável e bastante longo para que se desenvolva uma nova escola de desenho.

São Francisco foi feita para Maybeck; Pasadena, para Greene e Greene. Nenhum deles poderia ter realizado o que realizou em qualquer outra época ou lugar. Cada um utilizou materiais locais: contudo, não são os materiais que diferenciam as suas obras. (...) Uma região pode desenvolver ideias. Uma região pode aceitar ideias. Em ambos os casos, é necessário imaginação e inteligência. Na Califórnia, no final da década de 1920 e na década de 1930, as modernas ideias da Europa depararam-se com um regionalismo ainda em desenvolvimento. Por outro lado, na Nova Inglaterra, o Modernismo europeu deparou-se com um regionalismo rígido e restritivo que, a princípio, resistiu para depois render-se. A Nova Inglaterra aceitou a totalidade do Modernismo europeu porque seu próprio regionalismo havia se reduzido a um acúmulo de restrições.

Apesar de uma aparente liberdade de expressão, tal nível de Regionalismo liberador é difícil de ser atingido atualmente na América do Norte. Dentro da atual proliferação de formas altamente individualizadas de expressão (obras que são com frequência patrocinadas ou autocomplacentes, mais do que críticas), apenas poucas firmas demonstram, hoje, algum compromisso profundo em relação ao cultivo não sentimental de uma cultura americana enraizada. Um exemplo atípico de obra "regional" contemporânea na América do Norte são as casas localizadas com sensibilidade e projetadas por Andrew Batey e Mark Mack para a região de Napa Valley na Califórnia; outro é a obra do arquiteto Harry Wolf, cuja atividade ficou amplamente restrita à Carolina do Norte. A abordagem metafórica de Wolf ante a construção foi apresentada de forma polêmica em sua proposta para o concurso da Riverfront Plaza de Fort Lauderdale em 1982. Como se percebe por sua descrição, a intenção era de inscrever a história da cidade no local através da incidência da luz.

A adoração do sol e a medição do tempo a partir de sua luz remonta aos tempos mais antigos da história registrada da humanidade. É interessante notar, no caso de Fort Lauderdale que, se seguíssemos a 26ª linha latitudinal em torno do globo, encontraríamos Fort Lauderdale em companhia da antiga Tebas – o trono de Ra, deus egípcio do sol. Um pouco mais a Leste, encontraríamos Jaipur, na Índia, onde foi construído o maior relógio de sol equinocial do mundo, 110 anos antes da fundação de Fort Lauderdale.

Cientes desses grandiosos precedentes históricos, procuramos um símbolo que falasse do passado, do presente e do futuro de Fort Lauderdale. (...) Para capturar o sol como símbolo, um grande relógio de sol se insere no local da Plaza e o gnômon do relógio de sol secciona o local em seu eixo norte-sul. O gnômon dos dois ponteiros levanta-se do sul em um ângulo de 26° 5′, paralelo à latitude de Fort Lauderdale. (...)

Cada uma das datas significativas da história de Fort Lauderdale está gravada no grande ponteiro do relógio de sol. Através de cálculos

Fig. 331. Valle, Casa Quaglia, Sutrio, 1954-1956.

cuidadosos, os ângulos solares ficam perfeitamente alinhados com perfurações nos dois ponteiros para lançar círculos luminosos brilhantes para o lado do relógio que, sem isso, ficaria à sombra. Estes fachos de luz iluminam um determinado marco histórico, funcionando como lembretes históricos anuais.

Na Europa, a obra do arquiteto Gino Valle pode ser considerada regional, tendo em vista que sua carreira sempre ficou centralizada na cidade de Udine. Além de sua preocupação com a cidade, Valle realizou uma das primeiras reinterpretações pós-guerra do vernáculo rural da Lombardia em sua Casa Quaglia, construída em Sutrio entre 1954-1956.

Certamente, é bastante compreensível que na Europa, onde os vestígios da cidade-Estado ainda estavam muito vivos, tal impulso regionalista emergisse espontaneamente depois da Segunda Guerra Mundial, quando um número significativo de arquitetos estava apto para contribuir com a cultura de sua cidade natal. Entre aqueles da geração do pós-guerra que continuaram comprometidos com uma inflexão regional podemos citar Ernst Gisel em Zurique, Jørn Uttizon em Copenhague, Vittorio Gregoti em Milão, Sverre Fehn em Oslo, Aris Konstantinidis em Atenas, e, por último mas não de menor importância, Carlo Scarpa em Veneza.

Com suas intrincadas fronteiras linguísticas e sua tradição cosmopolita, a Suíça sempre apresentou fortes tendências regionalistas. O princípio cantonal de admissão e exclusão sempre favoreceu formas extremamente densas de expressão, com cada cantão favorecendo a cultura local e a Federação facilitando a penetração e a assimilação de ideias estrangeiras. A vila abobadada e neocorbusiana de Dolf Schnebli em Campione d'Italia, na fronteira ítalo-suíça (1960), pode ser considerada a iniciadora da resistência da arquitetura do cantão de Ticino contra a influência do Modernismo comercializado. Essa resistência encontrou eco imediato em outras partes da Suíça, como na igualmente corbusiana Casa Rotalinti de Aurelio Galfetti em Bellinzona (1961) e na assunção pelo ateliê 5, da maneira *béton brut* de Le Corbusier, como aparece em Siedlung Halen, construído na periferia de Berna em 1960 (fig. 362).

O Regionalismo de Ticino na atualidade tem suas primeiras origens nos protagonistas do pré-guerra do movimento racionalista italiano na Suíça, sobretudo o trabalho do italiano Alberto Sartoris e de Rino Tami, de Ticino. As principais realizações de Sartoris

Fig. 332. Scarpa, Galeria Querini Stampalia, Veneza, 1961-63.

Fig. 333. Schnebi, Casa Castioli, Campione d'Italia, 1960.

foram construídas no Valais, principalmente uma igreja em Lourtier (1932) e duas pequenas casas com estrutura de concreto, erguidas em associação com a viticultura e que foram construídas entre os anos de 1934 e 1939, das quais a mais renomada é a residência Morand-Pasteur em Saillon (1935). A respeito da compatibilidade entre o Racionalismo e a arquitetura rural, Sartoris escreveu: "A arquitetura rural com suas características essencialmente regionais está perfeitamente à vontade com o Racionalismo contemporâneo. De fato, ela encarna na prática todos os critérios funcionais sobre os quais os métodos de construção modernos estão essencialmente fundamentados." Enquanto Sartoris era antes de mais nada um polemista empenhado em manter vivos os preceitos racionalistas durante a Segunda Grande Guerra Mundial e suas consequências, Tami foi principalmente um construtor, e os arquitetos de Ticino da década de 1960 tiveram a oportunidade de tomar sua Biblioteca Cantonal de Lugano (1936-1940) como uma obra racionalista exemplar.

A prática ticiniana de meados da década de 1950, exceção feita a Galfetti, estava mais direcionada para a obra de Frank Lloyd Wright do que para os racionalistas italianos do pré-guerra. A respeito desse período, Tita Carloni escreveu: "Ingenuamente, estabelecemos para nós mesmos o objetivo de um Ticino 'orgânico', no qual os valores da cultura moderna deveriam interpenetrar-se de um modo natural com a tradição local." Sobre o Neorracionalismo ticiniano do início da década de 1970 ele escreve:

> Os antigos esquemas de Wright estavam ultrapassados, o capítulo dos "grandes encargos" para o Estado com boas intenções reformistas estava terminado. Tudo tinha que ser feito de novo, de baixo para cima: casas, escolas, restaurações didáticas menores, propostas para concursos como uma oportunidade para investigar e valorizar criticamente os conteúdos e as formas da arquitetura. Enquanto isso, o confronto cultural na Itália, o comprometimento político e o severo confronto com nossos próprios intelectuais, especialmente com Virgilio Gilardoni, significaram que os livros de história começaram a surgir em nossos bancos escolares e, acima de tudo, nos puseram diante do desafio de reavaliar, de forma crítica, toda a evolução do Modernismo, mais especificamente o das décadas de 1920 e 1930.

Como sugere Carloni, a força da cultura provinciana reside em sua capacidade de condensar o potencial artístico e crítico da região ao mesmo tempo que assimila e reinterpreta as influências de fora. Sob esse ângulo, é típica obra do principal discípulo de Carloni, Mario Botta, com sua concentração nas questões que se relacionam diretamente ao lugar específico enquanto adapta métodos e abordagens extraídos de fora. Educado formalmente com Scarpa, Botta teve a felicidade suficiente de trabalhar, embora por um breve período, tanto para Kahn quanto para Le Corbusier, durante o curto período em que eles realizaram projetos civis para Veneza. Obviamente influenciado por estes dois homens, Botta terminou por apropriar-se da metodologia neorracionalista italiana como se fosse sua, mantendo ao mesmo tempo, através de Scarpa, uma capacidade incomum de enriquecimento artesanal de sua forma. Um dos mais exóticos

Fig. 334. Botta, casa em Riva San Vitale, 1972-73.

exemplos disso ocorre na sua aplicação do *intonaco lucido* (argamassa polida) nas laterais da lareira de uma granja reformada em Ligrignano em 1979.

Duas outras características da obra de Botta podem ser vistas como críticas: por um lado, sua preocupação constante com o que ele denomina "construir o lugar", e, por outro, sua convicção de que a perda da cidade histórica só pode ser compensada pelas "cidades em miniatura". Assim, a escola de Botta em Morbio Inferiore é interpretada como um domínio microurbano – como uma compensação cultural para a evidente perda da vida cívica em Chiasso, a maior cidade dos arredores. As referências primárias à cultura da paisagem do Ticino também são evocadas por Botta em um nível tipológico, como na casa em Riva San Vitale, que se refere de forma indireta às tradicionais casas de campo de verão com formato de torre, chamadas "rocoli", que antigamente eram abundantes na região.

Além destas referências, as casas de Botta funcionam como marcos na paisagem, indicadores de limites ou fronteiras. A casa em Ligornetto, por exemplo, estabelece a fronteira onde a cidadezinha termina e o sistema rural começa: sua principal abertura (um grande buraco "recortado") afasta-se dos campos em direção à cidadezinha. As casas de Botta são frequentemente tratadas como bunkers/belvederes, nas quais as janelas se abrem para vistas escolhidas da paisagem, ocultando o desenvolvimento suburbano voraz que ocorreu no Ticino desde 1960. Em vez de dispor de terraços no local elas "constroem o local", de acordo com a tese propalada por Vittorio Gregotti em *Il territorio dell'architettura* [O território da arquitetura] (1966). Declaram-se como formas primárias, colocadas contra a topografia e o céu. Sua capacidade de harmonização com a natureza parcialmente agrícola da região emerge diretamente de sua forma e acabamento *analógicos*; ou seja, a partir do claro bloco de concreto de sua estrutura e do silo ou armações em forma de celeiro nas quais estão assentadas, estas últimas aludindo às estruturas agrícolas tradicionais das quais derivam.

Apesar desse gosto por uma sensibilidade doméstica ao mesmo tempo moderna e tradicional, o aspecto mais crítico da realização de Botta está em seus projetos públicos; em particular, nas duas propostas em grande escala que projetou em colaboração com Luigi Snozzi. Ambas são edifícios "viaduto", e, enquanto tais, devem algo ao Salão do Congresso de Veneza, projetado por Kahn em 1968 e aos primeiros esboços de Rossi para Gallaratese. O projeto Botta/Snozzi, de 1971, para o Centro Direzionale de Perugia, foi criado como uma "cidade dentro de uma cidade", e as implicações mais amplas desse projeto são claramente oriundas de sua potencial aplicabilidade a muitos contextos das megalópoles mundiais. Se tivesse sido construído, esse centro, concebido como um "viaduto-megaestrutura", teria firmado sua presença na região urbana sem comprometer a cidade histórica ou fundir-se com o caos dos desenvolvimentos suburbanos dos arredores. Uma clareza e uma adequação comparáveis predominaram em sua proposta para a Estação de Zurique em 1978, onde uma ponte de muitos níveis serviria não só para acomodar lojas, escritórios, restaurantes e estacionamentos, como também constituiria um novo edifício prin-

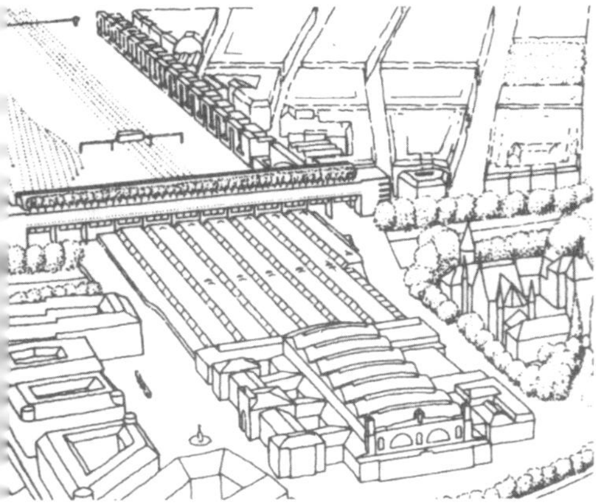

Fig. 335. Botta e Snozzi, projeto para a alteração da Estação de Zurique, 1978: o edifício original da estação (abaixo) e a ponte sobre as linhas.

cipal, enquanto algumas das funções originais seriam mantidas nos terminais já existentes.

Não é por acaso que Tadao Ando, um dos arquitetos japoneses mais dotados de consciência regional, tenha sua base de atuação em Osaka, e não em Tóquio, e que seus textos teóricos formulem, mais claramente do que os de qualquer outro arquiteto de sua geração, um conjunto de preceitos que se aproximam muito da ideia de Regionalismo crítico. Isto fica mais evidente na tensão que ele percebe como um elemento predominante entre a modernização universal e a idiossincrasia da cultura de raízes. É assim que o vemos escrever, num ensaio intitulado Da arquitetura moderna, fechada em si, à arquitetura voltada para a universalidade:

> Nascido e criado no Japão, é aqui que produzo minha obra arquitetônica. E suponho que seria possível afirmar que o método que escolhi consiste em aplicar o vocabulário e as técnicas desenvolvidos por um Modernismo aberto e universalista, num domínio fechado de estilos de vida individuais e diferenciação regional. Parece-me difícil, porém, tentar expressar as sensibilidades, os costumes, a consciência estética, a cultura diferenciada e as tradições sociais de uma determinada raça através de um vocabulário modernista aberto e internacionalista (...)

Por "arquitetura moderna fechada" Ando quer dizer a criação literal de encraves murados, em virtude dos quais o homem é capaz de recuperar e manter algum vestígio de sua intimidade anterior tanto com a natureza quanto com a cultura. Desse modo, escreve:

> Depois da Segunda Guerra Mundial, quando o Japão entrou num ritmo de rápido crescimento econômico, os critérios de valores das pessoas mudaram. O antigo sistema familiar, fundamentalmente feudal, entrou em colapso. Essas transformações sociais como a concentração de informações e locais de trabalho nas cidades levaram à superpopulação de povoados agrícolas e colônias de pescadores (como também deve ter acontecido em outras partes do mundo). Populações urbanas e suburbanas excessivamente densas tornaram impossível preservar um traço que, no passado, foi por demais característico da arquitetura residencial japonesa: o contato íntimo com a natureza e a abertura para o mundo natural. Aquilo a que me refiro quando uso os termos "arquitetura moderna fechada" é uma recuperação da unidade entre a casa e a natureza, algo que as moradias japonesas perderam ao longo do processo de modernização.

Em suas pequenas casas com quintal, muitas vezes implantadas no interior de uma densa malha urbana, Ando usa o concreto de modo a enfatizar a tensa homogeneidade de sua superfície, e não o seu peso, uma vez que, para ele, o material mais apropriado "para realizar superfícies criadas por raios de sol (...) [onde] as paredes se tornam abstratas, são negadas, e se aproximam dos limites últimos do espaço. Sua realidade se perde, e só o espaço que encerram nos dá uma sensação de existência concreta".

Enquanto a importância fundamental da luz é enfatizada tanto nos textos teóricos de

Kahn quanto nos de Le Corbusier, Ando vê o paradoxo da limpidez espacial que emerge da luz como algo particularmente inerente ao caráter japonês, e com isso explicita o significado mais amplo que atribui ao conceito de uma modernidade fechada em si:

Os espaços desse tipo são desprezados pelas atividades utilitárias do cotidiano e raramente se dão a conhecer. Ainda assim, são capazes de estimular a lembrança de suas formas mais intrínsecas, estimulando novas descobertas. É esse o objetivo daquilo que chamo de "arquitetura moderna fechada". Esse tipo de arquitetura tende a alterar-se conforme a região na qual lança suas raízes, bem como a desenvolver-se de diversas maneiras específicas. Mesmo assim, ainda que fechada, estou convencido de que, enquanto metodologia, abre-se na direção da universalidade.

O que Ando tem em mente é o desenvolvimento de uma arquitetura em que a tatilidade da obra transcende a percepção inicial de sua ordem geométrica. A precisão e a densidade dos detalhes são, ambas, cruciais para a qualidade reveladora de suas formas quando sob a luz. Assim ele escreveu sobre sua casa Koshino, de 1981:

Com o tempo, a luz altera as expressões. Acredito que o material arquitetônico não acaba na madeira e no concreto, que têm formas tangíveis, mas que os ultrapassa de modo a incluir a luz e o vento que deleitam nossos sentidos. (...) Os detalhes existem como os elementos mais importantes para a expressão da identidade. (...) Para mim, portanto, o detalhe é um elemento que remata a composição física da arquitetura, mas, ao mesmo tempo, é um gerador de uma imagem de arquitetura.

Em seu artigo sobre o Regionalismo crítico dos arquitetos gregos Dimitris e Susana Antonakakis, intitulado "O traçado e o caminho" (*Architecture in Greece* [Arquitetura na Grécia], 1981), Alex Tzonis e Liane Lefaivre demonstram o papel ambíguo desempenha-

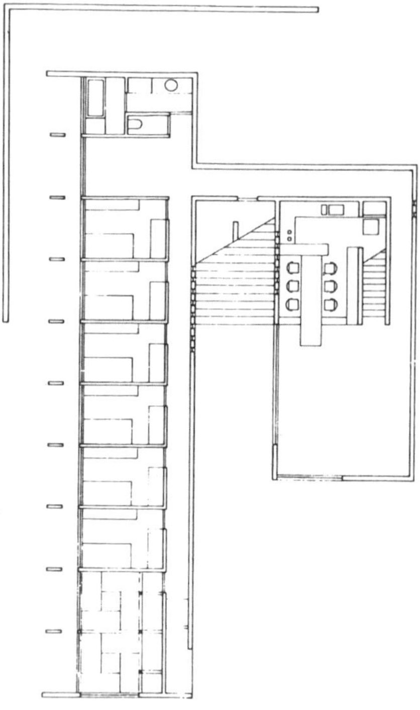

Figs. 336, 337. Ando, Casa Koshino, Osaka, 1981: vista e planta baixa.

do pelos *Schinkelschüler* na construção de Atenas e na fundação do Estado grego:

Na Grécia, o Regionalismo historicista em sua versão neoclássica já havia tido adversários antes do advento do Estado do bem-estar social e da arquitetura moderna. Isto se deve a

Fig. 338. Pikionis, pavimentação do parque na colina Philopappus, Atenas, 1957.

uma crise muito peculiar que eclodiu em fins do século XIX. Aqui, o Regionalismo historicista surgiu não só de uma guerra de libertação; emergiu a partir de interesses de desenvolver uma elite urbana separada do universo camponês e de seu "subdesenvolvimento" rural, e também para criar um domínio da cidade sobre o campo: daí o fascínio especial do Regionalismo historicista, baseado mais no livro do que na experiência, com sua monumentalidade evocando outra elite distante e desamparada. O Regionalismo histórico havia unido as pessoas, mas também as dividira.

As várias reações que se seguiram à proliferação do estilo Neoclássico nacionalista grego do século XIX iam do historicismo vernáculo dos anos 1920 ao Modernismo comprometido dos anos 1930, como se tornou manifesto na obra de arquitetos como Stamo Papadaki e J. G. Despotopoulos. Como aponta Tzonis, um movimento conscientemente regionalista surgiu na Grécia com as primeiras obras de Aris Konstantinidis (sua casa de Eleusis de 1938 e sua exposição de jardins de Kifissia, de 1940), e essa linha foi desenvolvida por Konstantinidis, na década de 1950, através de vários conjuntos habitacionais de baixo custo e dos hotéis que ele projetou para a organização nacional de turismo de Xenia, entre os anos de 1956 e 1966. Em toda a obra pública de Konstantinidis, há uma tensão entre a racionalidade universal da estrutura travejada de concreto armado e a tatilidade autóctone da pedra nativa e do bloco usado para calafetagem. Um espírito regionalista muito menos equivocado impregna o parque e o passeio público que Dimitris Pikionis projetou para a Colina Philopappus em 1957, nas adjacências da Acrópole de Atenas. Nessa paisagem arcaica, como assinalam Tzonis e Lefaivre,

> Pikionis liberta uma obra arquitetônica do exibicionismo tecnológico e da presunção compositiva (tão típica da corrente principal da arquitetura dos anos 1950), um objeto completamente nu e quase desmaterializado, uma ordenação de "espaços feitos para a ocasião", desdobrando-se ao redor da colina para prestar-se à contemplação solitária, à discussão intimista, ao pequeno grupo, à grande reunião. (...) Para criar essa extraordinária tessitura de nichos e passagens e situações, Pikionis identifica os componentes apropriados a partir dos espaços vividos da arquitetura popular, mas, nesse projeto, a ligação com o regional não é feita de emoções ternas. Numa atitude totalmente diversa, esses invólucros de eventos concretos são estudados com um frio método empírico, como se documentados por um arqueólogo. Sua seleção e posicionamento também não são feitos para despertar emoções superficiais. São plataformas a ser usadas em um sentido cotidiano, mas de modo a oferecer aquilo que, no contexto da arquitetura contemporânea, a vida de todos os dias é incapaz de prover. A pesquisa do local é a condição para atingir o concreto e o real, e para tornar a arquitetura novamente humana.

Tzonis vê a obra da sociedade de Antonakakis como uma combinação do caminho topográfico de Pikionis com o traçado universal de Konstantinidis. Essa oposição dialética parece refletir, mais uma vez, a cisão entre cultura e civilização assinalada por Ricoeur. Talvez nenhuma obra expresse essa dualidade mais diretamente do que seus apartamentos da rua Benaki, construídos em

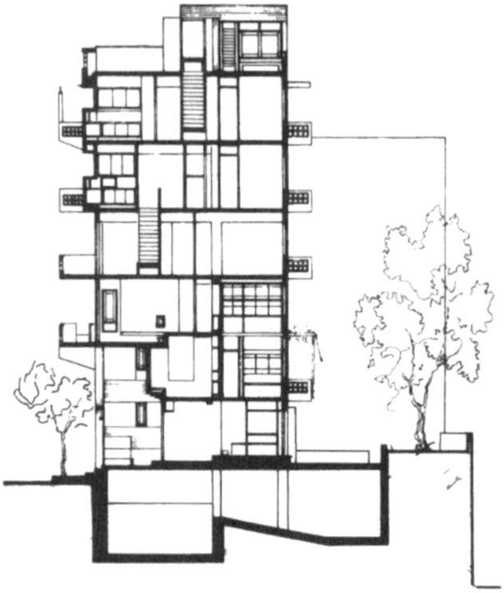

Figs. 339, 340. Antonakakis, edifício de apartamentos na rua Benaki, Atenas, 1975. Corte transversal e vista.

Atenas em 1975, uma estrutura em estratos na qual uma rota labiríntica, extraída do vernáculo das ilhas gregas, é entretecida na trama regular da estrutura de suporte em concreto.

Como no caso das categorias usadas no capítulo anterior, todas em grande parte sobrepostas, o Regionalismo crítico é menos um estilo do que uma categoria crítica voltada para certas características comuns, que nem sempre podem estar presentes nos exemplos citados aqui. Essas características, ou melhor, essas atitudes, talvez possam ser adequadamente sintetizadas da seguinte maneira:

1) O Regionalismo crítico deve ser entendido como uma prática marginal que, embora crítica acerca da modernização, ainda assim se recusa a abandonar os aspectos emancipatórios e progressistas do legado arquitetônico moderno. Ao mesmo tempo, a natureza fragmentária e marginal do Regionalismo crítico serve para distanciá-lo tanto da otimização normativa quanto da ingênua utopia dos primórdios do Movimento Moderno. Em contraste com a linha que vai de Haussmann a Le Corbusier, favorece a planta pequena e não a de grandes dimensões.

2) A esse respeito, o Regionalismo crítico manifesta-se como uma arquitetura conscientemente delimitada que, em vez de enfatizar a construção como um objeto independente, faz a ênfase incidir sobre o território a ser estabelecido pela estrutura erguida no lugar. Essa "forma do lugar" significa que o arquiteto deve reconhecer o limite físico de sua obra como uma espécie de limite temporal – o ponto no qual se interrompe o ato de construir.

3) O Regionalismo crítico favorece a realização da arquitetura como um fato *tectônico*, e não como a redução do ambiente construído a uma série de episódios cenográficos desordenados.

4) Pode-se afirmar que o Regionalismo crítico é regional na medida em que invariavelmente enfatiza certos fatores específicos do lugar, que variam desde a topografia, vista como uma matriz tridimensional à qual a estrutura se amolda até o jogo variado da luz local que sobre ela incide. A luz é sempre entendida como o agente básico por inter-

médio do qual o volume e o valor tectônico da obra são revelados. Uma resposta articulada às condições climáticas é um corolário necessário a tal especificidade. O Regionalismo crítico, portanto, opõe-se à tendência da "civilização universal" de privilegiar o uso de ar-condicionado, etc. Tende a tratar todas as aberturas como zonas delicadas de transição com capacidade de reagir às condições específicas impostas pelo lugar, pelo clima e pela luz.

5) O Regionalismo crítico enfatiza tanto o tátil quanto o visual. Tem consciência de que o ambiente pode ser vivenciado em outros termos, não somente através da visão. É sensível a percepções complementares como os níveis variáveis de iluminação, as sensações ambientais de calor, frio, umidade e deslocamento do ar, bem como à diversidade dos aromas e sons produzidos por materiais diferentes em diferentes volumes, e até mesmo às sensações variadas induzidas pelos acabamentos dos pisos, que levam o corpo a passar por mudanças involuntárias de postura, modo de andar, etc. Opõe-se à tendência, numa época dominada pelos meios de comunicação, a substituir a experiência pela informação.

6) Enquanto se opõe à simulação sentimental do vernáculo local, em certos momentos o Regionalismo crítico vai inserir elementos vernáculos reinterpretados como episódios disjuntivos dentro do todo. Além do mais, irá às vezes buscar tais elementos em fontes estrangeiras. Em outras palavras, vai empenhar-se em cultivar uma cultura contemporânea voltada para o lugar sem tornar-se, por isso, excessivamente hermético, tanto no nível da referência formal quanto no da tecnologia. A esse respeito, tende à criação paradoxal de uma "cultura mundial" de bases regionalistas, quase como se isto fosse uma precondição para a conquista de uma forma relevante de prática contemporânea.

7) O Regionalismo crítico tende a florescer naqueles interstícios culturais que, de um modo ou de outro, são capazes de fugir ao cerco da investida otimizadora da civilização universal. Sua aparência sugere que a noção herdada do centro cultural dominante, cercado por satélites dependentes e dominados, representa, em última instância, um modelo inadequado para a avaliação do estado atual da arquitetura moderna.

CAPÍTULO 6 Arquitetura mundial e prática reflexiva

A ideia de prática reflexiva é uma alternativa à epistemologia tradicional da prática. Leva (...) a novas concepções do contrato profissional-cliente, da parceria em pesquisa e prática e dos sistemas de aprendizagem das instituições profissionais. Agora, eu gostaria de sugerir de que modo também poderia levar-nos a pensar diferentemente sobre os papéis dos profissionais nas políticas públicas e o lugar ocupado pela profissão no contexto mais amplo da sociedade. A ideia da prática reflexiva leva, num sentido ao mesmo tempo semelhante e diferente da crítica radical, a uma desmistificação da especialização profissional. Leva-nos a reconhecer que, tanto para o profissional quanto para o antiprofissional, o conhecimento especializado está inserido em estruturas avaliadoras que trazem a marca dos valores e interesses humanos. Também nos leva a reconhecer que o alcance da especialização técnica é limitado por situações de incerteza, instabilidade, singularidade e conflito. Quando as teorias e as técnicas baseadas em pesquisas são inaplicáveis, o profissional não pode, legitimamente, afirmar-se um especialista, mas apenas que está bem preparado para refletir-em-ação...

Donald A. Schön
The Reflective Practitioner, 1983

Enquanto os arquitetos individuais de alto nível podem ser encontrados em toda parte, a década de 1980 presenciou níveis muito diversos de maturidade arquitetônica geral em nações que, por outro lado, apresentavam um grau de desenvolvimento bastante parecido, e, de modo surpreendente, manifestações de criatividade tectônica em países que podiam ser vistos como subdesenvolvidos. A esse respeito, podemos citar o estado atual da arquitetura nos Estados Unidos, onde, apesar das decantadas proezas de seus profissionais estabelecidos e emergentes – personalidades tão díspares quanto, digamos, Harry Wolf por um lado e Steven Holl por outro –, é duvidoso que algum arquiteto norte-americano possa exibir um conjunto de obras realizadas nos anos 1980 que sejam comparáveis, em termos de importância social, às realizações recentes de alguns dos principais arquitetos indianos: estou pensando, em particular, em Bal-

Fig. 341. Wolf, sede bancária NCNB, Tampa, Flórida, 1989.

krishna Doshi e seu projeto urbano de Vidhyadhar Nagar, de 1984, em Raj Rewal por seu conjunto habitacional de alta densidade, com casas baixas, construído em Nova Delhi para os Jogos Asiáticos de 1982, em Uttam Jain pelo trabalho que realizou para a Universidade de Jaipur, ou nas propostas de Charles Correa para a Nova Bombaim (1979 ss.), bem como seu mais recente centro cultural Jawahar Kala Kendra em Jaipur (1986-90).

As causas na base dessas diferenças em termos de conquistas gerais estão longe de ser simples, pois a boa arquitetura provém tanto da inteligência dos clientes quanto dos arquitetos, e esse princípio se aplica por igual a nações e pessoas. De um modo ou de outro, toda a produção arquitetônica examinada neste capítulo provém, em grande parte, de patrocínio federal, municipal ou corporativo, complementado por diferentes tipos de apoio institucional ou privado. Sem patrocínio adequado, não se pode alcançar nem manter um padrão razoável de produção geral, pois construir é uma arte pública que exige grande envolvimento social e altos níveis de investimento, lado a lado com uma capacidade construtiva apropriada em termos tanto de mão de obra especializada quanto de produção industrial.

E, no entanto, é difícil prever a natureza do fator catalítico que irá produzir um resultado satisfatório em uma situação, mas que não fará o mesmo em outra. Isto se torna evidente no caso da Alemanha, onde, a despeito de toda a riqueza, técnica e envolvimento do país, não surgiu uma cultura de construção comparável à que emergiu na República de Weimar, apesar do brilhantismo de obras individuais de arquitetos do pós-guerra como Hans Scharoun, Egon Eiermann, Ludwig Leo e, mais recentemente, talvez Hans Kollhoff, com seu conjunto habitacional IBA em Berlim (1985), e Behnisch & Partner, com seu Museu Postal construído em Frankfurt em 1990. A postura neorracionalista independentemente assumida por O. M. Ungers e J. P. Kleihues obteve resultados tipologicamente racionais, mas quase sempre um tanto esquemáticos e carentes de detalhamento. Apesar de didáticos no nível urbano, esses resultados mostram-se decepcionantes do ponto de vista arquitetônico. Em que pese a diretriz crítica sustentada ao longo de anos por Ulrich Conrads em sua revista *Bauwelt* [Mundo da construção], e os ambiciosos esforços de curadoria do Deutsches Architekturmuseum de Frankfurt e da Internationales Bauausstellung de Berlim, a Alemanha ainda carece, até certo ponto, da capacidade de gerar uma cultura arquitetônica convincente e de maior alcance.

Na Inglaterra, apesar das extraordinárias conquistas da abordagem *high-tech*, iniciada pelos escritórios de Richard Rogers e Norman Foster, e da obra tectônica igualmente incisiva de diversos escritórios menores, como o de David Chipperfield e a firma de McCormick e Jameson, a situação geral tornou-se extremamente difusa na última década, em parte devido a um evidente consenso antimoderno, em parte devido à relativa indiferença das instituições quanto à questão de dar seu apoio às obras. Sob esse aspecto, é profundamente lamentável que um Estado moderno tenha levado mais de vinte anos para construir uma nova biblioteca nacional.

Níveis igualmente inadequados de patrocínio nacional e local, em grande parte decorrentes de uma política bizantina, talvez expliquem a incapacidade italiana de produzir uma cultura arquitetônica satisfatória. Enquanto, mais uma vez, profissionais independentes mostraram-se capazes de criar obras extraordinárias – pensamos, por exemplo, no banco de Alzate Brianza (1983), de Adolfo Natalini, ou na recente prefeitura Neo-Art Déco construída em Rèze-Nantes, na França (1989), por Alessandro Anselmi –, só um arquiteto italiano foi capaz de expor e demonstrar uma teoria geral da cultura arquitetônica que, em princípio, poderia colocar-se prontamente a serviço de toda a sociedade. Refiro-me a Vittorio Gregotti, que,

Fig. 342. Piano, projeto para o Aeroporto de Kansai, Osaka, 1989. Vestíbulo de chegada.

em parte através de sua direção das revistas *Casabella* e *Rassegna*, em parte através de sua própria prática de grupo, conseguiu demonstrar, com coerência, o potencial de uma arquitetura estruturalmente articulada que se modula muito bem tanto em termos de clima quanto de topografia. É possível, porém, que a força de Gregotti esteja mais no aspecto crítico de seu pensamento do que na racionalidade didática de sua arquitetura. Em sua conferência à New York Architectural League, em 1983, afirmou:

> O pior inimigo da arquitetura moderna é a ideia do espaço considerado exclusivamente em termos de suas exigências econômicas e técnicas, indiferentes à ideia de lugar.
>
> Segundo acreditamos, o ambiente construído que nos cerca é a representação física de sua história e o modo como acumulou diferentes níveis de significado para formar a qualidade específica do lugar, *não* exatamente em decorrência daquilo que pareça ser em termos perceptivos, mas por aquilo que é em termos estruturais.
>
> (...) Na verdade, através do conceito de lugar e do princípio de assentamento, o ambiente torna-se a essência da produção arquitetônica. A partir desse ponto de observação, é possível vislumbrar novos princípios e métodos para o projeto. Princípios e métodos que dão precedência à localização em uma área específica. Este é um ato de conhecimento do contexto que decorre de sua transformação arquitetônica. A origem da arquitetura não é a cabana primitiva, a caverna ou a mítica "Casa de Adão no Paraíso".
>
> Antes de transformar um suporte numa coluna e um telhado num tímpano, antes de colocar pedra sobre pedra, o homem colocou uma pedra no chão com a finalidade de identificar um lugar no meio de um universo desconhecido, para que assim pudesse conhecê-lo bem e modificá-lo.

No âmbito da prática internacional, ninguém fez mais pelo prestígio da arquitetura italiana do que o *designer high-tech* Renzo Piano, cujos projetos recentes – um palácio de esportes para Ravenna e um museu para Newport, Califórnia, ambos de 1986, e a proposta vencedora para o Aeroporto de Osaka, de 1989 – são propostas que fundem sua forma estrutural evidente com os contornos de um local específico, confirmando, desse modo, o grande valor que Gregotti atribui à topografia.

Se existe um país europeu que manteve uma prática reflexiva na arquitetura nacional, tanto no nível local quanto nacional, este país é, sem dúvida, a Holanda. E, no entanto, com a exceção da Escola Estruturalista de Delf (ver pp. 361 ss.), desde os anos 1970 a prática holandesa também tem pas-

Fig. 343. Souto de Moura, Casa Alcanena, Torres Novas, 1987-90. Planta.

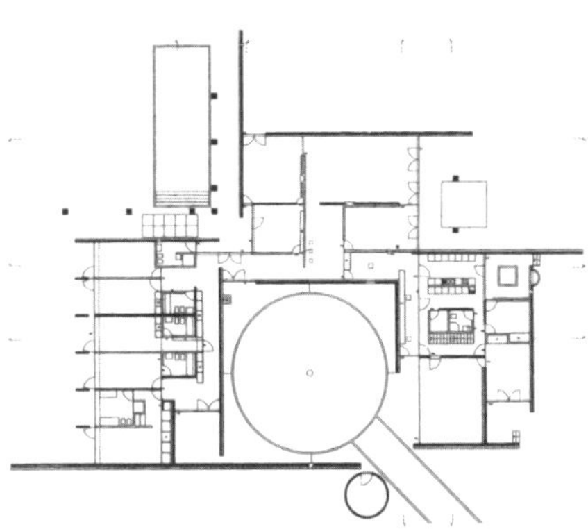

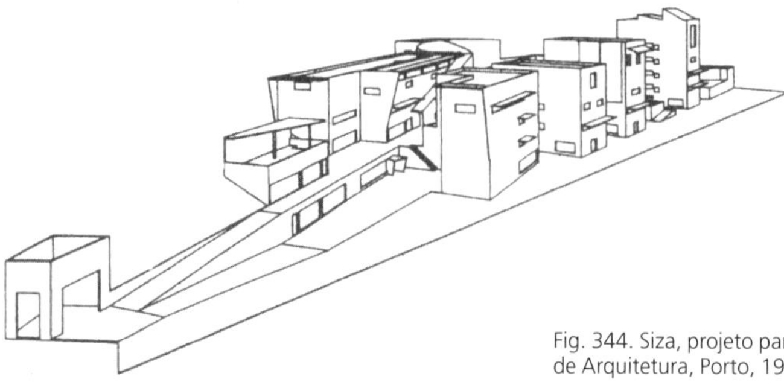

Fig. 344. Siza, projeto para a Faculdade de Arquitetura, Porto, 1988.

sado ao largo de uma cultura arquitetônica e urbanística consistente, à medida que a especulação privada e a política cultural da livre iniciativa passaram a desempenhar papéis muito mais importantes na vida do país. Enquanto a empolada arquitetura neomoderna de Rem Koolhaas pode dar a impressão de ter-se tornado proeminente em parte devido a essa mudança política – ver, por exemplo, a atmosfera de ficção científica e nave espacial que impregna seu terminal de balsas proposto para Zeebrugge em 1990 (fig. 317) –, desde então o governo holandês recuperou parte de sua iniciativa anterior, encarregando jovens arquitetos da realização de obras cívicas de modestas dimensões médias. Em decorrência disso, começaram a tornar-se conhecidos os trabalhos de Benthem e Crouwell, Mecanoo e Cees Dam. A realização de uma obra extremamente modulada, o Museu Nacional de Arquitetura de Roterdã, cuja construção foi iniciada em 1991 segundo os projetos de Jo Coenen, sem dúvida irá contribuir muito para restabelecer o prestígio do Estado holandês no campo do patrocínio à arquitetura.

Embora o governo português pouco tenha feito no sentido de fomentar a arquitetura desde a Primavera de Portugal, em meados dos anos 1970, o norte do país tem desempenhado um papel fundamental na evolução de uma arquitetura criticamente moderna, ainda que contextual, que se mostra receptiva à topografia, à luz e aos recursos básicos da região. A chamada Escola do Porto, liderada por Fernando Távora, vem atuando em muitos níveis. Estes incluem não apenas a obra do magistral Álvaro Siza, como também a prática emergente de uma nova geração da qual fazem parte Adalberto Dias, Maria de Graça Nieto, José Manuel Soares e Eduardo Souto de Moura. Contudo, a suscetibilidade de Souto de Moura a influências muito distantes do contexto português – dentre as quais Mies e Barragán – levou-o a uma arquitetura minimalista que lhe atribuiu uma posição única no cenário local. Ao mesmo tempo, a linha mais orgânica da Escola do Porto irá celebrar sua própria tradição com a conclusão, em 1991, do novo edifício de Siza para a Faculdade de Arquitetura às margens do Douro. Em termos da representação de uma cultura ideológica específica através do próprio edifício da escola, esse complexo promete ser a terceira instituição importante para o ensino do *design* a ser construído neste século, sendo os outros a Bauhaus de Dessau e a HfG de Ulm.

Finlândia

Nos últimos anos, a Finlândia apresentou duas tendências principais no desenvolvimento de sua arquitetura: por um lado, uma elaboração e modulação esmeradas do organicismo de Aalto, e, por outro, uma guinada construtivista que se distancia da influência dele. No que diz respeito ao legado de Aalto, o principal problema tem sido como seguir a tradição orgânica finlandesa e, ao mesmo tempo, manter distância dos tropos idiossincráticos do mestre. Esse dilema parece ter levado a um organicismo de modulação e despojamento geométricos como aquele que encontramos, por exemplo, na igreja Otaniemi (1957) de Kaija e Heikki Siren, e, mais recentemente, na igreja Olari (1976) de Käpy e Sino Paavilainen. Uma diretriz parecida também se evidencia na igreja de Santo Tomás em Oulu (1975), de Juha Leiviskä, e em sua igreja Myyrmäki (1985), ambas em dívida tanto com o arquiteto expressionista Reima Pietilä, de uma geração intermediária, quanto com o próprio Aalto. Além disso, porém, as últimas montagens sincopadas e formais de Leiviskä lembram certos elementos da arte neoplástica tardia, do modo como estes aparecem, digamos, nos relevos escultóricos do artista francês Jean Gorin. O impulso básico da arquitetura de Leiviskä é a modulação da luz, que sem dúvida exprime sua afinidade pessoal com a capela que Erik Bryggman construiu em Turku em 1941. Ao mesmo tempo, a hipersensibilidade de Leiviskä ao contexto existente fica clara a partir de sua descrição do edifício-sede de um jornal projetado em 1987 para a cidade de Västerås, na Suécia, situado entre um centro histórico e um bairro comercial mais recente e dinâmico. Não fosse a capacidade de Leiviskä de alterar a escala de um edifício para outro, um choque teria sido inevitável. Como ele mesmo afirma,

> A maior parte do terreno de Västerås era de grande importância arqueológica. Um processo normal de construção teria implicado escavações e estudos demorados, extensos e dispendiosos. Daí meu edifício só tocar o solo em alguns lugares. Nesse terreno precioso existem cinco pares de pilares, e todos os níveis e espaços, inclusive as menores unidades espaciais do lado do centro velho, pendem dos suportes principais como se estivessem num varal (...)

Essa capacidade de usar a suspensão estrutural como um recurso sensível, capaz de conciliar o desenvolvimento moderno com uma tessitura tradicional tende a confirmar a indiferença de Leiviskä às vicissitudes da moda.

Embora Aarno Ruusuvuori tenha sido o primeiro a distanciar-se de Aalto na estrutura minimalista audaciosamente saliente da oficina gráfica que construiu em Tapiola em 1964, a busca dessa linha estruturalmente expressiva ficou, em grande parte, a cargo da firma de Kristian Gullichsen, Erkki Kairamo e Timo Vormala. Esse Neoconstrutivismo, pressagiado pelas primeiras obras independentes de Kairamo e Gullichsen, representa um retorno consciente à sintaxe da vanguarda holandesa e russa do pré-guerra, sem cair em maneirismos esteticistas.

Hoje podemos, ainda que especulativamente, identificar três tendências distintas no Neoconstrutivismo finlandês. A primeira, representada pela obra de Gullichsen, Kairamo e Vormala, lembra algo do Elementarismo neoplástico do pioneiro movimento construtivista holandês, em combinação com um evidente gosto pela montagem modular articulada que, filtrada pelo Racionalismo suíço-alemão, evidencia-se de modo particular em seu conjunto habitacional Westend de Espoo, construído em 1982, e na torre de escritórios que realizaram para o centro comercial de Itäkeskus, nos arredo-

Fig. 345. Leiviskä, projeto para a sede de um jornal, Västerås, 1987.

Fig. 346. Helin & Siitonen, conjunto habitacional Torpparinmäki, Helsinque, 1981.

Fig. 347. Gullichsen, Kairamo e Vormala, conjunto habitacional Liinasaarenkuja, Westend, Espoo, 1982.

res de Helsinque (1983-87). Uma segunda tendência, construtivista mas um tanto mais eclética, pode ser percebida na obra de Pekka Helin e Tuomo Siitonen, sobretudo em seu conjunto habitacional Torpparinmäki, construído também nos arredores de Helsinque (1981) e em seu terminal do aeroporto de Jyväskylä (1988). Esta última obra aspira a uma expressão mais fria e técnica, semelhante àquela que podemos encontrar na obra dos arquitetos ingleses *high-tech*. A terceira tendência caracteriza-se pela obra de Mikko Heikkinen e Markku Komonen, sobretudo em seu Centro de Ciências construído em Vantaa, em 1986. Há, nessa obra, um certo matiz de ficção científica que nos evoca o minimalismo de Koolhaas, ainda que seu detalhamento tenha um nível de resolução superior.

Além da prosperidade, podem ser invocadas muitas razões para explicar a manifestação de tanto talento num país tão pequeno. Em primeiro lugar, há a evidente influência de um dos mais rigorosos cursos de arquitetura do mundo, o da escola ligada à Universidade Técnica de Helsinque, com tradições que remontam à liderança de Nyström (ver p. 235). Outros fatores importantes são, primeiro, o enorme prestígio nacional desfrutado por Aalto durante sua vida; em segundo lugar, o princípio há muito estabelecido de abrir concursos para a construção de quase todas as obras públicas, e, por último, os altos níveis de *design* estabelecidos por indústrias de móveis como a Marimekko e a Artek. A tudo isso é preciso acrescentar o apoio didático-cultural oferecido pelo Museu Finlandês de Arquitetura sob as sucessivas direções de Juhani Pallasmaa, Asko Salokorpi, Aarno Ruusuvuori, Markku Komonen e, atualmente, por Marja Riitta Norri, sobretudo pelo fato de tais posições serem expressas em periódicos aos quais o museu está muito ligado há anos, ou seja, *Abacus* e *Arkkitehti*. Também é preciso reconhecer a influência internacional do Prêmio Aalto e do Simpósio Aalto, vinculado ao prêmio, que se realizam a cada três anos em Jyväskylä. Os mais recentes ganhadores de tal prêmio, Tadao Ando (1987) e Álvaro Siza (1989) testemunham a vitalidade e a perspicácia do debate arquitetônico na Finlândia, e a capacidade que tem esse país de identificar a qualidade onde quer que ela se manifeste.

França

Embora o renascimento da arquitetura na França remonte, sob muitos aspectos, à revolta estudantil de maio de 1968, a modernização do país sob Charles de Gaulle parece ter sido o verdadeiro catalisador que

Fig. 348. Johan Otto von Spreckelsen (vencedor do concurso) e Paul Andreu, Grande Arche de La Défense, Paris, 1983-89.

terminou por levar o Estado francês a intervir no campo da arquitetura, tanto teoricamente, através da pesquisa patrocinada pelo governo, quanto na prática, por encomendas de edifícios públicos em grande escala. A isto se seguiu, em 1968, uma total reorganização da centralizada e moribunda École des Beaux-Arts em uma série de *unités pédagogiques*, não só em Paris, mas também em Versalhes, Clermont-Ferrand, Bordeaux e Marselha. Essa descentralização transformou a educação arquitetônica francesa e levou, em decorrência disso, à criação de *unités* rigorosas, como a UP 8 e a UP 3 de Paris, respectivamente dirigidas pelos arquitetos *engagés* Henri Ciriani e Henri Gaudin. A instituição de novas curadorias também passou a funcionar nesse período, inclusive o Institut Français d'Architecture, criado quando Valéry Giscard d'Estaing era presidente da República.

O concurso internacional de 1962, para o Centre Pompidou de Paris, inaugurou um programa de expansão de construções patrocinadas pelo governo, que culminou nos Grands Travaux realizados em Paris e em outras partes da França na década de 1980, sob a presidência de François Mitterrand. Entre os inúmeros embelezamentos feitos recentemente na capital francesa destacam-se, nas duas extremidades do grande eixo da cidade, uma pirâmide de vidro feita para o Louvre, concluída em 1988 pelo arquiteto norte-americano I. M. Pei, e um edifício de escritórios em forma de arco gigantesco erguido em La Défense em 1989, segundo projeto do arquiteto dinamarquês Johan Otto von Spreckelsen. Outros projetos importantes originários de concursos que remontam à primeira metade dos anos 1980 incluem o Parc de la Villette (ver p. 379), de Bernard Tschumi, e a nova Opéra de la Bastille, projetada pelo pouco conhecido arquiteto canadense Carlos Ott. A essa sucessão de empreendimentos culturais proeminentes é preciso acrescentar o Musée d'Orsay, instalado dentro da estrutura restaurada da Gare d'Orsay pelo arquiteto italiano Gae Aulenti. Depois de quase vinte e cinco anos concedendo seus favores a estrangeiros, Paris agora começou a encomendar importantes obras públicas a uma nova geração de arquitetos franceses. Os frutos recentes dessa política incluem um *tour de force* tecnológico de Jean Nouvel, o Institut du Monde Arabe (1983-87), a extremamente escultórica Cité de la Musique de Christian de Portzamparc, situada na entrada do Parc de la Villette (1991), e, mais recentemente, o projeto de Dominique Perrault para a nova Bibliothèque de France, com conclusão prevista para 1995.

A revitalização da pesquisa e da educação francesa sob os auspícios do governo teve um impacto sobre as revistas principais, a saber, *L'Architecture d'aujourd'hui* [A arquitetura de hoje], sob a liderança de Bernard Huet de 1974 a 1977, e *AMC* (*Architecture, mouvement et continuité* [Arquitetura, movimento e continuidade]), dirigida por Jacques Lucan de 1978 a 1986. Esses editores deflagraram um reexame conjunto da moderna tradição francesa, desde os pio-

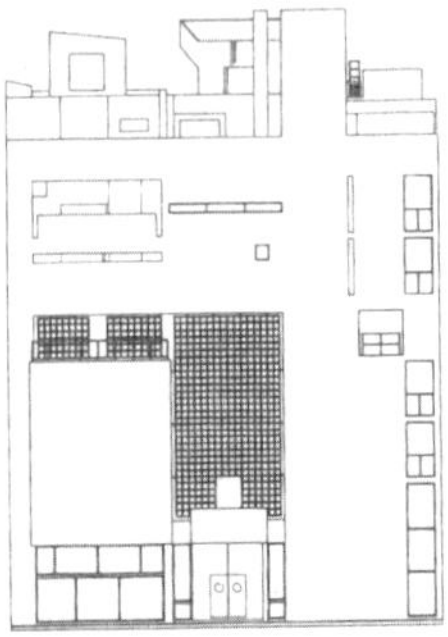

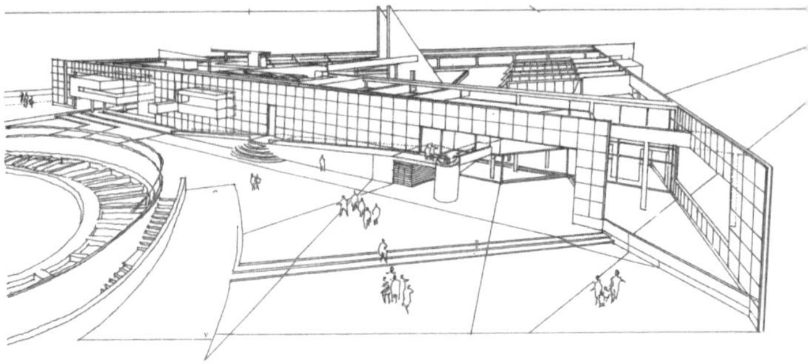

Fig. 349. Ouberie, Centro Cultural Francês, Damasco, 1986. Elevação.

Fig. 350. (Acima, à direita) Ciriani, Museu Arqueológico, Arles, 1991.

neiros da construção em concreto, os *grands constructeurs* Perrett, Garnier e o engenheiro Eugène Freyssinet, à linha quase Art-Déco buscada por Michel Roux-Spitz e Pierre Patout e a versão correlata, um tanto moderna, do Funcionalismo cultivado por Rob Mallet-Stevens. Também se deu atenção à construção leve em ferro e vidro, conforme a praticaram os pioneiros Jean Prouvé e Edouard Albert, e à tradição neocubista parisiense que, na década de 1930, tinha sido elaborada de diferentes maneiras por Jean Ginsberg, Bruno Elkouken, Eileen Gray, Charlotte Perriand e, acima de tudo, Le Corbusier.

Nos anos 1980, a redescoberta do legado de Le Corbusier manifestou-se de várias maneiras na França. Por um lado, muitas obras importantes foram realizadas pelos últimos membros do estúdio de Le Corbusier, inclusive a Embaixada Francesa em Rabat, de Jullian de la Fuente (1985), e o Centro Cultural Francês de Damasco, de José Ouberie (1986). Por outro lado, a linguagem e a metodologia corbusiana foram submetidas a uma reinterpretação sintática por Ciriani, não só em suas próprias obras, como vemos exemplificado em Noisy 2 (fig. 297), mas também na obra de seus discípulos, como os ateliês para artesãos concluídos nos arredores de Paris em 1990, segundo projetos de Michel Kagan.

Fig. 351. Devillers, Estacionamento Municipal des Chaumettes, St-Denis, 1981-83.

Fig. 352. Beaudouin, Rousselot e Roussel, bloco de apartamentos na Rue des Fabriques, Nancy, 1981-83.

A linha tipológica seguida pela Tendenza italiana foi, sem dúvida, responsável pela emergência da *pièce urbaine* no discurso arquitetônico francês. Por *pièce urbaine*, Ciriani entendia um complexo para usos múltiplos bastante grande, mas unitário, capaz de engendrar uma condição cívica tanto em seu interior quanto além de seus limites. Essa abordagem contextual desprovida de sentimentalismo é evidente em toda a obra de Ciriani, do casario em forma de meia-lua construído em Lognes, perto de Evry (1986), até um museu arqueológico erguido em Arles em 1991. Da mesma escola, a obra mais perfeita dos ex-colegas de Ciriani, Paul Chemetov e Borja Huidobro, seu monumental bloco de viaduto para o novo Ministério da Fazenda de Paris, concluído em Bercy em 1990, pode ser citada como uma *pièce urbaine* um tanto menos contextual.

Embora Yves Lion, em seu Palais de Justice de Draguignan (1983), e Christian Devillers, em seu estacionamento de St-Denis, com revestimento de blocos de vidro, rivalizem com a monumentalidade dos *grands constructeurs*, o bairro de casas orgânicas em Evry (1986), de Henri Gaudin, e o edifício de esquina construído em Nancy (1983) por Laurent Beaudouin, Christine Rousselot e Jean-Marie Roussel seguem a arquitetura de inspiração topográfica de Álvaro Siza.

Dessa geração, nenhum arquiteto francês demonstrou uma disposição mais elegíaca do que Roland Simounet, como se evidencia no extraordinário bairro residencial que construiu em duas etapas no centro de St-Denis, entre 1976 e 1986. Influenciado por seus próprios antecedentes norte-africanos e pela obra ATBAT Afrique realizada por Vladimir Bodiansky no Marrocos, nos anos 1950, essa evolução deve muito à morfologia labiríntica da casbá. Num estilo diferente, o museu de arte em tijolo e concreto que construiu em Lille-Est em 1983 mostra-o como um daqueles poucos arquitetos, entre os que hoje atuam no mundo todo, cuja sofisticação tectônica pode ser comparada à de Louis Kahn.

Espanha

A força da arquitetura espanhola contemporânea tem suas origens no início da década de 1950, quando, seguindo-se à década de estagnação que acompanhou a vitória de Franco na Guerra Civil, os arquitetos espanhóis começaram a retomar o fio de uma cultura moderna perdida, primeiro com o Edifício dos Sindicatos, obra monumental realizada por Francisco Cabrero em Madri, 1949, e depois com o bloco de apartamentos em estilo Gardella que, em 1951, J. A. Coderch construiu em Barceloneta. Igualmente italiano, mas fazendo referência à canônica Casa del Fascio de Terragni, era o Palácio do Governador de Alejandro de la Sota, concluído em Terragona em 1957. O fascínio da abordagem de De la Sota decorre, em parte, da flexibilidade de seu método, ou seja, de sua evidente capacidade de variação espacial dentro da norma e da lacônica articulação da forma de construção. Uma medida da sofisticação de De la Sota está no fato de ele ter visto o Palácio do Governador como um ponto de transição, tanto em termos de política cultural quanto de expressão tectônica. Para ele, era a síntese de um momento em que a tradicional monumentalidade da pedra, tão favorecida pelo poder fascista, podia mais uma vez ser representada como uma parede dinâmica, se-

Fig. 353. De la Sota, Palácio do Governador, Tarragona, 1956-57.

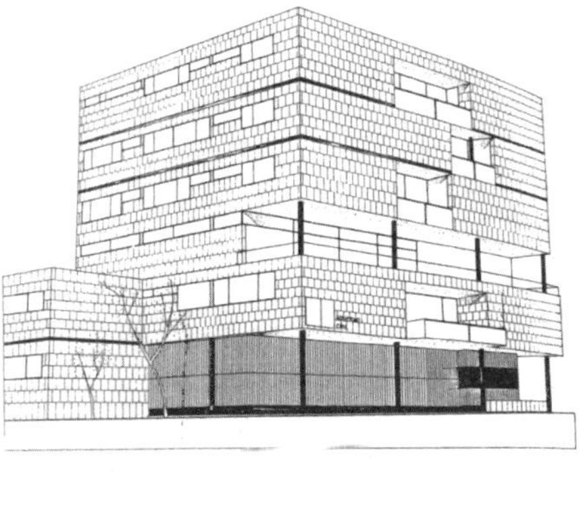

Fig. 354. Martínez, Lapeña e Torres, Hospital de Mora d'Ebre, Tarragona, 1982-88.

melhante, em seu efeito, aos planos de alvenaria paradoxalmente leves que Mies usara pela primeira vez no Pavilhão de Barcelona. Como escreveu o arquiteto catalão Josep Antoni Llinàs,

> Nada aqui, nada ali (...) E, num passe de mágica, um edifício! Ou um pedaço de barbante transforma-se em uma sombrinha. John Cage afirmou que não compunha com notas musicais, mas com ruídos. Sobre Alejandro de la Sota, poderíamos dizer que ele não desenha com sistemas de composição, mas com materiais. Como no caso de Mies, isto permite que nos esqueçamos da arquitetura e nos concentremos na forma da composição. Contudo, Alejandro vai um pouco além; ele envolve os materiais. Transforma o pedaço de barbante em uma sombrinha.

Seja através de sua atividade didática, em Madri, ou de seu ginásio de esportes brutalista para o Colegio Maravillas, construído na mesma cidade em 1961-62, a arquitetura discreta mas dinâmica de De la Sota tornou-se, na década passada, quase um método normativo na Espanha. Famosa entre os seguidores madrilenhos de De la Sota é a parceria de Victor López Cotelo e Carlos Puente, particularmente devido a sua biblioteca em Zaragoza (1990). Enquanto isso, na Catalunha, algo de De la Sota evidencia-se na Escola de Hotelaria de Victor Rohola em Cambrils (1988) e na escola de engenharia civil de Llinàs, construída em Barcelona em 1990. Mesmo o Hospital de Mora d'Ebre de Tarragona (1982-88), obra um tanto menos tectônica projetada pela equipe catalã de Elias Torres Tur e José Antonio Martínez Lapeña, pareceria estar sujeito à mesma influência, sobretudo pelo modo como seu esquema lacônico parece ter sido capaz de transcender a habitual provisão *high-tech* de serviços terapêuticos, transformando-o, assim, em um dos hospitais mais sintonizados com a escala humana dentre todos aqueles que foram construídos depois do término da Segunda Guerra Mundial.

A influência de De la Sota sofreu a oposição de duas correntes orgânicas distintas dentro da Escola de Madri: por um lado, a abordagem neoaltoesca praticada por Antonio Fernández Alba, particularmente em

Fig. 355. Sáenz de Oíza, Banco de Bilbao, Madri, 1971-81. Em primeiro plano, à esquerda, vê-se o ginásio de esportes do Colegio Maravillas, de De la Sota, 1961-62.

seu mosteiro de El Rollo, construído em Salamanca em 1962; por outro, a obra neowrightiana de Francisco Javier Sáenz de Oíza, que se prolonga por vinte anos, desde o período de seus apartamentos Torres Blancas, construídos nos arredores de Madri em 1962, até seu magistral Banco de Bilbao, construído no centro da cidade entre os anos de 1971 e 1981. Lembrando vagamente o complexo Johnson Wax de Wright, a torre desse banco, revestida de aço corten, é um dos poucos arranha-céus recentes a romper com o formato dos escritórios miesianos posteriores a 1945 – uma estrutura retilínea, minimalista, muito alta e toda de vidro, com um núcleo central de serviços.

De todos os arquitetos espanhóis que ficaram famosos na última década, talvez o mais sofisticado seja José Rafael Moneo. Aluno de De la Sota e Sáenz de Oíza, depois aprendiz de Jørn Utzon, e, portanto, tão influenciado pela arquitetura nórdica quanto Alba havia sido antes dele, Moneo desenvolveu um estilo híbrido único, sintetizando Aalto, Asplund, Utzon e Wright, estilo que aparece pela primeira vez em seu Bankinter de Madri, obra com revestimento de tijolo que realizou em colaboração com Ramón Bescós em 1977. A capacidade de Moneo de reintegrar tradições totalmente diversas em uma nova forma atingiu sua apoteose, até o presente momento, no Museu Romano de Mérida (1980-85), onde uma subestrutura de concreto armado foi revestida, tanto por dentro quanto por fora, com tijoleiras de proporções romanas. Evocador, em igual medida, do passado antigo e medieval de Mérida, esse material, quando constituído em forma de botaréus de tijolo, também lembra a arquitetura industrial de Peter Behrens. Esse museu-armazém fica suspenso sobre um sítio arqueológico escavado, de tal modo que suas paredes transversais de concreto revestido de tijolo, que descem em forma de pilastras, penetram ao acaso nas antigas sapatas, servindo assim, simultaneamente, para violar, expor e proteger o que restou da cidade romana. Com

Fig. 356. Moneo, Museu Nacional da Arte Romana, Mérida, 1980-85. Vista aérea do museu em construção, mostrando sua relação com o centro da cidade, o teatro e o anfiteatro romanos.

sua ligação subterrânea com o teatro e o anfiteatro romanos que ficam nas proximidades, é difícil imaginar uma obra mais contextual, mesmo que sua forma geral, apesar de amoldar-se ao alinhamento da rua e à altura geral da cornija, tenha por outro lado muito pouca relação com a textura da Mérida contemporânea

Moneo ensinou por muito tempo em Barcelona, Madri e Harvard, e hoje existem vários de seus discípulos começando a desenvolver suas próprias carreiras. Entre esses, os mais notáveis talvez sejam Antonio Cruz e Antonio Ortíz, sediados em Sevilha e cujas obras recentes incluem um bairro residencial em Madri (1989) e um grande terminal ferroviário para Sevilha (1991). A outra influência importante de Moneo se reflete na prática de Gabriel Ruiz Cabrero e Enrique Perea, cujo Colegio de Arquitectos em Sevilha (1982) é, sob certos aspectos, uma

Fig. 357. Bonell e Rius, Velódromo de Horta, Vall d'Hebron, Barcelona, 1984.

representação em escala menor da sintaxe utilizada no Bankinter de Moneo.

Enquanto Madri parece ter se concentrado no edifício isolado como um fim em si mesmo, o principal impulso da Escola de Barcelona tem se concentrado em duas frentes inter-relacionadas. A primeira assumiu a forma de um discurso crítico que foi elaborado na revista *Arquitecturas Bis*, fundada em 1974; a segunda preocupou-se com um esforço conjunto no sentido de transformar a tessitura da cidade. A força motriz desses dois desenvolvimentos foi o incansável Oriol Bohigas, com a ajuda de antigos membros graduados da Escola de Arquitetura de Barcelona, entre eles Federico Correa, Manuel de Solà-Morales, Luis Domenech, Helio Piñón, Rafael Moneo e o filósofo Tomás Llorens. Em finais dos anos 1970, essas personalidades já estavam voltando sua atenção para a restauração e a reorganização da cidade, o que resultou, em 1982, na promulgação de um projeto oficial intitulado *Plans i Projectes per a Barcelona*.

Dois fatores tornaram esse programa de reconstrução único: primeiro, a intenção de restaurar a cidade sobre a base de um aterro gradual, e, segundo, uma determinação insólita, por parte da municipalidade, de transformar o plano em realidade. Segundo o que poderia parecer uma aplicação direta dos princípios apresentados em *Der Städtebau*, de Joseph Stübben, publicado pela primeira vez em 1890, o plano atual de Barcelona já levou, até o momento, à realização de mais de dez parques, duas grandes avenidas e mais de trinta praças dos mais variados tamanhos, inclusive a que fica na frente da Estação Sants, obra minimalista brilhante, concluída em 1986 segundo os projetos de Helio Piñón e Albert Viaplana, em colaboração com Enric Miralles e Carme Pinós. Essa aplicação urbana da tese do "ponto, linha, plano" de Kandinsky pode ser vista como uma narrativa tridimensional na qual várias trajetórias planas são estabelecidas por pontos de luz, pilones, bancos e dosséis, tudo feito de material tubular de modo a compensar, de um modo desmaterializado, os limites um tanto amorfos que encerram o espaço. Cuidadosamente nivelada, de modo a reforçar os diversos vetores do local, essa obra exemplifica a ênfase que incide sobre a topografia na moderna tradição espanhola. Outro exemplo ostensivo disso é a Plaza del Tennis em San Sebastian, de 1976, obra construída segundo os projetos de Luis Peña Ganchegui e Eduardo Chillida.

A escolha de Barcelona como sede dos Jogos Olímpicos de 1992 teve o efeito de expandir o plano da cidade, levando, assim, não apenas a um bairro residencial totalmente novo para 10.000 pessoas, para funcionar, num primeiro momento, como Vila Olímpica, mas também à criação de uma via pública costeira, com gramados e árvores, que vai desse bairro, ao norte, até o parque esportivo de Montjuich, ao sul.

Convidados a projetar instalações esportivas para os Jogos Olímpicos, alguns arquitetos catalães parecem ter recorrido à tradição dos *grands constructeurs*. Isso talvez se torne mais evidente na quadra de basquete projetada por Esteban Bonell e Francesc Rius em Badalona (1991), bem como em seu velódromo anterior, construído em Vall d'Hebron em 1984. Ambos estão, sem dúvida, entre os estádios mais elegantes construídos no mundo nos últimos cinquenta anos. A força do velódromo depende de uma oposição entre a forma pura do círculo delimitante e a trajetória elíptica da pista inclinada lateralmente, e, além disso, também de uma estreita correspondência entre função, volume, material e estrutura. Esta última, tão característica do que há de melhor na moderna tradição espanhola, é explicitamente mencionada na descrição que Bonell faz do projeto:

> As paredes circundantes externas são construídas de tijolos vazados até uma certa altura e revestidas com ladrilhos cerâmicos brancos na parte superior. É neles que ficam as pequenas aberturas para a ventilação e iluminação das áreas que se destinam ao uso público (banheiros, bares, etc.).
>
> Os pisos das áreas públicas e das arquibancadas são feitos de pedra e granito artificiais. Na área dos vestiários, paredes divisórias internas são construídas de blocos de concreto armado sem reboco. (...) Cada material é usado segundo a sua própria lógica de construção. Isto tem por finalidade melhorar a qualidade visual do produto acabado. Assim, nas paredes de tijolo há várias pistas feitas com o mesmo tipo de tijolo, mas em cores diferentes. Nos pilares de concreto armado, as articulações e as marcas deixadas pelas fôrmas são mantidas como um elemento de interesse visual.

Do conjunto habitacional Caño Roto de Antonio Vázquez de Castro, construído em Madri em 1961, até o novo tipo de bloco urbano realizado no bairro Sarria, de Barcelona, em 1974, os programas habitacionais públicos e privados dos anos 1960, 1970 e 1980 forçaram os arquitetos espanhóis a desenvolver novos tipos de moradias e a refinar ainda mais sua conhecida habilidade em organizar o espaço residencial. A abordagem tipológica da Tendenza italiana, do modo como a difundiu a revista *2C Ciudad*, de Madri, exerceu uma influência decisiva sobre a normatização dos tipos de casas desenvolvidos durante esse período, desde os blocos perimetrais de Francisco Barrionuevo em Sevilha (1980) até as construções altas do bairro madrilenho de Palomeras por Estanislao Pérez Pita e Jerónimo Junquera (1983). Essa busca de paradigmas racionalistas também ocorreu em edifícios institucionais, como na Ikastola (escola) em Fuenterrabia, obra construída em 1978 por Miguel Garay e José Ignacio Linazasoro, e o minimalista Colegio San Fermín, Madri (1986), de Alberto Campo Baeza. Visto em retrospecto, este último parece estranhamente próximo, em termos de luz modulada e forma minimalista, da obra de Tadao Ando.

É preciso comentar, ainda que de passagem, o papel benéfico desempenhado pelo sistema residual de corporações que funciona, na Espanha, sob o título anacrônico de *colegios*. Essas instituições têm, de fato, assegurado à profissão um nível de proteção que praticamente inexiste em outros países. Na Espanha, onde a construção de qualquer edifício não pode prescindir de um arquiteto, os *colegios* regionais influenciam toda a indústria, e sua jurisdição não diz respeito apenas às autorizações para construir, mas também aos honorários profissionais, dos quais ficam com uma porcentagem. Esse monopólio virtual permite-lhes patrocinar a cultura arquitetônica local de muitas maneiras secundárias, através de exposições e conferências, e, sobretudo, de revistas subsidiadas. A atual liderança espanhola em termos de crítica e reportagem arquitetônica provém em grande parte desse patrocínio, que por sua vez se reflete em muitas publicações importantes, como *Quaderns d'Arquitectura i urbanisme* (Barcelona), *Arquitectura* (Madri) e *Arquitectónica* (Vasco Navarro). O cultivo e o sentido explícito da aprendizagem encarnados pelos *colegios* não apenas asseguram aos arquitetos espanhóis o seu prestígio, como também os incentivam a praticar sua arte em termos de uma realidade imediata, em vez de olharem, com nostalgia, para um futuro inacessível ou um passado igualmente remoto.

Japão

Ainda que as megalópoles japonesas pareçam tão caóticas e alienantes quanto as ocidentais, o Japão criou uma cultura arquitetônica excepcionalmente rica nos anos decorridos desde a conclusão da Prefeitura de Tóquio de Kenzo Tange, em 1957, um edifício que inaugurou uma fase mais cívica da reconstrução que se seguiu à devastação provocada pela Segunda Guerra Mundial. Direta ou indiretamente, o governo japonês tem desempenhado um papel fundamental na reconstrução do país, desde os maciços programas habitacionais do Departamento Japonês de Habitação, iniciados em 1945, até os subsídios estatais mais recentes atualmente voltados para a construção de um aeroporto internacional na baía de Osaka, juntamente com um novo terminal projetado por Renzo Piano (fig. 342). Nesse caso, metade dos fundos provém do governo, enquanto a outra metade é fornecida pela prefeitura local. Como esse exemplo deixa claro, o papel do patrocínio local tem sido tão importante quanto o do Estado. Iniciativas semelhantes incluem o grande Centro de Exposições Makuhari, na Prefeitura de Chiba (1989), de Fumihiko Maki, e o Fórum de Tóquio, que teve sua construção iniciada em 1991 segundo os projetos do arquiteto argentino Rafael Vinoly, estabelecido em Nova Iorque. É preciso acrescentar que a Administração Regional de Tóquio foi o sócio majoritário no financiamento desses dois empreendimentos. Ao longo desse período, o patrocínio do setor público foi complementado pelo patrocínio de indústrias e corporações privadas, as quais, por maior que seja seu paternalismo, revelam uma sensibilidade social e um espírito cívico maiores do que os normalmente observados em seus equivalentes ocidentais.

Outro fator positivo que favorece a qualidade da produção arquitetônica japonesa tem sido a capacidade única da indústria de construção do país no sentido de combinar a produção artesanal com sistemas industriais racionalizados e altos níveis de pesquisa autofinanciada dedicada ao desenvolvimento de novos métodos e materiais. Essa abordagem corporativa *zaibatsu* da construção, em que muitas empresas têm seus próprios escritórios de engenharia e arquitetura, é complementada no nível ideológico por várias revistas influentes, como *Shinkenchiku*, *Kenchiku Bunka*, *A + U*, *Telescope*, *GA* e *SD*, e pelas atividades culturais das universidades mais importantes. Embora o modismo arquitetônico pós-moderno seja tão predominante, no Japão, quanto em qualquer outro país industrialmente desenvolvido, quase sempre com resultados nocivos, o país ainda é capaz de produzir um número considerável de obras concebidas e executadas em altíssimo nível e geralmente impregnadas de um componente ao mesmo tempo crítico e poético.

Um exemplo desta última tendência é a obra de Kazuo Shinohara, que sempre adotou uma atitude um tanto desdenhosa para com os estilos normativos de construção pa-

Fig. 358. Shinohara, Centennial Hall do Instituto de Tecnologia, Tóquio, 1988.

trocinados pelo Estado, distanciando-se sucessivamente não apenas da prática neocorbusiana, da qual Tange e Mayekawa são pioneiros, mas também da retomada de pós-guerra da tradição doméstica japonesa com a qual esteve parcialmente envolvido no início dos anos 1960. Nas inúmeras casas particulares que construiu desde então, Shinohara vem aludindo, sutilmente, como o escritor Kobe Abe, ao caos e à violência que jazem sob a superfície de uma sociedade tecnológica por demais homogênea e aparentemente tranquila. Sua obra mais forte e pública até o momento, o Centennial Hall, de revestimento metálico, erigido em 1988, diante da entrada principal do Instituto de Tecnologia de Tóquio, sintetiza sua justaposição de formas dissonantes e de uma tecnologia produzida em série que ele utiliza com negligência. Essa obra representa adequadamente sua postura extremamente ambivalente diante do legado funcionalista do movimento moderno, uma posição revelada com grande clareza em seu ensaio Sobre a arquitetura, de 1981:

Fiquei muito impressionado com uma foto da elevação de um dos mais importantes aviões de combate usados pela Força Aérea Naval dos Estados Unidos, o Tomcat. Para que esse avião possa desempenhar suas funções especiais quando em combate, todos os recursos tecnológicos possíveis foram prodigamente usados em sua produção. Visto em elevação, porém, ele parece não ter a forma homogênea e aerodinâmica que em geral associamos às aeronaves. (...) Outro exemplo desse mesmo tipo de deselegância de *design* é a nave espacial que levou o homem à Lua. (...) Em nossos dias, embora tenha perdido sua autoridade absoluta, a associação entre forma e função não perdeu, de modo algum, seu efeito. Contudo, meio século de desenvolvimento tecnológico foi suficiente para alterar as condições desse tema arquitetônico fundamental. Nos dois exemplos acima mencionados, descobri uma solução para o problema (...) em minha analogia, porém, os objetos mecânicos não são corpos mecânicos em si, mas apenas partes deles. (...) Os novos produtos tecnológicos têm um frescor de forma e nutrem nossos conceitos de função e forma. Enquanto os arquitetos dos anos 1920 faziam um uso análogo da máquina como um todo, prefiro utilizar somente uma parte e, mesmo assim, nem sempre com a finalidade de fazer analogias visuais.

Um impulso crítico semelhante pode ser detectado sob o esteticismo *high-tech* dos mais importantes seguidores de Shinohara, Kazunari Sakamoto, Itsuko Hasegawa e Toyo Ito. A residência de Ito em Nakano, uma casa com um pátio coberto que ficou conhecida como a Cabana Prateada (1984) combina, ironicamente, "alta tecnologia" com uma referência à tenda nômade dos primórdios da arquitetura.

Nada poderia estar mais distante dessa modalidade irônica do que a obra de Fumihiko Maki, que, além de seus interesses estéticos, esteve sempre preocupado com o potencial urbano daquilo que chama de "forma grupal", como vem definido em seu ensaio de 1964, Algumas ideias sobre as formas coletivas:

Já faz tempo que deploramos a separação entre arquitetura e planejamento urbano. Talvez os métodos de composição estáticos do passado tenham sido, em nossos dias, completamente superados pelas exigências rápidas de uma nova tecnologia e de uma nova organização social. (...) Fazemos composições estáticas de edifícios específicos, e só depois eles podem tornar-se aspectos da índole da cidade. A imagem vital da forma grupal, por outro lado, provém do equilíbrio dos elementos geradores e não de uma composição de objetos estilizados e acabados.

Embora o conceito de forma urbana "metabólica" de Maki estivesse em dívida tanto com o estruturalismo do Team X quanto com o metabolismo, a sintaxe específica dessa abordagem da fragmentação formal provém, em última instância, da Graduate School of Design da Universidade de Harvard, à qual Maki esteve ligado como aluno e professor entre os anos de 1954 e 1968. Essa ligação metodológica talvez explique a facilidade com que, desde então, ele tem sido capaz de passar da forma agregada de seu conjunto habitacional de Previ, construído em Lima, Peru, em 1972, para a colagem cubista de seu Centro de Mídia Wacoal, realizado em Tóquio em 1985.

O estilo arquitetônico de Maki passou por grandes transformações na década de 1980, quando ele se distanciou da sintaxe um tanto decorativa usada em seus apartamentos Hillside Terrace, Tóquio (1966-79), e partiu para a ousadia estrutural inédita de seu Ginásio Fujisawa e do Centro de Exposições Makuhari, respectivamente de 1987 e 1989. Renunciando ao modelo dos estádios de Tange, Maki voltou-se para as estruturas metálicas e as lâminas de aço inoxidável com o objetivo de obter longos vãos livres revestidos com finas escamas metálicas que cobrem a terraplenagem hiperbolicamente perfilada do Ginásio Fujisawa. Como observou Serge Lalat, essa leve "casca" externa resultou em um interior igualmente luminoso.

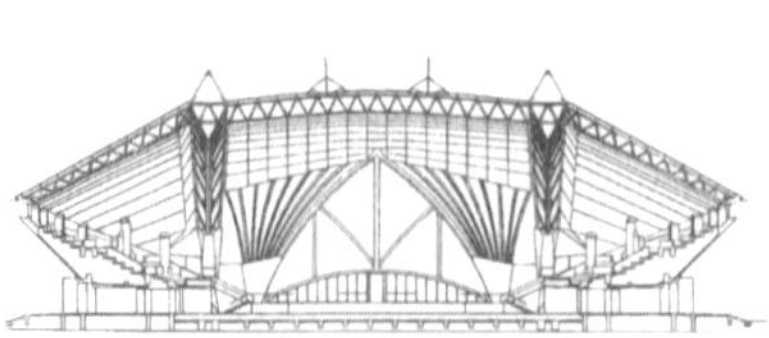

Fig. 359. Maki, Ginásio Fujisawa, Tóquio, 1987. Corte através da pista central.

A grande abóbada da cobertura tem um vão livre de 80 metros. É feito com uma rede de vigas H de aço que suportam um invólucro de aço inoxidável de 0,4 milímetro de espessura. Dentro, a grande pista (...) cria um espaço interno dilatado no qual as superfícies das paredes recuam a partir do centro do edifício. Quatro faixas de luz, retesadas e dinâmicas, dividem a membrana do saguão principal em superfícies curvas independentes cuja continuidade imaginária alarga e estende o espaço.

Hoje, a estética fragmentária de Maki segue duas direções diferentes, mas complementares: os tensos volumes ortogonais

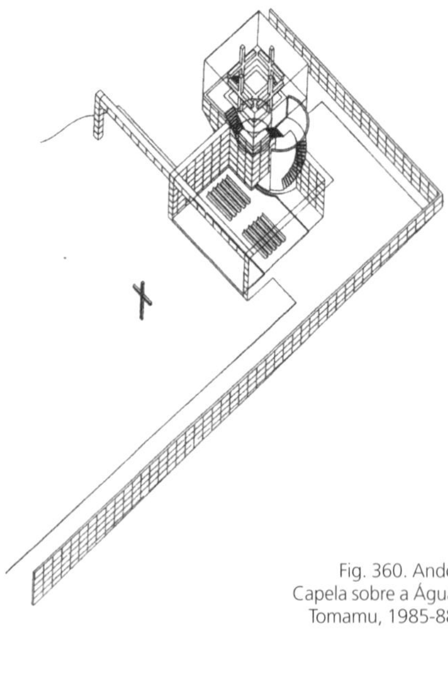

Fig. 360. Ando, Capela sobre a Água, Tomamu, 1985-88.

Fig. 361. Ando, Museu da Criança, Himijei, 1990.

encerrados em finos invólucros metálicos que se desmaterializam, em suas extremidades, em persianas da finura do papel ou em matrizes quadriculadas, como no Pavilhão Tepia de Tóquio (1990), e as cascas, com revestimento metálico e facetadas, que paradoxalmente parecem ter mais a ver com a tradição gótica do que com qualquer precedente oriental específico.

O outro arquiteto laureado do Japão é hoje, sem dúvida, Tadao Ando, cujas peças paisagísticas mais recentes estão certamente entre as mais requintadas obras arquitetônicas construídas nos anos 1980. Referimo-nos, em especial, a sua Capela sobre a Água em Tomamu, Hokkaido (1985-88), e a seu Museu da Criança em Himijei, Prefeitura de Hyogo (1990). Já mencionamos suas ideias no capítulo sobre Regionalismo crítico. Nessas últimas obras, as paredes de concreto lisas que se tornaram a marca de seu estilo são usadas para integrar edifícios públicos monumentais a seus arredores imediatos e, ao mesmo tempo, para ampliar o primeiro plano através do tradicional artifício japonês do *shakkei*, ou "cenário emprestado". Tanto a capela quanto o museu abrem-se para grandes extensões de água, cuja superfície se mantém em movimento através de mecanismos gravitacionais que descem por uma série de barragens de pouca profundidade. Essas obras evocam o conceito japonês tradicional do *oku*, um procedimento mediante o qual uma série de lugares auspiciosos podem ser conceitualmente ligados através de grandes distâncias, assim como o tradicional *tokonoma*, ou altar doméstico, podia ser associado ao pico de uma montanha sagrada por meio de uma série de altares e *torii*. Todas as características tectônicas da Capela sobre a Água – a parede deslizante, a cruz sem suporte lateral e o pequeno lago refletor que fica na parte externa da estrutura – servem para criar aquela sensação de *oku* que permite ao artificial integrar-se misticamente ao ambiente natural das cercanias. Como Ando afirmou em 1989, "meu objetivo não foi comungar com a natureza do modo como ela é, mas transformar o significado da natureza através da arquitetura. Em minha opinião, quando isso acontece o homem descobre uma nova maneira de relacionar-se com a natureza".

Pós-escrito

De um ponto de vista humano, econômico e ecológico, talvez não exista um campo de atividade humana mais necessitado de uma nova relação com a natureza do que nosso modo atual de desenvolvimento suburbano, um processo que se deixa reger pelo acaso; a distribuição perdulária e arbitrária, as zonas residenciais, as ruas destinadas ao comércio e os incontáveis alqueires de paisagem relativamente aberta cederam espaço, ano após ano, à expansão urbana. Apesar de o conceito de altura e densidade baixas ter sido amplamente reconhecido como um modelo desejável para o desenvolvimento residencial urbano de fins do século XX, poucos têm sido os assentamentos realizados segundo esses princípios. É perturbador pensar que a altura e a densidade baixas foram apresentadas pela primeira vez como uma estratégia reformista da expansão urbana neocapitalista há cerca de um quarto de século, no livro *Community and Privacy* [Comunidade e privacidade] (1963), de Serge Chermayeff e Christopher

Alexander, e que, desde então, pouco se legislou no sentido de coibir a poluição ambiental que resulta espontaneamente do uso indiscriminado do automóvel e da desenfreada especulação do solo.

O fato da construção de casas de baixa altura e densidade ser ao mesmo tempo algo de prático e habitável foi mais que devidamente demonstrado por um grande número de circunstâncias desde o final da década de 1950, mais notavelmente, talvez, no Siedlung Halen do Atelier 5 construído nos arredores de Berna, na Suíça, em 1960, e no posterior Thalmatt Siedlung (1985), projetado pelos mesmos arquitetos. A busca gradativa desse padrão cooperativo não ficou de modo algum restrita à Suíça, como podemos ver com base na cidade-jardim de Puchenau, de Roland Rainer, perto de Linz, na Áustria, construída em duas etapas entre 1969 e 1978, e na exemplar Fleet Road Estate, que Neave Brown construiu em Londres em 1975. Como exemplos mais afastados e próximos, em cada caso, da tradição nativa da construção de casas baixas e acarpetadas, podemos citar a Nova Cidade de Shushtar, de Kamran Diba, no Irã (1978), e o conjunto habitacional Rokko, construído numa encosta perto de Kobe, no Japão, concluído em 1983. Mais recentemente ainda, podemos citar o bairro de Malaguiera em Évora, Portugal, construído por Álvaro Siza como uma série de casas de dois pavimentos.

Além desses exemplos isolados, a urbanização espontânea do mundo é de tal monta que, segundo se imagina, no ano 2000 existirão cerca de cinquenta cidades com população superior a 10 milhões de habitantes, dois terços das quais estarão situadas no Terceiro Mundo. Nossos debates um tanto estéreis acerca da arquitetura ideal para a nossa época tornam-se insignificantes diante da perspectiva apocalíptica dessa explosão de gigantescas metrópoles, comparável, em termos de seu impacto ecológico negativo, à destruição das florestas tropicais e da camada de ozônio. Diante de migrações urbanas de tal magnitude, sem dúvida não existe nada de positivo que possa ser feito pela indústria da construção ou pela arquitetura.

Apesar de sua relativa permanência, a construção não tem outra alternativa além de existir em seu momento histórico. Sua tarefa está na realização do aqui e agora. Isto significa que ela não pode mais ter por objetivo as projeções idealizadas do Iluminismo, mas que deve tornar-se a concretização de espaços habitáveis. Numa sociedade hipnotizada pelo consumismo, o equilíbrio das condições eco-ontológicas talvez só possa ser alcançado através da estratégia da criação de encraves descontínuos, ou seja, fragmentos delimitados nos quais uma certa simbiose cultural e ecológica possa prevalecer a despeito do caos circundante.

A perda de uma cidade *finita* como objeto cultural significativo certamente explica, em parte, a deliquescência do pensamento vanguardista e o reconhecimento do fato de que a arquitetura já não pode intervir em escala global. O vazio deixado por nossa incapacidade de criar domínios urbanos claramente definidos, juntamente com as instituições que eles outrora encarnavam, ficou oculto até uma época relativamente recente pelas ilusões otimistas do planejamento operacional, uma disciplina quase positivista cuja eficácia em termos da economia de consumo dependia da manutenção de uma certa indiferença quanto à forma cultural. Contra isso, o encrave urbano afirma-se agora como uma estratégia alternativa viável, dado o recente colapso do planejamento urbano enquanto prática capaz de fazer projeções.

O encrave, porém, é apenas um "o quê" potencial num momento em que a arquitetura precisa reposicionar-se para poder manter algum sentido de continuidade e profundidade em relação ao contexto global. Para chegar a um método geral viável para a totalidade da prática arquitetônica, é preciso conferir um *status* semelhante ao "como". Segundo mostrou Hans Sedlmayr, há um momento em que lugar e produção se fundem para criar aquele atributo de caráter a partir do qual recebemos nossa identidade. Segundo Christian Norberg-Schultz escreveu em seu estudo sobre a obra de Portoghesi e Gigliotti, *Alla ricerca dell'architettura perduta* [Em busca da arquitetura perdida] (1975),

> Enquanto a organização espacial pode ser descrita sem a necessidade de referência a uma solução técnica específica, talvez não seja possível estabelecer uma distinção entre caráter e processo de execução. É esse o significado da famosa afirmação de Mies van der Rohe, "Deus está nos detalhes". A revolução técnica dos últimos cem anos é, portanto, mais que uma revolução *técnica*. Na verdade, a tecnologia moderna não serve apenas para resolver problemas quantitativos e econômicos, mas, se adequadamente entendida, pode ajudar-nos a substituir os motivos desvalorizados de formas historicistas que conferem caráter ao nosso meio ambiente, transformando-o, assim, em um lugar real.

O véu que a fotolitografia faz correr sobre a arquitetura não é neutro. Os processos fotográficos e de reprodução de alta velocidade não são, por certo, apenas a economia política do signo, mas também um filtro insidioso através do qual nosso ambiente tátil tende a perder sua sensibilidade. Quando grande parte da construção moderna é vivenciada concretamente, sua natureza fotogênica é negada pela pobreza e brutalidade de seu detalhamento. De vez em quando, uma ostentação dispendiosa e aparatosa da estrutura ou da forma resulta no empobrecimento da intimidade, naquilo que Heidegger identificou como a perda da "proximidade". Como é raro encontrar uma obra moderna em que a modulação de uma tectônica escolhida penetra os recessos mais íntimos da estrutura, não como uma força totalizadora, mas como a declinação de uma sensibilidade articulada. O fato de a sociedade moderna ainda possuir a capacidade de tal modulação confirma-se no que existe de mais apurado na obra de Aalto. Vista sob esse prisma, a arte da arquitetura transforma-se em uma "reserva de *realidade*", como afirmou Ignasi de Solà-Morales – um lugar onde o homem ainda pode encontrar repouso material e espiritual; uma espécie de encrave capaz de resistir, na condição de *outro*, à furiosa e devastadora investida da modernização tecnológica.

Fig. 362. Atelier 5, Siedlung Halen, Berna, 1960.

CAPÍTULO 7 A arquitetura na Era da Globalização: topografia, morfologia, sustentabilidade, materialidade, *habitat* e forma cívica, 1975-2007

A globalização do capital é, sem dúvida, um tanto falaciosa. Ainda assim, trata-se de uma importante inovação ideológica. O sistema capitalista passa por uma espécie de mutação de sua forma essencial cuja culminação seria a capitalização absoluta (nocional) da natureza, quando então deixaria de existir qualquer domínio exterior ao capital. Isso equivale ao pressuposto de que a natureza exterior não existe. A imagem já não é aquela de Marx (ou dos economistas clássicos) acerca dos seres humanos atuando sobre a natureza exterior para produzir valor. Ao contrário, o que se tem é a imagem dos próprios elementos diversos da natureza (entre os quais a natureza humana) codificados como capital. A natureza é capital, ou, dito de outro modo, a natureza é concebida à imagem do capital. A lógica do sistema é, portanto, a subordinação de todos os elementos da natureza-concebida-como-capital ao objetivo da reprodução disseminada do capital.

As dificuldades teóricas se interpõem de imediato, em decorrência do fato de que essa integração funcional é em grande parte imaginária. A retórica enfatiza a harmonização e a otimização; a realidade é desordem e conflito. Como observa Baudrillard: "Tudo é potencialmente funcional e nada o é, de fato." Duas fontes de contradição são inerentes ao processo da capitalização da natureza, e elas fornecem nossas justificações para a mudança de uma perspectiva marxista industrial para uma perspectiva marxista ecológica acerca da produção, do colapso "final" e "inevitável" do capitalismo e, portanto, das condições para algum tipo de socialismo. A primeira é o fato de que o planeta é materialmente finito, uma situação que cria limites biofísicos ao processo de acumulação. A segunda, que trabalha em sinergia com a primeira, é o fato de que o capital não controla, e não pode controlar, a reprodução e a modificação das condições "naturais" da produção do mesmo modo que pretende regular a produção industrial de bens de consumo.

Martin O'Connor
"Is Capitalism Sustainable?", 1994

Os diferentes fenômenos que acompanham a globalização têm estreita ligação com o avanço progressivo da comunicação telemática e o aumento constante das viagens aéreas transcontinentais. Como consequência, hoje a prática da arquitetura é tão global quanto local, como nos leva a crer o *status* de celebridades internacionais de muitos arquitetos, cada vez mais ativos em todas as partes do mundo, em resposta direta ao fluxo de investimentos de capital. A atual susceptibilidade ao imaginário espetacular é tão grande que, hoje, a reputação mundial de um arquiteto se deve tanto a seu tino iconográfico quanto a sua capacidade organizacional e técnica. Esse fenômeno mundial é conhecido como "efeito Bilbao" – assim chamado devido ao modo como, ao longo da década de 1990, cidades provincianas competiram entre si para ter um edifício projetado pelo célebre arquiteto norte-americano Frank Gehry, em grande parte em decorrência do grande sucesso de mídia que foi seu Museu Guggenheim, realizado em Bilbao em 1995. Durante a década que se seguiu a

Fig. 363. Gehry, Museu Guggenheim, Bilbao, 1995.

seu triunfo, a esfera de ação do "arquiteto-celebridade" ampliou-se enormemente, com arquitetos de "grife" viajando por todo o planeta para supervisionar a construção de estruturas icônicas a milhares de quilômetros umas das outras e em contextos culturais e políticos totalmente diversos. Hoje, isso fica especialmente claro em Pequim, onde diversas estrelas da arquitetura rivalizam entre si na criação sucessiva de numerosos edifícios espetaculares, desde o Grande Teatro Nacional da China, de Paul Andreu, com seus três auditórios alojados sob uma única cúpula de titânio (2006), até a superestrutura do Estádio Nacional de Pequim, de Jacques Herzog e Pierre de Meuron, projetado para os Jogos Olímpicos de 2008.

Por seu tamanho igualmente gigantesco, audácia estrutural e forma voluntariosa, seria difícil imaginar uma estrutura mais dramática do que a Central de Televisão Chinesa (CCTV, na sigla em inglês) em Pequim, cujo perfil trapezoidal inclinado é encimado por uma projeção em balanço de 70 metros que se ergue a cerca de 230 metros de altura. Essa ostentação tecnológica lembra a audácia da Torre Eiffel e também a proposta do Wolkenbügel de El Lissitzky, de 1924, que parece ter servido de inspiração para a CCTV. Contudo, totalmente distantes tanto da axialidade da Torre Eiffel quanto do "antiarranha-céu" de Lissitzky, a natureza desequilibrada e assimétrica e a localização arbitrária da megaestrutura televisiva de Koolhaas impedem que ela tenha qualquer significação urbanística ou simbólica, exceto como representação gigantesca do poder de manipulação da mídia. Quando estiver concluída e em plena operação, abrigará um contingente de 10.000 funcionários engajados na programação de cerca de 250 canais que poderão ser assistidos por um bilhão de pessoas por dia.

Arranha-céus muito mais altos são igualmente sintomáticos de nossa "sociedade do espetáculo", na qual cidades competem entre si pela duvidosa honra de construir o edifício mais alto do mundo. Até o momento, Dubai, apesar de seu *status* questionável de cidade, é a concorrente principal, com sua Burj Dubai [Torre de Dubai] de 160 andares, projetada pelo escritório Skidmore, Owings and Merrill. Enquanto essas extravagâncias parecem cada vez mais irresistíveis em capitais do mundo desenvolvido (ver, por exemplo, o arranha-céu Gasprom, projetado em 2006 para São Petersburgo), as megalópoles globais estão cada vez mais atulhadas de pobres, particularmente no Terceiro Mundo. Nesses países, cidades com infraestruturas já congestionadas continuam a adensar-se, a ponto de a Cidade do México ter atualmente cerca de 22 milhões de habitantes; Pequim, Bombaim, São Paulo e Teerã, cerca de 20 milhões cada; Jacarta, 17 milhões; Bogotá, 7 milhões; e Caracas, 5 milhões. A essas estatísticas podemos acrescentar a previsão alarmante de que, nos próximos quinze anos, cerca de 300 milhões de camponeses chineses migrarão para cidades novas ou já existentes na República da China. Uma transfiguração em tal escala só irá agravar o fato de que as cidades asiáticas estão entre as mais poluídas do mundo: a qualidade do ar em Pequim, por exemplo, é hoje seis vezes pior do que a de uma capital europeia típica.

Com consequências igualmente devastadoras no que diz respeito ao consumo de gasolina, cidades norte-americanas como Houston (5,3 milhões de habitantes), Atlanta (5 milhões) e Phoenix (3,9 milhões) continuam a perder população em seus centros ao mesmo tempo que se expandem continuamente para os subúrbios apesar das providências irrisórias ou inexistentes em matéria de transporte público. O caráter socioecológico negativo desses padrões de povoamento não constitui novidade alguma. Somente nos Estados Unidos, bem mais de 1,2 milhão de hectares de terra não ocupada se perde todos os anos para a suburbanização. Essa situação só tende a se agravar com o padrão atual de subsídios governamentais nos Estados Unidos, que apresenta uma distorção de 4 a 1 em favor de obras viárias destinadas ao trânsito de carros e não de ônibus ou trens.

Apesar dessa perspectiva distópica de uma "motopia" em expansão contínua, temos de reconhecer o impacto positivo do avanço dos meios de comunicação, que parece ter tido o efeito de elevar o nível geral da produção arquitetônica atual. Portanto, ainda que a expansão urbana continue tão entrópica quanto sempre foi, é possível que as obras arquitetônicas atuais sejam, em termos gerais, de maior qualidade do que eram cerca de vinte anos atrás. Hoje, os arquitetos parecem avaliar os méritos de suas obras tomando como referência um padrão global de sofisticação técnica e cultural que não pára de evoluir. A despeito dos caprichos da moda, esse progresso é tão evidente na periferia quanto no centro, e ocorre tanto nas obras locais em menor escala quanto naquelas realizadas em escala internacional.

Tendo em vista a proliferação de obras de alto nível no mundo todo, tornou-se praticamente impossível fazer uma seleção equilibrada dentre a vasta gama de edifícios construídos nos últimos vinte anos. Em decorrência disso, fui obrigado a adotar uma taxonomia de seis aspectos identificavelmente diversos da cultura arquitetônica que possam ser vistos como tendências significativas na atual prática arquitetônica: topografia, morfologia, sustentabilidade, materialidade, *habitat* e forma cívica. Embora essas categorias não sejam mutuamente excludentes, pretende-se que cada uma de suas estruturas referenciais justifique a inclusão das obras examinadas de acordo com seus requisitos específicos – e vice-versa. Ao mesmo tempo, apesar da ênfase em diferentes aspectos da produção contemporânea, muitas das obras citadas nesse breve exame poderiam também ser facilmente utilizadas para exemplificar mais de um dos temas em consideração. Além do mais, nem todas essas categorias desfrutam da mesma relevância crítica, pois, onde "topografia" e "sustentabilidade" aludem a práticas que, em certa medida, resistem à mercantilização do meio ambiente, "morfologia" e "materialidade" são termos expressivos que tanto podem ser arbitrariamente influenciados pelos processos biomórficos da natureza quanto, por outro lado, enfatizar a expressividade da superfície – em ambos os casos, síndromes que ocorrem com razoável frequência à custa de uma articulação apropriada da forma arquitetônica em termos de espaço, estrutura e função. Por último, "*habitat*" e "forma cívica" remetem aos dois gêneros mais fundamentais e venerandos da cultura arquitetônica, a saber, o tecido residencial como padrão homeostático de fixação na terra e o edifício público como contexto essencial para a representação e concretização da cultura cívica.

Antes de aprofundar o tema deste exame, é preciso reconhecer a influência do arquiteto alemão Gottfried Semper, cujo ensaio seminal de 1851, *Die vier Elemente der Baukunst* [Os quatro elementos da arquitetura], tomou a recém-descoberta cabana caribenha como base etnográfica para a dedução dos quatro elementos primordiais de toda cultura da construção. São eles: (1) a plataforma ou terrapleno elevado sobre a qual se assentava a cabana; (2) a estrutura e o telhado, que forneciam o abrigo básico; (3) a parede de fibras vegetais entrelaçadas e preenchidas de terra, que protegia a casa contra os elementos; e, por último, (4) a lareira, que era não apenas a fonte de calor e de alimento e o centro das relações sociais, mas também o núcleo simbólico da socialização, prenunciando o eventual surgimento das formas espiritual e cívica. A descrição com que Semper acompanha esses elementos básicos, juntamente com a oposição correlata da cobertura ao terrapleno, fornecerão às vezes a estrutura conceitual que nos permitirá analisar as obras em exame.

Topografia

Duas publicações seminais que datam de meados da década de 1960 e primórdios da de 1970 prenunciam o surgimento da topografia e da sustentabilidade como os dois metadiscursos ambientais de nosso tempo; juntas, elas exercem uma influência enorme não apenas sobre o projeto urbano e o paisagístico, mas também sobre o campo da arquitetura em geral. Os dois textos em questão, *Il territorio dell'architettura*, de Vittorio Gregotti (1966), e *Design with Nature*, de Ian McHarg (1971), viriam a enfatizar, de diferentes maneiras, a integração significativa da forma criada pelo homem com a superfície da terra. Complementando a ênfase de Semper na cabana primitiva, Gregotti via a delimitação do solo como um ato primordial, realizado a fim de estabelecer um cosmo criado pelo homem diante do caos da natureza; ele enfatizava a estruturação do território como uma estratégia para o estabelecimento de uma forma-lugar pública em face da nova natureza que passou a existir devido ao surgimento da região urbanizada. Primeiro, ele demonstrou sua tese com seus projetos para a Universidade da Calábria, construída como uma megaestrutura linear ao longo de uma grande faixa de terra cultivável em Cosenza, no Sul da Itália, em 1973. Passando ao largo da intervenção arquitetônica, a pesquisa de McHarg concentrou-se mais na necessidade de uma abordagem abrangente da biosfera a fim de facilitar e manter a interdependência mútua dos ecossistemas regionais numa frente mais ampla. Vistas em retrospecto, as duas abordagens foram tentativas de mediar os efeitos da expansão contínua das megalópoles em todo o mundo. Hoje, elas ainda podem ser vistas como estratégias viáveis com as quais se pode resistir à redução do mundo feito pelo homem a uma difusão ilimitada de objetos autônomos e sem afinidades entre si, alienados tanto das necessidades do homem quanto dos processos naturais.

Favorecer a modificação territorial como base de uma nova disciplina cultural equivale não somente a conceder um *status* compensatório à arte da paisagem como ela é tradicionalmente entendida, mas também a criar obras formuladas como se fossem elas próprias, uma paisagem ou, de outra perspectiva, um objeto tão integrado ao terreno que se torne inseparável da topografia circundante. É exatamente essa nova maneira de conceber a esfera da paisagem que, atualmente, favorece o surgimento da nova subdisciplina do urbanismo paisagístico, concebido como um modo de intervenção com um objetivo estratégico totalmente diferente da prática, hoje desacreditada, do planejamento-mestre. Como o arquiteto paisagista James Corner escreveu em 2003,

> Nos últimos anos, testemunhamos uma mudança importante: todo local começou a ser visto como uma paisagem, tanto natural como artificial, e deixou de ser um pano de fundo neutro, mais ou menos escultural por definição, para os objetos arquitetônicos. Com essa mudança de ponto de vista, a paisagem se converte no tema de possíveis transformações; não mais inerte, pode ser projetada, tornada artificial. A paisagem tornou-se o interesse fundamental, o ponto de convergência dos arquitetos.

É com essa perspectiva abrangente que os arquitetos paisagistas têm conseguido afirmar sua capacidade de criar projetos cujos efeitos se fazem sentir tanto na escala urbana quanto na regional, além de sua capacidade correspondente de fazer com que propostas de tamanha amplitude de concepção venham a concretizar-se em períodos relativamente breves de tempo. O arquiteto paisagista norte-americano Peter Walker conseguiu demonstrar isso de maneira exemplar em seu projeto de 324 hectares para o Campus da IBM em Solana, no oeste do Texas (1992), realizado em colaboração com os arquitetos Romaldo Giurgola, Ricardo Legorreta e Barton Myers. Walker caracterizou o alcance reparatório de sua intervenção nos seguintes termos:

> Quando encontramos o local, não se tratava de uma campina particularmente acolhedora. Tinha servido de pastagem por tanto tempo que mais da metade da camada superficial do solo se perdera. Algumas belas árvores haviam resistido à destruição e sobreviveram de alguma forma... Para recuperar o restante, pegamos a camada superficial do solo de várias estradas, edifícios ou estacionamentos e transportamos esse material para a campina, duplicando, assim, sua quantidade de solo fértil.

Walker tinha tentado obter uma transformação topográfica igualmente extensa em seu Marina Linear Park em San Diego, Califórnia (1988), projetado com Martha Schwartz, onde o direito preferencial de passagem de um sistema ferroviário de bitola estreita fora transformado em um exótico parque subtropical. Intervenções paisagísticas infraestruturais de igual alcance têm sido uma diretriz corrente na França das duas últimas décadas, onde um terço do orçamento estatal alocado tanto em favor do trânsito regional de trens de grande velocidade quanto das estradas de ferro locais de bitola estreita foi direcionado para projetos paisagísticos capazes de integrar uma nova infraestrutura à topografia já existente. A implantação, por Michel Desvigne e Christine Dalnoky, de uma nova estação do TGV nos arredores de Avignon, em 1995, é típica

Fig. 364. Walker, Campus da IBM, Solana, Texas, 1992.

Fig. 365. Tami, Viaduto Biaschina, Ticino, 1963-83.

dessa tendência, assim como um grande número de outras obras por eles realizadas em relação ao transporte público. Em Avignon, plátanos foram plantados para reforçar a extensão linear da estação, enquanto os estacionamentos adjacentes foram cercados por fileiras de limeiras-da-pérsia escolhidos por sua semelhança com os pomares de maçãs da região circundante, integrando-se, desse modo, a estação às características da paisagem existente.

Apesar do indiscutível sucesso alcançado, na década de 1930, pela *parkway* norte-americana, urbanizada com gramados e árvores, e pela *Autobahn* alemã, a expansão universal das autoestradas na segunda metade do século XX não foi acompanhada por projetos ambientais de qualidade comparável. Na Europa, uma exceção a tal lacuna são os viadutos de concreto e as entradas de túneis que o arquiteto suíço Rino Tami projetou para a via expressa ticinense que vai do Túnel de São Gotardo, nos Alpes, a Chiasso, na fronteira italiana – uma realização infraestrutural trabalhosa, em grande escala, cuja construção se prolongou por vinte anos, de 1963 a 1983. Mais recente, e de alcance mais limitado, são intervenções como as paisagens rodoviárias (*autoscapes*) um tanto exóticas de Bernard Lassus no noroeste da França: a abertura de uma estrada em uma paisagem rochosa erodida, para criar um parque geológico, ou a criação de passagens elevadas estreitas a fim de manter os padrões existentes de deslocamento animal ao longo das rodovias.

A mesma percepção do impacto do automóvel era evidente nas primeiras pontes de Santiago Calatrava, com as quais ele demonstrou que se preocupava tanto com a pegada urbana de suas pontes quanto com sua articulação estrutural. Isso fica especialmente claro em sua ponte Bach de Roda, construída nos arredores de Barcelona em 1987, na qual os quatro arcos segmentares em concreto e aço sustentam o leito da estrada e também suportam mirantes e passarelas para pedestres de cada lado do vão. Tanto a ponte quanto a axialidade da estrada de ferro que ela cruza são mutuamente enfatizadas por pequenos parques que o engenheiro dispôs de cada lado do corte. Como parte dos contrafortes da ponte, pares de escadas de concreto em cada extremidade do vão fornecem acesso direto a esses parques a partir da ponte. É significativo, tanto do ponto de vista cultural quanto do ambiental, que as passarelas para pedestres se elevem acima do leito da estrada de tal modo que uma pessoa que atravesse a ponte consiga ver a paisagem circundante para além do tráfego. Além disso, essa possibili-

Fig. 366. Jensen e Skodvin, área de descanso Liasanden, Parque Alpino de Sognefjellet, 1977.

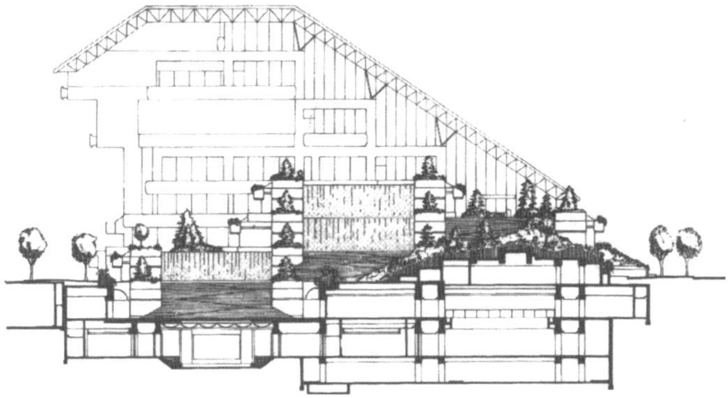

Fig. 367. Erickson e Oberlander, Praça Robson, Vancouver, 1983.

dade de uma visão panorâmica foi concebida juntamente com a elevação dos pedestres acima do nível dos vapores de escapamento.

Encontramos uma estratégia compensatória semelhante, no que diz respeito à acomodação dos veículos automotivos, num sistema de parques alpinos realizado em Sognefjellet, na Noruega, na segunda metade da década de 1990. O objetivo da área de estacionamento e descanso Liasanden, projetada pelos arquitetos Jensen e Skodovin, era o de conservar o máximo possível de árvores no inventivo traçado das vagas de estacionamento, amarrando os troncos das árvores com cordas para protegê-las de eventuais danos – um gesto poético que evoca a amarração apotropaica das árvores no Santuário de Ise, no Japão. A respeito dessa engenhosa solução, os arquitetos escreveram: "O conceito implicava que os carros tinham de virar-se de frente para as árvores. A grande exatidão dos mapas computadorizados das árvores e da topografia ajudou-nos a identificar as trajetórias possíveis para os carros, deixando claro aos usuários que isso podia ser feito sem a necessidade de derrubar as árvores."

A preservação da paisagem como questão de política ecológica em escala regional tornou-se quase uma segunda natureza na Alemanha, onde a extensão do Parque Emscher, de Peter Latz, que começou como um projeto de demonstração da desintoxicação e reutilização de instalações industriais obsoletas, foi ampliada para tornar-se, nos últimos quinze anos, uma área de recreação que se estende por cerca de 70 quilômetros de cada lado do rio Emscher, perto do Vale do Ruhr. É significativo que Karl Ganser, um dos principais arquitetos do programa de recuperação do Emscher, tenha passado a considerar a megalópole universal como mais uma área degradada* em formação, uma área que irá mostrar-se ainda mais resistente à descontaminação futura e à reutilização adaptativa.

Apesar de suas pequenas dimensões, o Awaji Yumbetai de Tadao Ando (2001) constitui um exercício igualmente exemplar de recuperação do solo. O arquiteto aproveitou a ocasião para criar uma cidade em miniatura que compreende um hotel, uma capela, uma casa de chá e uma grande estufa de plantas, intercalados por cursos de água, piscinas que refletem a paisagem, chafarizes e terraços ajardinados. É sintomático de nosso tem-

* No original, "brownfield", ou "área industrial abandonada ou de industrialização precedente, onde a reutilização se vê comprometida, entre outros motivos, pela contaminação potencial, pela pouca demanda de mercado para novos usos, pela existência de depósitos de lixo e resíduos e por oferecer risco aos ecossistemas urbanos". (N. do T.)

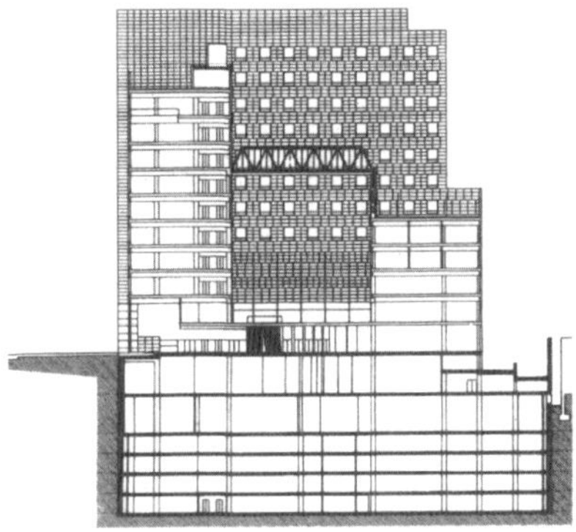

Figs. 368, 369 Moneo e Solà-Morales, Complexo L'Illa, Barcelona, 1992. Vista panorâmica e seção transversal da galeria.

po que a obra tardia de Ando tenha adquirido características cada vez mais topográficas, de seu Museu da Água, Osaka (2004), a seu Museu de Arte Chichu, totalmente subterrâneo e iluminado por cima, construído na ilha de Naoshima em 2005.

Como em boa parte da arquitetura de Alvar Aalto, edifícios grandes e complexos podem ser representados como se fossem extensões naturais da topografia em que estão situados. Esse paradigma foi, sem dúvida, a motivação fundamental por trás da construção da Praça Robson em Vancouver (1983), na qual uma megaestrutura que compreende tribunais de justiça e repartições municipais se integrava a um estacionamento interno a fim de assumir o perfil de um declive escalonado. Este último, construído de acordo com os projetos da arquiteta paisagista Cornelia Oberlander, apresenta uma lâmina d'água ornamental de 90 metros de comprimento, que cai em forma de cascata sobre a grande janela panorâmica de vidro laminado que circunda o cartório de registro civil. Esse monte artificial que atravessa o centro de Vancouver confirmou-se, desde então, como uma das principais espinhas dorsais da cidade, como o demonstram as torres de altura média que se ergueram espontaneamente ao redor de seu eixo na última década. Sob esse aspecto, a Praça Robson tem servido de catalisador urbano de modo muito semelhante ao Rockefeller Center, que determinou o desenho de Manhattan ao seu redor no final da década de 1930.

Uma megaforma igualmente catalítica foi realizada dez anos depois em Barcelona: o complexo L'Illa, concluído na Avenida Diagonal em 1992 conforme os projetos de José Rafael Moneo e Manuel de Solà-Morales. Esse conjunto de edifícios, de 800 metros de comprimento, abriga um *shopping center* de cinco andares além dos estabelecimentos comerciais na própria avenida, e acomoda escritórios e um hotel como parte integrante de seu bloco de altura média. Construído à beira do Eixample original de Cerdà e servido por um estacionamento subterrâneo de vários andares que se estende por todo o comprimento do complexo, o conjunto foi concebido para integrar-se na escala tanto da grade urbana do século XIX, já existente, quanto do desenvolvimento suburbano irregular que circunda o centro histórico da cidade. O perfil escalonado dessa construção fez dela um marco importante, particularmente quando se a observa a partir do terreno elevado da área suburbana interna, que se eleva acima da cidade. Essa megaconstrução demonstrou de maneira inequívoca o conceito de acupuntura urbana de Solà-Morales – a saber, uma intervenção urbana estrategicamente limitada, programada e concebida para aumentar um espaço urbano preexistente de modo preciso, mas com certa abertura para o imprevisto. Ao contrário da prática corriqueira de construir *shopping centers* nos arredores das cidades, o que invariavelmente acaba com a atividade comercial já existente, esse conjunto de edifícios serve para fortalecer o núcleo comercial preexistente e seus padrões estabelecidos de uso da rua, ao mesmo tempo que reforça o comércio axial da Avenida Diagonal.

A acupuntura urbana também foi adotada como metáfora pelo político e arquiteto brasileiro Jaime Lerner a fim de identificar sua introdução de um eficiente sistema de transporte público na cidade de Curitiba durante seus três mandatos como prefeito, de 1971 a 1992*. Entre os aspectos mais inovadores desse sistema estão o uso de ônibus biarticulados para cem pessoas e plataformas de embarque (estações-tubo) elevadas, totalmente envidraçadas, que tornam muito eficiente o embarque nesses veículos em cada ponto. Hoje, essa rede se estende por 72 quilômetros de corredores de ônibus e muitas outras linhas alimentadoras. No mesmo período de vinte anos, a administração Lerner também introduziu muitos outros benefícios sociais nas áreas de saúde pública, educação, distribuição de alimentos e eliminação e tratamento de lixo. Ao mesmo tempo, apesar de a população da cidade ter triplicado, a administração conseguiu aumentar em cem por cento a quantidade de espaços verdes *per capita*: algo como 52 metros quadrados por pessoa, na forma de uma ampla rede de parques que se distribuem pela cidade. Essa melhora geral dos equipamentos urbanos, acompanhada pela introdução de um sistema de ônibus de alta velocidade, foi recentemente reproduzida em Bogotá, Colômbia, durante as sucessivas administrações de Enrique Penalosa e Antanas Mockus.

As megaformas concebidas como cidades em miniatura também podem ser usadas para enfatizar a estrutura da topografia existente e estabelecer lugares identificáveis. O arquiteto mexicano Ricardo Legorreta demonstrou essa abordagem em diversas ocasiões, desde a formação escalonada de seu Hotel Camino Real em Ixtapa, com vista para a praia (1981), até a montadora da Re-

Fig. 370. Piano, Estádio San Nicola, Bari, 1992.

* Jaime Lerner esteve à frente da cidade em três gestões: 1971/75, 1979/83 e 1989/92. (N. do T.)

Fig. 371. Legorreta, Hotel Camino Real, Ixtapa, 1981.

nault que ele construiu em 1985 na paisagem árida de Gómez Palacio, Durango, como uma forma de cor ocre, horizontal e praticamente sem janelas. Megaformas semelhantes, em grande escala, contrapondo-se a topografias insólitas, também são muito encontradas em boa parte das obras latino-americanas, desde o Museu de Arte de São Paulo (1968), em forma de ponte, projetado por Lina Bo Bardi para o centro de São Paulo, até a pousada linear, com 108 quartos, e centro de pesquisas astronômicas (2001) projetados pelos arquitetos alemães Auer e Weber. Atravessando as regiões ermas do deserto de Atacama, em Cerro Paranal, Chile, a obra constitui uma homenagem contemporânea à tese de Gregotti segundo a qual a arquitetura começa pela demarcação de um terreno enquanto meio fundamental para o estabelecimento de uma determinada ordenação.

O Estádio San Nicola, de Renzo Piano, concluído nos arredores de Bari, na Itália, em 1992, representa uma conjunção seminal de concepção paisagística, engenharia e arquitetura, no sentido de que a arena é efetivamente dividida em dois elementos distintos, mas tectonicamente simbióticos: um grande aterro que se eleva a partir do próprio campo, circundando-o, e que acomoda um terço dos 60.000 espectadores sentados, e uma cobertura de concreto armado parcialmente pré-fabricada, subdividida em dezesseis "pétalas" em balanço, cada uma das quais com 2.500 assentos. Essas arquibancadas são separadas entre si por aberturas que facilitam o controle do público, melhoram a ventilação geral e permitem, a partir de todos os pontos do estádio, uma visão segmentada da paisagem circundante. Ao redor da estrutura há uma "penumbra" na forma de um estacionamento que sobe em direção à parte de baixo da arquibancada a fim de facilitar o acesso tanto à arena interna quanto aos assentos acima. Estes últimos são recobertos por um leve dossel de Teflon com estrutura de aço, que se projeta para fora da superestrutura a fim de sombrear os terraços superiores, rematando, assim, um dos estádios mais extraordinários construídos nos últimos vinte anos.

Uma preferência pela paisagem com características urbanas é evidente na arquitetura de Enric Miralles e Carme Pinós, que se tornaram conhecidos por dois projetos brilhantes, vencedores de concursos de arquitetura em fins da década de 1980: um complexo para arcoaria para os Jogos Olímpicos de Barcelona, em 1992, e a proposta de transformar em cemitério uma pedreira abandonada na cidade vizinha de Igualada. O primeiro projeto, inspirado em Gaudí e nos preceitos estruturalmente racionalistas de Viollet-le-Duc, demonstrou uma técnica inédita de construção com placas de concreto fletidas, engenhosamente sustentadas por colunas tubulares de aço. O resultado podia ser entendido tanto como uma cobertura ondulante quanto como um substituto da paisagem. Em Igualada, com a mesma engenhosidade, os arquitetos conseguiram explorar os arrimos de concreto que já havia na pedreira, usando-os como armadura de um pombal inclinado, pré-fabricado. Na parte inferior da pedreira, muros de sustentação sinuosos de alvenaria de pedra abrigam mau-

Fig. 372. Miralles e Pinós, Cemitério de Igualada, perto de Barcelona, 1994.

soléus particulares. Em resumo, o cemitério todo reflete uma estética tátil extremamente diferenciada, desde as portas corrediças em aço corten, que davam segurança aos mausoléus, até os velhos dormentes fixados com uma mistura fraca de cimento e cascalho e espalhados por todo o terreno ascendente da necrópole.

Graças ao desenvolvimento recente da arquitetura paisagística como uma profissão independente na Espanha, os arquitetos desse país têm se preocupado com a integração de suas obras à topografia circundante, uma tendência que se evidencia sobretudo nas inflexões sensíveis da obra de José Rafael Moneo. Dois de seus edifícios são particularmente exemplares a esse respeito: a Fundação Miró, em Maiorca (1987-93), e o Auditório e Palácio de Congressos de Kursaal, concluído no litoral de San Sebastian em 1999. Se a Fundação Miró compreende uma massa horizontal baixa de edifícios e mais uma massa facetada, semelhante a um forte, integrada a um local de contornos fortemente definidos, por sua vez o complexo de Kursaal volta-se para uma extraordinária paisagem litorânea com duas formas cúbicas inclinadas, paramentadas com chapas de vidro transparente. Esses elementos sutilmente inclinados, luminosos durante o dia e iluminados a partir de dentro à noite, alternam-se entre si, em uma resposta solidária, por assim dizer, ao fluxo do rio adjacente em seu movimento de lançar-se ao mar. Essas massas cristalinas de vidros duplos, abrigando auditórios que comportam, respectivamente, 600 e 300 pessoas sentadas, constituem a parte principal do programa, enquanto os espaços complementares para congressos e os estacionamentos são acomodados na plataforma que lhes serve de base. Não parece ser obra do acaso o fato de que a relação estabelecida entre o edifício e a água se equipare ao que foi conseguido por Jørn Utzon na Ópera de Sydney (1957-73): Moneo trabalhou como assistente de Utzon nesse projeto logo depois de formar-se em arquitetura em Madri, em 1961. Embora a expressão tectônica seja muito diferente em cada caso, esses edifícios têm dois aspectos em comum: uma plataforma de base feita sob medida para os limites do local e auditórios gêmeos, revestidos de um único material brilhante e inflectidos na direção da água.

Fig. 373. Moneo, Auditório e Palácio de Congressos de Kursaal, San Sebastian, 1999. Corte transversal do auditório e da plataforma.

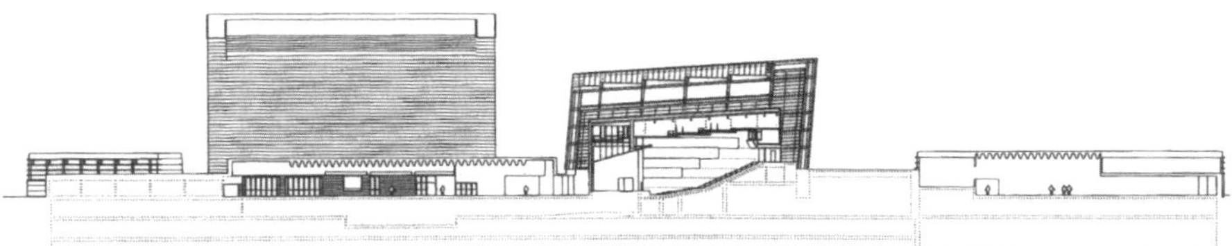

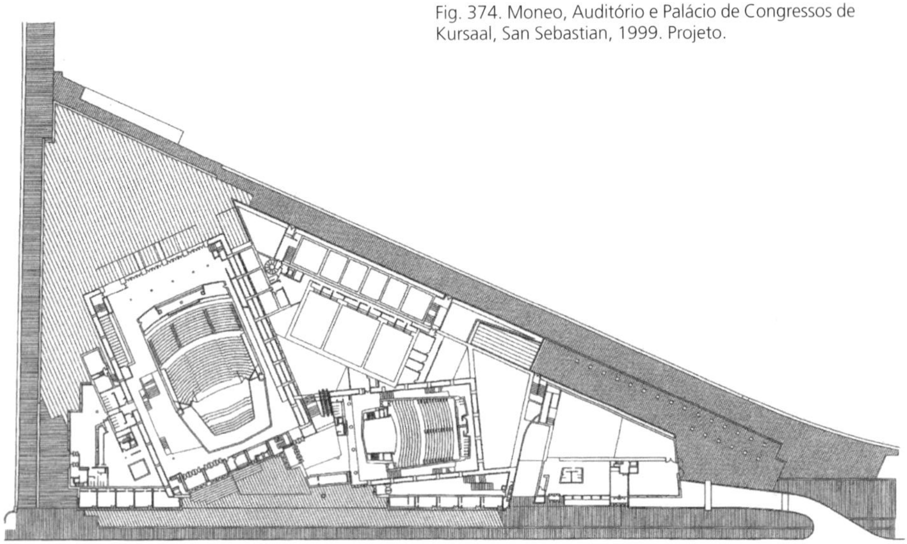

Fig. 374. Moneo, Auditório e Palácio de Congressos de Kursaal, San Sebastian, 1999. Projeto.

Estruturas igualmente inflectidas em contextos topográficos muito diferentes são encontradas na obra recente de dois eminentes arquitetos ibéricos da geração seguinte, o espanhol Juan Navarro Baldeweg e o português Eduardo Souto de Moura. Integrado à paisagem acidentada que abriga as famosas pinturas rupestres pré-históricas, o Museu de Altamira, de Baldeweg, em Santillana del Mar, na Cantábria (1994--2000), é uma de suas obras mais extraordinárias até o presente momento. O complexo projeto dessa obra resulta da decisão de restringir o acesso do público às cavernas pré--históricas de Altamira. Isso levou à criação de uma réplica das cavernas originais para fins turísticos, bem como à construção de um local dedicado à pesquisa, ao armazenamento de obras e peças museológicas e à documentação, tudo no contexto de uma paisagem extremamente frágil. Baldeweg escreveu, acerca dessa obra topográfica e de natureza intimista: "O desejo de integrar a nova construção à paisagem discrepava da grande área de teto necessária para cobrir a réplica. Para superar o conflito, o projeto propôs a construção de um teto que seguisse o declive natural do terreno – uma cobertura que fosse revestida por relva e incorporasse um sistema de claraboias lineares."

Uma abordagem mais agressiva foi adotada por Souto de Moura no caso de seu estádio de futebol (2005), situado no interior de uma formação rochosa irregular de uma pedreira abandonada nos arredores de Braga, no norte de Portugal. Nesse caso, uma megaforma neoconstrutivista de concreto armado com uma cobertura suspensa por cabos permanece aberta em duas de suas faces para revelar toda a grandeza da montanha diante da qual foi construída.

Nos últimos tempos, um número cada vez maior de arquitetos vêm demonstrando uma sensibilidade particularmente apurada em sua abordagem da integração da paisagem com a forma construída. Um deles é o norte-americano Rick Joy, cuja Casa Tyler, perto de Tubac (2000), foi construída em um terreno em suave declive no meio do deserto do sul do Arizona. Situada à frente de uma cadeia de montanhas distante e ladeada por um pequeno jardim de cactos, a casa tem dois ambientes separados de um andar, cobertos e revestidos de aço corten, com suas

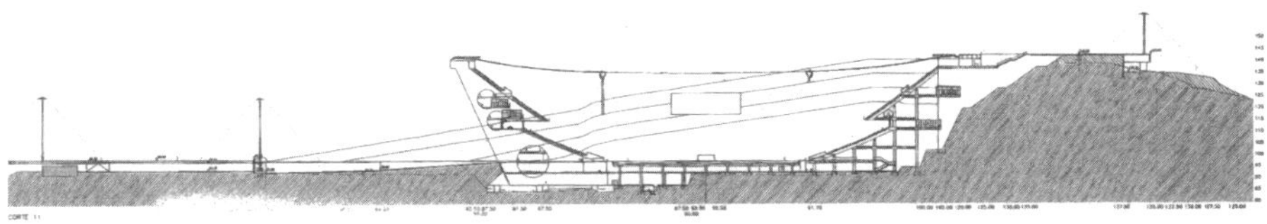

Fig. 375. Souto de Moura, Estádio, Braga, 2005. Seção.

massas ortogonais convergindo para um terraço comum e uma piscina. Acerca desse surpreendente conjunto, sutilmente influenciado tanto pela obra de Luis Barragán quanto pela de Glenn Murcutt, Joy escreveu: "As formas da casa, em aço alterado pela exposição ao tempo, como alguns artefatos enferrujados de um acampamento de boiadeiros, são construídas a fim de favorecer a melhor apreciação possível da paisagem circundante. A aspereza do rústico exterior em aço contrasta com o refinamento da paleta interior de gesso branco, aço inoxidável, madeira de bordo e vidro transparente." Embora essa justaposição de materiais deva algo à materialidade táctil da Biblioteca Pública de Phoenix, de Will Bruder (1995), em cuja construção Joy trabalhou como assistente, uma das características mais sutis da Casa Tyler é o modo como suas janelas foram posicionadas para enquadrar as vistas de cadeias de montanhas longínquas em determinadas época do ano.

Figs. 376, 377 Joy, Casa Tyler, perto de Tubac, Arizona, 2000. Pátio de entrada e planta baixa.

Construída com tufo calcário local em uma península com vista para o porto de Cartagena, na Colômbia, a casa de dois andares e abobadada, projetada por Rogelio Salmona para receber os hóspedes presidenciais, conhecida como Casa de Huéspedes, é tão bem integrada ao local que dá a impressão de ter estado sempre ali. Em grande medida, isso se deve aos jardins de plantas exóticas escolhidas pela paisagista María Elvira Madriñán.

Uma relação de escala e caráter totalmente diversos predomina nas casas com estrutura de madeira, revestidas de telhas de madeira e parecidas com celeiros, construídas na década de 1990 na costa escarpada da

Fig. 378. Holl, Casa Y, Montanhas Catskill, Nova York, 1999.

Nova Escócia segundo os projetos do arquiteto canadense Brian MacKay-Lyons. Em todos esses casos – em uma casa após a outra, em escalas diferentes e em locais e climas diversos – encontramos uma sensibilidade inédita para realçar o caráter intrínseco de uma paisagem através da forma cuidadosamente inflectida de uma construção residencial. O princípio é dramaticamente exemplificado na Casa Y de Steven Holl (1999), com laterais de madeira e telhado de metal, que, com sacadas que se abrem como as asas de uma águia e voltam-se para o panorama distante das montanhas Catskill, obtém o efeito pretendido ao reinterpretar o vernáculo local. Uma relação simbiótica comparável entre local e habitação caracteriza o trabalho dos arquitetos austríacos Carlo Baumschlager e Dietmar Eberle, talvez mais particularmente na Casa Büchel, com suas venezianas de madeira e paredes cruzadas de concreto aparente, construída em uma planície alpina em Liechtenstein, em 1995.

Uma reciprocidade semelhante entre moradia e paisagem também caracteriza um local espetacular perto da Grande Muralha, ao norte de Pequim. Esse lugar, uma propriedade com casas de exposição, conhecida como "Comuna ao lado da Grande Muralha" (2000-2002), tornou-se um centro turístico para os novos ricos chineses que desejam construir casas de campo luxuosas para si próprios. Entre as obras mais notáveis encontram-se a Casa de Bambu do arquiteto japonês Kengo Kuma e a Casa Dividida do arquiteto chinês Yung Ho Chang, esta última li-

Fig. 379. Baumschlager e Eberle, Casa Büchel, Liechtenstein, 1995.

Fig. 380. Eisenman, Memorial aos Judeus Assassinados da Europa, Berlim, 2005.

teralmente dividida por um regato de montanha que passa pelo seu eixo central. Essas duas casas apresentam características sustentáveis, a Casa de Bambu por utilizar um material que incorpora pouca energia, e a Casa Dividida por utilizar paredes de terra batida, que oferecem altos níveis de isolamento.

O enigmático Memorial aos Judeus Assassinados da Europa, de Peter Eisenman, construído no centro de Berlim, é essencialmente uma topografia artificial que consiste em um campo de 2.511 blocos de concreto separados entre si por aleias de 95 cm de largura, de modo que não mais de uma pessoa consiga passar confortavelmente entre eles. Com alturas variáveis, essas lápides assumem a forma de uma onda delicadamente ondulante que responde ao desnível do terreno de uma extremidade a outra do memorial. Com exceção de um centro subterrâneo para visitantes, não existe ali nenhum elemento figurativo.

Não podemos concluir esse exame geral da posição ocupada pelo topográfico na arquitetura contemporânea sem mencionar a obra do norueguês Sverre Fehn, cuja arquitetura vem manifestando um apreço especial pela interação entre cobertura e terrapleno, como vemos em seu Museu Bispegard, concluído em 1979 em Hamar, Noruega. O tempo se converte em um tema explícito da obra através da imposição de um telhado de duas águas sobre as ruínas de um solar de pedras do século XIV, que limita três lados de um pátio. Essa dialética entre o velho e o novo é mediada por um terceiro elemento: um caminho elevado em concreto, que funciona como um passeio ligando duas alas do museu, uma delas dedicada à arte popular, a outra à arte medieval. A terceira ala, colocada em um ângulo pequeno, acomoda os setores administrativos e uma grande sala de conferências. Inspirado pela obra museológica de Carlo Scarpa (ver seu Museu Castelvecchio, Verona, 1959), Fehn apresenta o Bispegard como um palimpsesto no qual uma leve estrutura de madeira é delicadamente colocada sobre uma pesada base de alvenaria de pedra. Em determinados pontos, o novo revestimento de tábuas das paredes externas, que recupera com competência a massa original da construção, é sutilmente descontinuado a fim de revelar o contorno fragmentado das ruínas originais.

Morfologia

Entre o topográfico, que diz respeito aos contornos da superfície da terra, e o morfológico, que aparentemente imita a estrutura das formas biológicas e botânicas, há uma afinidade plástica que tem sido importante para a arquitetura desde o período barroco. O fato de que a referência morfológica fundamental tende a ser natural, e não cultural, é demonstrado na figura* amorfa e tentacu-

* Nesta seção, utilizamos "figura" para traduzir *shape* e "forma" para traduzir *form*. Frampton contrapõe esses dois termos: a figura seria o aspecto superficial de um edifício, e a forma, um princípio que produz a figura. (N. do E.)

lar do Museu Guggenheim de Frank Gehry, em Bilbao. À parte qualquer alusão que essa "carcaça" distorcida possa fazer aos estaleiros que no passado havia no local, fica absolutamente claro que sua figura excepcionalmente fluida, ao lado de seu sedutor revestimento de placas de titânio, existe de maneira muito independente de qualquer coisa que ocorra dentro dela. Em outras palavras, a despeito de sua figura orgânica, a construção é paradoxalmente alheia a qualquer tipo de organização biomórfica intersticial que tenha, potencialmente, uma presença tão formadora na arquitetura quanto aquela que tem na natureza. Tudo isso se evidencia a partir das condições desagregadoras e deselegantes que essa figura engendra, desde o inadequado e inconveniente sistema de circulação de pedestres, que leva da alameda ao lado do rio à entrada principal, até a total indiferença que o edifício demonstra para com o contexto topográfico em que está situado. Entre outras impropriedades, podemos mencionar não só a desproporção das galerias iluminadas pelo alto, como também a deselegante e nada econômica estrutura de aço que teve de ser criada para sustentar a extravagante configuração do revestimento externo.

Por mais que os "esboços de ação" de Frank Gehry possam sugerir um dinâmico acúmulo de massas orgânicas que lembram a obra do escultor Hermann Finsterlin ou, mais remotamente, as fantasias alpinas às quais se entregaram os membros da Corrente de Vidro de Bruno Taut – as imagens fantasmagóricas que acompanhavam a famosa "correspondência utópica" de 1920 –, um abismo intransponível separa o vazio essencial do Bilbao de Gehry da interdependência orgânica entre interior e exterior, a *Organwerk versus Gestaltwerk*, como Hugo Häring denominou esse método simbiótico de projeto. Demonstrado por Häring em seu complexo Gut Garkau de 1924, esse procedimento que une forma e espaço seria retomado quarenta anos mais tarde na Sala de Concertos da Filarmônica de Berlim, de 1963. Parte da dissidência que separa a plasticidade caligráfica de Gehry das sínteses orgânicas almejadas pelos expressionistas alemães da década de 1920 provém da insistência dele na manipulação gratuita da superfície como um fim sensorial em si mesmo.

Encontramos essa síndrome não apenas na arquitetura de Gehry, mas também na obra de muitos outros arquitetos contemporâneos, de Ben van Berkel e Lars Spuybroek, na Holanda, a Daniel Libeskind, Greg Lynn e Hani Rashid nos Estados Unidos, e no trabalho da arquiteta iraquiana Zaha Hadid, cujo talento excepcional se tornou conhecido quando ela venceu o concurso para a construção da Torre de Hong Kong, em 1983. Uma década depois, Hadid traduziria o estilo dinâmico e colorido de seu grafismo neossuprematista em um posto de bombeiros de concreto armado, de plasticidade excepcional, porém pouco funcional, que apesar de nunca ter sido usado para sua finalidade pretendida ainda assim assumiu sua posição retórica como mais uma insensatez de uma "estrela" da arquitetura dentro do complexo industrial Vita, de Rolf Fehlbaum, em Weil am Rhein.

Tão preocupada com a figura escultural quanto Gehry, a arquitetura de Hadid mostra o que tem de melhor quando produzida em pequena escala ou quando uma dimensão horizontal e topográfica tem prioridade sobre a dimensão escultural, como em seu projeto Landesgartenschau para Weil am Rhein, de 1999, ou, em escala ainda menor, o Terminal Intermodal que ela construiu nos arredores de Estrasburgo em 2001. Essa obra de sensibilidade excepcional foi criada a partir de uma medida das autoridades locais que visava reduzir o tráfego e a poluição no centro da cidade, estimulando os usuários dos transportes urbanos a estacionar seus carros na periferia e a prosseguir de bonde para o centro. A natureza tectônico-topográfica dessa intervenção foi claramente percebida por Luis Fernández-Galiano, como se vê a seguir:

Fig. 381. Hadid, Estacionamento e Terminal, Hoenheim-Nord, Estrasburgo, 2001.

O traçado da ferrovia e as estradas secundárias, as casas nos arredores e os galpões industriais aqui e ali compactam e comprimem a nova construção... Um plano fragmentado de concreto emerge do solo para formar a cobertura que se estende em diagonal sobre o local, protegendo os passageiros do vento e da chuva. A laje de concreto aparente é sustentada por feixes de pilares metálicos oblíquos (...) as aberturas entre as lajes, que deixam entrar a luz natural, resultam em movimentos que enfatizam o dinamismo da intervenção... O estacionamento que completa a proposta tem o mesmo caráter gráfico.

Nessa obra, vias de acesso bem executadas combinam-se com a trajetória de uma conexão ferroviária e com o vasto padrão de carros estacionados a fim de criar um cenário megalopolitano tridimensional que é ao mesmo tempo poético e eficiente. Contudo, quando esse princípio gráfico e dinâmico é transposto em três dimensões, o resultado é aquilo que Koolhaas chamou de "urbanismo planetário" de Hadid, o qual, de acordo com Greg Lynn, "leva em consideração múltiplos vetores gravitacionais através dos objetos, ao longo deles e ainda atravessando-os em ângulos oblíquos, onde as cargas se distribuem por meio de uma rede de sólidos sustentados, inclinados, prensados, projetados para fora e transpassados". A estação Afragola para trens de alta velocidade que Hadid projetou em Nápoles (2004), sua montadora da BMW em Leipzig, do mesmo ano, e seu Centro de Ciências Phaeno em Wolfsburg (2004) poderiam, todos, ser citados como obras desse gênero. Em todas as três, o aspecto escultural de sua sensibilidade dá vida ao exterior, enquanto a dimensão topográfica horizontal permanece, em grande parte, reservada à disposição do espaço interno.

Segundo o ensaio pós-crítico de Robert Somol, "12 razões para voltar à figura" (2004), uma atitude claramente diversa distingue a adoção gratuita da figura amorfa, por um lado, e a geração estrutural da forma, por outro. Somol adverte-nos de que a figura é fácil, descartável, gráfica, adaptável, apropriada, vazia, arbitrária, intensiva, projetiva, alegre e envolvente. Apesar da sofística exuberante com que Somol elabora esses atributos, o que ele tem em mente permanece ambíguo, uma vez que, para ele, a figura é mais projetiva do que crítica:

> Em vez de oferecer uma crítica deste universo (o comentário da figura) ou uma confirmação dele (o espetáculo de massa), a figura – em uma genealogia que vai dos *architectons* de Malevitch ao monumento contínuo do Superstudio, e ainda às imagens de John Hejduk, semelhantes a personagens de quadrinhos – é vivenciada mais como algo que procede de um mundo alternativo. As figuras dos projetos do OMA [Office for Metropolitan Architecture] [aqui, ele se refere implicitamente ao edifício CCTV de Koolhaas] não funcionam apenas com a presença gráfica do lógos, gerando identidade, mas também são buracos na linha do horizonte que reestruturam a cidade. Não se olha tanto para eles quanto através deles ou a partir deles.

Esta é uma defesa descarada e isenta de valores da figura como um fim em si mesma, à revelia tanto do conteúdo quanto do contexto da obra em questão.

O principal teórico do culto morfológico da figura (*shape*) em vez da forma (*form*) é o arquiteto Greg Lynn, cujos textos apareceram em duas publicações sucessivas, *Folds, Bodies and Blobs* [Dobras, corpos e massas informes] de 1998, e *Animate Form* [A forma animada] de 1999. O primeiro é uma síntese de seu discurso teórico até a data de publicação, revelando o modo como Lynn foi duplamente influenciado pelo formalismo arquitetônico anglo-americano e pelo desconstrutivismo francês; o segundo é uma obra de transição em que Lynn passa de uma recapitulação de sua teoria heterogênea para uma síntese do como ela foi aplicada à evolução de sua própria prática. Nos dois textos, ele reconhece o papel fundamental desempenhado por paradigmas potencialmente morfológicos como a invenção do cálculo diferencial (a *Ars Combinatoria* de Leibniz, 1666) e pela evidência da indeterminação dinâmica na natureza, conforme revelada pela modelagem matemática tanto nas ciências puras quanto nas aplicadas, particularmente em campos como a biologia, a embriologia, a virologia, a geologia, a aerodinâmica, a cibernética e a engenharia estrutural. No que diz respeito à arquitetura, certos problemas inevitáveis se colocam a partir desse tipo de raciocínio analógico – não apenas o duvidoso estratagema de postular os processos metabólicos da natureza como base de uma nova arquitetura, mas também o repúdio implícito da cultura da construção tal como ela surgiu, ao longo do tempo, como uma resposta pragmática às limitações de clima, topografia e material disponível, para não mencionar aquelas forças implacáveis da natureza, como a gravidade e o clima, que sempre põem fim à durabilidade do ambiente criado pelo homem. Lynn evoca a análise de Darcy Thompson sobre os princípios comuns da forma animal (ver sua obra *On Growth and Form* [Sobre o crescimento e a forma], de 1917) como base a partir da qual privilegiar a curvilinearidade sobre a linearidade e, desse modo, favorecer a criação digital e apriorística de figuras, constituindo superfícies polimórficas que ele chama de *blobs* ("massas informes"). Para Lynn, a nova forma só pode passar a existir através do encurvamento contínuo, ao longo do tempo, de superfícies variavelmente curvas, como se tal forma pudesse nascer literalmente da dinâmica do movimento animal, como o que se vê em uma das imagens congeladas da pesquisa cronofotográfica realizada na década de 1890 por Etienne-Jules Marey sobre esse tipo de movimento. Essa seleção arbitrária de uma figura específica se justifica tão somente com base no fato de que, em um dado instante, pode-se encontrá-la em alguma parte na natureza.

Ao contrário da abordagem biomórfica de Lynn, que, a exemplo da obra de Gehry,

Fig. 382. Zaera Polo e Moussavi (Foreign Office Architects), Terminal Portuário de Yokohama, 2002.

tende sempre a enfatizar a figura exterior em detrimento dos processos interiores passíveis de criá-la, ou das tentativas de George Stiny, em meados da década de 1970, de chegar a uma semiologia matematicamente embasada da figura, o escritório Foreign Office Architects (FOA), sediado em Londres e dirigido por Alejandro Zaera Polo e Farshid Moussavi, desenvolveu o projeto do Terminal Portuário Internacional de Yokohama (2002) com base na interação topológica entre terrapleno e cobertura. Num relato de seus sete primeiros anos de atividade, intitulado *Phylogenesis: FOA's Ark* [Filogenia: a arca do FOA] (2003), eles escrevem:

O projeto Yokohama partiu da possibilidade de criar uma organização a partir de um padrão de circulação, como um desenvolvimento da ideia de gerar um híbrido entre um galpão – um recinto mais ou menos definido – e um terreno... Nossa primeira providência foi determinar o diagrama de circulação como uma estrutura de anéis entrelaçados que permitissem múltiplos caminhos de volta. (...)

A segunda decisão foi a de que a construção não se elevasse acima da linha do horizonte, obedecendo à ideia de não criar um portal num nível semântico, evitando-se assim que o edifício se transformasse num signo. Isso gerou imediatamente a ideia de construir um edifício muito plano, e, a partir daí, tomamos a decisão de transformá-lo em um terreno. Quando decidimos que o edifício seria uma superfície flectida, procuramos criar um argumento de compatibilidade entre o diagrama de não retorno e a superfície... Para tornar o edifício o mais baixo possível, ocupamos a área máxima dentro do local. Isso, e mais a exigência de acrescentar passadiços de embarque em linha reta, a 15 metros da extremidade do quebra-mar, ao longo das duas laterais do edifício, para fazer a conexão com pontes móveis, foi o que determinou a planta retangular da construção... A decisão seguinte dizia respeito à maneira de tornar a forma estrutural. A solução óbvia de sustentar as superfícies com colunas não era compatível com o objetivo de criar espaço e organização literalmente a partir do diagrama de circulação, e uma possibilidade mais interessante consistia em desenvolver o sistema estrutural a partir das curvaturas da superfície.

No que diz respeito à busca contemporânea de uma arquitetura morfológica, o que coloca o Terminal de Yokohama em uma classe particular é o modo como um complexo constantemente curvado de tetos inclinados, rampas e passeios públicos a céu aberto é criado a partir de planos facetados, bifurcantes, mantidos no lugar por uma superestrutura moldada em aço, geometricamente coesa. Ao contrário de quase todas as obras morfológicas acima citadas, essa superestrutura provê não apenas a precisa articulação espacial do interior, mas também o caráter fenomenológico da obra, inclusive, nesse caso ilustrativo, grandes saguões para o trânsito de passageiros, encimados por coberturas de grande envergadura, com estrutura de aço e vedados por chapas dobradas.

O método com o qual o FOA pôde criar e concretizar essa obra complexa levou-os a apropriar-se do conceito de filogenia como um sistema "evolutivo" transformável, com o qual eles vêm, desde então, conseguindo abordar um amplo espectro de programas em uma amplitude igualmente diversa de locais e condições climáticas. O que o termo "filogenia" evoca é uma aspiração à postulação de um esquema geométrico apropriado, e não à seleção de uma figura arbitrária. Portanto, o trabalho do FOA se diferencia pelo fato de que cada nova encomenda, junto com seu contexto topográfico, é usada não apenas para criar um partido diferente, mas também para imaginar conexões espaciotectônicas matematicamente distintas, de modo que o programa recebido seja invariavelmente transformado por um formato geométrico imprevisto que, por mais que seja acidentalmente derivado de algum precedente tipológico, tenha a mesma probabilidade de ter sido condicionado pela morfologia do local. No caso do Terminal de Yokohama, o jogo tectônico entre terrapleno e cobertura é simbiótico a ponto de tornar-se uma topografia de múltiplas camadas, que sobem e descem ao longo do cais. Essa ondulação tende a confirmar que é a superestrutura, e não o terrapleno, que melhor ser presta a ser tratada como superfície topológica.

A capacidade intrínseca que tem a cobertura de reagir de modo orgânico às tensões induzidas pela gravidade encontra confirmação nas pioneiras estruturas leves do arquiteto e engenheiro alemão Frei Otto, de que são exemplo as tendas tensionadas por cabos que ele projetou para várias exposições de horticultura realizadas na Alemanha nas décadas de 1950 e 1960. Outro caso paradigmático são as coberturas assimétricas estruturadas por cabos de aço projetadas para a Olimpíada de Munique, em 1972, em colaboração com o arquiteto Günther Behnisch. O interesse de Otto pelo uso o mais eficiente possível de materiais mínimos tem alimentado, durante toda a sua vida profissional, a busca de recintos tênseis cuja forma seja determinada pela estrutura. É significativo que ele sempre tenha se referido a suas pesquisas como um processo de *Gestaltfinden* (descoberta da forma), e não de *Gestaltung* (criação da forma).

É um etos topológico comparável a esse que caracteriza a marquise envidraçada e ondulante que cobre o eixo de circulação do novo complexo Fiera di Milano, construído nos arredores de Milão em 2005 segundo projeto de Massimiliano Fuksas. Outra cobertura envidraçada de grande vão e perfil ligeiramente variante recobre o Terminal do Eurostar, projetado por Nicholas Grimshaw e acrescentado à Estação Waterloo, em Londres, em 1993; contudo, neste caso a variação de perfil entre as seções é consequência direta das mudanças de configuração do sítio. Neste contexto, deve-se lembrar também o tema do telhado de vidro de aspecto "crustáceo", adotado por arquitetos austríacos nas décadas de 1980 e 1990; são exemplos o cristalino apartamento de cobertura que Coop Himmelblau acrescentou ao topo de um tradicional edifício neoclássico no centro de Viena, em 1981-89, e o dinâmico perfil estrutural da estufa de Volker Giencke, erigida no Jardim Botânico de Graz em 1995.

Afastando-se sutilmente da moda atual, que prega o uso de gigantescos elementos planares leves – o edifício como um "signo do céu" –, o arquiteto californiano Michael Maltzan ganhou fama há pouco tempo por trabalhar com a organização sutil de planos torcidos e curvados, onde o ritmo do volume interno tem precedência sobre a plasticidade da aparência externa. O mesmo respeito pelo dinamismo espacial global, e não pela figura como um fim em si mesma, evidencia-se na obra dos arquitetos irlandeses John Tuomey e Sheila O'Donnell, sobretudo na Galeria Glucksman (2004) – um propileu com aspecto de cata-vento, revestido em madeira, fruto de uma imaginação sen-

Fig. 383. Fuksas, Fiera di Milano, Milão, 2005. Vista aérea da galeria que liga os salões de exposição.

Fig. 384. Grimshaw, Terminal do Eurostar, Estação de Waterloo, Londres, 1993. Corte transversal.

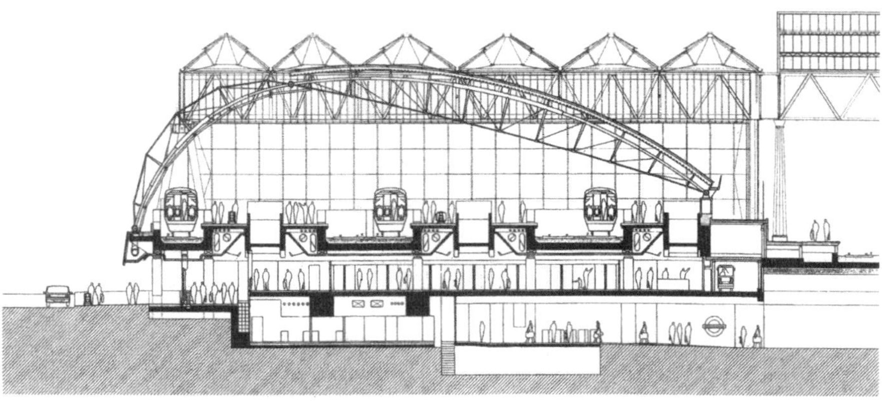

sível, que se eleva acima da planície aluvial que circunscreve o campus do University College em Cork, todo ele construído em estilo neogótico.

Sustentabilidade

Em seu estudo *Ten Shades of Green: Architecture and the Natural World* (2000-2005) [Dez tons de verde: a arquitetura e o mundo natural], Peter Buchanan complementa sua análise descritiva de dez edifícios "verdes" exemplares com dez preceitos que sintetizam um largo espectro de práticas sustentáveis: desde a otimização da sombra, da luz e da ventilação naturais até o uso de fontes renováveis de energia natural; desde a eliminação de resíduos e da poluição até a redução da quantidade de energia incorporada nos próprios materiais construtivos. Escreve ele:

> O material de construção que menos incorpora energia é a madeira, com cerca de 640 kilowatts-hora por tonelada... Ou seja, o material de construção mais "verde" que existe é a madeira de florestas com manejo sustentável. Depois dela, o material que menos incorpora energia é o tijolo, cuja quantidade de energia incorporada é 4 vezes (4x) a da madeira; depois o concreto (5x), o plástico (6x), o vidro (14x), o aço (24x), o alumínio (126x). Um edifício com alta proporção de componentes de alumínio jamais poderá ser "verde" do ponto de vista do custo total de seu ciclo de vida, por mais que seja eficiente no que diz respeito ao uso da energia.

Estatísticas como essas devem nos fazer parar para pensar; é preciso saber, ainda, que o ambiente construído responde por cerca de 40 por cento do consumo total de energia no mundo desenvolvido, uma proporção comparável à consumida pelo transporte rodoviário e aéreo. Boa parte dessa extravagância é devida à iluminação artificial, que engole cerca de 65 por cento do nosso consumo total de eletricidade; o ar-condicionado e

Fig. 385. Patkau Architects, Escola de Seabird Island, Agassiz, British Columbia, 1988-91. Vista da estrutura aberta e do passeio de tábuas.

os equipamentos eletrônicos vêm bem perto em segundo lugar. Outra informação que deve nos chamar à consciência é que boa parte de qualquer aterro sanitário contemporâneo é invariavelmente composta pelo entulho de edifícios: essa fonte responde por cerca de 33 por cento, em média, da produção de lixo nos municípios norte-americanos.

Em face dessas estatísticas distópicas, as recomendações de Buchanan têm um caráter acentuadamente cultural: ele defende, por exemplo, que os edifícios sejam feitos segundo o princípio antiergonômico da "vida longa/possibilidade de adaptação" (*long life/loose fit*). Esse preceito era incorporado naturalmente pelos grandes edifícios de alvenaria estrutural do passado. Recebemos assim um legado de edifícios eminentemente adaptáveis, em sua maioria construídos nos séculos XVIII e XIX, muitos dos quais puderam servir para novos usos. Hoje em dia, esse valor residual é mais difícil de alcançar em virtude de nossos padrões de espaço mínimo e de nosso compromisso com as técnicas construtivas leves de nossa época, que, paradoxalmente, são inflexíveis.

Buchanan insiste em que cada edifício se integre ao seu contexto. Assim, estimula os arquitetos a prestar atenção não só aos temas funcionais e formais reconhecidos pela prática convencional, mas também a fatores como o microclima, a topografia e a vegetação. O oitavo preceito de Buchanan põe em relevo o papel fundamental do transporte público para sustentar o equilíbrio ecológico de qualquer padrão de fixação humana na terra, uma vez que a expansão urbana no sentido horizontal, por mais "verde" que seja em si mesma, jamais poderá compensar a energia consumida no uso de automóveis entre a residência e o trabalho e a poluição ambiental que vem a reboque disso. Opondo-se a essa perspectiva entrópica, Buchanan salienta os benefícios à saúde pública que decorrem de uma forma urbana densa que seja bem servida por sistemas de transporte público – e que seja, assim, sustentável no sentido mais amplo do termo.

A madeira de florestas sustentáveis tem desempenhado papel de destaque nos projetos de John e Patricia Patkau, arquitetos de Vancouver – por exemplo, na Escola de Seabird Island (1988-91), de perfil mais alto no meio que nas extremidades, projetada para uma tribo indígena que habita o Fraser Valley; na Escola Strawberry Vale, em Victoria, British Columbia (1996); e, em data mais recente, no Centro Comunitário Gleneagles, na zona oeste de Vancouver, terminado em 2003. Além de serem extensamente revestidos e acabados em madeira, cada um desses edifícios baseia-se numa interação entre cobertura e terrapleno. Embora tenha sido parcialmente concebido como uma metáfora alpina, harmonizando-se com as colinas circundantes, o alto telhado em madeira laminada da Escola de Seabird Island se prolonga em profundos beirais que remetem à arquitetura vernácula, debruçando-se sobre varandas que dão para o sul. As varandas e a estrutura aberta de madeira e tirantes metálicos também evocam os passeios de tábuas junto ao mar e as armações para secar salmão de uma vila indígena no litoral noroeste dos Estados Unidos. Sobre o destaque concedido aos beirais, Patricia Patkau comenta: "Muitos edifícios nossos têm varandas cobertas que cumprem várias finalidades: abrandam o sol, desviam a chuva e dão uma sensação de abrigo. A maioria de nossos telhados é bem baixa nas extremidades; alguns, entretanto, sobem para capturar a luz lá de cima. A maioria deles recobre um volume interno que permanece na sombra e vai se tornando mais claro nas extremidades, formando uma zona intermediária." Essa zona cumpre papel seminal na organização periférica microespacial da Escola Strawberry Vale, facilitando a extensão de seus blocos de salas de aula para espaços de ensino ao ar livre na direção sul e propiciando a interação lateral entre as diversas salas.

Mais que qualquer outro edifício em forma de "pagode" projetado pelos Patkau,

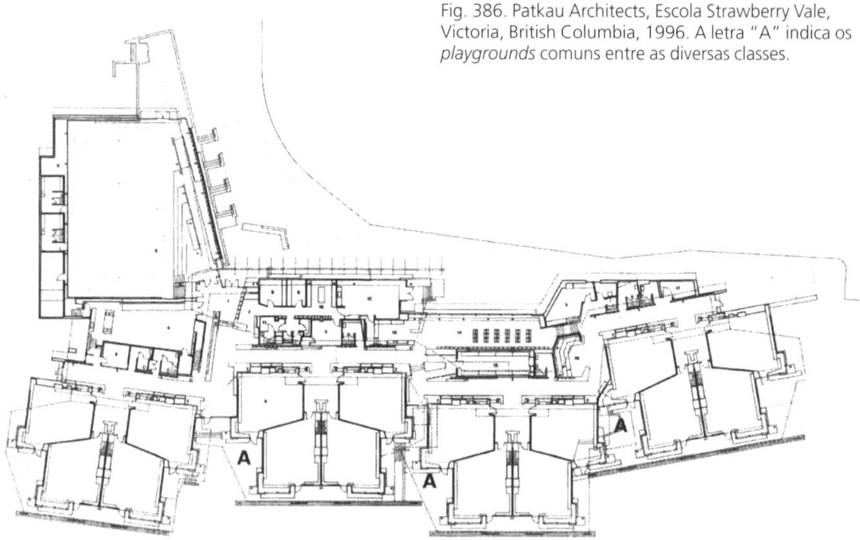

Fig. 386. Patkau Architects, Escola Strawberry Vale, Victoria, British Columbia, 1996. A letra "A" indica os *playgrounds* comuns entre as diversas classes.

o Centro Comunitário Gleneagles depende da interação de muitos elementos construtivos, engendrando assim uma combinação simbiótica de condições ambientais eminentemente sustentáveis:

O sistema estrutural consiste em lajes de concreto moldadas *in loco* para o piso, paredes duplas de concreto nas extremidades, com isolamento interno, e um pesado telhado de madeira. Essa estrutura é um elemento importante do sistema de controle do clima interno do edifício: atua como uma massa enorme de armazenamento térmico, uma gigantesca bomba de calor estática que absorve, guarda e libera energia a fim de criar um clima extremamente estável dentro do edifício e independente do ambiente externo. O aquecimento e resfriamento por radiação no piso e nas paredes preserva uma temperatura predeterminada, e as superfícies de concreto atuam sucessivamente como emissoras ou receptoras. A energia térmica do sistema é produzida por bombas que transmitem calor de uma tubulação de água para outra, a partir de um conversor de calor subterrâneo localizado embaixo da área de estacionamento adjacente*. Um vez que o ar não é usado para o controle do clima interno, a abertura de janelas e portas não afeta o desempenho do sistema de calefação e esfriamento.

A construção com madeira e os telhados inclinados desempenharam papéis protoecológicos na obra do arquiteto australiano Glenn Murcutt, a começar com a Casa Marie Short (1974), construída numa fazenda de 283 hectares em Kempsey, Nova Gales do Sul, 500 quilômetros ao norte de Sydney. Elevando-se a 80 cm do chão no meio de uma planície aluvial, essa casa foi a primeira em que Murcutt aplicou o conceito de um telhado de duas águas, de chapas de ferro onduladas, colocado sobre um recinto de um único pavimento, estruturado em madeira – fórmula que ele repetiu em diversas casas no decorrer da década seguinte. As telhas da cumeeira, dobradas numa seção de círculo com raio de 61 cm, aludem ao perfil tradicional das casas de tosquia de ovelhas do sertão australiano; e essa não era a única ca-

* Trata-se de um sistema geotérmico de geração de energia. (N. do E.)

racterística da arquitetura vernácula evocada pela casa. Por serem tais casas situadas numa região longínqua, Murcutt sentiu-se obrigado a empregar um repertório com que os construtores rurais estivessem familiarizados – estrutura e vedação de madeira, telhas de ferro, venezianas fixas de madeira, rede contra insetos e venezianas ajustáveis convencionais de metal ou vidro. Esse formato logo foi refinado quando Murcutt desenvolveu seu padrão de três membranas: venezianas ajustáveis de metal ou madeira no exterior, uma tela contra insetos intermediária, corrediça, que abrange toda a parede, e uma camada interna de venezianas ajustáveis em metal, vidro ou ambos, permitindo que a casa seja completamente vedada à noite ou no inverno. Ninguém expressou melhor o caráter táctil dessa combinação de membranas leves e telhados de ferro ondulados que o historiador da arquitetura Philip Drew, em seu pioneiro estudo *Leaves of Iron* [Folhas de Ferro] (1987):

> Uma das consequências do uso de telas em forma de veneziana nas laterais é privilegiar a continuidade da superfície do edifício, uma vez que as venezianas são vistas como uma ruptura na textura superficial, e não como uma descontinuidade no material construtivo. Além disso, as venezianas aumentam a delicadeza das formas. A finura das folhas de ferro e o caráter "endurecido" dos edifícios, semelhantes a folhas no outono, são ressaltados pela projeção dos beirais nas laterais e nas extremidades da casa.

Ao mesmo tempo, Murcutt melhorou o perfil ecológico de suas casas com o uso de claraboias em que venezianas fixas, colocadas acima do vidro, semissobrepõem-se num ângulo de 32 graus, a fim de excluir o sol de verão e permitir a entrada do de inverno. Além disso, a segunda camada de ferro ondulado acrescentada à cumeeira de um típico telhado de Murcutt efetivamente induz o fluxo de ar sob as telhas, para resfriar o ar quente acumulado na parte mais alta do interior da casa. Dependendo da velocidade e da direção do vento, a desigualdade de pressão nos dois lados do telhado tem o efeito de induzir a passagem de ar entre as duas camadas de telhas de metal na cumeeira do edifício.

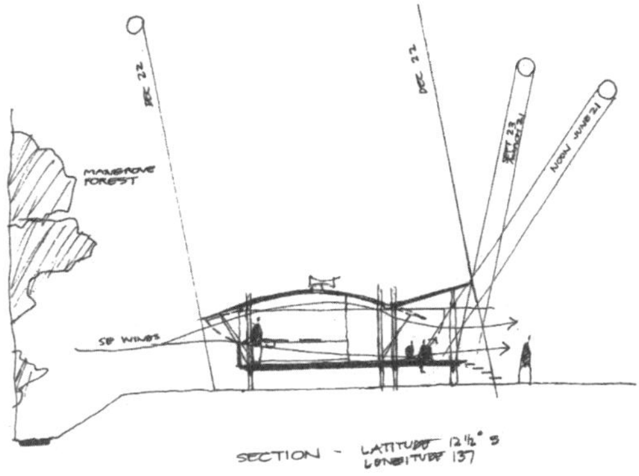

Fig. 387. Murcutt, Casa Marika-Alderton, Yirrkala, Território do Norte (Austrália), 1994. Esboço de corte com os ângulos do sol nos solstícios e equinócios.

O estilo de projeto residencial de Murcutt chegou perto de receber uma expressão unicamente em madeira na Casa Marika-Alderton, construída em Yirrkala, Território do Norte, em 1994. Encomendada pelo líder aborígine Banduk Marika, esta casa de um pavimento também era erguida do chão, não só para evitar as enchentes como também para dar uma vista ampla do horizonte – característica defensiva que continua tendo grande importância na cultura aborígine. Localizada 12 graus e meio ao sul do equador, onde a umidade do ar chega a 80 por cento, a casa tinha de poder ser completamente aberta durante a parte mais quente e úmida do dia – donde os painéis pivotantes de madeira (com contrapesos) que vão do chão ao teto e o assoalho de madeira em toda a casa. Essa permeabilidade vinha somar-se ao uso de aberturas móveis de ventilação no telhado, que podem dispersar o acúmulo de pressão dentro da casa quando exposta a ventos de velocidade ciclônica. Por fim, deve-se notar também o uso, num dos lados compridos da casa, de paredes de madeira em balanço ligadas a cada pilar estrutural, a fim de fornecer um mínimo de privacidade lateral aos ocupantes.

Lembrando o uso ocasionalmente formalista que Le Corbusier fazia de seu *brise-soleil*, essas paredes da Casa Marika-Alderton reaparecem com a função de modulação rítmica no Centro Educacional Boyd, que Murcutt projetou em colaboração com Wendy Lewin e Reg Lark e construiu num bucólico terreno à beira de um rio em West Cambewarra, Nova Gales do Sul, em 1999. Com um pórtico monumental, um refeitório e uma cozinha, esse dormitório para 32 estudantes – a primeira obra de inquestionável caráter cívico na carreira de Murcutt – impôs o uso de uma estrutura de aço para o pórtico e o salão e o uso de paredes estruturais de concreto armado para o dormitório. Para além do exterior esfoliado, feito de anteparos em balanço, o acabamento dos quartos foi um *tour-de-force* de marcenaria, como observaram Haig Beck e Jackie Cooper:

> Os assoalhos, janelas e apoios das camas são de madeira natural. Os assoalhos, de buxo australiano, são cor-de-rosa. Portas, armários e forros do teto são de compensado de araucária australiana amarela... Os profundos peitoris das janelas têm chanfros como os de uma moldura de quadro – o que torna suas extremidades mais finas, e isso, além de enquadrar melhor a vista, afeta o modo com que a madeira recebe a luz... À exceção do compensado, feito com árvores especialmente plantadas para tal, só madeiras recicladas são usadas no edifício. Os pilares são de buxo australiano. As vigas e as terças são de *Eucalyptus patens*. As grandes portas do salão são de pinheiro-do-oregon retirado de florestas primárias; muitas madeiras recicladas formam os batentes.

Nenhum arquiteto moderno fez tão monumental uso da madeira quanto Renzo Piano no Centro Cultural Jean-Marie Tjibaou, construído em Noumea, Nova Caledônia, em 1998. No meio de uma luxuriante paisagem tropical, sua principal característica são os chamados "invólucros" que atingem de 20 a 30 m de altura. Cada invólucro, de planta circular, compreende uma casca dupla de perfis de madeira semissobrepostos:

Fig. 388. Murcutt, Lewin e Lark, Centro Educacional Boyd, West Cambewarra, Nova Gales do Sul (Austrália), 1999.

Fig. 389. Piano, Centro Cultural Jean-Marie Tjibaou, Noumea, Nova Caledônia, 1998. Os "invólucros" de madeira simulam o perfil da tradicional cabana dos canacas.

anéis concêntricos de longarinas verticais de madeira laminada, cada qual comprida e curva. A estrutura inteira é feita da madeira *iroko*, para garantir a durabilidade. Os invólucros são cobertos a meia altura por telhados inclinados, quer opacos, quer transparentes, de acordo com a função dos espaços abaixo, que vão de salas de reuniões a auditórios e espaços para a dança. Os telhados são estruturados e enrijecidos por anéis de aço e, quando envidraçados, são cobertos por venezianas externas. Além de aludir ao perfil cônico e aos vedos entrelaçados da tradicional cabana dos canacas (sendo o Centro dedicado à preservação da cultura canaca), a dupla casca de cada invólucro, cujo lado mais alto se volta para a direção de onde vem o vento predominante, funciona como um filtro de vento de forma concêntrica. Esse filtro, segundo Buchanan, pode ser modulado como as velas de um iate:

> Os elementos exteriores do invólucro tornam-se mais espaçados na proximidade das extremidades de cima e de baixo, e menos espaçados no meio, onde inibem um pouco o fluxo de ar. Do mesmo modo, o revestimento dos elementos internos inclui persianas horizontais na base e sob o telhado. As persianas sob o telhado são fixas na posição aberta para manter um equilíbrio de pressão entre o lado de dentro e o de fora e impedir que o vento arranque fora o telhado. Ajustando-se as persianas horizontais da base, o invólucro ganha uma ventilação natural e confortável... Com brisas suaves, todas devem ser abertas. À medida que o vento vai ficando mais forte, as de baixo devem ir sendo progressivamente fechadas. Nos ciclones, devem ficar completamente fechadas.

O restante do complexo consiste numa estrutura ortogonal de um único piso, dois telhados e revestida de persianas, que abriga um espaço para exposições, os escritórios da administração e do pessoal da pesquisa e uma sala de palestras para 400 pessoas. Dispostos num arranjo informal ao longo de um dos lados desse edifício modular revestido de fibras vegetais entrelaçadas, os invólucros de madeira, semelhantes a torreões de altura variada, evocam o perfil de um povoado canaca tradicional. Conquanto a alusão tenha sido aceita pelos próprios canacas, não se pode obviar o contexto pós-colonial dessa obra – sobretudo o fato paradoxal de que, embora custeada pelo Estado francês, ela celebra a memória de Tjibaou, que lutou pela liberdade dos canacas (e foi assassinado por um político rival durante a luta pela independência).

A Alemanha tem-se caracterizado pela busca da sustentabilidade sob um viés tecnológico, quer os materiais envolvidos tenham um nível baixo de energia incorporada, quer não. Sob esse aspecto, há dois edifícios típicos da abordagem ambiental alemã de alta tecnologia: a sede da Götz, construída em Würzburg em 1995 segundo projeto de Webler e Geissler, e o Commerzbank de 45 andares realizado pelo escritório Foster Associates em Frankfurt em 1997. Ao passo que o primeiro é um edifício neomiesiano de dois andares, com saguão interno envidraçado, o outro é um arranha-céu de escritórios com planta em forma de triângulo eqüilátero e estruturado em torno de um átrio interno que sobe até o topo do edifício. "Jardins celestes" de quatro andares de altura alternam-se entre um e outro lado do átrio a fim de deixar entrar o ar e a luz no espaço aberto central.

O edifício da Götz, uma "máquina verde" sofisticadíssima, pertence, não por acaso, a uma fabricante de paredes de vidro para edifícios. O dispositivo essencial do sistema é uma dupla membrana externa, cuja cavidade central, equipada com ventilação e persianas móveis, pode assumir várias configurações, desde o fechamento das persianas no alto verão até o fechamento das saídas de ar no inverno, ou outras combinações intermediárias que correspondem às vicissitudes

Figs. 390, 391. Foster Associates, Commerzbank, Frankfurt, 1997. Corte que mostra o movimento do ar através do átrio e croqui de uma vista típica de um dos escritórios para os "jardins celestes".

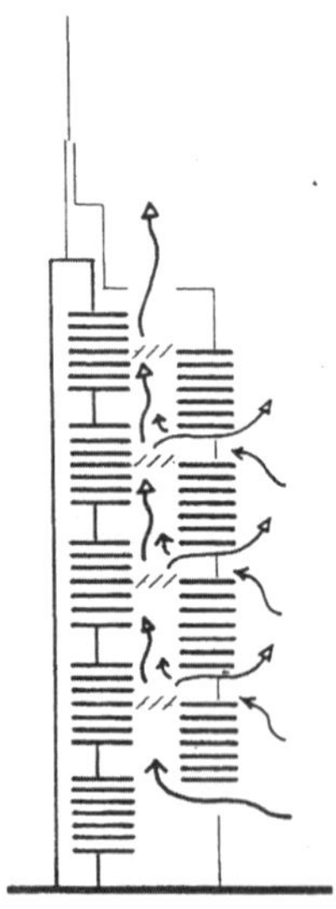

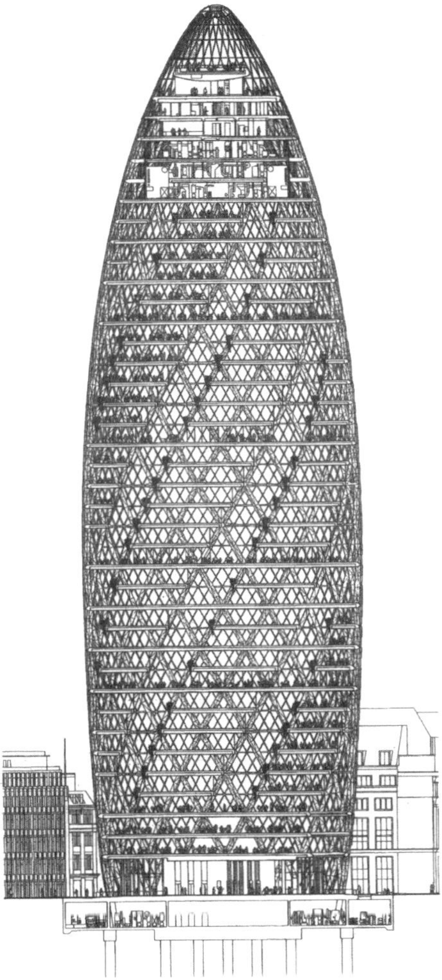

Fig. 392. Foster Associates, Sede da Swiss Re, Londres, 2004.

do clima. Com a mesma finalidade, no verão o telhado de vidro do átrio pode ser aberto para o lado, alojando-se debaixo de um telhado fixo. Em dias extremamente quentes, a temperatura interna pode ser diminuída ainda mais por meio dos painéis de teto dos escritórios, resfriados a água, ao passo que um pequeno jardim de inverno no centro do edifício, com espelho d'água, ajuda a esfriar e tornar mais úmida a atmosfera interna do edifício. Esse condicionamento de ar semipassivo é invertido no inverno, quando o telhado é fechado e o espaço interno é aquecido por calor radiante. A reatividade global do edifício, no decorrer das estações do ano e do próprio ciclo diurno, é constantemente modulada por um sistema de controle que opera servomecanismos capazes de ajustar automaticamente as diversas persianas e aberturas de ventilação.

Também o Commerzbank é revestido por duas membranas de vidro. A membrana externa protege o edifício do vento e do clima, de tal modo que as saídas de ar da membrana interna possam ser abertas ou fechadas à vontade, pelos próprios usuários, a fim de ventilar os escritórios. O edifício só é automaticamente vedado e o ar-condicionado só funciona em extremos de calor ou frio. A inovação espaço-social mais radical do projeto está no deslocamento dos módulos de serviço para os vértices da planta triangular. Isso permite a comunicação visual entre os escritórios dos três lados do átrio, bem como dos escritórios para os "jardins celestes" e vice-versa. Esses terraços ajardinados e envidraçados servem não só para ventilar o átrio central como também para proporcionar um espaço interno semipúblico que pode ser usado nas pausas para café e outras reuniões informais. Telas de arrefecimento ajustáveis, feitas de vidro, cruzam o átrio a cada doze andares a fim de modular o efeito Venturi de movimentação do ar no eixo central aberto.

Até o momento, o ponto máximo alcançado pelos escritório Foster Associates em sua "agenda verde" é a torre de escritórios da Swiss Re, terminada na zona central de Londres em 2004. Com planta radial sem pilares, módulo central de elevadores e serviços e estrutura circular de duas grelhas no perímetro, este edifício circular vai ficando mais largo à medida que sobe e, no fim, inclina-se abruptamente em direção ao ápice. A cobertura é o salão de um clube que propicia a vista panorâmica de toda a cidade. Retrabalhando conceitos experimentados pela primeira vez por Buckminster Fuller e Norman Foster no projeto "Climatroffice", de 1971, o edifício da Swiss Re incorpora átrios em seu espaço radial para escritórios em cada pavimento. Esses "jardins celestes" intersticiais fluem juntos verticalmente para formar um "festão verde" contínuo que espirala ao redor do edifício e, em tese, reduz significativamente a necessidade de uso do ar-condicionado. Além disso, o perfil aerodinâmico do edifício, conhecido como "*gherkin*" (pepino), reduz o efeito habitual pelo qual os edifícios altos e ortogonais direcionam os ventos para o nível da rua. Esse espetacular triunfo teve, porém, o seu lado negativo, na medida em que, ao contrário de outros arranha-céus projetados pela Foster Associates, essa forma hermética e autossuficiente não tem nenhuma característica que module sua imensa escala e a faça correlacionar-se de maneira mais rítmica com o tecido urbano circundante. Na realidade, o edifício da Swiss Re opõe-se categoricamente ao da sede do HSBC (ver pp. 367, 368), onde uma estrutura de altura comparável era nitidamente dividida em quatro seções por um exoesqueleto de tesouras transversais, que atuava assim como uma espécie de "régua escalar" pela qual o edifício podia relacionar-se com o perfil geral do centro da cidade, composto de edifícios de média altura.

Fig. 393. Herzog, Halle 26, Feira de Hanôver, 1996.

Não se pode concluir este breve apanhado sobre a arquitetura sustentável sem mencionar a obra de Thomas Herzog, arquiteto de Munique, que se baseia em pesquisas científicas para trabalhar. Seu Halle 26 foi construído para a Feira de Hanôver de 1996. Neste caso, a realização teve tanto aspectos tectônicos quanto ambientais, e o famoso engenheiro Jorge Schlaich atuou como consultor estrutural; a cobertura do edifício, suspensa de grandes catenárias, foi mais determinada pela necessidade de construção rápida que pelos atributos ambientais. Os apoios principais da cobertura em três módulos, cada um dos quais vence um vão de 55 metros, são proporcionados por três treliças trianguladas de aço com 30 metros de altura, e uma quarta um pouco mais baixa. A estrutura de cabos de aço é coberta por duas camadas de madeira entremeadas por pedriscos, a fim de acrescentar peso ao conjunto e estabilizar a catenária. O perfil da seção resultante, com uma curva ascendente e abertura para ventilação sob os "beirais" do alto, induz a convecção e, logo, a exaustão do ar, ao passo que o ar fresco entra no edifício através de dutos de vidro transversais, de seção triangular, que passam sob as treliças. Com a mesma finalidade, a curvatura interna da cobertura é usada para refletir a luz à noite, ao passo que a disponibilidade de luz natural durante o dia é incrementada pelos painéis de vidro antissolares encaixados nas "barrigas" da cobertura.

Nos Estados Unidos, onde 2 por cento da população mundial consome 20 por cento dos recursos do planeta, tem-se verificado a compreensível tendência de negar a realidade do aquecimento global e dar continuidade ao consumo desenfreado de energia não renovável ao qual esse aquecimento está inextricavelmente ligado. Tal negação se evidencia na relutância do governo americano em aprovar e fazer cumprir uma legislação ambiental progressista como modelo e padrão de conduta, obtusidade essa que tem contado com a aprovação de alguns arquitetos, sob a alegação de que o projeto sustentável tolhe a liberdade de expressão arquitetônica. Essa atitude é tão reacionária quanto perversa, dado que a resposta simbiótica às imposições de clima e contexto sempre serviu como mola-mestra da inventividade tectônica desde a mais remota antiguidade. Apesar dessa recalcitrância, porém, as últimas décadas assistiram ao surgimento de uma geração completamente nova de engenheiros ambientais, que hoje em dia são tão essenciais para a renovação da forma dos edifícios quanto foram os engenheiros estruturais na primeira metade do século XX.

Materialidade

Ao contrário da onipresente arquitetura branca do começo do Movimento Modernista, quando todos os edifícios eram construídos em concreto sobre uma estrutura de vigas e pilares e tratados como se fossem feitos de um material neutro que tendia ao imaterial (condição que virtualmente se realizou depois de 1945, com o edifício de escritórios neomiesiano totalmente recoberto de vidro), a materialidade expressiva de que trata esta seção tem pelo menos algumas de suas raízes nas igrejas de alvenaria estrutural de tijolo que o mestre sueco Sigurd Lewerentz projetou em seus últimos vinte anos de vida: São Marcos, em Björkhagen (1958-60), e São Pedro, em Klippan (1963-66). Ninguém escreveu com tanta acuidade perceptiva sobre a função expressiva desempenhada pelo tijolo nessas obras quanto Richard Weston:

A sensação de estar envolvido em tijolos por todos os lados é fortíssima. Andamos em chão de tijolo, entre paredes de tijolos, sob abóbadas de tijolos, que se abrem entre traves de aço, expandindo-se e contraindo-se suavemente com as ondas do oceano... o que as fotografias são incapazes de transmitir é a escuridão quase preternatural, que dá ao conjunto uma unidade envolvente.

Na presença das últimas igrejas de Lewerentz, somos tentados a fazer eco às palavras de Heidegger sobre os templos gregos e dizer que aqui o tijolo "surge pela primeira vez". Um edifício como a Biblioteca de Exeter, de Kahn, é uma demonstração eloquente de tudo o que o tijolo pode fazer, ao passo que Lewerentz – como Mies em suas primeiras casas – está determinado a nos mostrar o que o tijolo *é*. Para Kahn, como para a maioria dos arquitetos modernos, trabalhar "segundo a natureza dos materiais" significa inseri-los num papel funcional – geralmente estrutural – apropriado. O objetivo de Lewerentz era outro: pondo em relevo a "natureza" imediatamente perceptível dos tijolos – seu tamanho, cor e textura –, e não suas propriedades estruturais mais abstratas, ele queria construir, e não somente projetar, uma *atmosfera* propícia à adoração. E, usando os tijolos dessa forma, ele prefigurou uma grande preocupação dos últimos anos: a *materialidade* dos materiais.

Existe, evidentemente, uma diferença fundamental entre a alvenaria estrutural da obra tardia de Lewerentz, ou as cascas de tijolos igualmente monolíticas projetadas mais ou menos na mesma época pelo grande engenheiro uruguaio Eladio Dieste, e o uso do mesmo material com mera função de revestimento. Neste último caso, o tijolo serve literalmente como uma membrana protetora ou como um véu que oculta a estrutura básica subjacente. Usado desta maneira, ele se reduz a um acabamento táctil, àquilo que Gottfried Semper chamou de *Bekleidung*, "vestimenta". Em virtude do modo como são construídas, essas membranas assumem frequentemente o

Fig. 394. Herzog e de Meuron, Armazém Ricola, Laufen, 1987.

aspecto de superfícies microtectônicas que parecem, como notou Luiz Fernández-Galiano,

> frias ou quentes, lisas ou ásperas ao toque dos dedos, duras ou moles para as solas dos pés e as palmas das mãos. Essa experiência visual de brilho ou cor traduzida em tato, que os sentidos despertos logo estendem não só aos sons de fricção e impacto, mas também a sabores e aromas, é o fundamento sensual da estética da matéria, um movimento não declarado, sem líderes nem manifestos, que tinge a arquitetura recente com sua silenciosa sensibilidade.

Quer sejam usados como revestimento, quer como forma estrutural, materiais tradicionais como o tijolo, a pedra e a madeira são construtos culturais cujo significado implícito pode ser prontamente associado com determinada paisagem, caráter nacional ou valor ético. Segundo o historiador da arquitetura Akos Moravanski,

> Os materiais são apreciados pelas qualidades que representam... e não por suas qualidades físicas intrínsecas. Assim, um plinto de pedra toscamente lavrada, justaposto a uma fachada lisa, sugere um estado mais primitivo, mais "telúrico", pois representa aí um elemento subordinado da construção.
>
> No decorrer da história da arquitetura, os edifícios foram-se carregando de significados. Hoje já não conhecemos esses significados, e sua "leitura" consciente foi substituída por uma apreciação mais direta da sensualidade das superfícies materiais, tanto naturais quanto industriais. A semântica dos materiais na arte e na arquitetura quase nunca é discutida pelos historiadores, e o estudo deste tema não foi jamais abordado de maneira sistemática. Não obstante, as posturas e atitudes de arquitetos e artistas deixam bem claro que os materiais são portadores de uma parte importante do significado da obra.

Nos últimos vinte anos, os minimalistas suíço-alemães Jacques Herzog e Pierre de Meuron têm-se contado entre os mais consumados adeptos dessa ênfase nos materiais. Começaram com sua casa de férias em Tavole, Itália (1988), em que pedras do próprio terreno são inseridas de modo aparentemente aleatório numa delicada estrutura de concreto armado, e com o Armazém Ricola, em Laufen, Suíça (1987), o qual, diante do penhasco de uma pedreira abandonada, oferecia a este o contraste de uma fachada de "tábuas" de fibrocimento de diversas larguras. Em ambos os casos, as necessidades espaciais simples do programa permitiram que os arquitetos atribuíssem ao material o valor estético primário, contrastando com a natureza mais ou menos passiva da forma espacial. Essa ênfase no caráter táctil do material tornou-se a partir daí a marca característica da obra da dupla. Tal abordagem atinge sua máxima eficácia em edifícios relativamente pequenos e sem grandes qualificações espaciais, como a torre de controle de sinalização ferroviária "Auf dem Wolf", revestida de cobre e construída em Basileia (1995); a Viní-

Fig. 395. Herzog e de Meuron, Vinícola Dominus, Yountville, Califórnia, 1997. Tela de arame preenchida com granito.

cola Dominus, construída em Yountville, Califórnia, em 1997; e o *showroom* cristalino que construíram para a Prada em Tóquio, em 2003. No caso da vinícola, uma estrutura simples situada no meio de um grande vinhedo, a expressividade do material é garantida por um recinto de alvenaria de um único pavimento feito de pedras de granito de tamanhos variados mantidas no lugar por uma tela de arame. Essa abordagem altamente esteticista, que tende a dar mais ênfase à superfície externa que à estrutura ou ao espaço interno, tornou-se de lá para cá um aspecto que podemos chamar "decorativo" da arquitetura da dupla, que se evidencia no segundo edifício projetado para a Ricola, construído em Mulhouse em 1993, em que a parede translúcida da fachada é coberta pela repetição serigráfica de uma única folha tirada das imagens botânicas do fotógrafo alemão Karl Blossfeldt.

Peter Zumthor, que tem seu escritório na municipalidade de Haldenstein, cantão de Graubünden, é o outro grande arquiteto minimalista suíço-alemão. Ficou famoso com a Capela de S. Bento, toda construída e inclusive revestida em madeira, realizada em Sumvitg em 1988. Consolidou sua reputação de arquiteto-artesão com as Termas de Vals, terminadas em 1996, onde finas camadas de pedras cortadas com precisão (gnaisse das pedreiras locais) foram usadas para revestir a maciça matriz de concreto de um estabelecimento para banhos reconstituído, produzindo um interior sombrio mas sensualmente introspectivo, parcialmente oculto nos interstícios de uma vila bastante remota nos Alpes suíços. As intenções fenomenológicas por trás dessa obra foram reconhecidas abertamente por Zumthor em 1997:

Montanha, pedra, água, construir em pedra, construir com pedra, construir na montanha, construir a partir da montanha – nossa

Fig. 396. Zumthor, Termas, Vals, 1996. Vista do interior.

tentativa de dar a esta sequência de palavras uma interpretação arquitetônica, de traduzir em arquitetura seu sentido e sua sensualidade, foi o que orientou nosso projeto para o edifício e passo a passo lhe deu forma... Desde o começo, havia o sentimento pela natureza mística de um mundo de pedra dentro da montanha, pela escuridão e pela luz, pelo reflexo da luz na água, pela difusão da luz no ar repleto de vapor, pelos diferentes sons que a água faz na pedra circundante, pela pedra quente e pela pele nua, pelo ritual do banho.

Marceneiro formado e com anos de experiência em restauração antes de começar a praticar independentemente a arquitetura, Zumthor não poderia estar mais longe do esteticismo cético de Herzog e De Meuron, embora também manifeste a tendência de privilegiar os efeitos de superfície, preferindo-os aos valores espaciais e estruturais. É isso o que acontece, sem dúvida, com as galerias de concreto aparente de seu Museu de Arte de Bregenz (1997), na Áustria, totalmente ocultas por uma membrana de vidro que envolve os quatro lados do espaço interno. A membrana translúcida é particularmente suscetível às mudanças de luminosidade.

Apesar das diferenças sutis entre suas abordagens, tanto Herzog e De Meuron quanto Zumthor influenciaram em diversas medidas toda uma geração de arquitetos suíços, entre os quais Diener e Diener, Gigon/Guyer, Peter Markli, Marcel Meili e o escritório de Burckhalter e Sumi. No que diz respeito à prática de Annette Gigon e Mark Guyer, uma de suas melhores obras até aqui foi o Museu Kirchner em Davos, na Suíça, com o qual fizeram fama em 1992. Dez anos depois, completaram esse triunfo com um parque arqueológico de estilo igualmente tectônico construído em Osnabrück, Alemanha, para comemorar a batalha de Varo travada em 9 d.C. Ambas as obras predicam-se no uso surpreendente de materiais contrastantes: concreto aparente e painéis de vidro translúcido emoldurados em aço no museu de Davos, compensado marítimo e muros de arrimo de aço corten em Osnabrück. A influência do gosto de Zumthor por volumes precisamente definidos é particularmente evidente no Museu Kirchner, onde as galerias retangulares, iluminadas por claraboias, são vedadas por austeras paredes de concreto aparente moldadas *in loco*.

Fig. 397. Zumthor, Museu de Arte de Bregenz, 1997.

Fig. 398. Gigon/Guyer, Museu Kirchner, Davos, 1992.

O minimalismo suíço-alemão também exerceu alguma influência fora do país, afetando especialmente a obra do arquiteto holandês Wiel Arets, cuja Academia de Artes de Maastricht (1989-93) foi inserida com habilidade no centro histórico da cidade. A configuração complexa desse edifício consiste numa estrutura de quatro pavimentos com lajes de concreto armado, preenchida com blocos de vidro. Aqui, a imagem global da estrutura depende de um único material, muito embora (como na Maison de Verre, construída por Pierre Chareau e Bernard Bijvoet em Paris em 1932) aberturas para iluminação com caixilhos de aço e vidro transparente rompam a continuidade dos blocos de vidro. Renzo Piano, numa veia semelhante, fez uso de uma membrana externa de blocos de vidro que envolve toda a sua Maison Hermès, construída em Tóquio em 2001, muito embora nesse caso tenha podido abrir mão das janelas. Como na Maison de Verre, a característica comum a todas essas obras – em virtude do caráter tectônico dos blocos de vidro – é o modo como tanto a estrutura quanto a membrana translúcida articulam a natureza do espaço interno.

Fig. 399. Arets, Academia de Artes de Maastricht, 1989-93.

A mesma ênfase num material único que envolve todo o conjunto caracteriza o trabalho do arquiteto japonês Kengo Kuma, cujo Museu de Pedra, em Nasu, prefeitura de Tochigi (2000), é todo construído de tiras finas de pedra, apresentando alguma semelhança com a alvenaria estriada que Zumthor usou em Vals. No Museu Hiroshigue, construído em Bato, na mesma prefeitura, em 2000, Kuma trocou as pedras pelo bambu. A trama fechada das paredes e do telhado de bambu, necessariamente tornados resistentes ao tempo por meio de uma membrana interna de vidro laminado, foi concebida por Kuma como um análogo do modo como Hiroshigue costumava representar a chuva forte em suas gravuras.

Conquanto a origem mineral ainda seja perceptível no tijolo, no vidro, no concreto e até no metal, é inegável que a pedra e a madeira evocam seus modelos originais na natureza com uma intensidade fenomenológica inigualável; é essa intensidade que as dota de uma sensibilidade primordial que falta aos demais materiais construtivos. Assim, como quer que seja manipulada, a construção em madeira tem a capacidade intrínseca de evocar a arquitetura vernácula num sentido genérico. É o que se evidencia no Museu do Rio e do Remo (River and Rowing

Fig. 400. Kaira, Creche Misteli, Vantaa, 1996. Elevação.

Museum), construído todo em madeira em Henley-on-Thames, Inglaterra, em 1995, segundo projeto de David Chipperfield.

Com 70 por cento de sua área terrestre tomada por florestas, a Finlândia é um país cujos arquitetos há muito se preocupam em trabalhar a madeira de modo moderno, desde a cabana de férias de Aulis Blomstedt em Väha-Kiljava, de 1943, até a residência de verão de Kristian Gullichsen, em Hiittinen, no arquipélago do sudoeste, terminada em 1993. Entretanto, os arquitetos finlandeses não só cultivaram uma tradição nacional de arquitetura em madeira como também demonstraram que esse material serve para um largo espectro de tipos de edifício, desde o Museu Florestal da Finlândia, de Lahdelma e Mahlamäki, construído em Punkaharju em 1994, até a Creche Misteli de Mikko Kaira, em Vantaa, 1996.

Algumas das obras residenciais mais sensíveis dos últimos dez anos foram feitas inteiramente em madeira: pensamos nas estruturas delicadamente vedadas dos arquitetos australianos Sean Godsell e Kerry Hill; na arquitetura mais pesada de grandes arquitetos americanos como Vincent James e James Cutler; e na obra excepcionalmente refinada do escritório Shim-Suttcliffe, de Toronto, que talvez encontre seu melhor exemplo no refeitório construído para o Acampamento Moorelands, em Dorset, Ontario, em 2001. Fachadas com persianas de madeira, onde o material funciona como proteção contra o sol, cobrindo toda a face sul, são um tema que ocorre com frequência – quase uma marca registrada – na arquitetura hispânica recente. São exemplos o edifício Torre Cube, de Carme Pinós, realizado em Guadalajara, no México, em 2004; e a traseira de madeira e frente de tijolos do prédio de apartamentos de sete andares construído segundo o projeto dos arquitetos José Antonio Martínez Lapeña e Elías Torres Tur, em colaboração com José Rafael Moneo, em Sabadell, na Espanha, em 2005.

A madeira também tem tido papel de destaque na construção de pontes, particularmente na Suíça, nas mãos de engenheiros competentes como Jürg Conzett e Walter Bieler. O primeiro projetou a treliça invertida e amarrada por cabos que sustenta a ponte Traversina para pedestres, erigida em 1996 sobre a profunda ravina de Via Mala, em Graubünden (obra que, por fatalidade, foi destruída por uma avalanche poucos anos depois de pronta); o segundo, no mesmo ano, uma ponte de 30 metros em madeira laminada de seção reta, sobre o rio Thur em Bonaduz.

Outro material tradicional cujo uso foi largamente retomado nos últimos vinte anos é a terracota. Nos apartamentos da Rue de Meaux, em Paris, realizados em 1991, Renzo Piano inventou um novo método para assentar, a seco, ladrilhos de terracota – técnica que foi refinada nas persianas de terracota da sede da Daimler-Benz, construída na Potsdammerplatz, em Berlim, em 1997. Esse versátil material de revestimento foi usado depois por vários arquitetos, por exemplo Guillermo Vázquez Consuegra, no edifício sem janelas dos Arquivos Gerais que construiu em Toledo, em 2005; e Paul Robbrecht e Hilde Daem, na sala de concertos (igualmente sem aberturas) construída nos limites do centro histórico de Bruges, na Bélgica, também em 2005. Entretanto, a terracota é apenas um dos inúmeros materiais que se tornaram disponíveis nos últimos anos. Essa disponibilidade deve-se, em parte, à facilidade com que novas formas de revestimento podem ser pré-fabricadas ou pré-moldadas por meio de técnicas industriais computadorizadas.

Outro fator que transformou completamente o âmbito atual da expressão por meio dos materiais é a facilidade cada vez maior com que estes podem ser transportados de um ponto a outro do globo, de seu local de origem ao lugar onde terão seu uso final, com paradas intermediárias para a manufatura especializada. Isso já acontecia no Museu de Arte Contemporânea de Los Angeles, de Arato Isozaki (1984), revestido com um arenito vermelho extraído de pedreiras na Índia e cortado industrialmente na Itália. Exercício semelhante – mas até mais dramático – de produção global foi o pavilhão de exposições totalmente envidraçado construído em 2006 no terreno do Museu de Arte de Toledo, Ohio, segundo projeto dos arquitetos japoneses Kazuyo Sejima e Ryue Nishizawa (SANAA). Chapas de vidro da altura de um andar, sem ferro, foram fundidas na Alemanha, enviadas à China (onde foram laminadas, temperadas, cortadas e dobradas) e, por fim, transportadas aos EUA, onde, para piorar a ironia, revestem atualmente o Museu do Vidro de Toledo, numa cidade que, antes do sucateamento da indústria norte-americana, fora um dos maiores centros de produção de vidro da América do Norte.

Fig. 401. Conzett, Ponte Traversina, Via Mala, Graubünden, 1996.

Também vale notar que a ênfase contemporânea em membranas leves, texturadas e multicoloridas, disponibilizadas pela produção digital, teve o efeito de "esteticizar" completamente a membrana. François Chaslin escreveu sobre essa tendência tal como se revela na arquitetura espanhola contemporânea:

> É evidente que o velho espírito rigoroso – que não gosta de ornamentos, é fiel ao desenho e à geometria abstrata e caracteriza-se por uma certa pureza do gesto – cedeu lugar a uma tendência que busca o fractal, o incoerente, a policromia neopop, a geometria quebrada, até mesmo o amorfo.

Presente não só na Espanha, mas no mundo inteiro, essa abordagem, quando associada à forma escultural, teve o efeito de gerar praticamente por si mesma a ascensão do espetacular na arquitetura contemporânea.

Habitat

O fato de não termos desenvolvido um padrão sustentável e homeostático de uso residencial da terra no decorrer dos últimos cinquenta anos é a consequência trágica e inevitável de nossa incapacidade de controlar o apetite pelo consumo de todos os recursos possíveis. Esse dilema se manifesta num relatório publicado pelo governo britânico, com o objetivo declarado de apresentar soluções para a satisfação das necessidades habitacionais no Reino Unido nos próximos vinte anos. *Towards an Urban Renaissance* [Rumo a um renascimento urbano], adequadamente publicado na virada do milênio, estima que 3,8 milhões de novas residências familiares serão necessárias no Reino Unido nos próximos vinte e cinco anos. Recomenda que dois terços dessas unidades sejam construídos em áreas intraurbanas degradadas e desintoxicadas, em vez de contribuir para a subdivisão de terras agrícolas. Embora tenhamos fortes motivos para duvidar de que o Estado britânico esteja disposto a seguir à letra todas as recomendações do relatório, a verdade – como esclarece um anexo publicado em 2005 – é que 70 por cento da atual construção civil residencial britânica ocorre em áreas degradadas, contra 56 por cento em 1997.

Conquanto a aspiração a uma vida de classe média ponha-se cada vez mais como norma, qualquer que seja a classe social da pessoa, o desafio que os arquitetos enfrentam é o de criar uma sensação de "lar" sem recorrer ao *kitsch* nem fazer uso de uma iconografia nostálgica que não tem relação alguma com nosso atual modo de vida.

Conjuntos habitacionais de baixa elevação e alta densidade há muito configuram-se como uma opção viável: pensamos no Siedlung Halen, em Berna, construído segundo o projeto do Atelier 5 em 1960 (ver p. 343), e no conjunto de Puchenau (igualmente canônico, mas mais extenso), construído em estágios ao longo do Danúbio perto de Linz, segundo o projeto do arquiteto austríaco Roland Rainer. Sua primeira fase foi completada entre 1964 e 1967. O notável nesse modelo de conjunto residencial horizontal é como ele pode servir às necessidades de diferentes classes sociais, desde o proletariado urbano do Terceiro Mundo, que continua a construir "favelas" extensas e horizontalizadas, até a classe média urbanizada do mundo desenvolvido, que anda de carro e às vezes usa o transporte público. É indício de certas diferenças culturais que, embora esse tipo de ocupação do solo seja encontrado com certa frequência na Europa continental, geralmente foi objeto de resistência enquanto padrão residencial na sociedade anglo-americana. Como notou Brian Richards, especialista em transportes, em seu primeiro estudo, *New Movement in Cities* [Novos movimentos nas cidades] (1966), é economicamente impossível que o transporte público complemente o uso do automóvel sem que o padrão de ocupação residencial do solo tenha uma densidade muito mais alta que a do bairro "suburbano" norte-americano convencional.

Um dos melhores exemplos recentes de um conjunto residencial de baixa elevação e alta densidade é aquele completado na Península de Bornéu, em Amsterdam, em 2005, projetado pelo arquiteto catalão Josep Lluís Mateo. Tem 3 andares e abriga 26 unidades residenciais. O notável nesse conjunto, além da densidade e da engenhosidade de sua seção transversal, são os acabamentos simpáticos usados no exterior. A sul e a leste, as fachadas são revestidas de cedro vermelho canadense, ao passo que a norte e a oeste o edifício é acabado em tijolo vermelho. Enquanto esse acabamento segue a tradição holandesa de construção com tijolos, o tabuamento horizontal cria uma fachada com faixas de persianas fixas pontuada por janelas de correr panorâmicas no térreo e no primeiro andar. Uma das características mais surpreendentes no conjunto é a iluminação natural do estacionamento subterrâneo, que se dá por meio de lentes de vidro colocadas nos pátios acima das lajes de cobertura.

No que se refere às zonas residenciais de baixa elevação e alta densidade projetadas para populações urbanas de baixa renda, temos de chamar a atenção para dois conjuntos habitacionais experimentais construídos na América Latina com uma distância de quarenta anos de um a outro, e que ora parecem imagens especulares um do outro: o conjunto PREVI, nos arredores de

Lima, no Peru, construído em 1974 no governo de Fernando Belaunde Terry sob a direção do arquiteto britânico Peter Land; e a recente realização de um conjunto prototípico, denominado "Elemental", projetado pelo arquiteto chileno Alejandro Aravena e construído sob os auspícios do Ministério da Habitação do Chile em Iquique, Tarapacá, em 2004. No conjunto PREVI foram construídos vinte e três tipos diferentes de unidades habitacionais projetadas por várias equipes de arquitetos do Peru e do exterior, ao passo que o projeto Elemental representa um esforço coletivo para proporcionar casas baratas que não sobrecarreguem com dívidas seus moradores. A primeira fase em Iquique compreende cem unidades "iniciais", cada qual com 30 metros quadrados e construídas ao custo de 7.500 dólares americanos por unidade. Essas casas de três andares e fachada estreita, construídas com blocos de concreto, têm cada qual uma sala/cozinha, um banheiro, um quarto e uma escada de acesso. Para que os próprios moradores possam ampliá-las, as unidades são espaçadas por intervalos iguais à sua largura, de tal modo que cômodos adicionais possam ser construídos com facilidade entre as paredes adjacentes. A disposição em "blocos" também gera uma série de pequenas praças que podem funcionar como espaços comunitários.

A mudança mais crucial ocorrida nos últimos vinte anos foi a morte anunciada da habitação com aluguel subsidiado, que fora um dos pilares centrais do Estado de Bem-Estar entre 1945 e 1975. Praticamente no mundo inteiro, isso foi substituído pelo "mercado imobiliário", que por sua vez nada fez para aliviar quer a perene crise de moradia, quer a proliferação das grandes expansões suburbanas. Uma das raríssimas exceções é o Quartier McNair, de média elevação, construído no bairro Zehlendorf, em Berlim, em 2003, segundo projeto de Bauschlager e Eberle com a colaboração do ar-

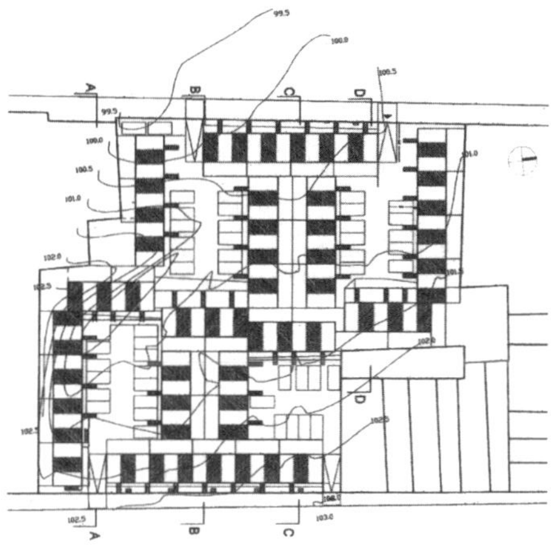

Figs. 402, 403. Aravena, projeto residencial "Elemental", Iquique, Tarapacá, 2004. Planta de situação e elevação.

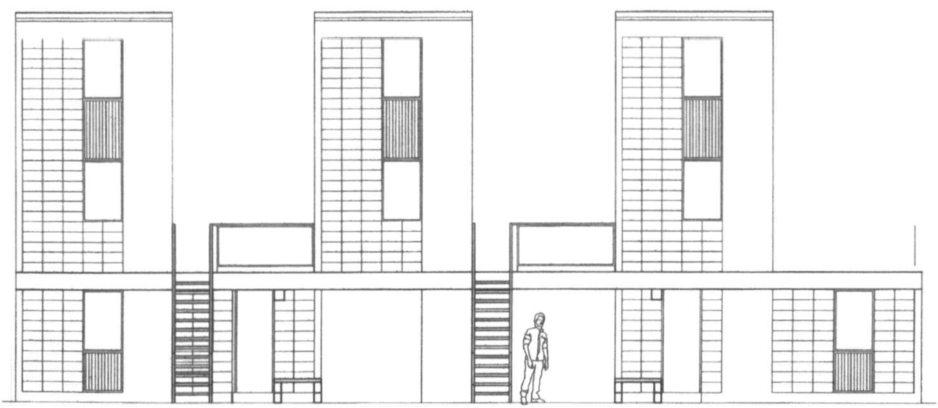

Fig. 404. Baumschlager, Eberle e du Fresne, Quartier McNair, Zehlendorf, Berlim, 2003.

quiteto suíço Anatole du Fresne, que fora membro do Atelier 5. O conjunto habitacional é uma permutação ortogonal de 263 casas de 2 a 3 andares, com várias plantas e tamanhos, arranjadas num padrão de blocos alternados que lembra o conjunto habitacional Pessac, de Le Corbusier, construído em 1926 (ver p. 185). Apesar dos telhados verdes e do uso de painéis solares, é lamentável, do ponto de vista da sustentabilidade, que os estacionamentos não tenham sido revestidos com um pavimento permeável de concreto perfurado, mas sim com asfalto. Na Suíça, o método do concreto perfurado, que facilita a absorção da água de chuva e o crescimento de relva nas áreas de estacionamento, é praticamente uma técnica-padrão; só um pouco mais caro, é capaz de abrandar o efeito da "ilha de calor urbana", que o asfalto por sua vez só faz exacerbar. Mas, em última análise, é a forma global e não os detalhes que permite que o Quartier McNair funcione como um potencial modelo alternativo ao "mercado" para a habitação em áreas densamente urbanizadas. O fato de situar-se a meros vinte minutos do centro de Berlim, por transporte público, não é a menor de suas virtudes.

Para atender às necessidades de habitação da classe média, Baumschlager e Eberle projetaram alguns dos conjuntos habitacionais de média elevação mais viáveis da Europa nos últimos vinte anos. Em nenhum outro obtiveram tanto sucesso quanto no Lohbach Siedlung, em Innsbruck, Áustria (2000). Esse conjunto genérico, com blocos de quatro a seis andares, tem apartamentos de vários tamanhos. Cada bloco estrutura-se em torno de um poço de iluminação interno. O que dá dimensão culturalmente ecológica a esses blocos é o fato de os terraços dos apartamentos no perímetro poderem ser fechados com portas-balcão, de tal modo que, dependendo do movimento do sol e da presença ou ausência dos moradores, os blocos surjam como formas de variável grau de opacidade. A composição geral foi cuidadosamente contraposta ao plano de fundo alpino, ao passo que o movimento dos pedestres, no nível do chão, foi tornado mais agradável por jardins projetados com sensibilidade. Além das portas-balcão, a sustentabilidade do projeto predica-se no uso de painéis fotovoltaicos, no aproveitamento da água de chuva e na existência, no porão, de um centro de ventilação com recuperação de calor. Ao mesmo tempo, o conjunto tem um aspecto luxuoso que deriva dos materiais da fachada: portas-balcão revestidas de cobre, balaústres de vidro e venezianas de madeira, de correr, que cobrem as janelas.

Uma forma residencial agregada que se aproxima mais do estilo de Alvar Aalto encontra-se num par de blocos residenciais com cobertura inclinada, construídos como parte de um novo bairro residencial perto da

Fig. 405. Baumschlager e Eberle, Lohbach Siedlung, Innsbruck, 2000.

cidade de Borås, na Suécia, segundo projeto dos arquitetos finlandeses Pekka Helin e Tuomo Siitonen. As duas lajes cobrem vinte e quatro apartamentos de um pavimento cada um, aos quais se chega mediante galerias de acesso; e cinco apartamentos duplex de três quartos na parte mais próxima ao telhado de cada ala. Os duplex têm terraços em nichos no telhado, sendo este coberto de turfa. De início, os arquitetos tinham a intenção de instalar um átrio envidraçado no piso térreo entre as duas alas, e de revestir as paredes verticais com tela de arame de modo que a massa total do edifício se cobrisse de trepadeiras, fundindo-se assim à floresta circundante. Essa *dom-kommuna* dos tempos atuais foi encomendada por Hasse Johansson, que em 1990 organizou nos países nórdicos um concurso de projeto de unidades residenciais prototípicas para a nova cidade-jardim de Hestra, que estava então sob a sua jurisdição.

Todos os esquemas habitacionais acima mencionados são apenas outras tantas tentativas de reintegrar a residência unifamiliar em algum tipo de conjunto coletivo, busca essa que levou alguns arquitetos modernos, como Steven Holl, a procurar novas formas de agregação residencial – desde seu conjunto habitacional em Fukuoka, no Japão, de 1992, até o Edifício Híbrido que ora está em construção em Pequim. Este último compreende um fragmento urbano autossuficiente de 728 apartamentos, com capacidade para 2.500 pessoas, e mais os serviços essenciais necessários a um bairro desse tamanho. Esses serviços situam-se, em parte, em passarelas envidraçadas que ligam as oito torres de apartamentos, as quais têm de doze a vinte e dois andares; tais passarelas formam um anel ao redor do espaço aberto central no nível do chão. Esse espaço, por sua vez, tem por foco um cinema suspenso sobre um espelho d'água. A coleta de água de chuva nessa bacia de retenção ornamental é apenas uma das estratégias sustentáveis adotadas nesse projeto, que tem, além disso, telhados verdes, um estacionamento subterrâneo com iluminação e ventilação naturais, venezianas externas para proteger os apartamentos do sol, janelas que se abrem para deixar circular o ar e, acima de tudo, um sistema geotérmico de aquecimento e resfriamento.

A acomodação de uma população intraurbana igualmente densa é a intenção clara que está por trás do enclave urbano de Shinonome, construído em Tóquio em 2003 na forma de um conjunto de seis blocos, cada qual com dez a quinze andares, projetado pelo arquiteto japonês Riken Yamamoto. Além da densidade, a maior inovação nesse caso é a distribuição de alguns espaços de trabalho auxiliares dentro da trama residencial. Yamamoto repetiria essa experiência dois anos depois em Pequim, com o enclave SOHO, de dezesseis andares, que leva esse nome por combinar "pequenas unidades residenciais com pequenos escritórios" (*small*

homes with small offices). As unidades do SOHO são, na verdade, ateliês ou escritórios intersticiais que se alternam ritmicamente com terraços de dois andares de altura ao longo dos corredores internos do complexo. Procura-se assim integrar um espaço indeterminado à trama residencial a fim de atender às necessidades de profissionais urbanos autônomos, que constituem hoje um elemento importante da vida acelerada das cidades onde predominam os setores secundário e terciário.

Figs. 406, 407. Helin e Siitonen, conjunto Hestra, perto de Borås, 1992. Vista do exterior e axonométrica explodida.

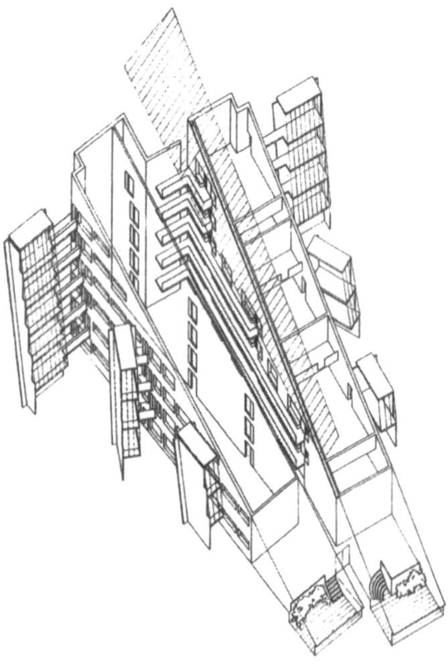

Em conglomerados urbanos excepcionalmente densos, o uso de edifícios residenciais de grande altura é virtualmente inevitável, sobretudo onde os terrenos são escassos, como em Hong Kong. A Secretaria de Mapas da Autoridade Habitacional de Hong Kong produziu um protótipo de arranha-céu habitacional ultraeficiente, contendo oito unidades de dois quartos por pavimento. Apesar de seu formato simétrico, esse tipo genérico oferece algumas vantagens a seus moradores: todas as unidades têm uma excelente vista, o acesso se dá por meio de elevadores de alta velocidade e todos os cômodos têm iluminação e ventilação naturais.

Fig. 408. Holl, Edifício Híbrido, Pequim, 2005-8.

Forma cívica

Num mundo cada vez mais despolitizado pelos meios de comunicação, o "espaço da aparência (ou aparição) pública" (para usar a expressão memorável de Hannah Arendt: *space of public appearance*) continua sendo um ideal democrático tanto para a arquitetura quanto para a sociedade, sobretudo numa época em que um modo de vida homeostaticamente equilibrado é cada vez mais ameaçado pela mercantilização quer do mundo natural, quer do mundo construído pelo homem. O sentido que Arendt dá àquele termo é explicitado em seu estudo *The Human Condition* [A condição humana], de 1958:

> O único fator material indispensável da geração de poder é que as pessoas vivam juntas. Só quando os homens vivem próximos a ponto de as potencialidades de ação estarem sempre presentes é que o poder pode permanecer com eles; e a fundação das cidades, que enquanto cidades-estado têm servido de paradigma para toda a organização política do Ocidente, é por isso, com efeito, o mais importante pré-requisito material para o poder.

Com essas palavras, Arendt caracterizou não só o potencial político e cultural latente da forma cívica, mas também o espaço de assembleia ou reunião, onde quer que ainda se encontre dentro das instituições públicas em geral. No decorrer dos últimos vinte anos, edifícios públicos de qualidade fizeram-se notar particularmente na França, sobretudo nas obras de Henri Ciriani e Jean Nouvel. O primeiro dá sutil continuidade à abordagem programática de Le Corbusier, ao passo que o segundo privilegia uma estética tecnocrática que, às vezes, se ocupa igualmente de representar a instituição cultural como espaço de aparência (ou aparição) pública.

Ciriani deu ênfase não só ao museu como um microcosmo, mas também ao potencial dessa instituição de servir como substituto de um edifício religioso que una toda a comunidade. Esse aspecto se manifesta de modo particularmente forte em dois museus projetados por Ciriani no final de sua carreira: o Museu Arqueológico de Arles, terminado em 1991 (ver p. 406), e o Museu da Primeira Guerra Mundial em Peronne, que em 1994 foi integrado aos resquícios de uma fortaleza do século XVII. Não obstante a imagem fascinante de um edifício cuja fachada é completamente revestida de vidro azul-cobalto, o museu de

Arles não é de fácil acesso, sobretudo porque, distante do centro urbano, só pode ser alcançado por meio de um anel viário que circunda a cidade. A articulação de seu espaço interno, com colunas cilíndricas destacadas das paredes, tem o sabor de um enclave neopurista, tão afastado da vida cotidiana quanto os objetos de seu acervo. Esse hermetismo não existe no museu de Peronne, tanto por situar-se na proximidade imediata da trama urbana quanto pela presença de um parque nas imediações, ao longo de um rio. Além disso, o fato de sua massa de concreto elevar-se sobre pilotis permite que o visitante, ao fazer seu passeio cuidadosamente orquestrado por entre as sombrias relíquias da guerra de 1914-18, alivie-se de quando em quando olhando para o parque que flanqueia o edifício a sudoeste. Pensando em Peronne como um exemplo contemporâneo, Ciriani caracterizou de forma muito perceptiva a genealogia mista do museu como tipo na trajetória do movimento moderno:

Fig. 409. Ciriani, Museu da Primeira Guerra Mundial, Peronne, 1994. Vista geral.

Os museus, como as igrejas, criam uma expectativa no público mais amplo. Espera-se que o projeto seja uma obra de arquitetura, e o arquiteto tem permissão para expressar-se com mais liberdade. Isso é especialmente verdadeiro no caso dos museus, visto que lhes falta uma

Fig. 410. Ciriani, Museu da Primeira Guerra Mundial, Peronne, 1994. Cortes longitudinal e transversal.

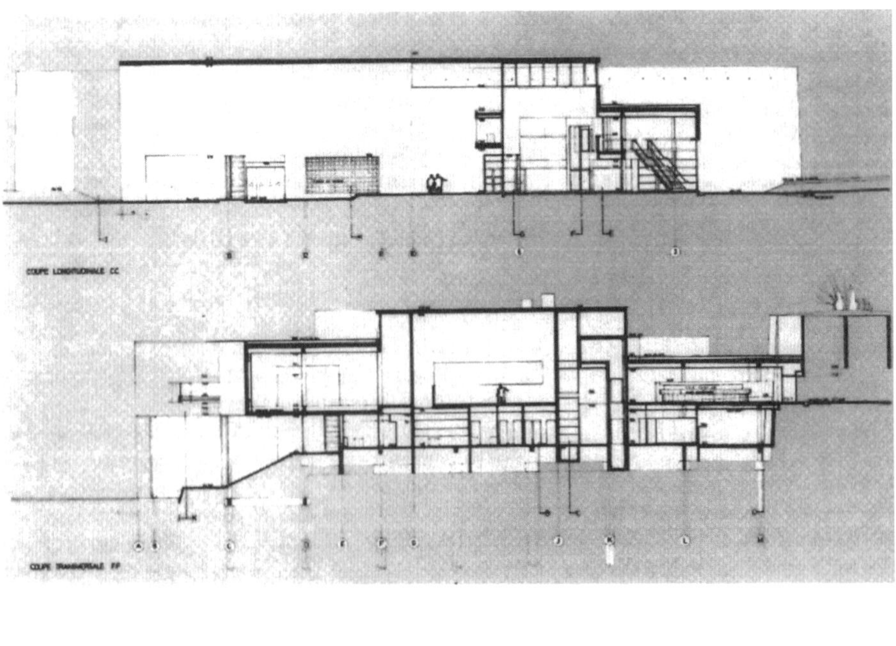

imagem arquetípica distintiva. Ao mesmo tempo, é uma felicidade para o arquiteto trabalhar com um tema considerado principalmente como o lugar em que é importante o domínio da luz. Esse fato foi provado de modo brilhante por Alvar Aalto e Louis Kahn.

O museu como tipo nasceu do uso das figuras de composição do palácio, com sua concatenação de ambientes. Essa tipologia é prejudicada pelo fato de que, hoje, a entrada já não segue uma única rota cerimonial, mas tem de demonstrar a complexidade de seu programa e, ao mesmo tempo, informar e indicar visualmente a distribuição interna.

Buscando evitar o arquétipo do palácio sem deixar de reconhecer a importância primária da circulação dentro do museu, os grandes mestres modernos, Le Corbusier e Wright, usaram a espiral para produzir um movimento contínuo. No caso de Wright, tratava-se de um movimento descendente que acarretava a perda do relacionamento com a entrada. Nos projetos de Le Corbusier, o que se perde é a relação do centro com o exterior do edifício, uma vez que, para desenvolver um circuito centrífugo, é preciso caminhar debaixo do edifício para primeiro chegar ao centro. A periferia ficava deliberadamente aberta em virtude do pressuposto de que o museu teria um crescimento ilimitado. Essas soluções, conquanto espetaculares, não chegaram a criar um modelo convincente.

Embora a obra de Jean Nouvel seja diametralmente oposta ao neopurismo de Ciriani, ela manifesta a mesma consciência dos precedentes institucionais, desde o Centro de Conferências de Tours, de 1993, construído em frente ao terminal ferroviário de Victor Laloux de 1898, até o Centro Cultural em Lucerna, completado em 1997 num sítio peninsular adjacente à principal estação ferroviária, que vê a cidade de cima. Informado pelo edifício de Tours, o complexo de Lucerna tem como principal característica uma imensa cobertura em balanço revestida de cobre. Esse traço monumental (que lembra o uso de Le Corbusier fez de uma cobertura elevada no edifício do Tribunal Superior em Chandigarh) tanto garante para o edifício sua presença cívica como o integra no sítio, enquadrando de maneira decisiva um panorama da cidade e do lago. A escuridão da parte de baixo desse imenso beiral é quebrada pela luz que se reflete no lago, ao passo que estreitos canais de água, separando os diversos programas culturais, fazem uma alusão oblíqua ao antigo uso do sítio (que era um estaleiro). A cobertura une debaixo de seus contornos uma sala de concertos, um espaço para performances, escritórios e uma galeria de arte iluminada por claraboias. Um generoso passeio de pedestres por baixo dos amplos beirais anuncia a qualidade cívica da obra.

O fato semiparadoxal de que a arquitetura de alta tecnologia, desmaterializada, pode às vezes ter a capacidade de incorporar e representar a forma cívica, foi demonstrado em diversas ocasiões não só por Nouvel, mas também pelo Foster Associates, sobretudo no Carré d'Art-Médiathèque, construído em 1993 em Nîmes, no qual uma sequência cuidadosamente orquestrada de espaços públicos, tanto no exterior quanto no interior, é capaz de se manter de pé diante da Maison Carré romana, que data da época de Augusto. Nessa obra singular, o vidro laminado – um dos mais desmaterializados dentre os materiais modernos – recebe caráter cívico por meio de um grande pórtico de finas colunas tubulares de aço, dispostas diante de uma praça pública.

Efeitos tectônicos monumentais de natureza semelhante caracterizam a Fundação Cartier, totalmente revestida de vidro, projetada por Nouvel e construída em Paris em 1994; caracterizam até as torres envidraçadas que abrigam os livros no novo edifício da Bibliothèque Nationale, terminado em Paris em 1995 segundo projeto de Dominique Perrault. Embora a colocação dessas torres monumentais lembre a obra visionária de Claude-Nicolas Ledoux (ver pp. 7-8), o fato de serem envidraçadas (e, portanto, de terem de ser todas revestidas internamente com venezianas móveis de madeira para evitar que os livros tomem sol) dá testemunho da latente perversidade do uso das paredes de vidro para expressar a forma institucional. Além disso, a exibicionismo tecnológico desses depósitos envidraçados só serve para diminuir a importância representativa das próprias salas de leitura.

Nenhum edifício está mais distante dessa abordagem que a British Library de Colin St John Wilson, realizada em Londres praticamente na mesma época em que a Bibliothèque Nationale, depois de mais de vinte anos de protelações. Fortemente influenciado pela obra de Alvar Aalto, este edifício assume um caráter mais abertamente contextual em virtude de sua composição orgânica e de sua fachada em tijolos vermelhos, que o vincula de modo empático, tanto no material quanto na escala, à adjacente Estação de St Pancras, construída em 1874. Embora lhe falte a monumentalidade axial de sua homóloga parisiense, a British Library predica-se obviamente num entendimento mais expressivo, orgânico e contextual da instituição. Por dentro e por fora, a vasta escala e a complexidade do programa são segmentadas em vários acervos, cada qual sutilmente articulado com os demais.

Para que os museus retenham sua viabilidade institucional e seu sentido cívico, seu tamanho final deve ser limitado. Como demonstrou a proposta de Le Corbusier, em 1934, de um "musée à croissance ilimitée", o museu cuja expansão não tem limites é contraditório tanto conceitualmente quanto do ponto de vista urbanístico. A necessidade de um limite, difícil de especificar de antemão, pode explicar em parte por que o novo Museu de Arte Moderna, em Nova York (2004), atingiu agora um tamanho em que começa a perder a capacidade de ser entendido como uma instituição cívica única dentro da trama da cidade. Isso aconteceu apesar da brilhante organização de sua massa formal e da engenhosidade com que o arquiteto japonês Yoshio Tanaguchi procurou compensar seu imenso tamanho e escala, introduzindo no edifício uma galeria pública para pedestres que o integra à grelha urbana do quarteirão de Manhattan em cujo centro está situado. Entretanto, esse gesto ousado parece ter sido parcialmente responsável

Fig. 411. St John Wilson, British Library, Londres, 1995.

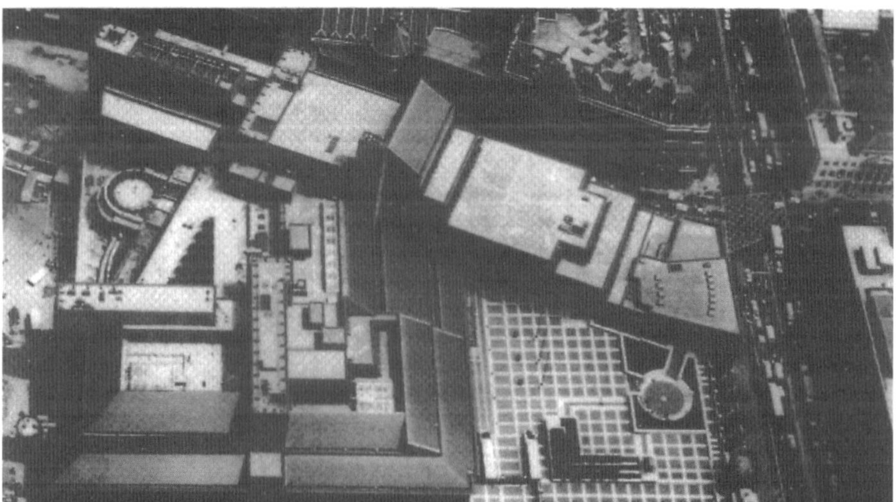

pelo enfraquecimento da intimidade entre a entrada, o jardim, os restaurantes, o auditório e a galeria, intimidade essa que sempre existira nas sucessivas encarnações do museu, desde o edifício original de 1939 até agora. Assim, minou-se o sentido da *civitas* que caracterizou essa instituição em seus primeiros sessenta anos de existência.

É difícil imaginar um museu mais diferente do Museu de Arte Moderna do que o Centro Getty de Richard Meier, concebido como uma cidade em miniatura numa colina proeminente do bairro de Brentwood, em Los Angeles, e terminado em 1997. O complexo do Paço Municipal de Haia, porém, construído segundo projeto de Meier em 1995, tem caráter muito mais cívico. Além de ser uma megaforma que acomoda escritórios, lojas, uma biblioteca municipal e uma sala do conselho (esta última incluída por insistência do arquiteto), o decisivo nessa instituição é que sua massa de treze andares abriga uma galeria iluminada por cima e com 183 metros de comprimento, longitudinalmente modulada por dois conjuntos de passarelas, alimentadas por elevadores, que ligam a intervalos equidistantes os escritórios localizados nos corredores laterais. Trata-se de um volume cívico que, em matéria de comprimento e altura, rivaliza com o maior espaço cívico coberto do século XIX, a Galleria Umberto I, construída em Nápoles em 1891. Numa cidade que em recentes anos assistiu à subjugação de sua trama urbana íntima, horizontal e revestida de tijolos pela construçao desenfreada de arranha-céus, o Paço Municipal de Meier apresenta-se como um oásis cívico, capaz de consolidar uma nova escala ao seu redor e, ao mesmo tempo, compensar a perda de urbanidade na cidade como um todo. Em nenhum outro lugar isso é tão evidente quanto na biblioteca municipal, que ocupa vários andares: cilíndrica na forma e ostensivamente servida por um conjunto central de escadas rolantes, funciona como uma boa introdução simbólica à galeria que se estende atrás de si. O apelo cívico da própria galeria deriva em grande medida do fato de tratar-se de um espaço público grande, iluminado pelo alto, e permanentemente protegido do inclemente clima holandês.

Em virtude da vitalidade cultural de suas cidades de província, a Espanha continua a alimentar uma forte tradição cívica, que se reflete muito bem na carreira variada de Moneo: desde o complexo de Kursaal, em San Sebastian, até a delicada inserção de um paço municipal verticalizado na trama medieval de Murcia, em 1998. O que se diz de Moneo pode-se igualmente dizer das carreiras de muitos outros arquitetos espanhóis que, nos últimos vinte anos, dedicaram-se a criar e construir um quadro excepcional de edifícios cívicos: da Biblioteca Usera, em Madri, por Abalos e Herreros, ao Auditório Baluarte, de Francisco Mangado, construído num terreno trapezoidal no centro de Pamplona (ambas as obras datam de 2003). Dentre as estruturas cívicas mais perfeitas construídas na Espanha nos últimos anos podemos mencionar uma pequena biblioteca pública no subúrbio madrilenho de Villanueva de la Cañada, construída segundo o projeto de Churtichaga e Quadra-Salcedo naquele mesmo ano. Nela, as estantes de livros, abertas, foram tratadas com um espaço de rua, com traçado em espiral, cujas rampas e paredes são construídos de alvenaria armada de tijolos, homenageando assim a obra de Eladio Dieste.

A Biblioteca Nacional do Quebec, em Montreal, construída segundo projeto do escritório Patkau em 2005 e revestida de painéis horizontais de vidro verde, é mais um caso de uma biblioteca pública tratada como um volume microurbano espiralante. Neste caso, as salas de leitura dispõem-se nas laterais de uma escadaria que vence seis andares e proporciona um "passeio de leitura" que pode ser encurtado à vontade pelo uso de um elevador central, de vidro, que une todos os mezaninos.

O senso da *civitas*, em heroica escala urbana e num estilo nada anacrônico, encontra-se na obra dos arquitetos berlinenses

Fig. 412. Meier, Paço Municipal, Haia, 1995. Vista da galeria.

Axel Schultes e Charlotte Frank, sobretudo no projeto com que venceram o concurso para o Spreebogen em 1993. O esquema assumiu a forma de um *temenos* – uma faixa de edifícios federais chamada "Band des Bundes" – projetado para ser o centro administrativo da Alemanha reunificada quatro anos depois da queda do Muro de Berlim, em 1989. Até então o Muro separara não só Berlim Ocidental de Berlim Oriental, mas também, em escala global, o Ocidente democrático do Oriente comunista. O projeto com que Schultes e Frank se inscreveram no concurso foi o único esquema a capturar a importância urbanística e simbólica do sítio, tanto no que diz respeito à história dos cinquenta anos anteriores quanto no que se refere ao modo como esse vazio no coração da cidade servira reiteradamente como contexto para concepções tragicamente contrastantes sobre o destino da Alemanha. Os exemplos que podem ser citados vão desde a proposta de Otto March para uma Königsplatz neoclássica e imperialista, em 1912, que seguia o mesmo eixo central do esquema de Schultes e Frank, até o megalomaníaco eixo *Generalbauinspektion* de Albert Speer, concebido em 1935, que correria de norte a sul no meio da cidade (passando bem pelo meio de Spreebogen) e culminaria no colossal Volkshalle do Terceiro Reich (projetado para ter um tamanho dez vezes maior que o do Panteão, em Roma). O *temenos* de Schultes e Frank, ao contrário, seria uma reafirmação simbólica da democracia e um repúdio categórico tanto do eixo megalomaníaco de Speer quanto do totalitarismo do império soviético.

Dessa proposta saiu a Chancelaria da Alemanha, sede do chefe de governo, terminada em 2001 como realização parcial do esquema original, que não será mais construído na íntegra – o que é uma pena, dada a qualidade simbólica do edifício da Chancelaria, notável não só por sua vivacidade como também pela leveza do estilo neobarroco, executado em concreto e pintado de branco. Desafiando as convenções, os arquitetos decidiram representar o Estado alemão mediante uma alusão à escala e aos maneirismos do palácio Ali Qapu, de Isfahan. Ladeado por edifícios ministeriais de cinco andares ao norte e ao sul, esse pavilhão central tem sua fachada leste voltada para uma *cour d'honneur* e a fachada oeste, para o rio Spree. Manifestamente influenciado pela monumentalidade de Louis Kahn, mas distante de sua sintaxe, o saguão da Chancelaria abre-se para uma vista panorâmica do novo Reichstag, realizado segundo os projetos de Paul Wallot em 1894 e reconstruído pela Foster Associates em 1999.

Baseado num cubo de 36 metros de altura, ou seja, o dobro da altura dos ministérios ao lado, o pavilhão central é uma recapitulação sutil e abstrata de todas as miscigenações entre as tradições ocidental e oriental que informaram a evolução da arquitetura nos séculos XIX e XX. Pragmaticamente, o edifício tem um saguão principal no piso térreo, uma sala de conferência no primeiro andar e uma suíte executiva que ocupa o quinto, sexto e sétimo andares;

Fig. 413. Schultes e Frank, Chancelaria Alemã, Berlim, 2001. Vista axial da *cour d'honneur* e de alguns ministérios.

mas, afora isso, é todo tratado como um filtro de luz, o qual, por meio de suas diversas reentrâncias, terraços e vistas enquadradas, faculta um passeio monumental ao redor da suíte do Chanceler, no alto. Além das alusões à arquitetura dos safávidas e do Egito, ele faz referências menos longínquas à escadaria e ao pórtico de entrada do Altes Museum de Schinkel (1828-30). O fato de que Schultes vê tal herança arquitetônica como um símbolo do sistema democrático de governo é dado a entender pelos comentários audaciosos que o arquiteto fez quando o edifício foi finalmente entregue ao Estado:

> Quase cobertos de vergonha, temos certeza de que o senhor... dará bom uso à qualidade especial que permeia estas salas, até mesmo sua acústica... Todos estes lugares e salas... [não são] outra coisa senão uma tentativa, por meios arquitetônicos, de contrariar a predominante razão cínica de nossa organização política, por meio de um entusiasmo especificamente republicano.

Se a Chancelaria faz referências manifestas à arquitetura indo-pérsica, o Crematório Baumschulenweg, projetado pelos mesmos arquitetos e inaugurado no bairro de Treptow, em Berlim, em 1999, deriva sua sintaxe abstrata do Egito antigo e do salão hipostilo da mesquita tradicional. Um volume quadrado, religiosamente neutro e flanqueado por capelas, é animado por um campo irregular de vinte e nove colunas cilíndricas feitas do mesmo concreto monolítico, moldado *in situ*, que compõe as paredes que o rodeiam. As colunas, espiralando-se ao redor de um *omphalos* simbólico, engendram um espaço penumbroso onde cada pessoa pode, se quiser, curtir solitariamente o seu sofrimento – uma "terra de ninguém" metafísica coroada por capitéis que o crítico Michael Mönninger descreveu como "capitéis de luz". Esse tema, usado pela primeira vez pelos arquitetos no Museu de Arte de Bonn, de 1992, já se tornou uma espécie de assinatura. Outro detalhe, que passa facilmente despercebido, é que as colunas rodeiam um espelho d'água acima do qual suspende-se um ovo, qual um símbolo cosmológico a unir a morte e o renascimento.

É difícil que a sociedade civil se manifeste em forma construída num mundo mercantilizado pela globalização universal, no qual – como escreveu Arendt em 1958 – "consumimos... nossas casas, nossos móveis, nossos automóveis, como se fossem as 'coisas boas' da natureza que se estragariam inutilmente se não fossem rapidamente trazidas para dentro do ciclo sem fim do metabolismo humano".

Fig. 414. Schultes e Frank, Crematório Baumschulenweg, Treptow, Berlim, 1999. Vista do salão hipostilo.

Essa condição cíclica não abarca somente a fungibilidade do *habitat*; outros programas, de natureza mais pública, tornam-se igualmente vulneráveis sob a égide do capitalismo tardio. Não obstante a permanência de instituições públicas de pequena escala, invariavelmente realizadas na forma de edifícios públicos independentes, um vazio existencial separa a continuidade espacial infinita da região urbanizada, de um lado, e, do outro, o ambiente microurbano isolado que pode consubstanciar-se num museu, num auditório, numa biblioteca ou numa escola. Entretanto, dentro desse espectro variegado restam diversos programas abrangentes e de grande escala que ainda podem ser realizados na forma de microdomínios heterotópicos dentro do não lugar urbano da sociedade moderna tardia. Estou pensando em programas amplos como os de universidades, hospitais, complexos esportivos e, acima de tudo, no terminal aéreo nacional e internacional, obra invariavelmente inacabada e em eterno processo de ampliação. O mega-aeroporto, quando acompanhado por hotéis e centros de convenções, amplia rapidamente o âmbito de seus serviços para tornar-se uma cidade em miniatura, como se vê nas recentes extensões ao Aeroporto Internacional Changi, em Singapura, que agora conta com dois cinemas e uma piscina entre os equipamentos oferecidos ao público.

Extensão semelhante encontra-se em muitos terminais completados nos últimos vinte anos, entre os quais o Terminal de Osaka (1994), de Renzo Piano; o terminal que Foster projetou para o Aeroporto Chek Lap Kok, em Hong Kong (2002); o Aeroporto de Kuala Lumpur (2000), de Kishu Kurokawa; e até mesmo o terminal Barajas em Madri, de escala menor, acabado em 2006 segundo projeto de Richard Rogers e sócios. Com teto abobadado e revestido em madeira, o saguão de embarque desse terminal é, sem dúvida, um dos espaços mais simpáticos realizados num edifício desse tipo – fato que contrasta agudamente com os sistemas labirínticos de movimento que se devem seguir para ter-se acesso a esse nível do edifício.

Até hoje, talvez nenhum outro escritório de arquitetura tenha concebido tão bem o megaterminal aéreo quanto a firma holandesa Benthem Crouwel, que desde 1988 tem-se dedicado continuamente à ampliação do Aeroporto Schiphol, em Amsterdam. A firma projetou toda uma seqüência de acréscimos e ajustes ao terminal original, o qual, desde sua criação, em 1967, foi concebido como coisa pública pelos arquitetos Duintjer e Weger. Foi ele, talvez, o primeiro terminal aéreo a ser tratado desde o início como um domínio microurbano, na medida em que foi o primeiro a ser equipado com um centro comercial integrado em escala verdadeiramente cívica. Conservando e aumentando esse equipamento fundamental de maneira sutil, os arquitetos acrescentaram novos saguões de embarque e desembarque na década de 1990, agrupando-os de modo não muito rígido ao redor de um centro comercial chamado Schiphol Plaza. No centro desse volume, escadas rolantes e elevadores descem para uma linha de metrô de alta velocidade que faz a ligação direta com o centro de Amsterdam. Com exceção do Aeroporto Kloten, em Zurique, talvez não haja no mundo outro terminal que esteja tão eficientemente ligado ao coração da capital a que serve. Ao mesmo tempo, por uma questão de opção política, o centro comercial Schiphol é tão voltado para a população dos arredores quanto para os passageiros em trânsito. Suplementado por hotéis e escritórios, alimentado por vias para pedestres e esteiras rolantes de todos os tipos e tamanhos, empregando cerca de 75.000 pessoas, Schiphol propõe-se como um novo paradigma para revitalizar a "infinitude espacial" da megalópole universal. O escritório Benthem Crouwel concebeu o aeroporto como um lugar público e popular, sem cair no *kitsch* nem reduzi-lo a uma máquina infrahumana, que é a outra tendência infeliz de que podem padecer estruturas desse tamanho.

Um dos arquitetos cívicos mais vigorosos que ganhou fama internacional nos últimos anos foi o brasileiro Paulo Mendes da Rocha, que, em 2006, aos sessenta e seis anos de idade, recebeu o cobiçado Prêmio Pritzker de Arquitetura. Junto com seu mestre João Vilanova Artigas e ao lado da igualmente audaciosa Lina Bo Bardi, Mendes da Rocha ajudou a cultivar a visão social e a escala heroica características da chamada "escola paulista" de arquitetura, apesar da truculência do governo militar que inibiria o desenvolvimento da cultura brasileira por vinte anos depois de tomar o poder em 1964. Só com a abertura política da década de 1980 é que Mendes da Rocha pôde retomar a prática profissional e reassumir o cargo de professor na Universidade de São Paulo.

A primeira coisa que se nota na obra de Mendes da Rocha é o modo como um ambiente público aberto se inscreve em sua arquitetura com um rigor ao mesmo tempo poético e político. O espírito essencial que sintetiza essa expressão são os sentimentos do arquiteto pela vastidão do horizonte brasileiro. Como observou Annette Spiro,

Fig. 415. Richard Rogers e sócios, Terminal 4, Aeroporto Barajas, Madri, 2006. Vista do nível de embarque.

> O elemento horizontal que proporciona ordem é a cobertura. Dependendo da localização do usuário, ela flutua ou expressa seu peso sobre um piso modulado... Território e edifício "inventam-se" mutuamente... O que parece ser mera preferência do arquiteto pelo espaço horizontal é na verdade uma característica da arquitetura brasileira. "A noção de proteção está completamente ausente do jeito brasileiro de construir. Os edifícios não são construídos para defender alguém de alguma coisa. Entra-se por uma porta e sai-se por outra." De fato, os edifícios do Brasil passam mais a impressão de ligação com o espaço aberto que a de estar arraigados no chão. O espaço ilimitado não é uma ameaça, mas antes uma exigência... Apesar de sua postura crítica, essa arquitetura comunica uma sensação de esperança. Não só o sentimento de ser o ponto culminante de um longo desenvolvimento, mas antes uma expectativa simultânea de algo que dê frutos no futuro. É um início, um despertar, como se a história estivesse começando agora.

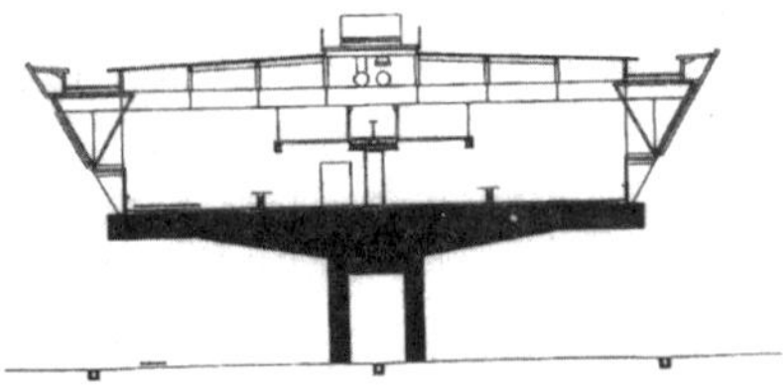

Fig. 416. Mendes da Rocha, Poupatempo de Itaquera, São Paulo, 1998. Corte da laje de concreto elevada com cobertura de aço.

Talvez em nenhuma outra obra de Mendes da Rocha seu compromisso cívico seja tão patente quanto no Poupatempo de Itaquera, construído ao lado da estação de metrô de mesmo nome na cidade de São Paulo em 1998. Acessível por automóvel ou por transporte público, essa estrutura de 300 metros de comprimento tem a forma de um viaduto de concreto, que deve, sem dúvida, ser visto como continuação da heroica tradição brasileira de construção em concreto armado que começou com a obra pioneira de figuras como Oscar Niemeyer e Afonso Eduardo Reidy. Talvez o projeto reflita ainda uma "vontade de construir" mais amplamente latino-americana, uma vez que encontramos semelhanças com as proposições estruturais do arquiteto argentino Amancio Williams e do engenheiro uruguaio Eladio Dieste. O primeiro predica todos os seus projetos no poderio tecnológico do concreto armado; o segundo prenunciou as mudanças dessa técnica recebida, usando de maneira única a alvenaria armada. Ciente dessa herança, Mendes da Rocha invariavelmente adota uma expressão tectônica monumental que, no caso do edifício do Poupatempo, é anunciada pelo fato de o viaduto sustentar-se em balanço sobre um núcleo central de pilotis emparelhados, ecoando em escala massiva o sistema de apoio adotado por Le Corbusier no Pavillon Suisse de 1933. No edifício do Poupatempo, o peso da laje de concreto combina-se com uma cobertura leve de aço soldado, tectonicamente articulada, criando um volume público excepcionalmente generoso e de tirar o fôlego. É típico do conceito de economia estrutural de Mendes da Rocha que a superestrutura de aço tubular soldado sobressaia à plataforma de concreto na forma de beirais que obviam a necessidade de proteção contra o sol nas laterais do edifício.

Além da generosidade do espaço, pode-se dizer que a arquitetura de Mendes da Rocha tem outras duas características. A primeira não se reduz à reciprocidade entre edifício e ambiente sobre a qual falou Spiro, mas abarca também o perene potencial para um contraste significativo entre a envergadura de um telhado – seja ele leve ou pesado – que cobre todo o edifício, de um lado, e as rampas, escavações e o caráter "hidráulico" da estrutura pesada sobre a qual repousa o edifício. Para Mendes da Rocha, a revelação da forma da engenharia é precondição para a criação de uma obra de importância cívica, expondo assim a inter-relação entre terrapleno, cobertura e drenagem – elementos que encontramos no Museu Brasileiro da Escultura, realizado em São Paulo em 1988, com uma laje de 60 metros que cobre todo o edifício. Nisto, encontramos um gesto gratuito de engenharia que, em virtude de sua escala imponente, transcende por completo as distinções que habitualmente fazemos entre engenharia, arquitetura e escultura.

O outro elemento frequentemente presente na obra de Mendes da Rocha é a evocação de uma paisagem "hidráulica", que encontramos em 1988 numa proposta para a transformação da baía de Montevidéu. O arquiteto descreve-a da seguinte maneira:

> O espaço retificado que dá para a baía volta-se para a água e fornece novas áreas de recreação na forma de jardins, praças, teatros, cinemas, hotéis, cafés, restaurantes... a baía está cheia de pequenos barcos de transporte de passageiros e transmite uma impressão vívida e sofisticada. Num ponto remoto da baía, esplendidamente situado, uma pequena ilha foi transformada num teatro, à maneira dos venezia-

nos. Talvez, uma noite, uma melodia inexpressivelmente bela vinda de suas praias paire sobre a cidade. Quem sabe? Pode até ser algo semelhante à [*Floresta*] *amazônica* de Villa-Lobos.

Essa mudança de tempo gramatical permite que Mendes da Rocha transmita uma visão elegíaca que, na mesma medida em que se localiza nostalgicamente no passado, projeta-se também para um futuro remoto e extático. Esses deslocamentos fazem parte de um otimismo visionário que nos lembra a concepção oceânica que Le Corbusier tinha do Rio de Janeiro no final da década de 1920, sobretudo quando via a cidade desde a pista de pouso do Aeroporto Santos Dumont, de frente para o mar (ver p. 218) – imagem que serviria de inspiração permanente para Mendes da Rocha. Como escreveu ele em 1981, "a arquitetura é a confecção e a produção de coisas com as quais o ser humano amarra a natureza imediata e fugidia de sua existência".

Apesar dessa afinidade, a arquitetura de Mendes da Rocha é distinta da de Le Corbusier e, igualmente, da de seus predecessores brasileiros. Sua obra manifesta um reconhecimento da aspereza do mundo e ao mesmo tempo antevê a libertação momentânea do homem através de um gesto arquitetônico magnânimo que é a um só tempo socialmente expansivo, espacialmente heroico e tecnicamente audaz. É através dessa audácia que Mendes da Rocha procura desafiar o espetacular esteticismo decadente de nossos tempos. Isso se evidencia tanto em suas obras residenciais quanto em seus edifícios públicos, como podemos concluir a partir de seu hábito de tratar a residência privada como um domínio micropúblico. De modo complementar, tudo em sua obra pública depende da asserção categórica da forma, privilegiando o cubo e o cilindro e vazando-se numa retórica feita de pisos com rampas e coberturas sustentadas por imensas superestruturas em balanço. É isso que se vê, por exemplo, no projeto singular com que participou do concurso para o Centro Pompidou de Paris, em 1971.

Quanto ao uso que Mendes da Rocha faz dos sólidos platônicos, ou eles são tratados como megalitos em si mesmos, destacando-se diante de contornos ondulantes ou de planos aquosos – como no complexo para o Museu de Ciências da USP, projetado em 2000 –, ou são ancorados numa plataforma elevada que amplifica seu caráter monumental, como no Boulevard dos Esportes, projetado para a cidade de Paris como parte de sua fracassada candidatura às Olimpíadas de 2008. Essa megaestrutura foi concebida como um elemento acupuntural dentro do caos que a rodeia por todos os lados.

Mas, sem dúvida, o projeto de Mendes da Rocha que representa de modo mais sucinto seu compromisso com o espaço público é o da renovação da Praça do Patriarca, o qual gira em torno do pórtico de aço colocado sobre a entrada de uma passagem subterrânea no centro histórico de São Paulo – na realidade, uma seção de aerofólio de 19 por 23 metros, suspensa de uma gigantesca viga triangular de 38 metros, sustentada de um lado e de outro por colunas feitas de chapas de aço soldadas.

Mendes da Rocha é um arquiteto de esquerda que, como Alvar Aalto, reconhece que os pobres do mundo não podem ser salvos pela arquitetura. Ao mesmo tempo, conserva a aguda consciência de que o mundo não pode se sustentar, e muito menos se redimir, baseado na atual combinação de tecnologia avançada de comunicações e voracidade do mercado:

> Basicamente, projetamos uma nova "geografia"... Para mim, as questões importantes em arquitetura são essas, não as questões estéticas... Sempre se espera que o arquiteto produza edifícios extraordinários que, porém, não mudam absolutamente nada na realidade. Isso não pode interessar a ninguém. É como se fizéssemos sempre a mesma coisa em formas sempre mutáveis.

Fig. 417. Mendes da Rocha, pórtico de aço na Praça do Patriarca, São Paulo, 2002.

Para Mendes da Rocha, o potencial sociocultural da forma cívica é inseparável de sua escala tectônica e da generosidade espacial e simbólica de seu desenvolvimento programático. Para ele, até a sala de estar de uma residência deve ser vista como um espaço de aparência (aparição) pública. Para além disso, para além até dos limites da instituição cívica, a *civitas* de hoje só pode ser significativamente representada em escala topográfica. Quanto ao mais, num mundo cada vez mais dividido entre a riqueza prodigiosa e a pobreza abjeta, as simpatias de Mendes da Rocha alinham-se com as de Antonio Gramsci, que, em meados da década de 1930, pouco antes de morrer, escreveu: "O velho está morrendo e o novo não pode nascer; nesse interregno, surgem muitos sintomas mórbidos."

Bibliografia

Nota introdutória à quarta edição

Apesar do grande número de publicações especializadas que surgiram nos últimos quinze anos, por razões de espaço esta bibliografia continua praticamente inalterada em relação àquela da Terceira Edição. As exceções são as referências relacionadas ao capítulo adicional – o Capítulo 7 da Parte 3 –, que efetivamente atualizam esta relação de publicações.

ABREVIATURAS

AA	Architectural Association, Londres
AAJ	*Architectual Association Journal*
AAQ	*Architectural Association Quarterly*
AB	*Art Bulletin*
AD	*Architectural Design*
AIAJ	*American Institute of Architects Journal*
AMC	*Architecture, mouvement et continuité*
AR	*Architectural Review*
A + U	*Architecture and Urbanism*
JAE	*Journal of Architectural Education*
JSAH	*Journal of the Society of Architectural Historians*
JW&CI	*Journal of the Warburg and Courtauld Institutes*
RIBAJ	*RIBA Journal*

GERAL

L. Benevolo, *Origins of Modern Town Planning* (1967)

—, *History of Modern Architecture* (1971)

F. Dal Co e M. Tafuri, *Architettura contemporanea* (1976)

S. Giedion, *Space, Time and Architecture* (1941)

—, *Mechanization Takes Command* (1948)

H.-R. Hitchcock, *Architecture: Nineteenth and Twentieth Centuries* (1958/83)

M. Tafuri, *Teorie e storia dell'architettura* (1968)

—, *Architecture and Utopia: Design and Capitalist Development* (1976)

PARTE 1: Evoluções culturais e técnicas predisponentes, 1750-1939

Capítulo 1: Transformações culturais

R. Banham, *Theory and Design in the First Machine Age* (1960), esp. caps. 1-3

L. Benevolo, *History of Modern Architecture,* I (1971), esp. Prefácio e capítulo 1

R. Bentmann e M. Muller, "The Villa as Domination", *9H,* n.º 5, 1983, 104-14, e n.º 7, 1985, 83-104

D. Brownlee, *Friedrich Weinbrenner, Architect of Karlsruhe* (1986)

T. Buddensieg, "To build as one will...", "Schinkel's Notions on the Freedom of Building", *Daidalos,* 7, 1983, 93-102

A. Choisy, *Histoire de l'architecture* (Paris, 1899)

L. Dehio, *Friedrich Wilhelm IV von Preussen: Ein Baukünstler der Romantik* (1961)

M. Dennis, *Court and Garden: From French Hôtel to the City of Modern Architecture* (1986)

A. Dickens, "The Architect and the Workhouse", *AR,* dezembro de 1976, 345-52

A. Drexler, org., *The Architecture of the École des Beaux-Arts* (1977); com ensaios de R. Chafee, N. Levine e D. Van Zanten

P. Duboy, *Lequeu: Architectural Enigma* (1986): estudo definitivo, com prefácio de Robin Middleton

R. A. Etlin, *The Architecture of Death* (1984)

R. Evans, "Bentham's Panopticon: An Incident in the Social History of Architecture", *AAQ* III, n.º 2, abril-julho de 1971, 21-37

—, "Regulation and Production", *Lotus,* 12, setembro de 1976, 6-14

B. Fortier, "Logiques de l'équipement", *AMC*, 45, maio de 1978, 80-5

K. W. Forster, "Monument/Memory and the Mortality of Architecture", *Oppositions*, outono de 1982, 2-19

M. Gallet, *Charles de Wailly 1730-1798* (1979)

E. Gilmore-Holt, *From the Classicists to the Impressionists* (1966)

J. Guadet, *Eléments et théorie de l'architecture* (1902)

A. Hernandez, "J. N. L. Durand's Architectural Theory", *Perspecta*, 12, 1969

W. Herrmann, *Laugier and Eighteenth-Century French Theory* (1962)

Q. Hughes, "Neo-Classical Ideas and Practice: St George's Hall, Liverpool", *AAQ*, V, n.º 2, 1973, 37-44

E. Kaufmann, *Three Revolutionary Architects, Boullée, Ledoux and Lequeu* (1953)

—, *Architecture in the Age of Reason* (1968)

M. Lammert, *David Gilly: Ein Baumeister der deutschen Klassizismus* (1981)

K. Lankheit, *Der Tempel der Vernunft* (1968)

N. Leib e F. Hufnagl, *Leo von Klenze, Gemälde und Zeichnungen* (1979)

D. M. Lowe, *History of Bourgeois Perception* (1982)

T. J. McCormick, *Charles Louis Clérisseau and the Genesis of Neoclassicism* (1990)

G. Mezzanotte, "Edilizia e politica. Appunti sull'edilizia dell'ultimo neoclassicismo", *Casabella*, 338, julho de 1968, 42-53

R. Middleton, "The Abbé de Cordemoy: The Graeco-Gothic Ideal", *JW&CI*, 1962, 1963

—, "Architects as Engineers: The Iron Reinforcement of Entablatures in 18th-century France", *AA Files*, n.º 9, verão de 1985, 54-64

—, org., *The Beaux-Arts and Nineteenth Century French Architecture* (1984)

— e D. Watkin, *Neoclassical and Nineteenth Century Architecture*, 2 vols. (1987)

B. de Montgolfier, org., *Alexandre-Théodore Brongniart* (1986)

W. Oechslin, "Monotonie von Blondel bis Durand", *Werk-Archithese*, janeiro de 1977, 29-33

A. Oncken, *Friedrich Gilly 1772-1800* (reeditado em 1981)

A. Pérez-Gómez, *Architecture and the Crisis of Science* (1983)

J. M. Pérouse de Montclos, *Etienne-Louis Boullée 1728-1799* (1969)

N. Pevsner, *Academies of Art, Past and Present* (1940): extraordinário estudo sobre a evolução da arquitetura e o ensino do *design*

—, *Studies in Art, Architecture and Design*, I (1968)

J. Posener, "Schinkel's Eclecticism and the Architectural", *AD*, novembro-dezembro de 1983 (número especial sobre Berlim), 33-39

P. de la Ruffinière du Prey, *John Soane* (1982)

H. G. Pundt, *Schinkel's Berlin* (1972)

G. Riemann, org., *Karl Friedrich Schinkel. Reisen nach Italien* (1979)

—, *Karl Friedrich Schinkel. Reise nach England, Schottland und Paris* (1986)

A. Rietdorf, *Gilly: Wiedergeburt der Architektur* (1943)

R. Rosenblum, *Transformations in Late Eighteenth Century Art* (1967)

A. Rowan, "Japelli and Cicogarno", *AR*, março de 1968, 225-8: sobre a arquitetura neoclássica do século XIX em Pádua, etc.

J. Rykwert, *The First Moderns* (1983)

P. Saddy, "Henry Labrouste: architecte-constructeur", *Les Monuments historiques de la France*, n.º 6, 1975, 10-7

J. Starobinski, *The Invention of Liberty* (1964)

—, *The Emblems of Reason* (1990)

D. Stroud, *The Architecture of Sir John Soane* (1961)

—, *George Dance, Architect 1741-1825* (1971)

W. Szambien, *J. N. L. Durand* (1984)

M. Tafuri, *Architecture and Utopia: Design and Capitalist Development* (1976)

J. Taylor, "Charles Fowler: Master of Markets", *AR*, março de 1964, 176-82

D. Ternois *et al.*, *Soufflot et l'architecture des lumières* (CNRS/Paris, 1980): atas de um congresso sobre Soufflot realizado na Universidade de Lyon em junho de 1980

G. Teyssot, *Città e utopia nell'illuminismo inglese: George Dance il giovane* (1974)

—, "John Soane and the Birth of Style", *Oppositions*, 14, 1978, 61-83

A. Valdenaire, *Friedrich Weinbrenner* (1919)

A. Vidler, "The Idea of Type: The Transformation of the Academic Ideal 1750-1830", *Oppositions*, 8, primavera de 1977. (O mesmo número contém um artigo extremamente importante de Quatremère de Quincy sobre o tipo, publicado na *Encyclopédie Méthodique*, III, parte 2, 1825)

—, *The Writing of the Walls: Architectural Theory in the Late Enlightenment* (1987)

—, *Claude Nicolas Ledoux* (1990)
S. Villari, *J. N. L. Durand (1760-1834): Art and Science of Architecture* (1990)
D. Watkin, *Thomas Hope and the Neo-classical Idea* (1968)
—, *C. R. Cockerell* (1984)
—, e T. Mellinghoff, *German Architecture and the Classical Ideal* (1987)

Capítulo 2: Transformações territoriais

H. Ballon, *The Paris of Henri IV* (1991)
H. P. Bartschi, *Industrialisierung Eisenbahnschlacten und Städtebau* (ETH/GTA 25, Stuttgart, 1983)
L. Benevolo, *The Origins of Modern Town Planning* (1967)
—, *History of Modern Architecture,* I (1971), caps. 2-5
—, *The History of the City* (1980): abordagem enciclopédica da história do urbanismo ocidental
F. Borsi e E. Godoli, *Vienna 1900* (1986)
—, *Paris 1900* (1989)
C. Boyer, *Dreaming of the Rational City: The Myth of American City Planning* (1983)
A. Brauman, *Le Familistère de Guise ou les équivalents de la richesse* (1976); texto inglês
S. Buder, *Pullman: An Experiment in Industrial Order and Community Planning 1880-1930* (1967)
D. Burnham e E. H. Bennett, *Plan of Chicago* (1909)
Z. Celik, *Remaking of Istanbul. Portrait of an Ottoman City in the 19th Century* (1986)
I. Cerdá, "A Parliamentary Speech", *AAQ*, IX, n.º 7, 1977, 23-6
F. Choay, *L'Urbanisme, utopies et réalités* (1965)
—, *The Modern City: Planning in the 19th Century* (1969): texto introdutório fundamental
G. Collins, "Linear Planning throughout the World", *JSAH*, XVIII, outubro de 1959, 74-93
C. C. e G. R. Collins, *Camillo Sitte and the Birth of Modern City Planning* (1965)
M. H. Contal, "Vittel 1854-1936. Création d'une ville thermale", *Vittel 1854-1936* (1982)
W. L. Creese, *The Legacy of Raymond Unwin* (1967)
G. Darley, *Villages of Vision* (1976)
J. Fabos, G. T. Milde e V. M. Weinmayr, *Frederick Law Olmsted, Sr.* (University of Massachusetts, 1968)
R. M. Fogelson, *The Fragmented Metropolis: Los Angeles 1850-1930* (1967)
A. Fried e P. Sanders, *Socialist Thought* (1964): útil pela tradução de textos dos socialistas utópicos franceses Fourier, Saint-Simon, etc.
J. F. Geist e K. Kurvens, *Das Berliner Miethaus 1740-1862* (1982)
A. Grumbach, "The Promenades of Paris", *Oppositions*, 8, primavera de 1977
A. J. Jeffery, "A Future for New Lanark", *AR,* janeiro de 1975, 19-28
S. Kern, *The Culture of Time and Space, 1880-1918* (1983)
D. Leatherbarrow, "Friedrichstadt – A Symbol of Toleration", *AD*, novembro-dezembro de 1983, 23-31
A. López de Aberasturi, *Ildefonso Cerdá: la théorie générale de l'urbanisation* (1979)
F. Loyer, *Paris XIXe. Siècle* (1981)
—, *Architecture of the Industrial Age* (1982)
H. Meyer e R. Wade, Chicago: *Growth of a Metropolis* (1969)
B. Miller, "Ildefonso Cerdá", *AAQ,* IX, n.º 7, 1977, 12-22
N. Pevsner, "Early Working Class Housing", reeditado em *Studies in Art, Architecture and Design,* II (1968/82)
G. Pirrone, *Palermo, una capitale* (1989)
F. Rella, *Il Dispositivo Foucault* (1977); com ensaios de M. Cacciari, M. Tafuri e G. Teyssot
J. P. Reynolds, "Thomas Coglan Horsfall and the Town Planning Movement in England", *Town Planning Review,* XXIII, abril de 1952, 52-60
W. Schvelbush, *The Railway Journey: The Industrialization of Time and Space in the 19th Century* (1977)
A. Service, *London 1900* (1979)
C. Sitte, *City Planning According to Artistic Principles* (1965): tradução do texto de Sitte de 1889
M. De Solà-Morales, "Towards a Definition: Analysis of Urban Growth in the Nineteenth Century", *Lotus*, 19, junho de 1978, 28-36
R. Stern, *New York 1900* (1984)
A. Sutcliffe, *Towards the Planned City: Germany, Britain, the United States and France 1780-1914* (1981)
—, *Metropolis 1890-1940* (1984)
J. N. Tarn, "Some Pioneer Suburban Housing Estates", *AR*, maio de 1968, 367-70
—, *Working-Class Housing in 19th-Century Britain* (AA Paper n.º 7, 1971)

G. Teyssot, "The Disease of the Domicile", *Assemblage 6,* junho de 1988, 73-97

P. Wolf, "City Structuring and Social Sense in 19th and 20th Century Urbanism", *Perspecta,* 13/14, 1971, 220-33

Capítulo 3: Transformações técnicas

T. C. Bannister, "The First Iron-Framed Buildings", *AR*, CVII, abril de 1950

—, "The Roussillon Vault: The Apotheosis of a Folk Construction", *JSAH*, XXVII, n.º 3, outubro de 1968

P. Beaver, *The Crystal Palace 1851-1936* (1970)

W. Benjamin, "Paris: Capital of the 19th Century", *New Left Review,* n.º 48, março-abril de 1968

M. Bill, *Robert Maillart: Bridges and Constructions* (1969)

D. Billington, *Robert Maillart's Bridges* (1979)

—, *Robert Maillart* (1989)

G. Boaga, *Riccardo Morandi* (1984)

B. Bradford, "The Brick Palace of 1862", *AR*, julho de 1962, 15-21: documentação sobre o sucessor britânico do Palácio de Cristal

P. Chemetov, *Architectures, Paris 1848-1914* (1972): catálogo de exposição e pesquisa realizado com M.-C. Gagneux, B. Paurd e E. Girard

P. Collins, *Concrete: The Vision of a New Architecture* (1959)

C. W. Condit, *American Building Art: The Nineteenth Century* (1960)

A. Corboz, "Un pont de Robert Maillart à Leningrad?", *Archithese*, 2, 1971, 42-4

E. de Maré, "Telford and the Gotha Canal", *AR*, agosto de 1956, 93-9

E. Diestelkamp, *The Iron and Glass Architecture of Richard Turner* (tese de doutorado, London University, 1982)

E. Fratelli, *Architektur und Konfort* (1967)

E. Freyssinet, *L'Architecture Vivante,* primavera-verão de 1931: pesquisa da obra de Freyssinet até a data indicada. Obra organizada por J. Badovici

M. Gayle e E. V. Gillon, *Cast-Iron Architecture in New York* (1974)

J. F. Geist, *Arcades: The History of a Building Type* (1983)

S. Giedion, *Space, Time and Architecture* (3.ª edição de 1954)

J. Gloag e D. Bridgwater, *History of Cast Iron Architecture* (1948)

—, *Mr. Loudon's England* (1970)

R. Graefe, M. Gappoer e O. Pertshchi, *V. G. Suchov 1953-1939: Kunst der Konstruktion* (1990)

A. Grumbach, "The Promenades of Paris", *Oppositions,* 8, primavera de 1977, 51-67

G. Günschel, *Grosse Konstrukteure 1: Freyssinet, Maillart, Dischinger, Finsterwalder* (1966)

R. Günter, "Der Fabrikbau in Zwei Jahrhunderten", *Archithese*, 3/4, 1971, 34-51

H.-R. Hitchcock, "Brunel and Paddington", *AR*, CIX, 1951, 240-46

J. Hix, "Richard Turner: Glass Master", *AR*, novembro de 1972, 287-93

—, *The Glass House* (1974)

D. Hoffmann, "Clear Span Rivalry: The World's Fairs of 1889-1893", *JSAH*, XXIX, 1.º de março de 1970, 48

H. J. Hopkins, *A Span of Bridges* (1970)

V. Hütsch, *Der Münchner Glaspalast 1854-1931* (1980)

A. L. Huxtable, "Reinforced Concrete Construction. The Work of Ernest L. Ransome", *Progressive Architecture,* XXXVIII, setembro de 1957, 139-42

R. A. Jewett, "Structural Antecedents of the I-beam 1800-1850", *Technology and Culture,* VIII, 1967, 346-62

G. Kohlmaier, *Eisen Architektur, The Role of Iron in the Historic Architecture in the Second Half of the 19th Century* (ICOMOS, Hanover, 1982)

— e B. Von Sartory, *Houses of Glass: A Nineteenth Century Building Type* (1986)

S. Koppelkamm, *Glasshouses and Winter Gardens of the 19th Century* (1981)

F. Leonardt, *Brücken/Bridges* (1985): estudo bilíngüe sobre as pontes do século XX, de autoria de um famoso engenheiro

J. C. Loudon, *Remarks on Hot Houses* (1817)

F. Loyer, *Architecture of the Industrial Age, 1789-1914* (1982)

H. Maier, *Berlin Anhalter Bahnhof* (1984)

C. Meeks, *The Railroad Station* (1956)

T. F. Peters, *Time is Money: Die Entwicklung des Modernen Bauwesens* (1981)

J. M. Richards, *The Functional Tradition* (1958)

G. Roisecco, *L'architettura del ferro: l'Inghilterra 1688-1914* (1972)

—, R. Jodice e V. Vannelli, *L'architettura del ferro: la Francia 1715-1914* (1973)

T. C. Rolt, *Isambard Kingdom Brunel* (1957)

—, Thomas Telford (1958)

C. Rowe, "Chicago Frame. Chicago's Place in the Modern Movement", *AR*, novembro de 1956

H. Schaefer, *Nineteenth Century Modern* (1970)

A. Scharf, *Art and Industry* (1971)

E. Schild, *Zwischen Glaspalast und Palais des Illusions: Form und Konstruktion im 19, Jahrhunderts* (1967)

P. Morton Shand, "Architecture and Engineering", "Iron and Steel", "Concrete", *AR*, novembro de 1932: artigos pioneiros que foram reeditados em *AAJ*, n.º 827, janeiro de 1959, org. por B. Housden

A. W. Skempton, "Evolution of the Steel Frame Building", *Guild Engineer*, X, 1959, 37-51

—, "The Boatstore at Sheerness (1858-60) and its Place in Structural History", *Trans. of the Newcomen Soc.*, XXXII, 1960, 57-78

— e H. R. Johnson, "William Strutt's Cotton Mills 1793-1812", *Trans. of the Newcomen Soc.*, XXX, 1955-57, 179-203

T. Turak, "The École Centrale and Modern Architecture: The Education of William le Baron Jenney", *JSAH*, XXIX, 1970, 40-7

K. Wachsmann, *The Turning Point in Building* (1961)

PARTE 2: Uma história crítica, 1836-1967

Capítulo 1: Notícias de lugar nenhum

C. Amery, M. Lutyens *et al.*, *Lutyens* (1981)

C. R. Ashbee, *Where the Great City Stands: A Study in the New Civics* (1917): um abrangente manifesto ideológico feito por um *designer* da última fase do movimento Arts and Crafts

E. Aslin, *The Aesthetic Movement* (1969)

A. Bøe, *From Gothic Revival to Functional Form* (1957)

I. Bradley, *William Morris and his World* (1978)

J. Brandon-Jones, "The Work of Philip Webb and Norman Shaw", *AAJ*, LXXI, 1955, 9-21

—, "C. F. A. Voysey", *AAJ*, LXXII, 1957, 238-62

— *et al.*, *C. F. A. Voysey: Architect and Designer* (1978)

K. Clark, *Ruskin Today* (1967): sem dúvida, a melhor introdução aos escritos de Ruskin

J. Mordaunt Crook, *William Burges and the High Victorian Dream* (1981)

D. J. DeWitt, "Neo-Vernacular/Eine Moderne Tradition", *Archithese*, 9, 1974, 15-20

S. Durant, *The Decorative Designs of C. F. A. Voysey* (1991)

T. Garnham, "William Lethaby and the Two Ways of Building", *AA Files*, n.º 10, outono de 1985, 27-43

M. Girouard, *Sweetness and Light: The Queen Anne Movement 1860-1900* (1977)

C. Grillet, "Edward Prior", *AR*, novembro de 1952, 303-8

N. Halbritter, "Norman Shaw's London Houses", *AAQ*, VII, n.º 1, 1975, 3-19

L. Hollanby, *The Red House by Philip Webb* (1990)

E. Howard, *Tomorrow: a Peaceful Path to Real Reform* (1898)

C. Hussey, *The Life of Sir Edwin Lutyens* (1950, reeditado em 1989)

P. Inskip, *Edwin Lutyens* (1980)

A. Johnson, "C. F. A. Voysey", *AAQ*, IX, n.º 4, 1977, 26-35

W. R. Lethaby, *Architecture, Mysticism and Myth* (1892, reeditado em 1975)

—, *Form and Civilization* (1922)

—, *Architecture, Nature and Magic* (1935)

—, *Philip Webb and His Work* (1935)

R. Macleod, *Style and Society: Architectural Ideology in Britain 1835-1914* (1971): fundamental para o período em questão

A. L. Morton, org., *Political Writings of William Morris* (1973)

H. Muthesius, *The English House* (1979): tradução do texto alemão de 1904

G. Naylor, *The Arts and Crafts Movement* (1990)

N. Pevsner, "Arthur H. Mackmurdo" (*AR* 1938) e "C. F. A. Voysey 1858-1941" (*AR* 1941), *in Studies in Art, Architecture and Design*, II (1968, reeditado em 1982)

—, *Pioneers of Modern Design* (1949 e edições posteriores)

—, "William Morris and Architecture", *RIBAJ*, 3.ª série, LXIV, 1957

—, *Some Architectural Writers of the Nineteenth Century* (1962): especialmente pela reimpressão de "The Revival of Architecture", de Morris (1988)

—, *The Sources of Modern Architecture and Design* (1968)

G. Ruben, *William Richard Lethaby: His Life and Work 1857-1931* (1986)

A. Saint, *Richard Norman Shaw* (1978)

A. Service, *Edwardian Architecture* (1977)

—, *London 1900* (1979)

G. Stamp e M. Richardson, "Lutyens and Spain", *AA Files*, n.º 3, janeiro de 1983, 51-9

P. Stanton, *Pugin* (1971)

M. Tasapor, "John Lockwood Kipling and the Arts and Crafts Movement in India", *AA Files*, n.º 3, primavera de 1983

R. Watkinson, *William Morris as Designer* (1967)

Capítulo 2: Adler e Sullivan

A. Bush-Brown, *Louis Sullivan* (1960)
D. Crook, "Louis Sullivan and the Golden Doorway", *JSAH*, XXVI, dezembro de 1967, 250
W. de Wit, org., *Louis Sullivan: The Function of Ornament* (1986)
H. Dalziel Duncan, *Culture and Democracy* (1965)
D. D. Egbert e P. E. Sprague, "In Search of John Edelman, Architect and Anarchist", *AIAJ*, fevereiro de 1966, 35-41
R. Geraniotis, "The University of Illinois and German Architecture Education", *JAE*, vol. 38, n.º 34, verão de 1985, 15-21
C. Gregersen e J. Saltzstein, *Dankmar Adler: His Theaters* (1990)
H.-R. Hitchcock, *The Architecture of H. H. Richardson* (1936, edição revisada 1961)
D. Hoffmann, "The Setback Skyscraper of 1891: An Unknown Essay by Louis Sullivan", *JSAH*, XXIX, n.º 2, maio de 1970, 181
G. C. Manson, "Sullivan and Wright, an Uneasy Union of Celts", *AR*, novembro de 1955, 297-300
H. Morrison, *Louis Sullivan, Prophet of Modern Architecture* (1935, reeditado em 1952)
J. K. Ochsner, *H. H. Richardson, Complete Architectural Works* (1982)
J. F. O'Gorman, *The Architecture of Frank Furness* (1973)
—, *Henry Hobson Richardson and his Office: Selected Drawings* (1974)
J. Siry, *Carson Pirie Scott: Louis Sullivan and the Chicago Department Store* (1988)
L. Sullivan, *A System of Architectural Ornament According with a Philosophy of Man's Powers* (1924)
—, "Reflections on the Tokyo Disaster", *Architectural Record*, fevereiro de 1924: texto tardio no qual o autor elogia o Imperial Hotel de Wright
—, *The Autobiography of an Idea* (1926 e 1956): originalmente publicado como uma série em *AIAJ*, 1922-23
—, *Kindergarten Chats and Other Writings* (1947)
D. Tselos, "The Chicago Fair and the Myth of the Lost Cause", *JSAH*, XXVI, n.º 4, dezembro de 1967, 259
R. Twombly, *Louis Sullivan: Life and Work* (1986)
—, org., *Louis Sullivan: The Public Papers* (1988)
L. S. Weingarten, *Louis H. Sullivan: The Banks* (1987)
F. L. Wright, *Genius and the Mobocracy* (1949): uma apreciação de Wright do gênio ornamental de Sullivan

Capítulo 3: Frank Lloyd Wright, 1890-1916

H. Allen Brooks, *The Prairie School* (1972)
—, org., *Writings on Wright* (1983)
J. Connors, *The Robie House of Frank Lloyd Wright* (1984)
H. de Fries, *Frank Lloyd Wright* (1926)
A. M. Fern, "The Midway Gardens of Frank Lloyd Wright", *AR*, agosto de 1963, 113-6
Y. Futagawa, org., *Frank Lloyd Wright:* desenhos do arquivo da Taliesin Fellowship, com texto de Bruce Pfeiffer (1986-87). Publicado em 12 volumes como se segue: 1 (1887-1901), 2 (1902-06), 3 (1907-13), 4 (1914-23), 5 (1924-36), 6 (1937-41), 7 (1942-50), 8 (1951-59), 9 (Estudos Preliminares, 1889-1916), 10 (Estudos Preliminares, 1917-32), 11 (Estudos Preliminares, 1933-59), 12 (Interpretações, 1887-1959)
J. Griggs, "The Prairie Spirit in Sculpture", *The Prairie School Review*, II, n.º 4, inverno de 1965, 5-23
S. P. Handlin, *The American Home: Architecture and Society 1815-1915* (1979)
D. A. Hanks, *The Decorative Designs of Frank Lloyd Wright* (1979)
H. -R. Hitchcock, *In the Nature of Materials 1887-1941. The Buildings of Frank Lloyd Wright* (1942)
—, "Frank Lloyd Wright and the Academic Tradition", *JW&CI*, n.º 7, 1944, 51
D. Hoffmann, "Frank Lloyd Wright and Viollet-le-Duc", *JSAH*, XXVIII, n.º 3, outubro de 1969, 173
A. Izzo e C. Gubitosi, *Frank Lloyd Wright Dessins 1887-1959* (1977)
C. James, *The Imperial Hotel* (1968): uma documentação completa do hotel antes de sua demolição
E. Kaufmann, *Nine Commentaries on Frank Lloyd Wright* (1989)
—, e B. Raeburn, *Frank Lloyd Wright: Writings and Buildings* (1960): uma coletânea importante de textos de Wright, nela incluído o importantíssimo *The Art and Craft of the Machine*
N. Kelly-Smith, *Frank Lloyd Wright: A Study in Architectural Content* (1966)

R. Kosta, “Frank Lloyd Wright in Japan”, *The Prairie School Review,* III, n.º 3, outono de 1966, 5-23

G. C. Manson, “Wright in the Nursery: The Influence of Froebel Education on the Work of Frank Lloyd Wright”, *AR*, junho de 1953, 349-51

—, “Sullivan and Wright, an Uneasy Union of Celts”, *AR,* novembro de 1955

—, *Frank Lloyd Wright to 1910: The First Golden Age* (1958)

L. M. Peisch, *The Chicago School of Architecture* (1964)

R. McCarter, org., *Frank Lloyd Wright: A Primer on Architectural Principles* (1991): antologia de ensaios interpretativos

B. B. Pfeiffer, org., *The Wright Letters,* 3 vols. (1984)

J. Quinnan, *Frank Lloyd Wright's Larkin Building: Myth and Fact* (1987)

V. Scully, *The Shingle Style* (1955)

—, *Frank Lloyd Wright* (1960)

D. Tselos, “Frank Lloyd Wright and World Architecture”, *JSAH,* XXVIII, n.º 1, março de 1969, 58 ss.

F. L. Wright, *Ausgeführte Bauten und Entwürfe von Frank Lloyd Wright* (1910, reeditado em 1965)

—, *An Autobiography* (1932, reeditado em 1946)

—, *On Architecture,* org. F. Gutheim (1941): seleção de textos do período 1894-1940

G. Wright, *Moralism and the Modern Home: 1870-1913* (1980)

Capítulo 4: O Racionalismo Estrutural

J. F. Aillagon ou G. Viollet-le-Duc, *Le Voyage d'Italie d'Eugène Viollet-le-Duc 1836-1837* (1980)

T. G. Beddall, “Gaudí and the Catalan Gothic”, *JSAH*, XXXIV, n.º 1, março de 1975, 48

B. Bergdoll, *E. E. Viollet-le-Duc: The Foundations of Architecture, Selections from the Dictionnaire Raisonné* (1990)

M. Bock, *Anfänge einer Neuen Archtektur: Berlages Beitrag zur Architektonischen Kultur in der Niederlände im ausgehenden 19. Jahrhundert* (1983)

O. Bohigas, “Luis Domenech y Montaner 1850-1923”, *AR*, dezembro de 1967, 426-36

F. Borsi e E. Godoli, *Paris 1900* (1978)

— e P. Portoghesi, *Victor Horta* (1977)

— e H. Weiser, *Bruxelles Capitale de l'Art Nouveau* (1971)

Y. Brunhammer e G. Naylor, *Hector Guimard* (1978)

E. Casanelles, *Antonio Gaudí, A Reappraisal* (1967)

J. Castex e P. Panerai, “L'École d'Amsterdam: architecture urbaine et urbanisme social-démocrate”, *AMC*, 40, setembro de 1976, 39-54

G. Collins, *Antonio Gaudí* (1960)

M. Culot e L. Grenier, “Henri Sauvage, 1873-1932”, *AAQ,* X, n.º 2, 1972, 16-27

— *et al., Henri Sauvage 1893-1932* (1976): obras escolhidas com ensaios de L. Grenier, F. Loyer e L. Miotto-Muret

R. Dalisi, *Gaudí Furniture* (1979)

R. Delevoy, *Victor Horta* (1958)

— *et al., Henri Sauvage 1873-1932* (1977)

R. Descharnes e C. Prévost, *Gaudí, The Visionary* (1971): contém muito material importante e exclusivo

B. Foucart *et al., Viollet-le-Duc* (1980)

D. Gifford, *The Literature of Architecture* (1966): contém a tradução do artigo de Berlage intitulado “Neuere amerikanische Architektur”

L. F. Graham, *Hector Guimard* (1970)

G. Grassi, “Un architetto e una città: Berlage ad Amsterdam”, *Casabella-Continuità*, 1961, 39-44

J. Gratama, *Dr. H. P. Berlage Bouwmeester* (1925)

H. Guimard, “An Architect's Opinion of l'Art Nouveau”, *Architectural Record,* junho de 1902, 130-3

M. F. Hearn, org., *The Architectural Theory of Viollet-le-Duc. Readings and Commentary* (1989)

M. -A. Leblond, “Gaudí et l'architecture méditerranéenne”, *L'Art et les artistes,* II, 1910

D. Mackay, “Berenguer”, *AR*, dezembro de 1964, 410-6

—, *Modern Architecture in Barcelona 1854-1939* (1987)

S. T. Madsen, “Horta: Works and Style of Victor Horta Before 1900”, *AR*, dezembro de 1955, 388-92

C. Martinell, *Gaudí: His Life, His Themes, His Work* (1975)

F. Mazade, “An ‘Art Nouveau’ Edifice in Paris”, *Architectural Record,* maio de 1902: um relato contemporâneo sobre o teatro Humbert de Romans

M. A. Miserachs, *J. Puig i Cadafalch* (1989)

J. Molema *et al., Antonio Gaudí een weg tot oorspronkelijkheid* (1987)
—— *et al., Gaudí: Rationalist met perfekte Materiaalbeheersing* (1979): pesquisa sobre a forma e o processo estrutural da arquitetura de Gaudí
N. Pevsner e J. M. Richards, orgs., *The Anti-Rationalists* (1973)
S. Polano e G. Fanelli, *Hendrik Petrus Berlage: Complete Works* (1987): ao lado da obra de Singelenberg, o melhor relato em língua inglesa até a presente data
J. Rovira, "Architecture and Ideology in Catalonia 1901-1951", *AA Files*, n.º 14, 62-8
F. Russell, org., *Art Nouveau Architecture* (1979)
R. Schmutzler, "The English Origins of the Art Nouveau", *AR*, fevereiro de 1955, 109-16
——, "Blake and the Art Nouveau", *AR*, agosto de 1955, 91-7
——, *Art Nouveau* (1962, brochura 1979): ainda o estudo inglês mais abrangente de toda a evolução
H. Searing, "Betondorp: Amsterdam's Concrete Suburb", *Assemblage 3,* 1987, 109-43
J. L. Sert e J. J. Sweeny, *Antonio Gaudí* (1960)
P. Singelenberg, *H. P. Berlage: Idea and Style* (1972)
I. de Solà-Morales, *Jujol* (1990)
J. Summerson, "Viollet-le-Duc and the Rational Point of View", *in Heavenly Mansions* (1948)
——, N. Pevsner, H. Damish e S. Durant, *Viollet-le-Duc, AD* Profile, 1980
F. Vamos, "Lechner Ödön", *AR*, julho de 1967, 59-62

Capítulo 5: Mackintosh e a Escola de Glasglow

F. Alison, *Le sedie di Charles Rennie Mackintosh* (1973): um catálogo *raisonné* com desenhos de móveis criados por Mackintosh
R. Billcliffe, *Architectural Sketches and Flower Drawings by Charles Rennie Mackintosh* (1977)
——, *Mackintosh, Water Colours* (1978)
——, *Mackintosh, Textile Designs* (1982)
T. Howarth, *Charles Rennie Mackintosh and the Modern Movement* (1952, ed. Revisada 1977): continua sendo o texto inglês fundamental
E. B. Kalas, "L'Art de Glasgow", *in De la Tamise à la Sprée* (1905): uma versão em inglês foi publicada por ocasião da Mackintosh Memorial Exhibition, 1933
R. Macleod, *Charles Rennie Mackintosh* (1968)
P. Robertson, org., *Charles Rennie Mackintosh: The Architectural Papers* (1990)
A. Service, "James Maclaren and the Godwin Legacy", *AR*, agosto de 1973, 111-8
D. Walker, "Charles Rennie Mackintosh", *AR*, novembro de 1968, 355-63
G. White, "Some Glasgow Designers and their Work", *Studio,* XI, 1897, 86 ss.

Capítulo 6: A primavera sagrada

P. Behrens, "The Work of Josef Hoffmann", *Architecture* (Journal of the Society of Architects, Londres) II, 1923, 589-99
I. Boyd-Whyte, *Emil Hoppe, Marcel Kammerer, Otto Schönthal: Three Architects from the Master Class of Otto Wagner* (1989)
F. Burkhardt, C. Eveno e B. Prodecca, *Jože Plečnik, Architect (1872-1957)* (1990)
F. Cellini, "La villa Asti di Josef Hoffmann", *Contraspazio,* IX, n.º 1, junho de 1977, 48-51
J. R. Clark, "J. M. Olbrich 1867-1908", *AD,* XXXVII, dezembro de 1967
H. Czech, "Otto Wagner's Vienna Metropolitan Railway", *A + U,* 76.07, julho de 1976, 11-20
Darmstadt: *Ein Dokument deutscher Kunst 1901-1976* (1976); 5 vols., catálogo de exposição. O volume V registra as três fases principais da construção da colônia, 1901-14
H. Geretsegger, M. Peintner e W. Pichler, *Otto Wagner 1841-1918* (1970)
O. A. Graf, *Die Vergessene Wagnerschule* (1969)
——, *Otto Wagner. Das Werk der Architekten,* I & II (1985)
G. Gresleri, *Josef Hoffmann* (1984)
F. L. Kroll, "Ornamental Theory and Practice in the Jugendstil", *Rassegna*, março de 1990, 58-65
I. Latham, *Josef Maria Olbrich* (1980)
A. J. Lux, *Otto Wagner* (1914)
H. F. Mallgrave, org., *Otto Wagner: Modern Architecture* (1988): tradução da edição de 1902
W. Mrazek, *Die Wiener Werkstätte* (1967)
C. M. Nebehay, *Ver Sacrum 1898-1903* (1978)
O. Niedermoser, *Oskar Strnad 1879-1935* (1965): um breve relato das atividades desse arquiteto versátil, mas relativamente desconhecido
N. Pevsner, "Secession", *AR*, janeiro de 1971, 73-74
V. Horvat Pintarić, *Vienna 1900: The Architecture of Otto Wagner* (1989)
N. Powell, *The Sacred Spring: The Arts in Vienna, 1898-1918* (1974)

M. Pozzetto, *Max Fabiani, Nuove frontiere dell'architettura* (1988): um importante arquiteto da última fase do Secessionismo

D. Prelovšek, *Josef Plečnik: Wiener Arbeiten von 1896 bis 1914* (1979)

C. Schorske, *Fin de Siècle Vienna* (1979)

K. H. Schreyl e D. Neumeister, *Josef Maria Olbrich: Die Zeichnungen in der Kunstbibliothek Berlin* (1972)

W. J. Schweiger, *Wiener Werkstätte: Kunst und Handwerke 1903-1932* (1982); tradução inglesa. *Wiener Werkstätte: Design in Vienna 1903-1932* (1984)

E. Sekler, "Art Nouveau Bergerhöhe", *AR*, janeiro de 1971, 75-6

——, *Josef Hoffmann: The Architectural Work, Monograph and Catalogue of Works* (1985)

M. Tafuri, "Am Steinhof, Centrality and Surface in Otto Wagner's Architecture", *Lotus*, 29, 1981, 73-91

P. Vergo, *Art in Vienna 1898-1918* (1975)

O. Wagner, *Moderne Architektur* (I 1896, II & III 1898-1902): para uma tradução resumida, ver "Modern Architecture", em *Brick Builder*, junho-agosto de 1901

——, *Die Baukunst unserer Zeit* (1914)

——, *Einige Skizzen, Projekte und Ausgeführte Bauwerke von Otto Wagner* (1987): reimpressão dos quatro volumes das obras completas de Wagner, com introdução de P. Haiko R. Waissenberger, *Vienna 1890-1920* (1984)

Capítulo 7: Antonio Sant'Elia e a Arquitetura Futurista

U. Apollonio, *Futurist Manifestos* (1973): contém todos os manifestos mais importantes

R. Banham, *Theory and Design in the First Machine Age* (1960), especialmente caps. 8-10

G. Brizzi e C. Guenzi, "Liberty occulto e G. B. Bossi", *Casabella*, 338, julho 1968, 22-3

L. Caramel e A. Longatti, *Antonio Sant'Elia: The Complete Works* (1989)

R. Clough, *Futurism* (1961)

P. G. Gerosa, *Mario Chiattone* (1985)

E. Godoli, *Il Futurismo* (1983)

P. Hultén, *Futurismo e Futurismi* (catálogo de exposição, Palazzo Grassi, Veneza, 1986)

J. Joll, *Three Intellectuals in Politics* (1960): estudos sobre Blum, Rathenau e Marinetti

G. Kahn, *L'Esthétique de la rue* (1901)

M. Kirby, *Futurist Performance* (1971)

F. T. Marinetti, *Marinetti: Selected Writings* (1971)

C. Meeks, *Italian Architecture 1750-1914* (1966): o último capítulo é especialmente relevante por sua abordagem do Stile Floreale

J.-A. Moilin, *Paris en l'an 2000* (1869)

J. P. Schmidt-Thomsen, "Sant'Elia futurista or the Achilles Heel of the Futurism", *Daidalos*, 2, 1981, 36-44

J. Taylor, *Futurism* (1961)

P. Thea, *Nuove Tendenze a Milano e l'altro Futurismo* (1980)

C. Tisdall e A. Bozzolla, *Futurism* (1977)

Capítulo 8: Adolf Loos e a crise da cultura

F. Amendolagine, "The House of Wittgenstein", *9H*, nº 4, 1982, 23-38

——, e M. Cacciari, *Oikos: da Loos a Wittgenstein* (1975)

S. Anderson, "Critical Conventionalism in Architecture", *Assemblage 1*, 1986, 7-23: uma comparação entre Alois Riegl e Adolf Loos

C. A. e T. J. Benton, *Form and Function*, org. com Dennis Sharp (1975): antologia que contém a tradução de *Architektur* (1910) e *Potemkinstadt* (1898)

B. Colomina, "Intimacy and Spectacle: The Interiors of Adolf Loos", *AA Files*, nº 20, outono de 1990, 5-15

H. Czech, "The Loos Idea", *A + U*, 78.05, 1978, 47-54

—— e W. Mistelbauer, *Das Looshaus* (1976): estudo do edifício Goldmann & Salatsch

P. Engelmann, *Letters from Ludwig Wittgenstein* (1967), especialmente o capítulo 7

J. P. Fotrin e M. Pietu, "Adolf Loos. Maison Pour Tristan Tzara", *AMC*, 38, março de 1976, 43 50

B. Gravagnuolo, *Adolf Loos: Theory and Works* (1982)

J. Gubler, "Loos, Ehrlich und die Villa Karma", *Archithese*, 1, 1971, 46-9

——, e G. Barbey, "Loos's Villa Karma", *AR*, março de 1969, 215-6

A. Janik e S. Toulmin, *Wittgenstein's Vienna* (1974)

H. Kulka, *Adolf Loos, Das Werk des Architekten* (1931)

A. Loos, *Das Andere* (1903)

——, *Ins Leere gesprochen* (1921): artigos escritos entre 1897 e 1900

——, *Trotzdem* (1931): artigos escritos entre 1903 e 1930

——, *Sämtliche Schriften* (1962)

E. Altman Loos, *Adolf Loos, der Mensch* (1968)

L. Munz e G. Künstler, *Adolf Loos: Pioneer of Modern Architecture* (1966): estudo e tradução de *The Plumbers, The Story of the Poor Rich Man* e *Ornament and Crime*
B. Rukschcio e R. Schachel, *Adolf Loos* (1982): estudo definitivo em alemão
Y. Safran, "The Curvature of the Spine: Kraus, Loos and Wittgenstein", *9H*, nº 5, 1982, 17-22
R. Schachel e V. Slapeta, *Adolf Loos* (1989): catálogo da exposição do centenário em Viena
W. Wang, org., "Britain and Vienna 1900-1938", *9H*, nº 6, 1983
—, Y. Safran, K. Frampton e D. Steiner, *The Architecture of Adolf Loos* (1985)
D. Worbs *et al.*, *Adolf Loos 1870-1933* (1984): catálogo de uma exposição na Akademie der Künste, Berlim

Capítulo 9: Henry van de Velde

M. Culot, *Henry van de Velde Theatres 1904-14* (1974)
—, "Réflexion sur la 'voie sacrée', un texte de Henry van de Velde", *AMC*, 45, maio de 1978, 20-21
R. Delevoy *et al.*, *Henry van de Velde 1863-1957* (1963)
—, M. Culot e A. Van Loo, *La Cambre 1928-1978* (1979)
D. D. Egbert, *Social Radicalism in the Arts* (1970)
A. M. Hammacher, *Le Monde de Henry van de Velde* (1967)
H. Hesse-Frielinghaus, A. Hoff e W. Erben, *Karl Ernst Osthaus: Leben und Werk* (1971)
K.-H. Hüter, *Henry van de Velde* (1967)
Kroller-Müller Museum, Otterlo, *Henry van de Velde 1863-1957: Paintings and Drawings* (1988)
L. Ploegaerts e P. Puttermans, *L'Oeuvre architecturale de Henry van de Velde* (1987)
C. L. Ressequier, "The Function of Ornament as seen by Henry van de Velde", *The Royal Architectural Institute of Canada*, nº 31, fevereiro de 1954, 33-7
K. L. Sembach, *Henry van de Velde* (1989)
L. Tannenbaum, "Henry van de Velde: A Re-evaluation", *Art News Annual*, XXXIV (1968)
H. van de Velde, "Déblaiement d'art", *in La Société nouvelle* (1894)
—, *Les Formules de la beauté architectonique* (1916-17)
—, "Vernunftsgemässer Stil. Vernunft und Schönheit", *Frankfurter Zeitung*, LXXIII, nº 21, janeiro de 1929
—, *Geschichte meines Lebens* (1962): para excertos em inglês, ver P. Morton Shand, "Van de Velde, Extracts from Memoirs 1891-1901", *AR*, setembro de 1952, 143-5
W. Worringer, *Abstraction and Empathy* (1963): tradução do texto de 1908

Capítulo 10: Tony Garnier e a Cidade Industrial

J. Badovici, "L'Oeuvre de Tony Garnier", *L'Architecture Vivante*, outono/inverno de 1924
— e A. Morancé, *L'Oeuvre de Tony Garnier* (1938)
F. Burkhardt *et al.*, *Tony Garnier: L'Oeuvre complète* (catálogo de exposição, Centre Pompidou, Paris, 1990)
R. de Souza, *L'Avenir de nos villes, études pratiques d'esthétique urbaine, Nice: capitale d'hiver* (1913)
T. Garnier, *Une Cité Industrielle. Étude pour la construction des villes* (1917; 2ª edição 1932)
—, *Les Grands Travaux de la ville de Lyons* (1920)
C. Pawlowski, *Tony Garnier et les débuts de l'urbanisme fonctionnel en France* (1967)
D. Wiebenson, *Tony Garnier: The Cité Industrielle* (1969): o melhor texto em inglês sobre Garnier
P. M. Wolf, *Eugène Hénard and the Beginning of Urbanism in Paris 1900-1914* (1968)

Capítulo 11: Auguste Perret

J. Badovici, artigos em *L'Architecture Vivante*, outono/inverno de 1923, primavera/verão de 1924, primavera/verão de 1925 e outono/inverno de 1926
A. Bloc, *L'Architecture d'aujourd-hui*, VII, outubro de 1932 (número dedicado a Perret)
B. Champgneulle, *Auguste Perret* (1959)
P. Collins, *Concrete: The Vision of a New Architecture* (1959)
V. Gregotti, "Classicisme et rationalisme d'A. Perret", *AMC*, 37, novembro de 1975, 19-20
B. Jamot, *Auguste Perret et l'architecture du béton armé* (1927)
P. Panerai, "Maison Cassandre", *9H*, nº 4, 1982, 33-6
A. Perret, "Architecture: Science et poésie", *La Construction Moderne*, 48, outubro de 1932, 2-3
—, "L'Architecture", *Revue d'art et d'esthétique*, junho de 1935

—, *Contribution à une théorie de l'architecture* (1952)

G. E. Pettengill, *Auguste Perret: A Partial Bibliography* (inédito. MS, AIA Library, Washington, 1952)

P. Saddy, "Perret et les idées reçues", *AMC*, op. cit., 21-30

P. Vago, "Auguste Perret", *L'Architecture d'aujourd'hui,* outubro de 1932

P. Valéry, *Eupalinos ou l'architecte* (1923; tradução 1932): texto fundamental sobre a atitude clássica francesa com relação à arquitetura depois da Primeira Guerra Mundial

Capítulo 12: O Deutsche Werkbund

S. Anderson, "Peter Behrens's Changing Concept of Life as Art", *AD*, XXXIX, fevereiro de 1969, 72-8

—, "Modern Architecture and Industry: Peter Behrens and the Cultural Policy of Historical Determinism", *Oppositions*, 11, inverno de 1977

—, "Modern Architecture and Industry: Peter Behrens and the AEG Factories", *Oppositions,* 23, 1981, 53-83

P. Behrens, "The Turbine Hall of the AEG 1910", *Documents* (Open University, Milton Keynes, 1975), 56-7

T. Benton, S. Muthesius e B. Wilkins, *Europe 1900-14* (Open University, Milton Keynes, 1975)

K. Bernhardt, "The New Turbine Hall for AEG 1910", *Documents* (Open University, Milton Keynes, 1975), 54-6

R. Bletter, "On Martin Fröhlich's Gottfried Semper", *Oppositions,* 4, outubro de 1974, 146-53

T. Buddensieg, *Industrielkultur, Peter Behrens and the AEG, 1907-1914* (1984)

J. Campbell, *The German Werkbund – The Politics of Reform in the Applied Arts* (1978)

C. Chassé, "Didier Lenz and the Beuron School of Religious Art", *Oppositions,* 21, 1980, 100-3

U. Conrad, *Programs and Manifestoes on 20th-Century Architecture* (1970): antologia importante de manifestos do período 1903-63, principalmente *Aims of the Werkbund* (1911) e *Werkbund Theses and Anti-Theses* (1914)

S. Custoza, M. Vogliazzo e J. Posener, *Muthesius* (1981)

F. Dal Co, *Figures of Architecture and Thought: German Architectural Culture 1880-1920* (1990)

H. Eckstein, org., *50 Jahre Deutscher Werkbund* (1958)

L. D. Ettlinger, "On Science, Industry and Art, Some Theories of Gottfried Semper", *AR*, julho de 1964, 57-60

A. C. Funk-Jones, J. R. Molen e G. Storck, orgs., *J. L. M. Lauweriks* (1987)

G. Grassi, "Architecture as Craft", *9H*, nº 8, 1989, 34-53: ensaio sobre Tessenow

W. Gropius, "Die Entwicklung Moderner Industriebaukunst", *Jahrbuch des Deutschen Werkbundes*, 1913

—, "Der Stilbildende Wert Industrieller Bauformen", *Jahrbuch des Deutschen Werkbundes,* 1914

W. Herrmann, *Gottfried Semper und die Mitte der 19. Jahrhunderts* (ETH/GTA 18, Stuttgart, 1976): atas de um importante simpósio internacional sobre Semper

—, *Gottfried Semper. Theoretischer Nachlass an der ETH Zürich* (ETH/GTA 15, Stuttgart, 1981)

—, *Gottfried Semper: In Search of Architecture* (1984)

F. Hoeber, *Peter Behrens* (1913)

W. Hoepfner e F. Neumeyer, *Das Haus Weigand von Peter Behrens in Berlin Dahlem* (1979)

W. Jessen, "Introduction to Heinrich Tessenow's House Building and Such Things", *9H,* nº 8, 1989, 6-33

H. J. Kadatz, *Peter Behrens: Architekt, Maler, Grafiker* (1977): importante por mostrar o alcance da obra de Behrens no período 1914-29

J. Kreitmaier, *Beuroner Kunst* (1923): estudo da escola da proporção simbólica desenvolvido pela ordem de Beuron

H. F. Mallgrave e W. Herrmann, *The Four Elements of Architecture and Other Writings* (1989): uma antologia dos textos de Semper

F. Meinecke, *The German Catastrophe* (1950, reeditado em 1963)

S. Müller, *Kunst und Industrie – Ideologie und Organisation des Funktionalismus in der Architektur* (1974)

H. Muthesius, "The Task of the Werkbund in the Future", *Documents* (Open University, Milton Keynes, 1978), 7-8: seguido por excertos do debate sobre a Werkbund realizado em Colônia, em 1914

—, *The English House* (1979): tradução do original alemão

—, F. Naumann e outros, *Der Werkbund-Gedanke in den germanischen Ländern* (1914): atas

do debate sobre a Werkbund realizada em Colônia em 1914
F. Naumann, "Werkbund und Handel", *Jahrbuch des Deutschen Werkbundes,* 1913
—, "Culture is, however, a General Term, Paris 1900 – a letter", *Daidalos*, 2, 1981, 25-33
W. Nerdinger, *Hans Dollgast 1891-1974* (1987)
—, *Theodor Fischer: Architetto e urbanista, 1862-1938* (1988)
N. Pevsner, "Gropius at Twenty-Six", *AR*, julho de 1961, 49-51
J. Posener, "Muthesius as Architect", *Lotus,* 9 de fevereiro de 1975, 104-15 (trad. 221-5)
F. Schumacher, *Der Geist der Baukunst* (1983): reedição de uma tese publicada em 1938
F. Very, "J. M. L. Lauweriks: architecte et théosophe", *AMC*, 40, setembro de 1976, 55-8
G. Wangerin e G. Weiss, *Heinrich Tessenow 1876-1950* (1976)
H. Weber, *Walter Gropius und das Faguswerk* (1961)
A. Windsor, *Peter Behrens Architect 1868-1940* (1981)

Capítulo 13: A Cadeia de Cristal

J. Badovici, "Erich Mendelsohn", *L'Architecture Vivante*, outono/inverno de 1932 (número especial)
R. Banham, "Mendelsohn", *AR*, 1954, 85-93
O. Beyer, org., *Erich Mendelsohn: Letters of an Architect* (1967)
R. Bletter, "Bruno Taut and Paul Scheerbart" (tese de Doutorado não publicada, Avery Library, Columbia, Nova York, 1973)
I. Boyd-Whyte, *The Crystal Chain Letters. Architectural Fantasies by Bruno Taut and his Circle* (1985)
N. Bullock, "First the Kitchen, Then the Façade", *AA Files,* n.º 6, maio de 1984, 59-67
U. Conrads e H. G. Sperlich, *Fantastic Architecture* (1963)
K. Frampton, "Genesis of the Philharmonie", *AD*, março de 1965, 111-2
Hugo Häring, Fragmente (Akademie der Künste, Berlim, 1968)
H. Häring, "Approaches to Form" (1925), *AAQ*, X, n.º 7, 1978: trad. do texto de Häring
—, *Das andere Bauen,* org. J. Joedicke (1982): antologia de textos teóricos
—, "Problems of Art and Structure in Building" (com introdução de P. Blundell Jones), *9H,* n.º 7, 1985, 75-82
T. Huess, *Hans Poelzig, das Lebensbild eines deutschen Baumeister* (1985): reedição de um clássico de 1939
J. Joedicke, "Häring at Garkau", *AR,* maio de 1960, 313-18
—, *Hugo Häring, Schriften, Entwürfe, Bauten* (1965)
P. Blundell Jones, "Organic versus Classic", *AAQ*, X, n.º 7, 10-12
—, "Late Works of Scharoun", *AR*, março de 1975, 141-54
—, *Hans Scharoun* (1978)
—, "Hugo Häring and the Search for a Responsive Architecture", *AA Files*, n.º 13, outono de 1986, 30-43
K. Junghans, "Bruno Taut", *Lotus* 9, fevereiro de 1975, 94-103 (trad. 219-21)
—, *Bruno Taut* (Akademie der Künste, Berlim, 1980)
—, *Bruno Taut 1880-1938* (2.ª ed. 1983)
H. Lauterbach, *Hans Scharoun* (Akademie der Künste, Berlim, 1969)
Erich Mendelsohn 1887-1953: Ideen, Bauten, Projekte (Staatliche Museen Preussischer Kulturbesitz, Berlim, 1987)
W. Pehnt, *Expressionist Architecture* (1973)
J. Posener, "Poelzig", *AR*, junho de 1963, 401-5
—, org., *Hans Poelzig: Gesammelte Schriften und Werke* (1970)
G. Rumé, "Rudolf Steiner", *AMC*, 39, junho de 1976, 23-9
P. Scheerbart e B. Taut, *Glass Architecture and Alpine Architecture* (1972): trad. de dois textos fundamentais
M. Schirren, *Hans Poelzig: Die Pläne und Zeichnungen aus dem ehemaligen Verkehrs und Baumuseum in Berlin* (1989)
W. Segal, "About Taut", *AR*, janeiro de 1972, 25-6
D. Sharp, *Modern Architecture and Expressionism* (1966)
—, "Park Meerwijk – an Expressionist Experiment in Holland", *Perspecta,* 13/14, 1971
M. Staber, "Hans Scharoun, Ein Beitrag zum organischen Bauen", *Zodiac*, 10, 1952, 52-93: contribuição de Scharoun para a construção orgânica, com trad.
B. Taut, "The Nature and the Aims of Architecture", *Studio,* março de 1929, 170-4
M. Taut e O. M. Ungers, *Die Gläserne Kette. Visionäre Architektur aus dem Kreis um Bruno Taut 1919-1920* (1963)
A. Tischhauser, "Creative Forces and Crystalline Architecture: In Remembrance of Wenzel Hablik", *Daidalos*, 2, 1981, 45-52

A. Whittick, *Erich Mendelsohn* (1970)
B. Zevi, *Erich Mendelsohn Opera Completa* (1970)
—, *Erich Mendelsohn* (1984)

Capítulo 14: A Bauhaus

G. Adams, "Memories of a Bauhaus Student", *AR*, setembro de 1968, 192-4
H. Bayer, W. Gropius e I. Gropius, *Bauhaus 1919-1928* (1952)
A. Cohen, *Herbert Bayer* (1984)
J. Fisher, *Photography and the Bauhaus* (1990)
M. Franciscono, *Walter Gropius and the Creation of the Bauhaus in Weimar* (1971)
S. Giedion, *Walter Gropius: Work and Teamwork* (1954)
P. Green, "August Endell", *AAQ*, IX, n.º 4, 1977, 36-44
W. Gropius, *The New Architecture and the Bauhaus* (1935)
—, *The Scope of Total Architecture* (1956)
P. Hahn, *Experiment Bauhaus* (1988)
R. Isaacs, *Walter Gropius* (1991)
J. Itten, *Design and Form* (1963)
R. Kostelanetz, *Moholy-Nagy* (1970): trad. de seus textos básicos
L. Lang, *Das Bauhaus 1919-1923. Idee und Wirklichkeit* (1965)
S. A. Mansbach, *Visions of Totality: László Moholy-Nagy, Theo van Doesburg and El Lissitzky* (1980)
L. Moholy-Nagy, *The New Vision* (4.ª ed. 1947): trad. de *Von Material zu Architektur* (1928)
—, *Vision in Motion* (1947)
S. Moholy-Nagy, *Moholy Nagy. An Experiment in Totality* (1950)
G. Naylor, *Bauhaus* (1980): análise extremamente profunda da Bauhaus (texto em inglês)
E. Neumann, *Bauhaus and Bauhaus People* (1970)
W. Nerdinger, *Walter Gropius* (1985/86)
K. Passuth, *Moholy-Nagy* (1991)
W. Schedig, *Crafts of the Weimar Bauhaus 1919-1924* (1967)
O. Schlemmer, L. Moholy-Nagy e F. Molnar, *The Theater of the Bauhaus* (1961): trad. de *Bauhausbücher 4*
J. Willet, *The New Sobriety 1917-1933: Art and Politics in the Weimar Period* (1978)
H. Wingler, *The Bauhaus: Weimar, Dessau, Berlin and Chicago* (1969): texto documental mais importante entre os publicados sobre a Bauhaus até a presente data

Capítulo 15: A nova objetividade

Bauhaus Archiv, *Architekt, Urbanist, Lehrer, Hannes Meyer 1889-1954* (1989)
E. Bertonati, *Aspetti della "Nuova Oggettività"* (1968): catálogo de exposição de pintores neo-objetivos em Roma e Munique, 1968
O. Birkner, J. Herzog e P. de Meuron, "Die Petersschule in Basel (1926-29)", *Werk-Archithese,* 13/14 janeiro/fevereiro de 1978, 6-8
J. Buckschmitt, *Ernst May: Bauten und Planungen,* vol. 1 (1963)
M. Casciato, F. Panzini e S. Polano, *Olanda 1870-1940: Città, Casa, Architettura* (1980)
G. Fanelli, *Architettura moderna in Olanda* (1968)
V. Fischer *et al., Ernst May und das Neue Frankfurt 1925-1930* (1986)
G. Grassi, org., *Das Neue Frankfurt 1926-1931 e l'architettura della nuova Francoforte* (1975)
J. Gubler, *Nationalisme et internationalisme dans l'architecture moderne de la Suisse* (1975)
O. Haesler, *Mein Lebenswerk als Architekt* (1957)
H. Hirolina, org., *Neues Bauen Neue Gesellschaft: Das neue Frankfurt die neue Stadt. Eine Zeitschrift Zwischen 1926-1933* (1984)
K. Homann e L. Scarpa, "Martin Wagner, The Trades Union Movement and Housing Construction in Berlin in the First Half of the 1920s", *AD,* novembro-dezembro de 1983, 58-61
B. Housden, "Arthur Korn", *AAJ* (número especial), LXXIII, n.º 817, dezembro de 1957, 114-35
—, "M. Brinckman, J. A. Brinckman, L. C. van der Vlugt, J. H. van der Broek, J. B. Bakema", *AAJ*, dezembro de 1960: documentação do desenvolvimento dessa firma importante ao longo de quatro gerações
E. J. Jelles e C. A. Alberts, "Duiker 1890-1935", *Forum voor architectuur en daarmee verbonden kunsten,* números 5 & 6, 1972
B. Miller Lane, *Architecture and Politics in Germany 1918-1945* (1968)
S. Lissitzky-Küppers, *El Lissitzky* (1968)
D. Mackintosh, *The Modern Courtyard,* AA Paper n.º 9 (1973)
J. Molema *et al., J. Duiker Bouwkundig Ingenieur* (1982): a forma estrutural na obra de Duiker
L. Murad e P. Zylberman, "Esthétique du taylorisme", *in Paris/Berlin rapports et contrastes/France-Allemagne* (1978), 384-90
G. Oorthuys, *Mart Stam: Documentation of his Work 1920-1965* (1970)

R. Pommer e C. F. Otto, *Weissenhof 1927 and the Modern Movement in Architecture* (1991)
M. B. Rivolta e A. Rossari, *Alexander Klein* (1975)
F. Schmalenbach, "The Term Neue Sachlichkeit", *AB,* XXII, setembro de 1940
H. Schmidt, "The Swiss Modern Movement 1920-1930", *AAQ*, primavera de 1972, 32-41
C. Schnaidt, *Hannes Meyer, Buildings, Projects and Writings* (1965)
G. Uhlig, "Town Planning in the Weimar Republic", *AAQ,* XI, n.º 1, 1979, 24-38
J. B. van Loghem, *Bouwen, Bauen, Bâtir, Building* (1932): principal estudo contemporâneo sobre as conquistas da Nieuwe Zakelijkheid na Holanda
Klaus-Jürgen Winkler, *Der Architekt Hannes Meyer: Anschauungen und Werk* (1982)
K. P. Zygas, "The Magazine Veshch/Gegenstand/Object", 1922 (bibliografia comentada). *Oppositions*, 5, verão de 1976, 113-28

Capítulo 16: De Stijl

J. Baljeu, *Theo van Doesburg* (1974)
D. Baroni, *Rietveld Furniture* (1978)
Y. A. Blois, "Mondrian and the Theory of Architecture", *Assemblage 4*, outubro de 1987, 103-30
— e B. Reichlin, *De Stijl et l'architecture en France* (1985)
C. Blotkamp *et al., De Stijl: The Formative Years* (1982)
T. M. Brown, *The Work of G. Rietveld, Architect* (1958)
A. Doig, *Theo van Doesburg: Painting into Architecture, Theory into Practice* (1986)
M. Friedman, org., *De Stijl: 1917-1931. Visions of Utopia* (1982)
H. L. C. Jaffé, *De Stijl 1917-1931. The Dutch Contribution to Modern Art* (1956)
—, *De Stijl* (1970): trad. de textos fundamentais
J. Leering, L. J. F. Wijsenbeck e P. F. Althaus, *Theo van Doesburg 1883-1931* (1969)
P. Mondrian, "Plastic Art and Pure Plastic Art", *Circle,* org. J. L. Martin, B. Nicholson e N. Gabo (1937)
P. Overy, L. Buller, F. Den Oudsten e B. Mulder, *The Rietveld Schröder House* (1988): importante estudo analítico
S. Polano, "Notes on Oud", *Lotus,* 16, setembro de 1977, 42-9
M. Seuphor, *Piet Mondrian* (1958)
G. Stamm, *J. J. P. Oud Bauten und Projekte 1906-1963* (1984)
N. J. Troy, *The De Stijl Environment* (1983)
J. H. Van der Broek, C. Van Eesterem *et al., De Stijl* (1951): esta obra deu início, no pós-guerra, ao interesse pelo movimento e contém traduções de vários manifestos
T. van Doesburg, "L'Evolution de l'architecture moderne en Hollande", *L'Architecture Vivante,* outono/inverno de 1925 (número especial sobre o De Stijl)
E. van Staaten, *Theo van Doesburg: Painter and Architect* (1988)
C.-P. Warncke, *De Stijl 1917-1931* (1991): pesquisa que contém muito material novo
B. Zevi, *Poetica dell'architettura neoplastica* (1953)

Capítulo 17: Le Corbusier e o Esprit Nouveau

G. Baird, "A Critical Introduction to Karel Teige's 'Mundaneum' and Le Corbusier's 'In the Defence of Architecture'", *Oppositions,* 4, outubro de 1974, 80-1
R. Banham, *Theory and Design in the First Machine Age* (1960), especialmente a seção 4
T. Benton, *The Villas of Le Corbusier 1920-1930* (1990)
M. Besset, *Who Was Le Corbusier?* (1968); trad. inglesa
P. Boudon, *Pessac de Le Corbusier* (1969)
H. A. Brooks, org., *The Le Corbusier Archive,* 25 vols. (1983): compilação do arquivo completo da Fundação Le Corbusier de Paris
B. Colomina, "Le Corbusier and Photography", *Assemblage 4,* outubro de 1987, 7-23
P. A. Croset *et al.,* "I clienti di le Corbusier", *Rassegna*, 3, julho de 1980: número especial dedicado aos clientes de Le Corbusier, do industrial Bata ao Estado soviético
W. Curtis, *Le Corbusier Ideas and Forms* (1988)
P. Dermée, org. (com A. Ozenfant e Le Corbusier), *L'Esprit Nouveau,* 1, 1920-25 (reprodução em fac-símile 1969)
G. Fabre, org., *Léger and the Modern Spirit, 1918-1931* (1982)
K. Frampton, "The Humanist vs. Utilitarian Ideal", *AD,* XXXVIII, 1968, 134-6
R. Gabetti e C. Olmo, *Le Corbusier et l'Esprit Nouveau* (1977)
P. Goulet e C. Parent, "Le Corbusier", *Aujourd'hui,* 51 (número especial), novembro de 1965: correspondência, documentação, etc., dos anos de formação
C. Green, "Léger and l'esprit nouveau 1912-1928", *Léger and Purist Paris* (catálogo de ex-

posição org. com J. Golding, Londres, 1970), 25-82
E. Gregh, "Le Corbusier and the Dom-Ino System", *Oppositions,* 15/16, janeiro de 1980
G. Gresleri, *80 Disegni di Le Corbusier* (1977)
—, *L'Esprit Nouveau. Le Corbusier; costruzione e ricostruzione di un prototipo dell'architettura moderna* (1979)
—, org., *Le Corbusier Voyage d'Orient,* 6 vols. (1988): fac-símile do livro de viagens de 1912
J. Guiton, *The Ideas of Le Corbusier* (1981)
D. Honisch *et al., Tendenzen der Zwanziger Jahre* (1977)
A. Izzo e C. Gubitosi, *Le Corbusier* (Roma 1978): catálogo com desenhos até então inéditos de Le Corbusier
Le Corbusier, *Étude sur le mouvement d'art décoratif en Allemagne* (1912)
—, "Purism" (1920), *in Modern Artists on Art,* org. R. C. Herbert (1964), 58-73: tradução oportuna do ensaio extraído do nº 4 de *L'Esprit Nouveau*
—, *L'Art décoratif d'aujourd'hui* (1925; trad. inglesa de J. Dunnet, *The Decorative Art of Today,* 1987)
—, *La Peinture moderne* (1925)
—, *Une Maison – un palais* (1928)
—, "In the Defence of Architecture", *Oppositions,* 4, outubro de 1974, 93-108: publicado pela primeira vez em tcheco, em *Stavba,* 7 (1929), e em francês em *L'Architecture d'Aujourd'hui* (1933)
—, *Précisions sur un état présent de l'architecture et de l'urbanisme* (1930; trad. inglesa de E. Schreiber Aujame, *Precisions on the Present State of Architecture and City Planning,* 1991)
—, *Le Corbusier et Pierre Jeanneret: Oeuvre complète, I, 1918-1929* (1935, rep. 1966)
—, *Le Voyage d'Orient* (1966; trad. inglesa de I. Zaknic e N. Pertuiset, *Journey to the East,* 1987): registro de uma viagem à Boêmia, Sérvia, Bulgária, Grécia e Turquia (preparado para publicação pela primeira vez em 1914)
—, *Le Corbusier Sketchbooks,* vol. 7 (1982)
— e A. Ozenfant, *Après le Cubisme* (1918)
J. Lowman, "Corb as Structural Rationalist: The Formative Influence of the Engineer Max du Bois", *AR*, outubro de 1976, 229-33
J. Lucan, org., *Le Corbusier Encyclopédie/Monographie* (catálogo da exposição do centenário no Centro Pompidou, Paris, 1987)
M. McLeod, "Charlotte Perriand: Her First Decade as a Designer", *AA Files*, nº 15, verão de 1987, 4-13
S. von Moos, T. Hughes e B. Colomina, *L'Esprit Nouveau: Le Corbusier und die Industrie 1920-1925* (1987)
W. Oechslin, org., *Le Corbusier und Pierre Jeanneret. Das Wettbewerbsprojekt für den Völkerbundspalast in Genf 1927* (1988)
J. Petit, *Le Corbusier lui-même* (1969): importante catálogo da pintura de Le Corbusier durante o período 1918-54
N. Pevsner, "Time and Le Corbusier", *AR*, março de 1951: avaliação inicial da obra de Le Corbusier em La Chaux-de-Fonds
J. F. Pinchon, *Rob Mallet Stevens, Architecture, Furniture, Interior Design* (1990)
B. Reichlin, "Le Pavillon de la Villa Church Le Corbusier", *AMC*, maio de 1983, 100-1
M. Risselada, org., *Raumplan versus Plan Libre* (1987): comparação tipológica entre Loos e Le Corbusier
J. Ritter, "World Parliament – The League of Nations Competition", *AR*, CXXXVI, 1964, 17-23
C. Rowe, *The Mathematics of the Ideal Villa and Other Essays* (1977)
— e R. Slutzky, "Transparency: Literal and Phenomenal", *Perspecta*, 8, 1963, 45-54
M. P. Sekler, "The Early Drawings of Charles-Edouard Jeanneret (Le Corbusier) 1902-1908", tese de Doutorado, Harvard 1973 (1977)
P. Serenyi, "Le Corbusier, Fourier and the Monastery of Ema", *AB,* XLIX, 1967, 227-86
—, *Le Corbusier in Perspective* (1975): comentário crítico de vários autores que cobre meio século, começando pelo ensaio de Piacentini (1922) sobre a produção em massa de casas
K. Silver, "Purism, Straightening Up After the Great War", *Artform,* 15, março de 1977
B. B. Taylor, *Le Corbusier et Pessac,* I & II (1972)
K. Teige, "Mundaneum", *Oppositions,* 4, outubro de 1974, 83-91: publicado pela primeira vez em *Stavba,* 7 (1929)
P. Turner, "The Beginnings of Le Corbusier's Education 1902-1907", *AB*, LIII, junho de 1971, 214-24
—, *The Education of Le Corbusier* (1977)
R. Walden, org., *The Open Hand: Essays on Le Corbusier* (1977): ensaios fundamentais de M. P. Sekler, M. Favre, R. Fishman, S. von Moos e P. Turner

Capítulo 18: Mies van der Rohe, 1921-33

D. von Beulwitz, "The Perls House by Mies van der Rohe", *AD*, novembro-dezembro de 1983, 63-71

J. Bier, "Mies van der Rohe's Reichspavillon in Barcelona", *Die Form,* agosto de 1929, 23-30

J. B. Bonta, *An Anatomy of Architectural Interpretation* (1975): resenha semiótica das críticas do Pavilhão de Barcelona de Mies van der Rohe

H. T. Cadbury-Brown, "Ludwig Mies der Rohe", *AAJ*, julho-agosto de 1959: entrevista que nos permite conhecer o tipo de relação entre Mies e os clientes da Casa Tugendhat e a Weissenhofsiedlung

C. Constant, "The Barcelona Pavilion as Landscape Garden: Modernity and the Picturesque", *AA Files*, n.º 20, outono de 1990, 47-54

A. Drexler, org., *Mies van der Rohe Archive,* 6 vols. (1982): compilação do arquivo completo do Museu de Arte Moderna de Nova York

R. Evans, "Mies van der Rohe's Paradoxical Symmetries", *AA Files*, n.º 19, primavera de 1990, 56-68

L. Glaeser, *Ludwig Mies van der Rohe: Drawings in the Collection of the Museum of Modern Art,* Nova York (1969)

—, *The Furniture of Mies van der Rohe* (1977)

G. Hartoonian, "Mies van der Rohe: The Genealogy of the Wall", *JAE*, 42, n.º 2, inverno de 1989, 43-50

L. Hilberseimer, *Mies van der Rohe* (1956)

H.-R. Hitchcock, "Berlin Architectural Show 1931", *Horn and Hound,* V, n.º 1, outubro-dezembro de 1931, 94-7

P. Johnson, "The Berlin Building Exposition of 1931", *T Square*, 1932 (reeditado em *Oppositions*, 2, 1974, 87-91)

—, "Architecture in the Third Reich", *Horn and Hound,* 1933 (reeditado em *Oppositions*, 2, 1974, 92-3)

—, *Mies van der Rohe* (1947): ainda a melhor monografia sobre Mies, com uma vasta bibliografia e traduções de seus textos básicos do período 1922-43

L. Mies van der Rohe, "Two Glass Skyscrapers 1922", em Johnson, *Mies*, *op. cit.*, 182; publicado pela primeira vez como "Hochhausprojekt für Bahnhof Friedrichstrasse im Berlin", *in Frühlicht*, 1922

—, "Working Theses 1923", *Programs and Manifestos on 20th Century Architecture,* org. U. Conrads (1970), 74: publicado em *G*, 1.º número, 1923, junto com seu primeiro edifício de escritórios em concreto

—, "Industrialized Building 1924", *ibid.*, 81; extraído de *G*, 3.º número, 1924

—, "On Form in Architecture 1927", *ibid.*, 102; publicado pela primeira vez em *Die Form*, 1927, como "Zum Neuer Jahrgang"; outra tradução foi publicada em Johnson, *Mies*, *op. cit.*

—, "A Tribute to Frank Lloyd Wright", *College Art Journal,* VI, n.º 1, outono de 1946, 41-2

R. Moneo, "Un Mies menos conocido", *Arquitecturas Bis 44,* julho de 1983, 2-5

F. Neumeyer, *Mies van der Rohe: das kunstlose Wort* (1986)

D. Pauly *et al.*, *Le Corbusier et la Mediterranée* (1987)

N. M. Rubio Tuduri, "Le Pavillon de l'Allemagne à l'exposition de Barcelone par Mies van der Rohe", *Cahiers d'Art,* 4, 1929, 408-12

F. Schulze, *Mies van der Rohe* (1985): biografia crítica

A. e P. Smithson, *Mies van der Rohe, Veröffentlichungen zur Architektur* (1968): avaliação breve e sensível que apresentou, pela primeira vez, a desaparecida fábrica Krefeld (texto em alemão e inglês)

—, *Without Rhetoric* (1973): importante pela avaliação crítica e pelas fotos da fábrica Krefeld

W. Tegethoff, *Mies van der Rohe: Villas and Country Houses* (1986)

W. Wang, "The Influence of the Wiegand House on Mies van der Rohe", *9H,* n.º 2, 1980, 44-6

P. Westheim, "Mies van der Rohe: Entwicklung eines Architekten", *Das Kunstblatt,* II, fevereiro de 1927, 55-62

—, "Umgestaltung des Alexanderplatzes", *Die Bauwelt,* 1929

—, "Das Wettbewerb der Reichsbank", *Deutsche Bauzeitung,* 1933

F. R. S. Yorke, *The Modern House* (1934, 4.ª ed. 1943): contém detalhes sobre a janela panorâmica da Casa Tugendhat

C. Zervos, "Mies van der Rohe", *Cahiers d'Art,* 3, 1928, 35-8

—, "Projet d'un petit musée d'art moderne par Mies van der Rohe", *Cahiers d'Art,* 20/21, 1946, 424-7

Capítulo 19: A nova coletividade

C. Abramsky, "El Lissitzky as Jewish Illustrator and Typographer", *Studio International*, outubro de 1966, 182-5

P. A. Aleksandrov e S. O. Chan-Magomedov, *Ivan Leonidov* (1975): trad. italiana de texto russo inédito
T. Anderson, *Vladimir Tatlin* (1968)
—–, *Malevich,* catálogo completo da Exposição de Berlim de 1927 (1970)
R. Andrews e M. Kalinovska, *Art into Life: Russian Constructivism 1914-1932* (1990): importante catálogo de uma exposição na Henry Art Gallery, Seattle, e na Walker Art Gallery, Minneapolis
J. Billington, *The Icon and the Axe* (1968)
M. Bliznakov, "The Rationalist Movement in Soviet Architecture of the 1920s", *20th-Century Studies*, 7/8 dezembro de 1972, 147-61
E. Borisova e G. Sternin, *Russian Art Nouveau* (1987)
C. Borngräber, "Foreign Architects in the USSR", *AAQ*, 11, n.º 1, 1979, 50-62
J. Bowlt, org., *Russian Art of the Avant Garde: Theory and Criticism* (1976, 1988)
S. O. Chan-Magomedov, *Moisej Ginzburg* (1975): trad. italiana de texto russo publicado em 1972
—–, "Nikolaj Ladavskij: An Ideology of Rationalism", *Lotus,* 20, setembro de 1978, 104-26
—–, *ver também* Kahn-Magomedov
J. Chernikov, *Arkhitekturnye Fantasii* (1933)
J. L. Cohen, M. de Michelis e M. Tafuri, *URSS 1917-1978, La ville l'architecture* (1978)
C. Cooke, "F. O. Shektel: An Architect and his clients in turn-of-the-century Moscow", *AA Files,* n.º 5, primavera de 1984, 5-29
F. Dal Co, "La poétique 'a-historique' de l'art de l'avant-garde en Union Soviétique", *Archithese,* 7, 1973, 19-24, 48
V. De Feo, *URSS Architettura 1917-36* (1962)
E. Dluhosch, "The Failure of the Soviet Avant Garde", *Oppositions,* 10, outono de 1977, 30-55
C. Douglas, *Swans of Other Worlds: Kazimir Malevich and the Origins of Abstraction in Russia* (1980)
D. Elliott, org., *Alexander Rodchenko: 1891-1956* (Museu de Arte Moderna, Oxford, 1979)
—–, *Mayakovsky: Twenty Years of Work* (Museu de Arte Moderna, Oxford, 1982)
K. Frampton, "Notes on Soviet Urbanism 1917-32", *Architects Year Book,* XII, 1968, 238-52
—–, "The Work and Influence of El Lissitzky", *ibid.*, 253-68
R. Fülöp-Muller, *The Mind and Face of Bolshevism* (1927, reed. em 1962)
N. Gabo, *Gabo* (1957)
M. Ginzburg, *Style and Epoch* (1982): trad. do original russo de 1924
A. Gozak e A. Leonidov, *Ivan Leonidov* (1988)
C. Gray, *The Great Experiment: Russian Art 1863-1922* (1962)
S. Kahn-Magomedov, *Ivan Leonidov* (IAUS Cat. n.º 8, Nova York, 1981): grande parte do material desse catálogo foi compilada por R. Koolhaas e B. Oorthuys
—–, *Alexander Vesnin and Russian Constructivism* (1986)
—–, *Pioneers of Soviet Architecture* (1987)
—–, *ver também* Chan-Magomedov
G. Karginov, *Rodchenko* (1979)
E. Kirichenko, *Moscow Architectural Monuments of the 1830s-1910s* (1977)
A. Kopp, *Town and Revolution, Soviet Architecture and City Planning 1917-1935* (1970)
—–, *L'Architecture de la période stalinienne* (1978)
—–, *Architecture et mode de vie* (Grenoble 1979)
J. Kroha e J. Hruza, *Sovetská architektonicá avantgarda* (1973)
El Lissitzky, *Russia: An Architecture for World Revolution* (1970; trad. de E. Dluhosch; publicado pela primeira vez na Alemanha, em 1930)
C. Lodder, *Russian Constructivism* (1983)
B. Lubetkin, "Soviet Architecture: Notes on Developments from 1917-32", *AAJ*, maio de 1956
K. Malevich, "Recent Developments in Town Planning", em *The Non-Objective World* (1959)
—–, *Essays on Art,* I 1915-28, II 1928-33 (1968)
V. Markov, *Russian Futurism* (1969)
J. Milner, *Tatlin and the Russian Avant-Garde* (1983)
N. A. Milyutin, *Sotsgorod, The Problem of Building Socialist Cities* (1974): trad. do russo
P. Noever e K. Neray, *Kunst und Revolution 1910-1932* (1988): catálogo de exposição em Viena contendo material pouco conhecido
M. F. Parkins, *City Planning in Soviet Russia* (1953)
V. Quilici, *L'Architettura del Costruttivismo* (1969)
—–, "The Residential Commune, from a Model of the Communitary myth to Productive Module", *Lotus*, 8, setembro de 1974, 64-91, 193-6
—–, *Città russa e città sovietica* (1976)
B. Schwan, *Städtebau und Wohnungswesen der Welt* (1935)
F. Starr, *Konstantin Melnikov. Solo Architect in a Mass Society* (1978)
M. Tafuri, org., *Socialismo città architettura URSS 1917-1937* (1972): coletânea de ensaios

—, "Les premières hypothèses de planification urbaine dans la Russie soviétique 1918-1925", *Archithese,* 7, 1973, 34-91
—, "Towards the 'Socialist City': Research and Realization in the Soviet Union between NEP and the First Five-Year Plan", *Lotus,* 9, fevereiro de 1975, 76-93, 216-19
L. A. Zhadova, org., *Tatlin* (1988): estudo definitivo deste importante artista de vanguarda
K. P. Zygas, "Tatlin's Tower Reconsidered", *AAQ,* VIII, n.º 2, 1976, 15-27
—, *Form Follows Form: Source Imagery of Constructivist Architecture 1917-1925* (1980)

Capítulo 20: Le Corbusier e a Ville Radieuse

P. M. Bardi, *A Critical Review of Le Corbusier* (1950)
F. Choay, *Le Corbusier* (1960)
J. L. Cohen, "Le Corbusier and the Mystique of the USSR", *Oppositions,* 23, 1981, 85-121
—, *Le Corbusier et la mystique de l'URSS: théories et projets pour Moscou 1928-1936* (1987)
R. de Fusco, *Le Corbusier designer immobili del 1929* (1976)
M. di Puolo, *Le Corbusier/Charlotte Perriand/ Pierre Jeanneret. "La machine à s'asseoir"* (1976)
A. Eardley, *Le Corbusier and the Athens Charter* (1973): trad. de *La Charte d'Athènes* (1943)
N. Evenson, *Le Corbusier: The Machine and the Grand Design* (1969)
R. Fishman, *Urban Utopias in the Twentieth Century* (1977)
K. Frampton, "The City of Dialectic", *AD,* XXXIX, outubro de 1969, 515-43, 545-6
E. Girard, "Projeter", *AMC,* 41, março de 1977, 82-87
G. Gresleri e D. Matteoni, *La Città Mondiale: Anderson, Hebrard, Otlet e Le Corbusier* (1982)
Le Corbusier, *The City of Tomorrow* (1929): primeira tradução inglesa de *Urbanisme* (1925)
—, *The Radiant City* (1967): primeira tradução inglesa de *La Ville Radieuse* (1933)
—, *When the Cathedrals Were White* (1947): trad. de *Quand les cathédrales étaient blanches* (1937)
—, Des canons, des munitions? Merci! Des logis... *S.V.P.* (1938)
—, *The Four Routes* (1947): trad. de *Sur les 4 routes* (1941)
—, (com F. de Pierrefeu) *The Home of Man* (1948): trad. de *La Maison des hommes* (1942)
—, *Les Trois Etablissements humains* (1944)
M. McLeod, "Le Corbusier's Plans for Algiers 1930-1936", *Oppositions*, 16/17, 1980
—, "Le Corbusier and Algiers" e "Plans: Bibliography", *Oppositions*, 19/20, 1980, 54-85 e 184-261
C. S. Maier, "Between Taylorism and Technocracy: European Ideologies and the Vision of Industrial Productivity in the 1920s", *Journal of Contemporary History,* 5, 1970, 27-61
S. von Moos, "Von den Femmes d'Alger zum Plan Obus", *Archithese,* 1, 1971, 25-37
—, *Le Corbusier – Elements of a Synthesis* (1979): trad. de *Le Corbusier, Elemente einer Synthese* (1968)
J. Pokorny e E. Hud, "City Plan for Zlín", *Architectural Record*, CII, agosto de 1947, 70-1
C. Sumi, *Immeuble Clarté Genf 1932 von Le Corbusier und Pierre Jeanneret* (GTA, Zurique, 1989)
A. Vidler, "The Idea of Unity and Le Corbusier's Urban Form", *Architects' Year Book,* XII, 1968, 225-37

Capítulo 21: Frank Lloyd Wright, 1929-63

B. Brownell e F. L. Wright, *Architecture and Modern Life* (1937): um debate ideológico revelador sobre o período
W. Chaitkin, "Frank Lloyd Wright in Russia", *AAQ*, V, n.º 2, 1973, 45-55
C. W. Condit, *American Building Art: The 20th Century* (1961): sobre as inovações estruturais de Wright, ver 172-6, 185-7
R. Cranshawe, "Frank Lloyd Wright's Progressive Utopia", *AAQ*, X, n.º 1, 1978, 3-9
A. Drexler, *The Drawings of Frank Lloyd Wright* (1962)
F. Gutheim, org., *In the Cause of Architecture – Wright's Historic Essays for Architectural Record 1908-1952* (1975)
H.-R. Hitchcock, *In the Nature of Materials 1887-1941. The Buildings of Frank Lloyd Wright* (1942)
D. Hoffmann, *Frank Lloyd Wright's Falling Water* (1978)
A. Izzo e C. Gubitosi, *Frank Lloyd Wright Dessins 1887-1959* (1977)
H. Jacobs, *Building with Frank Lloyd Wright. An Illustrated Memoir* (1978)
E. Kaufmann, "Twenty-Five Years of the House on the Waterfall", *L'Architettura,* 82, VIII, n.º 4, agosto de 1962, 222-58

—, org., *An American Architecture: Frank Lloyd Wright* (1955)
J. Lipman, *Frank Lloyd Wright and the Johnson Wax Buildings* (1986)
B. B. Pfeiffer, org., *Letters to Apprentices. Frank Lloyd Wright* (1982)
—, *Frank Lloyd Wright. Letters to Architects* (1984)
—, *Master Drawings from the Frank Lloyd Wrigth Archives* (1990)
M. Schapiro, "Architects Utopia", *Partisan Review*, 4, n.º 4, março de 1938, 42-7
J. Sergeant, *Frank Lloyd Wright's Usonian Houses* (1976)
N. K. Smith, *Frank Lloyd Wright. A Study in Architectural Contrast* (1966)
S. Stillman, "Comparing Wright and Le Corbusier", *AIAJ*, IX, abril-maio de 1948, 171-8, 226-33: comparação entre Broadacre City e as concepções urbanísticas de Le Corbusier
W. A. Storrer, *The Architecture of Frank Lloyd Wright: A Complete Catalogue* (1978, 2.ª ed. 1989)
E. Tafel, *Apprenticed to Genius* (1979)
F. L. Wright, *Modern Architecture* (1931): as conferências de Kahn de 1930
—, *The Disappearing City* (1932)
—, *When Democracy Builds* (1945)
—, *The Future of Architecture* (1953)
—, *The Natural House* (1954)
—, *The Story of the Tower. The Tree that Escaped the Crowded Forest* (1956)
—, *A Testament* (1957)
—, *The Living City* (1958)
—, *The Solomon R. Guggenheim Museum* (1960)
—, *The Industrial Revolution Runs Away* (1969): fac-símile do exemplar de Wright do original da segunda edição de 1932 de *The Disappearing City*
B. Zevi, "Alois Riegl's Prophecy and Frank Lloyd Wright's Falling Water", *L'Architettura*, 82, VIII, n.º 4, agosto de 1962, 220-1

Capítulo 22: Alvar Aalto e a tradição nórdica

A. Aalto, *Postwar Reconstruction: Rehousing Research in Finland* (1940)
—, *Synopsis* (1970)
—, *Sketches*, org. G. Schildt e trad. S. Wrede (1978)
H. Ahlberg, *Swedish Architecture in the Twentieth Century* (1925)
J. Ahlin, *Sigurd Lewerentz* (1985)
F. Alison, org., *Erik Gunnar Asplund, mobili e oggetti* (1985)
G. Baird, *Alvar Aalto* (1970)
R. Banham, "The One and the Few", *AR*, abril de 1957, 243-59
W. R. Bunning, "Paimio Sanatorium, an Analysis", *Architecture*, XXIX, 1940, 20-5
C. Caldenby e O. Hultin, *Asplund* (1985)
A. Chris-Janer, *Eliel Saarinen* (1948)
Classical Tradition and the Modern Movement: The 2nd International Alvar Aalto Symposium, Helsinque (1985)
E. Cornell, *Ragnar Östberg-Svensk Arkitekt* (1965): estudo definitivo sobre esse arquiteto sueco pioneiro
D. Cruickshank, org., *Erik Gunnar Asplund* (1990)
L. K. Eaton, *American Architecture Comes of Age: European Reaction to H. H. Richardson and Louis Sullivan* (1972)
P. O. Fjeld, *Sverre Fehn: The Thought of Construction* (1983)
K. Fleig, *Alvar Aalto 1963-1970* (1971): contém o artigo "The Architect's Conscience", de autoria de Aalto
S. Giedion, "Alvar Aalto", *AR*, CVII, n.º 38, fevereiro de 1950, 77-84
H. Girsberger, *Alvar Aalto* (1963)
R. Glanville, "Finish Vernacular Farm Houses", *AAQ*, IX, n.º 1, 36-52: um excelente artigo que registra a forma da casa rural careliana e sugere a importância estrutural de seu modelo de construção
F. Gutheim, *Alvar Aalto* (1960)
M. Hausen, "Gesellius-Lindgren-Saarinen vid sekelskiftet", *Arkkitehti-Arkitekten*, 9, 1967, 6-12, com trad.
— e K. Mikkola, *Eliel Saarinen Projects 1896-1923* (1990)
Y. Hirn, *The Origins of Art* (1962)
H.-R. Hitchcock, "Aalto versus Aalto: The Other Finland", *Perspecta*, 9/10, 1965, 132-66
P. Hodgkinson, "Finlandia Hall, Helsinki", *AR*, junho de 1972, 341-3
Hvitträsk: The Home as a Work of Art (Helsinque, 1987)
G. Labò, *Alvar Aalto* (1948)
L. O. Larson, *Peter Celsing: Ein bok om en arkitekt och hans werk* (Arkitekturmuseet, Estocolmo, 1988)
K. Mikkola, org., *Alvar Aalto vs. The Modern Movement* (1981)

J. Moorhouse, M. Carapetian e L. Ahtola-Moorhouse, *Helsinki Jugendstil Architecture 1895-1915* (1987)

L. Mosso, *L'Opera di Alvar Aalto* (Milão, 1965): importante catálogo de exposição

—, *Alvar Aalto* (1967)

—, org., "Alvar Aalto", *L'Architecture d'Aujourd'hui* (número especial), junho de 1977: artigos do Centro de Estudos Alvar Aalto de Turim

E. Neuenschwander, *Finnish Buildings* (1954)

R. Nikula, *Armas Lindgren 1874-1929* (1988)

G. Pagano, "Due ville de Aalto", *Casabella,* 12, 1940, 26-9

J. Pallasmaa, org., *Alvar Aalto Furniture* (1985)

—, H. O. Andersson *et al., Nordic Classicism 1910-1930* (1982)

P. D. Pearson, *Alvar Aalto and the International Style* (1978)

D. Porphyrios, "Reversible Faces: Danish and Swedish Architecture 1905-1930", *Lotus,* 16, 1977, 35-41

—, *Sources of Modern Ecleticism: Studies on Alvar Aalto* (1982)

M. Quantrill, *Alvar Aalto* (1983)

—, *Reima Pietilä Architecture, Context, Modernism* (1985)

E. Rudberg, *Sven Markelius, Arkitekt* (1989)

A. Salokörpi, *Modern Architecture in Finland* (1970)

G. Schildt, Alvar Aalto: *The Early Years* (1984); *The Decisive Years* (1991); *The Mature Years* (1991): biografia definitiva em três volumes

P. Morton Shand, "Tuberculosis Sanatorium, Paimio, Finland", *AR*, setembro de 1933, 85-90

—, "Viipuri Library, Finland", *AR*, LXXIX, 1936, 107-14

J. B. Smith, *The Golden Age of Finnish Art* (1975)

A. P. Smithson, C. St. John Wilson, *et al., Sigurd Lewerentz 1885-1976: The Dilemma of Classicism* (AA Mega, 1989)

M. Trieb, "Gallén-Kallela: A Portrait of the Artist as an Architect", *AAQ*, VII, n.º 3, setembro de 1975, 3-13

—, "Lars Sonck", *JSAH*, XXX, n.º 3, outubro de 1971, 228-37

O. Warner, *Marshall Mannerheim and the Finns* (1967)

R. Wickman, L. O. Larson e J. Henrikson, *Sveriges Riksbank 1668-1976* (1976)

C. St. John Wilson *et al., Gunnar Asplund 1885--1940: The Dilemma of Classicism* (AA Mega, 1988)

J. Wood, org., "Alvar Aalto 1957", *Architects Year Book,* VIII, 1957, 137-88

S. Wrede, *The Architecture of Erik Gunnar Asplund* (1979)

Capítulo 23: Giuseppe Terragni

G. Accasto, V. Fraticelli e R. Nicolini, *L'Architettura di Roma Capitale 1870-1970* (1971)

D. Alfieri e L. Freddi, *Mostra della rivoluzione fascista* (1933)

L. Belgiojoso e D. Pandakovic, *Marco Albini/Franca Helg/Antonio Piva, Architettura e design 1970-1986* (1986)

L. Benevolo, *History of Modern Architecture,* II (1971), 540-85

M. Carrà, E. Rathke, C. Tisdall e P. Waldberg, *Metaphysical Art* (1971)

G. Cavella e V. Gregotti, *Il Novecento e l'Architettura Edilizia Moderna,* 81 (número especial dedicado ao Novecento), 1962

S. Danesi, "Cesare Cattaneo", *Lotus*, 16, 1977, 89-131

— e L. Patetta, *Rationalisme et architecture en Italie 1919-1943* (1976)

S. de Martino e A. Wall, *Cities of Childhood. Italian Colonies in the 1930's* (1988)

D. Dordan, *Building in Modern Italy, Italian Architecture 1914-1936* (1988)

P. Eisenman, "From Object to Relationship: Giuseppe Terragni/Casa Giuliani Frigerio", *Perspecta,* 13/14, 1971, 36-65

R. Etlin, *Modernism in Italian Architecture 1890-1940* (1991)

L. Finelli, *La promessa e il debito: architettura 1926-1973* (1989)

R. Gabetti *et al., Carlo Mollino 1905-1973* (1989)

V. Gregotti, *New Directions in Italian Architecture* (1968)

B. Huet e G. Teyssot, "Politique industrielle et architecture: le cas Olivetti", *L'Architecture d'aujourd'hui*, n.º 188, dezembro de 1976 (número especial): documenta as obras patrocinadas pela Olivetti e traz artigos sobre a família do mesmo nome e a história da companhia, de autoria de A. Restucci e G. Ciucci

S. Kostof, *The Third Rome* (1977)

P. Koulermos, "The Work of Terragni, Lingeri and Italian Rationalism", *AD*, março de 1963 (número especial)

N. Labò, *Giuseppe Terragni* (1947)

T. G. Longo, "The Italian Contribution to the Residential Neighbourhood Design Concept", *Lotus*, 9, 1975, 213-5

E. Mantero, *Giuseppe Terragni e la città del razionalismo italiano* (1969)
—, "For the 'Archives' of What City?", *Lotus,* 20 de setembro de 1978, 36-43
A. F. Marciano, *Giuseppe Terragni Opera Completa 1925-1943* (1987)
C. Melograni, *Giuseppe Pagano* (1955)
L. Moretti, "The Value of Profiles, etc.", 1951/52, *Oppositions*, 4, outubro de 1974, 109-39
A. Passeri, "Fencing Hall by Luigi Moretti, Rome 1933-36", *9H*, n.º 5, 1983, 3-7
L. Patetta, "The Five Milan Houses", *Lotus,* 20 de setembro de 1978, 32-5
E. Persico. *Tutte le opere 1923-1935,* I & II, org. G. Veronesi (1964)
—, *Scritti di architettura 1927-1935,* org. G. Veronesi (1968)
A. Pica, *Nuova architettura italiana* (1936)
L. L. Ponti, *Gio Ponti: The Complete Works 1923-1978* (1990)
V. Quilici, "Adalberto Libera", *Lotus*, 16, 1977, 55-88
B. Rudofsky, "The Third Rome", *AR*, julho de 1951, 31-7
Y. Safran, "On the Island of Capri", *AA Files,* n.º 8, outono de 1989, 14-5
A. Sartoris, *Gli elementi dell'architettura funzionale* (1941)
—, *Encyclopédie de l'architecture nouvelle – ordre et climat méditerranéens* (1957)
T. L. Schumacher, "From Gruppo 7 to the Danteum: A Critical Introduction to Terragni's Relazione sul Danteum", *Oppositions,* 9, 1977, 90-3
—, *Danteum: A Study in the Architecture of Literature* (1985)
—, *Surface and Symbol: Giuseppe Terragni and the Architecture of Italian Rationalism* (1991)
G. R. Shapiro, "Il Gruppo 7", *Oppositions,* 6 e 12, outono de 1976 e primavera de 1978
M. Tafuri, "The Subject and the Mask: An Introduction to Terragni", *Lotus*, 20 de setembro de 1978, 5-29
—, *History of Italian Architecture 1944-1985* (1989)
M. Talamona, "Adalberto Libera and the Villa Malaparte", *AA Files*, n.º 18, outono de 1989, 4-14
E. G. Tedeschi, *Figini e Pollini* (1959)
G. Terragni, "Relazione sul Danteum 1938", *Oppositions,* 9, 1977, 94-105
L. Thermes, "La casa di Luigi Figini al Villaggio dei giornalisti", *Contraspazio,* IX, n.º 1, junho de 1977, 35-9
G. Veronesi, *Difficoltà politiche dell'architettura in Italia 1920-1940* (1953)
D. Vitale, "An Analytic Excavation: Ancient and Modern, Abstraction and Formalism in the Architecture of Giuseppe Terragni", *9H*, n.º 7, 1985, 5-24
B. Zevi, org., *Omaggio a Terragni* (1968): número especial de *L'Architettura*

Capítulo 24: Arquitetura e Estado, 1914-43

A. Balfour, *Berlin: The Politics of Order 1937-1989* (1990)
R. H. Bletter, "King-Kong en Arcadie", *Archithese,* 20, 1977, 25-34
— e C. Robinson, *Skyscraper Style – Art Deco New York* (1975)
F. Borsi, *The Monumental Era: European Architecture and Design 1929-1939* (1986)
D. Brownlee, "Wolkenkratzer: Architektur für das amerikanische Maschinenzeitalter", *Archithese*, 20, 1977, 35-41
G. Ciucci, "The Classicism of the E42: Between Modernity and Tradition", *Assemblage 8,* 1989, 79-87
E. Clute, "The Crysler Building, New York", *Architectural Forum,* 53, outubro de 1930
C. W. Condit, *American Building Art: The 20th Century* (1961): sobre a Woolworth Tower e o Empire State, ver cap. 1
F. Dal Co e S. Polano, "Interview with Albert Speer", *Oppositions,* 12, primavera de 1978
R. Delevoy e M. Culot, *Antoine Pompe* (1974)
Finlands Arkitekförbund, *Architecture in Finland* (1932): este estudo da Associação Finlandesa de Arquitetos contém um vasto registro da Nova Tradição
S. Fitzpatrick, *The Commissariat of Enlightenment* (1970)
P. T. Frankl, *New Dimensions: The Decorative Arts of Today in Words and Pictures* (1928)
V. Fraticelli, *Roma 1914-1929* (1982)
D. Gebhard, *The Richfield Building 1926-1928* (1970)
—, "The Moderne in the U.S. 1910-1914", *AAQ*, II, n.º 3, julho de 1970, 4-20
S. Giedion, *Architecture You and Me* (1958): esp. 25-61
R. Grumberger, *The 12-Year Reich* (1971)
K. M. Hays, "Tessenow's Architecture as Nation Allegory: Critique of Capitalism or Proto-fascism?", *Assemblage 8,* 1989, 105-23

H.-R. Hitchcock, "Some American Interiors in the Modern Style", *Architectural Record,* 64, setembro de 1928, 235
——, *Modern Architecture: Romanticism and Reintegration* (1929)
R. Hood, "Exterior Architecture of Office Buildings", *Architectural Forum,* 41, setembro de 1924
——, "The American Radiator Company Building, New York", *American Architect,* 126, novembro de 1924
C. Hussey e A. S. G. Butler, *Lutyens Memorial Volumes* (1951)
W. H. Kilham, *Raymond Hood, Architect* (1973)
R. Koolhaas, *Delirious New York* (1978)
A. Kopp, *L'Architecture de la période Stalinienne* (1978)
S. Kostof, *The Third Rome 1870-1950: Traffic and Glory* (1973)
C. Krinsky, *The International Competition for a New Administration Building for the Chicago Tribune MCMXXII* (1923)
——, *Rockefeller Center* (1978)
B. Miller Lane, *Architecture and Politics in Germany 1918-1945* (1968)
L. O. Larsson, *Die Neugestaltung der Reichshauptstadt/Albert Speer's General-bebauungsplan für Berlin* (1978)
—— e L. Krier, orgs., *Albert Speer* (1985)
F. F. Lisle, "Chicago's Century of Progress Exposition: The Moderne or Democratic, Popular Culture", *JSAH,* outubro de 1972
A. Lunacharsky, *On Literature and Art* (1973)
W. March, *Bauwerk Reichssportfeld* (1936)
T. Metcalf, *An Imperial Vision: Indian Architecture and Britain's Raj* (1989)
W. Oechslin, "Mythos zwischen Europa und Amerika", *Archithese,* 20, 1977, 4-11
E. A. Park, *New Background for a New Age* (1927)
A. G. Rabinach, "The Aesthetics of Production in the Third Reich", *Journal of Contemporary History,* 11, 1976, 43-74
H. Hope Reed, "The Need for Monumentality?", *Perspecta,* 1, 1950
H. Rimpl, *Ein deutsches Flugzeugwerk. Die Heinkel-Werke Oranienburg,* texto de H. Mackler (1939)
D. Rivera, *Portrait of America* (1963): ilustrações extraídas do mural RCA de Rivera, 40-7
C. Sambricio, "Spanish Architecture 1930-1940", *9H,* n.º 4, 1982, 39-43
W. Schäche, "Nazi Architecture and its Approach to Antiquity", *AD,* novembro-dezembro de 1983, 81-8
P. Schultze-Naumburg, *Kunst und Rasse* (1928)
A. von Senger, *Krisis der Architektur* (1928)
——, *Die Brandfackel Moskaus* (1931)
——, *Mord an Apollo* (1935)
A. Speer, *Inside the Third Reich, Memoirs* (1970)
——, *Spandau: The Secret Diaries* (1976)
——, *Architektur 1933-1942* (1978): documentação da obra de Speer, com ensaios de K. Arndt, G. F. Koch e L. O. Larsson
—— e R. Wolters, *Neue deutsche Baukunst* (1941)
R. Stern, *Raymond M. Hood* (IAUS cat. n.º 15, Nova York, 1982)
M. Tafuri, "La dialectique de l'absurde Europe-USA: les avatars de l'idéologie du gratte-ciel 1918-1974", *L'Architecture d'Aujourd'hui,* n.º 178, março/abril de 1975, 1-16
——, "New Babylon", *Archithese,* 20, 1977, 12-24
R. R. Taylor, *The Word in Stone. The Role of Architecture in National Socialist Ideology* (1974)
A. Teut, org., *Architektur im Dritten Reich 1933-1945* (1967): a mais vasta documentação reunida até a presente data
G. Troost, *Das Bauen im neuen Reich* (1943)
J. Tyrwhitt, J. L. Sert e E. N. Rogers, *The Heart of the City* (1952)
G. Veronesi, *Style and Design 1909-29* (1968)
A. Voyce, *Russian Architecture* (1948)
G. Wangerin e G. Weiss, *Heinrich Tessenow, Leben, Lehre, Werk 1876-1950* (1976)
B. Warner, "Berlin – The Nordic Homeland and Corruption of Urban Spectacle", *AD,* novembro-dezembro de 1983, 73-80
W. Weisman, "A New View of Skyscraper History", *The Rise of an American Architecture,* org. E. Kaufmann Jr. (1970)
B. Wolfe, *The Fabulous Life of Diego Rivera* (1963): detalhes sobre a obra de Rivera no edifício RCA, 317-34

Capítulo 25: Le Corbusier e a monumentalização do vernáculo

S. Adshead, "Camillio Sitte and Le Corbusier", *Town Planning Review,* XIV, novembro de 1930, 35-94
E. Billeter, *Le Corbusier – Secret* (Musée Cantonal des Beaux Arts, Lausanne, 1987)
C. Correa, "The Assembly, Chandigarh", *AR,* junho de 1964, 404-12
M. A. Couturier, Carta a Le Corbusier, 28 de julho de 1953, reproduzida em J. Petit, *Un couvent de Le Corbusier* (1961), 23: trad. em livreto separado que se pode obter em La Tourette

A. Eardley e J. Ouberie, *Le Corbusier's Firminy Church* (IAUS cat. n.º 14, Nova York, 1981)
N. Evenson, *Chandigarh* (1966)
—, *Le Corbusier: The Machine and the Grand Design* (1969)
M. Ghyka, "Le Corbusier's Modulor and the Conception of the Golden Mean", *AR*, CIII, fevereiro de 1948, 39-42
A. Gorlin, "Analysis of the Governor's Palace at Chandigarh", *Oppositions,* 16/17, 1980
A. Greenberg, "Lutyens Architecture Restudied", *Perspecta*, 12, 1969, 148
S. K. Gupta, "Chandigarh. A Study of Sociological Issues and Urban Development in India", Occasional Papers, n.º 9, Universidade de Waterloo, Canadá, 1973
F. G. Hutchins, *The Illusion of Permanence. British Imperialism in India* (1967)
R. Furneaux Jordan, *Le Corbusier* (1972), esp. 146-47, "Building for Christ"
Le Corbusier, *Des canons, des munitions? Merci! Des logis...* S.V. P. (1938)
—, *L'Unité d'habitation de Marseilles* (1950); trad. inglesa como *The Marseilles Block* (1953)
—, *Le Corbusier Sketchbooks,* vol. 2, *1950-54*, vol. 3, *1954-57*, vol. 4, *1957-64* (1982)
N. Matossian, *Xenakis* (1986): um relato da vida do compositor e arquiteto grego que trabalhou com Le Corbusier
R. Moore, *Le Corbusier, Myth and Meta-Architecture* (1977)
S. Nilsson, *The New Capitals of India, Pakistan and Bangladesh* (1973)
C. Palazzolo e R. Via, *In the Footsteps of Le Corbusier* (1991)
A. Roth, *La Nouvelle Architecture* (1940)
C. Rowe, "Dominican Monastery of La Tourette, Eveux-sur-Arbresle, Lyons", *AR*, junho de 1961, 400-10
J. Stirling, "From Garches to Jaoul. Le Corbusier as domestic architect in 1927 and in 1953", *AR*, setembro de 1955
—, "Le Corbusier's Chapel and the Crisis of Rationalism", *AR*, março de 1956, 161
R. Walden, org., *The Open Hand: Essays on Le Corbusier* (1977)

Capítulo 26: Mies van der Rohe, 1933-67

R. Banham, "Almost Nothing is Too Much", *AR*, agosto de 1962, 125-8
J. F. F. Blackwell, "Mies van der Rohe – Bibliography" (tese para obtenção do título de bibliotecário pela Universidade de Londres, 1964; a obra encontra-se na British Architectural Library, Londres)
P. Blake, *Mies van der Rohe: Architecture and Structure* (1960)
W. Blaser, *Mies van der Rohe – The Art of Structure* (1965)
P. Carter, *Mies van der Rohe at Work* (1974)
A. Drexler, *Ludwig Mies van der Rohe* (1960)
L. W. Elliot, "Structural News: USA, the Influence of New Techniques on Design", *AR*, abril de 1953, 251-60
D. Erdman e P. C. Papademetriou, "The Museum of Fine Arts, Houston, 1922-1972", *Architecture at Rice,* 28 (1976)
L. Hilberseimer, *Contemporary Architecture. Its Roots and Trends* (1964)
S. Honey, "Mies at the Bauhaus", *AAQ,* X, n.º 1, 1978, 51-69
D. Lohan, "Mies van der Rohe: Farnsworth House, Plano, Illinois 1945-50", *Global Architecture Detail*, n.º 1, 1976; ensaio crítico e detalhes completos sobre a criação da casa
L. Mies van der Rohe, "Mies Speaks", *AR*, dezembro de 1968, 451-52
—, "Technology and Architecture", Programs and Manifestoes..., org. U. Conrads (1970), 154: trecho de uma palestra feita no IIT, 1950
R. Miller, org., *Four Great Makers of Modern Architecture: Gropius, Le Corbusier, Mies van der Rohe, Wright* (1963): registro mimeografado de um seminário realizado na Columbia University, importante pela referência à dívida que Mies afirmava ter com a vanguarda russa
C. Norberg-Schulz, "Interview with Mies van der Rohe", *L'Architecture d'Aujourd'hui,* setembro de 1958
M. Pawley, *Mies van der Rohe* (Londres, 1970)
C. Rowe, "Neoclassicism and Modern Architecture", *Oppositions,* 1, 1973, 1-26
J. Winter, "The Measure of Mies", *AR*, fevereiro de 1972, 95-105

Capítulo 27: O eclipse do New Deal

R. Banham, "On Trial 2, Louis Kahn, the Buttery Hatch Aesthetic", *AR*, março de 1962, 203-6
C. Bonnefoi, "Louis Kahn and Minimalism", *Oppositions,* 24, 1981, 3-25
J. Burton, "Notes from Volume Zero: Louis Kahn and the Language of God", *Perspecta*, 20, 1983, 69-90

M. Emery, org., "Louis I. Kahn", *L'Architecture d'Aujoud'hui,* n.º 142, fevereiro-março de 1969 (número especial)
R. B. Fuller, "Dymaxion House", *Architectural Forum*, março de 1932, 285-6
R. Giurgola e J. Mehta, *Louis I. Kahn* (1975)
H.-R. Hitchcock, "Current Work of Philip Johnson", *Zodiac,* 8, 1961, 64-81
J. Hochstim, *The Paintings and Sketches of Louis I. Kahn* (1991)
W. Huff, "Louis Kahn: Assorted Recollections and Lapses into Familiarities", *Little Journal* (Buffalo), setembro de 1981
J. Huxley, *TVA, Adventure in Planning* (1943)
J. Jacobus, *Philip Johnson* (1962)
P. Johnson, *Machine Art* (1934)
——, "House at New Canaan, Connecticut", *AR*, setembro de 1950, 152-9
R. Furneaux Jordan, "US Embassy, Dublin", *AR*, dezembro de 1964, 420-5
W. H. Jordy, "The Formal Image: USA", *AR*, março de 1960, 157-64
——, "Medical Research Building for Pennsylvania University", *AR*, fevereiro de 1961, 99-106
——, "Kimbell Art Museum, Fort Worth, Texas/Library, Philips Exeter Academy, Andover, New Hampshire", *AR*, junho de 1974, 318-42
——, "Art Centre, Yale University", *AR*, julho de 1977, 37-44
L. Kahn, "Form and Design", *AD*, n.º 4, 1961, 145-54
A. Komendant, *18 Years with Architect Louis Kahn* (1975)
A. Latour, org., *Louis I. Kahn Writings, Lectures, Interviews* (1991): compilação do legado escrito de Kahn
J. Lobell, *Between Silence and Light: Spirit in the Architecture of Louis I. Kahn* (1985)
R. W. Marks, *The Dymaxion World of Buckminster Fuller* (1960): a mais completa documentação da obra de Fuller até a presente data
J. McHale, org., "Richard Buckminster Fuller", *AD*, julho de 1967 (número especial)
J. Mellor, org., *The Buckminster Fuller Reader* (1970)
E. Mock, *Built in USA: 1932-1944* (1945)
D. Myhra, "Rexford Guy Tugwell: Initiator of America's Greenbelt New Towns 1935-1936", *Journal of the American Institute of Planners,* XL, n.º 3, maio de 1974, 176-88
T. Nakamura, org., *Louis I. Kahn "Silence and Light"* (1977): documentação completa da obra de Kahn, com artigos deste último e de Scully, Doshi, Maki, etc.
H. Hope Reed, "The Need for Monumentality?", *Perspecta,* 1, 1950
H. Ronner, S. Jhaveri e A. Vasella, *Louis I. Kahn, Complete Works 1935-74* (1977): formato inconveniente, mas a mais abrangente documentação da obra de Kahn até a presente data
P. Santostefano, *Le Mackley Houses di Kastner e Stonorov a Philadelphia* (1982)
V. Scully, org. *Louis Kahn Archive*, 7 vols. (1987/88): uma compilação do arquivo completo da Universidade da Pensilvânia
I. de Solà-Morales, "Louis Kahn: An Assessment", *9H*, n.º 5, 1983, 8-12
A. Tyng, *Beginnings, "Louis Kahn's Philosophy of Architecture* (1983)
R. S. Wurman, *What Will Be Has Always Been: The Wonder of Louis I. Kahn* (1986): coletânea de textos, conferências etc., de Kahn
P. Zucker, org., *New Architecture and City Planning* (1945), esp. 577-88

PARTE 3: Avaliação crítica e extensão até o presente

Capítulo 1: O Estilo Internacional

P. Adam, *Eileen Gray: Architect/Designer* (1987)
R. Banham, *The New Brutalism* (1966)
M. Bill, "Report on Brazil", *AR*, outubro de 1954, 238, 239
W. Boesiger, *Richard Neutra, Buildings and Projects,* I, 1923-50 (1964)
O. Bohigas, "Spanish Architecture of the Second Republic", *AAQ*, III, n.º 4, outubro-dezembro de 1971, 28-45
A. H. Brooks, "PSFS: A Source for its Designs", *JSAH*, XXVII, n.º 4, dezembro de 1968, 299
L. Campbell, "The Good News Days", *AR*, setembro de 1977, 177-83
F. Chaslin, J. Drew, I. Smith, J. C. Garcias e M. K. Meade, *Berthold Lubetkin* (1981)
P. Coe e M. Reading, *Lubetkin and Tecton: Architecture and Social Commitment* (1981)
D. Cottam *et al., Sir Owen Williams 1890-1969* (1986)
J. L. Cohen, "Mallet Stevens et l'U.A.M. comment frapper les masses?", *AMC*, 41, março de 1977, 19
A. Cox, "Hightpoint Two, North Hill, Highgate", *Focus,* 11, 1938, 79

W. Curtis, "Berthold Lubetkin", *AAQ*, VII, n.º 3, 1976, 33-9
E. M. Czaja, "Antonin Raymond: Artist and Dreamer", *AAJ*, LXXVIII, n.º 864, agosto de 1962 (número especial)
O. Dostál, J. Pechar e V. Procházka, *Modern Architecture in Czechoslovakia* (1970): a melhor e mais recente documentação sobre o movimento checo moderno
S. Eliovson, *The Gardens of Roberto Burle Marx* (1991)
D. Gebhard, *An Exhibition of the Architecture of R. M. Schindler 1887-1953* (Santa Barbara, 1967)
——, *Schindler* (1971)
S. Giedion, *A Decade of New Architecture* (1951)
C. Grohn, *Gustav Hassenpflug 1907-1977* (1985)
G. Herbert, "Le Corbusier and the South African Movement", *AAQ*, IV, n.º 1, inverno de 1972, 16-30
G. Hildebrand, *Designing for Industry: The Architecture of Albert Kahn* (1974)
H.-R. Hitchcock e C. K. Bauer, *Modern Architecture in England* (1937)
—— e P. Johnson, *The International Style: Architecture Since 1922* (1932)
——, "England and the Outside World", *AAJ*, LXXII, n.º 806, novembro de 1956, 96-7
B. Housden e A. Korn, "Arthur Korn. 1891 to the present day", *AAJ*, LXXIII, n.º 817, dezembro de 1957, 114-35 (número especial que inclui detalhes do projeto MARS para Londres)
C. Hubert e L. Stamm Shapiro, *William Lescaze* (IAUS, cat. n.º 16, Nova York, 1982)
R. Ind, "The Architecture of Pleasure", *AAQ*, VIII, nº 3, 51-59
——, *Emberton* (1983)
A. Jackson, *The Politics of Architecture* (1967)
S. Johnson, *Eileen Gray: Designer 1879 1976* (1979)
R. Furneaux Jordan, "Lubetkin", *AR*, julho de 1955, 36-44
L. W. Lanmon, *William Lescaze, Architect* (1987)
E. Liskar, *E. A. Plischke* (1983): com introdução de Friedrich Kurrent
B. Lore, *Eileen Gray 1879-1976. Architecture, Design* (1984)
J. C. Martin, B. Nicholson e N. Gabo, *Circle* (1971)
K. Mayekawa, "Thoughts on Civilization in Architecture", *AD*, maio de 1965, 229-30
E. McCoy, "Letters Between R. M. Schindler and Richard Neutra 1914-1924", *JSAH*, XXXIII, 3, 1974, 219
——, *Second Generation* (1984)
C. Mierop, org., *Louis Herman de Koninck: Architect of Modern Times* (1989)
K. Mihály, *Bohuslav Fuchs* (Akadémiai Kiadó, Budapest, 1987)
A. Morance, *Encyclopédie de l'architecture de constructions moderne*, XI (1938): inclui a maioria dos pavilhões da Exposição de Paris de 1937, em especial os dos arquitetos catalães Sert e Lacasa e do checo Kreskar
R. Neutra, *Wie Baut Amerika?* (1927)
——, *Amerika – Neues Bauen in der Welt*, n.º 2 (1930)
——, *Mystery and Realities of the Site* (1951)
——, *Survival Through Design* (1954)
——, "Human Setting in an Industrial Civilization", *Zodiac*, 2, 1957, 68-75
——, *Life and Shape* (1962)
V. Newhouse, *Wallace K. Harrison* (1989)
D. O'Neil, "The High and Low Art of Rudolf Schindler", *AR*, abril de 1973, 241-6
M. Ottó, *Farkas Molnar* (Akadémiai Kiadó, Budapest, 1987)
S. Papadaki, *The Work of Oscar Niemeyer*, I (1950)
——, *Oscar Niemeyer: Works in Progress* (1956)
G. Peichl e V. Slapeta, *Czech Functionalism 1918-1938* (1987)
S. Polyzoides e P. Koulermos, "Schindler: 5 Houses", *A + U*, novembro de 1975
J. Pritchard, *View from a Long Chair* (1984): memórias do grupo MARS na década de 1930
A. Raymond, *Antonin Raymond. Architectural Details* (1947)
——, *Antonin Raymond. An Autobiography* (1973)
J. M. Richards, "Criticism/Royal Festival Hall", *AR*, junho de 1951, 355-8 (número especial)
T. Riley e J. Abram, *The Filter of Reason: The Work of Paul Nelson* (1990)
J. Rosa, *Albert Frey* (1989): primeiro estudo sobre esse arquiteto suíço emigrado
A. Roth, *La Nouvelle Architecture* (1940)
——, *Architect of Continuity* (1985)
A. Sarnitz, *R. M. Schindler, Architect 1887-1953* (1989)
Y. Safran, "La Pelle", *9H*, n.º 8, 1989, 155-6
J. L. Sert, *Can Our Cities Survive?* (1947)
M. Steinmann, "Neuer Blick auf die 'Charte d'Athènes'", *Archithese*, 1, 1972, 37-46
——, "Political Standpoints in CIAM 1928-33", *AAQ*, IV, n.º 4, outubro-dezembro de 1972, 49-55
T. Stevens, "Connell, Ward and Lucas, 1927-1939", *AAJ*, LXXII, n.º 806, novembro de

1956, 112-3 (número especial dedicado à firma, incluindo um catálogo crítico de toda sua obra)

D. B. Stewart, *The Making of a Modern Japanese Architecture 1868 to the Present* (1987): o melhor e mais abrangente estudo dos primórdios do Movimento Moderno japonês

D. van Postel, "The Poetics of Comfort – George and William Keck", *Archis*, 12 de dezembro de 1988, 18-32

M. Vellay e K. Frampton, *Pierre Chareau* (1984; trad. 1986)

L. Wodehouse, "Lescaze and Dartington Hall", *AAQ*, VII, n.º 2, 1976, 3-14

F. R. S. Yorke, *The Modern House* (1934)

—, *The Modern Flat* (1937): cobertura geral de apartamentos em Estilo Internacional, incluindo a unidade habitacional GATEPAC, de Barcelona

Capítulo 2: O Novo Brutalismo

L. Alloway, *This is Tomorrow* (cat. de exposição, Whitechapel Gallery, Londres, 1956)

R. Banham, "The New Brutalism", *AR*, dezembro de 1955, 355-62: importante pela análise neopaladiana do projeto dos Smithson para Coventry

F. Bollerey e J. Sabaté, "Cornelis van Eesteren", *UR 8*, Barcelona, 1989

J. Bosman, S. Georgiadis, D. Huber, W. Oechslin *et al.*, *Sigfried Giedion 1888-1968: der Entwurf einer modernen Tradition* (GTA, Zurique, 1989)

F. Burkhardt, org., *Jean Prouvé*, "constructeur" (cat. de exposição, Centro Pompidou, Paris, 1990)

P. Collymore, *The Architecture of Ralph Erskine* (1982)

T. Crosby, org., *Uppercase*, 3 (1954): importante documento do período, contendo a apresentação dos Smithson no Congresso CIAM de Aix-en-Provence; há também um pequeno texto e uma coleção de fotos de N. Henderson

P. Eisenman, "Real and English: The Destruction of the Box 1", *Oppositions*, 4, outubro de 1974, 5-34

K. Frampton, "Leicester University Engineering Laboratory", *AD*, XXXIV, n.º 2, 1964, 61

—, "The Economist and the Hauptstadt", *AD*, fevereiro de 1965, 61-62

—, "Stirling's Building", *Architectural Forum*, novembro de 1968

—, "Andrew Melville Hall, St Andrews University, Scotland", *AD*, XL, n.º 9, 1970, 460-2

S. Georgiadis, *Sigfried Giedion. Eine Intellektuelle Biographie* (GTA, Zurique, 1989)

M. Girouard, "Florey Building, Oxford", *AR*, CLII, n.º 909, 1972, 260-77

W. Howell e J. Killick, "Obituary: The Work of Edward Reynolds", *AAJ*, LXXIV, n.º 289, fevereiro de 1959, 218-23

P. Johnson, "Comment on School at Hunstanton, Norfolk", *AR*, setembro de 1954, 148-62: contém extensa documentação

L. Martin, *Buildings and Ideas 1933-1983: The Studio of Leslie Martin & Associates* (1983)

A. e P. Smithson, "The New Brutalism", *AR*, abril de 1954, 274-75: primeira publicação da casa Soho

M. Tafuri, "L'Architecture dans le boudoir", *Oppositions*, 3, maio de 1974, 37-62

Capítulo 3: Os CIAM e o Team X

G. Candilis, *Planning and Design for Leisure* (1972)

G. Eszter, *A CIAM Magyar Csoportja, 1928-1938* (Akadémiai Kiadó, Budapest, 1972)

K. Frampton, "Des Vicissitudes de l'idéologie", *L'Architecture d'Aujourd'hui*, n.º 177, janeiro-fevereiro de 1975, 62-5 (em inglês e francês)

A. Smithson, *Team 10 Primer* (1968)

—, org., *Team 10 Meetings* (1991)

— e P. Smithson, "Louis Kahn", *Architects' Year Book*, IX (1960), 102-18

—, *Ordinariness and Light: Urban Theories 1952-60* (1970)

—, *Urban Structuring* (1970)

M. Steinmann, "Political Standpoints in CIAM 1928-1933", *AAQ*, outono de 1972, 49-55

—, *CIAM Dokumente 1928-1939* (ETH/GTA 15, Basiléia e Stuttgart, 1979)

S. Woods, "Urban Environment: The Search for a System", *in World Architecture/One* (1964), 150-4

—, "Frankfurt: The Problems of a City in the Twentieth Century", *in World Architecture/One* (1964), 156

—, *Candilis Josic and Woods* (1968)

Capítulo 4: Teoria e prática internacionais

F. Achleitner, "Viennese Positions", *Lotus*, 29, 1981, 5-27

Y. Alain-Bois, "On Manfredo Tafuri's 'Théorie et histoire de l'architecture'", *Oppositions*, 11, inverno de 1977, 118-23

H. Arendt, *The Human Condition* (1958)

G. C. Argan, "On the Typology of Architecture", *AD*, dezembro de 1963, 564, 565

P. Arnell, org., *Frank Gehry Buildings and Projects* (1985)

—, T. Bickford, K. Wheeler e V. Scully, *Michael Graves, Buildings and Projects 1966-1981* (1983)

—, T. Bickford e C. Rowe, *James Stirling, Buildings and Projects* (1984)

C. Aymonino, *Origine e sviluppo della urbanistica moderna* (1965)

R. Banham, *Theory and Design in the First Machine Age* (1960)

—, N. Foster e L. Butt, *Foster Associates* (1979)

J. Baudrillard, *The Mirror of Production* (1975): trad. de *Le Miroir de la production*, de 1972

—, *L'Effet Beaubourg: implosion et dissuasion* (1977)

M. Bill, "The Bauhaus Idea From Weimar to Ulm", *Architects Yearbook*, 5 (1953)

W. Blaser, *After Mies: Mies van der Rohe – Teaching and Principles* (1977)

I. Bohning, "Like Fishes in the Sea; Autonomous Architecture/Replications", *Daidalos*, 2, 1981, 13-24

A. Bonito Oliva, org., *Transavantgarde* (1983)

G. Bonsiepe, "Communication and Power", *Ulm*, 21, abril de 1968, 16

G. Broadbent, "The Taller of Bofill", *AR*, novembro de 1973, 289-97

N. S. Brown, "Siedlung Halen and the Eclectic Predicament", *in World Architecture/One* (1964), 165-7

G. Brown-Manrique, *O. M. Ungers; Works in Progress 1976-1980* (IAUS cat. n.º 17, Nova Iorque, 1981)

P. L. Cervellati e R. Scannarini, *Bologna: politica e metodologia del restauro nei centri storici* (1973)

S. Chermayeff e C. Alexander, *Community and Privacy: Towards a New Architecture of Humanism* (1963)

A. Colquhoun, "The Modern Movement in Architecture", *The British Journal of Aesthetics*, 1962

—, "Literal and Symbolic Aspects of Technology", *AD*, novembro de 1962

—, "Typology and Design Method", *in Meaning in Architecture*, org. Jencks e Baird (1969), 279

—, "Centraal Beheer", *Architecture Plus*, setembro/outubro de 1974, 49-54

—, *Essays in Architectural Criticism: Modern Architecture and Historical Change* (1981)

U. Conrads, "Wall-Buildings – as a Concept of Urban Order. On the Projects of Ralph Erskine", *Daidalos*, 7, 1983, 103-6

P. Cook, *Architecture: Action and Plan* (1967)

C. Davis, *High Tech Architecture* (1988)

G. de Carlo, *An Architecture of Participation* (1972)

—, "Reflections on the Present State of Architecture", *AAQ*, X, n.º 2, 1978, 29-40

R. Delevoy, *Rational Architecture/Rationelle 1978: The Reconstruction of the European City 1978* (1978)

G. della Volpe, "The Crucial Question of Architecture Today", *in Critique of Taste* (1978): trad. de *Critica del gusto* (1960)

M. Dini, *Renzo Piano: Projets et architectures 1964-1983* (1983)

P. Drew. *The Third Generation: The Changing Meaning in Architecture* (1972)

—, *Frei Otto: Form and Structure* (1976)

A. Drexler, *Transformations in Modern Architecture* (1979)

P. Eisenman, "Biology Centre for the Goethe University of Frankfurt", *Assemblage 5*, fevereiro de 1988, 29-50

R. Evans, "Regulations and Production", *Lotus*, 12, setembro de 1976, 6-15

—, "Figures, Doors and Passages", *AD*, abril de 1978, 267-78

M. Foucault, *Discipline and Punishment: The Birth of the Prison* (1977): trad. de *Surveiller et punir, naissance de la prison* (1975)

K. Frampton, "America 1960-1970. Notes on Urban Images an Theory", *Casabella*, 359-360, XXV, 1971, 24-38

—, "Criticism", *Five Architects* (1972). Análise crítica da escola neo-racionalista nova-iorquina no momento de sua formação; os "cinco" são P. Eisenman, M. Graves, C. Gwathmey, J. Hejduk e R. Meier

—, "Apropos Ulm: Curriculum and Critical Theory", *Oppositions*, 3, maio de 1974, 17-36

—, "John Hejduk and the Cult of Humanism", *A + U*, 75:05, maio de 1975, 141, 142

—, *Modern Architecture and the Critical Present*, *AD*, 1982 (número especial)

—, e D. Burke, *Rob Krier: Urban Projects 1968-1982* (IAUS cat. n.º 5, Nova Iorque, 1982)

Y. Friedman, "Towards a Mobile Architecture", *AD*, novembro de 1963, 509, 510

Y. Futagawa, org., "Zaha M. Hadid", *Global Architecture*, n.º 5, 1986
M. Gandelsonas, "Neo-Functionalism", *Oppositions*, 5, verão de 1976
S. Giedion, "Jørn Utzon and the Third Generation", *Zodiac*, 14, 1965, 34-47, 68-93
G. Grassi, *La costruzione logica dell'architettura* (1967)
—, "Avantgarde and Continuity", *Oppositions*, 21, 1980
—, "The Limits of Architecture", *in Classicism is not a Style, AD,* 1982 (número especial)
—, "Form Liberated, Never Sought. On the Problem of Architectural Design", *Daidalos,* 7, 1983, 24-36
—, *L'Architecture comme un métier* (1984)
V. Gregotti e O. Bohigas, "La passion d'Alvaro Siza", *L'Architecture d'Aujourd'hui,* n.º 185, maio/junho de 1976, 42-57
R. Guess, *The Idea of a Critical Theory: Habermas and the Frankfurt School* (1981)
J. Guillerme, "The Idea of Architectural Language: A Critical Inquiry", *Oppositions*, 10, outono de 1977, 21-26
J. Habermas, "Technology and Science as Ideology", *in Toward a Rational Society* (1970): trad. de *Technik und Wissenschaft als Ideologie* (1968)
—, "Modern and Post-Modern Architecture", *9H*, n.º 4, 1982, 9-14
—, "Modernity – An Incomplete Project", *in The Anti-Aesthetic: Essays on Postmodern Culture,* org. H. Foster (1983)
N. J. Habraken, *Supports: An Alternative to Mass Housing* (1972)
M. Heidegger, "Building, Dwelling and Thinking", em *Poetry, Language and Thought* (1971)
H. Hertzberger, "Place, Choice and Identity", *in World Architecture/Four* (1967), 73-4
—, "Architecture for People", *A + U,* 77:03, março de 1977, 124-46
—, *Lessons for Students in Architecture* (1991)
T. Herzog, *Pneumatische Konstruktion* (1976)
B. Huet e M. Gangneux, "Formalisme, Realisme", *L'Architecture d'Aujourd'hui*, n.º 190, 1970
T. Ito, "Collage and Superficiality in Architecture", *in A New Wave of Japanese Architecture*, org. K. Frampton (IAUS, Nova Iorque, 1978)
M. Jay, *The Dialectical Imagination* (1973)
C. Jencks, *The Language of Post-Modern Architecture* (1977, 4.ª ed. 1984)
N. Kawazoe, "Dream Vision", *AD*, outubro de 1964
—, *Contemporary Japanese Architecture* (1965)
L. Krier, "The Reconstruction of the City", *Rational Architecture 1978* (1978), 28-44
R. Krier, *Stadtraum in Theorie und Praxis* (1975)
—, *Urban Space* (1979)
N. Kurokawa, *Metabolism in Architecture* (1977)
V. Lampugnani, *Josef Paul Kleihues* (1983)
H. Lindinger, org., *Ulm Design: The Morality of Objects: Hochschule für Gestaltung, Ulm, 1953-1968* (1990)
T. Llorens, "Manfredo Tafuri: Neo Avantgarde and History", *AD*, 6/7, 1981
A. Luchinger, "Dutch Structuralism", *A + U,* 77:03, março de 1977, 47-65
—, *Herman Hertzberger 1959-1985, Buildings and Projects* (1987): obra completa até 1986
A. Lumsden e T. Nakamura, "Nineteen Questions to Anthony Lumsden", *A + U,* n.º 51, 75:03, março de 1975
J. F. Lyotard, *The Post-Modern Condition: A Report on Knowledge* (1984)
M. McLeod, "Architecture and Politics in the Reagan Era: From Post-modernism to Deconstructivism", *Assemblage 8*, 1989, 23-59
A. Mahaddie, "Why the Grid Roads Wiggle", *AD,* setembro de 1976, 539-42
F. Maki, *Investigations in Collective Form* (1964)
— e Ohtaka, "Some Thoughts on Collective Form", *in Structure in Art and Science,* org. G. Kepes (1965)
T. Maldonado, *Max Bill* (1955)
—, *Avanguardia e razionalità* (1974)
— e G. Bonsiepe, "Science and Design", *Ulm*, 10/11, maio de 1964, 8-9
—, *Design, Nature and Revolution: Towards a Critical Ecology* (1972): trad. de *La Speranza Progettuale* (1970)
W. Mangin, "Urbanisation Case History in Peru", *AD*, agosto de 1963, 366-70
H. Marcuse, *Eros and Civilization: A Philosophical Enquiry into Freud* (1962)
G. Marinelli, *II Centro Beaubourg a Parigi: "Macchina" e segno architettonico* (1978)
L. Martin, "Transpositions: On the Intellectual Origins of Tschumi's Architectural Theory", *Assemblage 11,* 1990, 23-35
T. Matsunaga, *Kazuo Shinohara* (IAUS cat. n.º 17, Nova York, 1982)
J. Meller, *The Buckminster Fuller Reader* (1970)
N. Miller e M. Sorkin, *California Counterpoint: New West Coast Architecture 1982* (IAUS cat. n.º 18, Nova Iorque, 1982)

A. Moles, *Information Theory and Aesthetic Perception* (1966)
—, "Functionalism in Crisis", *Ulm*, 19/20, agosto de 1967, 24
R. Moneo, "Aldo Rossi: The Idea of Architecture and the Modena Cemetery", *Oppositions,* 5, verão de 1976, 1-30
J. Mukarovsky, "On the Problem of Functions in Architecture", *in Structure, Sign and Function* (1978)
T. Nakamura, "Foster & Associates", *A + U,* 75:09, setembro de 1975 (número especial com ensaios de R. Banham, C. Jencks, R. Maxwell e outros)
A. Natalini, *Figures of Stone*, Quaderni di Lotus n.º 3 (1984)
— e Superstudio, "Description of the Micro-Event and Micro-Environment", *in Italy: The New Domestic Landscape,* org. E. Ambasz (1972), 242-51
C. Nieuwenhuys, "New Babylon: An Urbanism of the Future", *AD,* junho de 1964, 304, 305
G. Nitschke, "The Metabolists of Japan", *AD*, outubro de 1964
—, "MA – The Japanese Sense of Place", *AD*, março de 1966
—, "Akira Shibuya", *AD*, 1966
C. Norberg-Schulz, "Place", *AAQ*, VII, n.º 4, 1976, 3-9
H. Ohl, "Industrialized Building", *AD*, abril de 1962, 176-85
A. Papadakis, C. Cooke e A. Benjamin, *Deconstruction: Omnibus Volume* (1989)
A. Peckham, "This is the Modern World", *AD*, XLIX, n.º 2, 1979, 2-26: minuciosa crítica do Sainsbury Centre de Foster
R. Piano, "Architecture and Technology", *AAQ*, II, n.º 3, julho de 1970, 32-43
A. Pike, "Failure of Industrialised Building/ Housing Program", *AD,* novembro de 1967, 507
R. Rogers, *Architecture: A Modern View* (1990)
A. Rossi, *L'architettura della città* (1966), trad. como *The Architecture of the City* (1982)
—, "An Analogical Architecture", *A + U*, 76:05, maio de 1976, 74-6
—, "Thoughts About My Recent Work", *A + U*, 76:05, maio de 1976, 83
—, *A Scientific Autobiography* (1982)
C. Rowe e F. Koetter, *Collage City* (1979)
J. Rykwert, *Richard Meier, Architect* (I 1984, II 1991)
M. Safdie, *Beyond Habitat* (1970)
V. Savi, "The Luck of Aldo Rossi", *A + U,* 76:05, maio de 1976, 105-6
—, *L'architettura di Aldo Rossi Franco Angeli* (1978)
C. Schnaidt, "Prefabricated Hope", *Ulm,* 10/11, maio de 1964, 8-9
—, "Architecture and Political Commitment", *Ulm*, 19/20, agosto de 1967, 30-2
M. Scogin e M. Elam, "Projects for Two Libraries", *Assemblage 7*, outubro de 1988, 57-89
H. Skolimowski, "Technology: The Myth Behind the Reality", *AAQ*, II, n.º 3, julho de 1970, 21-31
—, "Polis and Politics", *AAQ,* outono de 1972, 3-5
A. Smithson, "Mat-Building", *AD*, setembro de 1974, 573-90
I. de Solà-Morales, "Critical Discipline", *Oppositions,* 23, 1981
M. Steinmann, "Reality as History – Notes for a Discussion of Realism in Architecture", *A + U,* 76:09, setembro de 1976, 31-4
M. Tafuri, "Design and Technological Utopia", *in Italy: The New Domestic Landscape,* org. E. Ambasz (1972), 388-404
—, "L'architecture dans le boudoir: The Language of Criticism and the Criticism of Language", *Oppositions*, 3, maio de 1974, 37-62
—, *Architecture and Utopia: Design and Capitalist Development* (1976)
—, "Main Lines of the Great Theoretical Debate over Architecture and Urban Planning 1960-1977", *A + U,* 79:01, janeiro de 1979, 133-54
—, *The Sphere and the Labyrinth* (1987)
K. Taki, "Oppositions: The Intrinsic Structure of Kazuo Shinohara's Work", *Perspecta*, 20, 1983, 43-60
J. Tanizaki, *In Praise of Shadows* (1977)
A. Tzonis e L. Lefaivre, "The Narcissist Phase in Architecture", *Harvard Architectural Review,* IX, primavera de 1980, 53-61
O. M. Ungers, "Cities within the City", *Lotus*, 19, 1978, 83
—, "Five Lessons from Schinkel", *in Free-Style Classicism*, *AD*, LII, 1/2, 1982
A. van Eyck, "Labyrinthine Clarity", *in World Architecture/Three* (1966), 121-2
— (com P. Parin e F. Morganthaler), "Interior Time/A Miracle in Moderation", *in Meaning in Architecture* (1969), 171-3
R. Venturi, *Complexity and Contradiction in Architecture* (1966)

—, D. Scott-Brown e S. Izenour, *Learning From Las Vegas* (1972)
D. Vesely, "Surrealism and Architecture", *AD*, n.º 2/3, 1978, 87-95
K. Wachsmann, *The Turning Point of Building* (1961)
M. Webber, "Order in Diversity: Community Without Propinquity", *in Cities in Space*, org. Lowden Wingo (1963)
S. Woods, *The Man in the Street: A Polemic on Urbanism* (1975)

Capítulo 5: Regionalismo crítico

A. Alves Costa, "Oporto and the Young Architects: Some Clues for a Reading of the Works", *9H*, n.º 5, 1983, 43-60
E. Ambasz, *The Architecture of Luis Barragán* (1976)
E. Antoniadis, *Greek Contemporary Architecture* (1979)
—, " 'Pikionis' Work Lies Underfoot on Athenas Hill", *Landscape Architecture*, março de 1979
T. Ando, "From Self-Enclosed Modern Architecture toward Universality", *Japan Architect*, 301, maio de 1962, 8-12
—, "A Wedge in Circumstances", *Japan Architect*, junho de 1977
—, "New Relations between the Space and the Person", *Japan Architect*, outubro/novembro de 1977 (número especial sobre a Nova Onda japonesa)
—, "The Wall as Territorial Dalineation", *Japan Architect*, junho de 1978
—, "The Emotionally Made Architectural Spaces of Tadao Ando", *Japan Architect*, abril de 1980: este número contém alguns textos fundamentais sobre Ando
—, "Description of my Works", *Space Design*, junho de 1981 (número especial sobre a obra de Ando)
S. Arango, org., *La Arquitectura en Colombia* (1985)
K. Axelos, *Alienation, Praxis and Techné in the Thought of Karl Marx* (1976)
C. Banford-Smith, *Builders in the Sun: Five Mexican Architects* (1967)
E. Battisti e K. Frampton, *Mario Botta: Architecture and Projects in the 70s* (1979)
S. Bettini, "L'architettura di Carlo Scarpa", *Zodiac*, 6, 1960, 140-87
T. Boga, *Tessiner Architekten, Bauten und Entwürfe 1960-1985* (1986)
B. Bognar, "Tadao Ando – A Redefinition of Space, Time and Existence", *AD*, maio de 1981
O. Bohigas, "Diseñar para un público o contra un público", *in Contra una arquitectura objetivada*, org. Seix Barral (1969)
M. Botero, "Italy: Carlo Scarpa the Venetian, Angelo Mangiarotti the Milanese", *World Architecture*, 2 (1965)
M. Botta, "Architecture and Environment", *A + U*, junho de 1979, 52
—, "Architecture and Morality: An Interview with Mario Botta", *Perspecta*, 20, 1983, 199-238
— e M. Zardini, *Aurelio Galfetti* (1989)
E. Bru e J. L. Mateo, *Spanish Contemporary Architecture* (1984)
M. Brusatin, "Carlo Scarpa, architetto veneziano", *Contraspazio*, 3-4, março-abril de 1972
T. Carloni, "Notizen zu einer Berufschronik. Entwurfs Kollektive 2", *in Tendenzen: Neuere Architektur im Tessin* (1975), 16-21
M. A. Crippa, *Carlo Scarpa Theory, Design, Projects* (1986)
P. A. Croset, *Gino Valle* (1982)
F. Dal Co, *Mario Botta Architecture 1960-1985* (1987)
— e G. Mazzariol, *Carlo Scarpa: The Complete Works* (1986)
A. Dimitracopoulou, "Dimitris Pikionis", *AAQ*, 2/3, 1982, 62
L. Dimitriu, "Interview", *Skyline*, março de 1980
S. Fehn e O. Feld, *The Thought of Construction* (1983)
L. Ferrario e D. Pastore, *Alberto Sartoris/La Casa Morand-Pasteur* (1983)
F. Fonatti, *Elemente des Bauens bei Carlo Scarpa* (1984)
K. Frampton, "Prospects for a Critical Regionalism", *Perspecta*, 20, 1983, 147-62
—, "Towards a Critical Regionalism: Six Points for an Architecture of Resistance", *in The Anti-Aesthetic. Essays on Post-Modern Culture*, org. H. Foster (1983), 16-30
—, org., *Tadao Ando: Projects, Buildings, Writings* (1984)
—, org., *Atelier 66* (1985): sobre a obra de Dimitris e Susana Antonakakis
— *et al., Manteola, Sánchez, Gómez, Santos, Solsona, Vinoly* (1978)
— *et al., Alvaro Siza Esquissos de Vagem: Documentos de Arquitectura* (1988)
M. Frascari, "The True and Appearance. The Italian Facadism and Carlo Scarpa", *Daidalos*, 6, dezembro de 1982, 37-46

——, "The Tell-the-Tale Detail", *Via* (Cambridge), 7, 1984
G. Grassi, "Avantgarde and Continuity", *Oppositions*, 21, 1980
——, "The Limits of Architecture", *in Classicism is not a Style* (AD, LII, 5/6, 1982)
V. Gregotti, "Oswald Mathias Ungers", *Lotus,* 11, 1976
H. H. Harris, "Regionalism and Nationalism" (Raleigh, N. C., Student Publication, XIV, nº 5)
H. Huyssens, "The Search for Tradition: Avantgarde and Post-modernism in the 1970s", *New German Critique,* 22, 1981, 34
D. I. Ivakhoff, org., *Eladio Dieste* (1987): exame da obra de um importante arquiteto/engenheiro
E. Jones, "Nationalism and Eclectic Dilemma: Notes on Contemporary Irish Architecture", *9H*, nº 5, 1983, 81-6
C. Jourdain e D. Lesbet, "Algeria: Village Project and Critique", *9H*, nº 1, 1980, 2-5
L. Knobel, "Interview with Mario Botta", *AR*, julho de 1981, 23
A. Konstantinidis, *Elements for Self Knowledge: Towards a True Architecture* (1975)
——, *Aris Konstantinidis: Projects and Buildings* (1981)
P. Koulermos, "The Work of Konstantinidis", *AD*, maio de 1964
K. Liaska *et al., Dimitri Pikionis 1887-1968* (AA Mega publication, 1989): estudo definitivo
L. Magagnato, *Carlo Scarpa a Castelvecchio* (1982)
——, "Scarpa's Museum", *Lotus,* 35, 1982, 75-85
R. Malcolmson *et al., Amancio Williams* (1990): obra completa em espanhol
R. Murphy, *Carlo Scarpa and the Castelvecchio* (1990)
P. Nicholin, *Mario Botta 1961-1982* (1983)
C. Norberg-Schulz, "Heidegger's Thinking on Architecture", *Perspecta*, 20, 1983, 61-8
—— e J. C. Vigalto, *Livio Vacchini* (1987)
T. Okumura, "Interview with Tadao Ando", *Ritual, The Princeton Journal, Thematic Studies in Architecture,* I, 1983, 126-34
Opus Incertum, *Architectures à Porto* (1990): extraordinário estudo da arquitetura contemporânea na região do Porto, em Portugal, realizado pela École d'Architecture de Clermont-Ferrand
S. Özkun, *Regionalism in Architecture* (1985)
D. Pikionis, "Memoirs", *Zygos,* janeiro-fevereiro de 1958, 4-7
D. Porphyrios, "Modern Architecture in Greece: 1950-1975", *Design in Greece,* X, 1979
P. Portoghesi, "Carlo Scarpa", *Global Architecture* (Tóquio), L, 1972
J. M. Richards *et al., Hassan Fathy* (1985)
P. Ricoeur, "Universal Civilization and National Cultures", *in History and Truth* (1965), 271-84
J. Salgado, *Alvaro Siza em Matosinhos* (1986): relato pessoal das origens de Siza na cidade em que ele criou suas primeiras obras
A. Samona, F. Tentori e J. Gubler, *Progetti e assonometrie di Alberto Sartoris* (1982)
E. Sanquineti *et al., Mario Botta: La casa rotonda* (1982)
P. C. Santini, "Banco Popolare di Verona by Carlo Scarpa", *GA Document* 4 (Tóquio 1981)
C. Scarpa, "I Wish I Could Frame the Blue of the Sky", *Rassegna*, 7, 1981
J. Silvetti, *Amancio Williams* (1987)
—— e W. Seligman, *Mario Campi and Franco Pessina, Architects* (1987)
Y. Simeoforidis, "The landscape of an architectural competition", *Tefchos*, nº 5, março de 1991, 19-27: *post-mortem* do concurso do Museu da Acrópole
A. Siza, "To Catch a Precise Moment of the Flittering Image in all its Shades", *A + U*, 123, dezembro de 1980
E. Soria Badia, *Coderch de Sentmenat* (1979)
J. Steele, *Hassan Fathy* (1988)
M. Steinmann, "Wirklichkeit als Geschichte. Stichworte zu einem Gespräch über Realismus in der Architektur", *in Tendenzen: Neuere Architektur im Tessin* (1975), 9-14: trad. como "Reality as History – Notes for a Discussion of Realism in Architecture", *A + U*, setembro de 1979, 74
K. Takeyama, "Tadao Ando: Heir to a Tradition", *Perspecta*, 20, 1983, 163-80
F. Tentori, "Progetti di Carlo Scarpa", *Casabella*, 222, 1958, 15-6
P. Testa, "Unity of the Discontinuous: Alvaro Siza's Berlin Works", *Assemblage 2*, 1987, 47-61
——, "Tradition and Actuality in the Antonio Carlos Siza House", *JAE*, vol. 40, nº 4, verão de 1987, 27-30
R. Trevisiol, *La casa rotonda* (Milão 1982): documenta o modo como Botta desenvolveu a casa
A. Tzonis e L. Lefaivre, "The Grid and the Pathway: An Introduction to the Work of Dimitris and Susana Antonakakis", *Architecture in Greece,* 15, 1981, 164-78
J. Utzon, "Platforms and Plateaus: Ideas of a Danish Architect", *Zodiac,* 10, 1962, 112-4

F. Vanlaethem, "Pour une architecture épurée et rigoureuse", *ARQ*, 14, Modernité et Régionalisme, agosto de 1983, 16-9

D. Vesely, "Introduction", *in Architecture and Continuity* (AA Themes n.º 7, Londres, 1982)

W. Wang, org., *Emerging European Architects* (1988)

—— e A. Siza, *Souto de Moura* (1990)

H. Yatsuka, "Rationalism", *Space Design*, outubro de 1977, 14-5

——, "Architecture in the Urban Desert: A Critical Introduction to Japanese Architecture after Modernism", *Oppositions*, 23, 1981

I. Zaknic, "Split at the Critical Point: Diocletian's Palace, Excavation vs. Conservation", *Journal of Architectural Education*, XXXVI, n.º 3, primavera de 1983, 20-6

G. Zambonini, "Process and Theme in the Work of Carlo Scarpa", *Perspecta*, 20, 1983, 21-42

Capítulo 6: Arquitetura mundial e prática reflexiva

W. Attoe, *The Architecture of Ricardo Legoretta* (1990)

M. Benedikt, *For an Architecture of Reality* (1987)

W. Blaser, org., *Santiago Calatrava: Engineering and Architecture* (1989)

B. Bognar, *The New Japanese Architecture* (1990)

O. Bohigas, *Garcés/Soria* (1987)

E. Bru e J. L. Mateo, *Spanish Contemporary Architecture* (1984)

A. Capitel e I. de Solà-Morales, *Contemporary Spanish Architecture* (1986)

P. Cook e G. Rand, *Morphosis: Buildings and Projects* (1989)

C. Correa, *The New Landscape* (1985): projeto de Correa para a Nova Bombaim

W. Curtis, *Balkrishna Doshi, An Architecture for India* (1988)

——, *Carlos Ferrater* (1989)

M. Alonso del Val, "Spanish Architecture 1939-1958: Continuity and Diversity", *AA Files*, n.º 17, primavera de 1989, 59-63

C. Devillers, "Entretiens avec Henri Gaudin", *AMC*, maio de 1983, 78-101

——, "Entretiens avec Roland Simounet", *AMC*, maio de 1983, 52-73

——, "Le Sublime et le quotidien", *AMC*, maio de 1983, 102-9

——, "Une Maison de Verre... pour automobiles", *AMC*, março de 1984, 42-9

P. Drew, *Leaves of Iron. Glen Murcutt: Pioneer of an Australian Architectural Form* (1985): arquiteto australiano muito importante

K. Frampton, *The Architecture of Hiromi Fujii* (1987)

—— e P. Drew, *Harry Seidler Complete Works 1955-1990* (1991): estudo definitivo da obra de Seidler

Y. Futagawa, org., *Tadao Ando* (1987): obra completa até 1987

F. Higueras, *Fernando Higueras 1959-1986* (1985)

S. Holl, *Anchorings* (3.ª ed. 1991)

R. Holod e D. Rastorfer, orgs., *Architecture and Community. Building in the Islamic World Today* (1983)

D. Jenkins. *Mound Stand, Lord's Cricket Ground* (1991)

M. Kawamukai e M. Zardini, *Tadao Ando* (1990)

H. U. Khan, *Charles Correa* (1986)

J. Kipnis, "Architecture: The Sacred and the Suspect", *JAE*, 40, n.º 2, 33-35

A. Kurosaka *et al.*, *Space Design*, n.º 172, janeiro de 1979: número especial sobre a obra de Shinohara entre 1955 e 1979, com artigos fundamentais do arquiteto

W. Lesnikowski, *The New French Architecture* (1990)

R. C. Levene, F. M. Cecilia e A. R. Barbarin, *Arquitectura Española Contemporánea 1975-1990*, 2 vols. (1989): estudo definitivo sobre a arquitetura espanhola desse período

S. M. Levy, *Japanese Construction: An American Perspective* (1990): análise da indústria de construção japonesa

Y. Lion, "La Cité judiciaire de Draguignan", *AMC*, março de 1984, 6-19

J. Llinàs e A. de la Sota, *Alejandro de la Sota* (1989): única monografia até a presente data

B. Lootsma, *Cees Dam* (1989)

J. Lucan, "Une morale de la construction. Le musée d'art modern du Nord de Roland Simounet", *AMC*, maio de 1983, 40-9

J. Manser, *The Joseph Shops, London 1983-1989* (1991)

S. Marchán Fiz, *José Ignacio Linazasoro* (1990)

R. Moneo, "Museum for Roman Artifacts, Mérida, Spain", *Assemblage 1*, 1986, 73-83

——, *Cruz/Ortíz* (1988)

A. Natalini, "Deux variations sur un thème", *AMC*, março de 1984, 28-41

——, *Figures of Stone: Quaderni di Lotus* (1984): estudo da obra deste importante arquiteto italiano

M. Riitta Norri, *An Architectural Present: 7 Approaches* (Helsinque, 1990): cat. de exposição que contém um estudo definitivo dos arquitetos finlandeses contemporâneos
M. Pawley, *Eva Jiricna, Design in Exile* (1990)
N. Pertuiset, "Reflective Practice", *JAE,* 40, n.º 2, 59-61
S. Poole, *The New Finnish Architecture* (1991): estudo abrangente da prática contemporânea
J. Quetglas, *M. Lapeña/Torres* (1990)
S. Roulet e S. Soulié, *Toyo Ito* (1991): obra completa do período 1971-90
S. Salat e F. Labbé, *Fumihiko Maki* (1988)
——, *Paul Andreu* (1990): importante projetista francês de aeroportos
V. Sari, *Bach/Mora* (1987)
U. J. Schulte Strathaus, "Modernism of a Most Intelligent Kind: A Commentary on the Work of Diener & Diener", *Assemblage 3*, 1987, 72-107
D. Stewart e H. Yatsuka, *Arata Isozaki 1960-1990* (1991)
A. Vázquez de Castro e A. F. Alba, *Trente oeuvres d'architecture espagnole années 50/années 80* (cat. de uma importante exposição realizada em Hasselt, Bélgica, em 1985)
M. Vigier, org., "Edouard Albert 1910-1968", *AMC*, outubro de 1986, 76-89
W. Wang, *Jacques Herzog and Pierre de Meuron* (1990)

Capítulo 7: A arquitetura na Era da Globalização

J. Ahlin, *Sigurd Lewerentz, Architect, 1885-1975* (1987)
S. Anderson, org., *Eladio Dieste: Innovation in Structural Art* (2004)
H. Arendt, *The Human Condition* (1958)
H. Arnold, org.,*Work/Life: Todd Williams Billie Tsien* (2000)
M. Augé, Non-Lieux: *Introduction à une anthropologie de la surmodernité* (1992)
Z. Bauman, *In Search of Politics* (1999)
—— *Culture as Praxis* (1999)
H. Beck e J. Cooper, orgs., *Glenn Murcutt: A Singular Architectural Practice* (200)
P. Bourdieu, Firing Back: *Against the Tyranny of the Market* (2003)
P. Buchanan, *Ten Shades of Green* (20010
—— *Renzo Piano Building Workshop* (1993)
W. Blaser, *Architecture and Nature: The Work of Alfred Caldwell* (1984)
B. Chan, *New Architecture in China* (2005)
J. Corner, org., *Recovering Landscape: Essays in Contemporary Landscape Architecture* (1999)
X. Costa, *Wiel Arets: Works, Projects, Writings* (2002)
P. d'Acierno, "Spectacular", em *Architourism*, J. Ockman e S. Frausto, orgs. (2005)
I. de Solà-Morales, *A Matter of Things* (2007)
P. Drew, *Leaves of Iron* (1987)
R. El-Khoury e O. Ojeda, orgs., *Office dA: Works by Monica Ponce de Leon and Nader Tehrani* (2000)
F. Feddes *et al.*, *Stadhuis/Bibliotheek: The City Hall/Library Complex by Richard Meier in the Hague* (1996)
I. Flagge, V. Herzog-Loibl e A. Meseure, orgs., *Thomas Herzog: Architecture and Technology* (2001)
B. Flyvbjerg, *Rationality and Power: Democracy in Practice* (1988)
K. Frampton, "Towards an Urban Landscape", em *D: Columbia Documents of Architecture and Theory*, 4 (1993)
——, *Megaforms as Urban Landscape* (1999)
——, *Labour, Work and Architecture: Collected Essays* (2002)
——, org., *Patkau Architects* (2006)
——, *Technology, Place and Architecture* (1998)
——, A. Webster e A. Tischhauser, *Calatrava Bridges* (1993)
F. Fromonot, *Glenn Murcutt* (2003)
C. Girot, "Towards a General Theory of Landscape", *Topos*, 28, 33-41 (1999)
——, "Four trace concepts in landscape architecture", em *Recovering Landscape*, James Corner, org. (1999)
V. Gregotti, *Territorio dell'architettura* (1966)
——, *Inside Architecture* (1996)
S. Hagan, *Taking Shape: A New Contract between Architecture and Nature* (2001)
G. Hartoonian, *Crisis of the Object* (2006)
S. Holl, J. Pallasmaa, A. Perez-Gomez, *Questions of Perception: Phenomenology of Architecture* (2007)
——, *Steven Holl: Idea and Phenomena* (2002)
——, *Parallax* (2000)
J. Batista Vilanova Artigas, *Vilanova Artigas* (1997)
F. Jameson, *The Seeds of Time* (1994)
M. Kloos, J. Thackara, H. Van Dijk, A. Oxenaar e V. Van Rossem, *Benthem Crouwell 1980-2000* (1999)
K. Lanz, org., *Who Owns the Water?* (2006)
N. Leach, org., *Rethinking Architecture* (1997)
——, *The Anaesthetics of Architecture* (1999)

H. Lefebvre, *The Right to the City* (*Le Droit à la Ville*) (1968)
—, *The Survival of Capitalism* (1973)
R. Legorreta, V. Legorreta e N. Castro, *Ricardo Legorreta Architects* (1997)
G. Lynn, *Animate Form* (1999)
—, *Folds, Bodies and Blobs* (1998)
R. Mänttäri, *From Wood to Architecture* (2005)
I. McHarg, *Design with Nature* (1969)
S. Marot, *Sub-Urbanism and the Art of Memory* (2003)
S. Marpillero, *James Carpenter: Environmental Refractions* (2006)
J. McMinn e M. Polo, *41.º to 66.º: Regional Responses to Sustainable Architecture in Canada* (2005)
C. Norberg-Schulz e G. Postiglione, *Sverre Fehn: Opera Completa* (1997)
M. O'Connor, org., *Is Capitalism Sustainable* (1994)
J. O'Neill, *The Communicative Body* (1989)
J. Pallasmas, *The Eyes of the Skin* (2005)
—, e S. Holl, *Rick Joy: Desert Works* (2002)
R. Piano, *Logbook* (1997)
M. Quantrill, *Plain Modern: The Architecture of Brian McKay Lyons* (2005)
R. Rainer, *Livable Environments* (1997)
N. Ray, *Alvar Aalto* (2005)
R. Ryan, A. Weiwie e M. Zardini, Michael Maltzan: *Alternate Ground* (2005)
B. Richards, *New Movement in Cities* (1966)
R. Rogers, org., *Towards a Strong Urban Renaissance* (2005)
—, org., *Towards an Urban Renaissance* (1999)
C. Rosenzweig e W. Solecki, *Climate Change and a Global City* (2001)
W. Saunders, org., *Commodification and Spectacle in Architecture: A Harvard Design Magazine Reader* (2005)
G. Semper, *The Four Elements of Architecture and Other Writings* (1989)
V. Serrano *et al.*, *Anillo Interior de Santiago* (2003)
C. Sharples, G. Pasquiarelli *et al.*, "Versioning: Evolutionary Techniques in Architecture", em *Architectural Design*, setembro-outubro 2002, 72, n.º 5, 7-9
C. Sinclair e K. Stohr, *Design Like You Give a Damn: Architectural Responses to Humanitarian Crises* (2006)
R. Somol e S. Whiting, "Notes around the Doppler Effect and Other Moods of Modernism", em *Perspecta: Journal of the Yale School of Architecture*, n.º 33, 72-7 (2002)
A. Spiro, *Paulo Mendes da Rocha: Works and Projects* (2002)
C. St John Wilson, *Architectural Reflections* (1999)
G. Tellez, *Rogelio Salmona: Obra Completa* 1959-2005 (2006)
G. Therborn, *The Ideology of Power and the Power of Ideology* (1980)
J. Turner, *Housing by People* (1977)
—, e R. Fichter, orgs., *Freedom to Build* (1972)
M. Umbach e B. Hüppauf, *Vernacular Modernism* (2005)
H. van Dijk, org., *Colonizing the Void: Adriaan Geuze, West 8 Landscape Architects* (1996)
D. Vesely, *Architecture in the Age of Divided Representation* (2004)
A. Vidler, *Warped Space* (2000)
L. Waechter-Böhm, *Carlo Baumschlager & Dietmar Eberle/Über Wohnbau, Hous-ing, Nova York* (2000)
—, *Baumschlager & Eberle Buildings and Projects 1996-2002* (2003)
C. Waldheim, "Landscape Urbanism: A Genealogy", *Praxis*, n.º 4, 10-7 (2002)
P. Walker, *Peter Walker and Partners: landscape architecture – defining the craft* (2005)
W. Wang e A. Siza, *Souto de Moura* (1990)
C. Weiz e D. Gans, orgs., "Extreme Sites: The 'Greening' of Brownfield", *Architectural Design*, março-abril 2004, 74, n.º 2, 5-6
R. Weston, *Materials, Form and Architecture* (2003)
A. Whiston Spirn, *The Granite Garden: Urban Nature and Human Design* (1984)
—, *The Language of Landscape* (1998)
A. Zaera Polo e F. Moussavi, *Phylogenesis, FOA's Ark*, Londres (2003)
—, "Roller-coaster construction", em *Architectural Design*, janeiro 2002, 72, n.º 1, 84-92
P. Zumthor, *Thinking Architecture* (1998)

Agradecimentos

Na preparação da quarta edição deste livro, muito devo a meus alunos Shantel Blakely e Tao Zhu pela ajuda com as ilustrações e pela leitura crítica do texto em seus diferentes estágios. Também sou grato a minha esposa, Silvia Kolbowski, cujos comentários foram valiosos para dar maior clareza à argumentação geral da obra. Agradeço ainda a Michelle Gerard e José M. Pelaez, que juntos digitaram, redigitaram e editaram muitas versões diferentes do capítulo. Além disso, fui muito influenciado pelos arquitetos paisagistas, urbanistas e políticos que recentemente têm intervindo na evolução da megalópole contemporânea. A esse respeito, fica difícil agradecer suficientemente aos ambientalistas de toda espécie que, nas últimas décadas, nos ajudaram a dar um passo na direção de uma cultura verdadeiramente sustentável.

No que diz respeito às edições anteriores, devo também sublinhar minha dívida de gratidão para com o falecido Reyner Bantham, cujo livro *Theory and Design in the First Machine Age*, de 1960, não deixou de ser, ao longo de todos esses anos, uma inspiração e um modelo permanentes para a compilação da presente obra.

Por último, entre aqueles que contribuíram, de uma maneira ou de outra, para as diferentes edições deste livro, deixo aqui registrados meus agradecimentos a: Josef Abram, Diana Agrest, Stanford Anderson, Julia Bloomfield, Sibel Bozdogan, Richard Burdett, Jean Louis Cohen, Alan Colquhoun, William Curtis, René Davids, Peter Eisenman, Kurt Forster, Marco Frascari, Mario Gandelsonas, Jan Glynsteen, Pedro Guedes, Jeremy Hawker, Michael Hays, Christian Hubert, Leon Krier, Jacques Lucan, Mary McLeod, William McLeod, Tomás Maldonado, Robin Middleton, John Miller, Fritz Neumeyer, Juhani Pallasmaa, Nicole Pertuiset, Demetri Porphyrios, Malcolm Quantrill, Colin Rowe, Joseph Rykwert, Yehuda Safran, Yorgos Simeoforidis, Ignasi de Solà-Morales, Anthony Sutcliffe, Manfredo Tafuri, Dalibor Vesely, Anthony Vidler, Stanislaus von Moos, Wilfred Wang e David Warner.

A propósito das ilustrações, eu e os editores queremos agradecer a Haig Beck e Derek Brampton sua ajuda e também deixar registrados nossos agradecimentos a: Firmenarchiv AEG-Telefunken 90; Albertina, Viena 71-3, 75; cortesia de Tadao Ando, 336-7, 360, 361 (foto de Mitsuo Matsuoka; cortesia de Alejandro Aravena 402, 403; Archigram 279; reprodução autorizada por The Architects Collaborative Inc. 93; Copyright *Architectural Design* (1964) 257, 272 (novembro de 1963) 278; Architectural Publishers Artemis 132-4, 137, 139, 142-5, 147, 163-9, 214-6, 219-25, 229, 246, 249; *The Architectural Review* 80, 253, 263 (foto de Burgh Galwey), 265; *Arkkitehti*, Helsinque 184; cortesia de Atelier 66; 339-40; Bauhaus-Archiv 105, 110, 111, 114, 123; cortesia de Laurent Beaudouin 352; Bibliothèque Nationale, Paris 2, 6, 8; Arquivos Henry van de Velde, Bibliothèque Royale, Bruxelas 77; Bildarchiv Foto Marburg, 79; foto Helène Binet 396; © Jan Bitter 339; Hedrich Blessing 151, 177, 232, 306; Brecht-Einzig Limited 268; foto Anthony Browell 388; foto Richard Bryant/arcaid.co.uk 412; Bundesarchiv Koblenz 207; Burkhard-Verlag Ernst Heyer, Essen 120; cortesia G. Candilis 275; foto © Lluis Casals 368; © Centre Culturel Tjibaou – ADCK/Renzo Piano Building Workshop/John Gollings 389; Olivier Chaslin 297; Chicago Architectural Photographing Company 34; Chicago Historical Society 43; cortesia de Henri Ciriani 350, 410 (foto de Jean-Marie Monthiers) 409; *Country Life* 30, 200; cortesia de Roger Cranshawe 173; cortesia d-company (foto de Terence du Fresne 404); © wilfried-dechau.de 401; foto de Michel Denancé 370; cortesia de El Croquis (foto de Lluís Casals) 354, 357 (foto de Hisao Suzuki) 355;

cortesia de Christian Devillers (direitos autorais reservados) 351; John Donat 305; cortesia de Peter Eisenman 318; ilustração fornecida por Arthur Erickson 367; cortesia da Fiat 21; FISA Indústrias Gráficas 47; cortesia do FOA (foto de Satoru Mishima) 382; © lorde Foster 411; cortesia de Foster + Partners, Londres 245, 309 (foto de Richard Davies), 310, 392 (esboços dos conceitos por Norman Foster) 390, 391; Henry Fuermann 39; © Archive Massimiliano Fuksas 383; Buckminster Fuller Archives 236, 280; foto de Keith Gibson, Hamlyn Group Copyright 57; Glasgow School of Art 58; cortesia de Grimshaw 384; cortesia de Zaha Hadid Architects (foto de Richard Rothan) 381; © Roland Halbe/artur 380; Heins L. Handsur, Viena 59; Heikki Havas, Helsinque 192; foto de Heinrich Helfenstein 398; cortesia de Helin e Siitonen 407 (foto de Titta Lumio) 406; Architectenburo Herman Hertzberger 301-4; Hessisches Landesmuseum, Darmstadt 61; HfG-Ulm Archives 287; Historic American Building Survey (foto de Jack E. Boucher, 1965) 35; cortesia de Steven Holl Architects 408; Studio Hollein 314; © Eduard Hueber/archphoto.com 379, 405; foto de © Werner Huthmacher 414; © Werner Huthmacher/artur 413; IBA, Berlim 327; cortesia de Jahn & Murphy 291; The Japan Architect Co., Ltd. 358; cortesia de Jensen & Skodvin 366; S. C. Johnson & Son, Inc., 175; cortesia de Philip Johnson 237, 238; Pierre Joly & Véra Cardot 277; cortesia de Rick Joy Architects 376 (foto de Bill Timmerman), 377; cortesia de Mikko Kaira (foto de Matti Karjanoja) 400; Kaiser Wilhelm Museum, Krefeld 88; A. F. Kersting 1, 25; KLM Aerocarto 119; cortesia de Rem Koolhaas 317; Kunstgewerbemuseum, Zurique 48, 78; foto de Lourdes Legoretta 371; Malcolm Lewis 308; Mas 10; Collection Mattioli, Milão 205; foto de Paul Maurer, cortesia Aéroports de Paris (responsável pelo gerenciamento e execução do projeto) 348; cortesia de Paulo Mendes da Rocha 416; Milton Keynes Development Corporation 286; cortesia de Rafael Moneo 356, 369, 373, 374; foto de Jean Marie Monthiers, cortesia de Bernard Tschumi Architects 319; cortesia de Moore Grover Harper (foto de Norman McGrath) 292; desenho de Glenn Murcutt 387; Museo Civico, Como 68; Museum Bellerive, Zurique 76; Museu da Arquitetura Finlandesa, Helsinque 189, 190 (foto de Welin), 191 (foto de E. Mäkinen), 346 (foto de Antti Laiho), 347; Museum of Modern Art, Nova York, The Mies van der Rohe Archives 146, 149, 226-7; Museum of the City of New York 14; Bildarchiv der Österreichischen Nationalbank, Viena 65; cortesia da sra. Dione Neutra 248; Carlos Nino, The Architectural Association 315; Novosti Press Agency 158; Tomio Ohashii 282; cortesia de Patkau Architects Inc. 385, 386; cortesia de *sir* Nicholas Pevsner 20; reprodução de Stefanos Polyzoides 247; cortesia de PWP Landscape Architecture 364; Radio Times Hulton Picture Library 17; © Paul Raftery/VIEW/artur 363; Marvin Rand 307; F. Rausser, Bollingen-Berna 362; Manuel Renau 415; Retoria, Tóquio (foto de W. Fujii) 311, (foto de Y. Futagawa) 260, 262, 283, (foto de T. Kijajima) 293; Cervin Robinson 211, 239; cortesia do Rockefeller Center, Inc. 212; cortesia de Richard Rogers (foto de Martin Charles) 284; Roger-Viollet 16, 210; Royal Institute of British Architects, Londres 27, 29; cortesia da Real Embaixada da Holanda, 117; Bernard Rudofsky 206; foto de Heike Seewald 393; Department of Planning and Design, City of Sheffield 271; Alison e Peter Smithson 264, 270, 273-4; cortesia de Souto Moura Architects 375; © Margherita Spiluttini 394, 395; Staatliche Museen zu Berlin 5; Stadt-und Universitätsbibliothek, Frankfurt 126; Stedelijk Museum, Amsterdam 127; E. Stoecklein 296; Dr. Franz Stoedtner 89, 95; Esto/Ezra Stoller 316; Tim Street-Porter 245; Instituto Sueco, Estocolmo 183; © Hisao Suzuki 372, 397; Fondo Rino Tami, Archivio del Moderno, Mendrisio, Suíça 365; cortesia de Salvador Tarragó 46; Plansammlung der Universitätsbibliothek der Technischen Universität Berlin 96, 97; Tennessee Valley Authority 235; United States Information Office 234; Stedelijk van Abbemuseum, Eindhoven 131; Gustav Velin, Turku 186; Bebete Viegas/SambaPhoto 417; foto © Paul Warchol 378; cortesia de Harry C. Wolf 341.

Foram reproduzidas ilustrações das seguintes publicações: Antonin Raymond, *An Autobiography* (Charles E. Tuttle Co., Inc., Tóquio, 1973) 258; Colin Rowe, *The Mathematics of the Ideal Villa* (MIT Press, Cambridge, Mass., 1977) 141; Roger Sherwood, *Modern Housing Prototypes* (Harvard University Press, Cambridge, Mass., e Londres, 1978) 85, 138; Helmut Weber, *Walter Gropius und Das Faguswerk* (Verlag Georg D. W. CAllwey, Munique, 1961) 92.

Registre-se também um agradecimento especial à Fundação Frank Lloyd Wright por ter permitido a publicação das seguintes ilustrações protegidas por copyright © The Frank Lloyd

Wright Foundation; 36 (copyright 1957), 38 (copyright 1942, 1970), 40 (copyright 1955), 41 (copyright 1963), 172 (copyright 1955), 174 (copyright 1942, 1970), 178 (copyright 1955), 179 (copyright 1958).

As seguintes ilustrações de obras de Louis I. Kahn são publicadas com permissão dos Depositários da Universidade da Pensilvânia, que detêm todos os direitos de publicação: 240, 241, 243, 244.

Índice remissivo

Os números em itálico referem-se a ilustrações

4ª edição 2015 | **1ª reimpressão** março de 2019 | **Fonte** Times New Roman PS
Papel Offset 75 g/m² | **Impressão e acabamento** Graphium